C.F. Müller

**Ihr kostenloses Schwerpunkte-ebook exklusiv unter
https://os.bookwire.de/voucher/welcome**

Mit dem Kauf dieses Buches erwerben Sie gleichzeitig ohne weiteres Entgelt das integrierte ebook. Es besteht aus:

- **dem vollständigen Lehrbuchtext verlinkt** mit
- **höchstrichterlichen Entscheidungen im Volltext**

Dieses ebook ist für Sie persönlich lizenziert. Es ist nur für den eigenen Gebrauch bestimmt und darf nicht weitergegeben werden. Daher ist es mit einem individuellen Wasserzeichen versehen, welches bei unrechtmäßiger Weitergabe Rückschlüsse auf die Herkunft des ebooks erlaubt.

So erhalten Sie Ihr ebook:

Unter **https://os.bookwire.de/voucher/welcome** geben Sie im ersten Schritt den unten stehenden 10-stelligen Code ein und bestätigen diesen, im zweiten Schritt geben Sie Ihre E-Mail-Adresse an. Sie erhalten einen Download-Link und können das ebook nach dem Herunterladen auf Ihrem Endgerät (Tablet, Laptop/PC, Smartphone) nutzen. Die Frist zum Download dieses ebooks läuft am **31.12.2025** ab. Danach verliert der u.g. Code seine Gültigkeit und wird vom Verlag nicht ersetzt.

Code: 3B2ZN3U99E

Für PC oder Notebook benötigen Sie einen Reader (z.B. Calibre, Adobe Digital Editions). Sofern auf Ihrem Smartphone/Tablet PC noch keine App vorinstalliert sein sollte (Apple Books, Bluefire Reader), suchen Sie bitte den App Store auf, in dem Sie zahlreiche EPUB Reader zum Download finden. Bei Fragen informieren Sie sich bitte unter **www.bookwire.de/faq-download-codes/**. Sollten Sie bei Ihrem ebook-Download auf Probleme stoßen, wenden Sie sich bitte an download@bookwire.de.

Schwerpunkte Pflichtfach Degenhart · Staatsrecht I

Schwerpunkte

Eine systematische Darstellung der wichtigsten Rechtsgebiete anhand von Fällen
Begründet von Professor Dr. Harry Westermann †

Staatsrecht I
Staatsorganisationsrecht

Mit Bezügen zum Europarecht

Mit ebook: Lehrbuch & Entscheidungen

von

Dr. Christoph Degenhart
em. o. Professor an der Universität Leipzig
Richter am Sächsischen Verfassungsgerichtshof a.D.

39., neu bearbeitete Auflage

C.F. Müller

Bibliografische Information der Deutschen Nationalbibliothek
Die Deutsche Nationalbibliothek verzeichnet diese Publikation in der Deutschen Nationalbibliografie; detaillierte bibliografische Daten sind im Internet über <https://portal.dnb.de> abrufbar.

Print: ISBN 978-3-8114-6141-3
ePub: ISBN 978-3-8114-8911-0

E-Mail: kundenservice@cfmueller.de
Telefon: +49 6221 1859 599
Telefax: +49 6221 1859 598

www.cfmueller.de

© 2023 C. F. Müller GmbH, Heidelberg

Dieses Werk, einschließlich aller seiner Teile, ist urheberrechtlich geschützt. Jede Verwertung außerhalb der engen Grenzen des Urheberrechtsgesetzes ist ohne Zustimmung des Verlages unzulässig und strafbar. Dies gilt insbesondere für Vervielfältigungen, Übersetzungen, Mikroverfilmungen und die Einspeicherung und Verarbeitung in elektronischen Systemen.

Satz: preXtension, Grafrath
Druck: Westermann Druck, Zwickau

Vorwort

Einschneidendste Entwicklung im Staatsrecht des abgelaufenen Jahres seit Erscheinen der Vorauflage war zweifellos die Reform des Wahlrechts zum Deutschen Bundestag, die freilich ihrerseits eine Reihe verfassungsrechtlicher Zweifelsfragen aufwirft[1]. Aus diesem Anlass wurde das Kapitel zum Wahlrecht in der Neuauflage vollständig neu gefasst. Ebenfalls neu gefasst wurden, meist veranlasst durch aktuelle Rechtsprechung, die Abschnitte über den Vorbehalt des Gesetzes, über das Verhältnismäßigkeitsprinzip und über Gesetzesbegriff und Gesetzgebungsverfahren sowie über den Klimaschutz. Die Corona-Pandemie darf mittlerweile als überwunden gelten. Sie hat jedoch grundsätzliche Fragen zum Rechts- und Verfassungsstaat in einer Krisensituation aufgeworfen, die von allgemeiner Bedeutung sind und nunmehr im jeweiligen thematischen Zusammenhang in den einschlägigen Abschnitten der Darstellung und nicht mehr in einem gesonderten Kapitel behandelt werden. Die einstweilige Anordnung des BVerfG vom 5.7.2023, durch die das Gesetzgebungsverfahren im Fall des Gebäudeenergiegesetzes (des „Heizungsgesetzes") gestoppt wurde, gab Anlass, den Abschnitt über das verfassungsgerichtliche Eilverfahren neu zu fassen. Die Entscheidung verdient besondere Beachtung, da sie dazu beitragen wird, die parlamentarische Demokratie des Grundgesetzes auf Dauer zu stärken. Wie stets wurde das Lehrbuch auf neuesten Stand gebracht, die Darstellung überarbeitet, gelegentlich auch gestrafft und neu strukturiert und, wo erforderlich, in den Fallbeispielen aktualisiert. Dabei wurden auch aktuelle Entwicklungen wie „Bürgerräte" oder „ziviler Ungehorsam" berücksichtigt.

Das ebook zur Neuauflage enthält wiederum den **vollständigen Text** des Buches und die besonders ausbildungsrelevanten **höchstrichterlichen Entscheidungen im Volltext.** Verlinkungen ermöglichen den direkten Zugriff auf die enthaltenen Urteile mit nur einem „Klick". Jeder Leserin und jedem Leser wird so auch im Home-Studium die Lektüre der Entscheidungen mittels PC, Tablet oder Smartphone ermöglicht. Die vom Verfasser nach didaktischen Gesichtspunkten ausgewählten, für das Staatsorganisationsrecht wegweisenden Entscheidungen des Bundesverfassungsgerichts und anderer Obergerichte sind mit freundlicher Genehmigung der *juris GmbH* veröffentlicht.

Der begleitend zu den Schwerpunktebänden *Staatsrecht I* und *Staatsrecht II. Grundrechte* konzipierte Klausurenkurs im Staatsrecht erscheint in zwei Teilbänden: Der **„Klausurenkurs im Staatsrecht I"**, jetzt in 6. Auflage 2022 vorliegend, ist auf die Anforderungen in „kleiner" Übung und Zwischenprüfung hin ausgelegt und deckt das Staatsorganisationsrecht und die Grundrechte ab. Der Band **„Klausurenkurs im Staatsrecht II – mit Bezügen zum Europarecht"**, der auf die Anforderungen der juristischen Staatsprüfung zugeschnitten ist, erscheint zum Jahresende 2023 in 10. Auflage.

Ein Hinweis zur **geschlechtergerechten Schreibweise**: Da für die Arbeit mit dem Gesetz zuallererst der Gesetzestext maßgeblich ist, orientiert sich auch die Darstellung hieran – das Grundgesetz spricht vom „Bundeskanzler" und vom „Abgeordneten". Auch ist es möglich, sich am Sprachgebrauch des BVerfG zu orientieren, das zB im Klimabe-

---

[1] Ich habe sie in meiner Kolumne „Wahlrechtsreform – cui bono?" in NJW-aktuell 23/2023 ausgeführt.

schluss von den „Beschwerdeführenden" spricht. Ansonsten sollte pragmatisch vorgegangen werden. Auf Gender*sternchen oder Gender_Gap wird jedoch um der Lesbarkeit willen verzichtet; mE sollte dies auch nicht universitätsseitig vorgegeben werden.

Der Verfasser dankt wiederum für zahlreiche Anregungen und Anfragen aus dem Leserkreis und bittet um Verständnis, wenn er sie nicht immer persönlich beantworten kann. Sie sind stets willkommen (E-Mail: dres.degenhart@t-online.de). Im neugestalteten Internetauftritt https://christoph-degenhart.com finden Sie weiterführende Hinweise und Links.

Leipzig, im Juli 2023 *Christoph Degenhart*

Vorwort zur ersten Auflage

Die Darstellung konzentriert sich auf die Schwerpunkte des Staatsrechts, auf den Rechtsstaat als dessen Zentralbegriff, auf Demokratie und Bundesstaat als strukturprägende Grundentscheidungen der Verfassung, auf das Recht der maßgeblichen Staatsorgane. Damit werden die für den Studierenden – und auch den Referendar – relevanten Bereiche des Staatsorganisationsrechts abgedeckt.

Dabei wurde eine auch tatsächlich schwerpunktmäßige Darstellung angestrebt, ausführlich genug, um dem Anfänger zu ermöglichen, sich den Stoff zu erarbeiten, gleichermaßen aber auch in einer für den Examenskandidaten ausreichenden Breite und Vertiefung. Die Zielsetzung des Buches geht insoweit über die eines Grundrisses, aber auch eines Kurzlehrbuchs hinaus.

Bei der Auswahl der Fallbeispiele wurde auf Aktualität und Praxisnähe besonderes Gewicht gelegt – was nicht ausschließt, dass mitunter auf die überlieferten Schulfälle zurückgegriffen werden musste. Hinweise auf Schrifttum und Rechtsprechung wurden in realistischer Einschätzung der für weiterführende Lektüre verfügbaren Arbeitskapazitäten bewusst knapp gehalten.

Münster, im September 1984   *Christoph Degenhart*

Vorwort zur koreanischen Ausgabe (2015)

So unterschiedlich die historischen, die kulturellen und gesellschaftlichen Bedingungen in den Staaten sein mögen, so sind doch die Grundfragen staatlicher Ordnung die gleichen: Wie ist der Staat zu organisieren, damit seine Bürger in Freiheit und Sicherheit leben können? Welche Vorkehrungen, welche Institutionen sind erforderlich, damit die hoheitliche Gewalt des Staates zum Wohl seiner Angehörigen wirkt und nicht entgleitet? Wie ist in einer globalisierten Welt seine Stellung in der Völkergemeinschaft zu bestimmen? Das Grundgesetz der Bundesrepublik Deutschland will hierauf Antworten geben, mit seinen Grundentscheidungen für die Würde des Menschen als höchstem Verfassungswert, für freiheitliche Demokratie, für den sozialen Rechtsstaat. Mit dessen Organisation, seinen Institutionen und Verfahren beschäftigt sich das vorliegende, erstmals 1984 erschienene Lehrbuch. Es versucht aufzuzeigen, wie das Recht der staatlichen Organisation auch und gerade bei Verfassungskonflikten die Herrschaft des Volkes und die Herrschaft des Rechts, die Balance der Gewalten und die Gemeinwohlverpflichtung allen staatlichen Handelns und den Schutz der Rechte des Einzelnen gewährleisten kann.

Ich würde mich freuen, wenn die Leser in der Republik Korea hieraus die eine oder andere Anregung entnehmen könnten. Meinen Dank für Ihr Interesse verbinde ich mit dem aufrichtigen Wunsch, dass auch Ihre Nation in nicht allzu ferner Zukunft in Freiheit geeint sein möge.

Leipzig, im Mai 2015   *Christoph Degenhart*

Inhaltsübersicht

	Rn	Seite
Vorwort		V
Vorwort zur ersten Auflage		VII
Vorwort zur koreanischen Ausgabe (2015)		VII
Inhaltsverzeichnis		XIII
Abkürzungsverzeichnis/Zitierweise		XXIII
Zur Arbeit mit diesem Buch		XXVII

Teil I
Verfassungsgestaltende Grundentscheidungen – Staatszielbestimmungen

§ 1 Grundlagen: Staat und Verfassung – das Grundgesetz als die Verfassung der Bundesrepublik Deutschland .... 1 — 1
- I. Staat und Staatsrecht .... 1 — 1
- II. Das Grundgesetz als die Verfassung der Bundesrepublik Deutschland .... 13 — 5
- III. Zur Verfassungsinterpretation .... 21 — 8

§ 2 Staatsvolk und Staatsgewalt: die parlamentarische Demokratie des Grundgesetzes .... 24 — 9
- I. Das Volk als Träger der Staatsgewalt – Demokratieprinzip des Grundgesetzes .... 25 — 9
- II. Parlamentarische Demokratie – Funktionen des Parlaments .... 34 — 11
- III. Zwischen Staat und Gesellschaft: die politischen Parteien in der parlamentarischen Demokratie des Grundgesetzes .... 45 — 15
- IV. Freie, gleiche, allgemeine Wahlen: Grundlagen des Wahlrechts .... 75 — 26
- V. „Wahlen und Abstimmungen" – direkte Demokratie: Offenheit des Grundgesetzes .... 113 — 43
- VI. EU und Demokratieprinzip .... 127 — 46

§ 3 Das Gesetz als die zentrale Handlungsform des föderalen, demokratischen Rechtsstaats .... 141 — 49
- I. Der materielle Rechtsstaat des Grundgesetzes .... 142 — 49
- II. Gesetzgebung im Grundgesetz – Gesetz und Verfassung ...... 145 — 50
- III. Formelle Verfassungsmäßigkeit des Gesetzes: Gesetzgebungskompetenzen .... 158 — 54
- IV. Verfahren der Bundesgesetzgebung .... 206 — 71
- V. Landesgesetzgebung – insbesondere: Volksgesetzgebung ..... 245 — 84
- VI. Offene Staatlichkeit und Verfassungsidentität des Grundgesetzes: Unionsrecht und EMRK .... 262 — 90

§ 4	Der Rechtsstaat des Grundgesetzes: Gewaltenteilung – rechtsstaatliche Grundsätze	292	104
	I. Gesetzgebung, Verwaltung, Rechtsprechung: Gewaltenteilung	293	104
	II. Rechtsstaatlichkeit und Rechtssicherheit	371	127
	III. Rechtsstaat und Übermaßverbot	416	145
	IV. Justizgewähr, Rechtsschutz und gerichtliches Verfahren: Der Schutz der Rechtsstaatlichkeit	441	154
	V. Widerstandsrecht, „ziviler Ungehorsam", Notstand	472	165
	VI. Exkurs: Verfassungsfragen der Pandemie	474	166
§ 5	Das bundesstaatliche Prinzip des Grundgesetzes	475	168
	I. Grundlagen	476	168
	II. Kooperativer Föderalismus und Bundestreue – die föderalen Rechtsbeziehungen	494	173
	III. Verwaltungskompetenzen	517	181
	IV. Die Rechtsprechung in der bundesstaatlichen Ordnung	549	192
	V. Die bundesstaatliche Finanz- und Haushaltsverfassung	552	193
	VI. Auswärtige Beziehungen und völkerrechtliche Verträge, Art. 32, 59 GG	579	203
§ 6	Staatsziele	588	207
	I. Das soziale Staatsziel	589	207
	II. Staatsziel Umweltschutz	607	213
	III. Die Staatszielbestimmungen der Landesverfassungen	620	218

Teil II
Staatsorgane

Zusammenfassender Ausgangsfall zu Teil II		623	220
§ 7	**Der Bundestag**	624	221
	I. Rechtsstellung und grundsätzliche Bedeutung des Bundestags – Verfassungskonflikte	633	224
	II. Bildung des Bundestags, Zusammensetzung und Verfahren	636	225
	III. Abgeordnetenrechte	655	231
	IV. Abgeordneter und Fraktion	677	238
	V. Kontrolle der Regierung: Untersuchungsausschüsse, Fragerechte und Auskunftsansprüche	686	241
	VI. Bundestag, Abgeordnete und Fraktion im Verfassungsprozess	708	249
§ 8	**Der Bundesrat**	717	253
	I. Rechtsstellung, Bedeutung und Zusammensetzung des Bundesrats	722	254
	II. Aufgaben und Befugnisse	729	256
	III. Garantie der Mitwirkungsrechte – Bundesrat und „Ewigkeitsgarantie"	744	260

§ 9 Die Bundesregierung	750	263
I. Die Bundesregierung als Verfassungsorgan: Rechtsstellung und grundsätzliche Bedeutung	756	265
II. Zwischen Politik und Recht: Bildung und Amtsdauer der Bundesregierung	760	266
III. Interne Organisation und Aufgabenverteilung	778	273
IV. Einzelne Kompetenzen der Bundesregierung – insbesondere: Öffentlichkeitsarbeit	788	276
§ 10 Der Bundespräsident	795	279
I. Rechtsstellung und Bedeutung	797	280
II. Kompetenzen des Bundespräsidenten, insbesondere das Prüfungsrecht	806	283
Anhang zu §§ 7–10: Staatsorgane der Länder	824	290

Teil III
Der Schutz der Verfassung durch die Verfassungsgerichtsbarkeit   833   294

§ 11 Das Bundesverfassungsgericht	833	294
I. Das Bundesverfassungsgericht: Bedeutung und verfassungsrechtliche Stellung	833	294
II. Einzelne Verfahren vor dem Bundesverfassungsgericht	838	295
III. Allgemeine Fragen des Verfahrens und der Entscheidung des Bundesverfassungsgerichts	875	313
Anhang: Hinweise zu Zulässigkeitsfragen der Ausgangsfälle	889	319
§ 12 Landesverfassungsgerichtsbarkeit	919	330
I. Verfassungsgerichtsbarkeit in den Ländern: die wichtigsten Verfahrensarten	919	330
II. Bundes- und Landesverfassungsgerichtsbarkeit im Verhältnis zueinander	939	338
Anhang: Schematische Übersicht zum Gesetzgebungsverfahren		342
Sachverzeichnis		345

Inhaltsverzeichnis

	Rn	Seite
Vorwort		V
Vorwort zur ersten Auflage		VII
Vorwort zur koreanischen Ausgabe (2015)		VII
Inhaltsübersicht		IX
Abkürzungsverzeichnis/Zitierweise		XXIII
Zur Arbeit mit diesem Buch		XXVII

Teil I
Verfassungsgestaltende Grundentscheidungen –
Staatszielbestimmungen

	Rn	Seite
§ 1 Grundlagen: Staat und Verfassung – das Grundgesetz als die Verfassung der Bundesrepublik Deutschland	1	1
I. Staat und Staatsrecht	1	1
1. Der Staat als Gegenstand des Staatsrechts	1	1
2. Die drei Elemente des Staatsbegriffs	2	1
a) Staatsgebiet und Staatsvolk	3	1
b) Die Staatsgewalt im Verfassungsstaat	5	2
c) Die Staatsgewalt im Bundesstaat	7	3
3. Souveränität, offene Staatlichkeit und Europäische Union . .	8	3
II. Das Grundgesetz als die Verfassung der Bundesrepublik Deutschland	13	5
1. Verfassung als rechtliche Grundordnung	13	5
2. Verfassungsgebende Gewalt des Volkes	18	6
III. Zur Verfassungsinterpretation	21	8
§ 2 Staatsvolk und Staatsgewalt: die parlamentarische Demokratie des Grundgesetzes	24	9
I. Das Volk als Träger der Staatsgewalt – Demokratieprinzip des Grundgesetzes	25	9
II. Parlamentarische Demokratie – Funktionen des Parlaments . . .	34	11
1. Das Parlament als die „Leitgewalt" der Demokratie	36	12
2. Parlamentsvorbehalte	38	12
III. Zwischen Staat und Gesellschaft: die politischen Parteien in der parlamentarischen Demokratie des Grundgesetzes	45	15
1. Politische Parteien zwischen Staat und Gesellschaft – Funktion und Begriff	49	16
2. Freiheit und Gleichheit – verfassungsmäßige Rechte der Parteien	53	18
3. Verfassungsfeindliche Parteien, Parteienprivileg und Parteiverbot	59	20
4. Zwischen Freiheit und Chancengleichheit: Parteienfinanzierung und Verfassungsrecht	65	23

5. Demokratische Binnenstruktur – innerparteiliche Demokratie	68	24
6. Politische Parteien im Verfassungsprozess	70	24
IV. Freie, gleiche, allgemeine Wahlen: Grundlagen des Wahlrechts	75	26
1. Grundlagen: Art. 38 GG	78	27
2. Die Wahlrechtsgrundsätze des Art. 38 Abs. 1 GG	83	30
a) Allgemeinheit der Wahl	83	30
b) Unmittelbare, freie und geheime Wahlen, Öffentlichkeit der Wahl	88	31
c) Wahlrechtsgleichheit	91	32
3. Das Wahlrecht des BWahlG 2023	94	34
a) Wahlsystem	94	34
b) Sitzverteilung und Sitzvergabe	97	35
c) Verfassungsrechtliche Risiken	101	36
4. Wahlen in den Ländern	103	37
5. Wahlprüfungsverfahren	105	37
6. Aktuelle Fragen des Wahlrechts: „Parité", Familien, Digitalisierung	110	39
V. „Wahlen und Abstimmungen" – direkte Demokratie: Offenheit des Grundgesetzes	113	43
VI. EU und Demokratieprinzip	127	46
§ 3 Das Gesetz als die zentrale Handlungsform des föderalen, demokratischen Rechtsstaats	**141**	**49**
I. Der materielle Rechtsstaat des Grundgesetzes	142	49
II. Gesetzgebung im Grundgesetz – Gesetz und Verfassung	145	50
1. Das Parlamentsgesetz im demokratischen Rechtsstaat	146	51
a) Demokratische Legitimation und Rechtssicherheit	146	51
b) Gesetzesbegriff des Grundgesetzes	147	51
2. Gesetzgebung in verfassungsrechtlicher Gebundenheit – Gesetzesprüfung	153	53
III. Formelle Verfassungsmäßigkeit des Gesetzes: Gesetzgebungskompetenzen	158	54
1. Systematik der Kompetenzverteilung – Grundregel des Art. 70 GG	163	56
2. Feststellung des einschlägigen Kompetenztitels: Auslegung und kompetenzmäßige Zuordnung	167	57
a) Auslegung der Kompetenznormen	168	58
b) Kompetenzmäßige Zuordnung: Subsumtion des Gesetzes unter die Kompetenznorm, Kompetenzqualifikation	172	59
3. Zuständigkeitskataloge und ungeschriebene Bundeskompetenzen	180	62
4. Voraussetzungen der Kompetenzausübung – Art. 71, 72 GG	185	63
a) Ausschließliche Bundeszuständigkeit, Art. 71 GG	185	63
b) Konkurrierende Zuständigkeit, Art. 72 GG	186	63
5. Zum Verhältnis von Bundesrecht und Landesrecht, Art. 31 GG	200	67
IV. Verfahren der Bundesgesetzgebung	206	71
1. Gesetzesinitiative	209	72

		a) Initiativrecht	209	72
		b) Zur weiteren Behandlung der Gesetzesinitiative	211	73
		c) „Outsourcing" und Kooperation – aktuelle Probleme der parlamentarischen Gesetzgebung	217	75
	2.	Hauptverfahren: Beratung und Beschlussfassung	218	75
		a) Gesetzesbeschluss des Bundestags	219	76
		b) Beteiligung des Bundesrats	223	77
		c) Zustandekommen eines Gesetzes	231	79
	3.	Ausfertigung und Verkündung: das Abschlussverfahren	234	80
	4.	Verfahren der Verfassungsänderung	241	82
		a) Formelle Voraussetzungen	242	82
		b) Materielle Voraussetzungen	244	83
V.	Landesgesetzgebung – insbesondere: Volksgesetzgebung		245	84
	1.	Verfassungsautonomie der Länder	245a	84
	2.	Grundsatzfragen	245b	84
	3.	Landesrecht – Einzelfragen	246	86
VI.	Offene Staatlichkeit und Verfassungsidentität des Grundgesetzes: Unionsrecht und EMRK		262	90
	1.	Völker- und Europarecht	264	91
	2.	Rechtsquellen des Unionsrechts	265	91
		a) Primäres und sekundäres Unionsrecht	265	91
		b) Kompetenzen	267	92
	3.	Unionsrecht und nationales Recht: Anwendungsvorrang	271	93
		a) Der Grundsatz: Anwendungsvorrang des Unionsrechts	271	93
		b) Europäisches und nationales Recht: Prüfungs- und Verwerfungskompetenz	275	94
		c) Rechtsschutzfragen	277	95
	4.	BVerfG und EuGH – Ultra-vires-Kontrolle, Identitätskontrolle und formelle Übertragungskontrolle	279	95
		a) „Recht auf Demokratie" – Ultra-vires-Kontrolle, Identitätskontrolle	279	95
		b) Ultra-vires-Kontrolle	281	96
		c) Identitätskontrolle	284	98
		d) Formelle Übertragungskontrolle	285a	99
	5.	Grundgesetz, EMRK und Grundrechtecharta	287	100
	6.	Exkurs zur Ukraine	290a	102

§ 4 **Der Rechtsstaat des Grundgesetzes: Gewaltenteilung – rechtsstaatliche Grundsätze** 292   104

I.	Gesetzgebung, Verwaltung, Rechtsprechung: Gewaltenteilung		293	104
	1.	Gewaltenteilung im Grundgesetz: Legislative, Exekutive, Judikative	293	104
		a) Gewaltenteilung: Begriff und Bedeutung	297	105
		b) Legislative und Exekutive	298	106
		c) Judikative	300	106
	2.	Gewaltenteilung: Gesetzmäßigkeit der Verwaltung – Vorrang und Vorbehalt des Gesetzes	305	109
		a) Vorrang des Gesetzes	310	110
		b) Vorbehalt des Gesetzes	312	111
	3.	Gesetzmäßigkeit der Verwaltung, Gewaltenteilung und exekutive Normsetzung	342	118
		a) Rechtsverordnungen	344	118

XV

b) Satzungen		358	123
c) Verwaltungsvorschriften, Gesetzmäßigkeit der Verwaltung und Gewaltenteilung		365	125
II. Rechtsstaatlichkeit und Rechtssicherheit		371	127
1. Verlässlichkeit der Rechtsordnung als Gebot des Rechtsstaats		372	128
2. Insbesondere: Rechtsklarheit		373	128
a) Klarheit und Bestimmtheit der Norm		374	129
b) Klarheit und Widerspruchsfreiheit der Rechtsordnung		381	132
3. Rechtssicherheit – Rückwirkungsverbot und Vertrauensschutz		384	133
a) Rechtssicherheit im Strafrecht: Rückwirkungsverbot, ne bis in idem, Art. 103 Abs. 2, 3 GG		388	135
b) IÜ: Rechtsstaatliches Rückwirkungsverbot		393	136
c) Vertrauensschutz außerhalb des Rückwirkungsverbots?		403	141
d) Europäisches Recht		410	142
III. Rechtsstaat und Übermaßverbot		416	145
1. Grundlagen: Verhältnismäßigkeit staatlicher Maßnahmen		419	146
2. Geltungsbereich und Anwendung		422	147
a) Gesetzgebung, Verwaltung und Rechtsprechung als Bindungsadressaten		422	147
b) Anwendung des Übermaßverbots: Legitimes Handlungsziel		425	148
c) Anwendung des Übermaßverbots: Geeignetheit und Erforderlichkeit		427	148
d) Verhältnismäßigkeit im engeren Sinn – Methodik der Abwägung		429	149
e) Exkurs: Verhältnismäßigkeit und innere Sicherheit		438	153
IV. Justizgewähr, Rechtsschutz und gerichtliches Verfahren: Der Schutz der Rechtsstaatlichkeit		441	154
1. Rechtsschutzgarantie und Justizgewährungsanspruch		441	154
a) Der grundgesetzliche Anspruch auf Rechtsschutz		444	155
b) Voraussetzungen und Tragweite der Rechtsschutzgarantie		446	156
2. Gerichtsorganisation und gesetzlicher Richter		452	158
a) Gewährleistung der fachlich gegliederten Gerichtsbarkeit und eines Instanzenzugs?		455	159
b) Das Recht auf den gesetzlichen Richter		457	160
3. Gerichtliches Verfahren und Grundgesetz		463	162
a) Das Recht auf Gehör		465	162
b) Rechtsstaatlichkeit und „Fairness" des Verfahrens, insbesondere im Strafprozess		467	163
4. Schiedsgerichte, insbesondere im Freihandel		471	165
V. Widerstandsrecht, „ziviler Ungehorsam", Notstand		472	165
VI. Exkurs: Verfassungsfragen der Pandemie		474	166
§ 5 Das bundesstaatliche Prinzip des Grundgesetzes		**475**	**168**
I. Grundlagen		476	168
1. Geschichtlich		479	169
2. Der Bundesstaatsbegriff des Grundgesetzes		481	169
a) Staatlichkeit von Bund und Ländern		481	169

b) Bundesstaatliche Kompetenzordnung – unitarischer Bundesstaat oder Wettbewerbsföderalismus?	486	171
c) Bundesstaatlichkeit als unantastbares Verfassungsprinzip	489	171
d) Bundesstaat, Demokratie und Rechtsstaat	490	172
3. Bundesstaatlichkeit und Europäische Union	491	172
II. Kooperativer Föderalismus und Bundestreue – die föderalen Rechtsbeziehungen	494	173
1. Unitarisierung durch Kooperation – insbesondere: Staatsverträge	499	175
2. Bundestreue, bundesfreundliches Verhalten	501	176
a) Verfassungssystematischer Standort und grundsätzliche Bedeutung	501	176
b) Einzelne Fallgruppen – Kompetenzschranken und Verfahrenspflichten	504	177
c) Akzessorischer Charakter der Bundestreue – Anspruchsgrundlage?	509	178
III. Verwaltungskompetenzen	517	181
1. Der Grundsatz: Regelzuständigkeit der Länder im Verwaltungsbereich – Landeseigenverwaltung	521	182
a) Landeseigener Vollzug der Gesetze	522	182
b) Nicht gesetzesakzessorische Verwaltung	523	183
2. Abweichung vom Regelfall: Bundesauftragsverwaltung ...	526	183
3. Bundeseigene Verwaltung	530	185
4. Ungeschriebene Bundeskompetenzen auch für die Verwaltung?	533	185
5. Unzulässige Mischverwaltung und zulässige Kooperation im Bundesstaat	534	186
6. Bundesaufsicht, Bundeszwang, Bundesintervention	539	187
7. Exkurs: Die Bundeswehr im Grundgesetz	543	190
IV. Die Rechtsprechung in der bundesstaatlichen Ordnung	549	192
V. Die bundesstaatliche Finanz- und Haushaltsverfassung	552	193
1. Überblick	555	194
2. Gesonderte Ausgabentragung (Konnexität), Art. 104a GG, und Finanzhilfen	556	194
3. Steuerertragshoheit und Finanzausgleich	559	196
4. Exkurs: Europäischer Finanzausgleich?	560	196
5. Verteilung der Steuergesetzgebung	561	196
a) Steuern und sonstige Abgaben: Begriffliche Voraussetzungen	561	196
b) Zuständigkeiten	563	197
6. Nichtsteuerliche Abgaben	567	199
a) Nichtsteuerliche Abgaben und die Begrenzungs- und Schutzfunktion der Finanzverfassung	567	199
b) Sonderabgaben	570	200
7. Exkurs: Die bundesstaatliche Haushaltsverfassung – Schuldenbremse, Sondervermögen	575	201
VI. Auswärtige Beziehungen und völkerrechtliche Verträge, Art. 32, 59 GG	579	203
1. Völkerrechtliche Verträge: Verbandskompetenz und Organkompetenz, Art. 32 und Art. 59 GG	582	204
2. Vertragsschluss- und Transformationsgesetz	584	205

§ 6 Staatsziele	588	207
I. Das soziale Staatsziel	589	207
1. Der soziale Rechtsstaat: Grundlagen	592	208
a) Zur Entwicklung des Sozialstaats im Grundgesetz	592	208
b) Wesentliche Inhalte: Soziale Sicherheit und soziale Gerechtigkeit	593	209
2. Zur positiven Bindungswirkung des Sozialstaatsprinzips	596	210
a) Sozialstaatsprinzip als Anspruchsgrundlage? Gesetzgebung und Verwaltung als Adressaten	596	210
b) Sozialstaatsprinzip als Bestandsgarantie?	600	211
c) Freiheitlicher Rechtsstaat, Sozialstaat und Nanny-Staat	602	211
II. Staatsziel Umweltschutz	607	213
1. Schutz der natürlichen Lebensgrundlagen	610	213
2. Insbesondere: Klimaschutz	614	215
3. Tierschutz	616	216
III. Die Staatszielbestimmungen der Landesverfassungen	620	218

Teil II
Staatsorgane

Zusammenfassender Ausgangsfall zu Teil II	623	220
§ 7 Der Bundestag	624	221
I. Rechtsstellung und grundsätzliche Bedeutung des Bundestags – Verfassungskonflikte	633	224
II. Bildung des Bundestags, Zusammensetzung und Verfahren	636	225
1. Abgeordnete und Fraktionen	637	225
2. Geschäftsordnung, Ausschüsse, Verfahren	644	227
a) Geschäftsordnungsautonomie des Bundestags und Präsidium	644	227
b) Ausschüsse und Gremien	646	228
c) Mehrheitsprinzip	651	229
3. Ende der Wahlperiode und Neuwahlen	653	230
III. Abgeordnetenrechte	655	231
1. Statusrechte des Abgeordneten: Freies Mandat und parlamentarisches Verfahren	655	231
a) Anwesenheitsrecht, Mitberatungsrecht, Stimmrecht	656	231
b) Rederecht	660	232
c) Informationsrechte	664	234
2. Freies Mandat und Pflichtenstellung – insbesondere: Mittelpunktregelung	665	234
3. Weitere Statusrechte des Abgeordneten	669	235
4. Insbesondere: Observation von Abgeordneten	674	237
IV. Abgeordneter und Fraktion	677	238
1. Freies Mandat, Partei- und Fraktionszugehörigkeit des Abgeordneten	677	238
2. Der fraktionslose Abgeordnete	681	239
3. Oppositionsrechte?	683	240
V. Kontrolle der Regierung: Untersuchungsausschüsse, Fragerechte und Auskunftsansprüche	686	241

	1.	Die Einsetzung des Untersuchungsausschusses	689	242
	2.	Verfassungsmäßige Bestimmung des Untersuchungsgegenstands	690	242
		a) Bezeichnung des Untersuchungsgegenstands und Festlegung	690	242
		b) Materielle Schranken des Untersuchungsrechts	691	242
	3.	Zum Verfahren im Untersuchungsausschuss – Beweiserhebungsrechte	698	244
	4.	Exkurs: Landesverfassungsrecht	702	247
	5.	Frage- und Informationsrechte des Bundestags und der Abgeordneten und Auskunftspflichten der Regierung	703	247
VI.	Bundestag, Abgeordnete und Fraktion im Verfassungsprozess .		708	249

§ 8 Der Bundesrat 717 253

I.	Rechtsstellung, Bedeutung und Zusammensetzung des Bundesrats		722	254
	1.	Zur Funktion des Bundesrats in der bundesstaatlichen Ordnung des Grundgesetzes: Teilhabe der Länder an der Staatsgewalt im Bund	722	254
	2.	Zusammensetzung des Bundesrats – Stimmabgabe und Weisungsrechte	724	254
II.	Aufgaben und Befugnisse		729	256
	1.	Mitwirkung an der Gesetzgebung des Bundes	729	256
		a) Einspruchs- und Zustimmungsgesetze	729	256
		b) Reichweite der Zustimmungspflicht – Änderung des Zustimmungsgesetzes	733	257
	2.	Mitwirkung bei der Verwaltung des Bundes	737	258
	3.	Mitwirkung in EU-Angelegenheiten – Art. 23 GG	738	259
III.	Garantie der Mitwirkungsrechte – Bundesrat und „Ewigkeitsgarantie"		744	260

§ 9 Die Bundesregierung 750 263

I.	Die Bundesregierung als Verfassungsorgan: Rechtsstellung und grundsätzliche Bedeutung		756	265
II.	Zwischen Politik und Recht: Bildung und Amtsdauer der Bundesregierung		760	266
	1.	Verfassungsfragen der Regierungsbildung	761	266
		a) Regierungsbildung – die maßgeblichen Schritte	761	266
		b) Kanzlerwahl	763	267
		c) Kabinettsbildung	765	268
		d) Koalitionsvertrag	767	268
	2.	Amtsdauer der Bundesregierung, Misstrauensvotum	769	269
	3.	Die Vertrauensfrage	771	270
III.	Interne Organisation und Aufgabenverteilung		778	273
	1.	Kanzlerprinzip, Ressortprinzip, Kollegialprinzip – zur Aufgabenverteilung innerhalb der Bundesregierung	779	273
		a) Systematik des Art. 65 GG	779	273
		b) Richtlinienkompetenz des Bundeskanzlers	780	273
		c) Ressortkompetenzen, Kollegialprinzip	783	274
	2.	Das Beschlussverfahren der Bundesregierung	786	275

IV. Einzelne Kompetenzen der Bundesregierung – insbesondere: Öffentlichkeitsarbeit .... 788 ... 276

§ 10 Der Bundespräsident .... 795 ... 279
I. Rechtsstellung und Bedeutung .... 797 ... 280
   1. Stellung im Grundgesetz .... 798 ... 280
   2. Zur Gegenzeichnungspflicht .... 803 ... 282
II. Kompetenzen des Bundespräsidenten, insbesondere das Prüfungsrecht .... 806 ... 283
   1. Ausfertigung von Gesetzen und Prüfungskompetenz ...... 807 ... 283
   2. Vertretung der Bundesrepublik nach außen .... 815 ... 285
   3. Weitere Befugnisse .... 816 ... 286
   4. „Politische" Befugnisse des Bundespräsidenten – insbesondere: Äußerungsrecht .... 818 ... 286

Anhang zu §§ 7–10: Staatsorgane der Länder .... 824 ... 290

Teil III
Der Schutz der Verfassung durch die Verfassungsgerichtsbarkeit

§ 11 Das Bundesverfassungsgericht .... 833 ... 294
I. Das Bundesverfassungsgericht: Bedeutung und verfassungsrechtliche Stellung .... 833 ... 294
II. Einzelne Verfahren vor dem Bundesverfassungsgericht ...... 838 ... 295
   1. Organstreitverfahren, Art. 93 Abs. 1 Nr 1 GG; §§ 13 Nr 5, 63 ff BVerfGG .... 840 ... 296
   2. Bund-Länder-Streit, Art. 93 Abs. 1 Nr 3 GG; §§ 13 Nr 7, 68 ff BVerfGG .... 848 ... 301
   3. Sonstige föderale Streitigkeiten, Art. 93 Abs. 1 Nr 4 GG; §§ 13 Nr 8, 71, 72 BVerfGG .... 851 ... 302
   4. Die abstrakte Normenkontrolle, Art. 93 Abs. 1 Nr 2 GG; §§ 13 Nr 6, 76 ff BVerfGG .... 853 ... 303
   5. Die abstrakte Normenkontrolle, Art. 93 Abs. 1 Nr 2a GG; §§ 13 Nr 6a, 76 ff BVerfGG .... 857 ... 305
   6. Feststellung der Ersetzbarkeit von Bundesrecht, Art. 93 Abs. 2 GG; §§ 13 Nr 6b, 97 BVerfGG .... 859 ... 306
   7. Die konkrete Normenkontrolle (Richtervorlage), Art. 100 Abs. 1 GG; §§ 13 Nr 11, 80 ff BVerfGG .... 860 ... 306
   8. Verfassungsbeschwerden .... 864 ... 309
   9. Weitere Verfahren .... 868 ... 310
III. Allgemeine Fragen des Verfahrens und der Entscheidung des Bundesverfassungsgerichts .... 875 ... 313
   1. Besonderheiten der Normprüfungsverfahren .... 876 ... 313
      a) Verfassungskonforme Auslegung .... 877 ... 313
      b) Zurückhaltung gegenüber dem Gesetzgeber .... 878 ... 313
      c) Die Entscheidung des Bundesverfassungsgerichts: Nichtigerklärung oder Feststellung der Verfassungswidrigkeit .... 879 ... 314
   2. Einstweilige Anordnungen des Bundesverfassungsgerichts . 884 ... 316

Anhang: Hinweise zu Zulässigkeitsfragen der Ausgangsfälle .... 889　319
    I. Organstreitverfahren .... 889　319
    II. Bund-Länder-Streit .... 903　324
    III. Sonstige föderale Streitigkeiten .... 906　325
    IV. Normenkontrollverfahren .... 907　325
        1. Abstrakte Normenkontrolle .... 908　326
        2. Konkrete Normenkontrolle .... 910　326
    V. Verfassungsbeschwerdeverfahren .... 912　327

§ 12 Landesverfassungsgerichtsbarkeit .... 919　330
    I. Verfassungsgerichtsbarkeit in den Ländern: die wichtigsten
       Verfahrensarten .... 919　330
        1. Baden-Württemberg .... 920　330
        2. Bayern .... 921　330
        3. Berlin .... 924　332
        4. Brandenburg .... 925　332
        5. Bremen .... 926　333
        6. Hamburg .... 927　333
        7. Hessen .... 928　334
        8. Mecklenburg-Vorpommern .... 930　335
        9. Niedersachsen .... 931　335
        10. Nordrhein-Westfalen .... 932　335
        11. Rheinland-Pfalz .... 933　335
        12. Saarland .... 934　336
        13. Sachsen .... 935　336
        14. Sachsen-Anhalt .... 936　337
        15. Schleswig-Holstein .... 937　337
        16. Thüringen .... 938　337
    II. Bundes- und Landesverfassungsgerichtsbarkeit im Verhältnis
       zueinander .... 939　338
        1. Der Grundsatz: Selbstständiges Nebeneinander .... 940　338
        2. Insbesondere: Landesverfassungsbeschwerde wegen
           Verletzung von Landesgrundrechten in Anwendung von
           Bundesrecht .... 944　340

Anhang: Schematische Übersicht zum Gesetzgebungsverfahren . 　342

Sachverzeichnis .... 　345

Abkürzungsverzeichnis/Zitierweise

Im Folgenden werden einem häufig vorgebrachten Wunsch der Leser entsprechend neben der abgekürzt zitierten Literatur einige häufig gebrauchte Abkürzungen wiedergegeben; iÜ werden die üblichen Abkürzungen verwendet.

Zur Zitierweise: Gerichtsentscheidungen werden soweit möglich mit ihrer Fundstelle in der amtlichen Sammlung des Gerichts zitiert – also: BVerfGE 12, 205, 261: Bundesverfassungsgericht – Entscheidungssammlung, 12. Band, S. 205: Beginn des Abdrucks, dort S. 261: Belegstelle. Soweit jedoch die Entscheidungen bereits mit Randnummern versehen sind, wie dies der Fall ist seit Band 131 der amtlichen Sammlung des BVerfG, wird auf die entsprechenden Randnummern. verwiesen, ebenso beim Abdruck in Zeitschriften. Entscheidungen der Landesverfassungsgerichte, für die die Entscheidungssammlungen meist nur schwer zugänglich sind, werden idR nach einer Fundstelle in einer der gängigen Zeitschriften zitiert. Noch nicht veröffentlichte Entscheidungen des BVerfG werden nach Datum und Aktenzeichen zitiert; ebenso wird bei einigen wichtigen aktuellen Entscheidungen das Datum angegeben, um das Auffinden bei www.bverfg.de oder bei www.juris.de zu erleichtern. Über juris können durch Eingabe einer Fundstelle die Parallelfundstellen ermittelt werden. Entscheidungen ohne Fundstelle sind zitiert nach juris.

Normen des europäischen Rechts werden zitiert mit EUV und AEUV. Mit EUV wird der Vertrag über die Europäische Union in der Fassung des Vertrags von Lissabon zitiert; soweit auf die bis dahin geltende Fassung des Vertrags hinzuweisen ist, wird dies kenntlich gemacht, wo erforderlich, mit dem Zusatz „aF" (= alter Fassung). Mit AEUV wird der Vertrag über die Arbeitsweise der Europäischen Union zitiert, der an die Stelle des EG-Vertrags getreten ist, ggf wird in Klammern die entsprechende Bestimmung des EG-Vertrags zitiert, in der Fassung, die bis zum Vertrag von Lissabon gegolten hat. Der EG-Vertrag hatte ja bereits mit dem Vertrag von Amsterdam 1999 eine durchgehende Neunummerierung der Artikel erfahren, existiert also nunmehr in dreifacher Artikelzählung, was die Arbeit mit älteren Texten erschwert. Ein Konkordanzverzeichnis, in dem die sich sachlich entsprechenden Artikel mit der jeweiligen Nummerierung gegenübergestellt werden, findet sich in den Textsammlungen im Anhang zum Vertragstext.

aA	anderer Ansicht
aaO	am angegebenen Orte
AbgG	Abgeordnetengesetz
Abs.	Absatz
abw	abweichend
AEUV	Vertrag über die Arbeitsweise der Europäischen Union
aF	alte Fassung
aM	andere(r) Meinung
AöR	Archiv des öffentlichen Rechts (Zeitschrift)
ASt	Antragsteller
Austermann/Waldhoff	Parlamentsrecht, 2020
BauGB	Baugesetzbuch
BayVBl	Bayerische Verwaltungsblätter
BayVerf	Bayerische Verfassung
BayVerfGH	Bayerischer Verfassungsgerichtshof
BB	Betriebsberater (Zeitschrift)
BbgVerf	Brandenburgische Verfassung
BbgVerfG	Verfassungsgericht des Landes Brandenburg

Benda/Klein	Verfassungsprozessrecht, 4. Aufl. Heidelberg 2020
BerlVerf	Verfassung von Berlin
BerlVerfGH	Berliner Verfassungsgerichtshof
Bf	Beschwerdeführer
BGBl	Bundesgesetzblatt
BGH	Bundesgerichtshof
BMinG	Bundesministergesetz
BonnK	Kommentar zum Bonner Grundgesetz, Hamburg/Heidelberg 1950 ff, zit. nach Bearbeitern
BremStGH	Bremer Staatsgerichtshof
BremVerf	Verfassung von Bremen
BSG	Bundessozialgericht
BT-Drucks.	Bundestagsdrucksache (Nummerierung: Wahlperiode/lfd. Nummer)
B.v.	Beschluss vom
BVerfG	Bundesverfassungsgericht
BVerfG (K)	Bundesverfassungsgericht (Kammerbeschluss)
BVerfGG	Bundesverfassungsgerichtsgesetz (Textbuch Nr 20)
BVerwG	Bundesverwaltungsgericht
BWahlG	Bundeswahlgesetz (Textbuch Nr 30)
BWVerf	Verfassung des Landes Baden-Württemberg
ders.	derselbe
DÖV	Die öffentliche Verwaltung (Zeitschrift)
Dreier	Grundgesetz, Bd. I, 3. Aufl. 2013, Bd. II, 3. Aufl. 2015, Bd. III, 3. Aufl. 2017, zit. nach Bearbeitern
Dürig/Herzog/Scholz	Grundgesetz, Kommentar, München 1958 ff., zitiert nach Bearbeitern (vormals *Maunz/Dürig*)
DVBl	Deutsches Verwaltungsblatt
eA	einstweilige Anordnung
EEG	Erneuerbare-Energien-Gesetz
EGMR	Europäischer Gerichtshof für Menschenrechte
EGV	Vertrag über die Gründung der Europäischen Gemeinschaft
EMRK	Europäische Menschenrechtskonvention
ESM	Europäischer Stabilitäts-Mechanismus
EU	Europäische Union
EuG	Europäisches Gericht Erster Instanz
EuGH	Europäischer Gerichtshof
EuGRZ	Europäische Grundrechte Zeitschrift
EUV	Vertrag über die Europäische Union
EZB	Europäische Zentralbank
FAG	Finanzausgleichsgesetz
FS	Festschrift
GEG	Gebäudeenergiegesetz
GeschO	Geschäftsordnung
GeschOBReg	Geschäftsordnung der Bundesregierung
GeschOBT	Geschäftsordnung des Deutschen Bundestags
HambVerf	Verfassung der Freien und Hansestadt Hamburg
Hesse	Grundzüge des Verfassungsrechts der Bundesrepublik Deutschland, 20. Aufl., Heidelberg 1995, Neudruck 1999

HessStGH	Hessischer Staatsgerichtshof
HessVerf	Hessische Verfassung
Hillgruber/Goos	Verfassungsprozessrecht, 5. Aufl., Heidelberg 2020
hM	herrschende Meinung (abs hM: absolut herrschende Meinung)
HStR	Isensee/Kirchhof (Hrsg.), Handbuch des Staatsrechts der Bundesrepublik Deutschland, Bd. I–IX, 1. Aufl. 1986–1995, Bd. I–XIII, 3. Aufl. 2003–2015. Zitierweise: HStR I³, HStR II³ usf.
idF	in der Fassung
idR	in der Regel
iE	im Ergebnis
ieS	im engeren Sinne
iFd	im Falle des
IfSG	Infektionsschutzgesetz
Ipsen/Kaufhold/ Wischmeyer	Staatsrecht I – Staatsorganisationsrecht, 34. Aufl., München 2022
iSv	im Sinne von
JA	Juristische Arbeitsblätter
Jarass/Pieroth	Grundgesetz, Kommentar, 16. Aufl., München 2020
JöR	Jahrbuch des öffentlichen Rechts
JR	Juristische Rundschau (Zeitschrift)
Jura	Juristische Ausbildung (Zeitschrift)
JuS	Juristische Schulung (Zeitschrift)
JZ	Juristenzeitung
Kingreen/Poscher	Grundrechte Staatsrecht II, 39. Aufl., Heidelberg 2023 (vormals Pieroth/ Schlink)
K&R	Kommunikation & Recht (Zeitschrift)
Klausurenband I	*Degenhart*, Klausurenkurs im Staatsrecht I, 6. Aufl., Heidelberg 2022
Klausurenband II	*Degenhart*, Klausurenkurs im Staatsrecht II, 10. Aufl., Heidelberg 2023
Kloepfer I	Verfassungsrecht Band I. Grundlagen. Staatsorganisationsrecht. Bezüge zum Völker- und Europarecht, München 2011
Lenz/Hansel	Bundesverfassungsgerichtsgesetz, Kommentar, 3. Aufl., Baden-Baden 2020
LKV	Landes- und Kommunalverwaltung (Zeitschrift)
lt SV	laut Sachverhalt
LVerfG MV	Landesverfassungsgericht Mecklenburg-Vorpommern
mE	meines Erachtens
MMR	Multimedia und Recht (Zeitschrift)
MStV	Medienstaatsvertrag
MVVerf	Verfassung des Landes Mecklenburg-Vorpommern
NdsVerf	Verfassung des Landes Niedersachsen
nF	Neue Fassung
NJ	Neue Justiz (Zeitschrift)
NJW	Neue Juristische Wochenschrift
NVwZ	Neue Zeitschrift für Verwaltungsrecht
NVwZ-RR	NVwZ Rechtsprechungs-Report
NWVBl	Nordrhein-Westfälische Verwaltungsblätter
NWVerf	Verfassung des Landes Nordrhein-Westfalen

OMT	Outright Monetary Transactions
ParlBG	Parlamentsbeteiligungsgesetz
PartG	Parteiengesetz (Textbuch Nr 35)
Peine/Siegel	Klausurenkurs im Verwaltungsrecht, 7. Aufl., Heidelberg 2021
Pestalozza	Verfassungsprozessrecht, 3. Aufl., München 1991
PSPP	Public Sector Purchase Programm
PUAG	Untersuchungsausschussgesetz (Textbuch Nr 17)
RhPfVerf	Verfassung von Rheinland-Pfalz
RhPfVerfGH	Verfassungsgerichtshof Rheinland-Pfalz
Rspr	Rechtsprechung
SaarlVerf	Verfassung des Saarlands
Sachs	Grundgesetz, Kommentar, 9. Aufl., München 2021, zit. nach Bearbeitern
SächsVBl	Sächsische Verwaltungsblätter
SächsVerf	Verfassung des Freistaates Sachsen
SächsVerfGH	Sächsischer Verfassungsgerichtshof
SAHVerf	Verfassung von Sachsen-Anhalt
Schenke	Verwaltungsprozessrecht, 18. Aufl., Heidelberg 2023
Schlaich/Korioth	Das Bundesverfassungsgericht, 10. Aufl., München 2015
Schwanengel	Das Parlament im Gefüge der Staatsorganisation, Berlin 2021
Schweitzer/Dederer	Staatsrecht III, 12. Aufl., Heidelberg 2020
SHVerf	Verfassung von Schleswig-Holstein
Siegel	Allgemeines Verwaltungsrecht, 14. Aufl., Heidelberg 2022
StGH BW	Staatsgerichtshof Baden-Württemberg (jetzt: Verfassungsgerichtshof)
str	strittig
stRspr	ständige Rechtsprechung
Streinz	Europarecht, 12. Aufl., Heidelberg 2022
Textbuch	Textbuch Deutsches Recht – Staats- und Verwaltungsrecht Bundesrepublik Deutschland, 63. Aufl., Heidelberg 2023
ThürVBl	Thüringer Verwaltungsblätter
ThürVerf	Verfassung des Freistaates Thüringen
ThürVerfGH	Thüringer Verfassungsgerichtshof
UAbs.	Unterabsatz
Übbl	Überblick
unstr	unstrittig
U. v.	Urteil vom
VB	Verfassungsbeschwerde
v. H.	vom Hundert
Verf	Verfassung
VerfGH NW	Verfassungsgerichtshof Nordrhein-Westfalen
VersG	Versammlungsgesetz (Textbuch Nr 80)
vMKS	von Mangoldt/Klein/Starck, Grundgesetz, Kommentar, 7. Aufl., Bd. 1–3, München 2018, zitiert nach Bearbeitern
VO	Verordnung
ZG	Zeitschrift für Gesetzgebung

Zur Arbeit mit diesem Buch

Die Darstellung behandelt im **ersten Teil** zunächst einige Grundfragen zu Staat und Verfassung (§ 1), dann schwerpunktmäßig das *Demokratiegebot* (§ 2), hierbei insbesondere Fragen des parlamentarischen Systems (I, II), der Parteien und des Wahlrechts (III, IV), der direkten Demokratie (V) und widmet sich der immer drängenderen Frage, wie der Prozess der europäischen Integration demokratisch zu gestalten ist. Ein erster Abschnitt zum Rechtsstaatsgebot des Grundgesetzes widmet sich dem Gesetz als der zentralen, demokratische Legitimation und Rechtssicherheit schaffenden Handlungsform des demokratischen Rechtsstaats (§ 3). Hierzu werden zusammenfassend Fragen des Gesetzesbegriffs (I, II), der Gesetzgebungskompetenzen (III), des Gesetzgebungsverfahrens und des Verfahrens der Verfassungsänderung (IV) behandelt, unter Einbeziehung der Rechtsetzung durch die Europäische Union und des Verhältnisses von nationalem Recht und europäischem Recht (VI). Auch werden Besonderheiten der Landesgesetzgebung, hier vor allem der Volksgesetzgebung, dargestellt (V). Im Anschluss an die Behandlung der Gesetzgebung werden zum *Rechtsstaatsgebot* des Grundgesetzes (§ 4) der Grundsatz der Gewaltenteilung und damit im Zusammenhang die Gesetzmäßigkeit der Verwaltung und der untergesetzlichen Rechtsetzung (I) sowie mit dem Grundsatz der Rechtssicherheit und dem Übermaßverbot (II, III) die grundlegenden allgemeinen Anforderungen des Rechtsstaats behandelt. Rechtsstaatlichkeit verwirklicht sich durch Rechtsprechung – Rechtsschutz und Justizgewähranspruch sowie die Verfahrensgrundrechte werden im Abschnitt hierzu zusammengefasst (IV). Die Behandlung der *bundesstaatlichen Ordnung* des Grundgesetzes (§ 5) konzentriert sich – neben Grundsatzfragen des Bundesstaatsbegriffs (I) – auf die föderalen Rechtsbeziehungen, wie sie durch Bundestreue und kooperativen Föderalismus geprägt sind (II), auf Verwaltungs- (III) und Vertragsschlusskompetenzen (VI) und auf die bundesstaatliche Finanzverfassung (V). *Staatsziele* (§ 6) werden dargestellt, soweit sie von aktueller Bedeutung für den Leser dieses Buches sind, insbesondere das Sozialstaatsgebot (I) und das Staatsziel Umweltschutz, und hier der Klimaschutz (II).

Im **zweiten Teil** werden schwerpunktmäßig Rechtsstellungen, Aufgaben und Befugnisse der wichtigsten **Staatsorgane** – *Bundestag* und *Bundesrat, Bundesregierung, Bundespräsident* – ausgeführt (§§ 7–10). Der **dritte Teil** widmet sich dem Schutz der Verfassung. Er bringt für das *Bundesverfassungsgericht* (§ 11) eine ausführliche Darstellung der allgemeinen Verfahrensfragen (I, III) und der einzelnen Verfahren (II) sowie für die Landesverfassungsgerichte (§ 12) landesspezifische Besonderheiten (I) und das Verhältnis zum BVerfG (II).

Fragen der **Verfassungsinterpretation** werden einleitend behandelt (§ 1 III); ergänzend wird hierauf eingegangen, wo es für die Beantwortung konkreter Fragestellungen erforderlich ist. Im jeweiligen Sachzusammenhang werden auch Fragen der europäischen Integration und der Einwirkungen des Gemeinschaftsrechts auf die Rechtsordnung nach dem Grundgesetz einbezogen – ohne sie ist eine Darstellung verfassungsrechtlicher Fragen nicht mehr vorstellbar.

Besonderheiten des **Landesverfassungsrechts** werden jeweils im Zusammenhang der entsprechenden Abschnitte über das Staatsrecht der Bundesrepublik gebracht, insbesondere in § 2 V und § 3 V (direkte Demokratie in den Ländern, Volksbegehren und Volksentscheid), in § 6 IV (Staatszielbestimmungen der Landesverfassungen), im Anhang zu § 10 (Staatsorgane der Länder) und in § 12 (Landesverfassungsgerichtsbarkeit).

Den einzelnen Teilabschnitten sind insgesamt 78 Ausgangsfälle vorangestellt, auf die die Darstellung – unter Einbeziehung weiterer Fallbeispiele – laufend zurückkommt; die Ausgangsfälle werden – meist am Schluss des jeweiligen Abschnitts – zusammenfassend gelöst. Die prozessualen Fragen der Ausgangsfälle werden im Zusammenhang nach § 11 III behandelt. Soweit als möglich ist bei der Auswahl der Fälle auf aktuelle Verfassungskonflikte Bezug genommen. Die Lösungen sind idR in Form von Lösungsskizzen gehalten; für ausformulierte Fälle wird auf die Klausurenbände verwiesen.

Insbesondere für Studienanfänger sind die einleitenden Hinweise zu den einzelnen Teilabschnitten und den dort behandelten Fragen gedacht.

Verweisungen auf Literatur und Rechtsprechung sind im Text knapp gehalten, die Darstellung soll aus sich heraus verständlich sein. Schrifttumshinweise im Anschluss an die einzelnen Teilabschnitte mögen zu vertiefendem Studium anregen; die vorangestellten **Leitentscheidungen des BVerfG** sollte der Leser/die Leserin im diesem Lehrbuch beigefügten ebook im Volltext nachschlagen.

Aufbauhinweise werden im Zusammenhang der Darstellung gegeben. Einzelnen Abschnitten wurden zusammenfassende Übersichten und Prüfungsschemata angefügt. Auf *generelle* Klausurregeln wurde verzichtet, da es sie – jedenfalls im Staatsorganisationsrecht – nicht gibt; positives Wissen und tatsächliche Klausurpraxis bieten allein die Gewähr für den Examenserfolg. Zu Ersterem möchte dieses Buch einen Beitrag leisten.

Zur Vorbereitung auf Übung, Zwischenprüfung und Staatsexamina stehen die vom Verfasser vorgelegten **Klausurenkurse im Staatsrecht I und II** als Fall- und Repetitionsbände zur Verfügung. Der Band „**Klausurenkurs im Staatsrecht I**" ist auf die Anforderungen in Übung und Zwischenprüfung hin ausgelegt und deckt das Staatsorganisationsrecht und die Grundrechte ab. Er liegt in 6. Auflage 2022 vor, der Band „**Klausurenkurs im Staatsrecht II – Mit Bezügen zum Europarecht**" ist in 10. Auflage für Ende 2023 in Vorbereitung. Die in den Bänden enthaltenen Musterklausuren mit Repetitoriumsteil ermöglichen die klausurmäßige Einübung des Stoffes, machen mit typischen Problemkonstellationen, im Klausurenkurs II auch in verwaltungsrechtlicher Einkleidung, vertraut und bringen einen gedrängten Überblick über den Stoff, der dann anhand der Schwerpunkte-Bände erarbeitet bzw nachgearbeitet werden kann.

Teil I
Verfassungsgestaltende Grundentscheidungen – Staatszielbestimmungen

§ 1 Grundlagen: Staat und Verfassung – das Grundgesetz als die Verfassung der Bundesrepublik Deutschland

I. Staat und Staatsrecht

1. Der Staat als Gegenstand des Staatsrechts

1 Gegenstand des Staatsrechts ist der Staat. Das Staatsrecht regelt, wie der Staat organisiert sein soll, wer für ihn handeln soll, und mit welchen Aufgaben und Befugnissen – dies ist Inhalt des Staatsorganisationsrechts. Es bestimmt weiterhin, wie das Verhältnis des Staates zu seinen Bürgern beschaffen sein soll – dies ist Inhalt vor allem der Grundrechte des Grundgesetzes. Das Staatsrecht der Bundesrepublik Deutschland ist in erster Linie im Grundgesetz enthalten, das als Verfassung deren rechtliche Grundordnung bestimmt. Ergänzend treten weitere Gesetze hinzu, wie zB das Bundeswahlgesetz, das die näheren Bestimmungen für die Wahl des Bundestags enthält – während das Grundgesetz selbst in seinem Art. 38 Abs. 1 S. 1, wonach die Abgeordneten in allgemeiner, unmittelbarer, freier, gleicher und geheimer Wahl bestimmt werden, die grundsätzlichen Aussagen trifft.

2. Die drei Elemente des Staatsbegriffs

2 Dass die Bundesrepublik Deutschland ein „Staat" ist, wird im Grundgesetz ohne Weiteres vorausgesetzt. Drei Elemente werden regelmäßig als Voraussetzung für die Existenz eines Staates genannt und haben diese Funktion jedenfalls mit der Entstehung des Territorialstaates in der beginnenden Neuzeit: Staatsgebiet, Staatsvolk und Staatsgewalt.

a) Staatsgebiet und Staatsvolk

3 Beim Staatsgebiet handelt es sich um einen umgrenzten Teil der Erdoberfläche, der den räumlichen Geltungsbereich der Staatsgewalt bezeichnet, auf den sich die Staatsgewalt erstreckt, aber auch begrenzt. Staatsvolk sind all jene Personen, die durch die rechtliche Klammer der Staatsangehörigkeit dauerhaft mit dem Staat verbunden sind. Der Staat hat also die Gebietshoheit und die Personalhoheit.

4 Bei der Staatsangehörigkeit handelt es sich also um eine rechtliche Eigenschaft, die nicht schon durch den tatsächlichen Aufenthalt im Staatsgebiet begründet wird. Wie sie erworben wird, dies regeln die einzelnen Staaten selbstständig. Dabei werden zwei unterschiedliche Rechtsprinzipien unterschieden. *Ius sanguinis* („Recht des Blutes") oder Abstammungsprinzip bedeutet: Erwerb der Staatsangehörigkeit durch Abstammung; *ius soli* („Recht des Bodens") oder Territorialitätsprinzip bedeutet: Erwerb durch Geburt auf dem Territorium des Landes. Die Staatsangehörigkeit kann zudem durch Einbürgerung erworben werden.

Das deutsche Staatsangehörigkeitsrecht, traditionell dem Abstammungsprinzip folgend, enthält nunmehr auch Elemente des Territorialitätsprinzips[1]. So wird die deutsche Staatsangehörigkeit durch Geburt im Inland erworben, wenn die Eltern sich bis dahin acht Jahre rechtmäßig im Inland aufgehalten haben, § 4 Abs. 3 StAG. In bestimmten Fällen, vor allem bei fehlendem Inlandsbezug, sieht § 29 StAG eine Optionspflicht nach Vollendung des 21. Lebensjahres vor. Die unterschiedlichen Regelungen der einzelnen Staaten können zum Entstehen mehrfacher Staatsangehörigkeit führen[2].

b) Die Staatsgewalt im Verfassungsstaat

5   Entscheidendes Element des Staatsbegriffs ist die **Staatsgewalt**. Hierunter versteht man die alleinige, umfassende und prinzipiell unbegrenzte Herrschaftsmacht des Staates innerhalb seines Staatsgebiets und über das Staatsvolk. Ihm entspricht die Souveränität nach außen. Herrschaftsmacht bedeutet vor allem, dass der Staat – und nur der Staat – aus eigener Autorität, ohne dazu noch besonders ermächtigt zu werden, für die Bürger verbindliche Regeln aufstellen und Entscheidungen treffen kann. Diese sind zu befolgen, ohne dass ihnen jeweils zugestimmt werden müsste. Dies gilt für den Erlass von Gesetzen ebenso wie für Entscheidungen der Behörden und Gerichte. Staatsgewalt bedeutet, dass diese Anordnungen auch zwangsweise durchgesetzt werden können – der Staat hat das Gewaltmonopol. Der Bürger, der seine Rechte durchsetzen will, muss hierfür die Hilfe der Gerichte in Anspruch nehmen – der Staat ist verpflichtet, das Recht durchzusetzen (Justizgewähr, Rn 444 ff).

Während die Ausübung der Staatsgewalt auf das Staatsgebiet beschränkt ist, die Bundesrepublik also im Ausland nicht mit Hoheitsgewalt auftreten kann, hat sie doch auch bei Auslandsaktivitäten das Grundgesetz zu beachten. Dies betrifft zB die Auslandsaufklärung durch den BND: auch bei der Ausland-Ausland-Aufklärung, also zB dem Abhören von Gesprächen im Ausland zwischen ausländischen Teilnehmern[3]. Im Verfahren um den Klimaschutz machten Beschwerdeführende aus Nepal und Bangladesch Schutzansprüche gegen Deutschland geltend: dessen unzureichende Maßnahmen würden mit zum Klimawandel beitragen, dessen Folgen sie besonders beträfen.[4] Das BVerfG ließ die Frage offen.

6   Diese Befugnis, verbindliche Regeln aufzustellen und durchzusetzen, macht die hoheitliche Gewalt des Staates aus. Im Verfassungsstaat ist die Staatsgewalt an feste, für den Staat selbst verbindliche Regeln gebunden. Sie sind in einer Verfassung – für Deutschland im Grundgesetz – niedergelegt. Der Bürger hat damit gesicherte, eben „verfassungsmäßige" Rechte im Verhältnis zum Staat. Der Verfassungsstaat hat sich vor allem seit dem Ende des 18. Jahrhunderts in Nordamerika und Westeuropa entwickelt, hier mit der Französischen Revolution als der entscheidenden Zäsur. Die Bundesrepublik Deutschland ist Verfassungsstaat – das Grundgesetz als ihre Verfassung schafft die Grundlagen der staatlichen Ordnung und garantiert die Freiheiten der Bürger. Staatsgewalt kann hiernach nur in den Bahnen des Rechts ausgeübt werden – die Bundesrepublik ist Rechtsstaat. Jene Normen, die speziell die Befugnisse der staatlichen Gewalt, also der Hoheitsgewalt des Staates ausgestalten und begrenzen, also das Sonderrecht des Staats, machen in ihrer Gesamtheit das **öffentliche Recht** aus. Das Staatsrecht bezeichnet einen Teilausschnitt hieraus.

---

1 Vgl: *Kokott*, in: Sachs, Art. 16 Rn 3.
2 Vgl. zur Thematik *Degenhart*, NJW-aktuell 36/2016, 7.
3 BVerfGE 154, 152 Rn 89.
4 Vgl. BVerfGE 157, 30 Rn 175.

c) Die Staatsgewalt im Bundesstaat

Für die Staatsgewalt als Merkmal des Staatsbegriffs besteht für die Bundesrepublik Deutschland die Eigentümlichkeit, dass sie als **Bundesstaat** einen Zentralstaat (die Bundesrepublik) und Gliedstaaten (die Länder) umfasst. Dies hat zur Folge, dass die Ausübung der Staatsgewalt, also der Erlass von Gesetzen, ihr Vollzug und die Rechtsprechung nicht ausschließlich durch den Staat „Bundesrepublik" selbst erfolgt, sondern auch durch „Länder" als deren Gliedstaaten. Im Bundesstaat sind die staatlichen Befugnisse zwischen Zentralstaat und Gliedstaaten in der Weise verteilt, dass sie in ihrer Gesamtheit die umfassende Staatsgewalt ausmachen. Die Länder üben eigene Staatsgewalt aus und können insoweit als Staaten gelten. In welchem Maße sie staatliche Befugnisse haben, dies bestimmt jedoch das Grundgesetz. Die Länder sind also nicht souverän und können nur im Rahmen des Grundgesetzes als der gesamtstaatlichen Verfassung handeln. Art. 28 Abs. 1 GG bringt dies zum Ausdruck.

3. Souveränität, offene Staatlichkeit und Europäische Union

Fall 1: Visionen (Zusammenfassender Ausgangsfall zu Staat, Verfassung, Demokratie und EU)

Um der zunehmenden Euroskepsis entgegenzuwirken, entwickelt die in mehreren Mitgliedstaaten der Europäischen Union aktive Partei „L'Europe en marche" ein Modell für „United States of Europe" (USE), das sie als eine Vision beschreibt, die innerhalb einer Generation durch Fortentwicklung der Europäischen Union Wirklichkeit werden könne. Es soll sich um einen Bundesstaat analog etwa zu den USA handeln. Ein Europaparlament soll sich aus direkt gewählten Abgeordneten zusammensetzen, die in Wahlkreisen mit im Durchschnitt 1 Mio. Einwohner gewählt werden sollen, wobei jeder Mitgliedstaat mindestens 3, höchstens aber 60 Abgeordnete stellen soll. Als zweite Kammer ist an einen Senat mit jeweils 2 Senatoren aus jedem Mitgliedstaat gedacht. Parlament und Senat sollen gemeinsam das Recht der Gesetzgebung haben, ohne dass die nationalen Parlamente mitwirken müssten. Anders als bisher soll auch für grundlegende Entscheidungen nicht mehr das Einstimmigkeitsprinzip gelten. Das Europaparlament soll einen Regierungschef wählen und die Regierung bestätigen. Ein Austrittsrecht wird ausdrücklich ausgeschlossen.

Die Bundestagsabgeordnete Dr. Alice Lallinger hält das Vorhaben für nicht nur politisch, sondern auch verfassungsrechtlich nicht realisierbar. Es bedeute das Ende der Bundesrepublik Deutschland als Staat. Dies lasse das Grundgesetz nicht zu. Das Konstrukt, das den Visionären vorschwebe, sei undemokratisch und verletze das Selbstbestimmungsrecht der Völker. Im Übrigen solle, wer Visionen habe, sich an den Rat eines ehemaligen Bundeskanzlers halten[5].

Der Vorsitzende der deutschen Abteilung von „L'Europe en marche" ersucht den renommierten Europarechtler Professor Althusius, zu prüfen, ob das Projekt nach dem Grundgesetz verwirklicht werden könne. Im Hinblick auf die Erfahrungen mit dem BREXIT solle dabei eine Mitsprache des Volkes tunlichst vermieden werden. **Rn 132, 140**

Das Prinzip der **Souveränität** gilt nicht mehr unbedingt, wie im Zeitalter der Nationalstaaten im 19. und in der ersten Hälfte des 20. Jahrhunderts[6]. Das Grundgesetz enthält in seiner Präambel und in Art. 23 GG die Ermächtigung und den Verfassungsauftrag zur europäischen Integration[7] und in Art. 24 GG die Ermächtigung zur Eingliederung in inter-

---

5 Helmut Schmidt (Kanzler 1974-1982) wird der Ausspruch zugeschrieben, wer Visionen habe, solle zum Arzt gehen.
6 Näher *Schweitzer/Dederer* Rn 260.
7 BVerfGE 123, 267, 346 ff

nationale Gemeinschaften. Dabei können Hoheitsrechte auf die jeweilige Einrichtung übertragen werden. Dies bedeutet die Abgabe von Souveränität. Dem Grundgesetz liegt also ein Verständnis von Staatlichkeit und Souveränität zugrunde, in dem die Bundesrepublik als Staat sich der Völkergemeinschaft öffnet[8]. Dies kann als „offene Staatlichkeit" (Rn 263 ff) beschrieben werden[9]. Sie kommt bereits in der Präambel zum Grundgesetz zum Ausdruck, ebenso im Bekenntnis zu unveräußerlichen Menschenrechten als Grundlage des Friedens und der Gerechtigkeit in der Welt in Art. 1 Abs. 2 GG, im „Europa-Artikel" 23 GG sowie in Art. 24 GG, in der Anerkennung der allgemeinen Regeln des Völkerrechts und im Friedlichkeitsgebot des Art. 26 GG.

10 Mit den Römischen Verträgen von 1957 ist die Bundesrepublik der damaligen **Europäischen Wirtschaftsgemeinschaft** (EWG), später **Europäische Gemeinschaft** (EG), beigetreten, ferner der – mittlerweile beendeten – Europäischen Gemeinschaft für Kohle und Stahl sowie Euratom (EAG)[10]. Der Beitritt erfolgte auf der Grundlage des seinerzeitigen Art. 24 GG, an dessen Stelle 1992 der „Europa-Artikel" 23 GG getreten ist. Die **Europäische Union** (EU) wurde durch den Maastricht-Vertrag über die Europäische Union vom 7. Februar 1992 vereinbart. Mit dem Vertrag von Lissabon ist die EG (die ursprüngliche EWG) in der EU aufgegangen, die EU ist Rechtsnachfolger der EG[11]. Aus dem Vertrag über die Gründung der Europäischen Gemeinschaft (EGV) wurde der Vertrag über die Arbeitsweise der Europäischen Union (AEUV), der zusammen mit dem EUV die Rechtsgrundlagen der Union bildet, das sog. **Primärrecht der Verträge**; zu den Rechtsquellen des Unionsrechts s. Rn 265 ff.

11 Die EU ist eine supranationale Rechtsgemeinschaft mit eigener Hoheitsgewalt. Sie hat keine umfassende Staatsgewalt, sondern nur die Befugnisse, die ihr von den Mitgliedstaaten durch Vertrag übertragen worden sind. Die Bundesrepublik ist weiterhin ein souveräner Staat, die EU kein Bundesstaat. Das BVerfG spricht, unter Bezugnahme auch auf die Drei-Elementen-Lehre[12], von der EU als einem **Staatenverbund** demokratischer, souverän bleibender Staaten, mit dem Recht auch zum Austritt[13]. Der EuGH sieht jedoch im Recht der Union eine autonome und nicht abgeleitete Rechtsordnung. Die EU kann jedenfalls ihre Befugnisse nicht einseitig erweitern, sie hat nicht die „Kompetenz-Kompetenz". Der Übertragung von Hoheitsrechten sind nach Art. 23 GG verfassungsrechtliche Grenzen gesetzt[14]. Wesentliche Prinzipien des Grundgesetzes, seine „Identität", müssen gewahrt bleiben (näher Rn 133 ff, 284 ff).

12 In **Fall 1 (Rn 8)** wäre die zu den USE fortentwickelte Union als Staat zu qualifizieren. Denn sie würde über eigene Hoheitsgewalt verfügen, die nicht mehr von den Mitgliedstaaten abgeleitet und nicht von deren Mitwirkung abhängig wäre. Damit wäre das entscheidende Kriterium eigener Staatsgewalt erfüllt. Auch das fehlende Austrittsrecht belegt, dass hier von einem Staat auszugehen wäre, in Gestalt eines Bundesstaats – zur Staatsqualität der Mitgliedstaaten im Bundesstaat s. **Rn 481**.

---

8 Vgl. BVerfGE 123, 267, 346; 128, 326, 369.
9 *Schweitzer/Dederer* Rn 231; *Streinz*, in: Sachs, Art. 24 Rn 6.
10 Einen gedrängten Überblick über die Entwicklung der europäischen Integration gibt das BVerfG im Tatbestand des Urteils vom 30.6.2009 zum Vertrag von Lissabon, BVerfGE 123, 267, 271 ff.
11 Vgl BVerfGE 123, 267, 282.
12 BVerfGE 123, 267, 371 ff.
13 BVerfGE 89, 155, 186.
14 BVerfGE 154, 17 Rn 102.

Schrifttum zu I.: *Grawert*, Staatsvolk und Staatsangehörigkeit, HStR II³, § 16; *Randelzhofer*, Staatsgewalt und Souveränität, HStR II³, § 17; *Oppermann*, Von der Gründungsgemeinschaft zur Mega-Union – Eine europäische Erfolgsgeschichte?, DVBl 2007, 329; *Grimm*, Das Grundgesetz als Riegel vor einer Verstaatlichung der Europäischen Union, Der Staat 2009, 475; *Murswiek*, Staatsvolk, Demokratie und Einwanderung im Nationalstaat des Grundgesetzes, Jahrbuch des öffentlichen Rechts, n.F. Bd. 66 (2018) S. 395; *Haack*, Staatsbürgerschaft – Unionsbürgerschaft, HStR X, § 205; *Honer*, Grundgesetz und Sezession, JuS 2018, 661; *Waldhoff*, Staat und Verfassung – von der Reichsgründung 1871 bis zu den „Reichsbürgern", JuS 2021, 289; s. auch nach Rn 291a.

II. Das Grundgesetz als die Verfassung der Bundesrepublik Deutschland

1. Verfassung als rechtliche Grundordnung

Das Grundgesetz ist die **Verfassung** der Bundesrepublik Deutschland. Es konstituiert ihre staatliche Ordnung. Die Grundprinzipien der Staatsform und der staatlichen Organisation sind in Art. 20 GG niedergelegt. Nach Abs. 1 ist Staatsform der Bundesrepublik die einer Republik und einer Demokratie, ist sie als Bundesstaat organisiert und hat ein sozialer Staat zu sein. Abs. 2 enthält die wesentlichen Aussagen zur Demokratie des Grundgesetzes mit dem Grundsatz der Volkssouveränität in Satz 1: „Alle Staatsgewalt geht vom Volke aus". Nach Satz 2 erfolgt nun die Ausübung der Staatsgewalt unmittelbar durch das Volk durch Wahlen und Abstimmungen und mittelbar durch die dort genannten besonderen Organe. Abs. 3 bindet alle staatliche Gewalt an Gesetz und Recht und ist Grundlage des Rechtsstaatsprinzips des Grundgesetzes. Dass die Gesetzgebung an die verfassungsmäßige Ordnung gebunden ist, bedeutet: auch die Parlamentsmehrheit, die die Gesetze beschließt, hat die verfassungsmäßigen Rechte zu beachten. (Rn 142 f). Demokratieprinzip, republikanische Staatsform – historisch in Abgrenzung zur *monarchischen Staatsform* zu sehen[15] –, Bundesstaatlichkeit, Rechtsstaatsprinzip und Sozialstaatsprinzip konstituieren für den Staat Bundesrepublik die verfassungsmäßige Ordnung. Es sind dies die **verfassungsgestaltenden Grundentscheidungen**.

13

Sie sind gleichwohl nicht an erster, „vornehmster" Stelle des Grundgesetzes genannt. Diesen Platz nimmt Art. 1 GG ein: die Garantie der **Menschenwürde**. Sie hat Vorrang vor aller staatlichen Gewalt und allen Staatszwecken, ihr Schutz ist die wichtigste Aufgabe des Staates: „Der Staat ist um des Menschen willen da, nicht der Mensch um des Staates willen"[16]. Es bleibt nicht bei der allgemeinen Bekundung, Art. 1 besagt vielmehr in Abs. 2, was Schutz der Menschenwürde bedeutet: das Bekenntnis zu den unverletzlichen und unveräußerlichen **Menschenrechten** – Leben, Freiheit und Gleichheit, körperliche Unversehrtheit, Glaubens- und Gewissensfreiheit, Meinungsfreiheit, Eigentum. Diese Menschenrechte werden in den nachfolgenden Grundrechtsbestimmungen der Art. 2 – Art. 19 GG dann ausdrücklich garantiert. Die **Grundrechte** des Grundgesetzes, dies besagt Art. 1 Abs. 3 GG, sind unmittelbar geltendes Recht und binden alle staatlichen Gewalten, auch die Gesetzgebung – auch deshalb ist der Rechtsstaat des Grundgesetzes **freiheitlicher Rechtsstaat**. Denn die Grundrechte sind nicht bloßer Programmsatz, sie können unmittelbar eingefordert werden, sogar generationenübergreifend, wie das

14

---

15 *Sachs*, in: Sachs, Art. 20 Rn 9.
16 So in Art. 1 Abs. 1 des Entwurfs von Herrenchiemsee.

BVerfG zum Klimaschutz entschieden hat (Rn 611 f). Das BVerfG hat die Bedeutung der Grundrechte dadurch entscheidend gesteigert, dass es sie als „objektive Prinzipien der Gesamtrechtsordnung" sieht[17], die auf die gesamte Rechtsordnung ausstrahlen. Deshalb sind zB in äußerungsrechtlichen Streitigkeiten zwischen Privaten stets auch die Meinungs- und Pressefreiheit zu berücksichtigen. Art. 79 Abs. 3 GG erklärt die Grundsätze der Art. 1 und 20 GG für unabänderbar, auch bei einer Verfassungsänderung – sog. **„Ewigkeitsgarantie"**. Sie dürfen auch im Zuge der europäischen Integration nicht aufgegeben werden, Art. 23 Abs. 1 S. 3 GG iVm Art. 79 Abs. 3 GG.

15 Die Grundrechte sind Gegenstand besonderer Darstellung – im Folgenden werden zunächst schwerpunktmäßig die verfassungsgestaltenden Grundentscheidungen des Art. 20 GG behandelt. Die Demokratie des Grundgesetzes ist eine parlamentarische Demokratie und in diesem Zusammenhang werden Wahlen und Abstimmungen und das Recht der politischen Parteien (§ 2) behandelt. Zentrale Handlungsform des demokratischen Rechtsstaats ist das Gesetz; den Voraussetzungen und dem Verfahren der Gesetzgebung ist daher unter dem Rechtsstaatsgebot des Grundgesetzes ein eigenes Kapitel gewidmet (§ 3), ebenso wie weiteren Aspekten der Rechtsstaatlichkeit (§ 4) und der bundesstaatlichen Ordnung des Grundgesetzes (§ 5) sowie des Sozialstaats (§ 6 I), und weiterer Staatsziele.

16/17 Das Grundgesetz bestimmt die rechtliche Grundordnung des Gemeinwesens als einer politischen Einheit[18]; es ist **Verfassung** im **materiellen** Sinn. Es ist auch Verfassung im **formellen** Sinn, deren Inhalte in einer besonderen Verfassungsurkunde niedergelegt sind und deren Regelungen nur in einem besonderen Verfahren geändert werden können (Rn 242 ff). Dafür sind qualifizierte Mehrheiten erforderlich. Auch muss der Text des Grundgesetzes ausdrücklich geändert werden, Art. 79 Abs. 1 S. 1 GG. Dadurch sollen Verfassungsdurchbrechungen ausgeschlossen werden. Materielle Schranken zieht Art. 79 Abs. 3 GG (Rn 14, 244 f). Verfassungsrecht ist also von erhöhter Bestandskraft gegenüber Veränderungen und es ist höherrangig gegenüber sonstigem Recht. Art. 20 Abs. 3 GG enthält den Vorrang der Verfassung. Er gilt umfassend: kein staatlicher Akt darf sich zu ihr in Widerspruch setzen; staatliche Akte, die im Widerspruch zum Grundgesetz stehen, sind rechtsfehlerhaft. Gesetze sind dann in der Regel nichtig (Rn 155). Für die Grundrechte wird das in Art. 1 Abs. 3 GG eigens hervorgehoben. Europäisches Recht hat allerdings in der Regel Vorrang (Rn 271 ff).

2. Verfassungsgebende Gewalt des Volkes

18 Das Staatsvolk der Bundesrepublik Deutschland als der Souverän ist Inhaber der **verfassungsgebenden Gewalt**, des *„pouvoir constituant"*. Dies wird in der Präambel zum Grundgesetz festgehalten und in Art. 146 GG ausdrücklich bestätigt. Das Grundgesetz selbst allerdings wurde nicht unmittelbar vom Volk in einem Plebiszit bestätigt. Voraussetzung für sein Inkrafttreten war gemäß Art. 144 GG die Zustimmung durch eine qualifizierte Mehrheit der Landtage. Über eine Ablösung des Grundgesetzes durch eine neue Verfassung müsste das Volk entscheiden. Sie müsste zunächst von einer verfassungsgebenden Versammlung ausgearbeitet werden. Demgegenüber sind Änderungen des Grundgesetzes im Rahmen der bestehenden Ordnung Sache der verfassten Staatsgewalt, des *„pouvoir constitué"*. Sie können nach dem im Grundgesetz hierfür vorgesehenen

---

17 BVerfGE 7, 198, 208.
18 *Hesse*, Rn 6 ff, 16 ff.

Verfahren von Bundestag und Bundesrat beschlossen werden (Rn 242 f). Dass das Grundgesetz selbst nicht unmittelbar vom Volk beschlossen wurde, ist den besonderen Bedingungen der Entstehungszeit geschuldet[19].

Das Volk als der Souverän, also der *„pouvoir constituant"*, hat zu entscheiden, wenn die Bundesrepublik Deutschland ihre Existenz als souveräner Staat aufgeben und Gliedstaat eines europäischen Bundesstaats werden wollte. Denn dazu ermächtigt das Grundgesetz selbst noch nicht: *„Dieser Schritt ist wegen der damit verbundenen unwiderruflichen Souveränitätsübertragung auf ein neues Legitimationssubjekt allein dem unmittelbar erklärten Willen des Deutschen Volkes vorbehalten."*[20]. Denn *„es ist allein die verfassungsgebende Gewalt, die berechtigt ist, den durch das Grundgesetz verfassten Staat freizugeben, nicht aber die verfasste Gewalt"*[21]. Diese – also die besonderen Organe des Art. 20 Abs. 2 GG –sollen die Staatsgewalt für das Volk ausüben, sie dürfen sich ihrer nicht durch Übertragung entledigen. Dass das Grundgesetz in der besonderen Situation seiner Entstehung ohne Referendum in Kraft gesetzt wurde, bedeutet nicht, dass es ohne Referendum außer Kraft gesetzt bzw. abgelöst werden dürfte[22]. Im **Fall 1** könnte das Vorhaben von „L‚Europe en marche" also nicht ohne unmittelbare Beteiligung des Volkes realisiert werden – näher Rn 140.

19

Exkurs: Deutsche Einigung, gesamtdeutsche Verfassung und Verfassungsreferendum

20

Mit Wirksamwerden des Beitritts der (damaligen) Deutschen Demokratischen Republik zur Bundesrepublik am 3. Oktober 1990 ist das Grundgesetz im Beitrittsgebiet in Kraft getreten. Die Beitrittserklärung war durch Beschluss der aus den Wahlen vom 18. März 1990 hervorgegangenen Volkskammer der DDR vom 23. August 1990 (Gbl DDR I, S. 1324 = BGBl II, S. 2057) erfolgt, in Ausübung des durch Art. 23 S. 2 GG aF eingeräumten Rechts, einseitig den Beitritt zu erklären[23]. Die Einzelfragen – insbesondere der Rechtsangleichung – wurden im Einigungsvertrag vom 31. August 1990 (EV) festgelegt. Durch (verfassungsänderndes) Gesetz vom 23. September 1990 (BGBl II, S. 885) wurde seitens der Bundesrepublik dem EV zugestimmt. Art. 146 GG, der den alternativen Weg über eine gesamtdeutsche Verfassungsgebung ermöglicht hätte, wurde in geänderter Form beibehalten und besagt nichts anderes als die an sich selbstverständliche Tatsache, dass das Grundgesetz durch eine neue Verfassung abgelöst werden könnte. Hier wäre dann aber der „pouvoir constituant" des Volkes (**Rn 18**) gefordert.

Schrifttum zu II.1: *Steiner*, 70 Jahre Grundgesetz für die Bundesrepublik Deutschland, Jura 2019, 441; *J. Ipsen*, 70 Jahre Grundgesetz – 70 Jahre Bundesrepublik Deutschland, Recht und Politik 2019, 1; Zur Bedeutung und Aufgabe der Verfassung *Kloepfer* I, § 1 Rn 98 ff; *Oeter*, Bundesstaat, Föderation, Staatenbund, ZaöRV 57 (2015), 733; zur Entwicklung des Grundgesetzes seit 1945 s. den gleichnamigen Beitrag von *Wittreck*, in: Ad Legendum 2011, 1; *Janssen*, Verfassungsgebung ohne die verfassungsgebende Gewalt des Volkes?, ZG 2013, 21; zu den Grundentscheidungen des Grundgesetzes in ihren historischen Bezügen s. *Linke*, Kontinuitätslinien und „historische Erbschaften" im Grundgesetz, JA 2023, 353.

II.2.: *Degenhart*, Verfassungsfragen der deutschen Einheit, DVBl 1990, 973 ff; *Lerche*, Der Beitritt der DDR, HStR VIII², 1995, § 194; *Heckel*, Die Legitimation des Grundgesetzes durch das deutsche Volk, HStR VIII², § 197; *H.H. Klein*, Kontinuität des Grundgesetzes und seine Änderung im Zuge der Wiedervereinigung, HStR VIII², § 198.

---

19 Vgl. *Huber*, in: Sachs, GG, Art. 144 Rn 8.
20 BVerfGE 123, 267, 348.
21 BVerfGE 123, 267, 332.
22 So aber *Robbers*, BonnK, Art. 20 (2014) Rn 3122 f mit der problematischen Argumentation, dies würde das Grundgesetz „delegitimieren".
23 *Degenhart*, DVBl 1990, 973, 974.

II.3.: *Kloepfer* I, § 3; *Haug*, Über Partizipation zu einer post-grundgesetzlichen Verfassung, AöR 138 (2013), 435.

III. Zur Verfassungsinterpretation

21/ 22 Die Verfassung ist Gesetz, wenn auch ein Gesetz höheren Ranges. Deshalb sind für die Verfassungsinterpretation zunächst die klassischen Methoden der Gesetzesinterpretation heranzuziehen. Es ist dies zuerst der Wortlaut: Wortlautinterpretation bzw grammatikalische Interpretation als klassische Methoden gelten auch für die Verfassungsinterpretation, ebenso systematische und teleologische Interpretation. Dabei soll die historische Auslegung vor allem in Anwendung anderer Auslegungsmethoden ermittelte Ergebnisse bestätigen[24]. Sie wird auch herangezogen, wenn Wortlaut und systematischer Zusammenhang zu keinem eindeutigen Ergebnis führen. In der tatsächlichen Auslegungspraxis des BVerfG wird die Entstehungsgeschichte aber durchaus auch gleichrangig herangezogen[25], vor allem bei Verfassungsänderungen aus neuerer Zeit, so für den 1994 neu gefassten Art. 72 GG im Urteil zur Altenpflege[26]. Dabei wird auch weiter differenziert nach genetischer Auslegung nach den Äußerungen der am Gesetzgebungsverfahren Beteiligten, beim Grundgesetz also der Mitglieder des Parlamentarischen Rates, die regelmäßig nicht entscheidend ist, weil es auf den objektivierten Willen des Gesetzgebers ankommt[27], sowie historischer Auslegung ieS unter Berücksichtigung der WRV und ggf weiterer Verfassungstexte, etwa der Länderverfassungen aus der Entstehungszeit[28]. Besondere Bedeutung kommt der historischen Interpretation für die Gesetzgebungszuständigkeit in Art. 70 ff GG zu[29] (Rn 168 ff), wenn Verfassungsnormen ihren Gegenstand „normativ-rezeptiv", also in Anknüpfung an vorgefundene Gesetze bestimmen[30]. Ergänzend können im Wege der Rechtsvergleichung einerseits Verfassungen der Länder, andererseits aber auch ausländische Verfassungen, hier vor allem der Mitgliedstaaten der EU herangezogen werden – so zB für die Bedeutung des Demokratieprinzips für die Dauer der Wahlperiode (Rn 82).

23 Verfassungsnormen sind oft sehr allgemein gefasst und daher in besonderer Weise ausfüllungs- und konkretisierungsbedürftig[31]. Eine spezifische Methode der Verfassungsauslegung ist der Grundsatz der praktischen Konkordanz[32]: Bei Kollisionen zwischen verfassungsrechtlich geschützten Rechtsgütern – zB zwischen dem Enquêterecht des Parlaments einerseits, Regierungsverantwortung und Persönlichkeitsrecht andererseits (Rn 699 f) – sind diese Verfassungsgüter einander so zuzuordnen, dass beide möglichst zu optimaler Wirksamkeit gelangen, es darf nicht eines einseitig auf Kosten des anderen durchgesetzt werden. Dies ist letztlich das Prinzip der Güterabwägung (Rn 430 ff). Dabei können sich auch innerhalb eines Verfassungsgrundsatzes entsprechende Spannungsla-

---

24 Vgl BVerfGE 1, 299, 312; 90, 263, 275; 92, 365, 409 f; 95, 64, 95.
25 BVerfGE 87, 48, 66; 87, 273, 279, 281; 88, 187, 196 f; 90, 263, 275; 94, 49, 95.
26 BVerfGE 106, 62, 138.
27 BVerfGE 1, 299, 312.
28 Vgl zur Problematik auch *Müller/Christensen*, Juristische Methodik, 10. Aufl. 2009, Rn 360 f; *Sachs*, DVBl 1984, 73 ff.
29 BVerfGE 134, 33 Rn 54 ff.
30 BVerfGE 109, 190, 218 im Anschluss an *Degenhart*, in: Sachs, Art. 70 Rn 51; *Sachs*, in: Sachs, Einf. Rn 41.
31 *Böckenförde*, NJW 1976, 2089, 2091.
32 *Hesse*, Rn 72 ff.

gen ergeben, die einen Ausgleich erfordern. Ein klassischer Konflikt innerhalb des Rechtsstaatsprinzips ist der zwischen Rechtssicherheit und Gerechtigkeit im Einzelfall, s. Rn 105 für Fehler im Wahlverfahren, Rn 391 für den Grundsatz „ne bis in idem".

Schließlich muss der Auslegung der Vorzug gegeben werden, die der Verfassungsnorm zu optimaler **Wirksamkeit** verhilft. Beim Grundsatz der **verfassungskonformen Auslegung** geht es demgegenüber um die Auslegung nicht der Verfassung selbst, sondern des einfachen Gesetzesrechts am Maßstab der Verfassung, s. Rn 877.

Schrifttum zu III.: *Voßkuhle*, Der Wandel der Verfassung und seine Grenzen, JuS 2019, 417; *Grimm*, Was ist politisch an der Verfassungsgerichtsbarkeit, ZfP 2019, 86.

§ 2 Staatsvolk und Staatsgewalt: die parlamentarische Demokratie des Grundgesetzes

Demokratie bedeutet Herrschaft des Volkes. Es ist der Souverän, der Träger der Staatsgewalt. Es übt diese in der Regel allerdings nicht unmittelbar aus, sondern durch seine gewählten Repräsentanten, durch das Parlament (II.). Deshalb fordert das Demokratieprinzip demokratische Wahlen. Wie deshalb das Wahlsystem auszugestalten ist, ist im Folgenden ebenso darzulegen (IV.), wie die Rolle der politischen Parteien hierbei (III.). Auch ist der Frage nachzugehen, wann das Volk unmittelbar zu entscheiden hat (V.), und ebenso der Frage, was das Demokratieprinzip für die europäische Integration bedeutet (VI.). 24

▶ **Leitentscheidungen:** BVerfGE 8, 104 (Volksbefragungen); BVerfGE 83, 37 (Ausländerwahlrecht); BVerfGE 89, 155 (Maastricht); BVerfGE 95, 335 und 95, 408 (Wahlrecht – Überhangmandate und Grundmandatsklausel); BVerfGE 123, 267 (Vertrag von Lissabon); BVerfGE 131, 316 (negatives Stimmgewicht II); BayVerfGH NVwZ-RR 2018, 457 (Parität); s. ferner bei den einzelnen Unterabschnitten.

I. Das Volk als Träger der Staatsgewalt – Demokratieprinzip des Grundgesetzes

Das Demokratieprinzip bestimmt die Verfassungsidentität der Bundesrepublik. Es bedeutet Herrschaft des Volkes und Teilhabe aller Staatsbürger hieran in Gleichheit und Freiheit. Es ist im Kern in der Garantie der Menschenwürde verankert. 25

Staatsform und Regierungsform der Bundesrepublik Deutschland ist die Demokratie. Dies ist in Art. 20 Abs. 1 und Abs. 2 GG festgehalten. Nach Abs. 1 ist die Bundesrepublik ein demokratischer Bundesstaat. Die **Demokratie** heißt: Herrschaft des Volkes (von demos – griechisch: „Volk"). Das Volk ist Träger der Staatsgewalt. Eben dies besagt der Grundsatz der **Volkssouveränität** in Art. 20 Abs. 2 S. 1 GG: *„Alle Staatsgewalt geht vom Volke aus."* Staatsgewalt als die ursprüngliche und prinzipiell unbeschränkte Herrschaftsmacht des Staats in seinem Gebiet über die dort sich aufhaltenden Menschen (Rn 5) ist in der Demokratie jedoch keine Herrschaft (der Regierenden) aus eigenem Recht, sondern eine Herrschaft, die auf das Volk zurückgeführt werden muss. Demokratie bedeutet also Herrschaft auf der Grundlage der Selbstbestimmung des Volkes und für den einzelnen Bürger Teilhabe hieran in Freiheit und Gleichheit. 26

27 Das Demokratieprinzip ist im Kern in der Menschenwürdegarantie als der Fundamentalnorm des Grundgesetzes verankert: *„Das Grundgesetz geht vom Eigenwert und der Würde des zur Freiheit befähigten Menschen aus und verbürgt im Recht der Bürger, in Freiheit und Gleichheit durch Wahlen und Abstimmungen die sie betreffende öffentliche Gewalt personell und sachlich zu bestimmen, einen menschenrechtlichen Kern des Demokratieprinzips."*[1] Um dieser Würde willen muss dem Einzelnen *„eine möglichst weitgehende Entfaltung seiner Persönlichkeit gesichert werden"*. Für den politisch-sozialen Bereich bedeutet das, dass es nicht genügt, wenn eine „Obrigkeit" sich bemüht, für das Wohl von „Untertanen" zu sorgen; der Einzelne soll vielmehr in möglichst weitem Umfange *„verantwortlich auch an den Entscheidungen für die Gesamtheit mitwirken"*[2]. Der Bürger hat ein *„Recht auf Demokratie"*[3].

28 Das Volk handelt in der Regel, also abgesehen von Wahlen und Abstimmungen, mittelbar durch staatliche Organe, die für den Staat und damit für das Volk als Träger der Staatsgewalt handeln. Organe der Gesetzgebung sind Bundestag und Bundesrat, Organe der vollziehenden Gewalt die Bundesregierung und alle nachgeordneten Verwaltungsbehörden, Organe der Rechtsprechung die Gerichte. Das Handeln dieser „besonderen Organe" muss in einer ununterbrochenen demokratischen Legitimationskette[4] auf das Volk zurückführbar sein. Das BVerfG spricht hier von einem „Zurechnungszusammenhang zwischen Volk und staatlicher Herrschaft"[5]. Dies gilt für jegliche staatliche Herrschaft, also auch dann, wenn Staatsgewalt durch Organe einer zwischenstaatlichen Einrichtung, insbesondere der **EU,** denen nach Art. 24 Abs. 1 GG bzw. Art. 23 Abs. 1 GG hoheitliche Befugnisse übertragen wurden (Rn 130 ff), wahrgenommen wird. Demokratische Legitimation erfordert auch hier eine „tatsächliche, durchgehende Anknüpfung an das Staatsvolk"[6]. Dieses „Recht auf Demokratie" kann im Wege der Verfassungsbeschwerde geltend gemacht werden (Rn 269 ff).

29 Nach dem Grundgesetz ist es der **Bundestag** – also das Parlament der Bundesrepublik –, der unmittelbar demokratisch legitimiert ist. Denn er – und nur er – geht aus **Wahlen** hervor, durch die das Staatsvolk als Gesamtheit der Wahlberechtigten seine Repräsentanten, also die Mitglieder des Bundestags bestimmt, Art. 39 Abs. 1 S. 1 GG. Die Demokratie des Grundgesetzes ist daher eine parlamentarische Demokratie. Und sie ist repräsentative Demokratie: das Volk als Träger der Staatsgewalt handelt durch seine Repräsentanten, die Abgeordneten. „Das Prinzip der Repräsentation bringt zum Ausdruck, dass jeder gewählte Abgeordnete das (ganze) Volk vertritt und diesem gegenüber in der Verantwortung steht"[7]. Es bedeutet nicht, dass „sich das Parlament als verkleinertes Abbild des Elektorats (also der Wählerschaft, d.Vf.) darstellt."[8] Deshalb besteht auch kein Anspruch einzelner Bevölkerungsgruppen, zB Frauen, proportional im Parlament vertreten zu sein[9]. Ein paritätisches Wahlrecht zB in der Weise, dass die Kandidatenaufstellung nach Geschlechterproporz erfolgen muss, wäre damit unvereinbar (Rn 110; **Klausurenband I Fall 1**).

---

1 BVerfGE 126, 267, 341; BVerfGE 142, 123 Rn 124.
2 BVerfGE 142, 123 Rn 124.
3 BVerfGE 126, 367, 341; 129, 124, 168; BVerfGE 142, 123 Rn 147.
4 *Böckenförde*, HStR II³, § 24 Rn 11.
5 BVerfGE 83, 60, 71 f.
6 BVerfGE 126, 286, 319 (Sondervotum).
7 BayVerfGH NVwZ-RR 2018, 457 Rn 112.
8 BVerfGE 156, 224 Rn 65 f.
9 BayVerfGH NVwZ-RR 2018, 457 Rn 110; BVerfGE 156, 224 Rn 65 f.

Nicht nur in Wahlen, sondern a[uch durch Abstimmungen geht] [alle] Staatsgewalt nach Art. 20 Abs. 2 [GG vom Volke aus. Wo unmittelbar] Personen „gewählt" werden, wir[d durch Mehrheitsentscheidung ent]schieden. Das Grundgesetz sieht [Volksabstimmungen nur vor bei] einer etwaigen Neugliederung de[s Bundesgebiets, Art. 29 Abs. 2 GG.] 30

Für die „besonderen Organe" d[er Gesetzgebung besteht die Leg]itimation über den Bundestag mit [seinen gewählten Abgeordneten. S]o wird der Bundeskanzler nach Art. [63 GG vom Bundestag gewählt und ist ihm verant]wortlich. Die übrigen Mitglieder [der Bundesregierung werden demgegenüber vom Bun]deskanzler bestimmt, Art. 64 GG; auch sie sind dem Bundestag verantwortlich. Staatsgewalt wird aber auch und vor allem durch Behörden ausgeübt, die der Regierung nachgeordnet sind. Sie leiten ihre Legitimation wiederum von der Regierung ab; hierdurch erhalten die weiteren Angehörigen der Exekutivgewalt **personelle** Legitimation. Da sie durch Art. 20 Abs. 3 GG an die Gesetze gebunden sind, die ihrerseits vom Parlament erlassen werden, besteht für sie auch **sachliche demokratische Legitimation**[10]. Eine vergleichbare Legitimationskette besteht für die rechtsprechende Gewalt. 31/32

Die **Gebietskörperschaften**, also Gemeinden, Landkreise und (nicht in allen Bundesländern) Bezirke sind Teil des Staates. Sie üben Staatsgewalt aus. Sie haben das Recht der Selbstverwaltung, dh das Recht, örtliche, „eigene" Angelegenheiten selbstständig wahrzunehmen. Auch sie müssen daher demokratisch gewählte Organe haben – dies bestätigt Art. 28 Abs. 1 S. 2 GG. Bei den Gemeinden sind dies die Gemeinderäte. Sie sind jedoch Teil der Exekutive. Die Bezeichnung als „Gemeindeparlament" ist deshalb ungenau[11]. Für einzelne Staatsaufgaben können darüber hinaus selbstständige Verwaltungsträger gebildet werden, die diese autonom, also nicht weisungsgebunden, in „Selbstverwaltung" wahrnehmen. Dazu zählen u.a. auch die Kammern der freien Berufe, denen die Aufsicht über die Berufsangehörigen obliegt. Hier besteht nur abgeschwächte demokratische Legitimation, da die Organe derartiger Körperschaften ihre Stellung nicht unmittelbar auf das Parlament zurückführen können. Deshalb muss ihre Gründung vom Bundestag (oder Landtag) durch Gesetz beschlossen werden und bedarf es staatlicher Aufsicht. Ob Selbstverwaltung eine Ergänzung und Verstärkung des demokratischen Prinzips darstellt, oder dessen Abschwächung, wird unterschiedlich eingeschätzt[12]. 33

Schrifttum zu I.: *Böckenförde*, Demokratie als Verfassungsprinzip, HStR II³, § 24; *Badura*, Die parlamentarische Demokratie, HStR II³, § 25; *Pieroth*, Das Demokratieprinzip des Grundgesetzes, JuS 2010, 473; *Schröder*, Das Demokratieprinzip des Grundgesetzes, JA 2017, 809.

II. Parlamentarische Demokratie – Funktionen des Parlaments

Welche Vorgaben das Grundgesetz für die parlamentarische Arbeit enthält, welche Konflikte sich zwischen Regierungsmehrheit und Opposition und zwischen den einzelnen Fraktionen ergeben können und wie sie zu lösen sind, wie die Stellung des einzelnen Abgeordneten beschaffen ist und welche Rechte das Parlament – also der Bundestag – gegenüber der Regierung hat, wird im Abschnitt über die einzelnen Staatsorgane in § 7 – Der Bundestag – dargestellt. Im folgenden Abschnitt geht es um die grundsätzliche Bedeutung des Parlaments in der demokratischen Ordnung des Grundgesetzes, um seine wesentlichen Funktionen. 34

---

10 Vgl *Böckenförde*, HStR II³, § 24 Rn 21 f: institutionelle und sachlich-inhaltliche Legitimation.
11 Vgl dazu *v. Ungern-Sternberg*, Jura 2007, 256.
12 S. dazu BVerfGE 107, 59 und hierzu die Anm. von *Musil*, DÖV 2004, 116.

▶ **Leitentscheidungen:** BVerfGE 49, 89 (Kalkar I); BVerfGE 68, 1 (Raketenstationierung); BVerfGE 90, 286 (Adria-Einsatz der Bundeswehr); BVerfGE 108, 282 (Kopftuch I); BVerfGE 121, 135 (Türkeieinsatz der Bundeswehr); BVerfGE 129, 124 (Griechenlandhilfe); BVerfGE 132, 195 (ESM); BVerfGE, 142, 25 (Rechte der Opposition); BVerfGE 142, 123 (OMT).

35 **Fall 2: Numerus Clausus**

Für das Studienfach Humanmedizin besteht ein strenger Numerus Clausus. Das Gesetz des Landes A über den Hochschulzugang bestimmt, dass 20% der Studienplätze nach Abiturnoten, weitere 20% auf Grund von Wartelisten, die verbleibenden 60% von den Hochschulen selbst in einem Auswahlverfahren vergeben werden. Das Gesetz nennt hierfür als ein Kriterium „das Ergebnis eines fachspezifischen Studierfähigkeitstests, vorhandene Berufsausbildung oder Berufserfahrung und ein Auswahlgespräch". Die Gewichtung dieser Gesichtspunkte und die Bestimmung weiterer Auswahlkriterien ist Aufgabe der Hochschulen.

In einem verwaltungsgerichtlichen Verfahren um die Vergabe von Studienplätzen gelangt das Gericht zu der Überzeugung, dass die gesetzliche Regelung unzureichend und verfassungswidrig sei. Den Hochschulen werde zu viel Entscheidungsspielraum eingeräumt. Es legt das Gesetz dem BVerfG zur Prüfung vor. **Rn 44**

Fall stark vereinfacht nach BVerfG, U. v. 19.12.2017 – 1 BvL 3/14 und 4/14[13]

1. Das Parlament als die „Leitgewalt" der Demokratie

36 Das Parlament – der Bundestag – als **Vertretung des Volkes** und alleiniges **unmittelbar demokratisch legitimiertes Organ** des Staates (Rn 29) ist das primäre Forum der politischen Auseinandersetzung und Willensbildung in demokratischer Öffentlichkeit. Schon deshalb dürfen wesentliche politische Entscheidungen nicht am Parlament vorbei getroffen werden. Ihm obliegt die Ausübung staatlicher Gewalt in der Form der **Gesetzgebung**. Das **Parlamentsgesetz** muss **Grundlage** für die Ausübung staatlicher Gewalt sein. Die Legislative ist die **„Leitgewalt"** in der Demokratie[14]. Dem Parlament – also dem Bundestag – obliegt die **Kontrolle** der Regierung – zB über die Einsetzung eines Untersuchungsausschusses, näher Rn 636 ff. Der Bundestag wählt Kanzler oder Kanzlerin und hat damit maßgeblichen Einfluss auf die Bildung der weiteren Staatsorgane.

37 In der parlamentarischen Demokratie des Grundgesetzes sind also dies die **Hauptfunktionen** des Bundestags:

– die **Gesetzgebungsfunktion**, zu der auch das Budgetrecht als „Königsrecht" des Parlaments zu zählen ist (Rn 284)
– **Kontrollfunktionen** gegenüber der Exekutive, insbesondere der Regierung;
– mit der Bildung weiterer Verfassungsorgane seine **Kreationsfunktion**;
– seine **„Repräsentationsfunktion"** und **Öffentlichkeitsfunktion** als primäres Forum politischer Auseinandersetzung[15].

2. Parlamentsvorbehalte

38 In der parlamentarischen Demokratie müssen die für den Staat wesentlichen Fragen im Parlament entschieden werden, dem unmittelbar durch Wahlen demokratisch legitimierten Verfassungsorgan. Meist entscheidet der Bundestag in der Form des Gesetzes (dazu

---

13 BVerfGE 147, 253.
14 *Dreier*, in: Dreier, GG II, Art. 20 (Demokratie) Rn 76 ff, 88 ff, 109 ff.
15 *H.H. Klein*, HStR III³, § 50 Rn 42 ff.

§ 3). Wenn es um Rechte des Bürgers geht, um Eingriffe in Freiheit und Eigentum, um seine Grundrechte, ist die Gesetzesform zwingend: **Vorbehalt des Gesetzes.** Dies bedeutet: die Exekutive darf nicht aus eigener Machtvollkommenheit tätig werden, sie muss hierzu durch ein formelles, also vom Parlament beschlossenes Gesetz ermächtigt sein. Der Vorbehalt des Gesetzes folgt zum einen aus den Grundrechten und dem Rechtsstaatsgebot (näher dort Rn 313 ff) – das Gesetz schafft Rechtssicherheit. Er folgt auch aus dem Demokratiegebot: das Gesetzgebungsverfahren gewährleistet parlamentarische Öffentlichkeit und begründet demokratische Legitimation.

Entscheidung durch das Parlament bedeutet nicht nur, dass – wie im **Fall 2** – die Maßnahme der Exekutive überhaupt auf ein Gesetz zurückgeht. Vielmehr muss der parlamentarische Gesetzgeber im formellen Gesetz auch selbst die wesentlichen Entscheidungen treffen, um die demokratische Legitimation herzustellen. Dieser **Parlamentsvorbehalt** geht also über den Vorbehalt des Gesetzes hinaus. Wesentliche, vor allem für die Grundrechte des Bürgers und für die politische Willensbildung maßgebliche Regelungen muss der parlamentarische Gesetzgeber selbst treffen und darf sie nicht anderen Normgebern oder der Exekutive überlassen. Dies betraf die Zulassungskriterien für das NC-Fach Humanmedizin im **Fall 2**[16], da es wesentlich davon abhängt, ob der Bewerber sein Grundrecht auf freie Wahl der Ausbildungsstätte aus Art. 12 Abs. 1 GG wahrnehmen kann. Dies betrifft auch die Maßnahmen in der **Corona-Pandemie**. Hier waren Maßnahmen, die Freiheiten in drastischer Weise beschränkten, zunächst weitgehend am Bundestag vorbei verfügt worden, s. Rn 474 ff.

39

Aber auch sonst dürfen **wesentliche** Entscheidungen von erheblicher Tragweite für das Gemeinwesen nicht „am Parlament vorbei" getroffen werden, auch wenn hierfür nicht der Erlass eines Gesetzes erforderlich ist, sondern ein „schlichter" Beschluss des Bundestags genügt. So wird für die „Flüchtlingskrise" des Jahres 2015 mit guten Gründen angezweifelt, ob die Entscheidung vom Spätsommer 2015, mehrere hunderttausend Personen weitgehend unkontrolliert in das Bundesgebiet einreisen zu lassen, von der Exekutive getroffen werden durfte oder aber dem Parlamentsvorbehalt unterlag[17], weil sie von grundlegender Bedeutung für Staat und Gesellschaft war – im Hinblick auf die hieraus resultierenden Herausforderungen sozialstaatlicher und integrationspolitischer Art, die innere Sicherheit und die von Ländern und Kommunen zu tragenden Aufgabenlasten. Ein allgemeiner Parlamentsvorbehalt für wichtige Entscheidungen jedweder Art besteht jedoch nicht[18]. Auch die **Regierung** ist institutionell, funktionell und personell demokratisch legitimiert, auch sie hat einen verfassungsrechtlichen Auftrag: *„Aus dem Grundsatz der parlamentarischen Demokratie darf nicht ein Vorrang des Parlaments und seiner Entscheidungen gegenüber den anderen Gewalten als ein alle konkreten Kompetenzzuordnungen überspielender Auslegungsgrundsatz hergeleitet werden."*[19]

40

Im Demokratiegebot ist auch der **wehrverfassungsrechtliche Parlamentsvorbehalt** begründet. Hiernach bedarf jeder Einsatz bewaffneter Streitkräfte im Ausland der vorheri-

41/42

---

16 BVerfG NJW 2018, 361 Rn 116; vgl auch zB BVerfGE 34, 165, 192 f; 41, 251, 269; 45, 400, 417; 49, 89, 126.
17 Vgl. *Wendel*, JZ 2016, 332, 338; *Di Fabio*, Migrationskrise als föderales Verfassungsproblem, 2015, S. 95 ff, www.bayern.de, aufgerufen am 29.6.2016; *Möstl*, AöR 142 (2017), 175, 198 ff; aM *Honer*, NVwZ 2019, 619.
18 Vgl BerlVerfGH NJW 1995, 858: Kein Parlamentsvorbehalt für Schließung einer staatlichen Schauspielbühne.
19 BVerfGE 49, 89, 126.

gen konstitutiven Zustimmung des Bundestags; d.h., erst auf Grund dieser Zustimmung darf der Einsatz erfolgen und die Bundesregierung den „Marschbefehl" geben. Das BVerfG begründet dies aus dem Zusammenhang der wehrverfassungsrechtlichen, also auf die Bundeswehr bezogenen Vorschriften des Grundgesetzes, insbesondere Art. 45a, 45b und 87a Abs. 1 S. 2 GG und der Verfassungstradition seit 1918[20]. Die „Entscheidung über Krieg und Frieden" ist nach dem Grundgesetz Sache des Bundestags[21]; dies ist im ParlBG näher geregelt und war wiederholt Gegenstand von Entscheidungen des BVerfG, so im Fall der Evakuierung deutscher Staatsangehöriger aus einem Bürgerkriegsgebiet in Libyen 2012[22] – näher zum Einsatz der Bundeswehr im In- und Ausland Rn 543 ff.

| 43 | **Methodik – das „Demokratieprinzip" in der Fallbearbeitung** |

Beziehen sich staatsrechtliche Fragestellungen im Zusammenhang mit Aufgaben und Funktion des Parlaments auf konkret in der Verfassung geregelte Kompetenzen und Befugnisse, so ist zunächst auf die hierfür einschlägigen Bestimmungen zurückzugreifen. Bei ihrer Anwendung ist dann aus allgemeineren, grundsätzlicheren Erwägungen zur Funktion des Parlaments in der demokratischen Ordnung des Grundgesetzes zu argumentieren. [...] zwar auf diese allgemeinen Grundsätze zu [...] ist konkret argumentiert werden. Dies besagt [...] das „demokratische Prinzip" oder das der [...] hieraus abgeleitete konkretere Gesichtspunkte [...] aments, die notwendige außenpolitische [...] die Lösung, ggf in Abwägung dieser Gesichtspunkte [...] wesentlichen Kriterien enthaltenden Gesetzesvorbehalts zu prüfen – an einem Gesetz [...] ob der parlamentarische Gesetzgeber die [...] Kriterien zu bestimmen.

Hinweis: Zur Gesetzgebung allgemein s. § 3; zur Stellung der *Gesetzgebung* im Rahmen der grundgesetzlichen Gewaltenteilung § 4 I 1.; zum *Gesetzesvorbehalt* § 4 I 2.; zu den *Kompetenzen des Bundestags* § 7.

| 44 | **Lösung Fall 2: Numerus Clausus (Rn 35)** |

Das Gesetz könnte wegen eines Verstoßes gegen den Parlamentsvorbehalt als den Vorbehalt des parlamentarischen Gesetzes verfassungswidrig sein.

1. Verstoß gegen Wesentlichkeitsgrundsatz? Der Gesetzgeber hat Fragen von wesentlicher Bedeutung für die Verwirklichung der Grundrechte selbst zu entscheiden.

2. Die Zulassung zu einem berufsbefähigenden Studium ist wesentlich für die Verwirklichung der Grundrechte aus Art. 12 Abs. 1 GG. Der Gesetzgeber muss daher die Auswahlkriterien für die Zulassung selbst festlegen.

3. Damit ist es unvereinbar, wenn die Hochschulen befugt sind, den gesetzlichen Kriterienkatalog durch eigene Kriterien zu ergänzen[23]. Das Gesetz über die Hochschulzulassung ist insoweit verfassungswidrig.

---

20 BVerfGE 140, 160 Rn 67.
21 BVerfGE 121, 135, 156 f.
22 BVerfGE 140, 160.
23 BVerfGE 147, 253 Rn 142.

Schrifttum zu II.: *Dreier*, Das Demokratieprinzip des Grundgesetzes, Jura 1997, 249; *Wiefelspütz*, Konstitutiver Parlamentsvorbehalt und Entsendeausschuss, Jura 2004, 292; *ders.*, Das Parlamentsbeteiligungsgesetz vom 18.3.2005, NVwZ 2005, 496; *Payandeh*, Evakuierungseinsätze der Bundeswehr und Parlamentsbeteiligung, DVBl 2011, 1325; *Sauer*, JA 2004, 19 zu BVerfGE 108, 34; *Schmidt-Radefeldt*, Jura 2003, 201 (Klausurfall); *Seyffarth/Mohr*, Übungsklausur zum wehrverfassungsrechtlichen Parlamentsvorbehalt, Jura 2018, 1283; s. ferner das Schrifttum zu § 7.

III. Zwischen Staat und Gesellschaft: die politischen Parteien in der parlamentarischen Demokratie des Grundgesetzes

Das Grundgesetz erkennt in Art. 21 ausdrücklich die Bedeutung der politischen Parteien für die demokratische Ordnung an, zählt sie zu deren integrierenden Bestandteilen. Entsprechend ausgeprägt ist ihre verfassungsrechtliche Stellung. Man spricht daher auch von der Demokratie des Grundgesetzes als einer parteienstaatlichen Demokratie – mitunter mit durchaus kritischem Unterton. Was politische Parteien in diesem Sinn sind, welche Rechte sie nach der Verfassung haben, wie die demokratische Gleichheit zwischen den Parteien zu sichern ist, ist ebenso Gegenstand des folgenden Abschnitts, wie die stets erneut aktuelle Problematik der Parteienfinanzierung. Sie lässt auch die Gefahren ungehinderten Parteienzugriffs auf den Staat erkennbar werden. 45

▶ **Leitentscheidungen:** BVerfGE 5, 85 (Parteiverbot); BVerfGE 85, 264 (Parteienfinanzierung); BVerfGE 107, 339 (NPD-Verbot I); BVerfGE 121, 30 (Hess. Privatrundfunkgesetz); BVerfGE 136, 9 (ZDF-Staatsvertrag); BVerfGE 144, 20 (NPD-Verbot II); BVerfGE 146, 319 (Politische Vereinigung – Parteieigenschaft); BVerfGE 148, 11 (Rote Karte für Merkel); BVerfG NVwZ 2018, 819 (Stadthalle Gießen); BVerwG NJW 2019, 1317 (Girokonto); BVerfGE 154, 320 (Seehofer); BVerfGE 162, 207 (Merkel); BVerfG NJW 2023, 672 (Parteienfinanzierungs-Obergrenze); BVerfG NJW 2023, 831 (Desiderius-Erasmus-Stiftung)

> **Ausgangsfälle:**
>
> **Fall 3: Fernsehrat des ZDF** 46
>
> Der Fernsehrat des Zweiten Deutschen Fernsehens bestand vor BVerfGE 136, 9 aus 77 Mitgliedern: 16 von den Regierungen entsandte Vertreter der Länder, 3 von der Bundesregierung entsandte Vertreter des Bundes, 12 Vertreter der politischen Parteien entsprechend ihrem Stärkeverhältnis im Bundestag, 3 Vertreter der kommunalen Spitzenorganisationen, also der Gebietskörperschaften; die restlichen 43 Mitglieder wurden von gesellschaftlichen Organisationen entsandt (zB Religionsgemeinschaften, Wirtschaftsverbände und Arbeitnehmerorganisationen, Wissenschaft uam). In einem Normenkontrollantrag zum BVerfG wurde geltend gemacht, der Fernsehrat sei in verfassungswidriger Weise staatlich dominiert. *(Fall nach BVerfGE 136, 9)* **Rn 72**
>
> **Fall 4: Front national allemand** 47
>
> **a)** Die dem rechtsradikalen Spektrum zugeordnete Partei „Freie Nationale Aktion" (FNA) will in der **Stadthalle** der Stadt S im Vorfeld des Bundestagswahlkampfs eine Wahlveranstaltung abhalten. Die Stadt S stellte ihre Stadthalle bisher stets den jeweiligen Ortsverbänden der Parteien für derartige Veranstaltungen zur Verfügung, weigert sich aber nunmehr, sie dem Ortsverband S der FNA zu überlassen, bei der es sich um eine rechtsradikale, verfassungsfeindliche Partei handle. Zu Recht?
> **Zusatzfrage:** Wie wäre zu entscheiden, wenn es sich bei der Partei um die NPD handelte, nachdem diese mit Urteil des BVerfG vom 17.01.2017 für verfassungswidrig erklärt, aber nicht verboten wurde?

b) Aufgeschreckt durch diese Meldungen, kündigt die örtliche Filiale der zur Hälfte in staatlichem Besitz befindlichen „Bad Bank" der FNA das **Girokonto**. Durfte sie dies?
Rn 73, 74

48 **Fall 5: „Rote Karte für Merkel"**

Nachdem die FNA für den 7.9.2018 um 13 Uhr in Berlin eine Versammlung unter dem Motto: „**Rote Karte für Merkel**! Asyl braucht Grenzen!" angemeldet hatte, erschien am 4.9.2018 auf der Homepage des Bundesministeriums für Bildung und Forschung diese Meldung „*Die Bundesministerin: Rote Karte für die FNA. Die Rote Karte sollte der FNA und nicht der Bundeskanzlerin gezeigt werden. (...) Sprecher der Partei leisten der Radikalisierung in der Gesellschaft Vorschub. Rechtsextreme, die offen Volksverhetzung betreiben, erhalten damit unerträgliche Unterstützung.*" Die Partei sieht hierdurch ihre Rechte in der politischen Auseinandersetzung verletzt.

(Der Fall beruht mit geänderten Daten auf BVerfGE 148, 11).
Rn 56

1. Politische Parteien zwischen Staat und Gesellschaft – Funktion und Begriff

49 In der parlamentarischen Demokratie handeln besondere Organe, vor allem Parlament und Regierung, in Vertretung des Volkes. Daher muss die „Rückkoppelung" an den Willen des Volkes als des Souveräns gewährleistet sein. Hierbei spielen die politischen Parteien eine wichtige Rolle[24]. In ihnen sollen sich die Bürger zu politisch aktionsfähigen Handlungseinheiten zusammenfinden, um auf das politische Geschehen Einfluss zu nehmen. Wesentliche **Funktion der Parteien**[25] ist es, die Willensbildung des Volkes und der staatlichen Organe zu verbinden. Dies wird in Art. 21 Abs. 1 GG ausdrücklich anerkannt: „*Die Parteien wirken bei der politischen Willensbildung des Volkes mit*". Das BVerfG hat in stRspr die Parteien in den Rang einer verfassungsrechtlichen Institution erhoben[26]. Sie bilden sich im gesellschaftlichen Bereich, wirken aber von hier aus in den staatlichen Bereich ein[27]. Sie sind nicht Teil des Staates. Ihre Stellung ist im Schnittpunkt von **Staat und Gesellschaft**. Sie verknüpfen diese Bereiche: sie wirken an der Bildung des politischen Willens im Staatsvolk mit, um ihn in die staatliche Willensbildung einzubringen und so das staatliche Handeln zu beeinflussen.

50 Auch wenn sie keine staatliche Einrichtung sind, befinden sie sich doch in besonderer **Nähe zum Staat**. Dies unterscheidet sie von anderen rein gesellschaftlichen Organisationen. Deshalb enthält das Grundgesetz ausdrückliche Vorgaben für ihre innere Organisation – während sonst private Vereine oder Verbände hier weitgehend frei sind: sie muss demokratischen Grundsätzen entsprechen, und es besteht öffentliche Rechenschaftspflicht für die Herkunft der finanziellen Mittel. Sie dürfen auch nicht Rundfunk veranstalten oder bestimmenden Einfluss auf Rundfunkveranstalter ausüben, etwa über Mehrheitsbeteiligungen[28]. Dies ist nicht nur dem Staat untersagt. Da Parteien in spezifischer Nähe zum Staat stehen, gilt das Verbot auch für sie[29]. Vertreter des Staates dürfen auch in

---
24 Vgl zuletzt grundlegend BVerfGE 121, 30.
25 Vgl BVerfGE 85, 264, 283 ff.
26 Beginnend mit BVerfGE 1, 208, 225; s. zB BVerfGE 20, 56, 101; 69, 92, 110.
27 BVerfGE 20, 56, 101; 73, 40, 85.
28 Dazu BVerfGE 121, 30.
29 BVerfGE 121, 30, 53 ff.

den Entscheidungsgremien der Rundfunkanstalten keinen bestimmenden Einfluss ausüben. Darunter werden auch die Vertreter der politischen Parteien gefasst. Denn sie bewegen sich „*unweigerlich in staatlich-politischen Entscheidungszusammenhängen, eingebunden in den demokratischen Wettbewerb um Amt und Mandat*"[30]. Deshalb müssen die Sitze für die Parteien und die für Regierungsvertreter zusammengezählt werden und dürfen allenfalls ein Drittel ausmachen (**Fall 3**).

Der **verfassungsrechtliche Begriff** der politischen Partei ergibt sich aus ihrer Funktion. Das Staatsvolk äußert seinen politischen Willen in Wahlen. Für die Parteien bedeutet dies: sie müssen an Wahlen mitwirken; dies müssen sie anstreben, und zwar ernsthaft[31]. Die **Ernsthaftigkeit** muss sich objektiv aus einer Gesamtschau ihrer tatsächlichen Verhältnisse ergeben. Deshalb ist ua ein hinreichender Mitgliederbestand notwendig; eine Partei kann nicht auf Dauer nur aus den Gründern und einigen Funktionären bestehen[32]. Ebenso ist eine gewisse Festigkeit in der Organisation Voraussetzung. Deshalb sind politische Zirkel mit unbedeutendem Mitgliederbestand ebenso wenig Parteien wie bloße ad-hoc-Gruppierungen, Wählerinitiativen uÄ, die aus einem konkreten Anlass für oder gegen ein bestimmtes Vorhaben eintreten, etwa eine Initiative gegen die Rechtschreibreform[33]. Präsenz in den sozialen Medien allein reicht nicht aus[34]. Auch organisatorische Selbstständigkeit ist zu fordern – Parteien dürfen nicht verlängerter Arm einer anderen Organisation sein; dies betrifft auch sog. „Tarnlisten"[35]. Auf die **inhaltliche** Bewertung der Ziele der Partei kommt es nicht an. Parteien, die *verfassungswidrige Ziele* verfolgen, sind, wie aus dem Wortlaut des Art. 21 Abs. 2 GG hervorgeht, doch Parteien, wenngleich sie ggf vom BVerfG zu verbieten sind (Rn 59 ff) oder sie von der staatlichen (Teil-)Finanzierung ausgeschlossen werden können (Rn 63). Keine Parteien sind Vereinigungen, die sich nur an Kommunalwahlen beteiligen („Rathausparteien") – obschon auch auf kommunaler Ebene politische Willensbildung stattfindet. Jedenfalls ist ihnen bei Kommunalwahlen Chancengleichheit zu sichern[36].

Aktuelle Rechtsprechung: Die so verstandene Ernsthaftigkeit wird regelmäßig dann bedeutsam, wenn vor einer Bundestagswahl der Bundeswahlausschuss nach § 18 Abs. 3 BWahlG die Parteieigenschaft zu prüfen hat. In insgesamt 20 Beschlüssen vom 22.7.2021 – 2 BvQ 1/21 bis 1 BvQ 21/21 – hatte das BVerfG vor der Bundestagswahl 2021 über Nichtanerkennungsbeschwerden zu entscheiden. Erfolgreich war nur die DKP im Verfahren 2 BvQ 8/21[37]. Allein der Umstand, dass sie die Rechenschaftsberichte nach § 23 PartG wiederholt verspätet eingereicht hatte, reichte nicht aus, um ihr die Ernsthaftigkeit abzusprechen. Anders die Vereinigung „Die Natürlichen e.V." die lediglich eine Internetpräsenz mit Informationen über ihre Satzung und ihr Programm vorweisen konnte, aber keinerlei Informationen über Veranstaltungen oder Auseinandersetzung mit aktuellen politischen Fragen und Ereignissen (2 BvQ 7/20).

Verfassungsrechtlich ergibt sich also diese **Definition:**

Parteien iSd Art. 21 GG sind Personenvereinigungen, deren Zweck es ist, im Sinn bestimmter politischer Ziele an der Vertretung des Volkes in den Parlamenten von Bund oder Ländern mitzuwirken und die über eine gewisse organisatorische Verfestigung verfügen.

---

30 BVerfGE 136, 9 Rn 61.
31 BVerfGE 146, 319 Rn 15 ff.; BVerfGE 159, 91.
32 BVerfGE 91, 262, 274 f.; vgl. auch BVerfGE 146, 319: 30 Mitglieder.
33 BerlVerfGH NVwZ-RR 2001, 5.
34 BVerfGE 146, 319 Rn. 25.
35 Dazu s. BVerfGE 74, 44, 49.
36 BVerfGE 69, 92, 107.
37 BVerfGE 159, 91.

Dem entspricht auf einfachgesetzlicher Ebene die Legaldefinition des § 2 Abs. 1 PartG: *„Vereinigungen von Bürgern, die dauernd oder für längere Zeit für den Bereich des Bundes oder eines Landes auf die politische Willensbildung Einfluß nehmen und an der Vertretung des Volkes ... mitwirken wollen, wenn sie nach dem Gesamtbild der tatsächlichen Verhältnisse, insbesondere nach Umfang und Festigkeit ihrer Organisation, nach der Zahl ihrer Mitglieder und nach ihrem Hervortreten in der Öffentlichkeit eine ausreichende Gewähr für die Ernsthaftigkeit dieser Zielsetzung bieten".*[38]

2. Freiheit und Gleichheit – verfassungsmäßige Rechte der Parteien

53 Die verfassungsmäßigen Rechte der Parteien können in aller Kürze mit den Begriffen der Freiheit und der Gleichheit umschrieben werden[39]. **Freiheit** der Parteien, Art. 21 Abs. 1 S. 2 GG bedeutet: ihre Gründung und ihre Betätigung ist frei. Freiheit bedeutet vor allem Staatsfreiheit – dies schließt **staatliche Eingriffe** in die politische Betätigung der Parteien aus. Deshalb ist es verfassungswidrig, wenn für Verfassungsschutzbehörden V-Leute in einer Partei tätig sind – was im ersten NPD-Verbotsverfahren zu einem Verfahrenshindernis führte (Rn 469).

Parteien sind gemäß Art. 19 Abs. 3 GG grundrechtsfähig – sie sind eben nicht „Staat" – und können sich daher auf alle für ihre Tätigkeit thematisch einschlägigen **Grundrechte berufen,** gegenüber einem Versammlungsverbot also auf die Versammlungsfreiheit des Art. 8 Abs. 1 GG.

54 Aus dem Recht auf freie Betätigung können auch positive Ansprüche folgen: Wer zB in der Fußgängerzone einen Informationsstand aufbauen will, benötigt dafür nach Straßenrecht eine sog. „Sondernutzungserlaubnis", also die Erlaubnis, den öffentlichen Straßenraum für besondere Zwecke und nicht nur für Verkehrszwecke zu benutzen[40]. Sie liegt im Ermessen der Behörde. Für Informationsstände einer Partei im Wahlkampf bewirkt Art. 21 Abs. 1 GG jedoch, dass sich dieses Ermessen „auf Null reduziert", dh die Behörde ist verpflichtet, die Erlaubnis zu erteilen. Dies folgt auch aus dem Grundsatz der Gleichheit der Parteien. Er ist häufiger Anlass für rechtliche Konflikte: Parteien fühlen sich durch das Wahlrecht benachteiligt, sie sehen sich dadurch diskriminiert, dass anderen Parteien mehr Sendezeit für Wahlwerbung im Fernsehen eingeräumt wird. Gleichheit bedeutet vor allem **Chancengleichheit.** Sie ist als verfassungsmäßiges Recht der Parteien durch Art. 21 Abs. 1 iVm Art. 3 Abs. 1 GG gewährleistet[41] und bedeutet das Recht der Parteien, gleichberechtigt am Prozess der politischen Willensbildung teilzunehmen.

55 Der Grundsatz der Chancengleichheit wird auch verletzt, wenn Staatsorgane in „amtlicher" Eigenschaft zugunsten oder zulasten einzelner am politischen Wettbewerb teilnehmender Parteien in den politischen Meinungskampf eingreifen. Dieses **Neutralitätsgebot** gilt in besonderer Weise, aber keineswegs nur zu Wahlkampfzeiten[42]. Es gilt auch für Äußerungen im Internet. Allerdings sind auch Staatsorgane nicht gehindert, am politischen Meinungskampf teilzunehmen; entscheidend ist, ob sie sich in amtlicher Eigenschaft äußern; dies näher Rn 791 f.

---

38 In diesem Sinn auch BVerfGE 91, 262, 266.
39 BVerfGE 111, 382.
40 BVerwGE 56, 56; 56, 63.
41 S. auch dazu die Wahlrechtsentscheidung BVerfGE 95, 335, 354.
42 BVerfGE 148, 11 Rn 42; BVerfGE 154, 320 Rn 47 f.

Aktuelle Rechtsprechung: Ein auf der offiziellen Homepage eines Ministeriums verbreiteter ministerieller Boykottaufruf verletzt das Recht auf Chancengleichheit und auch das Grundrecht der Partei auf Versammlungsfreiheit[43], ebenso die Aktion „Licht aus gegen rechts", also das Abschalten der Rathausbeleuchtung und Illumination öffentlicher Plätze durch die Gemeinde. Ebenso sah das BVerfG einen Eingriff in die Chancengleichheit der Parteien durch Äußerungen des Ministers *Seehofer* über die AfD darin, dass sie auf der Homepage des Ministeriums veröffentlicht wurden[44], sowie durch Äußerungen der Bundeskanzlerin *Merkel* bei ihrem Besuch in Pretoria, als sie forderte, die Ministerpräsidentenwahl im Thüringer Landtag müsse „rückgängig gemacht" werden[45].

Lösung Fall 5: „Rote Karte für Merkel" (Rn 48) 56

Die Äußerung auf der Internetseite des Ministeriums berührt das Recht der FNA auf Chancengleichheit aus Art. 21 Abs. 1 iVm Art. 3 Abs. 1 GG und Art. 38 Abs. 1 GG verletzen.

1. Ein Eingriff: negative Bewertung der Veranstaltung.

2. Verletzung der Neutralitätspflicht: Äußerung der Bundesministerin als Mitglied der Bundesregierung: Veröffentlichung auf der Internetseite des Ministeriums ergibt. Daher Neutralitätspflicht staatlicher in der parteipolitischen Auseinandersetzung; keine Befugnis, von der Teilnahme an einer Parteiveranstaltung abzuraten.

3. Rechtfertigung durch das Äußerungsrecht der Bundesregierung? Diese darf sich gegen Angriffe zur Wehr setzen. Es gilt jedoch das Gebot der Sachlichkeit. Dieses ist hier nicht gewahrt.

Im **Wahlrecht** ist das Recht auf Chancengleichheit der Parteien zu wahren; es folgt aus 57 Art. 38 Abs. 1 S. 1 iVm Art. 21 Abs. 1 iVm Art. 3 Abs. 1 GG[46]. Es gilt auch für die Wahlvorbereitung und kann zB verletzt sein, wenn Mitglieder der Bundesregierung sich unter Ausnutzung ihrer Amtsautorität und unter Inanspruchnahme amtlicher Ressourcen in den Wahlkampf einschalten[47] (**Fall 74** Rn 754). Wie stets bedeutet Gleichheit nicht schematische Gleichbehandlung, sondern erlaubt Differenzierungen aus sachlichen Gründen. Deshalb darf bei Sendezeiten und Verkehrsraum für Wahlwerbung nach ihrer Bedeutung differenziert werden. Dies darf allerdings nicht dazu führen, dass kleinere Parteien nur in so geringem Umfang berücksichtigt werden, dass sie zB bei der Vergabe von Stellplätzen für Wahlplakate optisch „untergehen"[48]. Für den Inhalt der Wahlwerbung gilt das Grundrecht der Meinungsfreiheit aus Art. 5 Abs. 1 S. 1 GG iVm Art. 21 Abs. 1 GG; die Beseitigung eines Wahlplakats darf daher nur angeordnet werden, wenn der Inhalt gegen ein Strafgesetz verstößt[49].

Für **Wahlwerbesendungen** im Rundfunk[50] gilt: Art. 21 Abs. 1 GG verleiht den Parteien keinen un- 58 mittelbaren Anspruch hierauf; wenn aber Sendezeiten eingeräumt werden, haben die *öffentlich-rechtlichen* Rundfunkanstalten – die insoweit als „Träger öffentlicher Verwaltung" behandelt werden – den Grundsatz der Chancengleichheit nach näherer Maßgabe des § 5 PartG zu beachten.

Aktuelle Rechtsprechung: Die Ausstrahlung von Wahlwerbung darf abgelehnt werden wegen evidenten und schwerwiegenden Verstößen gegen Strafgesetze[51], so für Volksverhetzung nach § 130 Abs. 1 Nr 1 StGB in Werbespots der NPD: *„Seit der willkürlichen Grenzöffnung 2015 und*

---

43 BVerfG NVwZ-RR 2016, 241.
44 BVerfGE 154, 320 Rn 89.
45 BVerfGE 162, 207.
46 Vgl zB BVerfGE 44, 125, 138.
47 BVerfGE 138, 102, Rn 26 ff.
48 Vgl BVerwGE 47, 293.
49 Vgl. BVerfG (K) B. v. 24.5.2019 – 1 BvQ 45/19 – für § 130 StGB (Volksverhetzung).
50 S. BVerwGE 87, 270.
51 BVerfGE 69, 257; BVerfG (K) NVwZ 2019, 963; NJW 2019, 1592.

der seither unkontrollierten Massenzuwanderung werden Deutsche fast täglich zu Opfern ausländischer Messermänner. Migration tötet! ... Wir schaffen Schutzzonen."[52] Demgegenüber durfte die Ausstrahlung ohne die „ausländischen Messermänner" nicht abgelehnt werden. Insbesondere durfte nicht aus einer Zusammenschau mit dem Programm der Partei ein Verstoß gegen die Menschenwürde hergeleitet werden[53].

Anders bei redaktionell gestalteten Sendungen wie zB einem Streitgespräch (bis 2017 noch „Fernsehduell") der Spitzenkandidaten): hier sind die Anstalten zwar ebenfalls zur Gleichbehandlung verpflichtet, dies folgt aus Art. 21 Abs. 1 GG iVm Art. 3 Abs. 1 GG. Sie können sich andererseits aber auf ihre Programmfreiheit aus Art. 5 Abs. 1 S. 2 GG (Rundfunkfreiheit) berufen. Chancengleichheit der Parteien und Rundfunkfreiheit sind in Abwägung zu bringen[54]. Bei *privatem* Rundfunk müsste dann eine Drittwirkung des Gleichheitssatzes erwogen werden – dazu **Klausurenband II Fall 1.**

Gegenüber **Facebook**, das den Internetauftritt der Partei „Der III. Weg" gesperrt hatte, bejahte das BVerfG im Grundsatz eine Drittwirkung, als es im Wege der einstweiligen Anordnung Facebook aufgab, der Partei für die Dauer eines Wahlkampfs die Nutzung der Funktionen von www.facebook.com wieder einzuräumen[55].

3. Verfassungsfeindliche Parteien, Parteienprivileg und Parteiverbot

59 Gründung und Betätigung der Parteien sind frei und müssen dies in einer freiheitlich-demokratischen Ordnung auch sein. Wenn aber eine Partei diese Freiheit dazu missbraucht, um eben gegen diese zu kämpfen, dann steht der freiheitliche Staat vor dem Dilemma: „Freiheit für die Feinde der Freiheit?". Das Grundgesetz, so das BVerfG, vertraut auf den offenen Prozess politischer Auseinandersetzung zur Abwehr totalitärer und menschenverachtender Ideologien, doch will es andererseits nicht die Freiheit gewähren, die Voraussetzungen der freiheitlichen Demokratie zu beseitigen; die Demokratie des Grundgesetzes ist **„wehrhafte Demokratie"**[56]. Parteien, die darauf ausgehen, können deshalb nach Art. 21 Abs. 2 GG als verfassungswidrig verboten werden – also „keine *unbedingte* Freiheit für die Feinde der Freiheit"[57]. Ein Parteiverbot greift allerdings intensiv in die freie politische Auseinandersetzung ein und muss die Ausnahme sein. Es kann, im Unterschied zu einem Vereinsverbot, nur vom BVerfG ausgesprochen werden – das **Entscheidungsmonopol des BVerfG** ist nunmehr in **Art. 21 Abs. 4 GG** (bisher: Art. 21 Abs. 2 S. 2 GG a.F.) enthalten. Seine Voraussetzungen sind strikt auszulegen: „Der Begriff der freiheitlichen demokratischen Grundordnung im Sinne von Art. 21 Abs. 2 GG erfordert eine Konzentration auf wenige, zentrale Grundprinzipien, die für den freiheitlichen Verfassungsstaat schlechthin unentbehrlich sind"[58]. Dies sind insbesondere:

– die Würde des Menschen als oberster Wert des Grundgesetzes und damit die *„Achtung vor den im Grundgesetz konkretisierten Menschenrechten, insbesondere dem Recht der Persönlichkeit auf Leben und freie Entfaltung":*[59] die Anerkennung der **Menschenrechte;**

---

52 OVG Rh-Pf B. v. 26.4.2019 – 2 B 10639/19 – und BVerfG (K) NJW 2019, 1592.
53 BVerfG (K) NVwZ 2019, 963.
54 Vgl BVerfG NJW 2002, 2939.
55 BVerfG (K) NJW 2019, 1935.
56 Vgl. *Voßkuhle/Kaiser*, JuS 2019, 1154.
57 BVerfGE 144, 20 Rn 514.
58 BVerfGE 144, 20 Rn 535.
59 BVerfGE 2, 1, 12 f.; 5, 85, 140.

- das **Demokratieprinzip**, es beruht auf der freien Selbstbestimmung der Bürger und steht in engem Zusammenhang mit dem Schutz der Menschenwürde; unverzichtbar ist das Prinzip der Volkssouveränität und die gleichberechtigte Teilhabe am politischen Prozess;
- unverzichtbar ist die **Rechtsstaatlichkeit**, und hier die Gesetzesgebundenheit des Staates, der Schutz individueller Freiheit und der Rechtsschutz durch unabhängige Gerichte.

Verfassungswidrige Ziele verfolgt eine Partei, die eines dieser Elemente ablehnt, weil sie zB die Freiheit des Einzelnen einer „Volksgemeinschaft" unterordnen will[60]. Der Begriff der freiheitlich-demokratischen Grundordnung in Art. 21 GG ist nicht gleichzusetzen mit der sog. „Ewigkeitsgarantie" des Art. 79 Abs. 3 GG, also jenen Verfassungsgrundsätzen, die auch bei einer Änderung des Grundgesetzes nicht angetastet werden dürfen (Rn 244). Darunter fällt zB die Gliederung des Bundes in Länder, also die Bundesstaatlichkeit. Wer demgegenüber einen Zentralstaat für sinnvoller hält, ist deshalb kein Gegner der verfassungsmäßigen Ordnung. 60

Die Partei muss eine Beeinträchtigung oder Beseitigung der so verstandenen Grundordnung anstreben. Dies ist bereits dann der Fall, wenn eines der tragenden Elemente – Menschenwürde, Demokratie, Rechtsstaat – angegriffen wird, denn diese Elemente können nicht voneinander getrennt werden. Es kommt auf die wahren Ziele an. Das Verhalten der Anhänger muss der Partei zurechenbar sein, was für leitende Parteifunktionäre, einfache Mitglieder oder bloße Anhänger differenziert zu beurteilen ist. **„Darauf ausgehen"** bedeutet aktives, planvolles Handeln – Art. 21 Abs. 2 GG enthält kein Gesinnungsverbot[61]. Darüber hinaus fordert das BVerfG konkrete Anhaltspunkte von einigem Gewicht dafür, dass die Partei ihre Ziele tatsächlich erreichen könnte, dies jedenfalls als möglich erscheint („**Potenzialität**")[62]. Nur dann ist der Einsatz des „scharfen Schwerts" des Parteiverbots, das, so das BVerfG, auch durchaus zweischneidig ist, gerechtfertigt. Deshalb bescheinigte das BVerfG der NPD zwar Verfassungswidrigkeit, ohne sie jedoch zu verbieten – dafür war ihr Potenzial zu gering. – Bestand der Bundesrepublik bedeutet insbesondere deren staatsrechtliche Existenz, völkerrechtliche Unabhängigkeit und territoriale Integrität. 61

Die Freiheit der politischen Parteien ist auch durch Art. 11 EMRK geschützt; Parteiverbote können demgemäß nach Art. 34 EMRK auch vor dem EGMR angefochten werden. Dieser sieht in der Gefährdung des demokratischen Prozesses eine Rechtfertigung für ein Parteiverbot gemäß Art. 11 Abs. 2 EMRK, fordert aber gleichfalls unmittelbare und konkrete Gefährdungen für die Demokratie; auch Verbindungen zu terroristischen Kreisen rechtfertigen hiernach ein Verbot[63]. 62

Solange das BVerfG eine Partei nicht verboten hat, darf diese sich frei betätigen: **Parteienprivileg**. In seinem Urteil vom 17.1.2017 verwies das BVerfG ausdrücklich darauf, dass Sanktionen unterhalb der Ebene des Parteiverbots, „etwa die Kürzung oder Streichung staatlicher Finanzmittel" nach seinerzeitiger Verfassungslage ausgeschlossen waren[64]. Dies – sowie Aussagen des Senatsvorsitzenden bei der Urteilsverkündung – wur- 63

---

60 BVerfGE 144, 20 Rn 541.
61 BVerfGE 144, 20 Rn 573.
62 BVerfGE 144, 20 Rn 585.
63 Zur Rspr des EGMR s. BVerfGE 144, 20 Rn 607 ff; vgl *Morlok*, Jura 2013, 317, 323.
64 BVerfGE 144, 20 Rn 625.

den als Hinweis dafür gewertet, dass dies im Wege der Verfassungsänderung möglich wäre. Eben dies sieht nun der neu gefasste **Abs. 3 in Art. 21 GG** vor. Über den Ausschluss von der **Parteienfinanzierung** entscheidet ebenfalls das BVerfG, Art. 21 Abs. 4 GG n.F., §§ 13 Nr 2a, 46a BVerfGG. Solange eine Partei nicht verboten ist, hat sie – selbst wenn ihre Verfassungswidrigkeit festgestellt wurde – einen Anspruch auf Gleichbehandlung. Weder darf ihr entgegen § 5 PartG der Zugang zu öffentlichen Einrichtungen verweigert werden, noch dürfen aus diesem Grund Verbote oder sonstige Beschränkungen gegen eine Parteiveranstaltung ausgesprochen oder darf anderweitig eine Ungleichbehandlung entgegen Art. 3 Abs. 1 i.V.m. Art. 21 Abs. 1 GG erfolgen, auch nicht von Seiten einer kommunalen Sparkasse, wenn diese einer Partei das Konto kündigen will[65]. Eine private Bank ist darin frei, wie ja zB auch der Inhaber einer Gaststätte sein Nebenzimmer keinesfalls für eine Parteiveranstaltung vermieten muss, ein Hotelbesitzer einem NPD-Funktionär die Buchung[66] oder das Restaurant „Bocca di Bacco" der Fraktionsspitze der AfD eine Tischreservierung verweigern durfte. Für eine Bank in privatrechtlicher Form, deren Anteile mehrheitlich vom Staat gehalten werden, gilt ebenfalls Art. 21 Abs. 1 GG[67]; bei 50% der Anteile dürfte es darauf ankommen, ob die staatlichen Anteilseigner maßgeblichen Einfluss ausüben.

63a **Aktuelle Rechtsprechung:** Als die Stadt Wetzlar dem Ortsverband der NPD die Benutzung der Stadthalle für eine Parteiveranstaltung verweigerte, erließ das BVerfG eine einstweilige Anordnung nach § 32 BVerfGG (Rn 884 ff), in der es von der Verfassungswidrigkeit der Weigerung ausging[68]. Entscheidend ist, dass die Partei nicht verboten ist; auch dass ihre Verfassungswidrigkeit vom BVerfG festgestellt wurde, rechtfertigt noch nicht die Ungleichbehandlung[69].

64 Aufmärsche u.Ä. der NPD durften nicht wegen ihrer Nähe zur NS-Ideologie, gestützt auf den gesetzlichen Verbotsgrund der „öffentlichen Ordnung", verboten werden. Parteien, so das BVerfG, soweit sie mit allgemein erlaubten Mitteln arbeiten, dürfen nicht behindert werden; die Generalklausel der öffentlichen Ordnung darf nicht herangezogen werden kann, um gegen Inhalte einzuschreiten[70]. Anders, wenn eine Parteiveranstaltung sich außerhalb der Rechtsordnung bewegt, zB durch Verbreiten der „Auschwitz-Lüge", § 130 Abs. 3 StGB – in diesem Fall wäre die öffentliche Sicherheit bedroht. Eine Partei durch den **Verfassungsschutz** zu beobachten, falls Anhaltspunkte für verfassungsfeindliche Bestrebungen gegeben sind, hindert Art. 21 Abs. 2 S. 2 GG grundsätzlich jedoch nicht[71]. Denn dies dient auch der Vorbereitung der Entscheidung, ob ein Verbotsverfahren eingeleitet werden soll. Äußerungen von Mitgliedern der Bundesregierung zur Verfassungsfeindlichkeit einer Partei sind noch keine rechtserheblichen Maßnahmen, die Partei kann also dagegen auch nicht die Feststellung ihrer Verfassungskonformität beantragen[72]. Allerdings müssen sich Mitglieder der Bundesregierung in dieser Eigenschaft zurückhalten, Rn 791.

---

65 BVerwG NJW 2019, 1317.
66 BVerfG (K) B. v. 27.8.2019 – 2 BvR 879/12.
67 Vgl. für die Flughafengesellschaft FRAPORT AG BVerfGE 128, 226.
68 B.v. 24.03.2018 – 1 BvQ 18/18; vorausgegangen war ein Beschluss des VG Gießen, B.v. 20.12.2017 – 8 L 9187/17.GI; dieser war von der Stadt missachtet worden.
69 Ebenso OVG Saarlouis, B. v. 10.7.2017 – 2 B 554/17 – juris; BVerwG NJW 2019, 1317 Rn 37 f.
70 BVerfG (K) NJW 2001, 2069; NJW 2001, 2075; NJW 2001, 2076.
71 BVerwGE 137, 275.
72 BVerfGE 133, 100.

4. Zwischen Freiheit und Chancengleichheit: Parteienfinanzierung und Verfassungsrecht

Für die – seit jeher umstrittene und zur Gesetzesumgehung verleitende – Parteienfinanzierung bedeutet **Freiheit** der Parteien, dass es nicht zur Abhängigkeit vom Staat oder von Großspendern, Gleichheit, dass es nicht zu Wettbewerbsverzerrungen kommen darf[73]. Schließlich muss die aus Art. 38 Abs. 1 S. 1 GG folgende staatsbürgerliche Gleichheit gewahrt sein, es dürfen nicht Einzelnen besondere Einflussmöglichkeiten eröffnet werden, zB durch steuerliche Begünstigung von Großspenden. Um sachwidrige Einflussmöglichkeiten des Staates möglichst auszuschließen, muss die Parteienfinanzierung zwingend durch Gesetz geregelt werden. Dies gilt auch für staatliche Zuwendungen an parteinahe Stiftungen, da diese gleichermaßen die Möglichkeiten der Parteien im Wettbewerb beeinflussen können[74]. – Zum Ausschluss verfassungsfeindlicher Parteien Rn 63.

65

Im Einzelnen gilt:

66

– Unmittelbare staatliche Leistungen sind zulässig[75]. Dies wird durch die verfassungsrechtlichen Funktionen der Parteien auch außerhalb des Wahlkampfs begründet: Artikulation des Bürgerwillens, den sie in die organisierte Staatswillensbildung einbringen. Es darf sich hierbei jedoch nur um eine Teilfinanzierung handeln, die Eigenfinanzierung muss Vorrang haben: „*Gewönne der Bürger den Eindruck, die Parteien ‚bedienten‘ sich aus der Staatskasse, so führte dies notwendig zu einer Verminderung ihres Ansehens und würde letztlich ihre Fähigkeit beeinträchtigen, (ihre) ... Aufgaben zu erfüllen.*"[76]
– Die staatlichen Leistungen müssen sich am Erfolg der Parteien beim Wähler orientieren, um den politischen Wettbewerb nicht zu verfälschen; eine erfolgsunabhängige Basisfinanzierung ist verfassungswidrig[77]. Deshalb gibt es Zuwendungen für jede bei Wahlen erzielte Stimme sowie Zuschläge auf Mittel, die durch Spenden oder Mitgliedsbeiträge eingeworben werden. Für Einzelheiten s. § 18 PartG. Dessen Abs. 2 S. 1 bestimmt jedoch eine absolute Höchstgrenze für das an die Parteien auszuzahlende Gesamtvolumen.
– Ein Quorum für die Gewährung staatlicher Leistungen – für Bundestagswahlen 0,5% der gültigen Stimmen – ist zulässig, um Missbräuche auszuschließen.
– Ob eine *Verpflichtung zu staatlicher Finanzierung* besteht, hat das BVerfG offengelassen. Der Grundsatz der Freiheit und Eigenverantwortung dürfte eher dagegen sprechen.
– Für die Behandlung von Parteispenden gilt: Sie muss die staatsbürgerliche Gleichheit wahren. Deshalb dürfen Spenden nur in einer Größenordnung steuerlich begünstigt werden, wie sie von durchschnittlichen Einkommensbeziehern erreichbar ist[78]. Die aktuelle Grenze von € 6 600 (bei Zusammenveranlagung) dürfte sich eher an „Besserverdienenden" orientieren, aber noch nicht unvertretbar hoch liegen. Spenden juristischer Personen, die ja keinen staatsbürgerlichen Willen haben, dürfen nicht be-

67

---

73 BVerfGE 111, 382, 398 ff.
74 BVerfG NJW 2023, 831 Rn 181 ff.
75 Vgl BVerfGE 85, 264, 283 ff; anders noch BVerfGE 20, 56, 102; 52, 63, 85; 73, 40, 86: nur Erstattung der Wahlkampfkosten.
76 BVerfGE 85, 264, 290.
77 BVerfG aaO. BVerfGE 111, 382, 398.
78 BVerfGE 85, 264, 315 ff.

günstigt werden (zumal sonst die hinter ihnen stehenden natürlichen Personen ihre Einflussmöglichkeiten vervielfachen könnten). Über die Herkunft der Mittel besteht schon wegen Art. 21 Abs. 1 S. 4 GG eine Rechenschaftspflicht. Bei Verstößen sind Sanktionen vorgesehen[79]. Damit soll Transparenz der politischen Willensbildung angestrebt werden.

5. Demokratische Binnenstruktur – innerparteiliche Demokratie

68 Weil die Parteien an der Staatswillensbildung mitwirken, muss ihre innere Ordnung demokratischen Grundsätzen entsprechen, Art. 21 Abs. 1 S. 3 GG, es gilt ein Gebot **demokratischer Binnenstruktur**. Deshalb müssen parteiinterne Wahlen den Grundsätzen des Art. 38 Abs. 1 S. 1 GG entsprechen. Die Partei kann hierbei jedoch ihre politischen Ziele zur Geltung bringen, indem sie zB satzungsmäßig Frauenquoten festlegt[80]. Dies folgt aus ihrer Freiheit, ihr politisches Programm zu verfolgen.

69 Freie politische Auseinandersetzung muss innerhalb der Partei gewährleistet sein. Andererseits darf die Partei erwarten, dass sich ein Parteimitglied in der Öffentlichkeit loyal zu den Zielen der Partei zeigt. Sie hat deshalb auch das Recht, Mitglieder auszuschließen. Der Parteiausschluss, der ja auch als „Disziplinierungsmittel" gegen innerparteiliche Opposition eingesetzt werden kann, muss jedoch bestimmten rechtlichen Erfordernissen genügen. Es besteht Rechtsschutz, zunächst durch ein Parteischiedsgericht. Dessen Spruch kann von staatlichen Gerichten (nur) daraufhin überprüft werden, ob er willkürlich ist. Dabei sind auch Grundrechte der Mitglieder, vor allem ihre Meinungsfreiheit zu berücksichtigen und im Wege der „praktischen Konkordanz" (Rn 23) mit der Freiheit der Partei in Ausgleich zu bringen. Demgegenüber steht die **Aufnahme von Mitgliedern** im Ermessen der Partei[81]. Es wäre mit ihrer Freiheit zu politischer Betätigung schwer vereinbar, der Partei gegen ihren Willen Mitglieder aufzuzwingen. Zur **Mitgliederbefragung** als ein – vorgebliches – Element innerparteilicher Demokratie Rn 768.

Zu Recht erfolgte der Ausschluss eines Parteimitglieds wegen seiner Zugehörigkeit zu Scientology[82]. Zwar war hier die Glaubensfreiheit des Mitglieds zu berücksichtigen, Art. 4 GG. Andererseits hatte die Partei ein berechtigtes Interesse daran, keine Angehörigen einer Organisation mit so umstrittenen Zielen wie Scientology in ihren Reihen zu haben.

6. Politische Parteien im Verfassungsprozess

70 Die Doppelstellung der Parteien als Verfassungsorgane und private Vereinigungen hat prozessuale Konsequenzen.

– Wenn der Staat der Partei hoheitlich gegenüber tritt, wenn zB die Behörde ein Versammlungsverbot ausspricht, oder wenn der Gesetzgeber den Parteien verbietet, Rundfunk zu veranstalten, befindet sich die Partei in der gleichen Situation wie ein Bürger, der von derartigen Verboten betroffen ist, und hat die gleichen Rechtsbehelfe. Sie kann vor den Verwaltungsgerichten klagen und ggf. **Verfassungsbeschwerde** erheben, gestützt auf ihre Grundrechte und das Gleichbehandlungsgebot aus Art. 3

---

79 Vgl BVerfGE 111, 54, 83 ff.
80 Vgl. BVerfG (K), B. v. 1.4.2015 – 2 BvR 3058/14 – mit Anm. *Penz*, DÖV 2015, 963; LVerfG SAH, B. v. 25.10.2017 – LVG 3/17 – Rn 73.
81 BGHZ 101, 198.
82 BVerfG (K) NJW 2002, 2227.

Abs. 1 GG iVm Art. 21 GG), Rn 53. Dies gilt auch bei Streit über die Aufstellung von Werbeträgern mit der Gemeinde (die ja kein Verfassungsorgan ist) oder über Sendezeiten im (öffentlich-rechtlichen) Rundfunk[83]. Streitigkeiten **innerhalb** einer Partei sind als Streitigkeiten innerhalb einer privaten Vereinigung im **Zivilrechtsweg** zu entscheiden – so im Fall eines Parteiausschlusses (Rn 68).

– Soweit die Parteien als Institutionen des Verfassungslebens betroffen sind, sind sie antragsberechtigt im **Organstreitverfahren** nach Art. 93 Abs. 1 Nr 1 GG, §§ 63 ff BVerfGG – sie sind „andere Beteiligte" iSd Art. 93 Abs. 1 Nr 1 GG[84]. Die Verfassungsbeschwerde ist dann ausgeschlossen. Dies betrifft zB das Wahlrecht: Antragsgegenstand eines Organstreitverfahrens ist dann der Erlass des Gesetzes, Antragsgegner sind Bundestag und Bundesrat[85]. Das Organstreitverfahren ist die zulässige Verfahrensart, wenn sich eine Partei zB durch Äußerungen des Bundespräsidenten – „Spinner", Rn 822[86] oder durch die Öffentlichkeitsarbeit der Regierung[87] **(Fall 5,** Rn 791) in ihren Rechten verletzt sieht. Für Sanktionen, die der Bundestagspräsident wegen Verletzung der Rechenschaftspflichten einer Partei verhängt hatte, verwies das BVerfG[88] sie auf den Verwaltungsrechtsweg. Er wurde hier als Verwaltungsbehörde tätig.

71

Lösung Fall 3: Fernsehrat des ZDF (Rn 46)

72

Die Zusammensetzung des Fernsehrats könnte gegen das Gebot der Staatsfreiheit des Rundfunks aus Art. 5 Abs. 1 S. 2 GG verstoßen.

1. Staatsfreiheit bedeutet: der Staat darf keinen bestimmenden Einfluss auf die Rundfunkanstalt und ihre Programmgestaltung erlangen.

2. Hieraus folgt: die Organe der Anstalt, die für das Programm verantwortlich sind, dürfen ihrerseits nicht staatlich beherrscht oder maßgeblich beeinflusst sein. Der Fernsehrat ist ein derartiges Organ. Er darf also nicht von Vertretern des Staates dominiert werden. Dies ist der Fall, wenn ihre Zahl einen Anteil von einem Drittel deutlich übersteigt.

3. Entscheidend ist die Zahl der Vertreter des Staates, also der von Landesregierungen, der Bundesregierung und den Gemeinden entsandten Mitglieder (auch die Gemeinden sind Teil des Staates, Rn 33). Deren Zahl beträgt 22. Es könnten jedoch die 12 Parteienvertreter dazu gezählt werden. Die Parteien sind nicht Teil des Staates, befinden sich aber in einer besonderen Nähe zum Staat. Ihre Vertreter sind der staatlichen Seite zuzurechnen; diese umfasst daher 34 von 77. Dies entspricht einer Quote von 44,16%. Bei einem Anteil von nahezu der Hälfte ist von beherrschendem Einfluss auszugehen, auch wenn es sich um Vertreter unterschiedlicher Länder und Parteien mit unterschiedlichen Interessen handelt.

Lösung Fall 4a: Stadthalle (Rn 47)

73

1. Anspruchsgrundlage: § 5 PartG

a) Anspruchsberechtigung: FNA ist Partei iSd PartG bzw iSv Art. 21 GG; die Begriffsmerkmale – ua Beteiligung an Wahlen – treffen auf sie zu; eine inhaltliche Bewertung ihrer Ziele ist insoweit unzulässig.

---

83 BVerfGE 47, 198.
84 Vgl BVerfGE 60, 53, 61 f; 148, 11 Rn 28; *Hillgruber/Goos* Rn 465; abl. *Lenz/Hansel*, BVerfGG, § 63 Rn 17.
85 S. zB BVerfGE 111, 382, 398.
86 BVerfGE 136, 323.
87 BVerfGE 44, 125, 137; BVerfGE 138, 102.
88 BVerfGE 111, 54, 81 f.

b) Die Stadthalle ist öffentliche Einrichtung iSv § 5 PartG.

2. Die FNA hat damit einen Anspruch auf Gleichbehandlung ihres Ortsverbands bei der Vergabe der Stadthalle; § 5 PartG, Art. 3 Abs. 1 GG iVm Art. 21 Abs. 1 GG. Der Einwand der Verfassungswidrigkeit ist kein zulässiges Differenzierungskriterium (Rn 63), solange die Partei nicht verboten ist.

Zusatzfrage: Dies gilt auch im Fall der NPD, da diese zwar im Urteil des BVerfG für verfassungswidrig erklärt, aber eben nicht verboten wurde.

74 **Lösung Fall 4b: Girokonto (Rn 47)**
Zu Fall 5 s. **Rn 56** und **793**.

Schrifttum zu III.: *Kunig*, Parteien, HStR III³, § 40; *Morlok*, Das Parteiverbot, Jura 2013, 317; *Gusy*, Verfassungswidrig, aber nicht verboten!, NJW 2017, 601; *Ferreau*, Disharmonie im Kommunalwahlkampf, JuS 2017, 758; *Kozlowska*, Rote Karte für wen?, JA 2018, 515; *Grosche*, Der Bundestagspräsident im politischen Wettbewerb, JuS 2019, 868; *Bajrami/Overkamp*, Quotenregelung bei der Parteimitgliedschaft, JuS 2019, 1010; *Shirvani*, Parteiverbot und Parteifinanzierungsausschluss, Jura 2020, 448.

IV. Freie, gleiche, allgemeine Wahlen: Grundlagen des Wahlrechts

75 *Demokratie heißt: Freie Wahlen. Darüber besteht ebenso Konsens wie über die elementaren Wahlrechtsgrundsätze der Gleichheit und der Allgemeinheit der Wahlen. Nicht so eindeutig kann jedoch die Frage beantwortet werden, was Wahlrechtsgleichheit und Allgemeinheit für das aktive wie passive Wahlrecht im Detail bedeuten. Denn die nähere Ausgestaltung des Wahlsystems und des Wahlrechts obliegt dem Gesetzgeber. Wahlrechtsgleichheit und Allgemeinheit der Wahl sind im Sinne einer strengen und formalen Gleichbehandlung zu deuten – mit den Folgerungen hieraus befasst sich der folgende Abschnitt.*

▶ **Leitentscheidungen:** BVerfGE 95, 335 und 95, 408 (Wahlrecht – Überhangmandate und Grundmandatsklausel); BVerfGE 97, 317 (Listennachfolge); BVerfGE 103, 111 (Hessisches Wahlprüfungsgericht); BVerfGE 121, 266 (negatives Stimmgewicht I); BVerfGE 123, 39 (Wahlcomputer); BVerfGE 129, 300 (Europaparlament I); BVerfGE 131, 316 (negatives Stimmgewicht II); BVerfGE 132, 39 (Auslandswahlrecht); BVerfGE 135, 259 (Europaparlament II); BVerfGE 146, 327 (Eventualstimme); BVerfGE 151, 1 (Wahlrechtsausschluss); BayVerfGH NVwZ-RR 2018, 457 (Parität); SächsVerfGH NVwZ 2019, 1829 (Wahlprüfungsverfahren – Landesliste AfD); BbgVerfG NJW 2020, 3579 (Paritätsgesetz Bbg); ThürVerfGH NVwZ 2020, 1266 (Thüringer Paritätsgesetz); BVerfGE 156, 224 (paritätische Ausgestaltung des Wahlvorschlagsrechts); BerlVerfGH NVwZ 2023, 70 (Wahlwiederholung).

76 **Fall 6a: Klima und Bundestag – Legislaturperiode**
Nachdem sich die Koalitionsverhandlungen im Anschluss an die Bundestagswahl im September 2021 über mehr als 6 Monate bis weit ins Frühjahr hinziehen, stellt die dann ins Amt gekommene Bundesregierung fest, dass ihr bis zum Beginn des nächsten Wahlkampfs im Sommer 2025 gerade einmal 3 Jahre Zeit „zum Regieren" verbleiben. Schon wegen des Klimawandels müsse man aber in längeren Zeiträumen denken. In der Folge beschließt der Bundestag im Jahr 2023 mit 2/3-Mehrheit und unter einstimmiger Zustimmung des Bundesrats ein Gesetz zur Änderung des Grundgesetzes, das am 1.1.2024 in Kraft tritt und dessen hier interessierende Bestimmungen lauten:

„Art. 1: In Art. 39 Abs. 1 S. 1 GG wird das Wort „vier" durch das Wort „sechs" ersetzt."
„Art. 2: Dies gilt erstmals für den im Jahr 2021 gewählten Bundestag."
Ist dieses Gesetz gültig? **Rn 111**

Fall 6b: Corona I 76a

Nachdem im Verlauf des Jahres 2025 eine weitere Coronawelle mit einer besonders ansteckenden Omega-Mutante wiederum zu erheblichen Ausgangs- und Kontaktbeschränkungen geführt hat, beschließt der Bundestag mit verfassungsändernder Mehrheit, die für den September vorgesehen Wahlen zum Bundestag um ein Jahr zu verschieben. In der Begründung wird auf Art. 115h GG verwiesen, wonach sich die Wahlperiode während des Verteidigungsfalls verlängere.
Konnte der Bundestag dies wirksam beschließen? **Rn 82a**

Fall 7a: „Kinder an die Macht?" 77

Unter dem Eindruck der „Fridays for Future"-Demonstrationen möchte die Regierung des Landes L „die Jugend" stärker am politischen Geschehen beteiligen und prüft eine Bundesratsinitiative zur Änderung des Wahlrechts. Ihr schwebt vor, das Wahlalter für das aktive Wahlrecht auf 14 Jahre herabzusetzen. Kinder unter 14 Jahren sollen ebenfalls stimmberechtigt sein, ihr Stimmrecht aber treuhänderisch von ihren Erziehungsberechtigten wahrgenommen werden. Schließlich gehe es um die Zukunft der Kinder und Jugendlichen. Es sei außerdem nicht einsehbar, dass halbdemente 80-Jährige wählen dürften, aufgeweckte 15-Jährige aber nicht.
Ist dieses Vorhaben in verfassungskonformer Weise realisierbar? **Rn 112**

Fall 7b: Parität 77a

Nachdem die in L regierende Koalition nicht nur Kinder, sondern auch Frauen in den Parlamenten nicht hinreichend repräsentiert sieht – gerade einmal ein knappes Drittel der Abgeordneten seien Frauen –, beschließt der Landtag des Landes L ein „Paritätsgesetz". Es sieht vor, dass die Listen mit den Wahlvorschlägen der Parteien jeweils abwechselnd mit einem Bewerber und einer Bewerberin besetzt sein müssen („Reißverschlussverfahren"). Landeslisten, die dem nicht entsprechen, sollen vom Landeswahlausschuss zurückgewiesen werden. Das Landeswahlgesetz L soll nach Auffassung der Ministerpräsidentin von L Vorbildwirkung für den Bund haben.
Wäre eine entsprechende Änderung des Bundeswahlgesetzes (BWahlG) verfassungskonform?
Angenommen, das BWahlG wird entsprechend geändert, könnte die Partei „Freie Nationale Aktion" (FNA), dagegen das BVerfG anrufen?
Zusatzfrage (1): Wie wäre die Änderung des BWahlG zu beurteilen, wenn Art. 38 Abs. 3 GG um diesen Satz ergänzt wird: „In dem Gesetz kann vorgesehen werden, dass bei der Aufstellung von Landeslisten Frauen, Männer und Diverse paritätisch nach ihrem Bevölkerungsanteil berücksichtigt werden."
Zusatzfrage (2): Könnte L seine Landesverfassung in dieser Weise ändern? **Rn 112a**

1. Grundlagen: Art. 38 GG

Demokratie bedeutet: Die Staatsgewalt geht vom Volk aus. Deshalb muss jede Ausübung von Staatsgewalt in einer ununterbrochenen Legitimationskette auf das Volk zurückzuführen sein (Rn 28). Erstes und wichtigstes Glied in dieser Legitimationskette sind die Wahlen. Sie sind der „demokratische Urakt". In Wahlen übt das Volk seine Staatsgewalt unmittelbar aus. Nach dem Grundgesetz wird nur der Bundestag unmittelbar vom Volk gewählt. Es sind also die Wahlen zum Deutschen Bundestag, die die Staatsgewalt, also

78

das gesamte Tätigwerden des Staates, demokratisch legitimieren. Sie können dies nur, wenn sie ihrerseits demokratischen Anforderungen genügen, also demokratische Freiheit und Gleichheit wahren. Die verfassungsrechtlichen Anforderungen an die Wahlen zum Bundestag enthält Art. 38 Abs. 1 GG: die Abgeordneten des Bundestags werden in *„allgemeiner, unmittelbarer, freier, gleicher und geheimer Wahl"* gewählt. Dies sind die verfassungsrechtlich bindenden Wahlrechtsgrundsätze. Wie die Wahlen zum Bundestag dann ablaufen sollen, dies näher zu regeln überlässt das Grundgesetz in Art. 38 Abs. 3 dem (einfachen) Gesetzgeber: *„Das Nähere bestimmt ein Bundesgesetz."* Dies ist das Bundeswahlgesetz (BWahlG). Art. 38 GG ist ein Grundrecht, dessen Verletzung gemäß Art. 93 Abs. 1 Nr 4a GG mit der Verfassungsbeschwerde gerügt werden kann. Es verdrängt für Wahlen den allgemeinen Gleichheitssatz des Art. 3 Abs. 1 GG.

79 „Das Nähere" nach Art. 38 Abs. 3 GG ist hier das Wahlsystem, nach dem die Abgeordneten gewählt werden, und das Wahlverfahren. Das Wahlsystem ist im Grundgesetz nicht vorgegeben[89]. Die beiden prinzipiellen Optionen, die der Gesetzgeber hat, sind Mehrheitswahl und Verhältniswahl. Bei der **Mehrheitswahl** werden Wahlkreise gebildet, in denen sich die Kandidaten zur Wahl stellen. Gewählt ist, wer im Wahlkreis die Mehrheit der Stimmen hat. Bei der **Verhältniswahl** werden die Mandate nach dem Verhältnis der Wählerstimmen an die Parteien vergeben. Dies hat den Vorteil, dass die Zusammensetzung des Parlaments annähernd das Wählerverhalten wiedergibt. Bei der Direktwahl ist das nicht unbedingt der Fall. Würde nur in 600 Wahlkreisen gewählt und in 400 Wahlkreisen der Kandidat einer bestimmten Partei mit durchschnittlich 40% der Stimmen gewählt, so würde diese Partei über eine Zwei-Drittel-Mehrheit im Parlament verfügen, obwohl sie nicht einmal von der Hälfte der Stimmberechtigten gewählt wurde. Geringfügige Änderungen im Wählerverhalten können hier erdrutschartige Folgen haben. Auch haben kleinere und neue Parteien geringe Chancen. Diese Nachteile sollen bei der Verhältniswahl vermieden werden. Die Stimmabgabe erfolgt für eine Partei bzw. deren Liste. Die Mandate werden dann nach dem Verhältnis der Stimmen vergeben. Es fehlt so allerdings der unmittelbare Bezug des Abgeordneten zu seinen Wählern, und es bilden sich häufig keine klaren Mehrheiten heraus. Das Gesetzgeber des BWahlG will die jeweiligen Nachteile der Mehrheits- und Verhältniswahl dadurch vermeiden, dass er Elemente beide Systeme kombiniert. Ein Teil der Abgeordneten wird in Wahlkreisen gewählt, ein Teil über die Listen der Parteien. Nach der bis 2023 geltenden Fassung des BWahlG wurde *„nach den Grundsätzen einer mit der Personenwahl verbundenen Verhältniswahl"* gewählt, § 1 Abs. 1 S. 2 BWahlG.

80 Nach der Neufassung des Gesetzes *„gelten die Grundsätze der Verhältniswahl"*, § 1 Abs. 2 S. 1 BWahlG 2023. Das bis dahin geltende Wahlrecht hatte zu einer steten Vergrößerung des Bundestags geführt. Nach der Änderung des BWahlG durch die Wahlrechtsreform 2023 soll nunmehr die Vergabe der Mandate, deren Zahl auf 630 begrenzt wird, *„nach den Grundsätzen der Verhältniswahl"* erfolgen. Jede Partei soll so viele Mandate erhalten, wie es ihrem Anteil bei den Zweitstimmen entspricht. Entscheidend für die Sitzverteilung ist also die Zweitstimme (in der Entwurfsfassung[90] noch als „Hauptstimme" bezeichnet). Mit der Zweitstimme werden **Landeslisten** der Parteien gewählt. Die Erststimme (im Entwurf noch als „Wahlkreisstimme" bezeichnet) wird für einen Kreiswahlvorschlag, also einen Direktkandidaten in einem Wahlkreis abgegeben. Deren Zahl beträgt 299, § 1 Abs. 3 BWahlG 2023.

---

[89] BVerfGE 121, 266, 296; *Voßkuhle/Kaufhold*, JuS 2013, 1078.
[90] BT-Drucks. 20/5370.

Die Wahlen müssen **periodisch** wiederkehrend stattfinden, „*um dem Volk, von dem alle Staatsgewalt ausgeht, die Möglichkeit zu geben, seinen Willen kundzutun*"[91]. Diese Möglichkeit besteht nach Art. 39 Abs. 1 S. 1 GG alle vier Jahre. Wahlen gewährleisten nur dann demokratische Legitimation, wenn das Mandat in regelmäßigen, von vornherein festgelegten Abständen erneuert wird. Im Zuge der Wahlrechtsreform wurde auch eine Verlängerung der Wahlperiode auf fünf Jahre erwogen. Hierfür muss das Grundgesetz geändert werden. Es gilt Art. 79 Abs. 3 GG (Rn 244). Hiernach ist eine Verfassungsänderung unzulässig, wenn die „Grundsätze des Art. 20 GG" berührt werden – dazu zählt auch das Demokratieprinzip. Eine Verlängerung der Wahlperiode verkürzt die in Art. 20 Abs. 3 GG gewährleisteten demokratischen Mitwirkungsrechte des Volkes. Allerdings sind nur die „Grundsätze" des Art. 20 GG veränderungsfest, nicht die Ausgestaltung des Demokratieprinzips im Einzelnen. Entscheidend ist, ob man den Eingriff in das demokratische Grundrecht des Art. 38 Abs. 1 S. 1 GG als so schwerwiegend erachtet, dass er bereits an die Grundlagen des Demokratieprinzips geht, oder ob hierin noch eine Ausgestaltung demokratischer Verfahren im Rahmen der Grundsätze der parlamentarischen Demokratie gesehen wird. Verfassungspolitisch wäre jedenfalls die Verlängerung der Legislaturperiode in hohem Maße zweifelhaft; sie würde die Legitimation des Parlaments schwächen, wäre damit auch der Akzeptanz der parlamentarischen Demokratie abträglich. In den Ländern, wo mit Ausnahme von Bremen alle fünf Jahre gewählt wird,[92] hat das Volk auch zwischen Wahlen die Möglichkeit, durch Volksbegehren und Volksentscheid „seinen Willen kundzutun." Dass die Festlegung des Art. 39 Abs. 1 GG auf eine vierjährige Legislaturperiode die Stabilität der Demokratie in mehr als 70 Jahren in irgendeiner Weise gefährdet hätte, ist nicht ersichtlich[93]. 81

Unzulässig ist in jedem Fall die **Verlängerung** der laufenden Wahlperiode. Bundestag und – mittelbar – die Bundesregierung werden durch den Wahlakt legitimiert, staatliche Gewalt auszuüben. Dies gilt für die Dauer der Wahlperiode. Demokratie ist Herrschaft auf Zeit. Wird die laufende Wahlperiode verlängert, so bedeutet dies, dass der Bundestag für den Zeitraum nach Ablauf der Wahlperiode, für die er gewählt ist, das Volk nicht mehr repräsentiert. Der Bundestag als die Vertretung des Volkes nimmt dann eine ihm tatsächlich nicht verliehene Repräsentationsbefugnis in Anspruch. Damit wird ein wesentlicher Grundsatz der repräsentativen Demokratie außer Kraft gesetzt. Die Grundsätze des Art. 20 Abs. 1, 2 GG sind in ihrem Kern berührt. Eine Verfassungsänderung wäre gemäß Art. 79 Abs. 3 GG unzulässig. 82

> **Lösung Fall 6b: Corona I (Rn 76a)** 82a
>
> Auch die Corona-Pandemie würde keine Verschiebung der Bundestagswahlen rechtfertigen. Zwar können Parteitage, Wahlveranstaltungen und Kundgebungen nur sehr eingeschränkt stattfinden und die Parteien keinen Wahlkampf wie gewohnt durchführen. Sie sind jedoch nicht gehindert, sich anderweitig der Wählerschaft zu präsentieren. Allerdings sieht Art. 115h GG für den Verteidigungsfall, also den Angriff auf die Bundesrepublik mit Waffengewalt, eine Verlängerung der Wahlperiode vor. Dies ist aber bereits im Grundgesetz vorgesehen, es ist hier also nicht der Bundestag, der seine eigene Wahlperiode verlängert, ohne hierzu legitimiert zu sein. Auch werden im Verteidigungsfall Wahlen regelmäßig auf unüberwindbare Hindernisse stoßen. In der Corona-Pandemie war jedoch die Funktionsfähigkeit der staatlichen Institutionen nicht ernstlich beeinträchtigt. Die Durchführung von Wahlen blieb unter Beachtung gewisser Sicherheitskriterien möglich.

---

91 BVerfGE 20, 56, 113.
92 Zur Rechtslage in den Mitgliedstaaten der EU s. *Hölscheidt*, BonnK, Art. 39 Rn 12.
93 S. auch *Degenhart*, NJW-aktuell 2022/51 S. 7.

2. Die Wahlrechtsgrundsätze des Art. 38 Abs. 1 GG

a) Allgemeinheit der Wahl

83 **Allgemeinheit der Wahl** bedeutet: das Wahlrecht steht grundsätzlich allen Bürgern zu[94]. Dies gilt für das aktive Wahlrecht, also das Recht, zu wählen, und für das passive Wahlrecht, also das Recht, sich zur Wahl zu stellen, „sich um ein Mandat zu bewerben, es anzunehmen und es auszuüben"[95]. *„Die Allgemeinheit der Wahl sichert, wie die Gleichheit der Wahl, die vom Demokratieprinzip vorausgesetzte Egalität der Staatsbürger bei der politischen Selbstbestimmung"* und *„ist eine der wesentlichen Grundlagen der Staatsordnung"*[96]. Für die Wahlen zum Bundestag wird die Allgemeinheit der Wahl im Grundgesetz selbst durch das Mindestwahlalter des Art. 38 Abs. 2 GG begrenzt. Es beträgt für das aktive Wahlrecht 18 Jahre, für das passive Wahlrecht mit der Anknüpfung an die Volljährigkeit ebenso. Weitere Ausnahmen sind im BWahlG enthalten.

84 **Ausnahmen** vom Grundsatz der Allgemeinheit bedürfen eines zwingenden Grundes. Wahlen haben, so das BVerfG, eine Integrationsfunktion. Dies setze die Kommunikation zwischen Volk und Staatsorganen voraus. Ein Ausschluss vom Wahlrecht könne daher bei Personengruppen gerechtfertigt sein, bei denen die Fähigkeit zu dieser Kommunikation nicht vorausgesetzt werden könne, weil etwa Einsicht und Wissen um die Bedeutung der Wahl fehlen. Der Gesetzgeber, der nach Art. 38 Abs. 3 GG „das Nähere" regelt, hat jedoch nur einen engen Ermessensspielraum. Den Ausschluss aller Personen, für die ein Betreuer bestellt ist, sah das BVerfG als nicht gerechtfertigt an, da gleichheitswidrig. Denn damit werde nur an den formalen Akt der Bestellung eines Betreuers angeknüpft, während andererseits gleichermaßen betreuungsbedürftige Personen, für die kein Betreuer bestellt sei, nicht vom Wahlrecht ausgeschlossen seien[97]. Dies bedeutet auch, so das BVerfG, eine unzulässige Benachteiligung wegen einer Behinderung, Art. 3 Abs. 3 S. 2 GG. Der Gesetzgeber überschreite damit auch seine Befugnis zur Typisierung. *Typisierung* bedeutet: der Gesetzgeber stellt im Interesse der Rechtssicherheit und gleichmäßiger Gesetzesanwendung auf „typische" Anwendungsfälle ab, auch wenn dies nicht allen Einzelfällen gerecht wird[98]. Der Ausschluss von nach § 63 StGB untergebrachten schuldunfähigen Straftätern war nicht gerechtfertigt, weil aus der Schuldunfähigkeit iSv § 20 StGB nicht auf fehlende Einsichtsfähigkeit in die Bedeutung des Wahlvorgangs geschlossen werden durfte.

85 Begrenzungen des Wahlrechts bei **Auslandsdeutschen** sind gerechtfertigt, wenn bei ihnen Vertrautheit mit dem politischen System der Bundesrepublik Deutschland und damit die Fähigkeit, am aktuellen politischen Meinungsbildungsprozess mitzuwirken, typischerweise nicht vorausgesetzt werden kann[99], wenn zB eine Familie seit Generationen im Ausland lebt, ihre Mitglieder aber jeweils durch Abstammung deutsche Staatsbürger geworden sind. Deshalb darf zB ein Mindestaufenthalt im Inland, zB von drei Monaten nach dem 14. Geburtstag, in nicht allzu ferner Vergangenheit gefordert werden. Für Landtagswahlen darf die Teilnahme von einem Mindestaufenthalt im Land abhängig gemacht werden[100].

---

94 Vgl *Grzeszick*, Jura 2014, 1110, 1112; VG Stuttgart, U. v. 14.12.2015 – 7 K 3140/15, Rn 41 – juris (für Kommunalwahlen).
95 Vgl. BayVerfGH NVwZ-RR 2018, 457 Rn 75.
96 BVerfGE 151, 1 Rn 42.
97 BVerfGE 151, 1 Rn 101, 106.
98 BVerfGE 132, 39, 54 ff.
99 BVerfGE 132, 39, 50
100 BayVerfGH BayVBl 2019, 260.

Da das **Wahlalter** für den Bundestag in Art. 38 Abs. 2 GG bestimmt ist, wäre für dessen Herabsetzung eine Verfassungsänderung erforderlich. Hierbei sind die Schranken des Art. 79 Abs. 3 GG zu beachten (Rn 82, 244). Wenn nach Art. 20 Abs. 2 GG die Staatsgewalt vom Volk ausgeht und durch Wahlen ausgeübt wird, so darf eine Grundgesetzänderung nicht dazu führen, dass die Wahlen ihre Funktion für die demokratische Ordnung nicht mehr erfüllen können. Der verfassungsändernde Gesetzgeber ist gehalten, *„in typisierender Weise eine hinreichende Verstandesreife zur Voraussetzung des aktiven Stimmrechts zu machen, weil dadurch dem Demokratieprinzip des Grundgesetzes Rechnung getragen wird. Denn Demokratie lebt vom Austausch sachlicher Argumente auf rationaler Ebene.“*[101] Hinreichende Einsichtsfähigkeit, um die Bedeutung der Wahlen zu erfassen, dürfte für 16-Jährige vertretbar sein. Die Herabsetzung auf 16 Jahre für Kommunalwahlen jedenfalls war zulässig[102]. Art. 38 Abs. 2 GG gilt nur für die Wahlen zum Bundestag, für Wahlen auf Landesebene ist jedoch Art. 28 Abs. 1 S. 2 GG zu beachten. In dessen Rahmen ist der Landesgesetzgeber jedoch frei bei der Ausgestaltung des Wahlrechts. Dies bedeutet jedoch nicht, dass im Umkehrschluss das geltende Wahlalter verfassungswidriges Verfassungsrecht wäre.

86

Ein **Ausländerwahlrecht** könnte nach überwiegender Auffassung auch durch Grundgesetzänderung nicht eingeführt werden. Wenn alle Staatsgewalt vom Volk ausgeht und von diesem in Wahlen ausgeübt wird, dann setzt die Teilnahme an den Wahlen notwendig die Zugehörigkeit zum „Volk" voraus. Denn Träger der Staatsgewalt ist nach Art. 20 Abs. 2 GG das Volk. Dies ist nach dem Grundgesetz das deutsche Volk – also die Gesamtheit der deutschen Staatsangehörigen (Rn 3). Dies bestätigt auch die systematische Interpretation des Art. 20 Abs. 2 GG in der Zusammenschau mit der Präambel des Grundgesetzes, mit Art. 1 Abs. 2 GG und Art. 146 GG, wo im Zusammenhang mit „Volk" stets vom deutschen Volk die Rede ist. Wahlberechtigung setzt also **deutsche Staatsangehörigkeit** voraus[103]. Dies gilt auch für Landtagswahlen[104]. Auch für die Länder fordert Art. 28 Abs. 1 S. 2 GG eine gewählte Vertretung des Volkes; die Zugehörigkeit zum „Volk" in den Ländern setzt die Zugehörigkeit zum Staatsvolk der Bundesrepublik voraus. Grundsätzlich gilt dies auch für Kommunalwahlen. Die Kommunen sind Teil des Staates (Rn 33). Sie üben also vom Staat abgeleitete Staatsgewalt aus. Dann bedeutet auch die Teilnahme an Kommunalwahlen die Ausübung von Staatsgewalt. Eine Ausnahme gilt jedoch nach Art. 28 Abs. 1 S. 3 GG für EU-Angehörige. Die Unterscheidung von EU-Angehörigen und Nicht-EU-Ausländern dürfte aus dem Integrationsziel des Art. 23 GG und der geteilten Staatsgewalt innerhalb der EU zu erklären sein.

87

b) Unmittelbare, freie und geheime Wahlen, Öffentlichkeit der Wahl

Unmittelbar sind Wahlen dann, wenn allein durch die Entscheidung der Wahlberechtigten unmittelbar, also ohne dazwischen geschaltete Instanzen entschieden wird, wer gewählt ist. Dies muss beim Wahlakt, also bei Stimmabgabe, feststehen. Unmittelbarkeit bedeutet auch: der Wähler muss vor dem Wahlakt erkennen, wer sich um ein Mandat bewirbt und wie sich seine Stimmabgabe darauf auswirkt[105]. Dies ist bei der Stimmabgabe

88

---

101 BVerwG NJW 2018, 3328 Rn 14.
102 BVerwG a.a.O. nach VGH Mannheim NVwZ-RR 2018, 404 mit Anm. *Waldhoff*, JuS 2018, 501.
103 Vgl BVerfGE 123, 267, 340; hM, vgl *Schink*, DVBl 1988, 417 ff m. zahlr. Nachw.; diff. *Meyer*, HStR III³, § 46 Rn 7 ff.
104 BremStGH NVwZ-RR 2014, 497.
105 BVerfGE 95, 335, 350.

im Wahlkreis kein Problem. Soweit jedoch die Mandate über Listen vergeben werden, müssen Zusammensetzung und Reihenfolge der Bewerber **im Voraus** feststehen.

89 Was **geheime Wahlen** sind, ist aus sich heraus verständlich: Es muss gewährleistet sein, dass die Stimmabgabe anderen Personen nicht bekannt wird. Es handelt sich um zwingendes Recht: Der Wähler kann nicht darauf verzichten. Bei der **Briefwahl** kann allerdings nicht ausgeschlossen werden, dass bei der Ausfüllung des Stimmzettels Dritte dem Wähler „über die Schulter blicken". Daher ist eine eidesstattliche Versicherung abzugeben, dass der Stimmzettel persönlich und unbeeinflusst ausgefüllt wurde[106]. Andererseits dient die Briefwahl der **Allgemeinheit** der Wahl, da sie auch denjenigen die Teilnahme ermöglicht, die gehindert sind, das Wahllokal aufzusuchen; dies rechtfertigt es, Einschränkungen der geheimen Wahl hinzunehmen. Nur scheinbar im Widerspruch zum Grundsatz der geheimen Wahl steht das in Art. 38 Abs. 1 GG nicht explizit aufgeführte Gebot der **Öffentlichkeit der Wahl**. Es wird aus Art. 38 Abs. 1 iVm Art. 20 Abs. 1 und 2 GG abgeleitet. In der parlamentarischen Demokratie unterliegt die Ausübung der staatlichen Gewalt der öffentlichen Kontrolle. Dies muss auch für den Wahlakt, durch den das Volk die Staatsgewalt ausübt (Art. 20 Abs. 2 S. 2 GG), gelten. Während die Stimmabgabe geheim ist, muss das Wahlvorschlagsverfahren ebenso wie die Auszählung der Stimmen und die Feststellung des Wahlergebnisses deshalb öffentlich sein[107]. Zu **Wahlcomputern** Rn 110c.

90 Die Wahlen müssen **frei** sein. Dies schließt jeden auch nur mittelbaren Zwang oder Druck auf die Entscheidungsfreiheit des Wählers oder der Wählerin von außen aus. Auch das Wahlverfahren muss die Entschließungsfreiheit des Wählers beachten[108], sowohl für die Vorbereitungsphase, als auch den Wahlakt selbst. Deshalb dürfen auch keine Hochrechnungen auf der Grundlage von Nachwahlbefragungen veröffentlicht werden, wenn noch gewählt wird. Eben dies war der Fall bei der Wahl zum Berliner Abgeordnetenhaus 2021, als in manchen Wahllokalen noch nach 18 Uhr gewählt wurde. Damit konnten die „Wählenden" ihre Stimme nicht mehr unbeeinflusst abgeben, so BerlVerfGH, der hierin einen Verstoß gegen die Freiheit der Wahl sieht[109]. Inhaber staatlicher oder kommunaler Ämter dürfen als Amtsträger jedenfalls Kandidaten nicht unterstützen[110]. Nötigung von Wählern unter Missbrauch eines Abhängigkeitsverhältnisses fällt unter § 108 StGB[111]. Dass die Wahlen frei sein müssen, betrifft auch das passive Wahlrecht, also die Kandidatenaufstellung (Rn 110a). Eine Frage der Freiheit der Wahl wäre auch die Einführung einer **Wahlpflicht**. Aus der Freiheit, zu wählen, muss mE aber auch die negative Freiheit, nicht zu wählen, abgeleitet werden[112], nicht zuletzt deshalb, weil auch im Fernbleiben von der Wahl ein Akt der demokratischen Willensäußerung gesehen werden kann. Deshalb könnte eine Wahlpflicht jedenfalls nicht durch einfaches Gesetz eingeführt werden.

c) **Wahlrechtsgleichheit**

91 Was allgemeine, unmittelbare, freie und geheime Wahlen bedeuten, lässt sich aus dem Wortsinn und aus der historischen Entwicklung bestimmen; darüber besteht auch weitgehend Konsens. Anders verhält es sich mit dem Gebot der **Gleichheit** der Wahl, das auch

---

106 BVerfGE 59, 119, 126; BVerfGE 123, 39.
107 BVerfGE 123, 39, 68.
108 BVerfGE 95, 335, 350.
109 BerlVerfGH NVwZ 2023, 70 Rn 113.
110 VerfGH RhPf DÖV 2002, 163.
111 Vgl den Fall bei *Shirvani/Schröder*, Jura 2007, 143.
112 *Magiera*, in: Sachs, Art. 38 Rn 85.

das umstrittenste der Merkmale des Art. 38 Abs. 1 S. 1 GG ist. Wahlrechtsgleichheit bedeutet zunächst **Zählwertgleichheit**: Jede abgegebene Stimme zählt gleich. Dies ist noch unproblematisch. Umso erstaunlicher mutet es an, wenn nach dem Referendum über den *Brexit* am 23.6.2016 in der deutschen Presse die „Legitimität" des Ergebnisses angezweifelt wurde, weil vor allem schlecht ausgebildete Landbewohner für *„leave"* gestimmt hätten.

Wahlrechtsgleichheit bedeutet darüber hinaus aber auch **Erfolgswertgleichheit**: Alle Wähler haben bei der Wahl die gleiche Chance, durch ihre Stimmabgabe auf die Zusammensetzung des Parlaments einzuwirken[113]. Innerhalb des jeweiligen Wahlsystems müssen die Erfolgschancen gleich sein[114]. Bei der Mehrheitswahl müssen die Wahlkreise annähernd gleich groß sein. Bei der Verhältniswahl muss die Berechnung der auf die Parteien entfallenden Mandate so erfolgen, dass die Anzahl der Stimmen, die auf ein Mandat entfallen, annähernd gleich groß ist. Verfassungswidrig war das sog. **negative Stimmgewicht** nach dem für 2005 und 2009 geltenden Wahlrecht[115]. 92

Die Wahlrechtsgleichheit wird durch die **5%-Sperrklausel** des § 4 Abs. 2 S. 2 BWahlG 2023 (§ 6 Abs. 3 BWahlG a.F.) beschränkt. Scheitert eine Partei hieran, so ist der Erfolgswert der für sie abgegebenen Stimmen gleich Null. Auch wird die Chancengleichheit vor allem kleinerer und noch nicht etablierter Parteien beeinträchtigt. Differenzierungen im Wahlrecht können jedoch, so das BVerfG, *„durch Gründe gerechtfertigt werden, die durch die Verfassung legitimiert und von einem Gewicht sind, das der Wahlrechtsgleichheit die Waage halten kann"*[116]: Genannt werden der integrierende Charakter der Wahl und die Funktionsfähigkeit des Parlaments. Eine große Zahl kleiner Gruppierungen könnte seine Handlungs- und Entscheidungsfähigkeit beeinträchtigen[117]. 5% sind jedoch die Obergrenze für ein Quorum, auch wegen der Funktion der Wahlen, zur Integration aller Kräfte und Strömungen im Volk beizutragen[118]. Bei wesentlicher Veränderung der Verhältnisse kann eine einmal in zulässiger Weise eingeführte Sperrklausel verfassungswidrig werden[119]. Die Sperrklausel gilt nunmehr auch für Parteien, die mindestens drei Direktmandate errungen haben: die **Grundmandatsklausel** des § 6 Abs. 3 S. 1 BWahlG a.F.[120] wurde mit der Wahlrechtsreform gestrichen. Sie wurde mit dem Integrationscharakter der Wahlen begründet, da sie vor allem Parteien zugutekam, die regional besonders verankert sind[121] und war deshalb verfassungsrechtlich gerechtfertigt, jedoch nicht geboten. Allerdings könnte die Streichung der Grundmandatsklausel im BWahlG 2023 nunmehr auf Grund der sog. „Zweitstimmendeckung" (Rn 98) verfassungswidrig sein. – Zum Quorum bei der Wahl zum **Europaparlament** Rn 130. 93

---

113 BVerfGE 129, 300, 317 f; 135, 259 Rn 44.
114 BVerfGE 95, 335, 353 f; 131, 316, 334 f.
115 BVerfGE 121, 266, 306 f; 131, 316, 334 ff.
116 BVerfGE 135, 259 Rn 54.
117 BVerfGE 95, 408, 418 f; 135, 259 Rn 52, 54; 146, 327 Rn 67; BayVerfGH NVwZ-RR 2007, 73 = BayVBl 2007, 13; vgl auch ThürVerfGH ThürVBl 2006, 229 zur Sperrklausel im Kommunalwahlrecht.
118 Vgl BVerfGE 82, 322, 339 ff; 146, 327 Rn 79.
119 BVerfGE 135, 259 Rn 55; 146, 327 Rn 67 ff; Verfassungsmäßigkeit bejahend LVerfG SAH, B. v. 25.10.2017 – LVG 3/17 – Rn 75.
120 Dazu *Hoppe*, DVBl 1995, 265.
121 BVerfGE 95, 408, 420 f.

3. Das Wahlrecht des BWahlG 2023

a) Wahlsystem

94 Mit der Wahlrechtsreform 2023 wird eine Verteilung der Mandate ausschließlich nach dem Verhältnis der Wählerstimmen erzielt und damit auch die Überhang- und Ausgleichsmandate entbehrlich werden, die zur steten Vergrößerung des Bundestags geführt hatten.

Die gesetzliche Mitgliederzahl des Bundestags betrug 598. Die Hälfte der Abgeordneten wurde mit der sog. „Erststimme" direkt in den Wahlkreisen gewählt. Die andere Hälfte der Abgeordneten wurde aus Landeslisten der Parteien gewählt, für die die Wählerinnen und Wähler mit der Zweitstimme stimmten. Die Verteilung erfolgte in einem komplizierten mehrstufigen Verfahren nach dem Verhältnis der Zweitstimmen; hiernach bestimmte sich die Anzahl der den Parteien jeweils zustehenden Sitze. Wenn nun eine Partei bereits mehr Direktmandate errungen hatte, als ihr nach dem Verhältnis der Zweitstimmen an sich zugestanden hätten, so verblieben ihr diese gem. § 6 Abs. 6 S. 4 BWahlG in jedem Fall. Sie war dann im Bundestag stärker vertreten, als ihrem Zweitstimmenanteil entsprochen hätte. Dies waren die sog. Überhangmandate. Dafür erhielten die anderen Parteien Ausgleichsmandate. Dies führte zur kritisierten „Aufblähung" des Bundestags.

95 Entscheidend für die Verteilung der Mandate ist nunmehr allein das Verhältnis der Zweitstimmen, die für die Landeslisten der Parteien abgegeben werden. Diese werden nach § 27 Abs. 5 iVm § 21 BWahlG 2023 durch Delegierte der Parteien aufgestellt. Die Rangfolge der Bewerber kann dann nicht verändert werden, § 27 Abs. 3 BWahlG 2023 („starre Listen"). Landeslisten können nur von Parteien eingereicht werden, § 27 Abs. 1 S. 1 BWahlG 2023, sog. **Listenprivileg**. Zur Prüfung der Parteieigenschaft bei sich neu bewerbenden Parteien s. Rn 51, 872. § 3 BWahlG 2023 enthält nähere Vorgaben für die Bildung der Wahlkreise. Wahlvorschläge können für die Bewerber in einem Wahlkreis von Parteien, aber auch von Wahlberechtigten eingereicht werden, § 20 BWahlG 2023 enthält die näheren Vorgaben.

96 Die 5%-Sperrklausel bleibt unverändert, § 4 Abs. 2 S. 2 BWahlG 2023, die Gegenausnahme der Grundmandatsklausel (Rn 93) entfällt. Entscheidende Neuerung ist das Prinzip der **„Zweitstimmendeckung"**[122]. Dies bedeutet, dass ein im Wahlkreis erfolgreicher Bewerber nicht in jedem Fall tatsächlich ein Mandat erhält. Zwar hat der Wähler oder die Wählerin auch weiterhin eine Stimme für den Wahlkreisbewerber – die Erststimme – und eine Stimme – die Zweitstimme – für die jeweilige Landesliste der Parteien. Wieviele Sitze dann letztlich auf eine Partei entfallen, bestimmt sich allein nach dem Verhältnis der abgegebenen Zweitstimmen. Ist deren Zahl größer als die der Direktmandate der Partei, werden die fehlenden Sitze aus den Landeslisten der Parteien vergeben. Hat aber eine Partei mehr Direktmandate errungen, als ihr insgesamt nach dem Verhältnis der Zweitstimmen zustehen, so werden die überzähligen, nicht durch Zweitstimmen gedeckten Mandate, nicht vergeben. Der erfolgreiche Wahlkreisbewerber erhält also gleichwohl kein Mandat, der Wahlkreis bleibt ohne Abgeordneten. Betrifft dies mehrere Wahlkreise, so erfolgt die Auswahl nach dem jeweiligen Erststimmenergebnis, die Bewerber mit den relativ schwächsten Ergebnissen scheiden aus. Sollte eine Partei an der 5%-Hürde scheitern, so verbleiben ihr auch nicht etwa errungene Direktmandate.

Beispiel: Angenommen, eine Partei tritt nur in einem Bundesland an, erhält dort 30% der Zweitstimmen, die aber nur 4,9 % der bundesweit abgegebenen Zweitstimmen entsprechen: dann ist sie selbst dann nicht im Bundestag vertreten, wenn sie in 39 von 40 Wahlkreisen erfolgreich war.

---

122 Näher *Grzeszik*, NVwZ 2023, 286; *Ruffloff/Niemann/Misztl*, NJOZ 2023, 512.

b) Sitzverteilung und Sitzvergabe

97 Die Verteilung der Mandate auf die Länder und in den Ländern auf die Landeslisten der Parteien erfolgt nach §§ 4–6 BWahlG 2023. Die Gesamtzahl der Sitze gem. § 1 Abs. 1 BWahlG 2023 wird nach § 4 Abs. 1 „nach den Grundsätzen der Verhältniswahl", also im Verhältnis der Zweitstimmen vergeben, wobei wie bisher etwaige von parteilosen Bewerbern errungene Direktmandate nicht mitgezählt werden, § 4 Abs. 1 S. 2 i.V.m. § 6 Abs. 2 i.V.m. § 20 Abs. 3 BWahlG 2023. Deren Anzahl würde also von den 630 Sitzen abgezogen, und auch die Zweitstimmen ihrer Wähler werden von der Gesamtzahl der abgegebenen Stimmen abgezogen; ebenso die Stimmen für die Parteien, die wegen der 5%-Klausel nicht zu berücksichtigen sind. Auf einer ersten Stufe erfolgt die „Oberverteilung", § 4 Abs. 2 S. 1 BWahlG 2023, also die Verteilung der den Parteien im Wahlgebiet insgesamt zustehenden Sitze. Daran schließt sich die „Unterverteilung" an, also die Verteilung auf die Landeslisten. Erst wenn die Berechnung der Sitzverteilung erfolgt ist, erfolgt die **Vergabe der Sitze** nach § 6 BWahlG 2023.

98 Die **Oberverteilung** erfolgt nach dem Verfahren von *Sainte-Laguë*, das in § 5 BWahlG geregelt ist. Es wird ein Divisor gebildet; hierzu wird die Zahl der Zweitstimmen nach § 5 Abs. 2 durch die Zahl der Sitze geteilt, also regelmäßig 630, abzüglich etwa von parteilosen Direktkandidaten errungener Sitze. Das Ergebnis besagt, wie viele **Zweitstimmen** abstrakt auf einen Sitz im Bundestag kommen. Dies ist der Zuteilungsdivisor. Dann wird die Zahl der für eine Partei insgesamt abgegebenen Zweitstimmen durch diesen Divisor geteilt. Das Ergebnis ist die Zahl der Sitze, die dieser Partei insgesamt zustehen. Wegen der in § 5 Abs. 3 vorgesehenen Rundung der Ergebnisse kann sich eine abweichende Anzahl von Sitzen ergeben, in diesem Fall ist der Divisor so zu korrigieren, dass es bei 630 Sitzen bleibt. Mit der **Unterverteilung** nach § 5 Abs. 1 S. 2 werden die einer Partei für das gesamte Wahlgebiet zustehenden Sitze auf die einzelnen Landeslisten, die sie eingereicht hat, verteilt. Hierzu werden die jeweils für eine Landesliste abgegebenen Stimmen wiederum durch den Divisor nach Abs. 3 geteilt.

99 **Berechnungsbeispiel:** Die Zahl der gültigen Zweitstimmen möge 45 000 000 betragen; davon entfallen 5 000 000 auf Parteien, die nicht zu berücksichtigen sind. Dann entfallen (40 000 000 : 630 =) 63 492,0635 Zweitstimmen rechnerisch auf ein Mandat; dies ist der Divisor Q. Er bestimmt die Sitzverteilung. Auf die A-Partei mögen 13 000 000 Zweitstimmen entfallen; ihr stehen dann rechnerisch 204,75 Sitze zu, gemäß § 5 Abs. 3 BWahlG 2023 wird das Teilungsergebnis auf 205 gerundet. Entsprechend wird bei den anderen Parteien verfahren. Dies kann, wenn auch bei ihnen aufgerundet wird, dazu führen, dass die Zahl der rechnerisch den Parteien zustehenden Sitze über 630 liegt. Wird der Divisor aber auf 63 600 erhöht, ist das Teilungsergebnis für die A-Partei 204,402 und wird auf 204 abgerundet; entsprechend ist bei den anderen Parteien zu verfahren. Hat nun die A-Partei im Bundesland A 2 000 000 Zweitstimmen erhalten, so wird deren Anzahl wiederum durch den Zuteilungsdivisor geteilt. So wird für alle von der Partei eingereichten Landeslisten verfahren; dabei ist der Zuteilungsdivisor herauf- oder herabzusetzen, wenn die Anzahl der der Partei insgesamt zustehenden Sitze über- oder unterschritten wird.

100 § 6 BWahlG 2023 regelt abweichend von bisherigem Recht nach der abstrakt berechneten Sitzverteilung gemäß § 5 die konkrete **Sitzvergabe** an die Bewerber. Für die Wahlkreisbewerber besteht die Besonderheit, dass die Mehrheit der Stimmen im Wahlkreis noch nicht bedeutet, dass der Bewerber tatsächlich gewählt ist. Sein Sitz muss darüber hinaus von den auf seine Partei entfallenden Zweitstimmen gedeckt sein – Prinzip der **Zweitstimmendeckung**. Eine Partei erhält gemäß § 6 Abs. 1 S. 4 BWahlG 2023 in einem Bundesland nicht mehr Direktmandate, als der Partei nach der Unterverteilung der Sitze gemäß § 4 Abs. 3 BWahlG 2023 zustehen. Wenn also im obigen Berechnungsbeispiel auf die A-Partei im Bundesland A 31 Sitze entfallen, sie aber in 35 Wahlkreisen mit ihrem Direktkandidaten erfolgreich war, sind nach § 6 Abs. 1 S. 1 BWahlG 2023 gleichwohl nur 31 Wahlkreisbewerber gewählt. Die vier Bewerber mit dem prozentual schlechtesten Ergebnis fallen nach Satz 2 durch das Raster, ihre Wahlkreise bleiben ohne Abgeordneten. Wenn eine Partei weniger als 5% der Zweitstimmen erhalten hat, erhalten dann auch im Wahlkreis erfolgreiche Direktkandidaten kein Mandat. Den Wählern dürfte dies ebenso schwer zu erklären sein, wie etwa die Zurücksetzung eines Bewerbers, der einen heiß umkämpften Wahlkreis knapp für seine Partei gewinnt, gegenüber einem Bewerber, der in einem sicheren Wahlkreis mühelos ein prozentual höheres Ergebnis einfährt.

c) Verfassungsrechtliche Risiken

101 Die Wahlrechtsreform ist nicht frei von verfassungsrechtlichen Risiken. Die gleichheitswidrigen Effekte der 5%-Sperrklausel werden durch den Wegfall der Grundmandatsklausel noch verstärkt. Diese war allerdings verfassungsrechtlich nicht zwingend geboten (Rn 93). Der Gesetzgeber begnügte sich jedoch nicht damit, die Grundmandatsklausel schlicht zu streichen. Denn während nach bisheriger Rechtslage Direktmandate den an der 5%-Hürde gescheiterten Parteien in jedem Fall verblieben, ist dies nach der Neuregelung nicht mehr der Fall. Wenn einzelnen Direktkandidaten das Bundestagsmandat verwehrt bleibt, obschon sie die Mehrheitswahl im Wahlkreis gewonnen haben, schmälert dies die **Erfolgswertgleichheit** ihrer Stimmen gegenüber den Stimmen anderer erfolgreicher Direktkandidaten, und ebenso der Wählerstimmen in den Wahlkreisen, die dann keinen direkt gewählten Abgeordneten in den Bundestag entsenden. Dies könnte allenfalls dann gerechtfertigt sein, wenn diese Ungleichheit im Wahlsystem zwingend angelegt wäre – der Grundsatz der Wahlrechtsgleichheit bindet den Gesetzgeber innerhalb des jeweiligen Wahlsystems (Rn 92). Dann müsste die Neuregelung eine grundlegende Systementscheidung für eine reine Verhältniswahl sein, die Wahl in den Wahlkreisen wäre nur eine unselbstständige Vorauswahl[123]. Dies ist fraglich: der Gesetzgeber hat wesentliche Elemente der Mehrheitswahl des bisherigen Wahlsystems beibehalten. Wenn es zudem nicht allein von der Entscheidung der Wähler im Wahlkreis abhängt, ob ein Direktkandidat das Abgeordnetenmandat erringt, sondern maßgeblich von den Ergebnissen der Wahl nach Landeslisten, ist auch ein Verstoß gegen den Wahlrechtsgrundsatz der **Unmittelbarkeit** naheliegend.

102 Schließlich ist auch das **Demokratieprinzip** unmittelbar berührt. Wenn zB bei einer Bundestagswahl die nur in Bayern antretende CSU dort mit 35% Wählerstimmen stärkste Partei würde, stünden ihr, da dies etwa 5,5% Stimmenanteil bundesweit entspricht, etwa 35 Sitze im Bundestag zu. War sie aber in allen der 49 bayerischen Wahlkreise mit ihrem Direktkandidaten erfolgreich, würden 14 der Direktkandidaten nicht in den Bundestag einziehen. Würde sie nur auf 30% der Zweitstimmen kommen, was etwa 4,9% bundesweit entspricht, wäre sie im Bundestag nicht vertreten, dh alle direkt gewählten Wahlkreiskandidaten und -kandidatinnen könnten ihr Mandat nicht antreten. Wie es vor dem Demokratieprinzip zu rechtfertigen sein sollte, wenn eine Partei viele Wahlkreise gewinnt und damit in einem Bundesland die Mehrheit der Wahlberechtigten hinter sich weiß, aber wegen eines – auf den Bund berechneten – Zweitstimmenergebnisses keinen einzigen Sitz erhält, ist nur schwer erklärbar[124]. M.E. kann dies auch nicht mit der Be-

---

123 So *Wischmeyer*, JZ 2023, 10 ff; aM *Ruttloff/Niemann/Misztl*, Die Wahlrechtsreform der Ampel-Koalition: ein Pyrrhussieg), NJOZ 2023, 512.
124 *Austermann*, NVwZ 2023, 625, 627.

hauptung wegdiskutiert werden, es finde nunmehr eine reine Verhältniswahl statt[125], die Erststimme für den Wahlkreisbewerber oder die -bewerberin habe nur die Funktion, die Verteilung der Mandate zwischen Landesliste und Wahlkreisen rechnerisch zu bestimmen und ohne Zweitstimmendeckung sei eben nichts zu verteilen.

4. Wahlen in den Ländern

Art. 38 GG gilt für die Wahlen zum Bundestag und nicht für die Wahl der **Landesparlamente** (Landtag, in den Stadtstaaten: Bürgerschaft). Die Länder können im Rahmen ihrer Verfassungsautonomie über ihr Wahlsystem entscheiden. Sie müssen hierbei das Homogenitätsgebot des Art. 28 Abs. 1 S. 2 GG beachten: auch die Wahlen zum Landtag müssen allgemein, gleich, unmittelbar, frei und geheim sein. Die Verfassungen der Länder enthalten durchweg entsprechende Vorgaben. Sie sind alleiniger Maßstab für das Wahlrecht in den Ländern. Verstöße hiergegen können ausschließlich von den Verfassungsgerichten der Länder geprüft werden, nicht vom BVerfG, auch dann nicht, wenn Grundrechte des Grundgesetzes, wie vor allem Art. 3 Abs. 1 GG, geltend gemacht werden[126]. Das BVerfG spricht hier vom Verfassungsraum der Länder, in den es nicht eingreifen darf[127], es sei denn, deren verfassungsmäßige Ordnung entspräche nicht mehr dem Homogenitätsgebot des Art. 28 Abs. 1 GG. Deshalb war die Verfassungsbeschwerde gegen die Entscheidung des BerlVerfGH, die Wahlen zum Abgeordnetenhaus vom 26.9.2021 für ungültig zu erklären[128], unstatthaft (Rn 90).

103

Auch **Kommunalwahlen** müssen wegen Art. 28 Abs. 1 S. 2 GG frei, gleich, geheim und unmittelbar sein. Für Sperrklauseln gelten jedoch strengere Anforderungen, da die Gemeindevertretungen keine Parlamente im staatsrechtlichen Sinn sind und vor allem Verwaltungstätigkeit ausüben. Eine Gefährdung der Funktionsfähigkeit muss konkret belegt werden, zumal sie in den Ländern ohne Sperrklausel, wie Bayern oder Baden-Württemberg, bisher nicht festgestellt werden konnte. So verneinte das BVerfG als Landesverfassungsgericht für Schleswig-Holstein[129] die Berechtigung der Sperrklausel für Kommunalwahlen. Der VerfGH NW erklärte mit Urteil vom 21.11.2017[130] eine im Wege der Verfassungsänderung festgesetzte Sperrklausel von 2,5% für Kommunalwahlen für verfassungswidrig. Es handelte sich um „verfassungswidriges Verfassungsrecht". Nach Art. 69 Abs. 1 S. 2 NWVerf dürfen Verfassungsänderungen nicht den Grundsätzen des demokratischen Rechtsstaats iSd GG widersprechen, damit, so der VerfGH, auch nicht den „Homogenitätsvorgaben" des Art. 28 Abs. 1 S. 1 und 2 GG. Für eine 2,5%-Klausel als Einschränkung der Wahlrechtsgleichheit sieht VerfGH NW keine Rechtfertigung: *„Die gesetzgeberische Prognose drohender Funktionsstörungen aufgrund einer parteipolitischen Zersplitterung entbehrt einer tragfähigen, in tatsächlicher und rechtlicher Hinsicht vollständigen Grundlage."*

104

5. Wahlprüfungsverfahren

Der Streit um die Grundmandatsklausel wurde ebenso wie das negative Stimmgewicht in einem sog. Wahlprüfungsverfahren nach Art. 41 Abs. 2 GG, § 48 BVerfGG iVm § 49 BWahlG zur Entscheidung durch das BVerfG gebracht. Vorgeschaltet ist ein Vorverfahren, in dem der Bundestag selbst auf Einspruch eines Wahlberechtigten (und anderer Ein-

105

---

125 So aber *Schönberger*, NVwZ 2023, 785, 787.
126 BVerfGE 99, 1, 17 f, bestätigt durch BVerfG NVwZ-RR 2010, 945.
127 BVerfG NVwZ 2023, 413.
128 BerlVerfGH NVwZ 2023, 70.
129 BVerfGE 120, 82; s. hierzu *Krajewski*, DÖV 2008, 345.
130 VerfGH NW, U. v. 21.11.2017 – VerfGH 18/16 – juris; ebenso bereits in DVBl 1999, 1271.

spruchsberechtigter, § 2 Abs. 2 WahlprüfG) über die Gültigkeit der Wahl entscheidet. Der Bundestag beschränkt sich auf die Prüfung, ob die Vorschriften des geltenden Wahlrechts fehlerfrei angewandt wurden, prüft aber nicht, ob sie verfassungsmäßig sind[131]. Gegen den Beschluss des Bundestags kann dann **Wahlprüfungsbeschwerde** zum BVerfG nach Art. 41 Abs. 2 GG erhoben werden, Rn 870.

106 Wenn der Beschwerdeführer wie im Fall des Ausschlusses vom Wahlrecht die Verletzung seiner subjektiven Rechte geltend macht, ist es für die Begründetheit nicht erforderlich, dass dies Auswirkungen auf die Zusammensetzung des Bundestags hatte. Das BVerfG prüft die Verfassungsmäßigkeit der maßgeblichen Bestimmungen des Wahlrechts[132] und erklärt diese ggf. für verfassungswidrig. Wird auf Grund eines Wahlfehlers eine Ungültigkeit der Wahl geltend gemacht, so muss der gerügte Fehler tatsächlich Auswirkungen auf die Zusammensetzung des Bundestags gehabt haben oder jedenfalls gehabt haben können[133] – sog. **Mandatsrelevanz** – es genügt potenzielle Mandatsrelevanz. Aber auch dann erklärt das BVerfG die Wahl nicht ohne Weiteres für ungültig. Es gilt der Grundsatz des Bestandsschutzes der gewählten Volksvertretung, der in Ausgleich zu bringen ist mit dem Gewicht des Wahlfehlers.

107 **Aktuelle Rechtsprechung:** Auf Grund einer Vielzahl schwerwiegender Wahlfehler wurde die Wahl zum Berliner Abgeordnetenhaus vom 26.9.2021 durch Urteil des BerlVerfGH vom 16.11.2022[134] für ungültig erklärt: *„Einer Vielzahl von Wahlberechtigten war die vollständige oder wirksame Stimmabgabe unmöglich, weil ihnen nicht alle Stimmzettel ausgehändigt wurden oder weil sie falsche bzw. Kopien von Stimmzetteln erhalten hatten. Einer unbekannten Zahl von Wahlberechtigten wurde die Abgabe der Stimme durch die zeitweise Unterbrechung der Wahlhandlung während der Wahlzeit sowie durch erhebliche Wartezeiten vor den Wahllokalen unzumutbar erschwert. Schließlich konnte eine Vielzahl von Wählenden ihre Stimme nicht unbeeinflusst abgeben.“*[135]. Die Wahl wurde insgesamt für ungültig erklärt, nicht nur in den betroffenen Wahlkreisen. Die Wahlergebnisse sollen die Stimmverhältnisse im gesamten Wahlgebiet zu einem bestimmten Zeitpunkt wiedergeben. Mehrere Mitglieder des Abgeordnetenhauses legten gegen die Entscheidung des BerlVerfGH Verfassungsbeschwerde zum BVerfG ein und beantragten den Erlass einer einstweiligen Anordnung mit dem Ziel, die Wiederholungswahl zu verhindern. Das BVerfG lehnte den Antrag mit Beschluss vom 25.1.2023[136] ab. Die Wahlen zu den Landesparlamenten liegen im Verfassungsraum der Länder. Rechtsschutz wird nach Maßgabe der Landesverfassung gewährt, zuständig dafür ist die Landesverfassungsgerichtsbarkeit. Das BVerfG spricht hier von einer „Sperrwirkung" des Art. 28 Abs. 1 GG, die nur dann entfällt, wenn die Anforderungen der Homogenitätsklausel (Rn 103) nicht erfüllt sind.

108 Soweit es um Maßnahmen im Zusammenhang mit einer konkreten Wahl geht, ist das Wahlprüfungsverfahren gegenüber der Verfassungsbeschwerde nach Art. 93 Abs. 1 Nr 4a GG das speziellere Verfahren, und Verfassungsbeschwerden sind grundsätzlich unzulässig. Dies soll einen störungsfreien Ablauf der Wahl garantieren[137]. Sehen sich **politische Parteien** durch die Ausgestaltung des Wahlrechts in ihrem Recht auf Chancengleichheit aus Art. 21 Abs. 1, Art. 38 Abs. 1 GG verletzt, so kommt für sie als Beteiligte am Verfassungsleben das Organstreitverfahren nach Art. 93 Abs. 1 Nr 1 GG in Betracht

---

131 BVerfGE 121, 266, 290, 290; grundsätzlich zum Wahlprüfungsverfahren BVerfGE 85, 148; BVerfGE 160, 129.
132 BVerfGE 121, 266, 290.
133 BVerfGE 160, 129 Rn 65 f.
134 BerlVerfGH NVwZ 2023, 70.
135 BerlVerfGH NVwZ 2023, 70 Rn 43.
136 BVerfG NVwZ 2023, 903.
137 Vgl. SächsVerfGH SächsVBl 2020, 13 = NVwZ 2019, 1829.

(bei Landtagswahlen vor dem Landesverfassungsgericht[138]). Die Nichtigkeit der 3%-Klausel bei den Wahlen zum Europäischen Parlament wurde vom BVerfG auf Antrag von Parteien im Organstreitverfahren und von Bürgern im Verfassungsbeschwerdeverfahren festgestellt[139]. Für den Fall, dass eine Vereinigung vom Bundeswahlausschuss nicht als Partei anerkannt wird, ist nunmehr anstelle des nachträglichen Wahlprüfungsverfahrens die **Nichtanerkennungsbeschwerde** nach Art. 93 Abs. 1 Nr 4c, § 13 Nr 3a BVerfGG, § 96a-d BVerfGG sowie § 18 Abs. 4a BWahlG vorgesehen (Rn 872). Ansonsten aber bleibt es beim nachträglichen Rechtsschutz.

Aktuelle Rechtsprechung: Keine Exklusivität der Wahlrechtsbeschwerde bei schwerwiegenden Wahlfehlern. Der SächsVerfGH hat mit U. v. 16.8.2019[140] für Fälle gravierender Rechtsverstöße in Abweichung von § 48 LWG Sachsen (= § 49 BWahlG) und Art. 45 Abs. 2 SächsVerf ausnahmsweise die Verfassungsbeschwerde für zulässig erklärt. Der Normzweck des störungsfreien Ablaufs einer Wahl werde gravierend verfehlt, wenn bereits der Wahlakt selbst im Schatten eines voraussichtlichen Wahlfehlers von außerordentlichem Gewicht durchgeführt wird. Der Landeswahlausschuss hatte evident rechtsfehlerhaft die Landesliste der AfD vor der Landtagswahl „zusammengestrichen". Wahlprüfung und Wahlprüfungsbeschwerde nach Art. 45 Abs. 1, 2 SächsVerf hätten hier mit hoher Wahrscheinlichkeit dazu geführt, dass die Wahl für ungültig erklärt worden wäre. Für diesen Fall hält der VerfGH nicht an der Exklusivität der nachträglichen Wahlprüfungsbeschwerde fest. Er stützt sich hierbei auf den Normzweck des Art. 45 Abs. 2 SächsVerf und die Rechtsschutzgarantie der Art. 38, 78 SächsVerf (entspr. Art. 19 Abs. 4 GG), die auch effektiven Rechtsschutz fordert. Die Nichtzulassung einer Landesliste bedeutet einen schwerwiegenden Eingriff in die Freiheit der Wahl und die Parteienfreiheit des Art. 21 Abs. 1 GG[141]. Neben der Sache liegt hier allerdings die Kritik, der AfD sei der „rote Teppich" eines vorgelagerten Rechtsschutzes ausgerollt worden[142]. Um welche Partei es sich handelte, durfte für das Verfassungsgericht keine Rolle spielen. Ein Wahlfehler, der dazu führt, dass eine Partei allenfalls die Hälfte der ihr an sich zustehenden Mandate erringen kann, würde die demokratische Legitimationsfunktion der Wahlen schmälern. Ob andere Landesverfassungsgerichte oder das BVerfG sich dem SächsVerfGH anschließen, ist offen.

109

6. Aktuelle Fragen des Wahlrechts: „Parité", Familien, Digitalisierung

Nur ein knappes Drittel der Abgeordneten des Bundestags sind Frauen; in den Landtagen ist dies nicht viel anders. Um dem abzuhelfen, hat Brandenburg 2019 ein „Parité-Gesetz"[143] erlassen, das Parteien, die an der Landtagswahl 2024 teilnehmen wollen, zur Aufstellung paritätischer Kandidatenlisten – also abwechselnd Frau/Mann oder umgekehrt – verpflichtet[144]. Regelungen für Direktmandate wurden erwogen, in das Gesetz jedoch nicht aufgenommen – hiernach hätten aus jedem Wahlkreis jeweils der Bewerber und die Bewerberin mit den meisten Stimmen das Direktmandat erhalten – was eine Halbierung der Zahl der Wahlkreise erforderlich gemacht hätte. Das Verfassungsgericht des Landes hat das Gesetz wegen Verstoßes gegen die Wahlrechtsgleichheit für verfassungs-

110

---

138 S. dazu LVerfG MV NJ 2001, 138.
139 BVerfGE 135, 259.
140 SächsVBl 2020, 13 = NVwZ 2019, 1829; krit. *Rozek/Zimmermann*, SächsVBl 2020, 37; *Brade*, NVwZ 2019, 1813.
141 S. auch BVerfG, B. v. 23.3.2022 – 1 BvC 22/19.
142 *Rozek/Zimmermann*, SächsVBl 2020, 37, 44.
143 S. § 25 BbgLWahlG idF v. 12.2.2019.
144 S. dazu *Laskowski*, Brandenburger Paritätsgesetz – Schritt zur gleichberechtigten demokratischen Teilhabe, https://www.lto.de/recht/hintergruende/h/paritaetsgesetz-brandenburg-wahlrecht-frauen-maenner-geschlecht-verfassungsrecht/ abgerufen am 12.4.2019.

widrig und nichtig erklärt, dabei offengelassen, ob nach einer Verfassungsänderung ein derartiges Gesetz erlassen werden könnte[145]. Eine entsprechende gesetzliche Regelung hat der ThürVerfGH mit Urteil vom 15.7.2020 (Az. 2/20) für nichtig erklärt. Er sieht die Gleichheit der Wahl und die Freiheit der Parteien (Art. 21 GG) verletzt.

110a Eine Quotenregelung nach dem Vorbild des brandenburgischen Landeswahlgesetzes bedeutet zum einen Eingriff in die durch Art. 38 Abs. 1 S.1 GG geschützte passive Wahlrechtsgleichheit, da die Chance, gewählt zu werden, je nach Geschlechtszugehörigkeit beeinflusst wird[146]. Sie bewirkt gleichzeitig einen intensiven Eingriff in die Parteienfreiheit des Art. 21 Abs. 1 S. 1 GG, ihre Organisations- und Programmhoheit[147], die auch die Kandidatenaufstellung umfasst, und kann die Chancengleichheit von Parteien beeinträchtigen. Denn Parteien, die nicht über genügend Frauen als Kandidatinnen verfügen, könnten dann nur verkürzte Landeslisten aufstellen. Dies kann nicht dadurch gerechtfertigt werden, dass ein ihrem Bevölkerungsanteil entsprechender Anteil von Frauen im Bundestag oder Landtag angestrebt wird, denn diese Zielsetzung widerspricht dem repräsentativen Prinzip (Rn 29)[148]. Aber auch der Gleichstellungsauftrag des Art. 3 Abs. 2 S. 2 GG kann dies nicht rechtfertigen. Beseitigung bestehender Nachteile bedeutet gleiche Chancen, nicht Gleichheit im Ergebnis[149]. Eine paritätische Zusammensetzung des Bundestags dürfte sich daher schwerlich in verfassungskonformer Weise durch Gesetz erzwingen lassen, und wenn man die aktive und passive Wahlrechtsgleichheit zu den wesentlichen Grundsätzen der parlamentarischen Demokratie zählt, dürften hier bereits die Schranken des Art. 79 Abs. 3 iVm Art. 20 GG tangiert sein. Demgegenüber hat das brandenburgische Verfassungsgericht die Möglichkeit einer Verfassungsänderung offengelassen. Allerdings ist hierbei Art. 28 Abs. 1 S. 2 GG zu beachten, wonach der Grundsatz der Wahlrechtsgleichheit auch für die Wahlen zum Landtag verbindlich ist.

110b Zur Einführung eines **"Familienwahlrechts"** und des Wahlrechts für Minderjährige (Rn 86) s. nachstehend zu Fall 7a. Im Wahlrecht verwirklicht sich das Prinzip der egalitären republikanischen Verfassung; einzelne Personengruppen zu bevorzugen, stünde hierzu generell im Widerspruch.

110c Einer **"Digitalisierung"** des Wahlvorgangs durch Stimmabgabe via Internet und Einsatz von Wahlcomputern sind verfassungsrechtliche Grenzen gesetzt; deshalb ist hier Zurückhaltung geboten. Wie bei der Briefwahl (Rn 88) ist auch bei der Stimmabgabe auf elektronischem Weg (**"Internetwahlen"**) anstelle der bisher im BWahlG vorgeschriebenen Wahlscheine nicht gewährleistet, dass die Wahlen dann noch „geheim" wären. **Wahlcomputer** wären verfassungswidrig, wenn die Auszählung der Stimmen und Feststellung des Wahlergebnisses ohne besondere IT-Kenntnisse nicht nachvollziehbar ist und nicht transparent wäre[150]. Dies würde gegen den demokratischen Grundsatz der Öffentlichkeit der Wahl (Rn 90) verstoßen.

---

145 BbgVerfG NJW 2020, 3579.
146 Für die jeweilige landesverfassungsrechtliche Bestimmung Garantie s. BayVerfGH NVwZ-RR 2018, 257 Rn 92, 112; ThürVerfGH NVwZ 2020, 1266 Rn 73 ff.
147 *Morlok/Hobusch*, DÖV 2019, 14, 16; BayVerfGH NVwZ-RR 2018, 257 Rn 134 ff; ThürVerfGH, U. v. 15.7.2020 – 2/20 – Rn 78 ff.; BbgVerfG NJW 2020, 3579 Rn 86 ff.
148 BVerfG NVwZ 2021, 469 Rn 66.
149 *Morlok/Hobusch*, DÖV 2019, 14, 18; so wohl auch BVerfG aaO.Rn 94.
150 Vgl dazu *Bremke*, LKV 2004, 102 ff sowie zur Öffentlichkeit der Wahl BVerfGE 123, 39.

Lösung Fall 6a: Legislaturperiode (Rn 76) 111

Art. 1: Verlängerung der Wahlperiode durch Änderung des Grundgesetzes

Die formellen Voraussetzungen des Art. 79 Abs. 1 und 2 sind lt. SV erfüllt; es könnten jedoch in Art. 79 Abs. 3 GG für *unantastbar* erklärte Grundsätze berührt sein.

1. *Demokratiegebot,* Art. 20 Abs. 1, 2 GG?

a) Zu seinen wesentlichen Inhalten gehören *Wahlen,* durch die das Volk als Träger der Staatsgewalt seine Repräsentanten nach Art. 20 Abs. 2 GG bestimmt und diese kontrolliert.

b) Dies bedingt Wahlen in angemessenen Zeitabständen; ihre Periodizität zählt zu den Grundsätzen des Art. 20 GG.

2. Ein ganz *bestimmter* Zeitabstand lässt sich hieraus nicht ableiten; daher ist abzuwägen; kurze Wahlperioden mindern die Arbeitsfähigkeit der Volksvertretung; längere Wahlperioden die Effektivität der Kontrolle durch das Volk.

c) In der Abwägung erscheint eine Verlängerung auf 5 Jahre vertretbar; dafür spricht auch eine rechtsvergleichende Betrachtung (Rn 308); eine Wahlperiode von 6 Jahren für den Bundestag würde jedoch das *Demokratieprinzip* in seinem *Kernbereich* berühren, der nach Art. 79 Abs. 3 GG *unantastbar* ist. Dies zeigt sich auch im internationalen Vergleich.

3. Ergebnis: Art. 1 des Gesetzes verstößt gegen das Demokratieprinzip des Art. 20 Abs. 1, 2 GG und damit gegen Art. 79 Abs. 3 GG.

Art. 2: Verlängerung der *laufenden* Wahlperiode

1. Hier könnte das Repräsentationsprinzip als ein wesentlicher Grundsatz des Art. 20 GG verletzt sein.

a) Wahlen legitimieren die Volksvertretung nur für die *laufende* Wahlperiode.

b) Folge: Die Volksvertretung nimmt hier eine ihr tatsächlich nicht verliehene Repräsentationsbefugnis in Anspruch. Sie setzt das repräsentative Prinzip außer Kraft.

2. Damit ist das Demokratieprinzip des Art. 20 Abs. 1, 2 GG in seinem gemäß Art. 79 Abs. 3 GG unantastbaren Kernbereich, verletzt.

Art. 2 des Gesetzes ist verfassungswidrig.

Lösung Fall 7a: „Kinder an die Macht?" (Rn 77) 112

a) Absenkung des Wahlalters

Hierfür müsste das Grundgesetz in Art. 38 II GG geändert werden. Die Änderung dürfte nicht gegen Art. 79 Abs. 3 GG verstoßen. Hier könnten berührt sein: Grundsätze des Art. 20 GG – Demokratieprinzip. Die Funktion der Wahlen darf nicht gefährdet werden; eine Absenkung des Wahlalters wäre also nur in dem Maße zulässig, als hinreichende Einsichtsfähigkeit in die Bedeutung der Wahlen vorausgesetzt werden kann. Bei 16-Jährigen – denen die Rechtsordnung ja auch anderweitig die Fähigkeit zu autonomer Selbstbestimmung zuordnet – dürfte dies der Fall sein (Rn 86), unterhalb dieser Schwelle typischerweise wohl nicht mehr.

b) Familienwahlrecht

I. Änderung des BWahlG: Verstoß gegen Art. 38 Abs. 1 S. 1 GG?

1. Gleichheit der Wahl[151]

a) Hierin wird eingegriffen, wenn die Stimme eines Wahlberechtigten mehr zählt, als die anderer Wahlberechtigter. Eben darum geht es hier, auch wenn formal die minderjährigen Kinder selbst als wahlberechtigt gelten und ihre Stimmen durch ihre gesetzlichen Vertreter abgegeben werden. Auch dann hätten aber deren Stimmen erhöhtes Gewicht, da in der Sache sie die Wahlentscheidung treffen würden.

---

151 Vgl *von Münch,* NJW 1995, 3165 ff; VG Stuttgart, U. v. 14.12.2015 – 7 K 3140/15, Rn 42, 45 – juris.

b) Der Grundsatz der Wahlrechtsgleichheit gilt streng formal. Deshalb ist hier kein sachlich rechtfertigender Grund für eine Ungleichbehandlung erkennbar.

2. Unmittelbarkeit der Wahl: auch in diesen Wahlrechtsgrundsatz würde eingegriffen.

II. Einführung nach Grundgesetzänderung?

1. Eine Grundgesetzänderung könnte eine Ausnahme von der Wahlrechtsgleichheit vorsehen. Dies könnte jedoch gegen Art. 79 Abs. 3 GG verstoßen. Danach müssen auch bei Grundgesetzänderungen die Grundsätze des Art. 20 GG gewahrt bleiben.

2. Hier könnte das *Demokratiegebot* nach Art. 20 Abs. 1, 2 GG berührt sein. Es setzt freie Wahlen ebenso voraus wie staatsbürgerliche Gleichheit. Ein Familienwahlrecht würde diese fundamentalen Grundsätze berühren, nicht nur die Ausgestaltung des Wahlrechts. Es könnte auch durch Grundgesetzänderung nicht eingeführt werden (str, Rn 86, 111)[152].

112a **Lösung Fall 7b: Parität (Rn 77a)**

Verfassungsmäßigkeit einer Änderung des BWahlG?

I. Formelle Verfassungsmäßigkeit – Zuständigkeit des Bundes: Art. 38 Abs. 3 GG.

II. Materielle Verfassungsmäßigkeit?

1. Wahlrechtsgleichheit:

a) Quotenregelung als Eingriff in das Recht aller passiv Wahlberechtigten, sich zur Wahl aufstellen zu lassen.

b) Rechtfertigung des Eingriffs? Art. 38 Abs. 3 GG, wonach der Gesetzgeber „das Nähere" bestimmt, ermächtigt nicht dazu, die Grundsätze des Abs. 1 zu durchbrechen; Art. 3 Abs. 2 S. 2 GG – Gleichstellungsauftrag – scheidet als Rechtfertigung aus, da im Widerspruch zum Prinzip der repräsentativen Demokratie (Rn 29, 110a), bedeutet zudem keine Gleichheit im Ergebnis.

2. Recht der Parteien?

Eingriff in die Freiheit der Kandidatenaufstellung, Programm- und Organisationshoheit aus Art. 21 Abs. 1 S. 1 GG sowie Chancengleichheit, Art. 21 i.V.m. Art. 3 Abs. 1 GG; dieser ist ebensowenig gerechtfertigt, wie der Eingriff in die Wahlfreiheit.

Zusatzfrage (1): Die Änderung des BWahlG verstößt dann nicht gegen das geänderte Grundgesetz; sie wäre aber verfassungswidrig, wenn die Änderung des Grundgesetzes selbst verfassungswidrig wäre. Maßstab hierfür ist Art. 79 Abs. 2 GG. Grundgesetzänderungen, die die dort genannten Grundsätze berühren, sind unzulässig. Hier könnten Grundsätze des Art. 20 Abs. 1 und 2 GG berührt sein: Demokratieprinzip. Allgemeines und gleiches Wahlrecht zählen zu den essenziellen Voraussetzungen einer parlamentarischen Demokratie. Die Grundgesetzänderung wäre also unzulässig; damit bliebe es bei der Verfassungswidrigkeit der Änderung des BWahlG.

Zusatzfrage (2): Die Länder sind an sich frei darin, wie sie ihre verfassungsmäßige Ordnung im Bereich der Staatsorganisation ausgestalten; sie genießen Verfassungsautonomie. Diese ist jedoch begrenzt durch die Homogenitätsklausel des Art. 28 Abs. 1 GG. Sie verpflichtet die Länder auf das Demokratiegebot, S. 1, und insbesondere auf freie und gleiche Wahlen, S. 2. Sieht man also die Änderung des Grundgesetzes hier als unzulässig an, gilt das auch für eine entsprechende Änderung der Landesverfassung.

Schrifttum zu IV.: *Schwarz,* Nationale Minderheiten und Sperrklauseln in Wahlrecht, JA 2015, 841; *Pernice-Warnke,* Das Urteil des Bundesverfassungsgerichts zur Drei-Prozent-Sperrklausel im Europawahlrecht, JA 2014, 1143; *Voßkuhle/Kaufhold,* Grundwissen – Öffentliches Recht: Die Wahlrechtsgrundsätze, JuS 2013, 1078; *Feihle/Silke,* Anfängerklausur-Staatsrecht: Eine Prämie für die Macht?, JuS 2018, 963; *Becker/Heck,* Wahlrechtliche Irrungen und Wirrungen, JA 2020, 440; *Bäumerich,* Bundestagswahl mit Bonus, JA 2019, 209; *Kluckert,* Das Gesetz zur Abschaffung der

---

152 Wie hier: *Grzeszik,* JA 2014, 1110, 1119.

Briefwahl, Jura 2020, 169; *Straßburger*, Allzweckwaffe Sperrklausel, JA 2020, 116; *Morlok*, Grundzüge des Wahlrechts, JuS 2022, 1019; *Gröpl/Becker/Heck*, Referendarexamensklausur Öffentliches Recht – Verfassungsrecht: Wahlrechtliche Paritätsklauseln, JuS 2020, 961; *Schemmel*, Grundfälle zum Rechtsschutz bei Bundestagswahlen, JuS 2023, 212.

Zur Wahlrechtsreform 2023: *Wischmeyer*, Erststimmensieger ohne Direktmandat?, JZ 2023, 105; *Ruttloff/Niemann/Misztl*, Die Wahlrechtsreform der Ampel-Koalition: ein Pyrrhussieg, NJOZ 2023, 512; *Grzeszick*, Gleichheit der Wahl und Wahlsystem, NVwZ 2023, 286.

V. „Wahlen und Abstimmungen" – direkte Demokratie: Offenheit des Grundgesetzes

Fall 8: Volksbefragung

In das Bundeswahlgesetz wird folgender § 44a eingefügt:

(1) Über Vorhaben des Bundes mit überregionaler Bedeutung wird eine Volksbefragung durchgeführt, wenn Bundestag und Bundesregierung dies übereinstimmend beschließen. Über die Gesetzgebung findet keine Volksbefragung statt.

(2) Auf die Teilnahme an der Volksbefragung, an die Durchführung und an die Feststellung des Ergebnisses finden die Vorschriften dieses Gesetzes sinngemäß Anwendung.

(3) Das Ergebnis einer Volksbefragung lässt die dem Bundestag und der Bundesregierung nach dem Grundgesetz zustehenden Befugnisse unberührt.

Ist diese Gesetzesbestimmung verfassungsgemäß? **Rn 125**

(*Fall nach BayVerfGH E. v. 21.11.2016 – Vf. 15-VIII-14*[153])

Fall 9: Volksentscheid auf Bundesebene

Gegen Ende der 14. Legislaturperiode wurde ein Entwurf zur Änderung des Grundgesetzes eingebracht, der Volksbegehren und Volksentscheid auf Bundesebene einführen sollte. Ein Volksbegehren auf Erlass eines Gesetzes sollte bei Unterstützung von 5 v. H. der Wahlberechtigten zustande kommen. Für Volksentscheide war eine Mindestbeteiligung von 20 v. H. der Stimmberechtigten (Quorum) als Voraussetzung für das Zustandekommen des Gesetzes vorgesehen, für Grundgesetzänderungen von 40 v. H. und eine Abstimmendenmehrheit von 2/3.

Gegen den Entwurf wurde ua der Einwand erhoben, das Grundgesetz schließe die Einführung derartiger Verfahren direkter Demokratie zwingend aus, jedenfalls aber sei durch die niedrigen Quoren die notwendige demokratische Legitimation von Volksbegehren und Volksentscheid nicht gewährleistet; auch seien die vorgesehenen Sicherungen gegenüber Änderungen des Grundgesetzes nicht ausreichend. Zu Recht? **Rn 126**

113

114

Alle Staatsgewalt geht vom Volk aus – sie wird in Wahlen und Abstimmungen ausgeübt – so sagt es das Grundgesetz in Art. 20 Abs. 2. Tatsächlich ist auf Bundesebene der Souverän auf die Stimmabgabe bei Wahlen beschränkt; das Grundgesetz ist jedoch offen für direkte Demokratie.

Anders als in den Ländern (Rn 245a ff) sind auf Bundesebene Volksentscheide, bei denen die Wahlberechtigten unmittelbar über ein Gesetz (ggf. auch über sonstige Sachfragen) abstimmen, nicht vorgesehen. Das Grundgesetz ist jedoch offen für direkte Demokratie. Art. 20 Abs. 2 S. 2 GG nennt ausdrücklich Wahlen und Abstimmungen als Form

115

---
153 NVwZ 2017, 319 = BayVBl 2017, 192.

der Willensbetätigung durch das Staatsvolk, mit Letzteren ist nicht etwa nur der Fall des Art. 29 GG – Abstimmung über eine Gebietsneugliederung in den betroffenen Ländern – gemeint. Art. 29 GG besagt keineswegs, dass Abstimmungen nur in den dort genannten Fällen möglich sein sollen; tatsächlich ist Art. 29 GG nicht einmal ein Fall der Abstimmung durch das Staatsvolk des Bundes: abgestimmt wird auf Länderebene. Nach Art. 79 Abs. 3 GG dürfen zwar die Grundsätze des Art. 20 GG auch im Wege der Grundgesetzänderung nicht angetastet werden. Wenn dort aber Abstimmungen explizit genannt sind, kann deren Einführung schon begrifflich nicht gegen Art. 79 Abs. 3 GG verstoßen – zumal dort nur die Grundsätze für unantastbar erklärt werden, nicht aber die aktuelle Ausgestaltung der repräsentativen Demokratie.

116 Das Grundgesetz müsste jedoch für Volksentscheide geändert werden. Denn wer Gesetze in welchem Verfahren erlassen darf, ist im Grundgesetz – in den Art. 76 ff – eingehend geregelt. Wollte man außer der Gesetzgebung durch das Parlament Gesetzgebung unmittelbar durch das Volk einführen, so müsste auch dies dort geregelt werden. Auch muss im Verfassungsstaat eben durch die Verfassung geregelt sein, von wem und in welchem Verfahren staatliche Gewalt ausgeübt wird. Es besteht ein **Verfassungsvorbehalt**[154]. Daran, dass aber durch Verfassungsänderung Volksentscheide eingeführt werden könnten, kann ernstlich kein Zweifel bestehen und wird vom BVerfG in seinem Urteil zum Lissabon-Vertrag ganz selbstverständlich vorausgesetzt[155].

117 Mögliche Instrumente direkter (oder „sachunmittelbarer") Demokratie sind Volksentscheide über Gesetze (oder auch andere Sachfragen); ihnen geht üblicherweise ein Volksbegehren voraus, das von einem bestimmten Prozentsatz der Wahlberechtigten das Gesetzesvorhaben getragen sein muss. Beim **Referendum** soll das Volk darüber entscheiden, ob es Vorhaben der Regierung bzw. des Parlaments annimmt oder ablehnt. Die Initiative kann hier auch von der Regierung bzw. dem Parlament ausgehen. Zur Notwendigkeit eines Referendums im Rahmen der europäischen Integration s. Rn 18 f. Bei der **Volksbefragung** wird demgegenüber die Meinung der Stimmberechtigten zu einer Sachfrage in einem förmlichen Verfahren, aber ohne rechtliche Bindungswirkung erkundet. Um eine solche Volksbefragung handelte es sich bei der Abstimmung über den „*BREXIT*" am 23.6.2016. Der Bayerische Verfassungsgerichtshof hat eine Bestimmung wie im **Fall 8** über eine Volksbefragung zu Vorhaben von landesweiter Bedeutung für nichtig erklärt[156].

118 Um die Ernsthaftigkeit, Gemeinwohlorientierung und demokratische Legitimation des im Volksentscheid zustande kommenden Gesetzes zu gewährleisten, müssen bestimmte Verfahrenserfordernisse eingehalten werden[157]. An erster Stelle werden hier **Quoren** (also eine bestimmte Mindestbeteiligung) genannt: Im Fall von Beteiligungsquoren ist der Volksentscheid nur gültig, wenn sich ein bestimmter Prozentsatz der Wahlberechtigten daran beteiligt. Bei Zustimmungsquoren kommt das Gesetz nur zustande, wenn es nicht nur mit der Mehrheit der Abstimmenden gebilligt wird, sondern die Ja-Stimmen zB 25 v. H. der Stimmberechtigten ausmachen. Derartige Quoren sollen gewährleisten, dass das Gesetz tatsächlich auf den Volkswillen zurückgeführt werden kann.

---

154 Vgl *Kielmansegg*, JuS 2006, 323, 324.
155 BVerfGE 123, 267, 367.
156 BayVerfGH NVwZ 2017, 319 = BayVBl 2017, 192.
157 Sehr eng etwa vom ThürVerfGH ThürVBl 2002, 31; dazu *Jutzi*, NJ 2001, 645; s. auch BayVerfGH BayVBl 2000, 397.

Eine deutlich abgeschwächte Form der Bürgerbeteiligung stellen die sog. **„Bürgerräte"** dar. Sie sollen einen repräsentativen Querschnitt der Gesellschaft darstellen. Dafür werden Interessenten solange ausgelost, bis dieser Querschnitt erreicht ist. Ein solcher Bürgerrat zum Thema „Ernährung im Wandel: Zwischen Privatangelegenheit und staatlichen Aufgaben" wurde vom Bundestag mit Beschluss vom 10.5.2023 eingesetzt[158]. Er soll „die Perspektive der Bürgerinnen und Bürger in die politische Debatte einbringen". Nach dem Entschließungsantrag (BT-Drucks. 20/6708) sollten 160 ausgeloste Bürgerinnen und Bürger ab September 2023 Fragen zur Umwelt- und Klimaverträglichkeit, zu Haltungs- und Produktionsbedingungen oder auch über staatliche Eingriffe u.a.m. diskutieren. Die Teilnehmer wurden per Zufallsprinzip ausgewählt; bei der Zusammensetzung sollte darauf geachtet werden, dass die Bürger je nach Alter, Geschlecht, regionaler Herkunft, Gemeindegröße und Bildungshintergrund fair beteiligt werden. „Zudem soll der Anteil der sich vegetarisch oder vegan ernährenden Personen an der Bevölkerung im Bürgerrat abgebildet werden". Der Bürgerrat soll durch Experten, die von den Fraktionen benannt und von der Bundestagsverwaltung unterstützt werden und Empfehlungen ausarbeiten, die dann in den fachlich zuständigen Ausschüssen des Bundestags beraten werden. Ob ein derartiger Bürgerrat, dem 0,0002% der Bevölkerung angehören, eine Stärkung der Demokratie bewirken und dazu beitragen kann, die Distanz zwischen Bürgern und Parlament bzw Regierung zu verkürzen, sei dahingestellt. Anders als bei der Volksbefragung (Rn 117) dürften gegen Bürgerräte, da sie nicht den Anspruch haben, den Willen des Staatsvolks zu repräsentieren, keine prinzipiellen verfassungsrechtlichen Einwände bestehen. Anders bei den von „Aktivisten" der „Letzten Generation" geforderten Gesellschaftsräten, deren Empfehlungen bindend sein sollen. Sie wären an der Ausübung staatlicher Befugnisse beteiligt, ohne hierzu demokratisch legitimiert zu sein.

Lösung Fall 8: Volksbefragung (Rn 113)

1. Nach Art. 20 Abs. 2 S. 2 GG wird Staatsgewalt durch das Volk in „Wahlen und Abstimmungen" ausgeübt. Eine Abstimmung des Volkes über Gesetze ist im Grundgesetz jedoch nicht vorgesehen. Die Frage ist daher, ob Abstimmungen auch in anderen Fällen – wie hier – möglich sind.

2. Dies ist grundsätzlich zu bejahen (Rn 118) – Art. 29 GG beschränkt Abstimmungen nicht auf die dort genannten Fälle, zumal es sich hierbei nicht um Abstimmungen des Bundesvolkes insgesamt handelt, die in Art. 20 Abs. 2 S. 2 GG gemeint sind.

3. Es könnte hier jedoch ein Verfassungsvorbehalt gegeben sein – dies bedeutet, die Regelung müsste im Grundgesetz enthalten sein.

a) Die Bildung des „Staatswillens" ist durchweg im Grundgesetz geregelt. Dies muss auch dann gelten, wenn das Volk unmittelbar beteiligt werden soll.

b) Etwas anderes könnte gelten, wenn es sich bei der Volksbefragung nur um eine unverbindliche Meinungsumfrage handeln sollte. Dies ist jedoch zu verneinen. Die Volksbefragung hat amtlichen Charakter. Sie ist ein gesetzlich geregelter Urnengang, zui dem alle Wahlberechtigten aufgerufen sind, und mündet in ein amtliches Endergebnis. § 44a BWahlG ist daher verfassungswidrig.

Lösung Fall 9: Volksentscheid auf Bundesebene (Rn 114)

1. Die Einführung von Volksbegehren und Volksentscheid durch Grundgesetzänderung ist am Maßstab des Art. 79 Abs. 3 GG zu messen. Berührt sein könnten die Grundsätze des Art. 20

---

158 https://www.bundestag.de/dokumente/textarchiv/2023/kw19-de-buergerrat-945440.

Abs. 2 GG – Demokratieprinzip –. Art. 20 Abs. 2 S. 2 GG spricht jedoch von Wahlen und Abstimmungen. Deshalb steht Art. 79 Abs. 3 iVm Art. 20 GG nicht entgegen.

2. Abstimmungsquoren sind ein legitimes Mittel, um demokratische Legitimation des volksbeschlossenen Gesetzes zu gewährleisten. Sie dürfen andererseits nicht so hoch sein, dass die Verfassungsnorm leer läuft. In Abwägung dieser Gesichtspunkte sind 20 v. H. sachgerecht und realistisch.

3. Für Verfassungsänderungen folgen aus der erhöhten Bestandskraft der Verfassung erhöhte Anforderungen. Mit einer Abstimmendenmehrheit von 2/3 bei einer Mindestbeteiligung an der Abstimmung von 40% der Stimmberechtigten werden jene 25% an Zustimmung zu verfassungsändernden Gesetzen erreicht, die etwa der Bayerische Verfassungsgerichtshof für erforderlich hält (Rn 124).

Schrifttum zu V.: *Degenhart*, Direkte Demokratie in den Ländern – Impulse für das Grundgesetz?, Der Staat 31 (1992), 77; *Jung*, Abschluß und Bilanz der jüngsten plebiszitären Entwicklung in Deutschland auf Landesebene, JöR nF 48 (2000), 39; *Degenhart*, Volksgesetzgebungsverfahren und Verfassungsänderung nach der Verfassung des Freistaats Thüringen, ThürVBl 2001, 201; *ders.*, Volksbegehren und Volksentscheide „über den Haushalt" – zur Auslegung des Art. 73 BayVerf, BayVBl 2008, 453; *Stumpf*, Verfassungsrechtliche Zulässigkeit von Volksbefragungen, Jura 2017, 601.

VI. EU und Demokratieprinzip

127 *Die Europäische Union hat weitreichende hoheitliche Befugnisse. Sie muss hierfür demokratisch legitimiert sein. Wenn die Bundesrepublik Hoheitsrechte auf die EU überträgt, muss sie das staatsbürgerliche Recht auf Demokratie wahren. Daher kann das Demokratieprinzip des Grundgesetzes der Integration Schranken setzen.*

▶ **Leitentscheidungen:** BVerfGE 123, 267 (Vertrag von Lissabon); s. ferner vor Rn 262

128/ Jegliche staatliche Herrschaft muss demokratisch legitimiert sein. Dies gilt auch dann,
129 wenn Staatsgewalt durch Organe einer zwischenstaatlichen Einrichtung wie der EU ausgeübt wird, der ja nach Art. 23 Abs. 1 GG (ursprünglich Art. 24 GG a.F.) hoheitliche Befugnisse übertragen wurden (Rn 9 ff). Die wichtigsten Organe der EU[159] sind der Europäische Rat, Art. 15 AEUV, als politisches Leitorgan, dem die Staats- und Regierungschefs der Mitgliedstaaten sowie der Kommissionspräsident angehören, das Europaparlament, der Rat der EU, Art. 16 EUV[160], als maßgebliches Rechtsetzungsorgan und der Europäische Gerichtshof (EuGH). Die EU übt Staatsgewalt aus, die von der Bundesrepublik als Mitgliedstaat herrührt und deshalb ebenfalls vom Volk der Bundesrepublik ausgehen und hierdurch demokratisch legitimiert sein muss. Dabei wird für die EU von einer **„doppelten" Legitimationskette** ausgegangen: zum einen sind in entscheidenden Organen der EU, insbesondere im Rat, die Regierungen der Mitgliedstaaten vertreten. Diese sind ihrerseits ihren nationalen Parlamenten verantwortlich, ein für die Bundesrepublik dem Rat angehörender Bundesminister also dem Bundestag. Hierdurch erhalten die Entscheidungen der EU eine, wenn auch über mehrere Stufen vermittelte, Legitimation aus dem Volk. Zum anderen wird demokratische Legitimation über das **Europäische Parlament** hergestellt, dessen Mitglieder nach Art. 39 Abs. 2 GRCh in allgemeinen, unmittelbaren,

---
159 Einzelheiten bei *Streinz* § 4.
160 Hierzu und zum Folgenden informativ: *Ambos/Rackow*, Jura 2006, 505 ff.

freien und geheimen Wahl in den Mitgliedstaaten gewählt werden[161]. **Wahlrechtsgleichheit** gilt nur eingeschränkt. Nach Art. 14 Abs. 2 UAbs. 1 S. 2 EUV gilt degressive Proportionalität[162]: Kleine Länder entsenden im Verhältnis mehr Abgeordnete. Damit sollen Wahlrechtsgleichheit und Gleichberechtigung der Mitglieder der Staatengemeinschaft in Ausgleich gebracht werden. Das Europäische Parlament ist eben keine Vertretung eines europäischen Staatsvolks, das es nicht gibt, sondern eine Vertretung der Völker der Mitgliedstaaten. Das Wahlverfahren richtet sich dann nach dem jeweiligen Recht des Mitgliedstaats, für die Bundesrepublik also nach dem EuWG. Es enthielt ursprünglich eine Sperrklausel von 5%[163]. Sie verstieß gegen den Gleichheitssatz des Art. 3 Abs. 1 GG[164], der hier Prüfungsmaßstab ist, nicht Art. 38 Abs.1 GG, der ja nur für Wahlen zum Bundestag gilt. Ebenfalls verfassungswidrig war eine überhastet eingeführte 3%-Sperrklausel[165]. Das Europaparlament hat dann am 4.7.2018 einer verpflichtenden Sperrklausel zwischen 2,5% und 5% zugestimmt.

Das BVerfG stellt dabei besonders auf die Unterschiede zum Bundestag ab. Das EP wählt keine „Regierung", die auf dauernde Stützung durch eine Parlamentsmehrheit angewiesen wäre[166]. Es fehlt an einer den Verhältnissen im Bundestag vergleichbaren Opposition[167]. Das EP hat kein Initiativrecht. Die Mitglieder des Rats – also der „Regierung" – sind nicht in der Weise dem Parlament verantwortlich, wie die Bundesregierung dem Bundestag. Nach Art. 16 EUV wird der Rat nicht vom Parlament gewählt. Wird in einem Mitgliedstaat eine neue Regierung gebildet, so werden neue Vertreter entsandt. Es fehlt damit an der entscheidenden demokratischen Zäsur der **Wahlperiode**. Der Bürger hat nicht die Chance, durch sein Stimmverhalten eine politische Richtungsentscheidung zu treffen, einen „Machtwechsel" herbeizuführen[168]. Dies ist durch die Konstruktion der Union als supranationaler Gemeinschaft bedingt, in der politische Richtungswechsel nur im Konsens vorzunehmen sind. Es verbleiben also **demokratische Defizite.** Dazu trägt auch die Rechtsprechung des EuGH maßgeblich bei, der die Zuständigkeiten der EU stets exzessiv ausgelegt hat, so dass die europäische Integration auf diese Weise „einen Stand erreichen (konnte), hinter dem kein artikulierter demokratischer Wille steht"[169].

130/ 131

Im **Fall 1: Visionen (Rn 8)** wäre für das Parlament Wahlrechtsgleichheit weitergehend als nach dem geltenden Wahlsystem hergestellt. Gleichwohl sind kleine Mitgliedstaaten wie zB Malta überrepräsentiert. Hierin liegt ein Eingriff in die Wahlrechtsgleichheit. Dies könnte allerdings gerechtfertigt sein durch das Anliegen, kleinen Mitgliedstaaten im Parlament überhaupt eine wirksame und sichtbare Repräsentation zu ermöglichen. Nicht gerechtfertigt ist andererseits die Deckelung auf 60 Mandate. Demgegenüber würde die Zusammensetzung des „Senats" als einer zweiten Kammer dem Grundsatz der Gleichberechtigung aller Gliedstaaten entsprechen. Derartige Vertretungen der Gliedstaaten sind kennzeichnend für föderale Staatsgebilde.

132

---

161 Europäischer Direktwahlakt, G. v. 20.9.1976, BGBl 1977 II S. 733; näher *Pernice-Warnke*, JA 2014, 1143 ff.
162 S. dazu *Laufs*, JuS 2013, 788, 790.
163 Gesetz über die Wahl der Abgeordneten des Europäischen Parlaments aus der Bundesrepublik Deutschland idF d. Bek. vom 8.3.1994, BGBl I S. 424.
164 BVerfGE 129, 300.
165 BVerfGE 135, 259 Rn 44 ff., 63 ff.; dort Rn 34 zur Frage der Organtreue (Rn 699, 804); einen Verstoß gegen ein etwaiges „Normwiederholungsverbot" nach einer verfassungsgerichtlichen Entscheidung verneint das BVerfG, Rn 38 ff, s. dazu *Kahl/Bews*, DVBl 2014, 737, 738 f.
166 BVerfGE 135, 259 Rn 68 ff.
167 BVerfGE 135, 259 Rn 70.
168 Vgl auch BVerfGE 123, 267, 341 f zur Bedeutung der Wahl als politischer Richtungsentscheidung.
169 *Grimm*, FAZ v. 18.5.2020 S. 9.

133 -139 Das demokratische Prinzip des Grundgesetzes ist nach Art. 79 Abs. 3 GG iVm Art. 23 Abs. 1 S. 3 GG auch im Zuge der europäischen Integration unantastbar. Deshalb darf die Übertragung von Hoheitsbefugnissen nicht in der Weise erfolgen, dass die EU die Befugnis erhält, ihre Kompetenzen eigenständig zu erweitern[170] (Rn 11). Eine Generalermächtigung („Kompetenz-Kompetenz"[171]) wäre unzulässig, es muss beim Grundsatz einer **begrenzten Einzelermächtigung** bleiben, Art. 5 Abs. 1 S. 1 und Abs. 2 EUV, nach dem die europäischen Organe nur die ihnen konkret zugewiesenen Befugnisse haben. Die Legitimationskette zum Staatsvolk der Bundesrepublik (Rn 28, 78) darf nicht unterbrochen werden. Dies zu überprüfen, behält sich das BVerfG (wie auch die Verfassungsgerichte anderer Mitgliedstaaten) vor.

Schrifttum zu VI.: *Mayer*, Der Vertrag von Lissabon im Überblick, JuS 2010, 189; aus der kaum mehr überschaubaren Anmerkungsliteratur zum Lissabon-Urteil des BVerfG: *Grimm*, Das Grundgesetz als Riegel vor einer Verstaatlichung der Europäischen Union, Der Staat 48 (2009), 475; *Herz*, Subjektives Recht gegen die europäische Integration?, JA 2009, 573; *Würtenberger/Kunz*, Die Mitwirkung der Bundesländer in Angelegenheiten der Europäischen Union, JA 2010, 406; *Murswiek*, Art. 38 GG als Grundlage eines Rechts auf Achtung des unabänderlichen Verfassungskerns, JZ 2010, 702; s.a. die Schrifttumshinweise nach Rn 291a.

140 **Lösung Fall 1: Visionen (Rn 8)**

1. Für die angedachte Weiterentwicklung der EU wäre eine umfassende Vertragsänderung bzw. der Abschluss eines neuen Vertrags zwischen den jetzigen Mitgliedstaaten erforderlich.

2. Dafür wäre nach Art. 23 Abs. 1 S. 2 GG die Zustimmung durch Bundesgesetz erforderlich.

a) Voraussetzung nach S. 1: Verwirklichung eines vereinten Europa durch Entwicklung der Europäischen Union – hier: Vereintes Europa als Ziel der Vertragsänderung; „Entwicklung" der Union? Einerseits soll etwas völlig Neues entstehen, andererseits an bestehende Institutionen angeknüpft werden; Zielvorgabe eines „vereinten Europa" zudem weit gefasst, daher Art. 23 Abs. 1 S. 1 GG noch anwendbar.

b) Art. 23 Abs. 1 S. 2, 3 GG, die verfassungsändernden Mehrheiten des Art. 79 Abs. 2 GG _ (jeweils Zweidrittelmehrheit in Bundestag und Bundesrat) erforderlich: Veränderung der Grundlagen der Union.

c) Materielle Anforderungen: Struktursicherungsklausel des Art. 23 Abs. 1 S. 1 GG – hier: teilweise eingeschränkte Wahlrechtsgleichheit – Verstoß gegen demokratische Grundsätze (Rn 131).

d) Absolute Schranken des Art. 79 Abs. 3 GG: keine Aufgabe der staatlichen Souveränität der Bundesrepublik[172] – Letzteres hier aber der Fall: umfassende Zuständigkeit der europäischen Gesetzgebungsorgane in ihrem Kompetenzbereich, damit Aufgabe des Prinzips der begrenzten Einzelermächtigung, ebenso des Einstimmigkeitserfordernisses, sowie u.a. des Rechts auf Austritt. Damit sind die Schranken des Art. 79 Abs. 3 GG nicht mehr gewahrt.

3. Zu einem Eintritt in einen Bundesstaat im Wege der Verfassungsänderung ermächtigt das Grundgesetz jedoch nicht. Hierüber müsste die verfassungsgebende Gewalt des Volkes selbst entscheiden, also im Wege eines Referendums.

---

170 Vgl BVerfGE 123, 267, 349 f.
171 BVerfGE 154, 17 Rn 102.
172 BVerfGE 123, 267, 348 f; *Streinz*, in: Sachs, Art. 23 Rn 93.

§ 3 Das Gesetz als die zentrale Handlungsform des föderalen, demokratischen Rechtsstaats

Im demokratischen und föderalen Rechtsstaat des Grundgesetzes kommt dem „Gesetz" 141
eine tragende Funktion zu. Es schafft Rechtssicherheit für den Bürger und demokratische Legitimation für das staatliche Handeln. Die Gesetzesprüfung steht im Mittelpunkt zahlreicher Verfassungskonflikte. Rechtsstaatlichkeit insbesondere bedeutet staatliches Handeln im Rahmen der Rechtsordnung und den Bestand und die Gewährleistung der Rechtsordnung als einer Gesamtordnung des Gemeinwesens. Zentrales Ordnungsinstrument ist das Parlamentsgesetz, also das formelle Gesetz. Von ihm abgeleitet ist das untergesetzliche Recht – Rechtsverordnungen und Satzungen. Die Normen der gesetzlichen und der untergesetzlichen Ebene sind ihrerseits eingebunden in die Ordnung des Verfassungsrechts. Aus dem Rechtsstaatsgebot folgen formelle und materielle Anforderungen an die Verfassungsmäßigkeit des Gesetzes. Sie bestimmen die Gesetzesprüfung.

I. Der materielle Rechtsstaat des Grundgesetzes

Art. 1 und Art. 20 GG enthalten die verfassungsgestaltende Grundentscheidung für den 142 freiheitlichen und materiellen Rechtsstaat (Rn 13 f). Ausdrücklich findet sich der Begriff des Rechtsstaats in Art. 28 Abs. 1 S. 1 GG, wonach die verfassungsmäßige Ordnung in den Ländern der des Rechtsstaats iSd Grundgesetzes – sog. Homogenitätsklausel – sowie in Art. 23 Abs. 1 S. 1 GG, wonach die EU rechtsstaatlichen Grundsätzen entsprechen muss. Als positive Festlegung des Rechtsstaatsprinzips wird meist Art. 20 Abs. 3 GG genannt[1]. Die Bindung von *Verwaltung* und *Rechtsprechung* an *„Gesetz und Recht"* und der *Gesetzgebung* an die *„verfassungsmäßige Ordnung"* ist jedenfalls ein Grundanliegen der Rechtsstaatlichkeit: die rechtliche Bindung der Staatsgewalt. Mit „Gesetz" ist in Art. 20 Abs. 3 GG das vom Parlament beschlossene, formelle Gesetz (Rn 146 f) gemeint, mit „Recht" die Gesamtheit der Rechtsordnung unter Einbeziehung des untergesetzlichen Rechts (Rn 149)[2]. Auch **Art. 1 Abs. 3 GG** ist in diesem Zusammenhang zu nennen, der die unmittelbare Bindung aller staatlichen Gewalt, auch der Gesetzgebung, an materielle Grundrechte festlegt (Rn 13), wie auch **Art. 20 Abs. 2 S. 2 GG**, der die Gewaltenteilung gewährleistet. Welche dieser Normen nun im Einzelnen *sedes materiae* ist, kann letztlich dahinstehen, wenngleich mE **Art. 20 Abs. 3 GG** den Grundgedanken des Rechtsstaats durchaus zum Ausdruck bringt. Jedenfalls erschließt sich das Rechtsstaatsprinzip aus einer Zusammenschau der genannten Bestimmungen.

Der materielle Rechtsstaat des Grundgesetzes ist in Abgrenzung zum **nur formellen** Rechtsstaats- 143 begriff zu sehen. Dieser entwickelte sich im 19. Jahrhundert[3] – Schwerpunkt waren Gesetzmäßigkeit der Verwaltung, Unabhängigkeit der Gerichte und Gewaltenteilung. Der *bürgerlich-liberale Rechtsstaat* begrenzte die absolute Macht des Souveräns (seinerzeit des Monarchen). Auch der formelle Rechtsstaat im Sinn des Konstitutionalismus verfolgte ein materielles Anliegen, das der bürgerlichen **Freiheit**, insbesondere durch den Vorbehalt des Gesetzes für Eingriffe in Freiheit und Eigentum und das Budgetrecht und Steuerbewilligungsrecht des Parlaments. Solange im Wesentlichen Konsens über bürgerliche Freiheit und Gleichheit bestand, konnte dem der formale Rechts-

---
1 Vgl BVerfGE 35, 41, 47; 39, 128, 143.
2 Vgl näher *Hilbert*, JZ 2013, 130 ff.
3 Vgl *Kloepfer* I, § 10 Rn 5 ff.

staat genügen. Er konnte jedoch, als dieser Konsens entfallen war, vom **totalitären NS-Staat** missbraucht werden: der Rechtsstaat wurde zum bloßen „*Gesetzesstaat*", in dem das Gesetz jeden beliebigen Inhalt annehmen konnte, auch den materiellen Unrechts[4]. Auch als Reaktion hierauf ist die Hinwendung des Grundgesetzes zum *auch* **materiellen** Rechtsstaat zu sehen. Eine starke **Verfassungsgerichtsbarkeit** (und auch Verwaltungsgerichtsbarkeit) soll iE die Wahrung materieller Rechtsstaatlichkeit garantieren. Formelle und materielle Elemente greifen also im Rechtsstaat des Grundgesetzes ineinander; **Form** und **Inhalt** sind hier eine „*untrennbare Synthese*"[5] eingegangen. Doch darf darüber nicht verkannt werden: auch der umfassend materiell eingebundene Rechtsstaat bedarf des Grundkonsenses über sein zentrales Anliegen der Freiheitssicherung, wenn er Belastungsproben bestehen soll.

144 **Materielle** Rechtsstaatlichkeit wird vor allem durch die **Grundrechte** und deren unmittelbare Verbindlichkeit nach Art. 1 Abs. 3 GG begründet (Rn 14). Damit wird ein staatsfreier Bereich individueller Freiheit anerkannt, in Abgrenzung und Trennung der Sphären von Bürger und Staat – der Rechtsstaat des Grundgesetzes ist freiheitlicher Rechtsstaat. Sein Anliegen ist die rechtliche Begrenzung und Mäßigung aller staatlichen Machtausübung. Zu den Grundrechten treten weitere allgemeine Verfassungsgrundsätze hinzu, die sowohl den sachlichen Gehalt staatlicher Maßnahmen bestimmen, als auch die Art und Weise staatlichen Vorgehens. Derartige allgemein-rechtsstaatliche Grundsätze sind vor allem das Gebot der Rechtssicherheit und das Verhältnismäßigkeitsgebot. Formelle Rechtsstaatlichkeit wird im Grundgesetz verwirklicht durch **Gewaltenteilung**; damit im Zusammenhang Gesetzmäßigkeit der Verwaltung, also Vorrang und Vorbehalt des Gesetzes sowie die Unabhängigkeit der Gerichte, durch umfassenden **Gerichtsschutz** auch gegen Akte der öffentlichen Gewalt (Art. 19 Abs. 4 GG) und eine Verfassungsgerichtsbarkeit, die über die Einhaltung der Verfassung wacht und auch Gesetze daraufhin überprüft, ob sie verfassungsmäßig sind.

II. Gesetzgebung im Grundgesetz – Gesetz und Verfassung

145 ▶ **Leitentscheidungen:** BVerfGE 13, 225 (Bahnhofsapotheke); BVerfGE 95, 1 (Südumfahrung Stendal); BVerfGE 134, 33 (Therapieunterbringung); BVerfGE 139, 321 (Körperschaftsstatus); BVerfGE 159, 223 (Bundesnotbremse I).

> **Fall 10: Investitionsmaßnahmegesetz**
>
> Durch ein Investitionsmaßnahmegesetz des Bundes (IMG) wurde über einen Abschnitt der Eisenbahn-Neubaustrecke Hannover-Berlin (Südumfahrung Stendal) unmittelbar entschieden in der Weise, dass mit Inkrafttreten des Gesetzes die Errichtung dieses Abschnitts planungsrechtlich genehmigt war. Auf diese Weise sollten Verzögerungen durch ein behördliches Planfeststellungsverfahren und ein sich anschließendes Verwaltungsstreitverfahren vermieden werden. Der in der Nähe der Eisenbahnstrecke wohnende Nepomuk ist der Auffassung, bei dem Investitionsmaßnahmegesetz handle es sich in Wahrheit um einen Verwaltungsakt in Gesetzesform, und erhebt deshalb Klage vor dem Verwaltungsgericht mit dem Antrag, das „Gesetz" aufzuheben. **Rn 152** (prozessual Rn 914)

---

4 *Kloepfer* I, § 10 Rn 9.
5 *Stern*, Staatsrecht I, 2. Aufl. 1984, § 20 I 3b.

1. Das Parlamentsgesetz im demokratischen Rechtsstaat

a) Demokratische Legitimation und Rechtssicherheit

Rechtsstaatlichkeit bedeutet **Gesetzesgebundenheit** staatlichen Handelns. Dies folgt auch aus dem Demokratieprinzip. Im Gesetz verkörpert sich der Wille des Parlaments als der demokratisch legitimierten Volksvertretung. Es ist die wichtigste Handlungsform des Staates in der rechtsstaatlichen und demokratischen Ordnung des modernen Verfassungsstaates, Grundlage und Grenze aller Ausübung von Staatsgewalt. Es schafft **demokratische Legitimation** und **Rechtssicherheit** für den Bürger im Staat. Es bindet alles staatliche Handeln – es gilt der Vorrang des Gesetzes (Rn 310 – und es ist in vielen Bereichen notwendige Grundlage staatlichen Handelns: Vorbehalt des Gesetzes (Rn 38 ff, 313 ff). Das bundesstaatliche Prinzip fordert schließlich die Beteiligung der Länder über den Bundesrat.

146

b) Gesetzesbegriff des Grundgesetzes

Das Grundgesetz regelt im Abschnitt VII über „die Gesetzgebung des Bundes" die Gesetzgebungszuständigkeit des Bundes und das Verfahren der Gesetzgebung bei Bundesgesetzen. Für Gesetze der Länder ist das Verfahren Sache der Länder und in deren Verfassungen geregelt. Wann der Gesetzgeber tätig werden muss, ist eine Frage des materiellen Verfassungsrechts. So ist die Gesetzesform zwingend bei Eingriffen in Grundrechte, Rn 313 ff, (historisch: „Freiheit und Eigentum"). Die Bestimmungen über die Gesetzgebung besagen auch nichts darüber, was Inhalt von Gesetzen sein kann. Der Gesetzgeber ist nicht auf einen bestimmten Typus von Normen festgelegt, insbesondere auch nicht auf **„abstrakt-generelle"** Regelungen, die sich an eine Vielzahl von Personen richten und eine unbestimmte, nach abstrakten Merkmalen bestimmte Vielzahl von Fällen[6] betreffen. Ein solches Gesetz ist zB das StGB, dessen Normen für jeden Fall der Verwirklichung abstrakt umschriebener Tatbestände bestimmte Rechtsfolgen vorsehen, die jeden treffen, der den Tatbestand verwirklicht („wer ... wird bestraft").

147

Gesetz iSd Grundgesetzes ist aber auch ein Gesetz, das eine konkrete Maßnahme enthält. „Klassisches" Beispiel ist das HaushaltsG, das für ein Haushaltsjahr einen konkret bezifferten Haushalt verabschiedet, der die Exekutive ermächtigt, bestimmte Ausgaben zu tätigen. Darüber hinaus kennt der moderne Rechts- und Sozialstaat zahlreiche weitere Fälle von **Maßnahmegesetzen**, zB Organisationsgesetze, durch die bestimmte staatliche Einrichtungen geschaffen werden (zB die Errichtung einer Universität oder einer Bundesbehörde Art. 87 Abs. 3 GG). Maßnahmegesetz war das Gesetz über die Laufzeiten von Atomkraftwerken (Rn 719), das für benannte Atomkraftwerke genaue Abschaltdaten vorsah[7]. Während der Pandemie galt nach § 28b IfSG in der damaligen Fassung, dass bei Überschreiten bestimmter Schwellenwerte Verbote wie Ausgangssperren oder Kontaktbeschränkungen unmittelbar in Kraft treten sollten. Das BVerfG spricht hier von einem **„selbstvollziehenden Gesetz"** (Rn 299), dessen Anordnungen wirksam sind, ohne dass hierfür ein Vollzugsakt der Verwaltung nötig wäre[8]. Der parlamentarische Gesetzgeber ist grundsätzlich befugt, Anordnungen wie nach der Bundesnotbremse in Gesetzesform zu gießen. Schranken ergeben sich aus dem Gewaltenteilungsprinzip des Art. 20 Abs. 3

148

---

6 *Degenhart*, DÖV 1981, 477; *Ossenbühl*, HStR III³, § 61 Rn 13; *Kloepfer* I, § 10 Rn 98 spricht hier vom Gesetz im materiellen Sinn.
7 § 7 Abs. 1a S. 1 AtG idF des 13. Gesetzes zur Änderung des Atomgesetzes v. 31.7.2011, BGBl I S. 1704
8 BVerfGE 159, 223 Rn 138 ff.

GG (Rn 297 f). Erforderlich ist ein hinreichender sachlicher Grund – beim IfSG die Notwendigkeit bundesweit geltender Maßnahmen. Die grundsätzliche Verteilung der Aufgaben, der typische Funktionsbereich der Teilgewalten muss gewahrt bleiben.

149 Von der Frage, ob ein Gesetz bestimmten Inhalts erlassen werden durfte, ist jedoch von der Frage zu unterscheiden, ob es sich um ein **Gesetz** iSd Grundgesetzes handelt. Dies ist stets dann der Fall, wenn die Gesetzesform gewählt wurde. Daraus ergibt sich folgende Definition:

Gesetz ist jede staatliche Anordnung, die von den für die Gesetzgebung zuständigen Organen, also dem Parlament (sowie weiteren zu beteiligenden Organen wie dem Bundesrat), in dem von der Verfassung hierfür vorgesehenen Verfahren und in der hierfür vorgesehenen Form erlassen wird[9].

Es gilt also ein formeller Gesetzesbegriff. Keine Gesetze in diesem Sinn sind daher Rechtsnormen des untergesetzlichen Rechts, also Rechtsverordnungen (Rn 344 ff) und Satzungen (Rn 358 ff). Die hier mitunter anzutreffende Bezeichnung als Gesetze im materiellen Sinn ist zumindest missverständlich. Allerdings ist auch die grundgesetzliche Terminologie nicht ganz einheitlich; so sind „allgemeine Gesetze" iSv Art. 5 Abs. 2 GG auch untergesetzliche Normen.

150 Um ein Einzelpersonengesetz handelt es sich, wenn das Gesetz sich von vornherein nur an eine oder mehrere bestimmte Personen richtet. Dies war zB auch der Fall bei dem Gesetz über die Laufzeiten für Atomkraftwerke (Rn 148), das sich an die Betreiber bestimmter Anlagen richtete. Einzelfallgesetze sind iFd Art. 19 Abs. 1 S. 1 GG unzulässig, nach dem Grundgesetz aber nicht ausgeschlossen. So kann zB nach Art. 14 Abs. 3 S. 2 GG unmittelbar durch Gesetz eine Enteignung angeordnet werden. Für ein Einzelpersonengesetz sind dann, wenn es in Rechte eingreift, dringende Gründe des öffentlichen Wohls erforderlich. Letztlich ist es eine Frage des Art. 3 Abs. 1 GG, ob der Gesetzgeber Einzelfälle herausgreifen und belastenden Regelungen unterwerfen darf – hier bedarf es dann einer besonderen Rechtfertigung, nicht zuletzt auch deshalb, weil unmittelbar gegen Gesetze der Rechtsschutz verkürzt ist[10]. Jedenfalls hat das BVerfG bisher noch kein Gesetz wegen Art. 19 Abs. 1 S. 1 GG für verfassungswidrig erklärt[11].

151 **Fallbeispiel aus der Rechtsprechung** (BVerfGE 134, 33): Nachdem der EGMR die Durchführung der Sicherungsverwahrung (nicht diese selbst) für konventionswidrig erklärt hatte, sah ein Landesgesetz vor, dass für die hiernach aus der Sicherungsverwahrung zu entlassenden Straftäter unter bestimmten Voraussetzungen die „Therapieunterbringung" angeordnet werden konnte. Das Gesetz betraf nur diejenigen Straftäter, die zum Zeitpunkt des Inkrafttretens sich in Sicherungsverwahrung befanden oder auf Grund des Urteils entlassen worden waren. Das BVerfG verneinte ein Einzelpersonengesetz mit der nicht zwingenden Begründung, deren Zahl sei dem Gesetzgeber nicht bekannt gewesen. Es bejahte aber auch ein zwingendes Regelungsbedürfnis für den Fall eines Einzelfallgesetzes[12].

152 **Lösung Fall 10: Investitionsmaßnahmegesetz (Rn 145)**

Es handelt sich – wie der Name schon sagt – um ein Maßnahmegesetz. Dies allein ist verfassungsrechtlich irrelevant. Das IMG könnte jedoch verstoßen gegen:

---

9 So *Hesse*, Rn 506.
10 BVerfGE 139, 321 Rn 127.
11 Vgl. Sachs/Sachs, Art. 19 Rn 24.
12 BVerfGE 139, 327 Rn 126 ff.

1. Art. 19 Abs. 1 S. 1 GG – Verbot des Einzelfallgesetzes

a) Einzelfallgesetz? Liegt hier vor bezüglich der konkreten, individuell bezeichneten Baumaßnahme, die durch das Gesetz genehmigt wird.

b) Unzulässiges Einzelfallgesetz wegen Art. 19 Abs. 1 S. 1 GG – Eingriff in Grundrechte? Immissionen möglicherweise als Eingriff in Grundrechte der Nachbarn – insoweit aber Wirkung gegen alle jetzt und künftig potenziell Betroffenen, also kein Einzelfall.

2. Verstoß gegen den Gewaltenteilungsgrundsatz?

a) Funktionsbereich der Exekutive berührt: Genehmigung von Bauvorhaben im Einzelfall als deren typische Aufgabe.

b) Rechtsschutzgarantie des Art. 19 Abs. 4 GG: kein Verwaltungsrechtsschutz eröffnet, sondern nur die Verfassungsbeschwerde zum BVerfG.

Deshalb Erfordernis rechtfertigender Gründe: s. BVerfGE 95, 1: besondere Umstände („Aufbau Ost"), Eilbedürftigkeit (s. u. Rn 299; BVerfGE 95, 1 verneint dies).

3. Für den Rechtsschutz ist – schon aus Gründen der Rechtssicherheit – an die Rechtsform anzuknüpfen. Daher ist, wie auch sonst gegen Gesetze, Verfassungsbeschwerde zu erheben. Eine Klage vor dem VG ist ausgeschlossen.

Schrifttum zu II.1.: *Degenhart*, Gesetzgebung im Rechtsstaat, DÖV 1981, 477; *Grawert*, Gesetz und Gesetzgebung im modernen Staat, Jura 1982, 247, 300; *Pieroth*, Was bedeutet „Gesetz" in der Verfassung?, Jura 2013, 248.

2. Gesetzgebung in verfassungsrechtlicher Gebundenheit – Gesetzesprüfung

Soll das Gesetz seine Funktion erfüllen, demokratische Legitimation zu vermitteln und Rechtssicherheit zu schaffen, so muss eindeutig und verlässlich geregelt sein, **wer** die Gesetze erlässt und **wie** sie zustande kommen. Dies geschieht im Verfassungsstaat durch die Verfassung, in der Bundesrepublik durch das Grundgesetz. Da hier die Ausübung der Staatsgewalt zwischen Bund und Ländern aufgeteilt ist, stellt sich die Kompetenzfrage unter zwei Aspekten. Zum einen ist die Verbandskompetenz zu bestimmen – die Frage also, ob Bund oder Länder zuständig sind. Zum anderen ist die Organkompetenz zu klären, die Frage also, welche der jeweiligen Verfassungsorgane zu beteiligen sind. Die Verbandskompetenz – Bund oder Länder – regeln vornehmlich die Art. 70-74 GG, das eigentliche Verfahren der Gesetzgebung und der Beteiligung der Verfassungsorgane daran für den Bund Art. 76-82 GG. Zuständigkeit und Gesetzgebungsverfahren sind Fragen der **formellen Verfassungsmäßigkeit** eines Gesetzes. 153

Der Rechtsstaat des Grundgesetzes ist materieller Rechtsstaat, Gesetze müssen auch **materiell verfassungsmäßig** sein. Denn auch der im Parlamentsgesetz zum Ausdruck kommende Wille des vom Parlament repräsentierten Souveräns, die *volonté générale*, darf sich nicht über die materiellen Anforderungen des Grundgesetzes hinwegsetzen, also die nach Art. 1 Abs. 3 GG auch den Gesetzgeber bindenden Grundrechte und weitere verfassungsrechtliche Anforderungen wie etwa Bestimmtheit und Rechtssicherheit (Rn 372 ff). 154

Das **verfassungswidrige** Gesetz ist **nichtig**: im Fall eines Widerspruchs zwischen Verfassungsnorm und Gesetz derogiert das Grundgesetz als höherrangiges Recht das einfachgesetzliche Recht – ebenso wie das einfache Gesetz die Rechtsverordnung als niederrangiges Recht außer Kraft setzt. Die Verfassungswidrigkeit des formellen Gesetzes festzustellen, ist Aufgabe der Verfassungsgerichtsbarkeit; wenn es um Verstöße gegen 155 das Grundgesetz geht, des BVerfG. Aufgabe der Landesverfassungsgerichte ist es, über die Landesverfassung zu wachen. Ihre Prüfungszuständigkeit beschränkt sich auf Landesrecht. Demgegenüber kann das BVerfG Gesetze sowohl des Bundes als auch der Länder prüfen. Denn das Grundgesetz ist Maßstab für Bundes- und Landesrecht.

156 In staatsrechtlichen Fragestellungen sind regelmäßig Gesetze auf ihre Verfassungsmäßigkeit zu prüfen. Beteiligte am Verfassungsleben – Bund und Länder, Regierungen und Abgeordnete können ein Interesse daran haben, allgemeinverbindlich feststellen zu lassen, ob ein Gesetz verfassungsmäßig ist. Sie können einen Antrag auf **Normenkontrolle** nach Art. 93 Abs. 1 Nr 2 GG beim BVerfG stellen (abstrakte Normenkontrolle, Rn 853 ff). Nach Art. 93 Abs. 1 Nr 4a GG kann „jedermann", der sich durch ein Gesetz unmittelbar in seinen Grundrechten verletzt sieht, **Verfassungsbeschwerde** gegen dieses Gesetz einlegen (Rn 864 ff). Auch hat jedes Gericht, für dessen Entscheidung es auf die Verfassungsmäßigkeit eines Gesetzes ankommt, dieses dem BVerfG zur Prüfung vorzulegen, wenn es überzeugt ist, es sei verfassungswidrig (konkrete Normenkontrolle nach Art. 100 Abs. 1 GG; Rn 860 ff). Die verbindliche Entscheidung über die Nichtigkeit eines Gesetzes kann nur das Verfassungsgericht treffen: dies erfordert die Autorität des demokratisch legitimierten Gesetzgebers. Für Gesetze eines **Landes** ist zu unterscheiden: werden Verstöße gegen die Landesverfassung geltend gemacht, so ist das jeweilige Landesverfassungsgericht zuständig. Geht es demgegenüber um die Vereinbarkeit mit dem Grundgesetz, ist das BVerfG zuständig.

157 Die Gesetzesprüfung erfolgt regelmäßig in diesen Schritten:
I. Formelle Verfassungsmäßigkeit
(1) Zuständigkeit
(2) Gesetzgebungsverfahren
II. Materielle Verfassungsmäßigkeit, insbesondere:
– Vereinbarkeit mit Grundrechten
– Vereinbarkeit mit sonstigem Verfassungsrecht

Dazu ein **Hinweis für die Fallbearbeitung:** von formeller oder materieller „Rechtmäßigkeit" eines Gesetzes zu sprechen, ist nicht korrekt: Maßstab für das Gesetz ist nicht schlechthin das „Recht" – das Gesetz ist ja selbst Bestandteil der Rechtsordnung – sondern die Verfassung – deshalb: Verfassungsmäßigkeit.

III. Formelle Verfassungsmäßigkeit des Gesetzes: Gesetzgebungskompetenzen

158 *Die Gesetzgebungskompetenzen werden durch die Art. 70 ff GG verteilt. Für jedes Gesetz ist hiernach die konkrete Zuständigkeit des Bundes oder der Länder zu ermitteln; erster Punkt im Rahmen der Prüfung der Verfassungsmäßigkeit eines Gesetzes ist stets die Frage der Kompetenz. Ein Gesetz, das Rechte des Bürgers beschränkt, muss vom zuständigen Gesetzgeber erlassen worden sein – andernfalls bewirkt es einen verfassungswidrigen Eingriff, gegen den der Adressat des Gesetzes sich im Wege der Verfassungsbeschwerde wehren kann. Die Frage der Gesetzgebungskompetenzen ist für weitere verfassungsrechtliche Fragestellungen vorgreiflich: die Verteilung der Verwaltungszuständigkeiten in Art. 83 ff GG knüpft an die Gesetzgebungszuständigkeiten an – der Bund darf nur dann Behörden errichten, wenn er für die fragliche Materie auch die Gesetzgebungs-*

zuständigkeit hat. Die Befugnisse des Bundesrats in Angelegenheiten der Europäischen Union nach Art. 23 GG richten sich nach den Gesetzgebungszuständigkeiten. Die Länder können nach Art. 32 Abs. 3 GG Verträge über Materien schließen, für die sie die Gesetzgebungszuständigkeit haben.

▶ **Leitentscheidungen:** BVerfGE 12, 205 (1. Rundfunkurteil); BVerfGE 106, 62 (Altenpflegegesetz); BVerfGE 109, 190 (Unterbringung gefährlicher Straftäter); BVerfGE 111, 10 (Ladenschluss); BVerfGE 134, 33 (Therapieunterbringungsgesetz); BVerfGE 135, 155 (Filmförderungsgesetz); BVerfGE 138, 261 (Ladenschluss); BVerfGE 140, 65 (Betreuungsgeld); BVerfGE 145, 20 (Spielhallen); SächsVerfGH NVwZ-RR 2012, 873 (Ladenschluss); BVerfGE 150, 244 (automatisierte Kennzeichenerfassung); BayVerfGH NVwZ 2020, 1429 (Volksbegehren Mietenstopp); BVerfGE 157, 223 (Berliner Mietendeckel); BVerfGE 160, 1 (Bremer Hafengesetz).

Fall 11: Werbeverbote 159

Aufgeschreckt durch Berichte über ungesunde Ernährung vor allem, aber nicht nur Jugendlicher, legt die Bundesregierung einen Gesetzentwurf vor, der u.a. vorsieht, die Werbung für bestimmte, vor allem zuckerhaltige Nahrungs- und Genussmittel und Fastfood drastisch einzuschränken. Dies soll gelten für Werbung in der Presse und den elektronischen Medien, so auch im Fernsehen, sowie für die „Außenwerbung" – damit ist Werbung auf Plakaten, Litfaßsäulen sowie an Gebäuden gemeint. Die betroffenen Verbände der Werbewirtschaft, Nahrungsmittelindustrie und Gastronomie bezweifeln die Zuständigkeit des Bundes; schließlich seien die Gewohnheiten regional verschieden. **Rn 202**

Fall 12: Mietendeckel (nach BVerfGE 157, 223) 160

Ein Mietbegrenzungsgesetz (MietBG) des Landes L enthält, soweit hier von Bedeutung, folgende Bestimmungen:

„§ 3 Mietenstopp: eine Miete ist verboten, die die am 18. Juni 2019 (Stichtag) wirksam vereinbarte Miete überschreitet. [...] Bei Neuvermietung ist eine Miete verboten, welche die Mietobergrenzen nach diesem Gesetz überschreitet.

§ 5 Überhöhte Mieten: Eine überhöhte Miete ist verboten. Eine Miete ist überhöht, soweit sie die nach der Anlage zu diesem Gesetz unter Berücksichtigung der Wohnlage bestimmte Mietobergrenze um mehr als 20% überschreitet.

Die Landesregierung des Landes A ist der Auffassung, das Land L sei für dieses Gesetz nicht zuständig. Mietrecht sei Sache des Bundes. Dem entgegnet die Landesregierung L, seit der Föderalismusreform 2006 sei das „Wohnungswesen" in alleiniger Zuständigkeit der Länder. Dazu gehöre auch die Bekämpfung der Wohnungsnot und die Deckung des Wohnbedarfs der Bevölkerung zu angemessenen Bedingungen.

War Land L für den Erlass des Gesetzes zuständig? **Rn 179, 203** (prozessual Rn 909)

Fall 13: Sicherungsverwahrung 161

Als Reaktion auf die Rechtsprechung des EGMR und des BVerfG zur Sicherungsverwahrung und in Erinnerung an das seinerzeitige Kanzlerwort „Wegschließen für immer!" beschließt der Landtag L ein „Gesetz über die nachträgliche Sicherungsverwahrung". Dieses sieht vor, dass Straftäter, die wegen bestimmter Gewaltverbrechen, insbesondere Straftaten gegen die sexuelle Selbstbestimmung, verurteilt sind, nach Verbüßung ihrer Strafe auch dann, wenn dies im Urteil nicht angeordnet wurde, in Sicherungsgewahrsam zu nehmen sind, wenn sich während der Haft auf Grund ihres Verhaltens und ihrer Entwicklung herausstellt, dass von ihnen weiterhin die Gefahr einschlägiger Straftaten ausgeht. Ist das Land zuständig? **Rn 204** (prozessual Rn 910)

162 Fall 14: Ladenschluss

Durch die Föderalismusreform 2006 erhielt Art. 74 Abs. 1 Nr 11 GG folgende Fassung: „Das Recht der Wirtschaft (... Gewerbe ... Handel ...) ohne das Recht des Ladenschlusses, der Gaststätten ..." Zu diesem Zeitpunkt enthielt das Ladenschlussgesetz des Bundes ein prinzipielles Verbot der Ladenöffnung an Sonn- und Feiertagen, mit möglichen Ausnahmen sowie Bestimmungen über die Arbeitszeiten der Beschäftigten im Einzelhandel. Im Jahr 2010 verabschiedete das Land A ein neues „Ladenöffnungsgesetz". Es sieht ua Ausnahmen vom Verbot der Sonntagsöffnung für Bahnhöfe, Tankstellen u.Ä. sowie die generelle Zulässigkeit der Sonntagsöffnung an insgesamt 6 Sonntagen im Jahr vor. § 6 des Gesetzes bestimmt unter „Schutz der Arbeitnehmer":

„(1) In Verkaufsstellen dürfen Arbeitnehmer an Sonn- und Feiertagen nur während der ausnahmsweise zugelassenen Öffnungszeiten ... und für höchstens fünf Stunden beschäftigt werden.

(2) In Verkaufsstellen, die ... generell an Sonn- und Feiertagen geöffnet sein dürfen, dürfen Arbeitnehmer an jährlich höchstens 22 Sonn- und Feiertagen beschäftigt werden."

Die oppositionelle A-Partei ist der Auffassung, es handle sich hier in Wahrheit um Arbeitsrecht. Das Land sei deshalb nicht zuständig gewesen. **Rn 205**

1. Systematik der Kompetenzverteilung – Grundregel des Art. 70 GG

163 Die Aufteilung der Gesetzgebungskompetenzen zwischen Bund und Ländern erfolgt iW in Art. 70 ff GG. Auszugehen ist dabei stets von der Grundsatznorm des Art. 70 GG. Nach dessen Abs. 1 haben die Länder das Recht der Gesetzgebung, soweit nicht das Grundgesetz dem Bund Gesetzgebungsbefugnisse verleiht. Hierfür verweist Art. 70 Abs. 2 GG auf die Vorschriften des Grundgesetzes über die ausschließliche und die konkurrierende Gesetzgebung in Art. 71–74 GG (sowie in einigen weiteren, über das Grundgesetz verstreuten Kompetenznormen, Rn 164). Nicht ausdrücklich erwähnt wird in Art. 70 Abs. 2 GG: die sog **Grundsatzgesetzgebung** für die Haushaltswirtschaft von Bund und Ländern in Art. 109 Abs. 4 GG. Unter bestimmten – engen – Voraussetzungen werden zudem **ungeschriebene Gesetzgebungszuständigkeiten** des Bundes anerkannt (dazu u. Rn 180 ff). Der Wortlaut des Art. 70 GG könnte den Eindruck erwecken, Gesetzgebung der Länder sei die Regel, des Bundes die Ausnahme. Dem ist nicht so[13]. Die Kompetenzkataloge der Art. 73 und 74 GG sind umfassend; den Ländern verbleiben i.W. das Polizeirecht und das allgemeine Gefahrenabwehrrecht, das Kommunalrecht und der Kultusbereich, also Bildung, Schulen und Hochschulen sowie Medien.

164 Vorschriften über die **ausschließliche** Gesetzgebung des Bundes enthält das Grundgesetz in Art. 71 und 73 GG. Art. 71 GG sagt, was ausschließliche Gesetzgebungszuständigkeit bedeutet: Nur der Bund ist für eine bestimmte Materie zuständig (Rn 185). Art. 73 GG benennt dann konkret diese Materien. **Konkurrierende Zuständigkeit** bedeutet: Bund und Länder sind nebeneinander – eben „konkurrierend" – für eine bestimmte Materie zuständig. Wer dann unter welchen Voraussetzungen gesetzgeberisch tätig werden darf, regelt generell Art. 72 GG (s. Rn 186 ff). Art. 74 GG enthält die einzelnen Kompetenztitel. Die Systematik der Regelung im Grundgesetz ist also diese: zunächst wird der jeweilige Kompetenztypus geregelt – Art. 71 bzw Art. 72 GG –, dann die einzelnen Kompetenztitel aufgezählt – Art. 73 bzw Art. 74 GG. Für Steuergesetze enthält Art. 105 GG spezielle

---

13 Vgl. *Voßkuhle/Wischmeyer*, JuS 2010, 315, 316.

Regelungen (Rn 561 ff). Schließlich finden sich verschiedentlich im Grundgesetz Formulierungen wie „Das Nähere regeln Bundesgesetze", vgl zB für das Recht der politischen Parteien Art. 21 Abs. 5 GG. Dann ist der Bund ausschließlich zuständig[14].

Bei der konkurrierenden Zuständigkeit nach Art. 72 GG wird seit der „Föderalismus-Reform" 2006[15] weiter differenziert: für bestimmte Gebiete darf der Bund nur tätig werden, wenn nachgewiesen ist, dass eine bundesgesetzliche Regelung erforderlich ist. Diese Gebiete werden in Abs. 2 aufgeführt. Nach der bis zu dieser Verfassungsreform geltenden Fassung des Abs. 2 musste dies stets nachgewiesen werden. Für alle nicht in Abs. 2 genannten Gebiete ist der Bund ohne Weiteres zur Gesetzgebung befugt; man könnte hier von einer **Vorranggesetzgebung** des Bundes sprechen. Für einige Materien – sie werden in Abs. 3 aufgeführt – wurde die neuartige Möglichkeit einer **Abweichungsgesetzgebung** eingeführt: auch wenn der Bund schon ein Gesetz erlassen hat, können die Länder hiervon abweichende Gesetze erlassen (Rn 195).

165

Prüfung der Zuständigkeit:

Um die Frage nach der Zuständigkeit für den Erlass eines bestimmten Gesetzes zu beantworten – und darum geht es bei der **Kompetenzprüfung** – sind also diese Schritte zu vollziehen:
- Am Anfang steht die Grundregel des Art. 70 GG: der Bund ist nur zuständig, wenn ihm eine Zuständigkeit positiv verliehen ist; sonst bleibt es bei der Zuständigkeit der Länder;
- daher muss zunächst nach einem positiven **Kompetenztitel** für den Bund gefragt werden, dieser ist aus den Art. 73 und 74 GG, ggf aus den weiteren im Grundgesetz enthaltenen Kompetenznormen und, wenn hierfür konkrete Anhaltspunkte bestehen, aus den Grundsätzen über ungeschriebene Bundeszuständigkeiten zu entnehmen (dazu nachstehend 4.);
- in einem weiteren Prüfungsschritt sind dann die allgemeinen Voraussetzungen zu prüfen, unter denen von dem fraglichen Kompetenztitel auch konkret Gebrauch gemacht werden darf. Diese Voraussetzungen sind in Art. 71 und 72 festgelegt (s. nachstehend 5.);
- besteht hiernach keine Bundeszuständigkeit, so verbleibt es bei der Grundregel des Art. 70 Abs. 1 GG und damit bei der Gesetzgebungszuständigkeit der Länder.

166

---

2. Feststellung des einschlägigen Kompetenztitels: Auslegung und kompetenzmäßige Zuordnung

Art. 73 Abs. 1 Nrn 1–14 und Art. 74 Abs. 1 Nrn 1–33 GG enthalten umfangreiche **Kompetenzkataloge**. Um festzustellen, ob eine gesetzliche Regelung in einen dieser Kompetenzkataloge fällt, bedarf es der **Subsumtion**: das Gesetz, um das es geht, ist unter den in Betracht kommenden Kompetenztitel zu subsumieren. Um diese Subsumtion vornehmen zu können, bedarf der jeweilige Kompetenztitel der **Auslegung**. Die einzelnen Auslegungsmethoden werden in den Entscheidungen des BVerfG zum Altenpflegegesetz[16] und zur landesgesetzlichen Straftäterunterbringung[17] beispielhaft durchdekliniert[18]. Die Prüfung, ob ein Gesetz sich auf einen bestimmten Kompetenztitel stützen kann, erfolgt also in zwei Schritten: zunächst muss die Kompetenznorm ausgelegt werden, dann muss das

167

---

14 Näher und zu weiteren Fällen s. *Degenhart*, in: Sachs, Art. 71 Rn 3.
15 Enthalten im 52. Gesetz zur Änderung des Grundgesetzes vom 28.8.2006, BGBl I S. 2034.
16 BVerfGE 106, 62, 104 ff.
17 BVerfGE 109, 190, 211 f.
18 S. auch BVerfGE 138, 261 Rn 29; BVerfGE 145, 20 Rn 98 ff.

Gesetz unter die so ausgelegte Kompetenznorm bzw die dort benannte Kompetenzmaterie subsumiert werden. Man kann hier von kompetenzmäßiger Zuordnung oder Qualifikation sprechen.

a) Auslegung der Kompetenznormen

168 Geht man die einzelnen Kompetenzkataloge durch, so wird deutlich, dass das Grundgesetz die Kompetenzmaterien auf zwei unterschiedliche Weisen beschreibt[19]. Zum einen benennt das Grundgesetz bestimmte Sachbereiche oder Lebenssachverhalte und verwendet hierbei Begriffe, die sich aus allgemeinem Sprachgebrauch erschließen, so zB in Art. 73 Abs. 1 Nr 6 GG – Luftverkehr, in Art. 74 Abs. 1 Nr 11 GG – Wirtschaft, Bergbau, Industrie etc, in Art. 73 Abs. 1 Nr 14 GG – Kernenergie. Derartige Kompetenznormen bezeichnen also ihren Gegenstand vornehmlich **faktisch-deskriptiv**. Häufiger sind jedoch Kompetenznormen, die eine bestimmte Rechtsmaterie benennen, so zB Art. 73 Abs. 1 Nr 2 GG – Staatsangehörigkeit, Art. 74 Abs. 1 Nr 1 GG – Bürgerliches Recht und Strafrecht –. Sie bezeichnen ihren Gegenstand **„normativ-rezeptiv"**: normativ, weil bestimmte Normen oder Normkomplexe benannt werden, wie zB das Strafrecht und das Bürgerliche Recht, rezeptiv, weil diese in die Kompetenznorm aufgenommen, „rezipiert" werden. So knüpft der Sachbereich „Bürgerliches Recht" in Art. 74 Abs. 1 Nr 1 GG „an einen bereits unter der Geltung von Art. 4 Nr 13 RV und Art. 7 Nr 1 WRV bekannten einfach-gesetzlichen Normbestand an und macht sich diesen normativ-rezeptiv zu eigen", so das BVerfG zum Berliner „Mietendeckel" als Bürgerliches Recht[20].

169 Bei der **Auslegung** der Kompetenznormen des Grundgesetzes wird der **historischen Interpretation** (Rn 23) erhöhte Bedeutung beigelegt[21]. Dies gilt besonders dort, wo die Kompetenzmaterie *„normativ-rezeptiv"* (**Rn 168**) benannt wird. Wo es sich um historisch geformte, vom Grundgesetzgeber vorgefundene Rechtsmaterien handelt, wird auf deren Tradition und Entwicklung dieser Materien abgestellt. Es wird davon ausgegangen, gewissermaßen vermutet, der Verfassungsgeber habe den Kompetenzbegriff entsprechend dieser Tradition in das Grundgesetz aufnehmen wollen, so das BVerfG zur Unterbringung gefährlicher Straftäter [22]: *„Hat der Verfassungsgeber eine normativ ausgeformte Materie vorgefunden und sie als solche gleichsam nachvollziehend benannt, so ist davon auszugehen, dass die einfachgesetzliche Ausformung in der Regel den Zuweisungsgehalt auch der Kompetenznorm bestimmt (Degenhart, in: Sachs, Art. 70 Rn 54, 57). Sinn und Zweck der Umschreibung eines vom Verfassungsgeber bereits vorgefundenen Normenbereichs in der Kompetenzvorschrift sprechen dafür, dass der vorgefundene Normenbereich von ihr erfasst werden soll."* Das bürgerliche Recht umfasst *„nach dem durch Staatspraxis und Regelungstradition seit nunmehr 150 Jahren geprägten Rechtsverständnis [...] die Gesamtheit aller Normen, die herkömmlicherweise dem Zivilrecht zugerechnet werden".*[23] Dazu zählt das Recht der Mietverhältnisse, die ja durch Vertrag zwischen Vermieter und Mieter begründet werden, unter Einschluss des „sozialen Mietrechts", also derjenigen Bestimmungen, die in erster Linie die Vertragsfreiheit des Vermieters zum Schutz des Mieters begrenzen, zB bei Kündigung der Wohnung oder Mieterhöhungen. Dies gilt auch für die sog. Mietpreisbremse der §§ 556d ff[24].

---

19 BVerfGE 109, 190, 218 im Anschluss an *Degenhart*, in: Sachs, Art. 70 Rn 51 ff.
20 BVerfGE 157, 223 Rn 110.
21 BVerfGE 106, 62, 105.
22 BVerfGE 109, 190, 218 (Sicherungsverwahrung I).
23 BVerfGE 157, 223 Rn 111.
24 BVerfG a.a.O. Rn 142.

Aktuelle Rechtsprechung: In historischer Auslegung des Kompetenztitels „Wohnungswesen" in Art. 74 Abs. 1 Nr. 18 GG in der bis zur Föderalismusreform geltenden Fassung wurde geltend gemacht, dass die Wohnungszwangswirtschaft in der frühen Bundesrepublik der Nachkriegszeit bis in die 1960er-Jahre ein öffentliches Mietpreisrecht umfasste, und mit der Verfassungsänderung 2006 die „Wohnungswirtschaft" mit eben diesem Inhalt in die ausschließliche Länderzuständigkeit überführt worden sei[25]. Dem ist das BVerfG für den Berliner „Mietendeckel" entgegengetreten: dies hatte ausschließlich für öffentlich-rechtlich geförderten, preisgebundenen Wohnraum gegolten; „Wohnungswesen" umfasste vor allem die Mietpreisbindung staatlich geförderter Wohnungen[26].

Normative Traditionen können auch sonst bei der Auslegung von Kompetenznormen eine Rolle spielen. So wurde zB im „1. Rundfunkurteil" des BVerfG[27] zum Sachbereich „Telekommunikation" (früher: Fernmeldewesen) das gezählt, was der Verfassungsgeber als wesentlichen Inhalt eben dieser Materie vorgefunden hatte, also Fragen der Frequenzzuordnung, nicht aber inhaltliche Fragen des Rundfunks. Fehlen derartige Anknüpfungspunkte für eine historische Auslegung der Kompetenznorm, so ist primär auf den **allgemeinen Sprachgebrauch** abzustellen.

170

Die Auslegung der Kompetenznormen aus der Tradition und der Entwicklung des jeweiligen Rechtsgebiets darf nicht zu einer „Versteinerung" führen. Deshalb konnte der Bundesgesetzgeber gem. Art. 74 Abs. 1 Nr. 12 GG die Sozialversicherungspflicht auch auf Selbstständige und freischaffende Künstler ausweiten. Dass sie ursprünglich, so wie das Grundgesetz sie vorgefunden hatte, nur unselbstständig Beschäftigte erfasst hatte, stand nicht entgegen, solange die prägenden Merkmale – Versicherungsprinzip und Solidarausgleich – gewahrt blieben. Ein allgemeines „Bürgergeld" oder gar ein bedingungsloses Grundeinkommen fielen nicht mehr unter den Kompetenztitel „Sozialversicherung"[28].

171

b) Kompetenzmäßige Zuordnung: Subsumtion des Gesetzes unter die Kompetenznorm, Kompetenzqualifikation

Nachdem durch Auslegung festgestellt wurde, was unter dem jeweiligen Kompetenzbegriff des Grundgesetzes zu verstehen ist, muss nun im Wege der Subsumtion geprüft werden, ob das Gesetz darunter fällt. Dabei können einzelne Bestimmungen eines Gesetzes unter unterschiedliche Kompetenzbegriffe fallen (sog. Mosaik- oder additive Kompetenz)[29]. Auch ist es möglich, dass für eine gesetzliche Regelung eine Zuordnung zu unterschiedlichen Kompetenztiteln in Betracht kommt. Das Problem stellt sich häufig im Grenzbereich von Strafverfolgung (konkurrierende Zuständigkeit nach Art. 74 Abs. 1 Nr 1 GG) und Gefahrenabwehr (Zuständigkeit der Länder nach Art. 70 Abs. 1 GG). Denn die Verfolgung von Straftätern dient zwangsläufig auch präventiv dem Schutz der Sicherheit, und umgekehrt können „präventive Maßnahmen zum Schutz der Bürgerinnen und Bürger die Ergreifung von Straftätern und anschließende repressive Maßnahmen befördern" – so das BVerfG zur automatisierten Kennzeichenerfassung: *„Insoweit gehen die Regelungsbefugnisse von Bund und Ländern Hand in Hand und sind in ihren Wirkungen miteinander eng verwoben."*[30]

172

Für die **Kompetenzqualifikation**, also die Zuordnung einer bestimmten Regelung zu einer Kompetenznorm oder, wenn es an einer ausdrücklichen Kompetenz nach Art. 73,

173

---

25 So *Kingreen*, NVwZ 2020, 837 ff; aM *Kühling*, DVBl 2020, 842.
26 BVerfGE 157, 223 Rn 184; ebenso bereits BayVerfGH NVwZ 2020, 1429.
27 BVerfGE 12, 205, 226.
28 BVerfGE 75, 108, 146 f.
29 BVerfGE 160, 1 Rn 68.
30 BVerfGE 150, 244 Rn 72.

74 GG fehlt, zu einer Kompetenzmaterie, hat das BVerfG diese Kriterien entwickelt: Die Qualifikation oder Zuordnung geschieht anhand von unmittelbarem Gegenstand der Regelung, Normzweck, Wirkung der Norm und deren Adressat sowie der Verfassungstradition[31]. Im Urteil zur Medienbeteiligung politischer Parteien vom 12.3.2008 wird dies beispielhaft entwickelt. Ein Landesgesetz untersagte politischen Parteien die Veranstaltung von Rundfunk und die Beteiligung an Rundfunkunternehmen. Damit sollte angesichts der besonderen Staatsnähe der Parteien die vom BVerfG geforderte Unabhängigkeit des Rundfunks vom Staat **(Fall 3)** gewährleistet werden. Bei Zuwiderhandlung sollte die zuständige Landesmedienanstalt Sanktionen gegen die Rundfunkanstalt bis hin zum Entzug der Veranstaltererlaubnis ergreifen (wer Rundfunk veranstalten will, benötigt hierfür eine Zulassung). Für das Gesetz waren unterschiedliche Zuordnungen möglich: einerseits zum Recht der Parteien, für das nach Art. 21 Abs. 5 GG das nähere durch Bundesgesetz geregelt wird und für das damit ausschließlich der Bund zuständig ist, andererseits aber zum Rundfunkrecht, für das es im Grundgesetz an einer Kompetenznorm für den Bund fehlt und das damit in der Zuständigkeit der Länder verbleibt, Art. 70 Abs. 1 GG.

174 – Zunächst war abzustellen auf den **unmittelbaren Gegenstand des Gesetzes:** Organisation des Rundfunks – wer darf Rundfunk veranstalten oder sich an Veranstaltern beteiligen und wer nicht?;
– **Ziel des Gesetzes** war es, die Rundfunkfreiheit vor den Einflüssen politischer Parteien zu schützen;
– **Adressat des Gesetzes** war die Rundfunkaufsicht, die zu prüfen hatte, wer an einem Rundfunkunternehmen beteiligt ist;
– die **Wirkung des Gesetzes** zielte auf den Rundfunk: bei unzulässiger Parteienbeteiligung waren Aufsichtsmaßnahmen gegen die Rundfunkunternehmen zu ergreifen.
– Schließlich sprach auch die **Tradition** der Gesetzgebung für Rundfunk: derartige Fragen waren traditionell im Rundfunkrecht der Länder geregelt worden.

175 Damit war die Zuordnung eindeutig. Für den Fall, dass jedoch **mehrfache Zuordnung** möglich ist, ist auf den **Schwerpunkt** der Regelung und die insoweit maßgebliche Zielsetzung abzustellen. Deshalb war § 28b Abs. 3 IfSG über die Einschränkung von Präsenzunterricht während der Pandemie als Seuchenrecht iSv Art. 74 Abs. 1 Nr 19 GG und nicht etwa als Schulrecht zu qualifizieren. Denn die Anordnung der Schulschließung war eine „Maßnahme" mit der klaren Zielsetzung der Bekämpfung von Covid 19, also einer zweifelsfrei gemeingefährlichen und übertragbaren Krankheit, und keine Regelung des Schulwesens. Gleiches galt für Alkoholverbote auf öffentlichen Plätzen, die nicht dem allgemeinen Polizeirecht zugeordnet wurden[32]. Eine **eindeutige** Zuordnung muss aber vorgenommen werden: Doppelzuständigkeiten für die gleiche Materie sind ausgeschlossen[33]. Normen, die nicht selbst den Schwerpunkt des Gesetzes ausmachen, aber mit den zentralen Bestimmungen in engem Zusammenhang stehen und als Bestandteil eines größeren Komplexes mit diesem „eng verzahnt" sind wie im Fall der Schwangerenberatung (Rn 176)[34], teilen dessen Qualifikation. Eine eindeutige Zuordnung muss auch bei den verschiedenen Spielarten einer konkurrierenden Gesetzgebung nach Art. 72 Abs. 2 und 3 GG (Rn 165, 188 f) erfolgen.

---

31 Vgl zusammenfassend BVerfGE 121, 30, 47 f; BVerfGE 160, 1 Rn 65 ff.
32 BVerfGE 159, 223 Rn 117 ff, 129.
33 BVerfGE 160, 1 Rn 51.
34 BVerfGE 98, 265, 303 ff.

Fallbeispiele aus der Rechtsprechung: Im **Fall 13** hatte ein Landesgesetz die „Unterbringung" gefährlicher Straftäter nach Verbüßung der Haftstrafe vorgesehen – in der Sache also nachträgliche Sicherungsverwahrung. Weil Maßregeln der Sicherung und Besserung, darunter eben auch die Sicherungsverwahrung, schon immer im Strafrecht geregelt waren, handelte es sich hierbei auch um „Strafrecht" iSv Art. 74 Abs. 1 Nr 1 GG. Auch die sog. **Therapieunterbringung**, die sich, wie dies EGMR und BVerfG gefordert hatten[35], vom Strafvollzug deutlich unterscheiden muss („Abstandsgebot") und nicht auf bloße „Verwahrung" ausgerichtet sein darf, wurde vom BVerfG unter Strafrecht subsumiert. Es solle eine Lücke im Strafrecht füllen und daher ebenso zu beurteilen, wie das lückenhafte Gesetz selbst[36]. Ähnlich wurde dies gesehen im Fall eines Landesgesetzes, das für Frauen vor einem etwaigen Schwangerschaftsabbruch Bestimmungen über das Aufsuchen einer **Schwangerenberatung** enthielt[37]. Obschon hierfür bei isolierter Betrachtungsweise keine Bundeszuständigkeit bestand, sah das BVerfG sie mit den Bestimmungen über die strafrechtliche Behandlung der Abtreibung derart eng „*verzahnt*", dass sie als Teil der Gesamtregelung zu betrachten waren und damit als Strafrecht, Art. 74 I Nr 1 GG. Zur Abgrenzung von Strafrecht und Sicherheitsrecht s. Rn 180 sowie u. Rn 204 zu **Fall 13**.

176

Mit der Föderalismusreform 2006 war die Kompetenz für den **Ladenschluss** in die ausschließliche Zuständigkeit der Länder überführt worden. Das seinerzeitige Ladenschlussgesetz des Bundes enthielt auch Bestimmungen über Arbeitszeiten, ebenso dann das Landesgesetz für Sachsen. Der SächsVerfGH bejahte die Zuständigkeit des Landes: die Materie Ladenschluss umfasse die vom verfassungsändernden Gesetzgeber im Ladenschlussgesetz des Bundes vorgefundenen Inhalte[38]. Anders das BVerfG für das entsprechende Thüringer Gesetz: Die Bestimmungen zur Samstagsarbeit im Ladenschlussgesetz des Bundes seien auf der Grundlage des Art. 74 Abs. 1 Nr 12 GG – Arbeitsschutz – ergangen; die Zuständigkeit hierfür sei nicht auf die Länder übergegangen.

177

Im Fall des **Filmförderungsgesetzes** ging es um die Abgrenzung zwischen „Recht der Wirtschaft", nach Art. 74 Abs. 1 Nr 11 GG in konkurrierender Zuständigkeit, und dem Recht des Films, nach Art. 70 GG in der Zuständigkeit der Länder. Hier kam für die Filmförderung eine Zuordnung zu beiden Materien in Betracht. Recht der Wirtschaft umfasst die gesamte wirtschaftliche Betätigung; dazu zählt auch die Filmproduktion als Wirtschaftsfaktor, Recht der Wirtschaft ist dann u.a. auch deren Förderung. Andererseits umfasst das Recht der Medien, hier des Films, auch deren Förderung unter kulturellen Gesichtspunkten. Vom Gegenstand der Regelung und auch nach den eingesetzten Instrumenten war daher keine eindeutige Zuordnung möglich; Subventionen können gleichermaßen zur Wirtschaft- wie zur Kulturförderung eingesetzt werden. Das BVerfG bestimmte die maßgebliche Zielsetzung des Gesetzes in der Förderung des Films als Wirtschaftsgut und sah das Gesetz deshalb als „Recht der Wirtschaft" iSv Art. 74 Abs. 1 Nr 11 GG, auch wenn das Gesetz daneben kulturelle Zielsetzungen verfolgt[39].

178

Das **Hafenbetriebsgesetz** des Landes **Bremen** hatte ein Verbot des Umschlags von Kernbrennstoffen im Bremer Hafen vorgesehen. An sich ist das Land befugt, die Benutzung seiner öffentlichen Einrichtungen zu regeln; dies ist eine Frage des Rechts der öffentlichen Sachen, für das die Länder zuständig sind. Andererseits umfasst die ausschließliche Zuständigkeit des Bundes für die Kernenergie in Art. 73 Abs. 1 Nr 14 GG alle Fragen des Umgangs mit Kernbrennstoffen, also auch Transport und Lagerung. Hierin lag der Schwerpunkt der Regelung, dem Gesetzgeber war es ausschließlich darum gegangen, den Umschlag von Kernbrennstoffen in den bremischen Häfen zu verhindern. Daher fiel das Gesetz unter die ausschließliche Bundeszuständigkeit nach Art. 73 Abs. 1 Nr 14 GG[40].

---

35 BVerfGE 128, 326, 366 ff; 131, 268, 295 ff; 133, 40, 64 ff; EGMR JR 2013, 78.
36 BVerfGE 134, 33 Rn 60 ff – der Richter *Huber* sieht in seinem Sondervotum hierin eine Überdehnung der Strafrechtskompetenz, Rn 157 ff.
37 BVerfGE 98, 265, 299.
38 SächsVerfGH NVwZ-RR 2012, 873.
39 BVerfGE 135, 155 Rn 101 ff.
40 BVerfGE 160, 1 Rn 75 ff.

179　Im **Fall 12 – Mietendeckel** – hat das Landesrecht Mietverhältnisse zum Gegenstand: Die Höhe der Miete steht im Mietvertrag. Sie wollen den Preisanstieg auf dem Mietmarkt begrenzen. Eben darum geht es auch im sozialen Mietrecht des BGB, insbesondere §§ 556 ff. Für Wohnungswesen (bis 2006 in konkurrierender, dann in ausschließlicher Landeszuständigkeit) könnte sprechen, dass darunter auch die Wohnraumbewirtschaftung fiel, von hoher Aktualität im Entstehungszeitraum des Grundgesetz (Rn 169). Diese erfasste jedoch nicht das „soziale Mietrecht" für ungebundenen (also nicht öffentlich geförderten) Wohnraum (Rn 169).

3. Zuständigkeitskataloge und ungeschriebene Bundeskompetenzen

180　Ist keiner der Kompetenztitel in den Katalogen der Art. 73, 74 GG gegeben, so kann ausnahmsweise und unter engen Voraussetzungen noch eine **ungeschriebene Gesetzgebungskompetenz des Bundes** in Betracht kommen: als Bundeskompetenz kraft „Natur der Sache", kraft „Sachzusammenhangs" oder Annexkompetenz[41]. Kraft **Natur der Sache** ist der Bund zuständig, wenn ein Gegenstand begriffsnotwendig nur durch Bundesgesetz geregelt werden kann. Bloße Zweckmäßigkeit genügt nicht. Die Fälle müssten vergleichbar mit denen der Kompetenztitel des Art. 73 GG sein – so kann die Staatsangehörigkeit im Bund (Nr 2) oder können die Rechtsverhältnisse der Bundesbeamten (Nr 8) begrifflich nur vom Bund geregelt werden; auch für ein Gesetz über nationale Symbole wie Bundesflagge oder Nationalhymne wäre ebenso wie für Standorte von Bundesbehörden Bundeszuständigkeit aus der Natur der Sache zu bejahen. Demgegenüber wurde für das **Rundfunkrecht** eine Bundeskompetenz aus der Natur der Sache verneint: zwar mögen hier bundesgesetzliche Regelungen zweckmäßiger sein. Landesrechtliche Regelungen, die auf den Sitz des jeweiligen Veranstalters abstellen, sind aber jedenfalls nicht ausgeschlossen[42].

181　Von einer **Kompetenz kraft Sachzusammenhangs** spricht man[43], wenn eine Materie nicht sinnvoll geregelt werden kann, ohne dass der Gesetzgeber in eine andere, ihm nicht ausdrücklich zugewiesene Materie übergreift. Damit wird zu Lasten der Länder in die explizite Kompetenzordnung des Grundgesetzes eingegriffen. Deshalb ist bei der Annahme eines Sachzusammenhangs Zurückhaltung geboten. Auch darf es zu keiner substantiellen Verschiebung kommen. Die der Hauptmaterie kraft Sachzusammenhangs zugeordnete Materie muss also von deutlich geringerem Gewicht sein.

182　Von **Annexkompetenzen**[44] spricht man, wenn ein Kompetenztitel des GG eine bestimmte Materie – eben die Annexmaterie – nicht ausdrücklich umfasst, aber hierzu ein instrumentaler Zusammenhang besteht, weil die Regelung der Annexmaterie der Vorbereitung und Durchführung der Hauptmaterie dient. So konnte ein Verbot von Werbetafeln, die den Straßenverkehr gefährden als Annex zum Recht des Straßenverkehrs nach Art. 74 Abs. 1 Nr 22 GG gelten[45], obschon die Errichtung ortsfester Anlagen der Außenwerbung wie zB Werbetafeln an sich als Bauordnungsrecht in die Zuständigkeit der Länder fällt. Dies gilt auch für das Polizeirecht als Recht der Gefahrenabwehr. Gleichwohl wurden *„Regelungen zur Abwehr solcher Gefahren..., die gerade aus dem Luftverkehr herrühren"* als Annex in der Gesetzgebungszuständigkeit des Bundes für den Luftverkehr aus

---

41　S. dazu BVerfGE 98, 265, 299.
42　BVerfGE 12, 205, 251 ff.
43　*Degenhart*, in: Sachs, Art. 70 Rn 42 ff.
44　Näher *Degenhart*, in: Sachs, Art. 70 Rn 37 ff.
45　BVerfGE 32, 319, 326.

Art. 73 Abs. 1 Nr. 6 GG gesehen[46]. Häufig wird die Annexkompetenz auch nur als Unterfall der Kompetenz kraft Sachzusammenhangs bezeichnet[47]. Die **Unterscheidung** ist jedenfalls nicht ganz eindeutig, tatsächlich werden die Begriffe auch nicht immer klar geschieden. Während aber die Annexkompetenz „in die Tiefe" geht, geht die Kompetenz kraft Sachzusammenhangs „in die Breite".

Fallbeispiele aus der Rechtsprechung: Will man die Therapieunterbringung von schuldunfähigen Straftätern (Rn 176) nicht wegen ihrer lückenfüllenden Funktion als Strafrecht qualifizieren, so kann doch jedenfalls ein Sachzusammenhang bejaht werden, wenn das Schutzkonzept des Strafrechts nur unter Einbeziehung der vorgesehenen Maßnahmen sinnvoll realisiert werden kann[48]. Für den Rundfunk ist hilfsweise (neben der Natur der Sache) ein Sachzusammenhang mit der ausschließlichen Bundeszuständigkeit für das „Fernmeldewesen" (= Telekommunikation) nach Art. 73 Nr 1 GG Annexkompetenz geltend gemacht worden. Doch konnte die fernmeldetechnische Seite des Rundfunks auch ohne Einbeziehung der inhaltlichen Seite geregelt werden. Den Programmbereich, also das eigentliche Rundfunkrecht, dem sendetechnischen Bereich zuzuschlagen, hätte eine substanzielle Verschiebung der grundgesetzlichen Kompetenzordnung bewirkt[49]. Die Auslandsaufklärung durch den Bundesnachrichtendienst fällt unter Art. 73 Abs. 1 Nr 1 GG; für die Übermittlung der gewonnenen Erkenntnisse an Behörden besteht eine Kompetenz kraft Sachzusammenhang[50].

183

Auf Annexkompetenz oder Kompetenz kraft Sachzusammenhangs sollte erst zurückgegriffen werden, wenn die Möglichkeiten der **Auslegung** der positiven Kompetenznorm und der kompetenzmäßigen Zuordnung nach dem Schwerpunkt der Materie erschöpft sind – wie ja auch im Urteil des BVerfG zur Schwangerenberatung (Rn 176) letztlich unklar bleibt, ob das Gericht über die „enge Verzahnung" der Materien zu einer ungeschriebenen Bundeskompetenz kraft Sachzusammenhangs gelangen will, oder aber schlicht die geregelte Materie (Beratungskonzept) als Gegenstand des entsprechend weit verstandenen Kompetenztitels „Strafrecht" sieht. Dann war die Begründung aus dem Sachzusammenhang überflüssig und trägt – wie manches andere im Urteil – eher zur Verwirrung bei[51].

184

4. Voraussetzungen der Kompetenzausübung – Art. 71, 72 GG

a) Ausschließliche Bundeszuständigkeit, Art. 71 GG

Bei ausschließlicher Gesetzgebungszuständigkeit des Bundes ist dieser ohne Weiteres befugt, Gesetze zu erlassen, die Länder sind hiervon ausgeschlossen. Allerdings kann der Bund seine Gesetzgebungsbefugnis nach Art. 71, 2. Hs. GG auf die Länder delegieren; „wenn und soweit" eine solche Delegation erfolgt, werden die Länder wieder zuständig. Dies ist bisher aber nicht praktisch relevant geworden.

185

b) Konkurrierende Zuständigkeit, Art. 72 GG

Konkurrierende Zuständigkeit bedeutet: Bund und Länder können Gesetze in einer bestimmten Materie erlassen. Dann aber stellt sich die Frage, wer wan tätig werden darf und wer Vorrang hat. Dies regelt Art. 72 GG. Geht es bei konkurrierender Zuständigkeit

186

---

46 BVerfGE 132, 1, 6.
47 *Kment*, in: Jarass/Pieroth, Art. 70 Rn 12.
48 BVerfGE 134, 33 Rn 159, Sondervotum *Huber*.
49 BVerfGE 12, 205, 250 ff.
50 BVerfGE 154, 152 Rn 131; BVerfGE 156,11 Rn 82.
51 So ist wohl auch BVerfGE 98, 265, 299 zu verstehen.

um ein Bundesgesetz, dann ist Art. 72 Abs. 2 GG einschlägig. Dort ist geregelt, unter welchen Voraussetzungen der Bund von der konkurrierenden Zuständigkeit Gebrauch machen darf. Geht es um den Erlass eines Landesgesetzes, dann ist Abs. 1 einschlägig sowie in bestimmten, praktisch weniger bedeutsamen Fällen Abs. 3 und Abs. 4.

187 *NB: Art. 72 GG regelt nur, unter welchen Voraussetzungen Bund oder Länder von einer Zuständigkeit Gebrauch machen dürfen. Art. 72 GG begründet selbst also keine Gesetzgebungszuständigkeit und regelt nicht, wann eine konkurrierende Zuständigkeit besteht (häufiges Missverständnis!). Dies folgt aus Art. 74 GG.*

188 **aa) Gesetzgebungsbefugnis des Bundes, Art. 72 Abs. 2 GG.** Wenn nach Art. 74 GG eine konkurrierende Gesetzgebungszuständigkeit besteht, so ist für die Kompetenz des Bundes zu unterscheiden:

(1) Auf bestimmten Gebieten des Art. 74 Abs. 1 GG kann der Bund nicht ohne Weiteres tätig werden. Zuerst muss vielmehr geprüft werden, ob ein Bundesgesetz überhaupt **„erforderlich"** ist. Dies bestimmt sich nach Art. 72 Abs. 2 GG: Eine bundesgesetzliche Regelung muss zur Herstellung gleichwertiger Lebensverhältnisse oder zur Wahrung der Rechts- oder Wirtschaftseinheit im gesamtstaatlichen Interesse erforderlich sein. Welche Gebiete dies sind, ist in Art. 72 Abs. 2 GG abschließend aufgeführt.

189 Art. 72 Abs. 2 GG benennt drei unterschiedliche **Zielvorgaben**, die ein Tätigwerden des Bundesgesetzgebers auf den dort genannten Gebieten rechtfertigen: der Bund hat das Gesetzgebungsrecht, „wenn und soweit"

– die Herstellung gleichwertiger Lebensverhältnisse im Bundesgebiet oder
– die Wahrung der Rechtseinheit im gesamtstaatlichen Interesse oder
– die Wahrung der Wirtschaftseinheit im gesamtstaatlichen Interesse

eine bundesgesetzliche Regelung erforderlich macht.

(2) Auf allen anderen Gebieten des Art. 74 GG ist der Bund ohne Weiteres zuständig. Für sie wird unwiderlegbar vermutet, dass eine bundesgesetzliche Regelung erforderlich ist. Die Erforderlichkeit muss also nicht eigens geprüft werden. Man kann hier von einer **Vorranggesetzgebung** sprechen; auch die Begriffe der bedingungslosen oder unkonditionierten Bundeszuständigkeit oder Kernkompetenz[52] des Bundes werden hier gebraucht.

190 Art. 72 Abs. 2 GG hat eine wechselvolle, für das Verständnis der Norm aufschlussreiche Geschichte hinter sich[53].

Nach Art. 72 Abs. 2 GG in seiner ursprünglichen, bis zum 15.11.1994 geltenden Fassung musste ein *Bedürfnis* nach bundeseinheitlicher Regelung gegeben sein. Dies hatte das BVerfG jedoch im *Ermessen* des (Bundes-) Gesetzgebers gesehen und kaum überprüft. Um die Länder zu stärken, wurde dann 1994 die Bedürfnis- in eine Erforderlichkeitsklausel umgewandelt. Dadurch sollten die Anforderungen „konzentriert, verschärft und präzisiert" werden (Gemeinsame Verfassungskommission). Sie sollten insbesondere auch justiziabel gemacht werden. Deshalb wurde für die Überprüfung der Voraussetzungen des Art. 72 Abs. 2 GG sogar mit der Normenkontrolle nach Art. 93 Abs. 1 Nr 2a GG ein eigenes verfassungsgerichtliches Verfahren eingeführt (Rn 859 ff). Das BVerfG prüfte nun die Erforderlichkeit eines Bundesgesetzes intensiv nach[54]. Da nun befürchtet wurde, der Bund könnte für weite Bereiche der konkurrierenden Gesetzgebung handlungsunfähig

---

52 *Voßkuhle/Wischmeyer*, JuS 2010, 315, 318.
53 Vgl *Degenhart*, in: Sachs, Art. 72 Rn 2 ff; *Kloepfer* I, § 21 Rn 75 ff.
54 Grundlegend BVerfGE 106, 62, 142 ff; BVerfGE 140, 65 Rn 31 ff; beispielhaft auch BVerfGE 112, 226, 244 f zum bundesgesetzlichen Verbot von Studiengebühren.

werden, wurde mit der sog. Föderalismusreform 2006 die Erforderlichkeitsprüfung für die meisten – und wichtigsten – Gebiete des Art. 74 GG ganz abgeschafft. Man ging also noch hinter den 1994 bestehenden Rechtszustand zurück.

Zur Auslegung der Erforderlichkeitsklausel nach Art. 72 Abs. 2 GG gilt nach BVerfG: **191**
- Die Zielvorgabe „Herstellung der **Gleichwertigkeit der Lebensverhältnisse**" greift ein, „wenn sich die Lebensverhältnisse in den Ländern der Bundesrepublik in erheblicher, das bundesstaatliche Sozialgefüge beeinträchtigender Weise auseinander entwickelt haben oder sich eine derartige Entwicklung konkret abzeichnet"[55].
- Die zweite Zielvorgabe – Herstellung der **Rechtseinheit** im gesamtstaatlichen Interesse – greift nicht schon dann ein, wenn in den Ländern unterschiedliches Recht gilt; denn im Anwendungsbereich des Art. 74 GG will das GG Rechtsvielfalt zulassen. Es müssen also zusätzliche Umstände wie vor allem Behinderung des Rechtsverkehrs hinzutreten, die eine Vereinheitlichung des Rechts erforderlich machen.
- Für wirtschaftlich bedrohliche Auswirkungen unterschiedlichen Rechts gilt die Zielvorgabe Herstellung der Wirtschaftseinheit im gesamtstaatlichen Interesse ein[56]. Sie kann sich mit der der Rechtseinheit überschneiden.

Fallbeispiele aus der Rechtsprechung: Erforderlichkeit zur Herstellung der Rechts- oder Wirtschaftseinheit wurde verneint für das Schornsteinfegerrecht: „... *denn der Schornsteinfeger übt ein Gewerbe aus, das in der Regel lokale oder regionale Arbeitsbereiche bildet, so dass – anders als bei Berufen, welche landesüberschreitende Aufgaben in bundesweiten Infrastrukturen wahrnehmen ... Regelungen von jedem Land getroffen werden können*"[57]. Demgegenüber wurde die Erforderlichkeit bundesgesetzlicher Vorgaben für die Gewerbesteuer in den Gemeinden bejaht, um wirtschaftlich unsinnige Wanderbewegungen aus rein steuerlichen Gründen zu vermeiden[58], ebenso die Notwendigkeit einer Filmförderung auf Bundesebene, Rn 572. **192**

bb) Gesetzgebungsbefugnis der Länder, Art. 72 Abs. 1 GG. Im Bereich der **konkurrierenden** Gesetzgebung sind die Länder nach Art. 72 Abs. 1 GG zuständig, „solange und soweit der Bund von seiner Gesetzgebungszuständigkeit nicht durch Gesetz Gebrauch gemacht hat", solange also nicht die „Sperrwirkung" des Bundesgesetzes eingetreten ist. Dies bedeutet: **193**
- Ist der Bundesgesetzgeber noch nicht tätig geworden, so bleibt es beim Gesetzgebungsrecht der Länder.
- Ist der Bundesgesetzgeber tätig geworden, so sind damit die Länder von eigener Gesetzgebung ausgeschlossen, wenn und soweit der Bundesgesetzgeber eine **abschließende** Regelung treffen wollte; diese wirkt als **„Kompetenzsperre"**. Wollte der Bund ein Rechtsgebiet umfassend kodifizieren, so sind die Länder auch für die Punkte ausgeschlossen, die im Bundesgesetz nicht geregelt sind. Sperrwirkung tritt in dem Umfang ein, in dem der Bund tatsächlich im Wege der Gesetzgebung tätig geworden ist; dabei ist auf den Zeitpunkt der Verkündung abzustellen[59]. Das BVerfG will eine Sperrwirkung des Bundesgesetzes auch im Fall eines „absichtsvollen Regelungsverzichts" bejahen – dies sogar dann, wenn der Bund nur auf der Grundlage einer Kompetenz kraft Sachzusammenhangs tätig geworden ist[60] (Rn 181).

---

55 BVerfGE 106, 62, 142 ff.
56 BVerfGE 106, 62 (146 f) 112; 226 (249); 122, 1 (22).
57 BVerfGK 17, 29, 31.
58 BVerfGE 125, 141, 155 ff.
59 *Degenhart*, in: Sachs, Art. 72 Rn 25 ff, 35 ff.
60 BVerfGE 98, 265, 300.

194 **Fallbeispiele:** Zweifellos kompetenzwidrig wäre ein Landesgesetz, das die Anfechtbarkeit von Willenserklärungen vorsieht, wenn sie unter Föhneinfluss abgegeben wurden: die Bestimmungen des BGB über Willenserklärungen stellen eine abschließende Kodifikation dar. Abschließend geregelt ist auch das Straf- und Strafverfahrensrecht. Deshalb kommt es bei Gesetzen, die zur Erhöhung der inneren Sicherheit erlassen werden, entscheidend auf dessen Abgrenzung zum Recht der Gefahrenabwehr (Rn 172) an, wie im **Fall 13**. Kompetenzwidrig waren landesrechtliche Abhörbefugnisse zum Zweck der Sicherung der Strafverfolgung[61] – man spricht hier von Verfolgungsvorsorge, also der Erhebung von Daten von potenziellen Straftätern, um eine etwaige Strafverfolgung zu ermöglichen. Das soziale Mietrecht des BGB stellt eine abschließende Regelung dar. Dafür spricht insbesondere die differenzierte Regelung der §§ 556 ff BGB und der Zusammenhang der Bestimmungen über die Miethöhe mit dem Kündigungsschutz[62].

195 **cc) Abweichungsgesetzgebung der Länder, Art. 72 Abs. 3 GG.** Mit der Föderalismusreform 2006 wurde die neuartige Möglichkeit einer **„Abweichungsgesetzgebung"** für die Länder eingeführt. Für bestimmte Materien, die in Art. 72 Abs. 3 GG aufgeführt sind, dürfen die Länder eigene, vom Bundesgesetz abweichende Regelungen treffen. Es gilt dann im Verhältnis von Bundes- und Landesrecht, abweichend von Art. 31 GG, das jeweils spätere Gesetz, Art. 72 Abs. 3 S. 3 GG. Dass die jeweils jüngere Regelung „vorgeht", bedeutet, dass die nachrangige ältere Regelung nicht zur Anwendung kommt: **Anwendungsvorrang** des jüngeren Gesetzes. Wird dieses vorrangige Gesetz später wieder aufgehoben, so kommt wieder das ältere Gesetz zur Anwendung[63]. Demnach könnten Bund und Land jeweils wechselseitig ihre Gesetze außer Geltung setzen. Für Bundesgesetze ist allerdings vorgesehen, dass sie grundsätzlich erst sechs Monate nach ihrem Erlass in Kraft treten, Art. 72 Abs. 3 S. 2 GG. Damit hätten die Länder die Möglichkeit, noch vor Inkrafttreten des Bundesgesetzes dieses bereits außer Geltung zu setzen. Für einige der Gebiete des Abs. 3 S. 1 wird die Abweichungsbefugnis wiederum beschränkt, der Verfassungstext bestimmt hier sog. **„abweichungsfeste Kerne"**. Daraus würde im Umkehrschluss folgen, dass außerhalb dieser Kerne beliebiges Abweichen möglich ist.

196 Ob all dies zur angestrebten Entflechtung der föderalen Ordnung beitragen kann, erscheint fraglich. Die geäußerte Befürchtung, es könne zu einer „Ping-Pong-Gesetzgebung" kommen, hat sich allerdings nicht bewahrheitet. Jedenfalls wirft der Typus der Abweichungsgesetzgebung eine Reihe von offenen Fragen auf, die erst die Rechtsprechung zu klären haben wird.

So könnte zB fraglich sein, ob ein Landesgesetz sich schlicht darauf beschränken kann, das Bundesgesetz außer Kraft zu setzen, ohne in der Sache eigene Regelungen zu treffen. Die sachliche Reichweite der Abänderungsbefugnis ist an sich nicht begrenzt, soweit nicht im Text des Grundgesetzes selbst bestimmte Kernbereiche als änderungsfest ausgenommen sind. So dürfen zB die Länder nach Art. 72 Abs. 3 S. 1 Nr 1 GG für das Jagdrecht abweichende Regelungen treffen. Hiervon ist wiederum das Recht der Jagdscheine ausgenommen, für das die Länder also keine abweichende Regelung treffen können. Wenn der Landesgesetzgeber die Materie umfassend regeln, also eine Vollregelung treffen will, ist ein Rückgriff auf Bundesrecht ausgeschlossen[64].

197 **dd) „Rückholmöglichkeit", Art. 72 Abs. 4 GG.** Seit der Verfassungsreform 1994 enthält Art. 72 GG eine sog. **„Rückholklausel"**. Wenn für ein Bundesgesetz die Erforderlichkeit nach Abs. 2 nachträglich entfallen ist, kann der Bundesgesetzgeber die Länder

---

61 BVerfGE 113, 348, 369 ff.
62 BVerfGE 157, 223 Rn 150.
63 Vgl zur Abweichungsgesetzgebung *Mammen*, DÖV 2007, 376; *Degenhart*, DÖV 2010, 422.
64 BVerwG NVwZ-RR 2016, 484.

ermächtigen, es durch eigene Gesetze zu ersetzen, Art. 72 Abs. 4 GG[65]. Von dieser Möglichkeit ist bisher nicht Gebrauch gemacht worden. Der Anwendungsbereich des Abs. 2 wurde mit der Föderalismusreform 2006 drastisch zurückgenommen. Andererseits besteht jetzt die – bisher nicht praktisch gewordene – Möglichkeit, die bundesgesetzliche Ermächtigung durch eine Entscheidung des BVerfG zu ersetzen, s. Art. 93 Abs. 2 GG nF.

ee) **Übergangsrecht.** Durch die Föderalismusreform 2006 wurden einzelne Sachbereiche aus der konkurrierenden Zuständigkeit des Art. 74 GG in die ausschließliche Zuständigkeit der Länder überführt, so zB das Versammlungsrecht. Nach der Übergangsvorschrift des Art. 125a Abs. 1 GG gilt das Bundesgesetz – also zB das VersG des Bundes – als Bundesrecht weiter. Es kann von den Ländern durch jeweils eigene Versammlungsgesetze ersetzt werden. Das VersG des Bundes gilt dann nur in den Ländern weiter, in denen es nicht durch ein Landesgesetz ersetzt worden ist. 198

Art. 125a Abs. 2 GG betrifft den Fall, dass ein Bundesgesetz vor 1994 erlassen worden ist, aber wegen der Verschärfung des Art. 72 Abs. 2 GG (Rn 190) nicht mehr erlassen werden könnte. Es gilt fort, und auch die Kompetenzsperre des Art. 72 Abs. 1 GG bleibt wirksam, so dass es nicht von den Ländern ersetzt werden kann. Der Bund „kann" jedoch nach Art. 125a Abs. 2 S. 2 GG die Länder ermächtigen, das Bundesgesetz durch Landesrecht zu ersetzen. Sollte es aber wegen geänderter Verhältnisse notwendig werden, das Gesetz zu ändern, darf der Bundesgesetzgeber Korrekturen vornehmen, aber keine grundlegende Neugestaltung. Hierfür hat die Rückübertragung an die Länder zu erfolgen. Dazu kann der Bund nach dem Prinzip der Bundestreue (Rn 501 ff) sogar verpflichtet sein[66]. Nach Art. 93 Abs. 2 GG kann jedoch wie bei Art. 72 Abs. 4 GG das BVerfG angerufen werden – seine Entscheidung ersetzt das Bundesgesetz. Ob der Bund auch im Fall des Art. 125a Abs. 1 GG sein Gesetz ändern kann, ist str[67]. Die Übergangsvorschrift des **Art. 125b GG** bezieht sich auf die frühere *Rahmengesetzgebung* des Bundes, die mit der Föderalismusreform 2006 abgeschafft wurde. Die Befugnis, fortgeltende Bundesgesetze, die nicht neu erlassen werden könnten, wie zB das Hochschulrahmengesetz, aufzuheben, wird man dem Bund als ungeschriebene Kompetenz weiterhin zugestehen dürfen. Man könnte hier von einem actus contrarius sprechen[68]. 199

5. Zum Verhältnis von Bundesrecht und Landesrecht, Art. 31 GG

Im **Verhältnis von Bundes- und Landesrecht** greift die **Kollisionsregel** des **Art. 31 GG** – „*Bundesrecht bricht Landesrecht*" – dann ein, wenn die fraglichen Normen gültig, insbesondere aber auch **kompetenzgerecht** erlassen wurden. Fehlt es bereits an der Kompetenz des Landesgesetzgebers, sei es, dass eine ausschließliche Zuständigkeit des Bundes besteht, sei es, dass bei konkurrierender Zuständigkeit die Kompetenzsperre des Art. 72 Abs. 1 GG wirkt und keine Abweichungsbefugnis nach Art. 72 Abs. 3 GG besteht, so ist **gültiges** Landesrecht von vornherein nicht zustande gekommen. Dann kommt es auch zu einer Kollision von Normen. Für die Anwendung der Kollisionsregel des Art. 31 GG besteht dann kein Anlass. Dies gilt auch für Landesrecht, das vor Eintritt der Sperrwirkung des Bundesgesetzes erlassen wurde. Hier ließe sich allerdings auch an die Anwendung des Art. 31 GG denken, da das Landesgesetz in diesem Fall ja zunächst 200

---
65 Bis zur Änderung des GG 2006: Abs. 3.
66 BVerfGE 111, 10, 28 ff.
67 *Degenhart*, in: Sachs, Art. 125a Rn 7.
68 S. dazu *Lindner*, NVwZ 2007, 180 ff.

wirksam zustande gekommen ist. Art. 72 Abs. 1 GG entzieht jedoch dem Landesgesetz die Kompetenzgrundlage, es tritt außer Kraft, so dass auch insoweit kein Fall des Art. 31 GG vorliegt[69].

Anhang: Prüfungsschema Gesetzgebungszuständigkeit

201 Erster Punkt bei der Prüfung der Verfassungsmäßigkeit eines Gesetzes ist stets die Frage nach der Kompetenz. Die Prüfung in diesem Punkt ist unterschiedlich aufzubauen, je nachdem, ob der Bundes- oder Landesgesetzgeber tätig geworden ist.

> **A) Zuständigkeitsprüfung bei Bundesgesetzen**
>
> 1. **Ausgangspunkt – Art. 70 GG:** der Bund ist nur dann zuständig für ein Gesetz, wenn die Zuständigkeit nach Art. 71 ff GG für das in Frage stehende Gesetz konkret begründet werden kann; andernfalls bleibt es bei der Kompetenz der Länder.
>
> 2. **Ausschließliche** Gesetzgebungszuständigkeit des Bundes?
>
> Wenn das Gesetz unter eine der in Art. 73 GG genannten Materien subsumiert werden kann, ist der Bund ohne Weiteres zuständig, ebenso, wenn seine *Zuständigkeit an anderer Stelle geregelt* ist (Rn 164).
>
> Zweckmäßigerweise wird auch eine ungeschriebene Bundeskompetenz kraft Natur der Sache bereits hier geprüft, da es sich hierbei begrifflich nur um eine ausschließliche Bundeskompetenz handeln kann (hierzu Rn 180).
>
> Wenn keine ausschließliche Bundeskompetenz besteht, weiter mit Punkt (3):
>
> 3. **Konkurrierende** Gesetzgebungszuständigkeit?
>
> a) Kann das Gesetz unter Art. 74 Abs. 1 Nrn 1–33 GG subsumiert werden? (Wenn wegen Änderung des Art. 74 GG Bundeszuständigkeiten nachträglich entfallen, ist dies für Fortgeltung unerheblich; s. Art. 125a GG nF). Wenn dies bejaht wird, ist zu prüfen:
>
> b) Darf der Bundesgesetzgeber tätig werden – Art. 72 Abs. 2 GG?
>
> aa) Liegt ein Fall der Vorranggesetzgebung vor, fällt also das Gesetz in keines der Gebiete nach Art. 72 Abs. 2 GG? – dann ist der Bund ohne Weiteres zuständig;
>
> bb) Fällt das Gesetz in eines der Gebiete nach Art. 72 Abs. 2 GG? – dann ist zu prüfen: Erforderlichkeit.
>
> Ob *Annexkompetenz* oder Kompetenz kraft *Sachzusammenhangs* vorliegt, wird zweckmäßigerweise im Zusammenhang mit der in Betracht kommenden positiven Kompetenzzuweisung geprüft (2 bzw 3a).
>
> Besteht nach (2) bis (3) keine Zuständigkeit des Bundes: Bundesgesetz mangels Kompetenz **nichtig**.
>
> **B) Zuständigkeitsprüfung bei Landesgesetzen**
>
> 1. Ausgangspunkt auch hier Grundregel des **Art. 70 GG**: Land zuständig, wenn nicht Bundeszuständigkeit durch Grundgesetz begründet.
>
> 2. Besteht **ausschließliche** Bundeskompetenz nach Art. 73 GG bzw nach Kompetenzzuweisung an anderer Stelle des Grundgesetzes (Rn 168, 187): Land ist nicht zuständig, Gesetz nichtig.
>
> (*Ausnahme:* Bundesgesetzgeber ermächtigt Land ausdrücklich zu eigener Regelung, Art. 71 GG)
>
> 3. **Konkurrierende** Gesetzgebungszuständigkeit?
>
> a) Fällt Materie des Landesgesetzes unter Zuständigkeitskatalog des Art. 74 Abs. 1 GG? Wenn ja, entfällt Landeszuständigkeit, weil
>
> b) *Kompetenzsperre* durch Bundesgesetz?

---

69 S. a. *Degenhart*, in: Sachs, Art. 72 Rn 38; anders hier bis zur 19. Auflage.

aa) Wenn umfassende bundesgesetzliche *Kodifikation*: Landesgesetzgeber kann nicht mehr tätig werden, bzw nur insoweit, als er im Bundesgesetz hierzu ausdrücklich ermächtigt wird.

bb) Wenn nur punktuelle bundesgesetzliche Regelung: Landesgesetzgeber insoweit ausgeschlossen, als durch Bundesgesetz gleicher Gegenstand bereits geregelt oder „absichtsvoller Regelungsverzicht" (Rn 193).

Zu aa) und bb): nur das verfassungsmäßig zustande gekommene Bundesgesetz kann seinerseits als Kompetenzsperre wirken; insbesondere müssen also für das Bundesgesetz die Voraussetzungen des Art. 72 Abs. 2 GG gegeben sein.

cc) Wenn keine bundesgesetzliche Regelung: Land zuständig.

c) Liegt ein Fall der Abweichungsgesetzgebung nach Art. 72 Abs. 3 GG vor?

d) Ferner kommt noch in Betracht: Ersetzungsbefugnis des Landes nach Art. 125a Abs. 1 GG, wenn wegen Änderung des Art. 74 GG die konkurrierende Zuständigkeit entfallen ist; ferner nach Art. 125a Abs. 2 GG und nach Art. 72 Abs. 4 GG; dann aber erforderlich: ausdrückliche Ermächtigung durch Bundesgesetz.

Lösung der Ausgangsfälle

Lösung Fall 11: Werbeverbote (Rn 159)

1. Grundsatznorm: Art. 70 GG;
2. Ausdrücklich geregelte Bundeskompetenz?

a) Kompetenztitel: Art. 74 Abs. 1 Nr 20 GG, „Verkehr mit Nahrungs- und Genussmitteln"; „Verkehr" bedeutet: in Verkehr bringen; auch begleitende Werbung; Recht der Wirtschaft", Art. 74 Abs. 1 Nr 11 GG: Erzeugung, Herstellung und Verteilung von Gütern des wirtschaftlichen Bedarfs, auch Werbung als Instrument des Vertriebs; Fürsorge, Art. 74 Abs. 1 Nr 7 GG: auch Jugendschutz.

b) Recht des Rundfunks bzw der Presse, soweit Werbung in den Medien betroffen ist: Landeskompetenz.

c) Zuordnung: Gegenstand des Gesetzes: unmittelbar Werbeaussagen, nicht Rechtspflichten der Medien; Ziel des Gesetzes: Regelung des Vertriebs bestimmter Produkte; Adressaten: primär die Werbetreibenden; damit Zuordnung zu den Kompetenzmaterien unter a).

Ergebnis: konkurrierende Zuständigkeit nach Art. 74 Abs. 1 Nr 7, 11 und 20 GG *(eine Bundeskompetenz kann auf mehrere Kompetenztitel gestützt sein)*.

3. Erforderlichkeit bundesgesetzlicher Regelung?

a) Erforderlichkeitsprüfung, Art. 72 Abs. 2 GG? Art. 74 Abs. 1 Nr 7, 11 und 20 GG genannt in Art. 72 Abs. 2 GG, daher muss Erforderlichkeit festgestellt werden *(dies wäre dann nicht erforderlich, wenn ein Kompetenztitel, auf den das Gesetz gestützt werden kann, nicht in Art. 72 Abs. 2 GG genannt wäre)*.

b) Zielvorgaben des Art. 72 Abs. 1 GG: Herstellung gleichwertiger Lebensverhältnisse – wohl keine Gefährdung des bundesstaatlichen Sozialgefüges (a.A. vertretbar: Gesundheitsgefährdung als Element gleichwertiger Lebensverhältnisse); Wahrung der Rechtseinheit?: keine Behinderung des Rechtsverkehrs; Wirtschaftseinheit?: unterschiedliches Landesrecht für Werbung in überregionalen Medien als erhebliche Behinderung des wirtschaftlichen Verkehrs im Bundesgebiet. Anders für ortsfeste Außenwerbung: örtlich begrenzte Wahrnehmbarkeit: insoweit darf Bund nicht tätig werden.

Lösung Fall 12: Mietendeckel (Rn 160)

Zuständigkeit des Landes?

1. Grundsatz des Art. 70 GG.

2. Zuständigkeit des Bundes?

a) Art. 74 Abs. 1 Nr 1 GG: Mietrecht ist Bürgerliches Recht, geregelt im BGB, §§ 535 ff.

b) Wohnungswesens? s. Rn 179

c) Inhalt und Zielsetzung des Gesetzentwurfs sprechen für Mietrecht; für „Wohnungswirtschaft" könnte allenfalls die historische Auslegung sprechen, stellt man darauf ab, dass davon auch Preisbindung umfasst war. Sie betraf jedoch nur öffentlich geförderten Wohnraum. Es handelt sich daher um Mietrecht, also Bürgerliches Recht, Art. 74 Abs. 1 Nr 1 GG.

3. Zuständigkeit des Landes, Art. 72 Abs. 1 GG? hier Kompetenzsperre, da Mieterhöhungen und Mieterschutz in §§ 556 ff BGB detailliert geregelt.

4. Ergebnis: Das Land ist nicht zuständig (so auch BayVerfGH NVwZ 2020, 1429 und BVerfGE 157, 223).

204   Lösung Fall 13: Sicherungsverwahrung (Rn 161)

1. Ausgangspunkt: Art. 70 GG.

2. Bundeszuständigkeit: Art. 74 Abs. 1 Nr 1 GG – „Strafrecht"?

– *Auslegung der Kompetenznorm:* Der Kompetenzbegriff „Strafrecht" müsste in der Weise auszulegen sein, dass hierunter auch die sog. Maßregeln der Sicherung und Besserung fallen. „Strafrecht" ist ein normativer Kompetenzbegriff (Rn 168). Es ist daher davon auszugehen, dass das Grundgesetz den Begriff so verstehen wollte, wie einfachgesetzlich vorgefunden, unter Einbeziehung des zweispurigen Sanktionensystems des StGB: alle repressiven oder präventiven staatlichen Reaktionen, die an die Straftat anknüpfen, ausschließlich für Straftäter gelten und ihre sachliche Rechtfertigung auch aus der Anlasstat beziehen[70].

– *Zuordnung/Qualifikation:* Die Regelung dient zwar auch der Prävention, entscheidend ist jedoch, dass nach dem Normzweck Täter erfasst werden sollen, die bereits wegen bestimmter Delikte bestraft sind. Die Regelung gilt also nur für Straftäter, knüpft an Straftaten an und ist in erster Linie Reaktion hierauf, also auf die Anlasstat; deshalb „Strafrecht" iSv Art. 74 Abs. 1 Nr 1 GG.

3. Sperrwirkung, Art. 72 Abs. 1 GG: das Strafrecht ist im StGB auch für Maßregeln der Sicherung und Besserung umfassend kodifiziert: keine Landeszuständigkeit.

NB: Der Begriff der „Strafe" in Art. 103 Abs. 2 und 3 GG ist selbstständig zu bestimmen; dass es sich um Strafrecht iS der Kompetenznorm handelt, bedeutet noch nicht, dass eine „Strafe" iSv Art. 103 Abs. 2, 3 GG vorliegt – s. Rn 390.

205   Lösung Fall 14: Ladenschluss (Rn 162)

1. Grundregel des Art. 70 GG: Gesetzgebungsrecht der Länder, soweit nicht das GG dem Bund eine Gesetzgebungszuständigkeit verleiht.

2. Recht der Wirtschaft, Art. 74 Abs. 1 Nr 11 GG? Recht des Ladenschlusses ausdrücklich ausgenommen, daher alleinige Zuständigkeit des Landes.

3. Ersetzungsrecht des Landes nach Art. 125a Abs. 1 S. 1 GG, im Rahmen seiner Zuständigkeit:

a) Ladenöffnung an Sonntagen: Recht des Ladenschlusses.

b) § 6 des Gesetzes: „Arbeitsschutz" iSv Art. 74 Abs. 1 Nr 12 GG oder „Ladenschluss"?

aa) Rückverlagerung des Rechts des Ladenschlusses auf die Länder (Rn 177): gesamter Inhalt des Ladenschlussgesetzes des Bundes? Folge: Land zuständig.

bb) Andererseits ist die Kompetenzverlagerung auf das „Recht der Wirtschaft" beschränkt; Kompetenz für Arbeitszeitbeschränkungen im LSchlG des Bundes in Art. 74 Abs. 1 Nr 12 GG

---

70 Vgl BVerfGE 109, 190, 212.

– Arbeitsschutz –, dies spricht dafür, dass es hier bei der konkurrierenden Zuständigkeit bleiben sollte (so BVerfG); Folge: Land zuständig nur nach Maßgabe des Art. 72 I GG.

c) Kompetenzsperre durch Bundesgesetz? Bundesgesetzliche Regelung nicht erkennbar; Zuständigkeit des Landes auch im Fall bb).

Schrifttum zu III.: *Ehlers*, Ungeschriebene Kompetenzen, Jura 2000, 323; *Lechleitner*, Die Erforderlichkeitsklausel des Art. 72 Abs. 2 GG, Jura 2004, 746; *Ipsen*, Die Kompetenzverteilung zwischen Bund und Ländern nach der Föderalismusreform, NJW 2006, 2801; *Degenhart*, Die Neuordnung der Gesetzgebungskompetenzen durch die Föderalismusreform, NVwZ 2006, 1209; *Mammen*, Der neue Typus der konkurrierenden Gesetzgebung mit Abweichungsrecht, DÖV 2007, 376; *Gröpl/Loth*, Die Gesetzgebung des Bundes, Ad Legendum 2012, 73 ff; *Epiney*, Zur Abgrenzung der Kompetenzen zwischen EU und Mitgliedstaaten in der Europäischen Verfassung, Jura 2006, 755; *Degenhart*, Verfassungsrechtliche Fragen der Abweichungsgesetzgebung, DÖV 2010, 422; *Bäumerich*, Grundfälle zu den Gesetzgebungskompetenzen, JuS 2018, 123; *Eisele/Hyckel*, Referendarexamensklausur: Die Lichtspielabgabe, JuS 2019, 149; *Ludwigs/Haintahler*, Klausur: Der erfinderischere Steuergesetzgeber, Jura 2019, 543; *Putzer*, Ein Mietendeckel für Berlin, NVwZ 2019, 293; *Öller*, Anfängerklausur: Der Bundeskanzler und die Flüchtlinge, JuS 2018, 355; *Voßkuhle/Wischmeyer*, Grundwissen – öffentliches Recht: Gesetzgebungskompetenzen, JuS 2020, 315.

IV. Verfahren der Bundesgesetzgebung

Der Ablauf des Gesetzgebungsverfahrens wird in Art. 76–78 GG geregelt; die Beachtung der dort aufgestellten Verfahrenserfordernisse ist grundsätzliche Voraussetzung für das Zustandekommen eines verfassungsmäßigen Gesetzes. Dies ist Gegenstand des folgenden Abschnitts. **206**

▶ **Leitentscheidungen:** BVerfGE 37, 363 (Zustimmungsbedürftigkeit); BVerfGE 101, 297 (Vermittlungsausschuss); BVerfGE 106, 310 (Zuwanderungsgesetz); BVerfGE 112, 118 (Zusammensetzung des Vermittlungsausschusses); BVerfGE 120, 56 (Vermittlungsausschuss II); BVerfGE 125, 104 (Haushaltsbegleitgesetz – Vermittlungsausschuss III); BVerfGE 145, 348 (Initiativrecht – Ehe für alle); BVerwG NVwZ 2018, 1405 (Ausschussempfehlung); BVerfGE 150, 204 (Vermittlungsausschuss IV); BVerfGE 150, 345 (Vermittlungsausschuss V).

Fall 15: Eile mit Weile **207**

Die Bundesrepublik ist mit der Umsetzung einer Richtlinie der EU zum Bankrecht in Verzug. Um die Umsetzungsfrist einzuhalten, bezeichnet die Bundesregierung ihren Gesetzentwurf, den sie dem Bundesrat zuleitet, als besonders eilbedürftig. Dieser sieht keine Eilbedürftigkeit, möchte seinerseits eine Stellungnahme abgeben und beantragt, die Frist hierfür auf 9 Wochen zu verlängern. In zwei Ländern seien neue Koalitionsregierungen gebildet worden, die noch Zeit bräuchten, um ihre politische Linie zu finden. Die Bundesregierung wartet die Stellungnahme des Bundesrats nicht ab und leitet die Gesetzesvorlage bereits nach 3 Wochen dem Bundestag zu; dieser berät und beschließt das Gesetz. Der Bundestagspräsident leitet es dem Bundesrat zu, der auf die Anrufung des Vermittlungsausschusses verzichtet. Daraufhin leitet er das Gesetz dem Bundespräsidenten zu, dieser möge das Gesetz ausfertigen.

Wegen der besonderen Eilbedürftigkeit hat die Bundesregierung die law firm *Global & Player* mit der Ausarbeitung des Gesetzentwurfs beauftragt; ihr ausformulierter und begründeter Gesetzentwurf wurde vom Bundeskabinett unverändert übernommen. Die Kanzlei zählt auch bedeutende Kreditinstitute des In- und Auslands zu ihrer Mandantschaft. Der Bundespräsident hat Bedenken wegen des Zustandekommens des Gesetzes. **Rn 238**

207a **Fall 16: Erster Durchgang**

Könnte die Bundesregierung den Gang des Verfahrens dadurch beschleunigen, dass sie entgegen Art. 76 Abs. 2 GG eine Gesetzesvorlage unmittelbar dem Bundestag zuleitet?
Rn 239 (prozessual Rn 890).

208 **Fall 17: Aufspaltung**

Die Bundesregierung bringt den Entwurf für ein neues Luftverkehrsgesetz im Bundestag ein. Das Gesetz regelt umfassend die Aufgaben der Luftverkehrsverwaltung und sieht vor, dass bestimmte Aufgaben von den Ländern in Auftragsverwaltung wahrzunehmen sind. Der Bundesrat, dem das Gesetz nach Art. 76 Abs. 2 GG zugeleitet wird, äußert Bedenken. Daraufhin zieht die Bundesregierung den Entwurf zurück, streicht die Bestimmung über die Auftragsverwaltung und bringt den gekürzten Gesetzentwurf iÜ unverändert vor den Bundesrat. Eine Woche später leitet sie die ursprünglichen Bestimmungen über die Auftragsverwaltung sachlich unverändert in Form eines eigenen Gesetzentwurfs dem Bundesrat zu. Zu beiden Vorlagen äußert sich der Bundesrat nicht mehr. In einer Stellungnahme weist er darauf hin, dass er bereits die Rücknahme des ersten Entwurfs, erst recht aber dessen Aufspaltung in zwei Gesetze, für verfassungswidrig halte. Der Bundestag beschließt beide Gesetze.

Bestehen die Bedenken des Bundesrats zu Recht? **Rn 240** (prozessual Rn 891)

Für das Gesetzgebungsverfahren sind nach Art. 76–78 GG folgende Stadien zu unterscheiden: **Gesetzesinitiative – Beschlussfassung durch Bundestag und Bundesrat – Ausfertigung und Verkündung** des zustande gekommenen **Gesetzes**.

208a
> Für das Gesetzgebungsverfahren sind nach Art. 76–78 GG folgende Stadien zu unterscheiden:
> – Gesetzesinitiative (Art. 76 GG): Die Gesetzesvorlage – also der mit einer Begründung versehene Gesetzentwurf – wird in den Bundestag gebracht;
> – Hauptverfahren – Beratung und Beschlussfassung durch Bundestag und Bundesrat (Art. 77 GG): Der Gesetzentwurf wird in mehreren Lesungen im Bundestag beraten, nach ordnungsgemäßer Beteiligung des Bundesrats kommt das Gesetz zustande;
> – Abschlussverfahren – Ausfertigung und Verkündung (Art. 82 GG): Das verfassungsgemäß zustandegekommene Gesetz wird vom Bundespräsidenten ausgefertigt und im Bundesgesetzblatt veröffentlicht.

1. Gesetzesinitiative

a) Initiativrecht

209 Das Gesetzgebungsverfahren beginnt mit der Einbringung der Gesetzesvorlage, also eines ausformulierten und begründeten Gesetzentwurfs. Diese muss den vollständigen Wortlaut des Gesetzes enthalten: die Abgeordneten müssen informiert sein, worüber sie abstimmen. Das Initiativrecht, also das Recht, Gesetzesvorlagen einzubringen, ergibt sich aus Art. 76 GG. Es steht der Bundesregierung, dem Bundestag und dem Bundesrat zu. Gesetzesvorlagen der **Bundesregierung** – sie sind in der Praxis am häufigsten - werden durch diese als Kollegialorgan (Rn 758) beschlossen. Art. 76 Abs. 1 GG spricht von „der Bundesregierung"; § 15 GeschOBReg bestätigt dies. Das Initiativrecht hat auch die geschäftsführende Regierung nach Art. 69 Abs. 3 GG[71] – was dann bedeutsam werden

---
71 Vgl. *Freudiger*, SächsVBl 2019, 651, 645 mwN.

kann, wenn sich nach Wahlen zum Bundestag die Regierungsbildung schwierig gestaltet. Gesetzesvorlagen des **Bundesrats** erfordern dessen vorausgehenden Mehrheitsbeschluss. Gesetzesvorlagen „**aus der Mitte des Bundestags**" müssen nach § 76 GeschOBT von einer Fraktion oder von einer Anzahl Abgeordneter, die 5 v. H. der gesetzlichen Mitgliederzahl des Bundestags entsprechen, unterzeichnet sein. Mit diesem Quorum hat der Bundestag, wozu er auf Grund seiner Geschäftsordnungsautonomie (Rn 644) befugt war, näher konkretisiert, was unter „*aus der Mitte des Bundestags*" zu verstehen ist. Durch das Quorum wird verhindert, dass der Bundestag mit von vornherein aussichtslosen Vorlagen überhäuft wird[72]. Wird die Gesetzesvorlage von einer nicht ausreichenden Anzahl Abgeordneter, selbst von einem einzelnen Abgeordneten, eingebracht, so muss sich der Bundestag damit nicht befassen. Wird das Gesetz gleichwohl beschlossen, so führt dieser Mangel im Verfahren jedoch nicht zur Nichtigkeit des Gesetzes. Dies gilt generell für Verstöße gegen die Geschäftsordnung als solche, wie bereits der Wortlaut des Art. 82 GG belegt: „Die nach den Vorschriften dieses Grundgesetzes zustandegekommenen Gesetze"[73]. Im Übrigen macht sich der Bundestag mit der Beschlussfassung über die Gesetzesvorlage diese jedenfalls zu eigen.

Die Vorlage muss den vollständigen Wortlaut des Gesetzes enthalten. **210**

Fallbeispiel aus der Rechtsprechung: Nachdem die Zuständigkeit für das Versammlungsrecht auf die Länder übergegangen war, wollte Sachsen das bisherige VersG des Bundes inhaltsgleich als Landesrecht übernehmen. Ein im Landtag eingebrachter Entwurf für ein SächsVersG[74] lautete: „Das Gesetz über Versammlungen und Aufzüge ... in der Fassung der Bekanntmachung vom ... (BGBl. I S. ...) wird mit seinem Wortlaut als Landesrecht übernommen und erhält die Überschrift ‚Gesetz über Versammlungen und Aufzüge im Freistaat Sachsen (SächsVersG)'". Diese Vorlage sah der SächsVerfGH als fehlerhaft an. Die parlamentarische Willensbildung setze voraus, dass der Abgeordnete hinreichend informiert sei; ihm müsse deshalb zwingend der Wortlaut des Gesetzes, über das er abstimmen soll, vorliegen. Das Verfahren müsse transparent sein. Auch erfordere die Dokumentationsfunktion der Materialien, dass die Gesetzesvorlage den vollständigen Wortlaut enthalte. Der Verfahrensfehler führte zur Nichtigkeit des Gesetzes.

b) Zur weiteren Behandlung der Gesetzesinitiative

Gesetzesvorlagen der Bundesregierung werden zunächst gemäß Art. 76 Abs. 2 S. 1 GG dem Bundesrat zur Stellungnahme zugeleitet. Er hat hierfür eine Frist von 6 Wochen, Art. 76 Abs. 2 S. 2 GG, und kann, muss jedoch nicht Stellung nehmen. Die Stellungnahme muss dem Bundesrat als solchem zurechenbar sein – wenn Landesminister im Bundestag auf Grund des ihnen zustehenden Rederechts nach Art. 43 Abs. 2 S. 2 GG auftreten, ist dies keine Stellungnahme des Bundesrats. Werden auf diesem Wege neue Inhalte in das Gesetzgebungsverfahren eingebracht, so genügt dies ebenso wenig den Anforderungen an die Förmlichkeit des Gesetzgebungsverfahrens, wie dann, wenn von einem Landesminister zusätzliche Vorschläge den Materialien beigefügt werden, sie dürfen dann auch vom Vermittlungsausschuss nicht in das Gesetz eingefügt werden[75]. **211**

Nach Art. 76 Abs. 2 S. 3 GG kann der Bundesrat aus „wichtigem Grund" **Verlängerung** der Frist für seine Stellungnahme auf 9 Wochen beantragen, „*insbesondere*" bei umfangreichen, aber auch besonders schwierigen oder umstrittenen Vorlagen. Bei Grundgesetz- **212**

---

72 *Mann*, in: Sachs, Art. 76 Rn 10; *Droege/Broscheit*, JuS 2015, 633, 636.
73 Vgl zutr. *Elicker*, JA 2005, 513, 514.
74 SächsVerfGH SächsVBl 2011, 183 = NVwZ 2011, 936.
75 BVerfGE 125, 104, 126 f.

änderungen und in den Fällen der Art. 23, 24 GG beträgt nach S. 5 die Frist stets 9 Wochen. Andererseits kann die Bundesregierung eine Vorlage als **besonders eilbedürftig** bezeichnen, aber nur **ausnahmsweise**. In diesem Fall bleiben zwar an sich die Fristen nach S. 2, 3, innerhalb derer der Bundesrat sich äußern kann, unverändert; die Bundesregierung kann aber die Vorlage schon früher dem Bundestag zuleiten, nämlich nach 3 (statt 6) oder, wenn der Bundesrat aus wichtigem Grund Verlängerung beantragt hat, nach 6 (statt 9) Wochen. Sie kann dies auch dann, wenn der Bundesrat sich noch nicht geäußert hat, S. 4. In diesem Fall ist die Stellungnahme des Bundesrats nachzureichen. Bei Grundgesetzänderungen und in den Fällen der Art. 23, 24 GG beträgt nach Art. 76 Abs. 2 S. 5 die Frist stets 9 Wochen und darf eine Vorlage nicht als besonders eilbedürftig bezeichnet werden.

213 Für Vorlagen des **Bundesrats** gilt Abs. 3. Sie gehen zunächst an die Bundesregierung, die sie dann innerhalb von 6 Wochen dem Bundestag zuleitet, S. 1. Sie kann nach S. 3 **Fristverlängerung** auf 9 Wochen beantragen. Wenn der Bundesrat eine Vorlage jedoch ausnahmsweise als besonders **eilbedürftig** bezeichnet, muss die Bundesregierung sie innerhalb von 3 Wochen dem Bundestag zuleiten, kann aber aus wichtigem Grund Fristverlängerung auf dann 6 Wochen beantragen, vgl S. 4. Bei Grundgesetzänderungen und in den Fällen der Art. 23, 24 GG beträgt nach Art. 76 Abs. 3 S. 5 die Frist wiederum stets 9 Wochen und kann die Vorlage nicht als besonders eilbedürftig bezeichnet werden.

214 Nach Art. 76 Abs. 3 S. 6 GG hat der Bundestag über die vom Bundesrat eingebrachten Gesetzesinitiativen in angemessener Frist zu beraten und Beschluss zu fassen. Aber auch in den anderen Fällen der Einbringung von Gesetzesvorlagen hat der Initiant, also zB eine Fraktion (Rn 209) ein verfassungsmäßiges Recht darauf, dass der Bundestag sich binnen „angemessener" Frist mit dem Entwurf befasst und darüber Beschluss fasst[76]. Was „angemessen" ist, ist weitgehend eine Frage des politischen Ermessens. Gerügt werden kann nur eine willkürliche Verschleppung.

Fallbeispiel aus der Rechtsprechung: Eine willkürliche Verschleppung wurde verneint für die Behandlung der Gesetzesinitiative „Ehe für alle" vom Oktober 2013, die vom Plenum an den federführenden Ausschuss überwiesen wurde, der die Behandlung dann über die gesamte Legislaturperiode hin wiederholt vertagte[77]. Doch hatte dies seinen Grund darin, dass hier die Meinungsbildung in einer politisch und gesellschaftlich umstrittenen Frage nicht abgeschlossen war. Auch hatten immer wieder Beratungen stattgefunden, so dass das Initiativrecht der Antragstellerin nicht ausgehöhlt worden war.

215 Ungeklärt ist für Regierungsvorlagen, ob ein Verstoß gegen Art. 76 Abs. 2 S. 1 GG zur Nichtigkeit des Gesetzes führt, vgl **Fall 16**. Dafür spricht zunächst der Wortlaut; S. 2 spricht für ein verfassungsmäßiges Recht des Bundesrats. Die frühzeitige Vorlage beim Bundesrat soll zudem dem Bundestag die Möglichkeit geben, in einem frühzeitigen Verfahrensstadium den Standpunkt des Bundesrats zu berücksichtigen. Andererseits ist die Stellungnahme des Bundesrats nicht bindend; sie ist auch nicht zwingend vorgeschrieben. Auch gibt der Bundesrat dann, wenn er dem Gesetz zustimmt, bzw auf Einspruch verzichtet, zu erkennen, dass er sich die Gesetzesvorlage zu eigen macht. Dies könnte es rechtfertigen, Art. 76 Abs. 2 S. 1 GG als bloße Ordnungsvorschrift anzusehen. Letztlich aber dürfte dessen Wortlaut den Ausschlag geben: Gesetzesvorlagen der Bundesregierung *sind* dem Bundesrat zuzuleiten; ist dies unterblieben, so ist das Gesetz *nicht nach dieser Vorschrift des Grundgesetzes* zustande gekommen. Es handelt sich um keinen bloßen Geschäftsordnungsverstoß.

---

76 BVerfGE 145, 348 Rn 35 ff.
77 BVerfGE 145, 348.

Der **erste Durchgang** beim Bundesrat nach Art. 76 Abs. 2 GG wird vermieden, wenn ein *Gesetzentwurf der Bundesregierung* von einer *Fraktion* des Bundestags – also etwa der Regierungsfraktion – als Gesetzesvorlage „aus der Mitte des Bundestags" eingebracht wird. In diesem – in der Praxis nicht unüblichen Verfahren – ist kein Verstoß gegen das Gebot der *Organtreue* (Rn 699, 804) und auch keine unzulässige Umgehung des Art. 76 Abs. 2 GG zu sehen: Das Initiativrecht des Bundestags ist unbegrenzt, der Bundestag kann sich daher Gesetzentwürfe der Regierung im Stadium der Gesetzesinitiative zu eigen machen. Schon deshalb sollte hier nicht von „Umgehung" gesprochen werden. Es handelt sich um eine durch das Grundgesetz eröffnete Verfahrensgestaltung im parlamentarischen System. Die Rechte des Bundesrats werden zudem im zweiten Durchgang gewahrt. Vor allem aber ist das *Verfahrensrecht* in diesem Bereich auf *Rechtssicherheit durch Formalisierung* angewiesen. Gesichtspunkte wie Umgehung oder Rechtsmissbrauch sollten daher nur zurückhaltend eingesetzt werden. Ein Verfassungsverstoß ist zu verneinen[78].

216

c) „Outsourcing" und Kooperation – aktuelle Probleme der parlamentarischen Gesetzgebung

Eine Gesetzesvorlage verlangt einen ausformulierten und begründeten Gesetzentwurf. Wie es zu diesem Gesetzentwurf kommt, dazu sagt das Grundgesetz nichts. Meist werden die Gesetzentwürfe von der Ministerialbürokratie ausgearbeitet. Im Zuge der Bankenkrise 2008 wurde eine offenbar auch anderweitig übliche Praxis bekannt, den **Auftrag zur Erstellung eines Gesetzentwurfs** an spezialisierte Anwaltskanzleien zu vergeben[79]. Grundsätzlich dürfen sich Bundesregierung und Bundestag im Rahmen ihres Initiativrechts extern formulierte Entwürfe zu eigen machen. Andererseits kann es hierbei zu Interessenkollisionen kommen. Sie zu vermeiden, ist ein anerkannter rechtsstaatlicher Verfahrensgrundsatz. Auch das Demokratieprinzip wird berührt, wenn einzelnen Betroffenen ein besonderer Einfluss auf die Gesetzgebung eingeräumt wird oder gar der Inhalt eines Gesetzes Gegenstand eines agreement ist, wie beim ursprünglichen „Atom-Ausstiegsgesetz" 2002[80]. Bundesregierung und Energieunternehmen hatten sich in einem „Konsenspapier" darauf geeinigt, dass den Unternehmen Restlaufzeiten bis zum Abschalten der Kernkraftwerke zugestanden würden, die Unternehmen ihrerseits aber zusagten, auf Entschädigungsansprüche zu verzichten. Derartige vertragsähnliche Absprachen, die sich weitgehend der demokratischen Öffentlichkeit entziehen, schmälern faktisch die Handlungsspielräume des Bundestags[81]. Die Schwelle zum **justiziablen Verfassungsverstoß** allerdings dürfte nur ausnahmsweise überschritten sein, wenn der Bundestag die Vorlagen, ohne sich näher mit ihnen zu befassen, „abgenickt" hat. Dies könnte sich sowohl auf die Verfassungsmäßigkeit des Gesetzgebungsverfahrens, als auch des Gesetzesinhalts auswirken[82].

217

2. Hauptverfahren: Beratung und Beschlussfassung

An das Initiativverfahren schließt sich das Verfahren der Beschlussfassung durch Bundestag und Bundesrat, das **Hauptverfahren** an. Der Bundestag ist verpflichtet, sich mit der ordnungsgemäß eingebrachten Initiative zu befassen und hierüber Beschluss zu fassen.

218

---

78 *Nolte/Tams*, Jura 2000, 158, 160.
79 Vgl *Brüning*, BonnK, Art. 76 (2016) Rn 76 ff; s. auch den Klausurfall von *Otto/Saurer*, JuS 2011, 235; kritisch auch *Schwanengel*, Parlament, C 64 ff; *Kersten*, Dürig/Herzog/Scholz, Art. 76 (2018) Rn 41.
80 „Gesetz zur geordneten Beendigung der Kernenergienutzung zur gewerblichen Erzeugung von Elektrizität" vom 22.4.2002 (BGBl I S. 1351).
81 Vgl hierzu eingehend *Kloepfer/Bruch*, JZ 2011, 377 ff; *Meßerschmidt*, Ad Legendum 2012, 98, 101; *Brüning*, BonnK, Art. 76 (2016) Rn 77 ff.
82 Auf letzteren Aspekt stellen *Otto/Saurer*, JuS 2011, 235, 238 f ab.

a) Gesetzesbeschluss des Bundestags

219 Im **Bundestag** wird die Gesetzesvorlage in **drei Lesungen** behandelt, vgl §§ 78 ff GeschOBT; die GeschO spricht von *„Beratungen"*. In der ersten Lesung erfolgt noch keine detaillierte Beratung, die Fraktionen geben allgemeine Erklärungen ab. Die Gesetzesvorlage wird dann an die fachlich zuständigen Ausschüsse verwiesen, neben dem „federführenden Ausschuss" - zB bei Steuergesetzen dem Finanzausschuss – können weitere Ausschüsse beteiligt werden. Die Ausschüsse geben eine Beschlussempfehlung an das Plenum ab, die auch Änderungen enthalten kann. Diese müssen jedoch nach § 62 Abs. 1 S. 2 GeschOBT in sachlichem Zusammenhang zum Inhalt der Gesetzesinitiative stehen. Dies hat die Frage aufgeworfen, ob dann der Ausschuss, sofern dem Text der Gesetzesinitiative auf Empfehlung eines Ausschusses weitergehende Regelungen beigefügt werden, entgegen Art. 76 GG ein Initiativrecht wahrnehmen würde, das ihm nicht zusteht, mit der Folge, dass das Gesetz damit verfahrensfehlerhaft zustandekommt. Das BVerwG hat dies für den Fall einer einstimmigen Beschlussempfehlung eines Ausschusses jedoch verneint. Es sieht hierin, da dem Ausschuss mehr als 5 v. H. der Mitglieder des Bundestags angehörten, der Sache nach eine Gesetzesinitiative aus der Mitte des Bundestags[83].

220 In zweiter Lesung erfolgt dann im Plenum die Einzelberatung über die Bestimmungen des Gesetzes mit jeweils anschließender Abstimmung; hier kann jeder Abgeordnete Änderungsanträge stellen. In der abschließenden dritten Lesung, in der nach § 85 GeschOBT nur noch begrenzt Änderungsanträge möglich sind, findet die Schlussabstimmung statt. Damit liegt – wenn der Bundestag der Gesetzesvorlage zustimmt – der **Gesetzesbeschluss** des Bundestags vor, Art. 77 Abs. 1 S. 1 GG. Zweite und dritte Lesung können unter den Voraussetzungen des § 84 GeschOBT zusammengezogen werden. Es genügt die einfache Abstimmungsmehrheit (Rn 651). Wird die Vorschrift des § 78 GeschOBT nicht beachtet, der Gesetzentwurf also in einer Lesung beschlossen, führt dies nicht zur Verfassungswidrigkeit: die Pflicht zur Gesetzesberatung in mehreren Lesungen folgt nicht unmittelbar aus dem Grundgesetz[84]. Es ist zunächst Sache des Bundestags, wie er den Verfahrensablauf, auch in zeitlicher Hinsicht, organisiert[85].

221 **Verstöße gegen die Geschäftsordnung** führen auch in diesem Stadium nicht zur Nichtigkeit des Gesetzes. Dies gilt jedoch nur für Verstöße gegen die Geschäftsordnung als solche. Wird hierdurch das Recht der parlamentarischen Minderheit auf Mitwirkung am Verfahren verletzt, so liegt hierin ein Verfassungsverstoß, der zur Fehlerhaftigkeit des Verfahrens führen kann[86]. Dies kann insbesondere auch dann der Fall sein, wenn der zeitliche Ablauf so knapp bemessen ist, dass die Abgeordneten nicht in der Lage sind, sich mit der Materie vertraut zu machen und über den Gesetzesinhalt i.E. zu informieren[87]. Dadurch werden auch die Rechte des Abgeordneten auf Mitberatung verletzt (Rn 659).

222 **Beispiele aus der Parlamentspraxis:** Bei der Verabschiedung des sog. **Finanzmarktstabilisierungsgesetzes** vom 17.10.2008 (BGBl I S. 1982) war ua § 78 Abs. 5 GeschOBT missachtet worden; danach hätte die Beratung erst am dritten Tage nach Verteilung der Drucksache beginnen dürfen[88]. Der Umstand allein, dass Sorgfalt und Intensität der parlamentarischen Beratung darunter ge-

---

83 BVerwG NVwZ 2018, 1401 Rn 25 ff; vgl auch *Brandner*, Jura 1999, 449 ff.
84 BVerfGE 29, 221, 234; *Ipsen* Rn 226; vgl dazu *Droege/Broscheit*, JuS 2015, 633, 636; zur landesverfassungsrechtlich vorgeschriebenen Beratung eines Gesetzes in mehreren Lesungen und zur Nichtigkeitsfolge eines Verstoßes hiergegen s. LVerfG MV DVBl 2005, 1578.
85 BVerfG NJW 2023, 672 Rn 90 f.
86 Vgl BayVerfGH NVwZ 2016, 999 Rn 114.
87 BVerfG NJW 2023, 672 Rn 93; BVerfG, B. v. 5.7.2023 – 2 BvE 4/23.
88 Vgl *Brandner*, NVwZ 2009, 211 f; *Austermann/Waldhoff* Rn 109 zu Abweichungen von der GeschOBT.

litten haben könnten, führt jedoch noch nicht zur Verfassungswidrigkeit des Gesetzes. Abweichungen von der GeschO sind zudem nach § 126 GeschOBT oder durch Vereinbarung der Fraktionen zulässig. Zum Verfahren bei der Novelle zum **Gebäudeenergiegesetz** („Heizungsgesetz"), das vom BVerfG im Wege einer einstweiligen Anordnung einen Tag vor der 2. und 3. Lesung angehalten wurde[89], s. Rn 659: hier ging es vor allem darum, ob die Rechte von Abgeordneten verletzt wurden.

b) Beteiligung des Bundesrats

aa) Einspruchs- und Zustimmungsgesetze. Der Bundestagspräsident leitet den Gesetzesbeschluss unverzüglich an den Bundesrat, Art. 77 Abs. 1 S. 2 GG. An die Beschlussfassung im Bundestag schließt sich nun die **Beteiligung des Bundesrats** an. Hinsichtlich der Mitwirkung im Gesetzgebungsverfahren ist zu unterscheiden zwischen **Einspruchs- und Zustimmungsgesetzen.** Für das Zustandekommen der Letzteren ist die positive Zustimmung des Bundesrats erforderlich. Bei Ersteren kann der Bundesrat zwar Einspruch einlegen, der Bundestag kann diesen jedoch mit qualifizierter Mehrheit (Rn 652) zurückweisen. Wann ein Gesetz Einspruchs-, wann es Zustimmungsgesetz ist, dazu näher im Abschnitt über den Bundesrat (Rn 729 ff). Als Grundsatz gilt: ein Gesetz bedarf nur dann der Zustimmung des Bundesrats, wenn das Grundgesetz dies ausdrücklich fordert. Ist aber auch nur eine Bestimmung innerhalb des Gesetzes zustimmungspflichtig, dann erstreckt sich die Zustimmungspflicht auf das Gesetz als Ganzes. 223

bb) Verfahren bei Einspruchsgesetzen. Will der Bundesrat Einspruch gegen ein Gesetz einlegen, so ist zunächst der **Vermittlungsausschuss** anzurufen, Art. 77 Abs. 2 S. 1 GG. Dieser wird aus jeweils 16 Mitgliedern des Bundestags und des Bundesrats gebildet. Dabei müssen die 16 Mitglieder des Bundestags die kräftemäßige Zusammensetzung des Plenums widerspiegeln. Er gibt sich eine eigene Geschäftsordnung, die das Verfahren näher regelt, vgl Art. 77 Abs. 2 S. 2 GG[90]. Die Anrufung des Vermittlungsausschusses muss innerhalb einer Frist von *drei Wochen nach Eingang des Gesetzesbeschlusses* beim Bundesrat erfolgen. Wird innerhalb dieser Frist der Vermittlungsausschuss nicht angerufen, so ist das **Gesetz zustandegekommen**, vgl Art. 78 Var. 2 GG. 224

Wird der **Vermittlungsausschuss** angerufen, so findet im Ausschuss eine Beratung des Gesetzesbeschlusses statt. Der Ausschuss kann hier **Änderungsvorschläge** machen, die auch auf eine Zurückziehung des Gesetzesbeschlusses abzielen, nicht aber auf ein sachlich neues Gesetz hinauslaufen dürfen. Denn die entscheidende Rolle im Gesetzgebungsverfahren spielt der Bundestag. Aus dem Mandat der Abgeordneten folgt ihr Recht, im Bundestag nicht nur zu beschließen, Art. 42 Abs. 2 GG, sondern auch zu beraten, Art. 42 Abs. 1 GG. Diese Rechte des Abgeordneten dürfen nicht über den Vermittlungsausschuss ausgehebelt werden, und ebenso wenig die Öffentlichkeit der Beratung, Art. 42 Abs. 1 S. 1 GG (der Vermittlungsausschuss tagt nichtöffentlich – § 6 der gemeinsamen Geschäftsordnung). 225

Deshalb darf der Vermittlungsausschuss zwar Änderungen, Streichungen und Ergänzungen vorschlagen, seine Vorschläge müssen jedoch die Rechte der Abgeordneten wahren und **inhaltlich** im Rahmen des bisherigen Gesetzgebungsverfahrens und der hierbei eingebrachten Anträge und Stellungnahmen bleiben. Der Vermittlungsausschuss hat nicht 226

---

[89] BVerfG, B. v. 5.7.2023 – 2 BvE 4/23.
[90] Zum Streit um die Besetzung des Vermittlungsausschusses nach den Bundestagswahlen 2002 s. *Stein*, NVwZ 2003, 557; BVerfGE 106, 253; 112, 118.

das Recht der Gesetzesinitiative. Er darf nichts vorschlagen, was nicht schon bisher erörtert wurde[91] oder „jedenfalls erkennbar geworden ist"[92], sei es im Gesetzesvorschlag, sei es in Änderungsanträgen und Beschlussempfehlungen der Ausschüsse oder in Stellungnahmen nach Art. 76 GG[93]. Diese Grundsätze sollen, so das BVerwG, aber nicht für Änderungsvorschläge in den Ausschussberatungen des Bundestags gelten (Rn 219)[94].

Fallbeispiel: Die Aufnahme des § 58a AufenthG – Abschiebung bei Gefahr eines terroristischen Anschlags – ging auf den Vorschlag des Vermittlungsausschusses zurück; die Möglichkeit aufenthaltsrechtlicher Maßnahmen bei Terrorismusverdacht war jedoch im Gesetzgebungsverfahren auch im Bundestag erörtert worden.

227 Macht der Vermittlungsausschuss **Änderungsvorschläge**, so geht der Gesetzesbeschluss erneut an den Bundestag, Art. 77 Abs. 2 S. 5 GG, der hierüber berät und abstimmt. Nach dieser erneuten Behandlung im Bundestag, bzw wenn der Vermittlungsausschuss keine Änderungsvorschläge gemacht hat, unmittelbar nach dessen Beratung, wenn also das Verfahren nach Art. 77 Abs. 2 GG abgeschlossen ist, kann der Bundesrat innerhalb von zwei Wochen über einen Einspruch beraten und beschließen, Art. 77 Abs. 3 GG. Macht der Ausschuss keine Änderungsvorschläge, so teilt sein Vorsitzender gemäß Art. 77 Abs. 3 S. 2 GG dem Bundesrat den Abschluss des Verfahrens mit. Mit Eingang dieser Mitteilung beginnt der Fristablauf. Wird innerhalb der Frist kein Einspruch eingelegt, so ist das Gesetz zustandegekommen, Art. 78 Var. 3 GG, ebenso dann, wenn der Bundesrat seinen Einspruch zurücknimmt, Art. 78 Var. 4 GG.

228 Hat der Bundesrat innerhalb der Zweiwochenfrist des Art. 77 Abs. 3 S. 1 GG Einspruch eingelegt, so geht der Gesetzesbeschluss erneut an den Bundestag. Dieser hat – ohne erneute Beratung – Beschluss zu fassen, ob er den Einspruch zurückweisen will. Hierfür ist die Mehrheit der gesetzlichen Mitgliederzahl des Bundestags erforderlich (Rn 652), Art. 77 Abs. 4 S. 1 GG. Hat der Bundesrat den Einspruch mit zwei Dritteln seiner Stimmen beschlossen, so muss der Einspruch mit einer Mehrheit von zwei Dritteln der *abgegebenen Stimmen*, mindestens aber der Mehrheit der gesetzlichen Mitgliederzahl des Bundestags (Rn 637, 652) zurückgewiesen werden, Art. 77 Abs. 4 S. 2 GG.

Rechenbeispiel: Mehrheit der gesetzlichen Mitgliederzahl (630 nach BWahlG 2023) 316; Bundesrat beschließt Einspruch mit 2/3-Mehrheit, Zurückweisung durch Bundestag mit 300 von 450 abgegebenen Stimmen: Einspruch *nicht* wirksam zurückgewiesen (zwei Drittel der abgegebenen Stimmen, aber nicht Mehrheit der gesetzlichen Mitgliederzahl); mit 340 von 600 abgegebenen Stimmen: Einspruch *nicht* wirksam zurückgewiesen (Mehrheit der gesetzlichen Mitgliederzahl, keine zwei Drittel der abgegebenen Stimmen); mit 400 von 590 abgegebenen Stimmen: Einspruch wirksam zurückgewiesen.

Wird der Einspruch mit der nach Art. 77 Abs. 4 GG erforderlichen Mehrheit zurückgewiesen, ist das Gesetz zustandegekommen. Kommt die erforderliche Mehrheit nicht zustande, ist das Gesetzesvorhaben (endgültig) gescheitert (kann aber jederzeit neu eingebracht werden).

---

91 BVerfGE 101, 297, 308 (dazu *Heselhaus*, JA 2001, 205); BVerfGE 125, 104, 122; s. hierzu *Möllers*, Jura 2010, 401.
92 BVerfG (K) NVwZ 2017, 1526 Rn 26.
93 BVerfGE 120, 56, 74 ff; BVerfGE 150, 345 Rn 58 ff; mit Anm. *Hey* FR 2019, 245; s. zu den Befugnissen des Vermittlungsausschusses den Klausurfall von *Seifahrt*, JuS 2010, 790, 793 f; *Schwanengel*, Parlament, C 42; zu Kompetenzen und Zusammensetzung *Hebeler/Deppenkemper*, Ad Legendum 2012, 87 ff.
94 BVerwG NVwZ 2018, 1401 Rn 26.

cc) **Verfahren bei Zustimmungsgesetzen.** Bei Zustimmungsgesetzen ist die Anrufung 229
des Vermittlungsausschusses nicht vorgeschrieben. Dies wird aus einem Umkehrschluss
aus Art. 77 Abs. 3 GG hergeleitet: bei *Einspruchsgesetzen* muss zunächst das Verfahren
nach Abs. 2 durchgeführt werden. Der Bundesrat **kann** jedoch den Vermittlungsausschuss anrufen; dies ergibt sich aus Art. 77 Abs. 2 S. 4 GG („auch"). In diesem Fall ist
das Verfahren zunächst das Gleiche wie bei Einspruchsgesetzen, ggf muss also – bei Änderungsvorschlägen – der Bundestag erneut abstimmen. Der Bundesrat hat nun, ggf also
nach Abschluss des *(fakultativen)* Verfahrens vor dem Vermittlungsausschuss, darüber
Beschluss zu fassen, ob er dem Gesetz zustimmt. Es kommt nur zustande, wenn er *mit
der Mehrheit seiner Stimmen*, Art. 52 Abs. 3 S. 1 GG, zustimmt, Art. 78 Var. 1 GG. Andernfalls ist das Gesetzesvorhaben gescheitert. Solange der Bundesrat untätig bleibt,
kommt das Gesetz nicht zustande. Er ist jedoch zur Beschlussfassung binnen angemessener Frist verpflichtet, Art. 77 Abs. 2a GG.

Verweigert der Bundesrat die Zustimmung, so können Bundestag und Bundesregierung 230
nach Art. 77 Abs. 2 S. 4 GG ihrerseits die Einberufung des Vermittlungsausschusses verlangen; im Fall von Änderungsvorschlägen gilt auch hier S. 5: erneute Beschlussfassung
durch den Bundestag. Nach Abschluss des Verfahrens vor dem Ausschuss findet eine erneute Beschlussfassung des Bundesrats statt. Stimmt er nun dem Gesetz zu, ist dieses zustandegekommen. Ob für die Anrufung des Vermittlungsausschusses durch Bundestag
und Bundesregierung die Dreiwochenfrist des Art. 77 Abs. 2 S. 1 GG gilt, ist str, dürfte
aber zu verneinen sein: der Wortlaut der Norm ist eindeutig. Von einer planwidrigen Regelungslücke, die eine Analogie rechtfertigen könnte, kann hiernach nicht ausgegangen
werden[95].

c) **Zustandekommen eines Gesetzes**

> **Zusammenfassend** gilt also für das **Zustandekommen eines Gesetzes**: 231
>
> *Einspruchsgesetze* kommen zustande, wenn
> – der Bundesrat nicht innerhalb von 3 Wochen den Vermittlungsausschuss anruft, Art. 77
>   Abs. 2 GG;
> – der Bundesrat den Vermittlungsausschuss anruft, nach Abschluss dieses Verfahrens jedoch
>   nicht innerhalb von 2 Wochen Einspruch einlegt;
> – der Bundesrat Einspruch einlegt, diesen jedoch zurücknimmt;
> – der Bundesrat Einspruch einlegt, der Bundestag jedoch den Einspruch mit der Mehrheit des
>   Art. 77 Abs. 4 GG zurückweist.
>
> *Zustimmungsgesetze* kommen nur zustande, wenn der Bundesrat ausdrücklich zustimmt.
>
> Ein Gesetzesvorhaben ist **gescheitert**, wenn
> – die Gesetzesvorlage in der Schlussabstimmung des Bundestags keine Mehrheit findet,
>   Art. 77 Abs. 1 S. 1 GG;
> – ein Einspruch des Bundesrats nicht mit der erforderlichen Mehrheit zurückgewiesen wird;
> – der Bundesrat die Zustimmung zu einem zustimmungsbedürftigen Gesetz verweigert, Bundesregierung und Bundestag den Vermittlungsausschuss nicht anrufen oder aber auch nach
>   Anrufung des Vermittlungsausschusses der Bundesrat dem Gesetz nicht zustimmt.

Bei **umstrittener Zustimmungsbedürftigkeit** wird im Fall verweigerter Zustimmung durch den 232
Bundesrat gleichwohl der Bundestag das Verfahren der *Ausfertigung* durch den *Bundespräsidenten*
einleiten, der seinerseits die Frage der Zustimmungsbedürftigkeit zu prüfen hat. Das nicht zustim-

---

95 Vgl *Mann*, in: Sachs, Art. 77 Rn 12.

mungsbedürftige Gesetz kommt ja bereits dadurch zustande, dass der Bundesrat nicht fristgerecht Einspruch einlegt. Demgemäß wird empfohlen, der Bundesrat solle vorsorglich jedenfalls Einspruch einlegen, um zumindest die erneute Beschlussfassung durch den Bundestag nach Art. 77 Abs. 4 GG zu erzwingen[96]. Möglicherweise kann auch die Verweigerung der Zustimmung in einen Einspruch umgedeutet werden – jedenfalls bei ausdrücklich erklärter Verweigerung. Denn sie enthält die eindeutige Erklärung, dass der Bundesrat das Zustandekommen eines Gesetzes verhindern will[97]. Umgekehrt kann der Bundesrat auch dann, wenn seine Zustimmung an sich nicht erforderlich wäre, diese erteilen[98].

233 Die auf Seiten des Bundestags erforderlichen Verfahrensschritte müssen innerhalb der laufenden Legislaturperiode erfolgen; es gilt der Grundsatz der **sachlichen Diskontinuität**. Gesetzesvorlagen *verfallen*, das Gesetzgebungsvorhaben ist gescheitert, wenn vor Ablauf der Legislaturperiode der Bundestag keinen Gesetzesbeschluss gefasst hat, der im Fall des Art. 77 Abs. 2 S. 5 GG erforderliche erneute Beschluss nicht mehr gefasst bzw ein Einspruch des Bundesrats nicht zurückgewiesen wurde[99].

3. Ausfertigung und Verkündung: das Abschlussverfahren

234 Ist das Gesetz nach einer der vorstehend genannten Möglichkeiten zustande gekommen – Art. 78 GG fasst diese Möglichkeiten *klarstellend* zusammen –, so folgt die **Ausfertigung und Verkündung** durch den Bundespräsidenten, Art. 82 Abs. 1 S. 1 GG. Dabei wird zunächst die Bundesregierung tätig: Ihr wird der Gesetzentwurf zur **Gegenzeichnung** nach Art. 58 S. 1 GG zugeleitet; die durch den Bundeskanzler und den Minister des federführenden Ressorts sowie weitere beteiligte Bundesminister, vgl § 29 Abs. 1 GeschOBReg, bereits gegengezeichnete Gesetzesurkunde wird dann dem **Bundespräsidenten** zum Verfahren nach Art. 82 GG zugeleitet.

235 Mit der Ausfertigung gem. Art. 82 Abs. 1 S. 1 GG – der Unterzeichnung der Gesetzesurkunde – bescheinigt der Bundespräsident den ordnungsgemäßen Abschluss des Gesetzgebungsverfahrens und die Übereinstimmung des Gesetzestextes mit dem im Verfahren festgestellten Gesetzesinhalt. Gleichzeitig ordnet der Bundespräsident die Verkündung des Gesetzes an. Mit der **Verkündung im Bundesgesetzblatt** ist das **Gesetzgebungsverfahren abgeschlossen**. Die Verkündung von Rechtsvorschriften ist ein Gebot des Rechtsstaats: der Bürger soll in verlässlicher Weise von ihrem Inhalt Kenntnis nehmen können (zum Gebot der Rechtsklarheit Rn 374 ff), wie der HessStGH in seiner Entscheidung zur Ersatzverkündung von Verordnungen durch Auslegung in einer behördlichen Dienststelle[100] zu Recht betont. Als Verkündungsorgan ist in Art. 82 Abs. 1 S. 1 GG ausdrücklich das Bundesgesetzblatt vorgeschrieben – nach dem eindeutigen Wortsinn also ein Druckwerk. Die Internetpublikation reicht nicht aus[101].

236 Von diesem Zeitpunkt an liegt ein *„fertiges"* Gesetz vor, gegen das auch ein Normenkontrollantrag nach Art. 93 Abs. 1 Nr 2 GG gestellt werden kann. Bis zu diesem Zeitpunkt spätestens muss auch die Gesetzgebungskompetenz gegeben sein – sollte dafür eine Grundgesetzänderung erforderlich sein, muss bei Verkündung des Gesetzes diese

---

96 *Mann*, in: Sachs, Art. 77 Rn 36.
97 So zutr *Nolte/Tams*, Jura 2000, 158, 160.
98 Vgl den Zwischenprüfungsfall bei *Huber*, Jura 2014, 1281.
99 *Magiera*, in: Sachs, Art. 39 Rn 15 f.
100 HessStGH NVwZ 1989, 1153.
101 Vgl *Kissel*, NJW 2006, 801, 804.

bereits in Kraft getreten sein, sonst ist das Gesetz ohne Kompetenzgrundlage erlassen und damit nichtig. Dies gilt auch dann, wenn die Kompetenznorm in dem Zeitraum zwischen Erlass des Gesetzes und seinem Inkrafttreten wirksam wird[102].

Der Zeitpunkt des **Inkrafttreten** des Gesetzes bestimmt sich nach Art. 82 Abs. 2 GG; sofern nicht der Tag des Inkrafttretens nach S. 1 bestimmt ist, tritt das Gesetz nach S. 2 vierzehn Tage nach Ausgabe derjenigen Nummer des Bundesgesetzblatts in Kraft, in dem es verkündet wird; davon zu unterscheiden ist der Tag der Ausfertigung, unter dem Gesetze üblicherweise zitiert werden („Gesetz vom …"). Entscheidend ist der Tag des erstmaligen Inverkehrbringens der jeweiligen Ausgabe des Bundesgesetzblatts[103]; der Ausgabetag selbst wird bei Bestimmung der Frist nach Art. 82 Abs. 2 S. 2 GG nicht mitgezählt[104]. Das Inkrafttreten eines Gesetzes von einer **Bedingung** abhängig zu machen, ist nicht gänzlich ausgeschlossen, die Bedingung muss jedoch hinreichend klar formuliert sein und ihr Eintritt darf nicht von der Entscheidung eines beliebigen Dritten abhängen.

237

Aktuelle Rechtsprechung: Eine Novelle zum Atomgesetz sollte erst mit einer verbindlichen Entscheidung der Europäischen Kommission über die Zulässigkeit bestimmter im Gesetz vorgesehener Ausgleichsleistungen in Kraft treten. Dies sah BVerfGE 155, 378 als zulässige Bedingung, da die Kommission als nach Unionsrecht zuständige Stelle kein „beliebiger Dritter" und ihre Entscheidung rechtlich gebunden war[105].

Lösung der Ausgangsfälle

Fall 15: Eile mit Weile (Rn 207)

238

Das Gesetz könnte auf Grund von Verfassungsverstößen im Initiativstadium verfahrensfehlerhaft zustande gekommen sein.

1. Einschaltung der Anwaltskanzlei: Verstoß gegen das Demokratieprinzip?

– kein Verbot, externe Sachverständige hinzuzuziehen;

– keine bestimmte Form der Ausarbeitung vorgeschrieben – Mangel an demokratischer Legitimation? Entwurf wurde jedoch im Kabinett beraten und beschlossen, daher externe Erarbeitung unschädlich; auch kollusives Zusammenwirken nicht ersichtlich.

2. Äußerungsrecht des Bundesrats – Art. 76 Abs. 2 S. 2–4 GG – Äußerungsfrist für den Bundesrat nicht eingehalten?

a) Art. 76 Abs. 2 S. 2 GG: grundsätzlich 6 Wochen; hier: nur dreiwöchige Frist durch Bundesregierung eingehalten; dies ausreichend iFd S. 4: die Bundesregierung hat die Vorlage als besonders eilbedürftig bezeichnet; hierfür weiter Einschätzungsspielraum der Bundesregierung, Erklärung hier nicht evident fehlerhaft oder missbräuchlich, vielmehr angesichts der sehr kurzen Umsetzungsfrist plausibel.

b) Bundesrat: Verlangen nach S. 3 – also Verlängerung aus wichtigem Grund beantragt; Frist dann bei Eilbedürftigkeit 6 Wochen, Art. 76 Abs. 2 S. 4 GG/2. Variante.

„Wichtiger Grund" nach Art. 76 Abs. 2 S. 3 GG?: „insbesondere" bei besonderen Umfang der Vorlage gegeben; sonstige Gründe müssen dann ähnlich gelagert sein, also in der Vorlage selbst begründet sein. Dass sich einzelne Länder nicht auf eine klare Linie im Bundesrat einigen können, ist kein in diesem Sinn „wichtiger" Grund.

---

102 BVerfGE 34, 9, 24.
103 BVerfGE 87, 48, 60.
104 Vgl näher *Gröpl*, Jura 1995, 641.
105 BVerfGE 155, 378 Rn 38 ff.

239 **Fall 16: Erster Durchgang (Rn 207a)**

Hier Verstoß gegen Art. 76 Abs. 2 S. 1 GG. Das Gesetz ist, wenn man, wie hier, die Bestimmung nicht als bloße Ordnungsvorschrift auffasst, nicht nach den Vorschriften des Grundgesetzes zustande gekommen, vom Bundespräsidenten also nicht auszufertigen.

Wird jedoch die Gesetzesvorlage von einer *Fraktion des Bundestags* – auch der Regierungsfraktion – als eigene Gesetzesinitiative eingebracht, so kommt das Gesetz gültig zustande, vgl Rn 216.

240 **Fall 17: Aufspaltung (Rn 208)**

Zurückziehen des Entwurfs durch die Bundesregierung nach dem ersten Durchgang im Bundesrat nach Art. 76 Abs. 2 GG wird überwiegend als zulässig erachtet: Der Entwurf hat bis zu diesem Zeitpunkt nur vorläufigen Charakter, der Bundesrat insoweit keine selbstständige Rechtsposition[106].

Aufspaltung des Gesetzentwurfs: Die Aufspaltung ist zulässig. Einerseits ist das *Initiativrecht* nach Art. 76 Abs. 1 GG nicht begrenzt; andererseits erfordern Aspekte der *Rechtssicherheit* die selbstständige Beurteilung des Gesetzes als gesetzgebungstechnische Einheit im Verfahren[107].

Eine Trennung aus sachfremden Motiven mag zwar im Einzelfall als *rechtsmissbräuchlich* beurteilt werden, doch sollte hier das in besonderer Weise auf Rechtssicherheit durch Formalisierung angewiesene Verfahrensrecht nur in Ausnahmefällen durchbrochen werden. Der Schutz der Rechte des Bundesrats bleibt gewährleistet. Er kann durch Verweigerung der Zustimmung zu dem zustimmungsbedürftigen Gesetz den Bundestag auch hinsichtlich des nicht zustimmungsbedürftigen Gesetzes hinreichend in seinem Sinn beeinflussen.

4. Verfahren der Verfassungsänderung

241 *Für verfassungsändernde Gesetze enthält Art. 79 GG besondere Anforderungen in formeller und materieller Hinsicht. Bestimmte Grundsätze der Verfassung können auch durch verfassungsänderndes Gesetz nicht aufgehoben werden.*

a) Formelle Voraussetzungen

242 Für Gesetze zur Änderung des Grundgesetzes fordert Art. 79 Abs. 2 GG qualifizierte Mehrheiten von *zwei Dritteln* der *Mitglieder des Bundestags* (*gesetzliche* Mitgliederzahl) und *zwei Dritteln* der *Stimmen des Bundesrats*; verfassungsändernde Gesetze sind also stets *Zustimmungsgesetze*. Zweidrittelmehrheit bedeutet im Bundestag bei 598 Abgeordneten mindestens 399 Ja-Stimmen, im 19. Bundestag mit 709 Abgeordneten 473 Stimmen. Im Bundesrat sind dies 46 von 69 Stimmen.

243 Zu beachten ist das Textänderungsgebot. Dies soll Verfassungsdurchbrechungen durch Gesetz verhindern und die klare Unterscheidbarkeit von Verfassungsrecht und einfachem Recht gewährleisten. Es soll Klarheit darüber bestehen, was von Verfassungs wegen gilt.

Fallbeispiel aus der parlamentarischen Praxis: Eine Gesetzesinitiative zur Aufnahme des Klimaschutzes ins Grundgesetz (BT-Drucks. 19/4522 vom 25.9.2018)[108] sah vor, Art. 20a GG folgenden Satz anzufügen: *„Für die Bundesrepublik Deutschland völkerrechtlich verbindliche Ziele und Verpflichtungen des Klimaschutzes binden alle staatliche Gewalt unmittelbar."* Damit würde zwar

---

106 *Kment*, in: Jarass/Pieroth, Art. 76 Rn 4; *Brüning*, BonnK, Art. 76 (2016) Rn 108.
107 BVerfGE 105, 313, 338 ff.
108 http://dip21.bundestag.de/dip21/btd/19/045/1904522.pdf.

der Wortlaut des Grundgesetzes geändert, doch ist auch aus dem geänderten Wortlaut nicht erkennbar, welche Ziele und Verpflichtungen dies sein sollten. Vor allem aber würde damit auch auf künftige völkerrechtliche Vereinbarungen, deren Zeitpunkt, Umfang und Inhalt nicht abschätzbar ist, verwiesen. Dies stünde im Widerspruch zum Normzweck des Art. 79 Abs. 1 S. 1 GG; eine derartige Grundgesetzänderung wäre daher unzulässig[109].

b) Materielle Voraussetzungen

In materieller Hinsicht ist für Verfassungsänderungen die Unveränderlichkeitssperre („**Ewigkeitsgarantie**") des Art. 79 Abs. 3 GG zu beachten. Hierunter fällt die bundesstaatliche Ordnung des Grundgesetzes unter mehreren Gesichtspunkten: zum einen mit der Gliederung des Bundes in Länder, zum anderen mit der Mitwirkung der Länder bei der Gesetzgebung. Dies bedeutet Teilhabe an der *Gesetzgebung des Bundes*, wie auch *eigene Gesetzgebungsbefugnisse*. Auch die „Gliederung des Bundes in Länder" umfasst eigene substanzielle Befugnisse der Länder. Schließlich sind die in Art. 20 GG genannten Grundsätze unabänderlich; dazu zählen Bundesstaatlichkeit, Rechtsstaatlichkeit und Demokratie, in dem etwa vom BVerfG im Rahmen des Begriffs der „freiheitlich-demokratischen Grundordnung" bezeichneten Umfang (Rn 59). Unabänderlich sind die in Art. 1 GG genannten Grundsätze, also der Schutz der Menschenwürde. Nicht genannt sind die Einzelgrundrechte der Art. 2–19 GG, auf die andererseits Art. 1 Abs. 3 GG Bezug nimmt. Im Ergebnis bedeutet dies Unabänderlichkeit dieser Grundrechte in ihrem sachlichen Gehalt, soweit der Kernbereich der Grundrechte, also ihr **Menschenwürdegehalt** betroffen ist. Beispielhaft für die Bedeutung der Unveränderlichkeitssperre als Prüfungsmaßstab für Verfassungsänderungen ist das Urteil des BVerfG zu Art. 13 Abs. 3 GG (Lauschangriff)[110]. Generell ist zu beachten, dass die in Art. 79 Abs. 3 GG genannten Verfassungsgrundsätze nicht in ihrer konkreten, positiven Ausgestaltung unabänderlich sind, sondern eben nur als *Grundsätze*; s. dazu auch **Fall 9**. Vergleichbare Garantien der Unveränderlichkeit enthalten auch, teils explizit, teils durch Verweisung auf das Grundgesetz, die Landesverfassungen – einen Verstoß hiergegen bejahte VerfGH NW[111] für eine verfassungsunmittelbare 2,5%-Klausel für Kommunalwahlen, näher Rn 96.

244

Art. 79 Abs. 3 GG selbst muss einer Verfassungsänderung entzogen sein, soll die hierin liegende Beschränkung auch des verfassungsändernden Gesetzgebers nicht gegenstandslos werden; doch sind hier die Grenzen des Geltungsanspruchs der Verfassung erreicht.

Schrifttum zu IV.: *Gröpl/Loth*, Die Gesetzgebung des Bundes, Ad Legendum 2012, 73 ff; *Hebeler/Deppenkemper*, Die Rolle des Vermittlungsausschusses im Gesetzgebungsprozess, Ad Legendum 2012, 87; *Meßerschmidt*, Gesetzgebungsoutsourcing, Ad Legendum 2012, 98; *Elicker*, Examensrelevante Probleme aus dem Bereich der Gesetzesinitiative und des Vorverfahrens, JA 2005, 513; *Seifarth*, Anfängerklausur – Öffentliches Recht: Staatsorganisationsrecht – Verfahrene Gesetzgebung, JuS 2010, 790; *Huber*, Der enttäuschte Parteispender, Jura 2014, 1281; *Pernice-Warnke*, Die Gesetzgebungsverfahren auf Bundes- und Unionsebene, JuS 2018, 666; *Bäumerich/Fadavian*, Grundfälle zum Gesetzgebungsverfahren, JuS 2017, 1067; *Hillgruber*, Zu den verfassungsrechtlichen Grenzen der Kompetenzen des Vermittlungsausschusses, JA 2019, 393; *Pernice-Warnke*, Das parlamentarische Gesetzgebungsverfahren – aktuelle Entscheidungen des BVerfG, Jura 2018, 160; *Goldmann/Hinzen*, Aufenthaltsrecht – Gefahr erkannt, Gefährder verbannt?, JuS 2019, 636; *Kube*, (Original-) Referendarexamensklausur: Die Entziehung des Personalausweises, JuS

---

109 Die Stellungnahme des Verf. ist abrufbar unter https://christoph-degenhart.com.
110 BVerfGE 109, 279, 311 ff.
111 VerfGH NW, U. v. 21.11.2017 – VerfGH 18/16 – juris.

2022, 148; *Voßkuhle/Kaufhold*, Grundwissen – Öffentliches Recht: Das parlamentarische Gesetzgebungsverfahren, JuS 2022, 312; *Böhm/van Leeuwen/Hall-Waldhauser*, Impfpflicht im Gesundheitssektor, JA 2022, 479.

V. Landesgesetzgebung – insbesondere: Volksgesetzgebung

245 Da in den Ländern keine zweiten Kammern existieren, gestaltet sich das Gesetzgebungsverfahren für die **parlamentarische Gesetzgebung** weniger komplex. Nach den Verfassungen der Länder können Gesetzesvorlagen durchweg von der jeweiligen Landesregierung und „aus der Mitte" des Landtags (der Bürgerschaft) eingebracht werden. Letztere Formulierung findet sich in nahezu allen Landesverfassungen; nach Art. 59 Abs. 1 BWVerf können Gesetzesinitiativen „von Abgeordneten" eingebracht werden, nach Art. 98 SaarlVerf von einem einzelnen Abgeordneten oder einer Fraktion.

1. Verfassungsautonomie der Länder

245a Die Verfassungen der Länder sehen durchweg eine unmittelbare **Beteiligung des Volkes** an der Gesetzgebung im Wege von Volksbegehren und Volksentscheid vor. Darin, **unmittelbare Demokratie** in ihrer Verfassung vorzusehen, sind die Länder im Rahmen ihrer Verfassungsautonomie frei; auch das Homogenitätsgebot des Art. 28 Abs. 1 GG (Rn 484 f) hindert sie nicht daran[112]. Die verfassungsmäßige Ordnung in den Ländern muss demokratischen Grundsätzen des Grundgesetzes entsprechen – dies belässt ihnen Entscheidungsfreiheit in der Ausgestaltung dieser Grundsätze.

Aktuelle Rechtsprechung: Die Verfassungsautonomie der Länder wird begrenzt durch das **Homogenitätsgebot** des Art. 28 Abs. 1 GG. Hierauf stützte sich der Bremer StGH, als er eine Änderung der Landesverfassung für unzulässig erklärte, durch die das Quorum (Rn 118) für Volksbegehren auf 5% der bei der jeweils letzten Landtagswahl abgegebenen Stimmen begrenzt werden sollte. Dies hätte im Regelfall etwa 3% der Stimmberechtigten entsprochen[113]. Hierin sah er einen Verstoß gegen unantastbare Prinzipien der parlamentarischen Demokratie: im Gesetzgebungsverfahren sei **demokratische Legitimation** nicht mehr gewährleistet.

Demgegenüber vermied der BayVerfGH die Bezugnahme auf das Grundgesetz und berief sich auf die nach Art. 75 Abs. 1 einer Verfassungsänderung entzogenen „demokratischen Grundgedanken" der Bayerischen Verfassung, als er in seiner Entscheidung vom 31.3.2000 ein 25-prozentiges Zustimmungsquorum für Volksentscheide über Verfassungsänderungen forderte[114]. Bis dahin hatte in mehr als fünfzigjähriger Verfassungstradition der urdemokratische Grundsatz „Mehrheit entscheidet" gegolten, ehe der VerfGH hierin eine planwidrige Lücke in der Verfassung entdeckte. Er beschwört die Gefahr, dass eine beim *„demokratischen Grundakt, den Wahlen"* unterlegene Minderheit dem Parlament entgegenarbeiten und hierdurch das parlamentarische System gefährden könnte. Ähnlich restriktiv urteilte in einer frühen Entscheidung der Thüringer Verfassungsgerichtshof[115].

2. Grundsatzfragen

245b Dass sich auch die Volksgesetzgebung im Rahmen der **Zuständigkeiten** des Landes bewegen muss, liegt auf der Hand.

---

112 BVerfGE 60, 175, 208.
113 BremStGH BayVBl 2000, 342 = NVwZ-RR 2001, 1.
114 BayVerfGH BayVBl 2000, 397, 401.
115 ThürVerfGH ThürVBl 2002, 31.

Aktuelle Rechtsprechung: Ein Volksbegehren zur Legalisierung von Cannabis in Bayern war unzulässig: die bundesgesetzlichen Normierungen des Betäubungsmittel-, Arzneimittel- und des Strafrechts wirkten als Kompetenzsperre iSv Art. 72 Abs. 1 GG jeweils für die konkurrierende Gesetzgebung nach Art. 74 Abs. 1 Nrn 1 und 19 GG[116]. Unzulässig war ein Volksbegehren „Pflegenotstand"[117].

Parlaments- und volksbeschlossene Gesetze sind gleichrangig; ein im Volksentscheid beschlossenes Gesetz kann also vom Landtag jederzeit geändert oder aufgehoben werden, sofern nicht die Landesverfassung eine Sperre vorsieht, wie Art. 73 BremVerf, wonach innerhalb von zwei Jahren dies nur wiederum durch Volksentscheid oder verfassungsändernde Mehrheit möglich ist[118].

Auch sind bestimmte Materien, vor allem Abgabengesetze[119], Besoldungsgesetze, das Haushaltsgesetz, teilweise generell finanzwirksame Gesetze, ausgeschlossen. Dieser sog. **Finanzvorbehalt** wird – auch abhängig vom konkreten Wortlaut – unterschiedlich interpretiert. Einige Landesverfassungsgerichte verstehen ihn als Verbot von Gesetzen mit Auswirkungen auf den Haushalt[120], anders der SächsVerfGH[121]: Gesetz über den Haushalt ist das Haushaltsgesetz. Dies entspricht dem Wortsinn. Auch würde andernfalls der Anwendungsbereich von Volksbegehren und Volksentscheid gegen Null tendieren. Verfassungsnormen aber müssen so ausgelegt werden, dass sie wirksam zur Geltung kommen[122].

245c

Aktuelle Rechtsprechung: Ein Volksbegehren über Studiengebühren, das nur den Körperschaftshaushalt der Universitäten berührt, geht jedenfalls nicht über den Staatshaushalt[123].

In Bayern wurde die Frage nach Zulässigkeit und Grenzen staatlicher Einflussnahme aktuell: Die Staatsregierung hatte massiv für den vom Landtag gem. Art. 74 Abs. 4 BayVerf mit vorgelegten Gesetzentwurf geworben. Der BayVerfGH[124] verneinte eine unzulässige Einflussnahme. Die **Neutralitätspflicht** der Regierung, wie sie für den Wahlkampf gilt[125] (Rn 790), kann hiernach nicht auf die Auseinandersetzung um einen Volksentscheid übertragen werden. Im Gesetzgebungsverfahren kann die Regierung ihre Auffassung geltend machen – für die Gesetzgebung durch das Volk gelte nichts anderes als für das parlamentarische Gesetzgebungsverfahren.

245d

Das Verfahren der Volksgesetzgebung ist durchweg mehrstufig ausgestaltet. Zum Volksentscheid kommt es nach einem erfolgreichen – von einem bestimmten Prozentsatz der Wahlberechtigten innerhalb einer gesetzliche Frist unterstützten – Volksbegehren. Ihm muss ein ausgearbeiteter und begründeter Gesetzentwurf zugrundeliegen. Dem vorgeschaltet ist die Volksinitiative bzw. ein Zulassungsverfahren, in dem eine bestimmte An-

245e

---

116 BayVerfGH BayVBl 2016, 337.
117 BayVerfGH, E. v. 6.7.2019 – Vf. 41-IX-19.
118 HambVerfG DÖV 2005, 252.
119 Vgl. auch VerfGH BW, U. v. 18.5.2020 – Volksbegehren für gebührenfreie Kitas.
120 BVerfGE 102, 176 als Landesverfassungsgericht für das Land Schleswig-Holstein, das erst seit 2008 ein eigenes Verfassungsgericht hat; VerfGH NW NVwZ 1982, 188; BbgVerfG LKV 2002, 77; ThürVerfGH LKV 2002, 83; BayVerfGH BayVBl 2013, 170; s. aber jetzt ThürVerfGH, B. v. 6.9.2017 – VerfGH 1/17 – (www.thverfgh.thueringen.de).
121 SächsVerfGH LKV 2003, 327; eine vermittelnde Auffassung vertritt HambVerfG DVBl 2006, 631.
122 So zutr. HambVerfG DVBl 2006, 631.
123 BayVerfGH BayVBl 2013, 170.
124 BayVerfGH BayVBl 1994, 203 und 238; enger OVG Berlin-Brandenburg LKV 2009, 284; dazu *Klinger*, LKV 2010, 164.
125 BVerfGE 44, 125, 145 ff.

zahl von Unterstützern die Zulassung des Volksbegehrens beantragt. War das Volksbegehren erfolgreich, so kann der Landtag den Entwurf unverändert übernehmen, andernfalls kommt es zum **Volksentscheid**, wobei stets ein Alternativentwurf mit vorgelegt werden kann. Die Volksinitiative kann sich generell auf *„Gegenstände der politischen Willensbildung"* beziehen, nicht nur auf Gesetze[126].

245f Ob die Voraussetzungen für Volksbegehren und Volksentscheid gegeben sind, kann Gegenstand einer **vorbeugenden Normenkontrolle** durch das Verfassungsgericht des Landes sein. Der zugrundeliegende Gesetzentwurf wird zunächst von der Landesregierung oder vom Landtag auf seine Verfassungsmäßigkeit und vor allem auch daraufhin überprüft, ob überhaupt das Land zuständig ist. Gelangen sie hierbei zur Unzulässigkeit, so müssen sie – dies ist in den Ländern unterschiedlich geregelt – entweder das (Landes-)-Verfassungsgericht anrufen oder aber sie können das Volksbegehren als unzulässig behandeln; dann müssen sich die Initianten (Vertrauensleute) des Volksbegehrens an das Verfassungsgericht wenden. Hierdurch werden die fehlenden institutionellen Sicherungen der parlamentarischen Gesetzgebung für die Volksgesetzgebung ausgeglichen und soll verhindert werden, dass ein im Volksentscheid beschlossenes Gesetz nachträglich vom Verfassungsgericht aufgehoben wird. Das Verfassungsgericht prüft grundsätzlich, wenn auch nicht ausnahmslos auch die **Gesetzgebungszuständigkeit** des Landes (Rn 941).

3. Landesrecht – Einzelfragen

246 **Baden-Württemberg:** Die *Verfassung des Landes Baden-Württemberg* vom 11. November 1953 sieht in Art. 59, 60 Volksbegehren und Volksabstimmung über Gesetze vor. Gemäß Art. 59 Abs. 1 liegt das Recht, Gesetzesinitiativen einzubringen, *auch beim Volk*; dabei muss ein Volksbegehren gemäß Abs. 3 von 10 v. H. der Wahlberechtigten getragen sein. Das Volksbegehren wird von der Regierung – versehen mit deren Stellungnahme – dem Landtag zugeleitet, der über das Gesetz abstimmt. Stimmt er unverändert zu, ist das Gesetz in dieser Gestalt zustande gekommen. Sonst findet die Volksabstimmung statt. Für Verfassungsänderungen ist die Mehrheit der Stimmberechtigten erforderlich, Art. 64 Abs. 3 S. 3 (bei einfachen Gesetzen 20 v. H.); die Initiative hierzu kann auch auf Antrag der Mitgliedermehrheit des Landtags erfolgen, Art. 64 Abs. 3. Die Möglichkeit einer vorzeitigen Auflösung des Landtags durch Volksabstimmung sieht Art. 43 Abs. 2 vor.

247 **Bayern:** Die *Verfassung des Freistaates Bayern* vom 8. Dezember 1946 idF v. 15. Dezember 1998 regelt in Art. 72 Abs. 1, Art. 74 die Volksgesetzgebung. Das Verfahren beginnt zunächst mit einem Vorverfahren, dem Zulassungsverfahren zum Volksbegehren, Art. 63 ff LWG. Werden die Zulassungsvoraussetzungen verneint, so ist die Entscheidung des BayVerfGH herbeizuführen, vgl Art. 64 Abs. 1 LWG. Er prüft hier den Gesetzentwurf auch auf seine Vereinbarkeit mit Bundesrecht[127]. Das anschließende Volksbegehren muss von 1/10 der Stimmberechtigten unterstützt werden und geht dann in den Landtag. Dieser prüft es erneut. Gegen seine ablehnende Entscheidung kann der BayVerfGH angerufen werden. Nimmt der Landtag den Gesetzentwurf nicht unverändert an, findet der Volksentscheid statt.

Für Verfassungsänderungen gilt ein obligatorisches Referendum. Sie können auf Initiative des Landtags erfolgen. Erforderlich ist zunächst dessen Beschluss mit 2/3-Mehrheit. Dann kommt es zum **Referendum** (Art. 75 Abs. 2 S. 2 BayVerf; einfache Mehrheit). Verfassungsänderungen können aber auch Gegenstand eines Volksbegehrens sein. Dann findet auf jeden Fall der Volksentscheid statt. In seiner E. vom 17.9.1999 über die Abschaffung des Bay. Senats fordert der BayVerf-

---

126 Zur „Befassungspflicht" des Landtags s. *Röper*, ThürVBl 2003, 154.
127 BayVerfGHE 43, 35 = BayVBl 1990, 367 und bereits BayVerfGHE 40, 94, 101 ff.

GH[128] ein Quorum für den Volksentscheid über eine Verfassungsänderung, die durch Volksbegehren initiiert wurde. Zwar besagt die Verfassung hierüber nichts. Der BayVerfGH sieht hierin aber eine Regelungslücke, die im Wege der Verfassungsauslegung auszufüllen sei. Denn die Verfassung genieße erhöhte Bestandskraft. Der Gesetzgeber hat nach der E. des BayVerfGH – gleichsam als Verfassungsinterpret – deshalb ein Quorum festzusetzen. Anders als der StGH Bremen (Rn 250) bemüht der BayVerfGH aber nicht Art. 28 Abs. 1 GG (Homogenitätsgebot).

Auch die Bayerische Verfassung kennt die **Abberufung des Landtags**, Art. 18 Abs. 3.

Berlin: Die *Verfassung von Berlin* vom 2. September 1950 sieht idF vom 23. November 1995 ein dreistufiges Verfahren der Volksgesetzgebung vor: Die Volksinitiative nach Art. 61 kann sich auf alle Gegenstände der politischen Willensbildung im Rahmen der Zuständigkeiten des Abgeordnetenhauses beziehen; mitwirkungsberechtigt sind alle Bewohner Berlins, das Mindestalter ist 16 Jahre. Das Volksbegehren, Art. 63 Abs. 1, muss von 20 000 Wahlberechtigten (bei Verfassungsänderung 50 000) unterstützt werden. Es kommt zustande, wenn von 7 v. H. der Wahlberechtigten zustimmen, bei Verfassungsänderung von 20 v. H., Art. 63 Abs. 1. Für das Zustandekommen eines Gesetzes ist einfache Mehrheit der Abstimmenden erforderlich, dies muss gleichzeitig ein Viertel der Wahlberechtigten betragen. Bei Verfassungsänderung: Zwei-Drittel-Mehrheit der Abstimmenden und mindestens die Hälfte der Wahlberechtigten. Volksbegehren und Volksentscheid können auch auf die vorzeitige Beendigung der Wahlperiode des Abgeordnetenhauses gerichtet sein. **248**

Brandenburg: Das Verfahren der Volksgesetzgebung ist nach der Verf. vom 20. August 1992 dreistufig. Für die Volksinitiative sind 20 000 Unterschriften erforderlich, Art. 76 Abs. 1 S. 3 BbgVerf. Landesregierung oder Landtag (dort mindestens ein Drittel der Abgeordneten) können gegen das Volksbegehren das Landesverfassungsgericht anrufen, Art. 77 Abs. 2 BbgVerf. Für das Volksbegehren sind 80 000 Unterschriften erforderlich. Im Volksentscheid muss mindestens ein Viertel der Stimmberechtigten zustimmen, Art. 78 Abs. 2. Für Verfassungsänderungen und den Antrag auf Auflösung des Landtags gelten qualifizierte Mehrheitserfordernisse, Art. 78 Abs. 3. Volksinitiative, -begehren und -entscheid sind nicht auf die Gesetzgebung beschränkt, sondern können sich generell auf „Gegenstände der politischen Willensbildung" richten, Art. 76 Abs. 1 S. 1. **249**

Bremen: Die *Landesverfassung der Freien Hansestadt Bremen* vom 21. Oktober 1947 i.d.F. der Neubekanntmachung vom 12. August 2019 sieht in Art. 69 ff Volksbegehren und Volksentscheid für Gesetze vor; eine Besonderheit bildet hier die Bestimmung des Art. 70 lit. b), nach der auch die Volksvertretung (die *Bürgerschaft*) eine in ihre Zuständigkeit fallende Frage von sich aus dem Volksentscheid unterbreiten kann. Das Parlament kann also hier die plebiszitäre Bestätigung in Sachfragen suchen. Dies gilt auch für Gesetze nach Art. 42 Abs. 4 BremVerf über die Veräußerung von öffentlichen Unternehmen. Für Verfassungsänderungen sieht Art. 70 lit. a) BremVerf das obligatorische Referendum vor; Ausnahme: einstimmiger Beschluss der Bürgerschaft; – zu den Schranken der Zulässigkeit eines Volksbegehrens s. BremStGH NVwZ 1998, 388. Dass Verfassungen erschwert abänderbar sein müssen, gehört für den BremStGH[129] zum nach Art. 28 Abs. 1 GG unverzichtbaren Bestand der Verfassungsordnung. Art. 72 BremVerf sieht demgemäß nun unterschiedliche Quoren für Gesetze und Verfassungsänderungen vor. **250**

Hamburg: Die *Verfassung der Freien und Hansestadt Hamburg* vom 6. Juni 1952 sieht seit 1996 in Art. 50 Volksinitiative (durch 10 000 Wahlberechtigte), Volksbegehren (Unterstützungsquorum: 1/20) und Volksentscheid vor. Art. 50 Abs. 3 VerfHH sieht unterschiedliche Quoren vor und differenziert auch danach, ob die Abstimmung gleichzeitig mit einer Wahl stattfindet[130]. **251**

---

128 BayVerfGH DÖV 2000, 28; kritisch *Lege*, DÖV 2000, 283.
129 BremStGH BayVBl 2000, 342 = NordÖR 2000, 186.
130 Vgl auch HambVerfG DÖV 2005, 252.

252 Hessen: Nach der *Verfassung des Landes Hessen* vom 1. Dezember 1946 sind gemäß Art. 116 Abs. 1 Volk und Landtag gleichberechtigte Organe der Gesetzgebung, wenngleich die Gesetzgebung durch Letzteren gemäß Art. 116 Abs. 2 HessVerf als Regelfall gilt. Dem Volksbegehren geht ein Zulassungsverfahren voraus (näher geregelt im Gesetz über Volksbegehren und Volksentscheid – VuVG); für den Antrag auf Zulassung sind 1%, für das Volksbegehren 5% der Stimmberechtigten erforderlich.

253 Mecklenburg-Vorpommern: Die *Verfassung des Landes Mecklenburg-Vorpommern* vom 23. Mai 1993, angenommen durch Volksentscheid vom 12. Juni 1994, sieht das dreistufige Verfahren (Rn 120) vor. Das Volksbegehren (auf Gesetzeserlass) muss von mindestens 120 000 Wahlberechtigten unterstützt werden. Auf Antrag der Landesregierung oder eines Viertels der Mitglieder des Landtags hat das Landesverfassungsgericht über seine Zulässigkeit zu entscheiden. Diese Prüfung soll offenbar, wie sich aus der systematischen Stellung des Art. 60 Abs. 2 S. 2 ergibt, erst erfolgen, nachdem das Volksbegehren zustande gekommen ist. Im Volksentscheid gilt ein Zustimmungsquorum von einem Drittel der Wahlberechtigten. Für Verfassungsänderungen ist eine Zweidrittelmehrheit der Abstimmenden und gleichzeitig die Zustimmung der Hälfte der Wahlberechtigten erforderlich.

254 Niedersachsen: Die neue *Niedersächsische Verfassung* vom 19. Mai 1993, durch die die vorläufige Verfassung aus dem Jahre 1949 abgelöst wurde, sieht in ihrem 5. Abschnitt ebenfalls das dreistufige Verfahren unter Einschluss der Volksinitiative vor (Rn 120). Das Volksbegehren nach Art. 48 kann nur Gesetze zum Gegenstand haben. Die Landesregierung prüft die Zulässigkeit, gegen ihre Entscheidung kann der Staatsgerichtshof angerufen werden, Art. 48 Abs. 2 NdsVerf. Um dann erfolgreich zu sein, muss das Volksbegehren die Unterstützung von 10% der Wahlberechtigten erlangen. Im Volksentscheid muss ein Viertel der Wahlberechtigten, bei Verfassungsänderungen die Hälfte zustimmen.

255 Nordrhein-Westfalen: Die *Verfassung für das Land Nordrhein-Westfalen* vom 28. Juni 1950 sah von Anfang an Volksbegehren und Volksentscheid über Gesetze vor.

Das Volksbegehren muss von 8 v. H. der Stimmberechtigten gestellt werden; es ist von der Landesregierung zu überprüfen, gegen ihre Entscheidung kann der Verfassungsgerichtshof angerufen werden. Dass auch die Zuständigkeit des Landesgesetzgebers zu prüfen ist, wird in Art. 68 Abs. 1 S. 3 ausdrücklich klargestellt. Im Volksentscheid gilt ein Zustimmungsquorum von nur 15 v. H., bei Verfassungsänderungen ein Beteiligungsquorum von 50 v. H. und 2/3-Mehrheit der Abstimmenden.

Nach Art. 69 Abs. 3 können sich die Landesregierung und der Landtag an das Volk wenden, um eine von ihr eingebrachte und im Landtag abgelehnte Änderung der Verfassung zum Volksentscheid zu bringen.

256 Rheinland-Pfalz: Die *Verfassung für Rheinland-Pfalz* vom 18. Mai 1947, 2000 umfassend novelliert, sieht in Art. 108a die Volksinitiative vor, die von 30 000 Stimmberechtigten unterzeichnet sein muss. Für das Volksbegehren sind nach Art. 109 Abs. 3 300 000 Stimmen erforderlich, für den anschließenden Volksentscheid einfache Mehrheit, doch müssen einem Gesetz mindestens ein Viertel der Wahlberechtigten zustimmen. Volksbegehren und Volksentscheid können auch hier auf die Auflösung des Landtags gerichtet sein. Art. 109 RhPfVerf Art. 114 RhPfVerf verpflichtet den Landtag, die Verkündung von Gesetzen auf zwei Monate auszusetzen, wenn ein Drittel der Mitglieder es verlangt. In diesem Fall können bereits 150 000 Wahlberechtigte den Volksentscheid über das Gesetz verlangen, Art. 115. Art. 114, 115 RhPfVerf geben damit praktisch der **Opposition** die Möglichkeit, gegen die Entscheidung der Parlamentsmehrheit das Volk unmittelbar anzurufen.

257 Saarland: Die *Verfassung des Saarlandes* vom 15. Dezember 1947 sieht Volksbegehren und Volksentscheid über Gesetze vor. Das Verfahren ist ähnlich geregelt wie in Bayern und Hessen: Vorverfahren – Volksbegehren und Volksentscheid. Art. 99 regelt detailliert die Zulässigkeit finanzwirksamer Volksbegehren.

Sachsen: Das Verfahren der Volksgesetzgebung ist mehrstufig ausgestaltet, *Verfassung des Freistaates Sachsen* vom 27. Mai 1992, Art. 70 ff. Der **Volksantrag**, für den 40 000 Unterschriften erforderlich sind, der aber nur Gesetze zum Gegenstand haben kann, ist vom Landtagspräsidenten auf seine Zulässigkeit zu überprüfen, der den Verfassungsgerichtshof anrufen kann, Art. 71 SächsVerf. Übernimmt der Landtag die Volksinitiative nicht, findet das Volksbegehren statt, für das 450 000 Unterschriften erforderlich sind. Beim Volksentscheid entscheidet allein die Mehrheit der abgegebenen Stimmen, ein Quorum ist nicht vorgesehen, Art. 72 Abs. 4 SächsVerf. Die Mehrheit der Stimmberechtigten ist beim Volksentscheid über Verfassungsänderungen erforderlich, Art. 74 Abs. 3 S. 3 SächsVerf. Ein Volksentscheid über Verfassungsänderungen kann auch vom Landtag initiiert werden, Art. 74 Abs. 3 S. 1 SächsVerf.

258

Aktuelle Gesetzgebung: Eine Besonderheit im Verfassungsvergleich würde der sog. „**Volkseinwand**" darstellen, auf den sich die Koalitionsfraktionen des 6. Landtags verständigt haben. Danach sollen nach aktuellem Diskussionsstand 6% der Wahlberechtigten innerhalb von 100 Tagen nach Verabschiedung eines Gesetzes im Landtag eine Volksabstimmung über das Gesetz herbeiführen können; erst nach Ablauf dieser Frist sollen Gesetze in Kraft treten, wenn es der Landtag nicht mit qualifizierter Mehrheit als dringlich einstuft. In diesem Fall würde das Gesetz ggf durch Volksentscheid aufgehoben. Es handelt sich in der Sache um ein fakultatives Gesetzesreferendum. Abgesehen von der Praktikabilität, ist die Verfassungsmäßigkeit des Gesetzes umstritten: wenn das Volk das „letzte Wort" über ein vom Landtag beschlossenes Gesetz habe, sei die Gleichwertigkeit von Volks- und Parlamentsgesetzgebung nicht mehr gegeben[131].

Sachsen-Anhalt: Die *Verfassung des Landes Sachsen-Anhalt* vom 16. Juli 1992 sieht auch die Volksinitiative (Rn 120) vor. Das Volksbegehren kann sich nur auf Gesetze beziehen und muss von 9 v. H. der Wahlberechtigten unterstützt werden, Art. 81 Abs. 1 SAHVerf. Die Landesregierung prüft seine Zulässigkeit; gegen ihre negative Entscheidung kann das Landesverfassungsgericht angerufen werden. Im Volksentscheid beträgt nach Art. 81 Abs. 3 das Zustimmungsquorum ein Viertel der Stimmberechtigten. Dieses Quorum entfällt für einen etwaigen Alternativentwurf des Landtages nach Abs. 4. Der Grund für diese Regelung ist darin zu sehen, dass in diesem Fall bereits der Landtagsbeschluss dem Gesetz die erforderliche demokratische Legitimation verschafft hat. Für Verfassungsänderungen gelten höhere Quoren, Art. 81 Abs. 5 SAHVerf.

259

Schleswig-Holstein: Die neue Verfassung vom 13. Juni 1990 idF vom 13. Mai 2008 sieht Volksinitiativen einerseits, Volksbegehren und Volksentscheid andererseits vor. Die Volksinitiative ist vom Landtag zu behandeln; übernimmt er sie nicht, kann die Durchführung des Volksbegehrens beantragt werden, Art. 42 Abs. 1 SHVerf. Über dessen Zulässigkeit ist auf Antrag der Landesregierung oder eines Viertels der Mitglieder des Landtags vom Landesverfassungsgericht zu entscheiden. Für das Volksbegehren ist die Zustimmung von 5 v. H. der Wahlberechtigten erforderlich. Ist es erfolgreich, findet der Volksentscheid statt; Art. 42 Abs. 4 sieht differenzierte Quoren vor.

260

Thüringen: Die *Verfassung des Freistaates Thüringen* vom 25. Oktober 1993 benennt in Art. 82 Volksbegehren und Volksentscheid, bezogen ausschließlich auf die *Gesetzgebung* des Landes. Dem Volksbegehren müssen 8 v. H. der Stimmberechtigten innerhalb von zwei Monaten zustimmen. Landesregierung und ein Drittel der Mitglieder des Landtags haben den Verfassungsgerichtshof anzurufen. Für den Volksentscheid gilt nach Art. 82 Abs. 7 S. 3 2. HS ThürVerf ein Zustimmungsquorum von einem Viertel der Stimmberechtigten, für Verfassungsänderungen beträgt das entsprechende Quorum nach Art. 83 Abs. 2 S. 2 ThürVerf 40 v. H. der Stimmberechtigten[132].

261

Schrifttum zu V.: S. zu § 2 V, nach Rn 126.

---

131 *Heußner/Pautsch*, NJ 2020, 89; aM *Schmidt*, NVwZ 2020, 771.
132 Zu den Gegenständen eines Volksbegehrens s. ThürVerfGH, B. v. 6.9.2017 – VerfGH 1/17 (www.thverfgh.thueringen.de).

VI. Offene Staatlichkeit und Verfassungsidentität des Grundgesetzes: Unionsrecht und EMRK

262 Die Bundesrepublik Deutschland steht in vielfältigen Beziehungen zu anderen Staaten und ist eingegliedert in internationale Organisationen. Nationales Recht wird vielfach ergänzt und überlagert durch Normen internationalen Rechts, des Völkerrechts und vor allem des Europarechts. Im Folgenden ist ihrer Entstehung, ihrem Geltungsgrund und ihrem Verhältnis zum nationalen Recht nachzugehen.

▶ **Leitentscheidungen:** BVerfGE 37, 271 (Solange I); BVerfGE 73, 339 (Solange II); BVerfGE 89, 155 (Maastricht); BVerfGE 102, 147 (Bananenmarktordnung); BVerfGE 111, 307 (EMRK- Fall Görgülü); BVerfGE 113, 273 (Europäischer Haftbefehl); BVerfGE 126, 286 und EuGH NJW 2013, 1415 (Grundrechtecharta – Åkerberg Fransson); BVerfGE 128, 326 (Sicherungsverwahrung II); BVerfGE 134, 366, EuGH NJW 2015, 2013 und BVerfGE 142, 123 (OMT); BVerfGE 146, 364 (Europäischer Haftbefehl II); BVerfGE 146, 216, EuGH NJW 2019, 952 und BVerfGE 154, 17 (jeweils zum Anleihenkauf der EZB)[133]; BVerfGE 153, 74 (Europäisches Patentgericht); BVerfGE 152, 152 und BVerfGE 152, 216 (Recht auf Vergessen I und II); BVerfGE 156, 182 (Europäischer Haftbefehl II); BVerfG NJW 2023, 425 (Next Generation EU).

263 **Fall 18: Fantastilliarden**

Um den durch den Klimawandel betroffenen Staaten beizustehen, will die EU einen Hilfsfonds im Volumen von 1.000 Mrd. € bereitstellen. Die Mittel sollen aus dem Haushalt der EU kommen; die EU soll ermächtigt werden, in diesem Umfang Kredite aufzunehmen. Hierfür ist eine Änderung des AEUV erforderlich. Hierauf einigen sich die Mitgliedstaaten. Die Tilgung der Kredite soll aus dem EU-Haushalt erfolgen, zu dem die Mitgliedstaaten anteilig beitragen; Deutschland etwa 27%. Sollte ein Mitgliedstaat zur Tilgung nicht in der Lage sein, sollen die übrigen Mitgliedstaaten hierfür anteilig haften.

Bei der Abstimmung im Bundestag über das Zustimmungsgesetz zur Änderung des AEUV stimmen 444 Abgeordnete mit „ja", 102 Abgeordnete stimmen dagegen und 120 enthalten sich der Stimme.

Der Abgeordnete des Bayerischen Landtags Rechtsanwalt Dr. Josef Filser befürchtet, die Änderung des AEUV könne dazu führen, dass die Bundesrepublik für die Schulden anderer Staaten hafte, ohne auf deren Entscheidungen Einfluss zu haben. Dies führe zu nicht beherrschbaren Haushaltsrisiken und zu Umverteilungseffekten. Durch einen derartigen Finanzausgleich werde die EU zum Bundesstaat und verliere die Bundesrepublik wesentliche Elemente ihrer Souveränität[134]. Auch gebe der Bundestag mit dem Budgetrecht eines seiner wichtigsten Rechte auf. Das Gesetz, mit dem die Bundesrepublik der Änderung des Vertrags zugestimmt hat, sei daher verfassungswidrig. Außerdem hätten zwei Drittel der 709 Abgeordneten des Bundestags zustimmen müssen.

Rn 291 (prozessual Rn 912)

263a **Fall 19: Europäischer Haftbefehl – Vertrauen oder Kontrolle?**

In der Republik Z, einem erst kürzlich beigetretenen Mitgliedstaat der EU, erhebt die Staatsanwaltschaft Anklage gegen den Oppositionspolitiker P; ihm werden Delikte u.a. gegen die Sicherheit des Staates und Korruption vorgeworfen. P, der die Vorwürfe bestreitet, setzt sich ins Ausland ab. Ihm droht eine 25-jährige Haftstrafe. Auf Grund eines europäischen Haftbefehls

---

133 Der Verf. war in den Verfahren vor dem BVerfG und dem EuGH Bevollmächtigter der Beschwerdeführer.
134 Vgl BVerfG NVwZ 2014, 501 Rn 41.

wird er bei einem kurzen Aufenthalt in der Bundesrepublik festgenommen. Z beantragt Auslieferung. P wendet ein, er habe in Z kein rechtsstaatliches Verfahren zu erwarten. Das oberste Gericht sei ausschließlich mit Mitgliedern der regierenden Z-Partei besetzt. Diese sei ihrerseits aus der Einheitspartei hervorgegangen, die Z über Jahrzehnte diktatorisch regiert habe. Er habe zu keinem Zeitpunkt die Möglichkeit gehabt, sich zu den Vorwürfen zu äußern. Außerdem seien in den Haftanstalten von Z die auch vom BVerfG geforderten Mindestanforderungen an eine menschenwürdige Unterbringung nicht gegeben. Das für die Entscheidung über die Auslieferung zuständige Oberlandesgericht sieht keine Hindernisse; Unionsrecht fordere hier zwingend Rechtshilfe durch Auslieferung. Es beruhe auf dem Grundsatz des gegenseitigen Vertrauens; damit wäre es unvereinbar, einem Mitgliedstaat der EU rechtsstaatswidrige Verhältnisse zu unterstellen.

P wendet sich unter Berufung auf Art. 1 GG sowie auf Art. 4 GRCh an das BVerfG. Die Bundesregierung, zur Stellungnahme aufgefordert, entgegnet, der europäische Haftbefehl sei Gegenstand ausschließlich des Unionsrechts, der Gesetzgeber habe bei dessen Umsetzung keinerlei Spielraum gehabt. **Rn 291a**

Hinweis: Grundlage des Europäischen Haftbefehls ist ein Rahmenbeschluss der EU; derartige Rahmenbeschlüsse entsprachen vor dem Vertrag von Lissabon für bestimmte Politikbereiche Richtlinien der EU. Er wird umgesetzt im Gesetz über die internationale Rechtshilfe in Strafsachen (IRG). Danach ist die Rechtshilfe jedoch unzulässig, wenn sie zu wesentlichen Grundsätzen der deutschen Rechtsordnung im Widerspruch stünde.

1. Völker- und Europarecht

Völkerrecht regelt die Beziehungen der Staaten untereinander[135]; Rechtsquelle sind in erster Linie völkerrechtliche Verträge zwischen den Staaten, in gewissem Rahmen auch Völkergewohnheitsrecht[136]. EWG bzw EU wurden durch völkerrechtliche Verträge begründet. Als Mitglied der EU (Rn 9 ff) hat die Bundesrepublik hierdurch Hoheitsbefugnisse auf diese übertragen. Als Gemeinschaft mit eigener Hoheitsgewalt ist die EU zur Rechtsetzung befugt. Das Recht der EU, also das Unionsrecht (früher: Gemeinschaftsrecht) umfasst die Verträge zur Gründung der EU, EWGV bzw EUV und AEUV sowie die auf dieser Grundlage von der EU erlassenen Rechtsvorschriften; dies ist idR gemeint, wenn von „Europarecht" die Rede ist. Demgegenüber handelt es sich bei der EMRK um Völkerrecht[137]. Völkerrecht und Europarecht sind jeweils eigenständige Rechtskreise und nicht automatisch innerstaatlich verbindlich. Vielmehr muss die nationale Rechtsordnung den „Rechtsanwendungsbefehl" geben; man spricht hier vom „Dualismus" von nationalem Recht einerseits, Völkerrecht bzw Europarecht andererseits.

264

2. Rechtsquellen des Unionsrechts

a) Primäres und sekundäres Unionsrecht

EUV und AEUV enthalten das *primäre Unionsrecht*. Sie wurden zwischen den Mitgliedstaaten vereinbart und können nur einvernehmlich geändert werden. Auf der Grundlage der Verträge ergeht das *sekundäre Unionsrecht*. Art. 288 Abs. 1 AEUV nennt als **Rechtsakte der Europäischen Union** Richtlinien und Verordnungen sowie Beschlüsse

265

---

135 *Schweitzer/Dederer,* Rn 10 ff.
136 *Schweitzer/Dederer,* Rn 462 ff.
137 Man könnte allenfalls von „Europarecht im weiteren Sinn" sprechen, vgl *Schweitzer/Dederer* Rn 965.

und nicht verbindliche Empfehlungen und Stellungnahmen. **Verordnungen**[138] sind allgemein verbindlich und gelten unmittelbar in jedem Mitgliedstaat. Sie sind also im Rahmen der Rechtsanwendung von den Behörden der Bundesrepublik anzuwenden und enthalten, wie zB die Datenschutz-GrundVO für den Bürger unmittelbar verbindliche Regeln. **Richtlinien** (Art. 288 Abs. 3 AEUV) richten sich an die Mitgliedstaaten. Sie verpflichten sie, ihre innerstaatliche Rechtsordnung der Richtlinie anzugleichen, sog. Umsetzung. Sie waren ursprünglich nach Art. 249 Abs. 3 EGV als eine Art Rahmenvorschriften gedacht, doch ist die Praxis, vom EuGH gebilligt, darüber hinweggegangen. Richtlinien haben mittlerweile einen hohen Grad an Detailliertheit erreicht. **Beschlüsse** sind Einzelfallentscheidungen. Ein europäisches „Gesetz" kennen die Verträge nicht, doch spricht Art. 289 Abs. 3 AEUV von Gesetzgebungsakten; dies sind Rechtsakte, die im „Gesetzgebungsverfahren" angenommen wurden.

266 **Richtlinien** werden für die Bürger unmittelbar wirksam, wenn die Mitgliedstaaten sie „umgesetzt", also ihr nationales Recht angeglichen haben. Dazu setzen die Richtlinien eine Umsetzungsfrist. Wenn die Mitgliedstaaten diese verstreichen lassen, können die Bürger sich unter bestimmten Voraussetzungen unmittelbar auf die Richtlinie berufen. Man spricht hier von **„Direktwirkung"** von Richtlinien. Voraussetzung ist, dass die Richtlinie inhaltlich bestimmt und deshalb einer unmittelbaren Anwendung zugänglich ist[139], wie zB eine Richtlinie über Höchstarbeitszeiten im Gesundheitswesen[140]. Deshalb konnten angestellte Krankenhausärzte unmittelbar auf Grund der Richtlinie die Anrechnung von Bereitschaftszeiten gegenüber den Krankenhausträgern beanspruchen[141]. Auch ist nach Ablauf der Umsetzungsfrist die nationale Rechtsordnung richtlinienkonform anzuwenden[142]. Im **Fall Mangold** ging der EuGH noch darüber hinaus: schon während der noch laufenden Umsetzungsfrist dürfe der nationale Gesetzgeber keine Vorschriften erlassen, die der Richtlinie widersprächen[143].

b) Kompetenzen

267 Auch die **Kompetenzordnung** der EU kennt ausschließliche und konkurrierende – sog. „geteilte" Zuständigkeiten, Art. 2 Abs. 2 AEUV. Die einzelnen Kompetenznormen sind meist offener formuliert. Dies liegt daran, dass die Unionszuständigkeiten häufig nicht gegenständlich, also für bestimmte Sachgebiete, sondern **final** bestimmt werden. Es wird ein bestimmter Zustand angestrebt, zu dessen Verwirklichung die Gemeinschaft dann die erforderlichen Maßnahmen ergreifen kann. So ist zB nach Art. 26 AEUV der Binnenmarkt wichtigstes Ziel, und es können nach Art. 114 AEUV Maßnahmen getroffen werden, die dessen Errichtung und sein Funktionieren zum Gegenstand haben. Derartige Kompetenzen erlauben es, die verschiedensten Sachbereiche zu regeln (**„Querschnittkompetenzen"**). Der EuGH lässt es meist genügen, dass ein Gesetz, sei es auch als Nebenwirkung, zum Funktionieren des Binnenmarkts beiträgt.

---

138 Dazu *Streinz*, Rn 475 ff.
139 Slg. 1982, 53 ff, wiedergegeben bei BVerfGE 75, 223, 238 ff.
140 EuGH NJW 2003, 2971; NJW 2004, 3547.
141 Zu den Voraussetzungen vgl iE *Schweitzer/Dederer*, Rn 663 ff; *Jarass*, NJW 1990, 2420; insbesondere zur „horizontalen" Drittwirkung s. *Gassner*, JuS 1996, 303; zum EuGH s. die didaktische Aufbereitung bei *Lochen*, JA 2005, 690.
142 S. dazu EuGH, U. v. 4.7.2006, IZ 2007, 187 mit Anm. *Franzen*.
143 Vgl näher zur Mangold-Entscheidung *Hillgruber*, JA 2011, 78, 80.

Fallbeispiele: Wenn eine primär gesundheitspolitisch motivierte Richtlinie (Tabakrichtlinie)[144] durch eine Vereinheitlichung des Rechts der Werbung auch dazu beitragen kann, die Wettbewerbsbedingungen zu vereinheitlichen, begründet dies eine Zuständigkeit für den Binnenmarkt. Ebenso wurde dies bejaht für eine Richtlinie zur Vorratsdatenspeicherung. Die Daten sollen den Ermittlungsbehörden zum Zweck der Strafverfolgung zugänglich sein. Nach dem Kompetenzverständnis des GG fiele ein entsprechendes Gesetz wegen seines Schwerpunkts im Strafverfahrensrecht unter Art. 74 Abs. Nr 1 GG. Ein wirtschaftsrechtlicher Nebeneffekt würde hieran nichts ändern. Anders die Sichtweise des EuGH: Unterschiedliche Gesetze in den Mitgliedstaaten könnten den Binnenmarkt stören. Bereits dieser Nebeneffekt genügte, um die Richtlinie als Maßnahme zur Verwirklichung des Binnenmarkts einzustufen. Damit war die Kompetenz zur Rechtsangleichung nach Art. 114 iVm Art. 26 AEUV gegeben[145].

268

Die EU hat nach Art. 5 EUV die Grundsätze der Subsidiarität und Verhältnismäßigkeit zu beachten. Das **Subsidiaritätsprinzip** besagt als allgemeine Regel, dass die größere – zentrale – Einheit nur dort tätig werden soll, wo die kleinere Einheit nicht leistungsfähig ist. Die Erforderlichkeitsklausel des Art. 72 Abs. 2 GG oder auch die kommunale Selbstverwaltung für Angelegenheiten der örtlichen Gemeinschaft in Art. 28 Abs. 2 GG sind Ausdruck des Subsidiaritätsprinzips. Es ist aber kein allgemeiner Grundsatz des geltenden Verfassungsrechts[146]. Im Recht der Union ist es wirkungslos geblieben. Der EuGH hat noch in keinem Fall einen Rechtsakt der EU deshalb beanstandet[147].

269

Soweit Unionsrecht durch innerstaatliches Recht „umgesetzt" werden muss (Rn 265), richtet sich die Zuständigkeit hierfür nach **Art. 70 ff GG**; insoweit bestehen keine Besonderheiten. Allenfalls könnte etwa die Verpflichtung zur Umsetzung einer Richtlinie in den Fällen des Art. 72 Abs. 2 GG für die Erforderlichkeit einer bundesgesetzlichen Regelung sprechen. Einen besonderen Kompetenztypus einer „Umsetzungsgesetzgebung" gibt es jedoch nicht; allein die Notwendigkeit der Umsetzung europäischen Rechts macht eine bundesgesetzliche Regelung nicht erforderlich[148].

270

3. Unionsrecht und nationales Recht: Anwendungsvorrang

a) Der Grundsatz: Anwendungsvorrang des Unionsrechts

Das Recht der EU hat grundsätzlich Vorrang gegenüber innerstaatlichem Recht, dies ergibt sich insbesondere aus Art. 288 AEUV[149]. Denn für die EU als Rechtsgemeinschaft ist die gleichmäßige Geltung ihres Rechts in den Mitgliedstaaten essenziell[150]. Das BVerfG spricht von der Einräumung eines Anwendungsvorrangs[151]. Das unionswidrige innerstaatliche Recht ist nicht nichtig, doch kommt es im Konfliktfall nicht zur Anwendung, also auch im Verhältnis zum GG[152]. Dieser Vorrang des Europarechts war in den Verträgen an sich nicht vorgesehen und wurde erst durch die Rspr. des EuGH begründet[153]; die effektive Geltung europäischen Rechts setze voraus, das es in allen Staaten gleichmäßig gelte und diese nicht nachträglich einseitig widersprüchliche Maßnahmen

271/
272

---

144 EuGH, U. v. 10.12.2002 – C-491/01, EuGRZ 2003, 248; *Doerfert*, JA 2003, 550.
145 EuGH NJW 2014, 2169, der die Verhältnismäßigkeit verneint.
146 Vgl zum Subsidiaritätsprinzip in der EU *Albin*, NVwZ 2006, 629.
147 So *Grimm*, FAZ v. 18.5.2020 S. 9.
148 S. dazu BVerfG (K) NVwZ-RR 2011, 385, 386.
149 Näher *Schweitzer/Dederer*, Rn 219 ff.
150 S. BVerfGE 140, 317 Rn 37.
151 BVerfGE 140, 317 Rn 38.
152 BVerfGE 126, 286, 302; 140, 317 Rn 37.
153 Grundlegend: EuGH Rs. 6/64, Slg. 1964, 1251, 1269; *Schweitzer* Rn 218 ff.

treffen könnten. Der EuGH sieht im Recht der Union eine eigenständige Rechtsordnung, die aus sich heraus Geltung beansprucht. Der Vorrang des Unionsrechts bedeutet: Rechtsakte der EU können grundsätzlich nicht am Maßstab des nationalen Rechts überprüft werden. Das BVerfG hat sich allerdings für sekundäres Recht der Union eine Kontrollmöglichkeit vorbehalten, es am Maßstab des GG zu messen, sollte auf europäischer Ebene kein gleichwertiger Grundrechtsschutz gegeben sein[154]. Derzeit aber sieht das BVerfG diesen als gegeben, so dass Normenkontrollanträge bzw. Verfassungsbeschwerden gegen Richtlinien und Verordnungen der EU unzulässig sind. Es ist auch nicht ersichtlich, dass sich dies ändern könnte[155].

273/ 274 Auch **unionsrechtlich determiniertes Recht** ist grundsätzlich nicht am Maßstab des Grundgesetzes zu messen. Dies sind Gesetze, die das europäische in nationales Recht umsetzen, ohne dass ein Umsetzungsspielraum besteht. Denn hier würde mit dem nationalen Recht mittelbar auch das europäische Recht am Maßstab des GG gemessen[156]. In den wegweisenden Entscheidungen des Ersten Senats vom 6. November 2019 „Recht auf Vergessen I und II" prüft das BVerfG in diesem Fall das Umsetzungsgesetz unmittelbar am Maßstab der Grundrechte der Charta, näher **Rn 290**[157]. Soweit demgegenüber Umsetzungsspielräume bestehen und die zu entscheidende Rechtsfrage nicht unionsrechtlich vollständig determiniert wird, ist das GG der Prüfungsmaßstab[158]. Gesetzgebungszuständigkeit und -verfahren sind ohnehin am Maßstab des GG zu messen, da hierzu das Recht der EU keine Aussage trifft.

b) Europäisches und nationales Recht: Prüfungs- und Verwerfungskompetenz

275 Richtlinien und Verordnungen der EU sind nicht am Maßstab des GG zu messen, wohl aber am Maßstab des höherrangigen (primären) Unionsrechts, also des EUV und des AEUV sowie der Charta der Grundrechte der EU, die nach Art. 6 Abs. 1 EUV den Rang des Primärrechts hat[159]. Wenn nun ein Gericht der Auffassung ist, ein Gesetz, auf das es für seine Entscheidung ankommt, verletze europäisches Recht, dann darf es auf Grund des Anwendungsvorrangs des Unionsrechts das Gesetz nicht anwenden. Dies gilt an sich auch dann, wenn es davon überzeugt ist, dass ein Gesetz gegen das GG verstößt. In diesem Fall hat es das Gesetz nach Art. 100 Abs. 1 GG dem BVerfG vorzulegen. Bei ihm liegt das „Verwerfungsmonopol": nur das BVerfG als Verfassungsorgan soll Entscheidungen des demokratisch legitimierten parlamentarischen Gesetzgebers aufheben können. Demgegenüber kann ein vom Parlament beschlossenes Gesetz von einem Instanzgericht wegen Europarechtswidrigkeit jedenfalls in der Anwendung „verworfen" werden[160]. Verbindlich über europäisches Recht zu entscheiden, ist allerdings Aufgabe des **EuGH**. Deshalb haben nationale Gerichte, wenn es auf dessen Inhalt für ihre Entscheidung ankommt, ggf die Entscheidung des EuGH in einem **Vorabentscheidungsverfahren** einzuholen, Art. 267 AEUV, näher Rn 460 f.; das letztinstanzliche Gericht ist dazu verpflichtet. Eine Vorlage zum BVerfG ist in diesem Fall unzulässig[161].

---

154 BVerfGE 73, 339, 387; 102, 146, 162 ff.
155 So auch *Hillgruber/Goos*, Rn 1189.
156 BVerwGE 108, 289; BVerfG NJW 2001, 1267; kritisch dazu *Weidemann*, NVwZ 2006, 623.
157 BVerfGE 152, 216 Rn 54 ff; BVerfGE 153, 310 Rn 65; BVerfG, B. v. 27.4.2021 – 2 BvR 206/14 Rn 36 f.
158 BVerfGE 152, 152 Rn 74.
159 S. *Streinz,* Rn 758 ff; *Masing*, JZ 2015, 477, 480 f.
160 *Hillgruber/Goos*, Rn 1196.
161 *Hillgruber/Goos*, Rn 1195; BVerfGE 82, 159, 181; 114, 196, 220; 135, 155, 229; 136, 69, 91.

Wie sich **Verwaltungsbehörden** zu verhalten haben, wenn sie ein Gesetz für unionsrechtswidrig halten, ist offen. Eine Verwerfungskompetenz, also die Befugnis, das Gesetz nicht anzuwenden, widerspricht der Gesetzesgebundenheit der Exekutive. Ob der Grundsatz der Effektivität des Europarechts, der in Art. 4 Abs. 3 EUV niedergelegt ist, also die Verpflichtung, europäischem Recht effektiv Geltung zu verschaffen, hier den Grundsatz der Gesetzesgebundenheit der Verwaltung als einem elementaren Grundsatz der Rechtsstaatlichkeit des GG „aushebeln" kann, erscheint fraglich; allenfalls eine Evidenzkontrolle, also eine Befugnis zur Nichtanwendung bei evidenten Verstößen gegen Unionsrecht, dürfte hier in Betracht kommen[162].

276

c) Rechtsschutzfragen

Sieht sich ein Bürger durch einen Akt deutscher Behörden in Anwendung sekundären Unionsrechts in Grundrechten verletzt, so wird er zunächst vor dem zuständigen deutschen Fachgericht klagen (Verwaltungsgericht). Dieses muss grundsätzlich die Vorabentscheidung des EuGH einholen, Art. 267 AEUV.

277/
278

Ein **Gericht**, das sich mit der Frage der **Verfassungswidrigkeit** oder **Unionsrechtswidrigkeit** des von ihm anzuwendenden Rechts konfrontiert sieht, hat also dann, wenn es das Gesetz für verfassungswidrig hält, es dem BVerfG vorzulegen, Art. 100 Abs. 1 GG. Dies dürfte nach „Recht auf Vergessen II" auch bei unionsrechtlich determiniertem Recht gelten, wenn das Gericht das Gesetz für grundrechtswidrig hält, da es dann am Maßstab der Grundrechte-Charta zu überprüfen ist (Rn 290). Hält das Gericht ein Gesetz für unionsrechtswidrig – etwa wegen unrichtiger oder unvollständiger Umsetzung einer Richtlinie – so hat es das Gesetz nicht anzuwenden, kann jedoch den EuGH nach Art. 267 Abs. 1a) oder 1b) AEUV im Vorabentscheidungsverfahren anrufen – entscheidet es in letzter Instanz, *muss* es dies tun, Art. 267 Abs. 3 AEUV. Ebenso hat das Gericht den EuGH anzurufen, wenn es um die Auslegung europäischen Rechts geht, zB um die Frage, was Umweltinformationen iSd der Umweltinformationsrichtlinie oder was gefährliche Chemikalien iSd einschlägigen VO der EU sind.

4. BVerfG und EuGH – Ultra-vires-Kontrolle, Identitätskontrolle und formelle Übertragungskontrolle

a) „Recht auf Demokratie" – Ultra-vires-Kontrolle, Identitätskontrolle

Der Vorrang des europäischen Rechts gilt nicht uneingeschränkt: Die unantastbaren Grundsätze des Art. 79 Abs. 3 GG stehen, wie auch aus Art. 23 Abs. 1 S. 3 GG hervorgeht, nicht zur Disposition. Hieraus ergeben sich Grenzen für die Öffnung der deutschen Staatlichkeit[163] und damit den Anwendungsvorrang des europäischen Rechts. Ob diese Grenzen eingehalten sind, kann zur Überprüfung durch das BVerfG gebracht werden. Allerdings sind Maßnahmen der EU und ihrer Institutionen keine Akte der deutschen öffentlichen Gewalt und unterliegen daher nicht der Jurisdiktion des BVerfG; insbesondere sind sie nicht tauglicher Gegenstand einer Verfassungsbeschwerde[164]. Sie können jedoch mittelbar zur Überprüfung durch das BVerfG gebracht werden, wenn sie Grundlage sind für Handlungen deutscher Stellen, die öffentliche Gewalt ausüben, oder wenn sie Handlungs- oder Unterlassungspflichten deutscher Verfassungsorgane auslösen[165]. Das

279

---

162 *Streinz/Herrmann*, BayVBl 2008, 1, 8 f; *Burger*, DVBl 2011, 985.
163 BVerfGE 140, 317 Rn 40.
164 BVerfGE 154, 17; BVerfGE 142, 123 Rn 97.
165 BVerfGE 154, 17 Rn 98.

BVerfG prüft hier, ob sich Organe der EU außerhalb ihrer Befugnisse und damit außerhalb des europäischen Rechts bewegt haben. Kompetenzlose europäische Rechtsakte entfalten keine Bindungswirkung. In diesem Fall wäre das Handeln der EU nicht mehr von dem Zustimmungsgesetz gedeckt, durch das hoheitliche Befugnisse übertragen wurden. Damit würde es an der demokratischen „Rückbindung" fehlen. Aus dem Grundsatz der Volkssouveränität in Art. 20 Abs. 2 S. 1 GG folgt der *„Anspruch der Bürgerinnen und Bürger, nur einer öffentlichen Gewalt ausgesetzt zu sein, die sie auch legitimieren und beeinflussen können"* und damit ein **Recht auf Demokratie**[166]. Es zählt zu jenen Grundsätzen, die durch Art. 79 Abs. 2, 3 GG als unveränderlich festgeschrieben sind und kann von Wahlberechtigten über Art. 38 Abs. 1 S. 1 GG im Wege der Verfassungsbeschwerde geltend gemacht werden. Art. 38 GG verleiht nicht nur das Recht, den Bundestag zu wählen, sondern auch darauf, dass dieser Bundestag etwas zu entscheiden hat. Dieses Recht ist dann verletzt, wenn staatliche Befugnisse in einem Maße auf die EU übertragen werden, dass dem Bundestag keine hinreichend substanziellen Befugnisse verbleiben. Eben dies ist der Kern des Rechts auf Demokratie aus Art. 38 Abs. 1 S. 1 GG iVm Art. 20 Abs. 1 und 2 GG und Art. 79 Abs. 2 und 3 GG)[167].

280 Mit dieser Maßgabe entwickelte das BVerfG die Grundsätze der **Identitätskontrolle**[168] und der **Ultra-vires-Kontrolle**[169]. Im Rahmen der sog. „Identitätskontrolle" prüft das BVerfG, ob Rechtsakte der EU dazu führen, dass die Verfassungsidentität des GG ausgehöhlt wird. Sie wird durch die Grundsätze des Art. 79 Abs. 3 GG, vor allem den Menschenwürdekern der Grundrechte, das Demokratie- oder das Rechtsstaatsprinzip bestimmt. Das BVerfG prüft also Akte staatlicher Stellen, die in Anwendung von europäischem Recht ergehen, daraufhin, ob sie gegen diese Grundsätze verstoßen. Im Rahmen der Ultra-vires-Kontrolle wird geprüft, ob eine Maßnahme der EU „ultra vires" erfolgt. Von einem Ultra-vires-Akt wird gesprochen, wenn der Staat oder die juristischen Personen des öffentlichen Rechts den ihnen vom Recht gezogenen Wirkungskreis überschreiten (der Begriff stammt aus dem anglo-amerikanischen Rechtskreis). Die Rüge der Verletzung der Verfassungsidentität kann ebenso wie die Ultra-vires-Rüge im Wege der Verfassungsbeschwerde geltend gemacht werden (Rn 279). Die Kontrolle durch das BVerfG ist jedoch „zurückhaltend und europarechtsfreundlich" auszuüben[170]. Insbesondere muss es dem EuGH Gelegenheit zur Äußerung geben.

b) Ultra-vires-Kontrolle

281 Im Rahmen der Ultra-vires-Kontrolle prüft das BVerfG jedoch nur, ob ein Organ oder eine sonstige Stelle der EU ihre Kompetenzen offensichtlich überschritten haben und dies zu einer „strukturell bedeutsamen Verschiebung zulasten der Mitgliedstaaten" führt[171]. Sie wäre zB dann gegeben, wenn die EZB, die nach AEUV die Wirtschaftspolitik der Mitgliedstaaten nur unterstützen soll, eine eigene Wirtschaftspolitik betreiben würde[172]. Auch Entscheidungen des EuGH selbst können Ultra-vires-Akte darstellen.

---

166 BVerfGE 142, 123 Rn 147; BVerfGE 154, 17 Rn 99.
167 BVerfGE 134, 366; BVerfGE 142, 123 Rn 123 ff, 147; s. JuS 2016, 756.
168 BVerfGE 142, 123 Rn 138.
169 BVerfGE 123, 267, 353 f; 126, 286, 302 f; 142, 123 Rn 143 ff; vgl hierzu *Koch/Ilgner*, JuS 2011, 540; *Voßkuhle/Kaufhold*, JuS 2013, 309; *Hillgruber/Goos*, Rn 791 ff.
170 BVerfGE 142, 123 Rn 154.
171 BVerfGE 126, 286, 304 ff, 398, zu den Voraussetzungen jetzt zusammenfassend BVerfGE 154, 17 Rn 110 ff.
172 BVerfGE 146, 216 Rn 89 ff.

Beispielhaft sind die Verfahren um die „unkonventionellen" Maßnahmen der EZB. Hier stand vor allem das „Recht auf Demokratie" in Frage. Denn die EZB agiert gemäß Art. 130 AEUV unabhängig, unterliegt keiner parlamentarischen Kontrolle und ist allenfalls sehr mittelbar demokratisch legitimiert. Eben deshalb sind ihre Kompetenzen strikt auszulegen. Nur mit dieser Maßgabe ist die Zurücknahme demokratischer Legitimation gerechtfertigt.

Im **PSPP-Verfahren** waren Verfassungsbeschwerden gegen das Anleihenkaufprogramm PSPP (Public Sector Asset Purchase Programme) der EZB erhoben worden. Hierbei kaufte die EZB Staatsanleihen der Mitgliedstaaten in Höhe mehrerer Billionen Euro. Dies kam vor allem hochverschuldeten Staaten zugute, die sonst nur erschwerten Zugang zu den Kapitalmärkten gehabt hätten; dies wurde gerügt als Verstoß gegen das Verbot monetärer Haushaltsfinanzierung aus Art. 123 Abs. 1 AEUV[173], also der Finanzierung mittels der Notenpresse. Nachdem das BVerfG mit Beschluss vom 18.7.2017[174] dem EuGH vorgelegt und dieser im Urteil vom 11.12.2018 einen Verstoß der EZB gegen europäisches Recht verneint hatte, ohne sich freilich ernstlich mit den Bedenken des BVerfG auseinanderzusetzen[175], hatte das BVerfG im Urteil vom 5.5.2020[176] abschließend zu entscheiden. Obwohl das BVerfG vom EuGH nur bei offensichtlicher Fehlerhaftigkeit seines Urteils abweichen und ihm einen Anspruch auf „Fehlertoleranz"[177] zubilligen will, warf es ihm schwere methodische Fehler und sachliche Defizite vor. Das BVerfG beanstandete hier insbesondere, dass die EZB keine eingehende Prüfung der Verhältnismäßigkeit vorgenommen hatte und der EuGH lediglich auf die erklärten Zielsetzungen (hier der EZB) abstellte[178], und nicht die tatsächlichen Auswirkungen etwa für *„die Staatsverschuldung, Spargutthaben, Altersvorsorge, Immobilienpreise"*[179] berücksichtigte. Aus diesem Grund hat das BVerfG das Vorgehen des EuGH als methodisch nicht vertretbar und deshalb ultra vires ergangen eingestuft[180]. Seine Selbstbeschränkung, so das BVerfG, *„eröffnet den Weg zu einer kontinuierlichen Erosion mitgliedstaatlicher Zuständigkeiten"*[181]. Damit war das BVerfG nicht mehr an die Beurteilung durch den EuGH gebunden und prüfte nun seinerseits, ob die EZB ultra vires handelte, was es wegen fehlender Prüfung der Verhältnismäßigkeit bejahte. Dann mussten die deutschen Staatsorgane auf ein Unterbleiben der Rechtsverstöße hinwirken[182]. Da sie dies unterließen, waren die Verfassungsbeschwerden begründet: Sie verletzten die Beschwerdeführer in ihrem „Recht auf Demokratie". Ein von der Europäischen Kommission gegen die Bundesrepublik wegen des Urteils eingeleitetes **Vertragsverletzungsverfahren** nach Art. 258 AEUV wurde mittlerweile beigelegt[183].

Die Corona-Krise veranlasste nicht nur den Bund, seine Kompetenzen gegenüber den Ländern weitergehend wahrzunehmen; sie wurde auch von der EU zum Anlass für eine

---

173 S. *Kempen*, in: Streinz, EUV/AEUV, 3. Aufl. 2018, Art. 123 Rn. 5.
174 BVerfGE 146, 216.
175 *Grimm*, FAZ v. 18.5.2020 S. 9.
176 BVerfGE 154, 17.
177 BVerfGE 142, 123 Rn 149.
178 U. v. 11.12.2018 — C-493/17 –, NJW 2019, 907 Rn 53 ff.; ebenso bereits im U. v. 16.6.2015 – C 62/14 – NJW 2015, 2013 Rn 86 ff, 90.
179 BVerfGE 154, 17 Rn 139.
180 A.a.O. Rn. 116, 118.
181 A.a.O. Rn 156.
182 BVerfGE 142, 123 Rn 220 ff; *Hillgruber/Goos*, Rn 960b.
183 S. dazu *Degenhart/Horn/Kerber/Murswiek*, Angriff auf die Souveränität der EU-Staaten und ihrer Völker, FAZ v. 21.7.2021.

Erweiterung ihrer Kompetenzen genommen. Das „Wiederaufbauprogramm" der EU unter der Bezeichnung „Next Generation EU (NGEU)" sieht vor, mit insgesamt 750 Mrd Euro wirtschaftsfördernde Investitionen in den von der Pandemie betroffenen Ländern zu finanzieren, teils in Form verlorener Zuschüsse, teils mit Darlehen, deren Rückzahlung bis 2058 vorgesehen ist. Dafür nimmt die EU ihrerseits Schulden auf. Die Verträge enthalten jedoch keine Ermächtigung zur Kreditaufnahme. Mit seinem Beschluss vom 14.12.2020[184] versucht der Europäische Rat dies dadurch zu umgehen, dass die Krediteinnahmen als sonstige Mittel iSv Art. 311 Abs. 2 AEUV bezeichnet werden. Mit der Ermächtigung zur Schuldenaufnahme im vorgesehenen Ausmaß hat also die EU ihre Kompetenzen erheblich erweitert[185]. Verfassungsbeschwerden gegen das Zustimmungsgesetz, die einen Verstoß gegen das Prinzip der begrenzten Einzelermächtigung (Rn 133) und damit einen Ultra-vires-Akt rügten, wurden vom BVerfG mit Urteil vom 6.12.2022 zurückgewiesen. Der Senat äußert gravierende Bedenken gegen die Rechtmäßigkeit des Eigenmittelbeschlusses der EU, sieht sich aber außerstande, einen Ultra-vires-Akt festzustellen, da es die „Offensichtlichkeit" verneint[186]. Der Verfassungsrichter *Müller* kritisiert in einem lesenswerten Sondervotum die Senatsmehrheit in ungewöhnlich scharfer Form.

c) Identitätskontrolle

284 Mit Blick auf das **Demokratieprinzip** als Element der Verfassungsidentität hat das BVerfG im Zuge der Maßnahmen zur Euro-„Rettung" wiederholt geprüft, ob die **haushaltspolitische Gesamtverantwortung** des Bundestags gewahrt war[187]. Sie folgt aus seinem Budgetrecht, dem „Königsrecht" des Parlaments in der Demokratie. Deshalb dürfen keine nicht beherrschbaren Haushaltsrisiken, zB aus Bürgschaften oder gemeinsamen Staatsanleihen der Euro-Staaten („Euro-Bonds") eingegangen werden und darf die Bundesrepublik nicht für Entscheidungen haften, auf die sie keinen Einfluss hat.

285 **Aktuelle Rechtsprechung – Identitätskontrolle:** Im Freihandelsabkommens **CETA** zwischen der EU und Kanada sind im Rahmen regulatorischer Zusammenarbeit gemeinsame Ausschüsse aus Vertretern Kanadas und der EU vorgesehen, die verbindliche Entscheidungen über die Umsetzung des Abkommens treffen und strittige Rechtsfragen mit bindender Wirkung für die zunächst vorgesehenen Schiedsgerichte klären sollen[188]. Dies könnte, so das BVerfG, das Demokratieprinzip berühren, da die Mitgliedstaaten der EU nicht unmittelbar in den Ausschüssen vertreten sind, so dass verbindliche Entscheidungen ohne Zustimmung Deutschlands und damit ohne Rückbindung an den Bundestag getroffen werden könnten. Auf Grund einschränkender Protokollerklärungen konnte dies jedoch ausgeschlossen werden[189].

Der **Europäische Haftbefehl (Fall 19)** beruht auf dem Prinzip der gegenseitigen Anerkennung und des gegenseitigen Vertrauens in die Rechtsstaatlichkeit der EU-Staaten[190]. und damit auf der

---

184 S. BT-Drucks. 19/26821 – Entwurf des Zustimmungsgesetzes hierzu.
185 Der damalige Vizekanzler *Scholz* sprach hier von einem „Hamilton-Moment" für Europa, in Parallele zur gemeinsamen Verschuldungsfähigkeit als „Zement" für die Vereinigten Staaten von Amerika, s. dazu *Sinn*, FAZ vom 22.05.2020 S. 17; *Degenhart*, NJW-aktuell H. 33/2020 S. 7; *Stark*, in: Die Welt vom 15.03.2021 S. 10.
186 BVerfG NJW 2023, 425; Urteilsanalyse findet sich unter https://christoph-degenhart.com/wp-content/uploads/2022/12/urteilsanmerkung.pdf.
187 BVerfGE 129, 124, 177; BVerfGE 132, 195 Rn 210; BVerfGE 135, 317 Rn 161 sowie BVerfGE 142, 123 Rn 138.
188 S. jetzt EuGH, Gutachten v. 30.4.2019 – C 1/17 – zur nunmehrigen CETA-Gerichtsbarkeit.
189 BVerfGE 160, 208 Rn 189 ff.
190 BVerfGE 147, 364 Rn 18.

Prämisse der Geltung rechtsstaatlicher Grundsätze im jeweils anderen Mitgliedstaat. Im Fall eines ausländischen Strafurteils, das in Abwesenheit ergangen war, sah das BVerfG diese Grundsätze nicht gewahrt. Es sah die Auslieferung als unvereinbar mit der Wahrung des Schuldprinzips (nulla poena sine culpa), *„sofern der Verfolgte weder über die Tatsache der Durchführung und des Abschlusses des betreffenden Verfahrens unterrichtet, noch ihm eine tatsächlich wirksame Möglichkeit eröffnet war, sich ... nachträglich rechtliches Gehör zu verschaffen und effektiv zu verteidigen."*[191] Die Auslieferung verstieße also gegen Art. 1 Abs. 1 GG als Element der Verfassungsidentität. Mittlerweile ist das Gericht – so mit B. v. 15.12.2015[192] – dazu übergegangen, in diesen Fällen unmittelbar am Maßstab der Grundrechtecharta zu prüfen (Rn 290), so zB für die Haftbedingungen[193]. Auch der EuGH geht davon aus, dass der Vollzug des Europäischen Haftbefehls auf Grund von Mängeln im Justizsystem im Ausstellungsstaat verweigert werden kann[194]. Bei allem wechselseitigen Vertrauen muss auch Kontrolle stattfinden. Unzulässig war daher auch die Eintragung einer Verurteilung (durch ein spanisches Gericht) in das Bundeszentralregister, gegen die schwere rechtsstaatliche Mängel geltend gemacht wurden[195].

d) Formelle Übertragungskontrolle

Ultra-vires-Kontrolle und Identitätskontrolle werden nach dem Beschluss des BVerfG vom 13.2.2020 ergänzt durch eine **formelle Übertragungskontrolle**[196]. Sie bezieht sich auf die Frage, ob für ein Gesetz zur Übertragung von Hoheitsrechten gemäß Art. 23 Abs. 1 S. 2 GG nach Satz 3 eine verfassungsändernde Mehrheit gemäß Art. 79 Abs. 2 GG erforderlich ist. Dies ist der Fall, wenn die vertraglichen Grundlagen der EU betroffen sind oder das GG seinem Inhalt nach geändert wird. In ersterem Fall muss es sich nicht um eine Änderung des EUV oder AEUV handeln. Auch wenn durch völkerrechtlichen Vertrag der Mitgliedstaaten eine neue zwischenstaatliche Einrichtung geschaffen wird, die zu den Institutionen der EU hinzutritt, werden die vertraglichen Grundlagen geändert. Das GG wird seinem Inhalt nach geändert, wenn Eingriffe in die Kompetenzordnung des GG erfolgen, wenn zB die Rechtsprechungsaufgaben des Art. 92 GG auf eine zwischenstaatliche Einrichtung verlagert werden, aber auch dann, wenn ausschließliche Zuständigkeiten der EU begründet werden[197]. In diesen Fällen muss das Zustimmungsgesetz mit der qualifizierten Mehrheit des Art. 23 Abs. 1 S. 3, Art. 79 Abs. 2 GG beschlossen werden. Wird dies nicht eingehalten, so ist die zu schaffende Einrichtung nicht demokratisch legitimiert; ihre Akte wären Ultra-vires-Akte. Das Recht auf Demokratie umfasst daher ein Recht auch darauf, dass eine Übertragung von Hoheitsrechten nur in den vom GG dafür vorgesehenen Formen der Art. 23 Abs. 1 S. 2 und S. 3, Art. 79 Abs. 2 GG erfolgt[198].

285a

Aktuelle Rechtsprechung: Diese formelle Übertragungskontrolle hat das BVerfG erstmals in seinem Beschluss vom 13.2.2020 zur Verfassungswidrigkeit des Zustimmungsgesetzes zum Vertrag über die Errichtung eines europäischen Patentgerichts entwickelt. Es hat hierbei objektives Verfassungsrecht, das Erfordernis einer verfassungsändernden Mehrheit nach Art. 23 Abs. 1 S. 3 GG i.V.m. Art. 79 Abs. 2 GG in das grundrechtsgleiche Recht auf Demokratie aus Art. 38 Abs. 1 S. 1 GG i.V.m. Art. 20 Abs. 1 und 2 GG einbezogen. Das den Gegenstand der Verfassungsbeschwerde

286

---

191 BVerfGE 140, 317 Rn 54 ff., 60.
192 BVerfGE 156, 182.
193 BVerfGE 147, 364 Rn 18; BVerfGE 156, 182.
194 EuGH EuGRZ 2018, 396; s. *Payandeh*, JuS 2018, 919.
195 BVerfG (K) NJW 2017, 1731.
196 BVerfGE 153, 74 Rn 137.
197 BVerfGE 153, 74 Rn 131.
198 BVerfGE 153, 74 Rn 98.

bildende Gesetz enthielt die Zustimmung zur Schaffung eines europäischen Patentgerichts. Das BVerfG sieht in der Übertragung von Rechtsprechungsaufgaben auf eine neu zu schaffende zwischenstaatliche Einrichtung eine materielle Verfassungsänderung[199]: die Zuweisung der Staatsfunktion Rechtsprechung an Gerichte ist im GG enthalten, also Gegenstand des Verfassungsrechts.

5. Grundgesetz, EMRK und Grundrechtecharta

287 Die Europäische Menschenrechtskonvention (EMRK) ist kein Recht der EU, sondern ein völkerrechtlicher Vertrag zwischen den Konventionsstaaten, deren Kreis weit über den der Mitgliedstaaten der EU hinausreicht. Völkerrechtliche Verträge werden durch Gesetz in die deutsche innerstaatliche Rechtsordnung „transformiert" (zum Verfahren Rn 584). Die EMRK gilt in der Bundesrepublik nach Ratifikation (Rn 584) als Bundesgesetz. Sie gibt jedermann das Recht, sich bei Verletzung der Rechte der Konvention nach Erschöpfung des innerstaatlichen Rechtswegs an den Europäischen Gerichtshof für Menschenrechte (EGMR) zu wenden. In das Bewusstsein einer breiteren Öffentlichkeit ist der EGMR durch sein Urteil vom 24.6.2004[200] in der Sache *Caroline v. Monaco/Hannover* gedrungen, als er feststellte, die Bundesrepublik, insbesondere deren Gesetzgebung und deren Gerichte unter Einschluss des BVerfG[201] gewährleisteten keinen hinreichenden Schutz des Rechts auf Privatheit gegenüber den Medien.

288 Das BVerfG prüft nicht unmittelbar am Maßstab der EMRK, die ja nur den formellen Rang eines einfachen Bundesgesetzes hat. Es zieht jedoch die Rechte der EMRK und deren Interpretation durch den EGMR maßgeblich für die Auslegung des Grundgesetzes heran[202], ebenso wie mittlerweile ganz selbstverständlich die Fachgerichte im Strafprozess das Recht auf faires Verfahren nach Art. 6 EMRK (Rn 467) oder in äußerungsrechtlichen Fällen Art. 10 EMRK heranziehen. Das BVerfG stützt diese Vorgehensweise auf eine **„völkerrechtsfreundliche Tendenz"** des Grundgesetzes[203]. Sie wird aus einer Zusammenschau des Art. 25 GG, aber auch des Art. 24 Abs. 3 und des Art. 9 Abs. 2 GG entnommen und hat zur Folge, dass das innerstaatliche Recht im Zweifel so auszulegen ist, dass es dem Inhalt völkerrechtlicher Verträge entspricht. Das BVerfG bezieht sich weiterhin auf das Rechtsstaatsprinzip: die Gesetzesbindung nach Art. 20 Abs. 3 GG fordert die Berücksichtigung der Grundfreiheiten der Konvention im Rahmen „methodisch vertretbarer Gesetzesauslegung"[204]. Eine „schematische Parallelisierung" ist jedoch nicht geboten[205]; entscheidend ist das Ergebnis. Deshalb war das BVerfG nicht gehalten, Sicherungsverwahrung oder Unterbringung als Strafe iSv Art. 103 Abs. 2, 3 GG zu qualifizieren, während der EGMR von einer Strafe iSv Art. 7 Abs. 1 EMRK ausgeht[206]. Die verfassungsrechtlichen Voraussetzungen müssen jedoch auch denen der EMRK Rechnung tragen: Verhältnismäßigkeit, nur ausnahmsweise Zulässigkeit und Abstandsgebot gegenüber dem Strafvollzug.[207]

---

199 BVerfGE 153, 74 Rn 131.
200 EGMR NJW 2004, 2617.
201 BVerfGE 101, 361 (Caroline v. Monaco I); BVerfGE 120, 180 (Caroline II).
202 Vgl BVerfGE 74, 358, 370; 82, 106, 120 zur Unschuldsvermutung nach Art. 6 EMRK; BVerfGE 128, 326, 377 ff; 133, 40 Rn 27 ff.
203 BVerfGE 75, 1, 17; 111, 307, 319; 128, 326, 367 f.
204 BVerfGE 111, 307, 317.
205 BVerfGE 128, 326, 370.
206 EGMR NJW 2010, 2495 Rn 120 ff; vgl BVerfGE 128, 326, 374 f.
207 BVerfGE 111, 307, 325 f; BVerfGK 5, 161.

Dies wurde bedeutsam im vielzitierten Fall *Görgülü*[208]. Dort hatten deutsche Gerichte in einem 289
Sorgerechtsstreit dem Vater eines in einer Pflegefamilie untergebrachten Kindes das Umgangsrecht in einer Weise entzogen, in der der EGMR einen Verstoß gegen die EMRK erblickte. Die Sache ging dann wieder durch die Instanzen; das zuständige OLG sah die EMRK und die Entscheidung des EGMR als für sich nicht verbindlich an. Dem trat das BVerfG unter Hinweis auf die völkerrechtsfreundliche Tendenz des Grundgesetzes und eben auch die Bindung der Gerichte nach Art. 20 Abs. 3 GG entgegen. S. auch **Klausurenband I Fall 20 und II Fall 14**.

Die europäische **Grundrechtecharta (GRCh)** hat seit Inkrafttreten des Vertrags von 290
Lissabon 2009 die Qualität von Primärrecht der EU. Prüfungsmaßstab für Akte der deutschen öffentlichen Gewalt, also für Gesetze ebenso wie für Gerichtsentscheidungen, ist jedoch das GG. Daneben kann die Charta zur Anwendung kommen, soweit die Maßnahme in „Durchführung von Unionsrecht" erfolgt, Art. 51 Abs. 1 GRCh. Die Bedeutung dieser Bestimmung ist nicht abschließend geklärt, doch darf sie nicht „übermäßig weit" ausgelegt werden[209]. Dies dürfte auch für eine umstrittene Entscheidung des EuGH gelten, der die Anwendung des innerstaatlichen Steuerstrafrechts als Durchführung von Unionsrecht auffasste, weil mittelbar Finanzinteressen der Union berührt waren[210]. Das BVerfG prüft unmittelbar am Maßstab der Charta, wenn die zu entscheidende Rechtsfrage vollständig unionsrechtlich determiniert ist, so in der grundlegenden Entscheidung „Recht auf Vergessen II"[211] und auch beim europäischen Haftbefehl[212] **(Fall 19)**. Dies wird begründet aus Art. 23 GG: Dem BVerfG obliegt der Schutz der Grundrechte, auch die der Charta, wenn Recht der EU zur Anwendung kommt – andernfalls wäre der Grundrechtsschutz unvollständig. Bestand hingegen Umsetzungsspielraum, so sind an sich die Grundrechte sowohl der Charta als auch des GG Maßstab. Dabei orientiert sich das BVerfG an der Rechtsprechung des EuGH und des EGMR wie auch der Verfassungsgerichte der anderen Mitgliedstaaten, legt aber umgekehrt die Grundrechte der Charta unter Berücksichtigung auch der Grundrechte des GG aus. Das BVerfG spricht von einem „Verfassungsgerichtsverbund"[213].

Aktuelle Rechtsprechung: Das BVerfG hatte zu **„Recht auf Vergessen I"** darüber zu entscheiden, ob der Betreiber eines Online-Pressearchivs einen Bericht über eine länger zurückliegende Straftat auf Verlangen des dort genannten Täters zu löschen hatte. Hierbei waren die Pressefreiheit und das Persönlichkeitsrecht in Ausgleich zu bringen. Dabei war die Datenschutz-Grundverordnung der EU zu beachten, die es aber den Mitgliedstaaten freistellt, für die Presse besondere Bestimmungen zu erlassen („Medienprivileg"). Das nationale Recht ist hier also nicht europarechtlich determiniert, es bestehen Spielräume. Deshalb waren die Grundrechte des GG Prüfungsmaßstab[214].

Anders in der Sache **„Recht auf Vergessen II"** für Ansprüche gegen Suchmaschinenbetreiber: das hierfür anwendbare Fachrecht ist vollständig harmonisiert, der nationale Gesetzgeber hat keine Spielräume. Das BVerfG prüft daher die Anwendung des Rechts am Maßstab der Grundrechte der Charta. Zum **europäischen Haftbefehl** als vollständig unionsrechtlich bestimmte Materie s. Rn 285.

---

208 BVerfGE 111, 307, 317 ff – bei juris sind unter *„Görgülü"* insgesamt 6 Entscheidungen des BVerfG nachgewiesen.
209 BVerfGE 152, 152 Rn 43.
210 EuGH NJW 2013, 1415 (Grundrechtecharta – Åkerberg Fransson); kritisch *Masing*, JZ 2015, 477, 482; *Scholz*, DVBl 2014, 197; BVerfGE 133, 277, 316.
211 BVerfGE 152, 216 Rn 54 ff.
212 BVerfGE 156, 182 Rn 36 f.
213 BVerfGE 154, 17 Rn 111; BVerfGE 156, 182 Rn 38.
214 BVerfGE 152, 152 Rn. 74.

6. Exkurs zur Ukraine

290a Für die „allgemeinen Regeln des Völkerrechts" ordnet Art. 25 GG die innerstaatliche Geltung an. Dazu zählt das Völkergewohnheitsrecht und insbesondere das **zwingende Völkerrecht**, die in der Rechtsüberzeugung der Staatengemeinschaft fest verwurzelt sind, wie vor allem das Gewaltverbot, das Selbstbestimmungsrecht der Völker und die Anerkennung grundlegender Menschenrechte. Das Gewaltverbot ist in Art. 2 Nr. 4 der UN-Charta positiv anerkannt. Der russische Überfall auf die **Ukraine** bedeutet eine eklatante, schwerwiegende Verletzung des Völkerrechts. Die Ukraine ihrerseits hat nach Art. 51 UN-Charta das Recht auf Selbstverteidigung[215]. Das völkerrechtliche Gewaltverbot wird im Friedlichkeitsgebot des Art. 26 GG ergänzt und konkretisiert. Art. 26 Abs. 1 GG enthält als unmittelbar verbindliche Rechtsnorm das Verbot friedensstörender Handlungen. Darunter fällt „insbesondere" die Vorbereitung eines Angriffskriegs, ebenso aber in der Konsequenz die Unterstützung eines bereits im Gang befindlichen völkerrechtswidrigen, zumal eines mit schwersten Kriegsverbrechen einhergehenden Angriffskriegs. Friedensstörend sind auch Kriegshetze und Kriegspropaganda. Dies betrifft auch jene Autokorsos und ähnliche Manifestationen, die nach ihrem gesamten Erscheinungsbild darauf angelegt sind, die Zustimmung zur russischen Aggression zum Ausdruck zu bringen. Unbeschadet ihrer strafrechtlichen Bewertung (§ 140 StGB) sind derartige Manifestationen bereits von Verfassungs wegen verboten[216].

290b Im Zusammenhang des Friedlichkeitsgebots des Grundgesetzes ist auch Art. 26 Abs. 2 GG zu sehen, der den **Kriegswaffenexport** unter den Vorbehalt der Genehmigung durch die Bundesregierung stellt[217]. Nähere Genehmigungsvoraussetzungen enthält der Kontrollvorbehalt nicht. Er ist jedoch im Zusammenhang mit dem Verbot friedensstörender Handlungen des Abs. 1 zu sehen. Der Export darf nicht dem Schutzzweck des Art. 26 GG und dessen Friedlichkeitsgebot zuwiderlaufen, also nicht Staaten unterstützen, ihrerseits Angriffskriege zu führen oder terroristische Bewegungen zu unterstützen[218]. Hierzu im Widerspruch stehen Waffenexporte an Staaten, die Angriffskriege führen oder vorbereiten, nicht aber an Staaten, die sie, wie die Ukraine, ihrerseits zur Verteidigung gegen einen völkerrechtswidrigen Angriffskrieg benötigen.

291 Lösung der Ausgangsfälle

Lösung Fall 18: Fantastilliarden (Rn 263)

Verfassungsmäßigkeit des Zustimmungsgesetzes?

1. Zuständigkeit: Übertragung von Hoheitsrechten auf die EU, Art. 23 Abs. 1 S. 2 GG

2. Gesetzgebungsverfahren: Verfassungsändernde Mehrheit, Art. 23 Abs. 1 S. 3 i.V.m. Art. 79 Abs. 2 GG? Hier: Änderung der vertraglichen Grundlagen der EU. Verfassungsändernde Mehrheit erforderlich: 2/3 der Mitglieder des Bundestags (nicht: der Abstimmenden), Art. 79 Abs. 2 GG; dies würde bedeuten mindestens 473 Ja-Stimmen.

Ergebnis: Zustimmungsgesetz formell verfassungswidrig.

3. Materielle Verfassungsmäßigkeit: Ausfallhaftung als Umverteilung von Haushaltsrisiken[219] und Haftungsrisiken für den Bundeshaushalt, ohne Einflussmöglichkeit des Bundestags auf In-

---

215 Näher *Schmahl*, NJW 2022, 969.
216 *Degenhart*, NJW-aktuell 18/2022 S. 7.
217 *Degenhart*, NJW-aktuell 49/2018 S. 7.
218 Näher *Degenhart*, NJW-aktuell 49/2018 S. 7.
219 Vgl BVerfGE 134, 366 Rn 41.

solvenzrisiken anderer Mitgliedstaaten, damit erhebliche Gefährdung der **Budgethoheit des Bundestags:** substanzieller Eingriff in sein Budgetrecht und damit auch Eingriff in die Verfassungsidentität (Rn 284).

Der Landtagsabgeordnete Dr. Filser könnte einerseits versuchen, die Staatsregierung zu einem Normenkontrollantrag zu bewegen, für den sie nach Art. 93 Abs. 1 Nr. 2 GG antragsberechtigt wäre, oder aber als Bürger selbst Verfassungsbeschwerde zum BVerfG nach Art. 93 Abs. 1 Nr. 4a GG einlegen und sich auf seine Rechte aus Art. 38 Abs. 1 S. 1 GG iVm Art. 20 Abs. 2, Art. 79 Abs. 3 GG berufen; das BVerfG prüft nach den Grundsätzen der Identitätskontrolle (Rn 284 ff) und der formellen Übertragungskontrolle (Rn 285a).

Lösung Fall 19: Europäischer Haftbefehl – Vertrauen oder Kontrolle? (Rn 263a) 291a

P könnte geltend machen, durch die Entscheidung des OLG in seinen Grundrechten aus dem GG oder aber der Charta verletzt zu sein. Art. 4 GRCh enthält das Verbot erniedrigender oder unmenschlicher Behandlung oder Strafe und entspricht insoweit Art. 1 GG, Art. 47 Abs. 2 GRCh enthält den Grundsatz fairen Verfahrens, Art. 48 Abs. 2 das Recht auf Verteidigung und entspricht den Grundsätzen rechtsstaatlichen Verfahrens nach dem GG (Rn 467). Da die hier zu entscheidende Rechtsfrage – Auslieferung auf Grund europäischen Haftbefehls – vollständig unionsrechtlich determiniert ist, ist die Entscheidung des Gerichts am Maßstab der Charta zu überprüfen. P kann daneben geltend machen, dass elementare Grundsätze einer rechtsstaatlichen Rechtspflege nicht gewährleistet seien; diese sind Bestandteil der Verfassungsidentität.

Das BVerfG wird die Entscheidung des OLG am Maßstab der Charta überprüfen. Hier kommt eine Verletzung des Art. 4 GRCh durch die Haftbedingungen in Betracht – hierfür kommt es maßgeblich auf den dem Gefangenen zur Verfügung stehenden Raum an; liegt dieser unter 3 m², ist regelmäßig ein Verstoß gegen Art. 4 GRCh anzunehmen. Ferner kommt nach dem Vorbringen des P ein Verstoß gegen das Fairnessgebot des Art. 47 Abs. 2 GRCh in Betracht, also das Recht auf ein faires Verfahren vor einem unabhängigen und unvoreingenommenen Gericht (Rn 467).

Auf die Grundsätze der Identitätskontrolle durch das BVerfG braucht nicht zurückgegriffen zu werden, da die Anforderungen des Art. 4 GRCh denen des Art. 1 Abs. 1 GG entsprechen[220].

Schrifttum zu VI.: *Masing,* Einheit und Vielfalt des Europäischen Grundrechtsschutzes, JZ 2015, 477; *Terhechte,* Grundwissen – Öffentliches Recht: Der Vorrang des Unionsrechts, JuS 2008, 403; *Koch/Ilgner,* Referendarexamensklausur: Mangold, Lissabon, Honeywell – Von der Rechtsfortbildung des EuGH zur Ultra-vires-Kontrolle durch das BVerfG, JuS 2011, 540; *Voßkuhle/Kaufhold,* Offene Staatlichkeit, JuS 2013, 309; *Braasch,* Einführung in die Europäische Menschenrechtskonvention, JuS 2013, 602; *Kramer/Hinrichsen,* Die Europäische Zentralbank, JuS 2015, 673; *R. Schmidt,* Die entfesselte EZB, JZ 2015, 317; *Pernice-Warnke,* Das Gesetzgebungsverfahren auf Bundes- und Unionsebene, JuS 2018, 666; *Grimm,* Europa ja – aber welches?, 2016 (Sammlung von Beiträgen 2009 ff); *Ruffert,* Europarecht: Anleihekäufe der EZB, JuS 2019, 181; *Schäfer,* Grundlagen des Europäischen Haftbefehls, JuS 2019, 856; *Nettesheim,* Das PSPP-Urteil des BVerfG – ein Angriff auf die EU?, NJW 2020, 1631; *Payandeh,* Das unionsverfassungsrechtliche Rechtsstaatsprinzip, JuS 2021, 481; *Honer,* Die Grundrechte der EU-Grundrechtcharta, JA 2021, 219; *Knoth/Seyer,* Grundfälle zur Grundrechtecharta, JuS 2021, 928 und 1018; *Chatzhiatansiou/ Neumann,* Anfängerhausarbeit – Öffentliches Recht: Verfassungs- und Europarecht – Recht auf Vergessen, JuS 2022, 219; *Bauerschmidt,* Grundzüge der europäischen Gesetzgebung, JuS 2022, 626; *Thiele/Schmidt,* Referendarexamensklausur Europarecht und Grundrechte – eine Pflegekammer aus Europa, JuS 2023, 668.

---

220 BVerfGE 156, 182 Rn 68.

§ 4 Der Rechtsstaat des Grundgesetzes: Gewaltenteilung – rechtsstaatliche Grundsätze

292 *Die vorstehenden Überlegungen zeigten: in der parlamentarischen Gesetzgebung verwirklichen sich Demokratieprinzip und Rechtsstaatlichkeit – sowie das bundesstaatliche Prinzip – des Grundgesetzes. Das verfassungskonforme Gesetz ist im Rechtsstaat Grundlage staatlichen Handelns. Dem ist im Folgenden nachzugehen, wenn nach dem Verhältnis der Teilgewalten der Gesetzgebung, der Rechtsprechung und der Verwaltung zueinander gefragt wird. In diesem Zusammenhang ist insbesondere auf das rechtsstaatliche Prinzip der Gesetzmäßigkeit der Verwaltung, auf rechtsstaatliche Gesetzesvorbehalte einzugehen. Weitere allgemeine rechtsstaatliche Erfordernisse an staatliches Handeln folgen aus dem Grundsatz der Rechtssicherheit und dem der Verhältnismäßigkeit.*

I. Gesetzgebung, Verwaltung, Rechtsprechung: Gewaltenteilung

Der Grundsatz der Gewaltenteilung bezeichnet eine der zentralen Errungenschaften des freiheitlichen Rechtsstaates. In der Ordnung des Grundgesetzes bestehen freilich zahlreiche Gewaltenverschränkungen und -balancierungen. Probleme, die sich aus der Funktionsabgrenzung zwischen Legislative, Exekutive und Judikative ergeben, sind im Folgenden zu erörtern.

▶ **Leitentscheidungen:** BVerfGE 33, 1 (Strafvollzug); BVerfGE 33, 125 (Facharzt); BVerfGE 47, 46 (Sexualkunde); BVerfGE 49, 89 (Kalkar I); BVerfGE 98, 218 (Rechtschreibreform); BVerfGE 101, 1 (Legehennen I); BVerfGE 101, 312 (Bundesrechtsanwaltsordnung); BVerfGE 105, 252 und 105, 279 (Glykol/Osho); BVerfGE 127, 293 (Legehennen II); BVerfGE 139, 321 (Körperschaftsstatus); BVerfGE 143, 38 (Rindfleischetikettierung) BVerfGE 148, 40 (Lebens- und Futtermittel); BVerfGE 159, 223 (Bundesnotbremse I).

1. Gewaltenteilung im Grundgesetz: Legislative, Exekutive, Judikative

293 **Fall 20: Bundesnotbremse – Corona II**

Das Infektionsschutzgesetz des Bundes (IfSG) lautete zeitweise in § 28b Abs. 1 IfSG: „Wird in einem Landkreis oder einer kreisfreien Stadt an drei aufeinanderfolgenden Tagen die Sieben-Tage-Inzidenz der Neuinfektionen mit dem Coronavirus SARS-CoV-2 der Schwellenwert von 165 je 100.000 Einwohner überschritten, so darf die eigene Wohnung zwischen 21:00 Uhr und 06:00 Uhr nur aus triftigem Grund verlassen werden."

Abs. 2 lautete: „Unter den Voraussetzungen des Absatzes 1 ist der Präsenzunterricht an allgemein- und berufsbildenden Schulen vollständig untersagt und darf erst wieder stattfinden, wenn dieser Wert an drei aufeinanderfolgenden Tagen unterschritten wird."

Gerügt wurde, das Gesetz verstoße gegen das Gewaltenteilungsprinzip des Grundgesetzes. Die vorgesehen Maßnahmen seien Sache der Verwaltung und nicht der Legislative. Zu Recht?
Rn 301a

294 **Fall 21: Nichtanwendungserlass**

Mit Urteil vom 3.3.2017[1] entschied das Bundesverwaltungsgericht, dass einem ohne jede Aussicht auf Linderung unheilbar Erkrankten der Suizidwunsch nicht verweigert werden darf und

---
1 NJW 2017, 2215.

ihm deshalb der (genehmigungspflichtige) Erwerb von Betäubungsmitteln zu gestatten ist. Das Gesundheitsministerium hält die Entscheidung für verfassungswidrig. Durch einen „Nichtanwendungserlass" wird das zuständige Bundesinstitut für Arzneimittel und Medizinprodukte (BfArM) angewiesen, entsprechende Genehmigungen auch dann nicht zu erteilen, wenn die vom BVerwG hierfür genannten Voraussetzungen (ausweglose, extreme Notlage) vorlägen. Ist der Erlass rechtmäßig? Wie hat das BfArM zu reagieren? **Rn 302**

Fall 22: Beförderungserschleichung 295

Ein Gesetz zur Neuregelung der Verfolgung der Bagatellkriminalität sieht vor, dass Beförderungserschleichung („Schwarzfahren") im ÖPNV künftig als Ordnungswidrigkeit durch die Ordnungsbehörden und nicht als Straftat verfolgt werden soll. **Rn 303**

Fall 23: Paparazzi 296

Die in der Boulevard-Verlags-GmbH erscheinende, bunt illustrierte Wochenzeitschrift „Das Schrille Blatt" veröffentlicht ohne deren Einwilligung Fotos der aktuellen Lebensabschnittsgefährtin C des Bundesministers M. Sie zeigen C beim Besuch des Wochenmarktes, in einem Straßencafe und in ähnlichen unverfänglichen Situationen. C sieht sich hierdurch in ihrem Persönlichkeitsrecht verletzt und verklagt die B-GmbH auf Schadensersatz in Höhe von € 25 000; dieser Betrag wird ihr letztlich durch das Hanseatische Oberlandesgericht zugesprochen. Die Verlags-GmbH sieht das Urteil als gesetzwidrig an; das Gericht habe sich hier über den ausdrücklichen Wortlaut des § 253 BGB hinweggesetzt. Wenn die geltende Regelung für den Schutz der Persönlichkeitsrechte als unbefriedigend empfunden werde, sei es am Gesetzgeber, dies zu korrigieren. **Rn 304** (prozessual Rn 895)

a) Gewaltenteilung: Begriff und Bedeutung

Nach Art. 20 Abs. 2 S. 2 GG erfolgt die Ausübung der **Staatsgewalt** durch besondere Organe der **gesetzgebenden Gewalt, der vollziehenden Gewalt** und der **Rechtsprechung**. Damit wird der Grundsatz der **Gewaltenteilung** festgelegt. Er ist tragendes Organisations- und Funktionsprinzip des freiheitlichen Rechtsstaats des Grundgesetzes. Gewaltenteilung zielt auf die Mäßigung und Begrenzung staatlicher Macht durch Aufgliederung in die Teilgewalten und deren wechselseitige Kontrolle (*„checks and balances")*[2], soll aber auch dazu beitragen, dass die „Entscheidungen von den Organen getroffen werden, die nach ihrer Organisation, Funktion und Verfahrensweise über die besten Voraussetzungen für eine möglichst sachgerechte Entscheidung verfügen"[3]. Die Trennung der Gewalten muss im Grundsatz funktionell, organisatorisch und personell erfolgen[4]. Dies bedeutet: Gesetzgebung, Verwaltung und Rechtsprechung (Legislative, Exekutive und Judikative) müssen getrennt und auch voneinander getrennten Organen und Personen anvertraut sein. Es erfolgt aber keine strikte Trennung. Vielmehr bestehen zahlreiche Verschränkungen organisatorischer, personeller, aber auch funktionaler Art. So gehören die Mitglieder der Regierung meist auch dem Parlament an oder übernimmt die Exekutive Rechtsetzungsfunktionen. Dabei darf keine der Teilgewalten einseitig ein Übergewicht erhalten. Der Kernbereich der Teilgewalten muss unangetastet bleiben[5]. Für jede der Teilgewalten muss ihr typischer Funktionsbereich gewahrt bleiben. 297

---

2 Vgl BVerfGE 137, 185 Rn 130.
3 BVerfGE 159, 223 Rn 140: ebenso BVerfGE 95, 1, 15; 139, 321 Rn 126.
4 Vgl *Voßkuhle/Kaufhold*, JuS 2012, 314.
5 Vgl BVerfGE 138, 321 Rn 125.

b) Legislative und Exekutive

298 In der parlamentarischen Demokratie des GG „fällt in erster Linie dem Parlament die verfassungsrechtliche Aufgabe der Normsetzung zu; nur das Parlament ist hierfür demokratisch legitimiert"[6]. Der **Exekutive** obliegen demgegenüber die Regierung, die für die politische Gestaltung zuständig ist, und der Verwaltung im engeren Sinn. Sie ist „idealtypisch mit der Aufgabe des Gesetzesvollzugs im Einzelfall betraut, da sie den hierfür erforderlichen Verwaltungsapparat und Sachverstand besitzt[7]. Dies schließt einzelfallbezogene Einwirkungen des Gesetzgebers nicht aus; die Gesetzgebung ist nicht auf einen bestimmten Gesetzestypus festgelegt; es gilt ein formeller Gesetzesbegriff (Rn 147). Dies gilt für Planungsgesetze wie im **Fall 10** (Rn 145, 147) und insbesondere auch für „selbstvollziehende" Gesetze wie im Fall der Bundesnotbremse mit ihren unmittelbar wirkenden Verboten (Rn 148). In einen „Kernbereich" der Zuständigkeiten der Verwaltung in Gestalt des Gesetzesvollzugs darf der Gesetzgeber aber nicht eingreifen. Im Regelfall sind daher konkret-individuelle Entscheidungen der Verwaltung vorbehalten[8]. Der Gesetzgeber darf sie nur an sich ziehen, wenn hierfür sachliche Gründe sprechen. Die Anforderungen sind umso höher, je konkreter auf den Fall bezogen die gesetzliche Regelung ist. Eine Bestimmung der **Landesverfassung von Bremen** verlieh der Bremischen Bürgerschaft (dem Parlament des Stadtstaates) die Befugnis, durch Gesetz einer Religionsgemeinschaft den Status einer öffentlich-rechtlichen Körperschaft zu verleihen. Das BVerfG sah hierin einen Verstoß gegen das Gewaltenteilungsprinzip und erklärte die Bestimmung für nichtig[9].

299 Zu Verschiebungen im Gefüge der Gewaltenteilung kam es im Verlauf der Pandemie. In den ersten Phasen wurde vor allem die Exekutive tätig. Rechtsgrundlage war § 28 Abs. 1 IfSG, wonach die Behörde die notwendigen Schutzmaßnahmen treffen konnte, *„soweit und solange es zur Verhinderung der Verbreitung übertragbarer Krankheiten erforderlich ist"*. Maßnahmen wie zB Versammlungsverbote ergingen zunächst in sog. **Allgemeinverfügungen**. Dies sind Verwaltungsakte (Rn 317), die an eine Vielzahl von Personen ergehen; sie wurden u.a. durch Lautsprecherdurchsagen bekanntgegeben. An ihre Stelle traten dann die Infektionsschutzverordnungen der Länder, die meist befristet erlassen und dann verlängert wurden. Für die unmittelbar wirksamen Verbote des Gesetzes über die „**Bundesnotbremse**" (Rn 148) sah das BVerfG keinen Eingriff in den Kernbereich der Exekutive, da die Behörden die Einhaltung der gesetzlichen Bestimmungen weiterhin zu überwachen und dabei auch für die Anwendung des Gesetzes im Einzelfall als *„Proprium der vollziehenden Gewalt"*[10] zuständig blieben.

c) Judikative

300 Funktionsmäßig und organisatorisch klar von den übrigen Teilgewalten geschieden ist die **Rechtsprechung**. Dies bewirkt insbesondere der Richtervorbehalt des Art. 92 GG: *Rechtsprechende Gewalt* ist Richtern anvertraut, wird durch **Gerichte** ausgeübt, also durch besondere organisatorische Einheiten der staatlichen Gewalt, die mit Richtern iSd Grundgesetzes besetzt sind. Die Stellung des Richters wird vor allem bestimmt durch

---

6 BVerfGE 138, 231 Rn 126.
7 BVerfGE 138, 231 Rn 126: BVerfGE 159, 223 Rn 142.
8 BVerfGE 134, 33 Rn 128.
9 BVerfGE 139, 321 Rn 127.
10 BVerfGE 159, 223 Rn 144.

dessen *sachliche* wie *persönliche Unabhängigkeit*, Art. 97 Abs. 1, 2 GG[11]. Der Begriff der Rechtsprechung selbst wird im Grundgesetz nicht definiert. Ihr obliegt jedenfalls *„die Aufgabe autoritiver und damit verbindlicher, verselbstständigter Entscheidung in Fällen bestrittenen oder verletzten Rechts in einem besonderen Verfahren"*, sie *„dient ausschließlich der Wahrung und mit dieser der Konkretisierung und Fortbildung des Rechts"*[12]. Zur Rechtsprechung, die zwingend Richtern iSd Art. 92 GG vorbehalten bleiben muss, zählen deren *traditionelle Kernbereiche* wie bürgerliche Rechtsstreitigkeiten und Strafgerichtsbarkeit[13]; auch hier erfolgt also die Auslegung von Kompetenzbegriffen in Rückgriff auf die „Tradition" der Materie (Rn 169 ff). Deshalb darf der Gesetzgeber den Kernbereich des Strafrechts nicht der Verwaltung übertragen. Amnestiegesetze bewirken dann, wenn sie laufende Verfahren niederschlagen, einen Eingriff in den Bereich der Judikative und bedürfen deshalb besonderer Rechtfertigung[14], etwa wegen eines Zustands allgemeiner Rechtsunsicherheit.

Zwingend durch Gerichte zu gewähren ist der Rechtsschutz gegen Akte der öffentlichen Gewalt; dies folgt aus der **Rechtsschutzgarantie** des Art. 19 Abs. 4 GG. Ihr entspricht bei Rechtsstreitigkeiten zwischen Privaten ein Anspruch auf „Justizgewähr", also darauf, dass Gerichte über den Fall entscheiden (Rn 445). Für das gerichtliche Verfahren gelten dann die sog. **Justizgrundrechte** der Art. 101 ff GG (Rn 463 ff). Für das Verhältnis der Judikative zur Legislative gilt Art. 20 Abs. 3 GG: Bindung an „Gesetz und Recht". Was mit der Formulierung „..und Recht" gemeint ist, ist nicht ganz eindeutig. In erster Linie sollte wohl zum Ausdruck gebracht werden, dass Recht auch der Gerechtigkeit verpflichtet ist[15]; auch grundlegende Prinzipien der Rechtsordnung sind damit angesprochen. Dies hebt aber die Bindung an das positive Recht nicht auf. Sie begrenzt auch die Befugnis der Rechtsprechung zur Fortbildung des Rechts. Sie darf praeter, nicht aber contra legem erfolgen.

301

Lösung der Ausgangsfälle

Lösung Fall 20: Bundesnotbremse – Corona II (Rn 293)

301a

1. Bei § 28b IfSG könnte es sich um ein sog. „selbstvollziehendes Gesetz" handeln. Dies ist der Fall, da die vorgesehenen Verbote unmittelbar bei Überschreitung der Inzidenzwerte wirksam werden. Es bedarf keiner weiteren Maßnahmen gegenüber den Adressaten.

2. Selbstvollziehende Gesetze als Verstoß gegen das Gebot der Gewaltenteilung, Art. 20 Abs. 3 GG?

a) Gewaltenteilungsprinzip berührt? Normsetzung ist Sache des Gesetzgebers, Normvollzug der Verwaltung – insofern erfolgt eine Verschiebung im Verhältnis der Teilgewalten.

b) Hierfür bedarf es eines sachlichen Grundes – hier: Notwendigkeit eines bundeseinheitlichen Vorgehens; der Gesetzgeber durfte davon ausgehen, dass die Regelung über Verordnungen der Länder keinen hinreichend wirksamen Schutz gewährleisten würde.

c) Der Kernbereich der Kompetenzen der Exekutive muss jedoch gewahrt bleiben – hier: sowohl Feststellung der Inzidenzwerte als Voraussetzung für das Wirksamwerden der Verbote, als auch deren Überwachung bleibt bei der Verwaltung (Rn 299).

Ergebnis: Kein Verstoß gegen Art. 20 Abs. 3 GG.

---

11 Vgl *Detterbeck*, in: Sachs, Art. 97 Rn 11 ff.
12 *Hesse*, Rn 548.
13 BVerfGE 22, 49, 73, 77 f.
14 BVerfGE 10, 234, 246.
15 *Sachs*, in: Sachs, Art. 20 Rn 103.

302 **Lösung Fall 21: Nichtanwendungserlass (Rn 294)**

Mit seinem Erlass könnte der Bundesgesundheitsminister gegen das Gewaltenteilungsprinzip verstoßen. Allerdings ergehen Entscheidungen der Gerichte „inter partes" – sie wirken also unmittelbar nur zwischen den Parteien. Die Verwaltung ist jedoch an Gesetz und Recht gebunden. Im gewaltenteilenden Staat ist es in erster Linie Funktion der Rechtsprechung, Recht und Gesetz zu interpretieren; die Exekutive ist daher grundsätzlich verpflichtet, die Aussagen der Rechtsprechung, insbesondere der höchstrichterlichen Rechtsprechung, zu beachten.

Dies schließt nicht aus, auf Grund von Besonderheiten des Einzelfalls davon abzuweichen; die generelle Anweisung an nachgeordnete Behörden, gegen die höchstrichterliche Rechtsprechung zu entscheiden, verstößt jedoch gegen das Gewaltenteilungsprinzip. Das Bundesamt ist weisungsgebunden, hat jedoch zu „remonstrieren", dh, es muss sich an den die Aufsicht führenden Minister wenden und rechtliche Bedenken darlegen. Wenn diese zurückgewiesen werden, hat das Bundesamt grundsätzlich die Weisung zu befolgen, es sei denn, das Verhalten fiele unter die Strafgesetze.

303 **Lösung Fall 22: Beförderungserschleichung (Rn 295)**

In der Übertragung der Ahndung von Beförderungserschleichung an Verwaltungsbehörden könnte ein Verstoß gegen Art. 92 GG liegen.

1. Richtervorbehalt für die Strafgerichtsbarkeit, Art. 92 GG[16]: gilt für Freiheits- und Geldstrafen als Sühne für kriminelles Unrecht (für Freiheitsstrafen gilt zudem Art. 104 GG).

b) Betrugstatbestände wie die Beförderungserschleichung fallen herkömmlicherweise unter „Strafrecht" und damit unter die klassische Strafgerichtsbarkeit: Richtervorbehalt des Art. 92 GG.

2. Abänderbarkeit?

a) Der Bereich der „klassischen Strafgerichtsbarkeit" ist nicht unveränderlich festgeschrieben, Bagatelldelikte können ausgegliedert werden, der Kernbereich der Strafgerichtsbarkeit ist zu wahren, also das durch einen „ethischen Schuldvorwurf" gekennzeichnete Strafrecht.

b) Außerhalb dieses „Kernbereichs": Herabstufung zu Ordnungswidrigkeiten möglich; wenn Wandel der Auffassungen dahingehend eingetreten sein sollte, dass mit „Schwarzfahren" ein „ethischer Schuldvorwurf" nicht mehr verbunden ist – was wohl zu verneinen sein dürfte.

3. Ergebnis: Verstoß gegen Richtervorbehalt des Art. 92 GG (aA je nach Feststellung zu 2.b) vertretbar).

NB: Gegen die Maßnahmen der Verwaltungsbehörden wäre dann aber wegen Art. 19 Abs. 4 GG Rechtsschutz durch die Gerichte möglich; der Rechtsweg darf nicht abgeschnitten werden.

304 **Lösung Fall 23: Paparazzi (Rn 296)**

Die Entscheidung des Gerichts könnte gegen den Grundsatz der Gesetzesgebundenheit der Rechtsprechung verstoßen, Art. 20 Abs. 3 GG.

1. Die Rechtsfolge – Schadensersatz – wurde im Wege richterlicher Rechtsfortbildung entgegen dem Wortlaut des § 253 BGB gefunden.

2. Mit der Zubilligung einer Geldentschädigung strebt hier das Gericht jedoch einen wirksamen Schutz der Persönlichkeitsrechte an. Diese haben grundrechtlichen Rang; sie sind begründet in den Grundrechten aus Art. 1 und Art. 2 Abs. 1 GG.

3. Dies rechtfertigt eine „schöpferische Rechtsfortbildung"[17] durch die Zivilgerichte in Fällen wie dem vorliegenden. Da es sich bei § 253 BGB um vorkonstitutionelles Recht handelt, steht einer Rechtsfortbildung hier auch keine eindeutige Entscheidung des Gesetzgebers entgegen.

---

16 BVerfGE 22, 49, 73 ff.
17 BVerfGE 34, 269, 287 ff.

Schrifttum zu I.1.: *Di Fabio*, Gewaltenteilung, HStR II³, § 27; *Voßkuhle/Kaufhold*, Grundwissen – öffentliches Recht: Der Grundsatz der Gewaltenteilung, JuS 2012, 314; *Braun Binder*, Fragmentierungen und grundgesetzliche Gewaltenteilung, DVBl 2017, 1066; *Säcker*, Richterliche Unabhängigkeit – der Kern der Gewaltenteilung, NJW 2018, 2375.

2. Gewaltenteilung: Gesetzmäßigkeit der Verwaltung – Vorrang und Vorbehalt des Gesetzes

Zu den tragenden Prinzipien der rechtsstaatlichen und demokratischen Ordnung des Grundgesetzes zählt der Grundsatz der Gesetzmäßigkeit der Verwaltung. Er umfasst Vorrang und Vorbehalt des Gesetzes. Vorrang des Gesetzes bedeutet: Bindung an das Gesetz. Vorbehalt des Gesetzes bedeutet: Notwendigkeit einer gesetzlichen Grundlage für das Handeln der Verwaltung. Die durch diese Grundsätze aufgeworfenen Fragen des Verhältnisses von Gesetzgebung und Verwaltung im Rechtsstaat des Grundgesetzes sind Gegenstand des folgenden Abschnitts.

▶ **Leitentscheidungen:** BVerfGE 33, 1 (Strafvollzug); BVerfGE 33, 125 (Facharzt); BVerfGE 47, 46 (Sexualkunde); BVerfGE 49, 89 (Kalkar I); BVerfGE 98, 218 (Rechtschreibreform); BVerfGE 101, 312 (Bundesrechtsanwaltsordnung); BVerfGE 105, 252 und 105, 279 (Glykol/Osho); BVerfGE 148, 40 (Lebens- und Futtermittel).

305

Fall 24: Anschluss- und Benutzungszwang

Die Gemeindeordnung des Landes A (ein formelles Gesetz) lautet in § 24: „Durch Satzung kann die Gemeinde vorsehen, dass im Gemeindegebiet belegene Grundstücke sich an gemeindliche Einrichtungen zur Versorgung mit Wasser, Gas und Elektrizität anzuschließen und ausschließlich von diesen Leistungen zu beziehen haben (Anschluss- und Benutzungszwang). Die Satzung kann die erforderlichen Anordnungen im Einzelfall vorsehen." Die Stadt S schreibt in ihrer Satzung vor, dass im Stadtbezirk „Altstadt" auch Fernwärme von den kommunalen Versorgungswerken zu beziehen ist und die Stadt deshalb die Stilllegung von Heizungsanlagen anordnen kann. Sie trifft eine dahingehende Anordnung gegenüber dem E. E hält die Anordnung für gesetzwidrig. S sieht kein Gesetz, das hier entgegenstehen könnte; jedenfalls aber könne § 24 der Gemeindeordnung des Landes A analog angewandt werden. Auch diene die Satzung dem Klima- und Umweltschutz. Dieser habe aber Verfassungsrang, wie sich aus Art. 20a GG ergebe; dem diene der Einsatz klimafreundlich produzierter Fernwärme. Schon deshalb sei ihr Vorgehen rechtmäßig. **Rn 338**

306

Fall 25: Jugendsekten

Das Bundesministerium für Familie, Senioren, Frauen und Jugend informiert in seinem Internetauftritt über die Tätigkeit von Jugendsekten. Dabei wird insbesondere vor der Sekte „Kinder der Erleuchtung" gewarnt. Diese gehe mit massivem psychologischen Druck vor und stehe zudem in Verdacht, Kinderprostitution zu betreiben. Die betroffene Sekte sieht hierin einen unzulässigen, weil gesetzlosen Eingriff. **Rn 320, 339**

307

Fall 26: Notleidende Presse

Das Land A stellt im Haushaltsplan Mittel für die Subventionierung lokaler Zeitungsverlage bereit. Die Bedingungen und Vergabemodalitäten werden durch Richtlinien des Innenministeriums geregelt, die Subventionen hiernach ausgezahlt.

Der Verlag „Neue Presse", der keine Subventionen in Anspruch nehmen möchte, hält dies für gesetzwidrig. **Rn 340**

308

309 **Fall 27: Schulbesuch im Schlabber-Look**

Der Rektorin der Thomas-Mann-Gesamtschule der Stadt S im Land A Beate Streng ist es ein Dorn im Auge, dass zunehmend Schülerinnen und Schüler im „Schlabber-Look" zum Unterricht kommen. In einem Rundschreiben weist sie darauf hin, dass der Schulbesuch in angemessener Bekleidung zu erfolgen habe, nicht aber in Jogginghosen oder im Trainingsanzug. Auch dürfe keine „aufreizende" Kleidung getragen werden. Die betroffenen Schülerinnen und Schüler sehen sich in der freien Entfaltung ihrer Persönlichkeit verletzt. Die Rektorin verweist auf § 56 Abs. 4 des Schulgesetzes von A, wonach sich die Schülerinnen und Schüler so zu verhalten haben, dass der Auftrag der Schule erfüllt und das Bildungsziel erreicht werden kann. In einer Bekleidung zu erscheinen, „die zum Chillen verleitet"[18], laufe dem zuwider. Ein bekannter Modeschöpfer habe einmal geäußert, wer Jogginghosen trage, habe die Kontrolle über sein Leben verloren. Durch aufreizende Kleidung würden die Klassenkameraden auch zu sehr abgelenkt. Auch sei es sehr fraglich, ob man sich im Schulverhältnis auf das Grundgesetz berufen könne, schließlich gehe man in die Schule, um etwas zu lernen. **Rn 341**

a) Vorrang des Gesetzes

310 **Vorrang des Gesetzes** bedeutet zunächst nichts anderes als Bindung der Verwaltung an das geltende Recht: Die Verwaltung darf bei ihrem Handeln nicht gegen Rechtsnormen verstoßen; dies besagt der klare Wortlaut des Art. 20 Abs. 3 GG. Dies gilt für jegliches Verwaltungshandeln, unabhängig davon, ob es Betroffene belastet oder begünstigt, wie auch davon, ob es durch rechtsförmliche Anordnung (Verwaltungsakte, Legaldefinition in § 35 S. 1 VwVfG) oder rein tatsächliches Handeln erfolgt. Dass eine Maßnahme den Betroffenen begünstigt und darüber hinaus auch öffentlichen Interessen dient, hebt die Gesetzesbindung nicht auf. Deshalb können zB dann, wenn das zuständige Ministerium ein besonderes Interesse an der Gewinnung des Professors P für eine Landesuniversität bejaht, diesem auch im Wege einer Vereinbarung keine Bezüge zugesagt werden, die die gesetzlich festgelegten Höchstgrenzen überschreiten.

311 Aus Art. 20 Abs. 3 GG folgt auch, dass die Exekutive geltende Gesetze anwenden muss. Deshalb kann auch die Regierung nicht die Anwendung eines Gesetzes aussetzen. Dies stünde im Widerspruch zu ihrer Gesetzesgebundenheit[19].

Fallbeispiele: Deshalb war die Nichtanwendung des sog. **Zugangserschwerungsgesetzes** vom 17.2.2010[20], mit dem bestimmte Internetseiten mit pornografischen Inhalten gesperrt werden konnten, verfassungswidrig.

Verfassungswidrig war auch das sog. **Atom-Moratorium**[21]: Am 14.3.2011 verkündete die Bundeskanzlerin Merkel wenige Tage nach dem Reaktor-Unglück in Fukushima (und vor der Landtagswahl in Baden-Württemberg): „Wir (werden) die erst kürzlich beschlossene Verlängerung der Laufzeiten der deutschen Kernkraftwerke aussetzen. Dies ist ein Moratorium. Dieses Moratorium gilt für drei Monate."[22] Die Verlängerung der Laufzeiten war kurz zuvor durch Gesetz geregelt worden. Dieses Gesetz sollte dann für 3 Monate nicht zur Anwendung kommen. Auf verfassungsrechtliche Einwände wurde von Seiten der Bundesregierung erwidert, juristische Spitzfindigkeiten

---

18 So die Leitung der Sekundarschule Wermelskirchen, zitiert nach https://www1.wdr.de/nachrichten/rheinland/sekundarschule-in-wermelskirchen-streit-wegen-jogginghose-100.html, abgerufen am 21.6.2023.
19 Vgl *Kloepfer/Bruch*, JZ 2011, 377, 386.
20 BGBl I S. 78.
21 S. hierzu *Kloepfer/Bruch*, JZ 2011, 377; *Rebentisch*, NVwZ 2011, 533.
22 Zitiert nach *Ewer/Behnsen*, NJW 2011, 1182, der sich auf den offiziellen Mitschnitt der Pressekonferenz der Bundesregierung bezieht sowie nach *Kloepfer/Bruch*, JZ 2011, 377, 386 mit Fn 83.

seien Sache der Opposition, die Regierung müsse handeln. Es handelte sich bei der Ankündigung nicht etwa nur um eine unverbindliche politische Absichtserklärung. Wenn die Regierung als Spitze der Exekutive beschließt, ein Gesetz nicht anzuwenden, so stellt dies eine Anweisung an die nachgeordneten Verwaltungsbehörden dar, nicht nach geltendem Recht zu verfahren. Dies verstieß gegen die Gesetzesbindung der Verwaltung aus Art. 20 Abs. 3 GG. Hierin lag auch ein Eingriff in die Rechte des Parlaments: dieses hat ein verfassungsmäßiges Recht darauf, dass die Exekutive die parlamentsbeschlossenen Gesetze beachtet.

b) Vorbehalt des Gesetzes

aa) Allgemeiner Gesetzesvorbehalt – Begriff. Vorbehalt des Gesetzes bedeutet: Für ein Handeln der Exekutive ist eine ausdrückliche Ermächtigung in einem formellen Gesetz erforderlich. Derartige Vorbehalte enthält das Grundgesetz in zahlreichen Bestimmungen. So können eine Reihe von Grundrechten „auf Grund eines Gesetzes" eingeschränkt werden (zB Art. 8 Abs. 2 GG oder Art. 12 Abs. 1 GG). Neue Bundesbehörden sind nach Art. 87 Abs. 3 GG „durch Bundesgesetz" zu errichten. Darüber hinaus folgt aus Art. 20 Abs. 3 GG ein allgemeiner Gesetzesvorbehalt. Er wird dort nicht ausdrücklich niedergelegt, jedoch *vorausgesetzt*. Denn die Bindung der Verwaltung an das Gesetz wäre gegenstandslos, könnte sie nach ihrem Ermessen ohne Bindung an eine gesetzliche Ermächtigung tätig werden. Wie weit der Vorbehalt des Gesetzes reicht, soweit er nicht ausdrücklich in einzelnen Bestimmungen des Grundgesetzes (wie zB in Art. 87 Abs. 3 GG) enthalten ist, ist aus allgemeinen Verfassungsgrundsätzen, insbesondere den Grundrechten und dem Demokratie- und Rechtsstaatsgebot zu entnehmen. Denn in der Ordnung des Grundgesetzes trifft die grundlegenden Entscheidungen das vom Volk gewählte Parlament[23].

bb) Gesetzesvorbehalt für Eingriffsmaßnahmen – „klassischer Eingriffsbegriff". Der Grundlage in einem formellen Gesetz bedürfen unstreitig Eingriffsakte, also belastende Maßnahmen der Verwaltung, – in der herkömmlichen Terminologie des Konstitutionalismus Eingriffe in *„Freiheit und Eigentum"*. Damit wird die Problematik im Übrigen durchaus zutreffend gekennzeichnet, denn über die **Grundrechte**, insbesondere auch Art. 2 Abs. 1 GG als „Auffanggrundrecht", besteht umfassender Freiheitsschutz gegenüber belastenden Maßnahmen, die nicht auf eine gültige Gesetzesgrundlage zurückgehen[24]. Unter einem Eingriff versteht man herkömmlicher Weise jede hoheitliche Maßnahme, die die Freiheit des Adressaten, an den die Maßnahme gerichtet ist, (1) gezielt und (2) unmittelbar beschränkt, weil sie ihm (3) ein Handeln, Dulden oder Unterlassen verbindlich auferlegt, und die (4) mit Befehl und Zwang durchgesetzt wird. Hierunter fallen **Verbote** (zB Verbot, ein Gewerbe auszuüben, Fahrverbot, Verbot, eine Kundgebung abzuhalten, Verbot, ein denkmalgeschütztes Haus abzureißen) wie **Gebote** (zB im Steuerbescheid die Anordnung, Geld zu bezahlen; die Anordnung, einen Schwarzbau abzureißen). Man spricht bei derartigen verbindlichen Anordnungen auch vom „klassischen Eingriffsbegriff".

Eingriffe können durch Entscheidungen der Verwaltungsbehörden im Einzelfall, also durch Verwaltungsakte (Rn 310) erfolgen, aber auch in Rechtsnormen (insbesondere Ge- und Verbotsnormen) enthalten sein, so zB in den umfangreichen Verbotskatalogen der „Bundes-Notbremse" in der Corona-Pandemie (Rn 148). Wenn untergesetzliche Normen (Rechtsverordnungen oder Satzungen, Rn 344 ff) Eingriffe enthalten oder dazu ermächti-

---

23 Vgl. BVerfG NJW 2023, 831 Rn 181.
24 Vgl BVerfGE 8, 274, 325 f; 17, 306, 313 f; 20, 150, 158.

gen, so müssen diese ihrerseits wieder auf formelle Gesetze zurückzuführen sein. Denn es handelt sich hier eben nicht um formelle Gesetze, sondern um Rechtsnormen, die von der Exekutive erlassen worden sind. Eine in einer Satzung oder Rechtsverordnung enthaltene Gebots- oder Verbotsnorm verstößt also gegen den Grundsatz vom Vorbehalt des Gesetzes, wenn entweder keine gesetzliche Ermächtigung besteht oder eine solche Ermächtigung zwar besteht, die Verordnung oder Satzung aber ihren Rahmen überschreitet. Deshalb durfte im **Fall 24** (Rn 306) kein Anschluss- und Benutzungszwang angeordnet werden, wenn hierfür keine Grundlage in der Gemeindeordnung (dem formellen Gesetz) enthalten war; die Festlegung eines Anschluss- und Benutzungszwangs für eine gemeindliche Einrichtung allein durch Satzung reicht nicht aus.

Fallbeispiel aus der Rechtsprechung: Eine von der Rechtsanwaltskammer erlassene Berufsordnung der Rechtsanwälte untersagte diesen, im Zivilprozess ohne vorherige Ankündigung ein Versäumnisurteil zu beantragen[25]. Das BVerfG erklärte die Bestimmung für nichtig. Grundlage für die Berufsordnung war die Bundesrechtsanwaltsordnung (BRAO), ein formelles Gesetz. Sie enthielt jedoch keine Ermächtigung, das Verhalten im Prozess in dieser Weise zu regeln. Deshalb verstieß die Satzungsbestimmung gegen den Vorbehalt des Gesetzes – daneben auch gegen den Vorrang des Gesetzes, da der Antrag auf Erlass eines Versäumnisurteils in der ZPO anders geregelt war.

315 cc) **Erweiterter oder „moderner" Eingriffsbegriff.** Auch ohne dass ein ausdrückliches Gebot oder Verbot ausgesprochen wurde, kann staatliches Handeln wie ein Eingriff wirken. Wenn zB im Handel möglicherweise gesundheitsgefährdende Produkte aufgetaucht sind und die zuständige Behörde einen Bescheid an die Händler erlässt, wonach sie diese Produkte aus dem Regal nehmen müssen, ist dies ein Eingriff, der mit „Befehl und Zwang" durchgesetzt wird – und gegen den der Betroffene auch gerichtlich vorgehen kann. Wenn aber die Behörde über den Rundfunk und im Internet vor diesen Produkten warnt, dürften die Folgen für die Händler auch dann nicht weniger nachteilig sein, wenn ihr Verkauf nicht verboten wird. Derartige „eingriffsgleiche" faktische Auswirkungen staatlichen Handelns werden von einem erweiterten Eingriffsbegriff erfasst. Ein Eingriff ist hiernach jedes staatliche Handeln, das dem Einzelnen die Ausübung seiner Freiheit ganz oder teilweise unmöglich macht. Dies ist der **„moderne" Eingriffsbegriff**, der nicht im Gegensatz zum klassischen Eingriffsbegriff" zu sehen ist, sondern in Ergänzung hierzu. Darunter fallen – neben staatlichen Äußerungen – zB Maßnahmen wie Beobachtung und Registrierung. Wenn eine Versammlung mittels einer Drohne beobachtet und fotografiert wird, kann dies die Teilnehmer gezielt in der Ausübung ihres Rechts auf Versammlungs- und Meinungsfreiheit beeinflussen. Einen derartigen **faktischen Eingriff** sah das BVerfG im Urteil zur Suizidhilfe vom 26.2.2020[26] im durch § 217 Abs. 1 StGB strafbewehrten Verbot der geschäftsmäßigen Förderung der Selbsttötung, die es *„Suizidwilligen faktisch unmöglich (macht), die von ihnen gewählte, geschäftsmäßig angebotene Suizidhilfe in Anspruch zu nehmen."* – Denn das allgemeine Persönlichkeitsrecht aus Art. 2 Abs. 1 iVm Art. 1 Abs. 1 GG umfasst als Ausdruck persönlicher Autonomie auch ein Recht auf selbstbestimmtes Sterben[27].

316 **Fallbeispiel aus der Rechtsprechung – Einrichtungsbezogene Impfpflicht:** Nach § 20a IfSG[28] mussten Beschäftigte im Gesundheitswesen einen Impf- oder Genesenennachweis erbringen. Ohne diesen Nachweis durften sie ihre Tätigkeit nicht aufnehmen; bereits Beschäftigten konnte die Tä-

---

25 BVerfGE 101, 312, 323.
26 BVerfGE 153, 182 Rn 215 f.
27 BVerfGE 153, 182 Rn 206.
28 Eingefügt durch Gesetz v. 10.12.2021 – BGBl I S. 5162.

tigkeit untersagt werden. Impfunwillige sahen hierin einen Eingriff in ihr Grundrecht auf körperliche Unversehrtheit, Art. 2 Abs. 2 S. 1 GG. Eine hoheitliche Anordnung, sich impfen zu lassen, wäre ein Eingriff iSd klassischen Eingriffsbegriffs. Dies sieht das Gesetz nicht vor, knüpft jedoch an den fehlenden Impfnachweis erhebliche nachteilige Folgen: Wer sich nicht impfen lassen will, kann seinen Arbeitsplatz verlieren oder muss seinen Beruf wechseln. *„Die Konfrontation mit den erwähnten Nachteilen soll auch nach der gesetzgeberischen Zielsetzung zu einer Entscheidung zu Gunsten einer Impfung bewegen."*[29] Diese gezielte mittelbare Beeinträchtigung ist als Eingriff zu behandeln, der aber verfassungsrechtlich gerechtfertigt ist, dies insbesondere durch die Schutzpflicht für vulnerable, also besonders gefährdete Personengruppen in Kliniken, Alters- und Pflegeheimen[30].

dd) Leistungsverwaltung und Wesentlichkeitsvorbehalte. In seiner Entscheidung zur staatlichen Finanzierung parteinaher Stiftungen vom 22.2.2023[31] äußert sich das BVerfG auch grundsätzlich zur Frage eines Gesetzesvorbehalts für staatliche Leistungen. Ein genereller Gesetzesvorbehalt gilt insoweit nicht, auch wenn der Staat vor allem durch die Gewährung finanzieller Leistungen das Verhalten des Einzelnen massiv beeinflussen kann (zB zu Hause zu bleiben, um „Elterngeld" zu erhalten). Subventionen können den nicht begünstigten Konkurrenten im Wettbewerb benachteiligen. Schließlich muss jegliche staatliche Leistung im Wege des (Steuer-)Eingriffs finanziert werden. Gleichwohl wird ein „Totalvorbehalt" zu Recht abgelehnt[32]. Gesetzlich festgelegte Leistungen verengen die Handlungsspielräume des Staates, auch bestünde die Gefahr einer „Übernormierung"[33]. Die Problematik hat jedoch durch die weitgehende Vergesetzlichung der Leistungsverwaltung an Bedeutung verloren. So dürfen Sozialleistungen nach § 31 SGB I nur gewährt werden, soweit *„ein Gesetz dies vorschreibt oder zulässt"*. Gesetzlich nicht begründeten Leistungen stünde schon der Vorrang des Gesetzes entgegen.

317

Für die staatlichen Leistungen an die parteinahen Stiftungen fehlte es an einer gesetzlichen Regelung. Eine solche war aber auf Grund der Bedeutung der staatlichen Leistungen für die politische Betätigung der Parteien erforderlich[34]. Immerhin erhielten die Stiftungen der Parteien (Konrad-Adenauer-Stiftung, Friedrich-Ebert-Stiftung etc) in einem Haushaltsjahr Globalzuschüsse von 130 Mio. Euro, lediglich die AfD-nahe Desiderius-Erasmus-Stiftung war davon ausgenommen. Damit wurde massiv auf die Chancengleichheit im politischen Wettbewerb Einfluss genommen. Die staatlichen Leistungen waren daher von erheblicher Relevanz für die Rechte der Parteien aus Art. 21 Abs. 1 iVm Art. 3 Abs. 1 GG. Deshalb bedurfte es einer gesetzlichen Grundlage[35]. Aus ähnlichen Erwägungen bedürfte eine Subventionierung der Presse einer gesetzlichen Grundlage, da Art. 5 Abs. 1 S. 2 GG eine *freie*, vom Staat *unabhängige* Presse fordert, staatliche Subventionierung aber die Gefahr einer Einflussnahme begründet. Sofern eine unmittelbare Pressesubventionierung nicht von vornherein verfassungswidrig wäre[36], müssten jedenfalls klare gesetzliche Regelungen der Gefahr unkontrollierbarer Einflussnahme, sei es auch nur durch eine befürchtete Abhängigkeit, und Rechtssicherheit schaffen[37]. Für den Staat gilt, wie zB auch für die Förderung weltanschaulicher Bestrebungen, ein striktes Neutralitätsgebot.

318

---

29 BVerfGE 161, 299 Rn 114.
30 BVerfGE 161, 299 Rn 202 ff.
31 BVerfG NJW 2023, 831.
32 BVerwG DVBl 1978, 212.
33 Dazu s. *Kloepfer*, VVDStRL, 40 [1982], 63 ff; *Degenhart*, DÖV 1981, 477, 481 ff.
34 BVerfG NJW 2023, 831.
35 BVerfG NJW 2023, 831 Rn 181 f.
36 Näher *Degenhart*, BonnK, Art. 5 Rn 272 f.
37 So auch VG und OVG Berlin DVBl 1975, 268 und JZ 1976, 402; näher *Degenhart*, BonnK, Art. 5 (2017) Rn 272 ff.

319 Soweit der Wesentlichkeitsvorbehalt eingreift, wird dem nicht dadurch genügt, dass die vorgesehenen Mittel im Haushaltsplan ausgewiesen sind. Er wird zwar in Form eines Gesetzes erlassen, stellt aber im *Außenverhältnis* zum Bürger *keine gesetzliche Grundlage* für Leistungen dar und begründet keine Rechte des Bürgers, s. § 3 Abs. 2 HGrG, § 3 Abs. 2 BHO[38]. Wenn für wesentliche Fragen ein Gesetzesvorbehalt besteht, genügt es nicht, dass überhaupt eine gesetzliche Regelung vorliegt; der Gesetzgeber muss auch die wesentlichen Fragen selbst im Gesetz entschieden haben. Insoweit umfasst der Gesetzesvorbehalt auch einen **Parlamentsvorbehalt**, wie er hier für wesentliche Fragen bereits aus dem Demokratieprinzip hergeleitet wurde (Rn 38 ff).

Aus der Rechtsprechung: Für die nach Intensität und Reichweite in der Geschichte der Bundesrepublik beispiellosen Freiheitsbeschränkungen im Zuge der Corona-Pandemie enthielt das Infektionsschutzgesetz des Bundes (IfSG) zunächst nur sehr allgemein gehaltene Ermächtigungsgrundlagen, die dann entsprechend ergänzt und konkretisiert werden mussten. Die Generalklausel, nach der die Behörden die notwendigen Maßnahmen treffen durften, um die Ausbreitung der Pandemie zu verhindern, war nur solange gerechtfertigt, wie eine ausdrückliche spezialgesetzliche Regelung wegen mangelnder Erkenntnisse noch nicht möglich war (Rn 347).

Beispielhaft wird dies auch an der Entscheidung des BVerfG zur Grundsicherung „Hartz IV" deutlich. Aus Art. 1 Abs. 1 GG iVm dem Sozialstaatsprinzip des Art. 20 Abs. 1 GG hat das BVerfG ein Grundrecht auf ein menschenwürdiges Existenzminimum hergeleitet. Hier geht es um staatliche Leistungen, die jedoch für dieses Grundrecht so wesentlich sind, dass diese Leistungen in ihrem Inhalt gesetzlich geregelt sein müssen. Der Hilfsbedürftige muss einen Anspruch hierauf haben und darf nicht vom Ermessen des Staates abhängig sein[39].

320 ee) **Insbesondere: Gesetzesvorbehalt für staatliche Informationstätigkeit.** In der „Informationsgesellschaft" nimmt auch die Bedeutung staatlicher **Informationstätigkeit** zu, wie das BVerfG bereits in seiner *„Glykol"-Entscheidung* vom 26.6.2002 näher ausführt: der Bürger erwarte rechtzeitige öffentliche Informationen zur Bewältigung von Krisen – wie zB im Fall der Corona-Pandemie – und Konflikten in Staat und Gesellschaft[40]. Deshalb müsse der Staat und insbesondere die Regierung den Bürger informieren und ihm ggf durch „Aufklärung, Beratung und Verhaltensempfehlungen" Orientierung bieten. Derartige Hinweise und Empfehlungen, ggf auch Warnungen können durchaus intensiv auf Rechte Dritter einwirken, wie im **Fall 25 Jugendsekten** (Rn 307) auf die Betätigung einer Religionsgemeinschaft, die ja durch das Grundrecht der freien Religionsausübung in Art. 4 Abs. 1 und 2 GG geschützt wird. Im wirtschaftlichen Bereich geht es hier vor allem um die Wettbewerbschancen von Unternehmen. Auch allgemein gehaltene Informationen oder Warnungen, wie zB vor den Risiken des Alkoholgenusses oder gewisser Produkte der Finanzindustrie, können sich hier nachteilig für einzelne Unternehmen oder Branchen auswirken. Allgemeine, auf die Marktbedingungen bezogene Marktinformationen sind aber kein Eingriff in die Rechte einzelner Unternehmen. Dies ist erst dann der Fall, wenn sie die Entscheidungen am Markt zweckgerichtet beeinflussen und so die Markt- und Wettbewerbssituation zum wirtschaftlichen Nachteil konkret individualisierter Unternehmen verändern[41].

321 Dies wurde für die Verpflichtung der Behörden bejaht, der Öffentlichkeit lebensmittel- und futtermittelrechtliche Verstöße von Unternehmen umfassend und in unternehmens-

---

38 BVerfGE 38, 121, 125.
39 BVerfGE 125, 175, 222 f.
40 BVerfGE 105, 252, 269.
41 BVerfGE 148, 40 Rn 29.

spezifisch individualisierter Form mitzuteilen. Dafür wurde der Begriff des „funktionalen Eingriffsäquivalents"[42] geprägt.

Für staatliches Informationshandeln entwickelt das BVerfG diese Voraussetzungen[43]: **322**

(1) Es muss eine Aufgabe der handelnden Stelle gegeben sein. Sie folgt für die Bundesregierung daraus, dass ihr die politische Staatsleitung obliegt[44]. Diese Aufgabenzuweisung umfasst auch die Information der Öffentlichkeit. Dies gilt auch für nachgeordnete Verwaltungsbehörden[45]. Eine ausdrückliche gesetzliche Ermächtigung ist jedoch erforderlich, wenn die Äußerung als „funktionales Eingriffsäquivalent" zu werten ist, wenn sie also zielgerichtet zu Lasten Betroffener und damit als Eingriff in deren Rechte wirkt.

(2) Die handelnde Stelle muss im Rahmen ihrer Zuständigkeit tätig sein. Dies betrifft die **323** Organkompetenz, bei der Bundesregierung also die Aufgabenverteilung zwischen Bundeskanzler, Regierung als Kollegialorgan und den einzelnen Fachministern (Rn 779 ff). Während sich die Informationsaufgabe der Bundesminister auf ihr jeweiliges Ressort bezieht, Art. 65 S. 2 GG, ist die des Bundeskanzlers generell weiter[46]. Dies betrifft auch die Verbandskompetenz, also das Verhältnis von Bund und Ländern. Handelt es sich um Sachverhalte von bundesweiter Bedeutung, dann ist der Bund zuständig. Dies betraf zB in der Corona-Pandemie die Verhaltensempfehlungen der Bundesregierung. Demgegenüber fehlte es für die Äußerungen der Bundeskanzlerin Merkel zur Wahl des Ministerpräsidenten in Thüringen (Rn 790, Fall 74b) bereits an der Bundeszuständigkeit[47].

(3) Die Äußerungen müssen inhaltlich richtig sein. Dies stellt sich (wie immer dann, wenn Gefahrenvorsorge zu treffen ist) mitunter erst im Nachhinein heraus – in diesem Fall kann nur verlangt werden, dass alle zumutbare Sorgfalt eingehalten wurde.

(4) Die Äußerungen müssen schließlich nach Form und Inhalt angemessen sein und dürfen nicht diffamierend sein. Eingriffe in Rechte der Betroffenen müssen verhältnismäßig sein.

Fallbeispiele aus der Rechtsprechung: Im Verbraucherinformationsrecht sind explizite Ermäch- **324** tigungsnormen enthalten, so auch im Fall des Lebens- und Futtermittelgesetzes (§ 40 Abs. 1a LFGB). Das BVerfG gelangte jedoch wegen des Fehlens einer Befristung der Meldung im Internet zur Unverhältnismäßigkeit[48]. Eine gezielte, eingriffsgleiche Maßnahme sah das BVerwG in behördlichen Aufforderungen an Unternehmen, von ihren Geschäftspartnern zu verlangen, dass diese sich von einer bestimmten Sekte (Scientology) distanzierten[49]. Als Eingriff in die Pressefreiheit wurde die Aufnahme einer politischen Wochenzeitung als verfassungsfeindlich in den Verfassungsschutzbericht gewertet. Sie hat, wie das BVerfG betont, den Charakter einer gezielten Warnung und kann dazu führen, dass sich Leser und Inserenten von der Zeitung abwenden und damit deren Tätigkeit gefährden[50]. Der Eingriff war auch nicht gerechtfertigt – die Behörden hatten die gebotene Sorgfalt außer Acht gelassen. Auch für die sog. „Smily-Liste" des Bezirks Pankow für Restaurantbetriebe im Internet dürfte es an der erforderlichen gesetzlichen Grundlage fehlen[51].

---

42 BVerfGE 105, 252, 273; 105, 279, 303.
43 BVerfGE 105, 252, 268; BVerfGE 148, 40 Rn 48 ff.
44 BVerfGE 105, 279, 306
45 BVerfGE 105, 252, 268.
46 BVerfGE 162, 207 Rn 89.
47 Offengelassen bei BVerfG, U. v. 25.6.2022 – 2 BvE 4/20 und 5/20 (Angela Merkel) – Rn 170 ff.
48 BVerfGE 148, 40 Rn 48 ff.
49 BVerwG NJW 2006, 1303.
50 BVerfGE 113, 63, 77; vgl auch den Fall bei *Engelbrecht*, JA 2007, 197 zum „polizeilichen Gefährdungsschreiben".
51 *Martini/Kühl*, Jura 2014, 1221, 1229 f.

325 **ff) „Sonderstatusverhältnisse".** Die Lehre vom „besonderen Gewaltverhältnis" konnte unter dem GG nicht aufrechterhalten werden. Hierunter verstand man Rechtsverhältnisse mit besonders enger Beziehung zwischen Bürger und Staat und in denen deshalb der Vorbehalt des Gesetzes nicht gelten sollte: Schulverhältnis, Beamtenverhältnis, Wehrpflicht und Straf- sowie Untersuchungshaft. Man spricht nunmehr von „Sonderstatusverhältnissen". Auch hier bedürfen jedoch Eingriffe in Rechte einer gesetzlichen Grundlage[52]. Das Gesetz kann Beschränkungen, die für die Funktionsfähigkeit der Einrichtung erforderlich sind, generalklauselartige Formulierungen wie in **Fall 27** (Rn 309) enthalten[53].

326 **Aktuelle Rechtsprechung:** Eine generalklauselartige Bestimmung im Schulgesetz eines Landes wie im **Fall 27**, wonach sich die Schülerinnen und Schüler so zu verhalten haben, dass der Auftrag der Schule erfüllt und das Bildungsziel erreicht werden kann, sah der BayVGH als hinreichende Grundlage für ein Verbot des Niqab an[54]. Er sah das Verbot auch materiell gerechtfertigt, da durch die Verschleierung die offene Kommunikation zwischen Lehrkraft und Schülerinnen als auch der Schüler und Schülerinnen untereinander erheblich eingeschränkt werde; dies sei eine konkrete erhebliche Beeinträchtigung des Schulbetriebs..Verfassungswidrig war die Briefzensur im Strafvollzug ohne gesetzliche Grundlage[55].

327 -337

> **Zusammenfassung: Vorrang und Vorbehalt des Gesetzes**
>
> **Vorrang des Gesetzes:** umfassende Bindung der Verwaltung an das Gesetz, gilt ausnahmslos, Art. 20 Abs. 3 GG.
>
> **Vorbehalt des Gesetzes:** Erfordernis gesetzlicher Grundlage für Handeln der Verwaltung; vorausgesetzt in Art. 20 Abs. 3 GG; gilt stets im Bereich der Eingriffsverwaltung; darunter kann auch schlicht-hoheitliches Handeln fallen;
> – gilt nach hM nicht für Maßnahmen der *leistenden Verwaltung*; hier ausr.: *Ansatz im Budget* (was allein noch keine gesetzliche Ermächtigung für das Verwaltungshandeln darstellt); Ausnahmen Art. 5 und Art. 4 GG!;
> – gilt unabhängig von der Frage, ob Eingriffs- oder Leistungsverwaltung für *wesentliche, insbesondere grundrechtswesentliche normative Entscheidungen*, Grundlage: Rechtsstaats- und Demokratiegebot; wesentliche Entscheidungen sind dabei vom Gesetzgeber *selbst* zu treffen;
> – gilt auch für *Sonderstatusverhältnisse*, sofern nicht nur Maßnahmen statusinterner Organisationsgewalt in Frage stehen.

Lösung der Ausgangsfälle

338 **Lösung Fall 24: Anschluss- und Benutzungszwang (Rn 306)**

1. Für die Anordnung, sich an die Fernheizung anzuschließen, bedarf es einer gesetzlichen Grundlage, wenn es sich um einen Eingriffsakt handelt. E wird aufgegeben, Fernwärme von der S zu beziehen und seine Anlage nicht mehr zu nutzen: „klassischer" Eingriff.

2. Grundlage in kommunaler Satzung? Diese sieht Anschluss- und Benutzungszwang auch für Fernwärme und entsprechende Anordnungen im Einzelfall vor; ist aber keine Grundlage für Eingriff, da kein formelles Gesetz.

---

52 BVerfGE 33, 1; 40, 276; *Siegel*, Rn 260.
53 *Siegel*, Rn 259.
54 BayVGH NVwZ 2014, 1109 Rn 25.
55 BVerfGE 116, 69 – grundlegend: BVerfGE 33, 1.

3. Die Satzung müsste ihrerseits auf ein formelles Gesetz zurückzuführen sein.

a) § 24 GO? Umfasst nicht Anschluss- und Benutzungszwang auch für Fernwärme und entsprechende Anordnungen im Einzelfall; keine analoge Anwendung: für Eingriffsakte nicht zulässig, auch keine Regelungslücke.

b) Art. 20a GG? Verpflichtung zum Schutz der Umwelt „nach Maßgabe von Gesetz und Recht" aber keine Ermächtigungsgrundlage für einen Eingriff, sondern Auftrag an den Staat, Gesetze zu schaffen. Der Schluss von der Aufgabe auf die Befugnis ist unzulässig.

4. Ergebnis: Keine Befugnis der Stadt, Anschluss- und Benutzungszwang vorzusehen und entsprechende Anordnungen im Einzelfall zu erlassen. Die Anordnung gegen E ist rechtswidrig.

Lösung Fall 25: Jugendsekten (Rn 307)   339

1. Ermächtigungsgrundlage – Vorbehalt des Gesetzes?

a) Äußerungen der Bundesregierung wirken als mittelbar-faktische Grundrechtsbeeinträchtigung, daher ist eine Ermächtigungsgrundlage zu fordern.

b) Informationsaufgabe der Bundesregierung (bzw der Bundesminister)? Schutz der von den Aktivitäten der Sekte betroffenen Jugendlichen als Aufgabe der Bundesregierung in Wahrnehmung ihrer Gemeinwohlverpflichtung; hieraus folgt eine Informationsaufgabe und damit auch Äußerungsbefugnis – bei staatlicher Informationstätigkeit folgt also aus der Aufgabe ausnahmsweise auch die Befugnis.

2. Kompetenz:

a) Verbandskompetenz: **Bundeskompetenz** bei bundesweit relevantem Sachverhalt.

b) Ressortkompetenz: Bundesinnenminister.

3. Materielle Rechtmäßigkeit:

a) Tatsachen zutreffend? Bei Verdachtsmitteilung: sorgfältige Tatsachenermittlung?

b) Angemessenheit im Verhältnis von „Eingriffs"-Wirkung und Anlass für die Warnung; dies dürfte hier zu bejahen sein; ebenso Wahrung der staatlichen Pflicht zur Neutralität;

c) Form der Äußerung – diffamierend? – hier keine Anhaltspunkte.

Ergebnis: Äußerung rechtmäßig (s. auch **Klausurenband I Fall 3 und II Fall 11**).

Lösung Fall 26: Notleidende Presse (Rn 308)   340

1. Ermächtigungsgrundlage? Die Vergabe der Pressesubventionen erfolgte ohne Grundlage in einem formellen Gesetz; dass entsprechende Mittel im Haushaltsplan des Landes A bereitgestellt wurden, reicht nicht aus (Rn 318).

2. Eine Ermächtigungsgrundlage in einem formellen Gesetz könnte entbehrlich sein, da es sich um eine Maßnahme der Leistungsverwaltung handelte; hier reicht regelmäßig aus, dass Mittel im Haushaltsgesetz ausgewiesen sind.

3. Besonderheiten auf Grund der Pressefreiheit des **Art. 5 GG**. Wegen der Bedeutung einer *freien, staatsunabhängigen* Presse für die parlamentarische Demokratie sind Subventionen jedenfalls nur auf gesetzlicher Grundlage zulässig, Rn 319. Daran fehlt es hier. Deshalb ist die Subventionierung rechtswidrig.

Lösung Fall 27: Schulbesuch im Schlabber-Look (Rn 309)   341

Gesetzesvorbehalt? Verbote als Eingriff in die persönliche Entfaltungsfreiheit – umfasst auch Bekleidung, Art. 2 Abs. 1 GG[56].

---

56 Vgl zum Kopftuchverbot für Lehrerinnen BVerfGE 138, 296 Rn 87; ebenso BVerfGE 108, 282, 298.

Hierfür erforderlich: Gesetzliche Grundlage. Ist § 56 Abs. 4 SchulG hinreichend bestimmt? Dafür spricht, dass Maßnahmen zur Aufrechterhaltung der Funktionsfähigkeit einer staatlichen Einrichtung dann zulässig sind, wenn diese auf Gesetz beruhen. Dies betrifft hier Maßnahmen zur Durchführung eines geordneten Unterrichts; andererseits betreffen Vorgaben dazu, wie man sich anzuziehen hat, auch die persönliche Sphäre. Stellt man darauf ab, so wäre für Bekleidungsvorschriften eine ausdrückliche Ermächtigung im Gesetz erforderlich.

Sieht man demgegenüber in der Bestimmung des SchulG eine hinreichende gesetzliche Grundlage, so kommt es darauf an, ob eine zu nachlässige Kleidung sich auf den Unterricht auswirken kann. So wird für ein Verbot „aufreizender" Kleidung darauf abzustellen sein, ob es zu konkreten Störungen des Unterrichts (durch übermäßige Ablenkung gleichaltriger Schüler) kommt, i.Ü. darauf, ob zu nachlässige Kleidung dem Bildungsauftrag entgegenstehen kann.

Schrifttum zu I.2.: *Brinktrine*, Organisationsgewalt der Regierung und Vorbehalt des Gesetzes, Jura 2000, 123; *Hölscheidt*, Der Grundsatz der Gesetzmäßigkeit der Verwaltung, JA 2001, 409; *Detterbeck*, Vorrang und Vorbehalt des Gesetzes, Jura 2002, 235; *Görisch*, Negative Produktinformationen der Stiftung Warentest, Jura 2013, 883; *Peters*, Der „Ekel"-Pranger, Jura 2014, 752; *Martini/Kühl*, Staatliches Informationshandeln, Jura 2014, 1221; *Voßkuhle/Kaiser*, Grundwissen – Informationshandeln des Staates, JuS 2018, 343; *Hobusch*, Der moderne Eingriffsbegriff in der Fallbearbeitung, JA 2018, 278,

3. Gesetzmäßigkeit der Verwaltung, Gewaltenteilung und exekutive Normsetzung

342 *Von Seiten der Exekutive können unter bestimmten Voraussetzungen Normen des untergesetzlichen Rechts erlassen werden – Rechtsverordnungen und Satzungen (vgl zum Aufbau der Rechtsordnung insoweit § 3 Rn 142 ff). Auch für die Rechtsetzung durch die Verwaltung gelten dabei Vorrang und Vorbehalt des Gesetzes. Nicht um Rechtsnormen handelt es sich bei Verwaltungsvorschriften. Zu den Rechtsverordnungen während der Corona-Pandemie s. Rn 474 ff: Der Rechtsstaat in der Pandemie.*

▶ **Leitentscheidungen:** BVerfGE 33, 125 (Facharzt); BVerfGE 101, 1 (LegehennenVO); BVerfGE 101, 312 (Bundesrechtsanwaltsordnung); BVerfGE 127, 293 (Legehennen II); BVerfGE 143, 38 (Rindfleischetikettierung).

343 **Fall 28: Polizeiverordnung**

Nach § 1 des Landespolizeigesetzes L – LPolG – haben die Polizeibehörden die Aufgabe, Gefahren für die öffentliche Sicherheit und Ordnung abzuwehren. Nach § 5 LPolG können sie zur Erfüllung ihrer Aufgaben für alle geltende Gebote und Verbote durch Rechtsverordnungen erlassen. Die Polizeibehörde der kreisfreien Stadt S erlässt „auf der Grundlage des § 5 LPolG" eine „Polizeiverordnung über das Führen gefährlicher Hunde im Stadtgebiet S." Danach dürfen Hunde bestimmter Rassen und der Kreuzungen aus ihnen nicht in der Öffentlichkeit mitgeführt werden; für weitere Rassen besteht Beißkorb- und Leinenzwang.

Hinweis: Nach Art. 80 S. 1 der Landesverfassung können durch Gesetz die Behörden des Landes ermächtigt werden, Rechtsverordnungen zu erlassen. Art. 80 S. 2 und 3 der Landesverfassung stimmen wörtlich mit Art. 80 Abs. 1 S. 2 und 3 GG überein. **Rn 357**

a) Rechtsverordnungen

344 **aa) Ermächtigung durch Gesetz.** Nach Art. 80 Abs. 1 GG kann der Gesetzgeber die Exekutive zum Erlass von Rechtsverordnungen ermächtigen. Rechtsverordnungen sind Rechtsnormen im Rang unterhalb des Gesetzes. Sie werden von der Exekutive erlassen.

Deshalb gilt für sie der Grundsatz vom Vorrang und Vorbehalt des Gesetzes. Art. 80 Abs. 1 GG erweitert diesen Grundsatz: Jede Rechtsverordnung muss auf einer ausdrücklichen gesetzlichen Grundlage beruhen, Satz 1[57]. Diese muss nach Satz 2 auch hinreichend bestimmt formuliert sein. Art. 80 Abs. 1 GG ist eine Konsequenz aus dem Grundsatz der **Gewaltenteilung**: mit dem Erlass von Rechtsverordnungen nimmt die Exekutive materiell Funktionen der gesetzgebenden Gewalt wahr. Deshalb darf der Gesetzgeber der Exekutive keine „Blankovollmacht" erteilen, er darf sich seiner Befugnisse nicht entäußern. Unzulässig sind deshalb auch sog. gesetzesvertretende Verordnungen: Der Gesetzgeber kann die Exekutive nicht dazu ermächtigen, das Gesetz selbst außer Kraft zu setzen oder zu ändern. Dies ist ein Charakteristikum des öffentlichen Rechts im Unterschied zum Privatrecht, wo Privatautonomie gilt: wenn einem Hoheitsträger Kompetenzen übertragen sind, muss er diese selbst wahrnehmen und darf sie nicht weiterübertragen (es sei denn, er ist hierzu ausdrücklich ermächtigt, wie eben der Gesetzgeber in Art. 80 Abs. 1 GG). Die öffentlich-rechtliche Kompetenzordnung ist zwingend.

Als Gebot des Rechtsstaats gilt das Bestimmtheitserfordernis auch für **Verordnungsermächtigungen in Landesgesetzen**. Für sie ist allerdings nicht auf Art. 80 Abs. 1 S. 2 GG zurückzugreifen, sondern auf die entsprechenden Garantien in den Landesverfassungen bzw dort, wo solche Garantien, wie in einigen älteren Landesverfassungen, fehlen, unmittelbar auf das Rechtsstaatsprinzip. Landesverfassungsrechtlich bestehen einige Besonderheiten, so zB das Notverordnungsrecht nach Art. 101 Abs. 2 BremVerf, der Erlass von Ausführungsverordnungen nach Art. 55 Nr 2 BayVerf[58]. 345

Nach Art. 80 Abs. 1 S. 2 GG muss die **Ermächtigungsgrundlage** hinreichend bestimmt sein nach „*Inhalt, Zweck und Ausmaß*". Dies bedeutet, dass bereits *aus dem* Gesetz selbst hinreichend deutlich vorhersehbar ist, „*in welchen Fällen und mit welcher Tendenz von der Ermächtigung Gebrauch gemacht werden wird und welchen Inhalt die ... Verordnungen haben können*"[59]. Hinreichende Vorgabe der „*Tendenz*" bedeutet Bestimmung des vom Verordnungsgeber zu verfolgenden Normzwecks. Hinreichend bestimmter gesetzgeberischer Vorgabe bedürfen auch die in der Verordnung vorzusehenden Rechtsfolgen („Inhalt der Verordnungen"). Der Gesetzgeber muss selbst den sachlichen Regelungsbereich für den Verordnungsgeber umgrenzen („in welchen Fällen"). In einer Verordnungsermächtigung kann dem Adressaten grundsätzlich Ermessen in der Frage eingeräumt werden, ob er von ihr Gebrauch machen will. Dieses Ermessen darf jedoch nicht so weit gehen, dass im Ergebnis der Verordnungsgeber darüber entscheidet, ob das Gesetz überhaupt zur Anwendung kommt[60]. Eine Verordnungsermächtigung, die den politischen Gestaltungswillen des Gesetzgebers nicht verwirklicht, sondern das „*ob überhaupt*" der Verwaltung überlässt, ist hinsichtlich ihres **Zwecks** nicht hinreichend bestimmt. Rechtsgrundlage für die Verordnungen zum Schutz vor Corona war § 32 IfSG, wonach die im Gesetz vorgesehenen Maßnahmen auch im Wege der Verordnung beschlossen werden konnten. Da damit nur Verordnungen erlassen werden durften, die inhaltlich und nach ihrer Zielsetzung den Maßnahmen nach § 28 IfSG entsprachen, wurde hinreichende Bestimmtheit der VO-Ermächtigung nach Inhalt, Zweck und Ausmaß überwiegend bejaht[61]. 346

---

57 Zur Frage, ob die Verordnung in Kraft bleibt, wenn das Gesetz aus irgendeinem Grund außer Kraft tritt (grundsätzlich ja, vgl BVerfGE 9, 3, 12; 78, 179, 198), s. *Kotulla*, NVwZ 2000, 1263.
58 S. dazu die 14. Aufl.; zur Fortgeltung von RVOen der DDR –, für die, wie stets in Übergangslagen, geringere Anforderungen zu stellen sind, vgl *Mann*, DÖV 1999, 228.
59 BVerfGE 1, 14, 60, vgl zB E 58, 257, 277.
60 Vgl BVerfGE 78, 249, 272 ff.
61 Vgl. zB OVG MV, B. v. 8.4.2020 – 2 KM 236/20 OVG und v. 9.4.2020 – 2 KM 268/20 OVG – Rn 24.

347 Es genügt jedoch, wenn Inhalt, Zweck und Ausmaß der Verordnungsermächtigung im Wege der **Auslegung** aus dem **Gesamtzusammenhang** der Regelung, aus Sinn und Zweck des Gesetzes entnommen werden können. Auch die **Entstehungsgeschichte** des Gesetzes kann einbezogen werden[62]. Auch können Gesichtspunkte herangezogen werden, die im Gesetz selbst nicht unmittelbar angesprochen sind; so etwa der Umstand, dass ein **unbestimmter Rechtsbegriff** durch eine stRspr eine hinreichend gesicherte Bedeutung erlangt hat. Dies gilt zB für den Begriff der *„öffentlichen Sicherheit und Ordnung"* im Polizei- und Sicherheitsrecht der Länder. Die Anforderungen des Art. 80 Abs. 1 S. 2 GG sind umso strikter zu beachten, als es um die Ermächtigung zu Eingriffen in Rechte, vor allem Grundrechte der Adressaten geht – die wesentlichen Entscheidungen hat der Gesetzgeber selbst treffen[63]. Hinreichende Bestimmtheit bedeutet jedoch nicht größtmögliche Bestimmtheit. So waren auch in der Pandemie angesichts der noch mangelnden Erfahrung mit der Pandemie und der Dringlichkeit des Handelns für die Verordnungsermächtigungen im IfSG geringere Anforderungen an die Bestimmtheit zu stellen. Für intensive Freiheitsbeschränkungen, die, wie nach den Corona-Verordnungen der Länder, für längere Zeit flächendeckend gelten sollten, verlangte der Bayerische Verwaltungsgerichtshof *„als wesentlicher Grundsatz einer parlamentarischen Staatsform für mittelfristig und langfristig wirkende Maßnahmen den Erlass eines Maßnahmegesetzes durch den parlamentarischen Gesetzgeber"*[64].

348 Hinreichende Bestimmtheit ist Voraussetzung für die Gültigkeit der Ermächtigungsgrundlage. Voraussetzung für die Gültigkeit der Verordnung ist weiterhin, dass sie sich in deren Rahmen hält. Dabei ist die Ermächtigungsnorm ihrerseits in einer Weise auszulegen, bei der ihre hinreichende Bestimmtheit noch gewahrt bleibt. Ist also die Rechtsverordnung nur bei weiter Auslegung der Ermächtigungsnorm mit dieser vereinbar, so bedarf besonderer Prüfung, ob das Gesetz dann noch den Bestimmtheitserfordernissen des Art. 80 Abs. 1 S. 2 GG entspricht.

349 **Fallbeispiele aus der Rechtsprechung: (1)** BVerfGE 78, 249: Ein Bundesgesetz über den sozialen Wohnungsbau hatte eine sog. Fehlbelegungsabgabe eingeführt, die von Mietern von Sozialwohnungen erhoben wurde, wenn deren Einkommen die Fördergrenzen überstieg. Der Wohnungsbauminister wurde ermächtigt, die Gemeinden, in denen die Abgabe erhoben werden sollte, mittels RVO zu bestimmen. Hier hatte es der Verordnungsgeber in der Hand, darüber zu entscheiden, ob überhaupt das Gesetz zur Anwendung kam. Dies war unzulässig.

350 **(2)** BVerfGE 143, 38: Nach § 10 Rindfleischetikettierungsgesetz wird mit Freiheits- oder Geldstrafe bestraft, wer Vorschriften in Rechtsakten der EU zur Etikettierung von Rindfleisch zuwiderhandelt, „soweit eine Rechtsverordnung nach Absatz 3 für einen bestimmten Tatbestand auf diese Strafvorschrift verweist." Dort, also in § 10 Abs. 3, wird ein Bundesministerium ermächtigt, soweit es zur Durchsetzung der Rechtsakte der EU erforderlich ist, „durch Rechtsverordnung die Tatbestände zu bezeichnen, die als Straftat nach Absatz 1 zu ahnden sind." Die VO-Ermächtigung entsprach nicht den Anforderungen des Art. 80 Abs. 1 S. 2 GG. Der Inhalt möglicher Verordnungen war noch hinreichend festgelegt: die Tatbestände zu bezeichnen, die als Straftat zu ahnden sind. Der Zweck „zur Durchsetzung von Rechtsakten" – ohne dass diese näher eingegrenzt würden – war jedoch zu unbestimmt formuliert, und mit der Formulierung „soweit es zur Durchsetzung ... erforderlich ist", wird auch das Ausmaß der erteilten Ermächtigung nur unzureichend begrenzt. Wenn es um intensive Eingriffe – wie die Bezeichnung von Straftatbeständen – geht, ist das Bestimmtheitsgebot besonders strikt einzuhalten.

---

62 BVerfGE 76, 130, 142; BVerfGE 143, 38 Rn 55 f.
63 Vgl hierzu BVerfGE 101, 1, 33 zur Käfighaltung von Legehennen *(Gallus Gallus)*; dazu auch BVerfGE 127, 293.
64 BayVGH, B. v. 27.4.2020 – 20 NE 20.793 – Rn 45; ebenso B.v. 29.10.2020 – 20 NE 20.2360.

bb) Adressaten, Verfahren. Die möglichen **Adressaten** einer bundesgesetzlichen Verordnungsermächtigung sind in Art. 80 Abs. 1 S. 1 GG abschließend genannt. Zu beachten ist, dass durch Bundesgesetz zwar die einzelnen *Landesregierungen*, *nicht* aber einzelne *Landesminister* zum Erlass von Verordnungen ermächtigt werden können. Dadurch soll die Organisationshoheit der Länder gewahrt bleiben. Die Landesregierung kann jedoch zur Subdelegation der Verordnungsbefugnis ermächtigt (nicht jedoch verpflichtet) werden. Rechtsverordnungen, die auf Grund bundesgesetzlicher Ermächtigung von Behörden eines Landes erlassen werden, sind **Landesrecht**[65]. Hiernach bestimmen sich mögliche Rechtsbehelfe, wie zB nach § 47 VwGO. Art. 80 Abs. 4 GG sieht für die Länder die Möglichkeit vor, im Fall einer ihnen erteilten Verordnungsermächtigung wahlweise auch eine gesetzliche Regelung zu treffen.

351/352

Das **Verfahren** beim Erlass von RVOen ist im GG nicht eigens geregelt. Wird eine RVO durch die Bundesregierung erlassen, so muss sichergestellt sein, dass der Erlass ihr auch tatsächlich materiell zugerechnet werden kann. Ein Umlaufverfahren nach dem Prinzip *„qui tacet consentire videtur"* (Verzicht auf Widerspruch wird als positive Beschlussfassung gewertet) genügt dem nicht[66] (Rn 786). Gemäß Art. 80 Abs. 1 S. 3 GG ist die Verordnungsermächtigung in der Verordnung anzugeben; ein Verstoß gegen dieses Erfordernis führt zu deren Nichtigkeit[67]. Das ermächtigende Gesetz kann seinerseits weitere Verfahrenserfordernisse aufstellen; so erklärte das BVerfG eine VO zur Haltung von Legehennen *(gallus gallus)* deshalb für nichtig, weil die im Tierschutzgesetz vorgeschriebene Einbeziehung einer Tierschutzkommission nicht erfolgt war[68].

353

In den Fällen des Art. 80 Abs. 2 GG muss der **Bundesrat** der VO zustimmen. Auch in einer VO-Ermächtigung kann die Zustimmung von Bundestag und Bundesrat gefordert werden, so in § 28c Abs.1 S.1 IfSG. Schließlich kann der **Bundestag** auch im Verfahren der Gesetzgebung nach Art. 76 ff GG eine RVO ändern; dies ändert nichts an ihrer Rechtsnatur: sie bleibt als Ganzes im Rang einer Rechtsverordnung. Dies erfordert schon der Grundsatz der Rechtsklarheit. Sie bedeutet auch **Formenklarheit**. Deshalb dürfen Verordnungs- und Gesetzesrecht auch nicht beliebig vermischt werden. Wenn also der Bundestag im Gesetzgebungsverfahren in eine Verordnung eingreift, ist er an die Grenzen der VO-Ermächtigung gemäß Art. 80 Abs. 1 S. 3 GG gebunden[69].

354

Die nachstehend zusammengefassten Gültigkeitsvoraussetzungen sind stets dann zu beachten, wenn eine RVO überprüft wird. Dies kann der Fall sein in einem Normenkontrollverfahren nach § 47 VwGO oder auch in einem verfassungsgerichtlichen Verfahren. Aber auch in jedem anderen Verfahren hat das Gericht dann, wenn Zweifel an der Gültigkeit einer VO bestehen, diesen nachzugehen und sie überprüfen. Gelangt es zur Überzeugung von der Ungültigkeit der Verordnung, hat es diese nicht anzuwenden. Das Gericht hat also nicht nur die Prüfungs-, sondern auch die **Verwerfungskompetenz**. Man spricht hier von Inzidentprüfung und -verwerfung. Das Gericht erklärt dabei die Verordnung nicht für unwirksam bzw nichtig, sondern wendet sie nicht an; die Entscheidung wirkt dann auch nur im Verhältnis der Parteien *(inter partes,* nicht *inter omnes).* Dem gegenüber führt das Verfahren nach § 47 Abs. 5 S. 2 VwGO zur Unwirksamkeitserklärung, die dann *inter omnes* wirkt.

355

---

65 BVerfGE 18, 407, 418.
66 BVerfGE 91, 148, 166 f.
67 S. hierzu BVerfGE 101, 1, 44 (Legehennen-VO).
68 BVerfGE 127, 293.
69 S. dazu BVerfGE 114, 196, 239 ff; hierauf aufbauend der Klausurfall „Änderung einer Rechtsverordnung durch den parlamentarischen Gesetzgeber" von *Hushahn,* JA 2007, 276.

356 Es sind folgende Punkte zu prüfen:
1. *Ermächtigungsnorm*, hierbei Kompetenz des Gesetzgebers und formell ordnungsgemäßes Zustandekommen des Gesetzes vorausgesetzt, insbesondere zu achten auf:
   – hinreichende Bestimmtheit der Verordnungsermächtigung, wenn bundesgesetzlich: Art. 80 Abs. 1 S. 2 GG unmittelbar, wenn landesgesetzlich: Rechtsstaatsprinzip, sofern keine ausdrückliche Aussage der LVerf, s. Rn 345;
   – Bestimmung des *Adressaten* der Verordnungsermächtigung, wenn bundesgesetzlich: Art. 80 Abs. 1 S. 1 GG;
   – ggf Prüfung der materiellen Verfassungsmäßigkeit des Gesetzes.
2. *Rechtsverordnung*, hierbei insbesondere zu prüfen:
   – *Zuständigkeit* des Verordnungsgebers aus Ermächtigung;
   – *ggf besondere Verfahrenserfordernisse*, zB bei VO einer Gemeinde aus der Gemeindeordnung; häufig ist hier auch die Genehmigung der Rechtsaufsichtsbehörde erforderlich; bei VO des Bundes kann die Zustimmung des Bundesrats erforderlich sein, Art. 80 Abs. 2; wird die *Bundesregierung* zum Erlass einer VO ermächtigt, so kommt diese nur wirksam zustande, wenn sie der Regierung als Ganzes zugerechnet werden kann, s. Rn 353 zum *Umlaufverfahren*; auch die Ermächtigungsnorm selbst kann besondere Verfahrenserfordernisse aufstellen;
   – ordnungsgemäße *Bekanntmachung*, bei VO des Bundes: BGBl, bei VO des Landes: Gesetz- und Verordnungsblatt des Landes, bei kommunaler VO nach jeweiliger Gemeindeordnung;
   – Angabe der Ermächtigungsnorm, Art. 80 Abs. 1 S. 3 GG, Fehlen führt zur Nichtigkeit; im Landesrecht unterschiedlich geregelt;
   – *materielle Vereinbarkeit der VO mit der Ermächtigungsnorm*, dabei zu beachten, dass diese hinreichend bestimmt bleiben muss;
   – ggf Vereinbarkeit der VO mit *höherrangigem Recht*, insbesondere Grundrechte, Übermaßverbot (soweit VO-Geber Ermessensspielraum hat).

Rechtsfolge aus einem Verstoß gegen die genannten Erfordernisse ist grundsätzliche **Nichtigkeit**, sofern nicht – was bei Verfahrensverstößen mitunter der Fall sein kann – das Gesetz ihre Unbeachtlichkeit anordnet (so zum Teil die Gemeindeordnungen der Länder).

357 **Lösung Fall 28: Polizeiverordnung (Rn 343)**

1. Ermächtigungsnorm: § 5 LPolG

a) Zuständigkeit des Landes: Art. 70 GG (Sicherheitsrecht), kein Fall des Art. 74 Abs. 1 Nr 20 GG (Tierschutz): es geht um den Schutz vor Tieren, nicht von Tieren. Ordnungsgemäßes Gesetzgebungsverfahren ist zu unterstellen.

b) Bestimmtheit der VO-Ermächtigung?

– Zweckbestimmung: zur „Erfüllung der Aufgaben der Polizei" aus § 1 LPolG; Zweckbestimmung hier aus dem Zusammenhang des Gesetzes; Schutzzweck der öffentlichen Sicherheit und Ordnung: unbestimmte Rechtsbegriffe mit einem fest umrissenen Bedeutungsgehalt in der Rechtsprechung (Rn 347).

– VO-Erlass bei Gefahren für Sicherheit und Ordnung, damit Anwendungsfälle hinreichend aus dem Zusammenhang des Gesetzes erkennbar; Inhalt der Verordnungen begrenzt auf gefahrenabwehrende Maßnahmen: Bestimmtheit nach Inhalt und Ausmaß.

2. Rechtsverordnung

a) Formelle Rechtmäßigkeit

aa) Zuständigkeit: Stadt S als Polizeibehörde.

bb) Verfahren (nach Gemeindeordnung): Mangels entgegenstehender Anhaltspunkte ist von einem ordnungsgemäßen Verfahren auszugehen.

cc) Angabe der Ermächtigungsnorm, Art. 80 Abs. 1 S. 3 LVerf: lt. SV zu bejahen.

b) Materielle Rechtmäßigkeit

aa) Vereinbarkeit mit der Ermächtigungsnorm: VO ist zur Gefahrenabwehr erlassen; von einer Gefahr für die öffentliche Sicherheit ist dann auszugehen, wenn Rechtsgüter wie Leib und Leben bedroht sind; VO müsste dann erforderlich zur Gefahrenabwehr sein; dies ist nach SV zu bejahen.

bb) Vereinbarkeit mit höherrangigem Recht: Frage der Gleichbehandlung (Art. 3 Abs. 1 GG)[70].

b) Satzungen

Fall 29: Berufsordnung 358

Das Landesärztegesetz (LÄG) des Landes A lautet in § 1: „Die Ärzte sind verpflichtet, ihren Beruf gewissenhaft auszuüben und dem ihnen entgegengebrachten Vertrauen zu entsprechen." § 10 lautet: „Die Berufsordnung kann weitere Vorschriften über Berufspflichten im Rahmen des § 1 enthalten, insbesondere über ... die Werbung." § 11 lautet: „Die Berufsordnung wird von der Landesärztekammer erlassen und bedarf der Genehmigung durch die Landesregierung." Die von der Landesärztekammer erlassene Berufsordnung bestimmt in § 21: *„(1) Jegliche Werbung und Anpreisung ist dem Arzt untersagt. (2) Veröffentlichung wissenschaftlicher Berichte in Fachpublikationen ist zulässig. Die Ärztekammer kann die notwendigen Anordnungen erlassen, um die Beachtung der Berufspflicht durchzusetzen."* Für Verstöße sind Sanktionen, zunächst Geldbußen, vorgesehen, die von einem Berufsgericht verhängt werden.

Dr. med. Hackebeil (H) betreibt eine Privatklinik für plastische Chirurgie. In seinem Buch „The perfect body" berichtet er über seinen Berufsweg, die von ihm entwickelten Operationsmethoden und seine Behandlungserfolge. Hierin sieht die Ärztekammer einen Verstoß gegen das Werbeverbot und untersagt ihm, diese Aussagen zu verbreiten. H hält die Berufsordnung, soweit sie das Werbeverbot enthält, für unwirksam. Derartige Eingriffe in Grundrechte könne, wenn überhaupt, nur der Gesetzgeber vorsehen. **Rn 364**

Staatliche Funktionen werden in bestimmten Fällen durch öffentlich-rechtliche Körperschaften in **Selbstverwaltung** wahrgenommen (Rn 33). Die Gründung der Körperschaft, die Aufgabenzuweisung und die Verleihung hoheitlicher Befugnisse erfolgen durch Gesetz. Dies schließt regelmäßig auch die Befugnis ein, eigene Angelegenheiten durch Rechtsvorschriften in Form **autonomer Satzungen** zu regeln (Rn 149); dazu zählen auch die Berufsordnungen, die von berufsständischen Kammern erlassen werden. Satzungen werden von den in aller Regel gewählten Beschlussorganen der Selbstverwaltungskörperschaften beschlossen (Gemeinderat, Fachbereichsrat). Anders als beim Erlass von Verordnungen, liegt im Erlass von Satzungen keine Durchbrechung des Gewaltenteilungsprinzips. Deshalb gilt hier Art. 80 Abs. 1 S. 2 GG nicht. Andererseits ist der Satzungsgeber in der Frage, was er durch Satzung regeln will, keineswegs frei: er ist auf den jeweiligen Aufgabenbereich der Selbstverwaltungskörperschaft beschränkt. Gemeinden können nur örtliche, Universitäten nur inneruniversitäre Angelegenheiten durch Satzung regeln. 359

Auch für Satzungen gilt der Gesetzesvorbehalt für Eingriffsmaßnahmen (Rn 313 ff); deshalb war die Gemeindesatzung allein keine Grundlage für einen Anschluss- und Benut- 360

---

70 BVerfGE 110, 141, 167 f.

zungszwang im **Fall 24** (Rn 306, 338). Will eine Gemeinde eine Abgabe erheben, zB eine Zweitwohnungssteuer, bedarf sie einer gesetzlichen Grundlage, etwa in einem Kommunalabgabengesetz, durch die sie zu eben dieser Art von Abgaben ermächtigt wird. Zur Berufsordnung für Anwälte Rn 318[71].

361 Es gilt generell der Parlamentsvorbehalt für grundrechtswesentliche Entscheidungen, so im **Berufsrecht der freien Berufe** (wo derartige satzungsmäßige Ordnungen traditionell eine bedeutsame Rolle spielen). Grundlegend war das *„Facharzt-Urteil"*[72]: Der Erwerb der Facharzt-Qualifikation ist für den einzelnen Arzt in seiner beruflichen Betätigung und damit für seine Berufsfreiheit nach Art. 12 GG so **wesentlich**, dass die Voraussetzungen hierfür vom parlamentarischen Gesetzgeber selbst getroffen werden müssen (Rn 330 ff). Er darf dies nicht auf berufsständische Selbstverwaltungskörperschaften delegieren[73].

362 Für die Überprüfung von Satzungen ist regelmäßig auf diese Punkte zu achten:
1. Verleihung der Satzungsautonomie durch Gesetz; Art. 80 Abs. 1 S. 2 GG nicht, auch nicht entsprechend anwendbar;
   – wenn Satzung zu Eingriffsakten ermächtigt, hierfür erforderlich: gesetzliche Grundlage;
   – Entscheidung der *„wesentlichen"* Fragen durch den Gesetzgeber.
   Anmerkung: für die Satzungsermächtigungen im Kommunal- und Kommunalabgabenrecht der Länder kann in aller Regel davon ausgegangen werden, dass sie den genannten Anforderungen genügen.
2. Satzungserlass-*Verfahren*, hierbei insbesondere zu prüfen:
   – ist zuständiges Organ der Körperschaft tätig geworden (bei kommunalen Satzungen: Gemeinderat)?
   – Einhaltung des vorgeschriebenen Beschlussverfahrens;
   – ordnungsgemäße Verkündung und Bekanntmachung;
   – ggf Genehmigung durch Rechtsaufsichtsbehörde, soweit gesetzlich vorgeschrieben;
   – wenn Verfahrensfehler festgestellt wird, ist Fehlerfolge zu bestimmen: nicht ausnahmslos Nichtigkeit.
3. *Materielle* Voraussetzungen
   – Satzung im Rahmen der gesetzlich verliehenen Satzungsautonomie?
   – Wenn Eingriffsmaßnahmen vorgesehen, hierfür Ermächtigung?
   – Verstoß gegen höherrangiges Recht?

363 **Rechtsfolge** aus einem Verstoß gegen die vorstehend genannten Erfordernisse ist grundsätzlich **Unwirksamkeit**; allerdings sehen zB §§ 214, 215 BauGB für städtebauliche Satzungen und die Gemeindeordnungen der Länder generell für Satzungen der Gemeinde die Unbeachtlichkeit bzw Heilbarkeit bestimmter, nicht innerhalb einer bestimmten Frist gerügter Verfahrens- und Abwägungsmängel vor.

364 **Lösung Fall 29: Berufsordnung (Rn 358)**

1. Untersagungverfügung: *Eingriff* – Vorbehalt des (formellen) Gesetzes. Hier: LÄG A.
2. Verstoß gegen die Berufsordnung (BO) setzt deren Gültigkeit voraus.
   a) BO: Satzung; notwendige Grundlage: Verleihung der Satzungsautonomie – hier: §§ 10, 11 LÄG.

---

71 BVerfGE 101, 312, 325.
72 BVerfGE 33, 125, 157 f.
73 Zum Satzungserlass durch Selbstverwaltungskörperschaften s. auch BVerfGE 36, 212, 216; 53, 96, 99; 57, 121, 132; *Schneider*, Gesetzgebung, Rn 286.

b) Gültigkeit der Satzungsermächtigung? Art. 80 Abs. 1 S. 2 GG ist nicht anwendbar, es gilt jedoch der Wesentlichkeitsvorbehalt (Rn 330). Werbeverbote berühren die Meinungs- und Berufsfreiheit. Die wesentlichen Fragen müssen also im Gesetz geregelt werden. § 10 LÄG ermächtigt zur Regulierung, also auch Beschränkung der Werbung. Dabei geht es um Einzelfragen der Berufsausübung *nach* Zulassung zum Beruf. Hierfür ist die generelle Ermächtigung, Werbebeschränkungen zu erlassen, ausreichend; diese sind dann eigenverantwortlicher Ordnung durch die Berufsverbände zugänglich[74]. Gesetzes- und Parlamentsvorbehalt sind gewahrt.

3. Gültigkeit der Satzung?

a) Formell ordnungsgemäßer Satzungserlass ist hier zu unterstellen.

b) Materielle Voraussetzungen:

aa) Satzung im Rahmen der Satzungsermächtigung? Nähere Definition der Berufspflichten im Zusammenhang mit Werbung;

bb) Verstoß gegen höherrangiges Recht? Generelle Werbeverbote für freie Berufe (zB auch Anwälte) galten zunächst als mit der Berufs- und Meinungsfreiheit vereinbar[75], dies wurde aus dem jeweiligen „Berufsbild" – keine übermäßige Gewinnorientierung – begründet, ist aber mit einem veränderten Berufsbild, nach dem auch die freien Berufe im Wettbewerb stehen und an öffentlicher Kommunikation teilnehmen, nicht mehr vereinbar; das generelle Werbeverbot der Satzung verstößt gegen höherrangiges Recht (aA unter Hinweis auf die Ausnahme nach § 10 Abs. 2 vertretbar[76]).

4. Hilfserwägung: rechtsfehlerhafte Anwendung der Satzung. Diskussion über Behandlungsmethoden ist vom Schutzzweck der Meinungsfreiheit umfasst, Werbeeffekte des Buchs sind hier nur notwendige Nebenwirkung, die es nicht rechtfertigt, den Beitrag des H zu unterdrücken[77].

c) Verwaltungsvorschriften, Gesetzmäßigkeit der Verwaltung und Gewaltenteilung

Fall 30: Beihilferichtlinien

Im Landesbeamtengesetz des Landes A ist folgende Bestimmung enthalten:

„Beamte des Landes A haben Anspruch auf Beihilfe in Krankheits-, Geburts- und Todesfällen nach Maßgabe der jeweiligen Beihilfevorschriften der Landesregierung".

Die Beihilferichtlinien sehen vor, dass Kosten, die durch die Behandlung von Alkoholismus entstehen, nicht beihilfefähig sind. Der Landesbeamte B ist auf Grund beruflicher Frustrationen zum Alkoholiker geworden. Nachdem er sich mit Erfolg einer Entziehungskur unterzogen hat, beantragt er Beihilfe für die hierfür angefallenen Kosten von € 2500,–. Seine Dienststelle möchte die Beihilfe an sich bewilligen, sieht sich aber durch die Beihilferichtlinien daran gehindert. Zu Recht?

B klagt vor dem Verwaltungsgericht; der Vertreter des Landes verweist auf die auch für das Gericht verbindlichen Beihilferichtlinien. Muss das Gericht diese beachten?
Rn 367, 370 (prozessual Rn 911)

Die Verwaltung hat die Gesetze und sonstigen Rechtsvorschriften zu beachten. Häufig lassen die anzuwendenden Rechtsnormen Entscheidungsspielräume: Ermessensnormen geben die Befugnis, bestimmte Maßnahmen zu treffen (zB gegen nicht genehmigte Versammlungen einzuschreiten), schreiben ihr dies jedoch nicht zwingend vor. In derartigen Fällen kann ein Bedürfnis nach einer einheitlichen Verwaltungspraxis bestehen. Gleiches

---

74 BVerfGE 71, 162, 172.
75 Näher BVerfGE 71, 162, 173 ff.
76 Näher *Degenhart*, BonnK, Art. 5 I und II (2017) Rn 531 f.
77 Vgl BVerfGE 85, 248, 258 ff.

gilt, wenn das Handeln der Verwaltung gesetzlich nicht geregelt ist, zB häufig bei Gewährung von Subventionen. Hier kann die höhere Instanz, also zB der Innenminister als Exekutivspitze, für die nachgeordneten Behörden, also Regierungspräsidenten und Kreisverwaltungsbehörden allgemeine Richtlinien erlassen, wie sie ihr Ermessen handhaben sollen. Diese Richtlinien sind für die nachgeordneten Verwaltungsbehörden verbindlich, grundsätzlich aber nicht im Außenverhältnis für den Bürger. Sie werden als „Verwaltungsvorschriften", in der Praxis auch als Richtlinien, Erlasse, Verwaltungs- oder Dienstanweisungen bezeichnet.

367 Ein Bedürfnis nach einheitlicher Gesetzesanwendung kann weiterhin dann bestehen, wenn ein Gesetz interpretationsbedürftige *unbestimmte Rechtsbegriffe* enthält, dies vor allem dann, wenn das Gesetz in einer Vielzahl gleich gelagerter Fälle zu vollziehen ist. Auch hier können Verwaltungsvorschriften ergehen, die das Gesetz in genereller Weise für die mit der Anwendung des Gesetzes befassten Behörden interpretieren. Man spricht hier von **gesetzesinterpretierenden** Verwaltungsvorschriften, so bei **Fall 30 Beihilferichtlinien** (Rn 365): Die Bestimmung im Landesbeamtengesetz wird dahingehend interpretiert, dass Alkoholismus keine Krankheit iS dieser Bestimmung ist. Damit wird gleichzeitig der Beihilfeanspruch des Berechtigten näher konkretisiert. Besonders häufig sind gesetzesinterpretierende Verwaltungsvorschriften im *Steuerrecht* als „Erlasse" des Finanzministers. Die Gleichmäßigkeit des Gesetzesvollzugs ist hier von besonderer Bedeutung. Verwaltungsvorschriften lassen den Wesentlichkeitsvorbehalt unberührt: grundrechtswesentliche Fragen hat der Gesetzgeber selbst zu regeln[78].

368 Verwaltungsvorschriften sind also generelle, nur verwaltungsintern verbindliche Regelungen: Sie sind keine Rechtsnormen, die vom Staat mit Verbindlichkeit für den Bürger gesetzt werden[79]. Im Verhältnis zum Bürger können sie also keine Rechte und Pflichten begründen. Nur mittelbar können sie Bindungswirkung im Verhältnis zum Bürger entfalten: Hat sich die Verwaltung auf eine bestimmte Handhabung ihres Ermessens festgelegt, so bindet sie sich hierdurch selbst im Verhältnis zum Bürger, der dann einen Anspruch auf Gleichbehandlung im Rahmen gleichförmiger Verwaltungspraxis hat; dieser Anspruch folgt jedoch aus Art. 3 Abs. 1 GG[80]. Wenn also zB Subventionsrichtlinien bestimmte Vergabekriterien festlegen und die Behörde bisher stets hiernach entschieden hat, so hat ein Antragsteller, der diese Kriterien erfüllt, einen Anspruch auf Gleichbehandlung. Die Behörde kann jedoch jederzeit die Vergabekriterien ändern.

369 Für die Gerichte sind Verwaltungsvorschriften grundsätzlich nicht verbindlich: sie sind an das Gesetz gebunden, nicht aber an die Gesetzesinterpretation der Behörde. Eine Ausnahme gilt jedoch für die sog. **normkonkretisierenden Verwaltungsvorschriften**, die vor allem im **Umwelt- und Technikrecht** bedeutsam sind[81]. Sie bestimmen den Inhalt unbestimmter Rechtsbegriffe. So sind nach § 5 Abs. 1 S. 1 Nr 1 BImSchG *schädliche Umwelteinwirkungen durch Geräusche* zu vermeiden. Ab wann Lärm als (gesundheits-)schädlich gilt, dies ist in einer Verwaltungsvorschrift, der TA Lärm[82] geregelt. Sie ist auch für die Gerichte im Grundsatz verbindlich. Diese haben, sofern nicht besondere Anhaltspunkte dagegen sprechen, die unbestimmten Rechtsbegriffe mit dem Inhalt anzuwenden, wie er in den Verwaltungsvorschriften – zB der TA Lärm – näher bestimmt wird[83]. Die-

---

78 Grundlegend BVerwGE 121, 103 für die beamtenrechtlichen Beihilfevorschriften, s. dazu *Saurer*, DÖV 2005, 587.
79 Vgl *Siegel*, Rn 855.
80 Näher *Kingreen/Poscher*, Rn 494 ff.
81 Dazu BVerwGE 72, 300, 320; 107, 338, 341; *Jarass*, JuS 1999, 105.
82 Technische Anleitung Lärm, vgl dazu BVerwGE 129, 209.
83 Zur notwendigen Zustimmung des Bundesrats wegen Art. 84 Abs. 2, 85 Abs. 2 GG s. BVerfGE 100, 249, 261 f.

se Verwaltungsvorschriften müssen in einem sorgfältigen Verfahren unter Einbeziehung unabhängiger Sachverständiger erarbeitet werden[84]. Sie müssen zudem bekanntgemacht werden[85]. Sie müssen in der Sache am Gesetz orientiert sein und es dürfen auch keine Anhaltspunkte dafür bestehen, dass sie überholt sind[86]. Das BVerwG hat auch Vorschriften über die Pauschalierung von Sozialhilfeleistungen als normkonkretisierend eingestuft[87].

Lösung Fall 30: Beihilferichtlinien (Rn 365) 370

Das Gericht hat zu prüfen, ob die gesetzlichen Voraussetzungen für einen Anspruch auf Beihilfe in besonderer Lebenslage gegeben sind.

Hierfür könnte es auf die Beihilferichtlinie zurückgreifen, wenn es sich um eine normkonkretisierende Verwaltungsvorschrift handelt. Dafür spricht, dass durch die Richtlinie die Ansprüche näher konkretisiert werden sollen.

Das *Gericht* ist jedoch an die Richtlinie nicht gebunden. Wenn es der Auffassung ist, dass diese den Anforderungen des Gesetzes nicht entspricht oder gegen höherrangiges Recht verstößt, hat es sie nicht anzuwenden.

Die Dienststelle des B war demgegenüber gehalten, die Richtlinie zu befolgen (abgesehen von gewissen dienstrechtlichen, hier nicht weiter interessierenden Möglichkeiten im verwaltungsinternen Instanzenzug).

Schrifttum zu I.3.: *Mößle*, Das Zitiergebot, BayVBl 2003, 577; *Cremer*, Art. 80 Abs. 1 S. 2 GG und Parlamentsvorbehalt, AöR 122 (1997), 248; *Sommermann*, Verordnungsermächtigung und Demokratieprinzip, JZ 1997, 434; *Ossenbühl*, Satzung, HStR V³, § 105; *Remmert*, Rechtsprobleme von Verwaltungsvorschriften, Jura 2004, 728; *Reimer*, Grundfragen der Verwaltungsvorschriften, Jura 2014, 678; *Voßkuhle/Kaufhold*, Grundwissen – Öffentliches Recht: Verwaltungsvorschriften, JuS 2016, 314.

II. Rechtsstaatlichkeit und Rechtssicherheit

Aus dem Rechtsstaatsgebot des Art. 20 Abs. 3 GG folgt das Gebot der Rechtssicherheit. 371
Dies bedeutet Rechtsklarheit: der Adressat der Norm muss hinreichend klar erkennen können, was Inhalt der Norm ist. Dies bedeutet aber auch Verlässlichkeit der Rechtsordnung: deshalb muss das Vertrauen des Bürgers in den Bestand der Rechtsnormen geschützt werden. Andererseits muss der Staat in der Lage sein, notwendige Reformen zu verwirklichen. Deshalb sind Vertrauensschutz des Bürgers und öffentliche Interessen an Neuregelungen in Ausgleich zu bringen. Dies wird vor allem dann relevant, wenn der Gesetzgeber auf bereits gegebene Sachverhalte Zugriff nimmt oder rückwirkend tätig wird. Im Folgenden ist zu erörtern, welche Schranken hier das Rechtsstaatsgebot dem Gesetzgeber setzt. Rechtssicherheit ist auch ein allgemeiner Grundsatz des Gemeinschaftsrechts bzw nunmehr Unionsrechts.

▶ **Leitentscheidungen: zu 2.:** BVerfGE 98, 106 (gemeindliche Verpackungssteuer); BVerfGE 92, 1 (Sitzblockaden); **zu 3.:** BVerfGE 72, 200 (Rückwirkung); BVerfGE 95, 96 und EGMR EuGRZ 2001, 214 (Mauerschützen); BVerfGE 109, 133 (Sicherungsverwahrung I); BVerfGE 122, 374 (EEG); BVerfGE 127, 1; 127, 31; 127, 61 (Rückwirkung im Steuerrecht I, II und III); BVerfGE 128, 326 (Sicherungsverwahrung II); BVerfGE 132, 302 (Rückwirkung im Steuerrecht);

---

84 Vgl zu den Voraussetzungen *Siegel*, Rn 859.
85 BVerwGE 122, 264 mit Anm. *Maurer*, JZ 2005, 895.
86 BVerwGE 107, 338, 341.
87 „Anspruchskonkretisierend", BVerwGE 122, 264, 267 f.

BVerfGE 145, 20 (Spielhallen); BayVerfGH NVwZ 2016, 999 (Windkraftanlagen); BVerfG (K) NVwZ 2019, 715 (EEG); BVerfGE 155, 238 (Offshore-Windparks); BVerfG NJW 2021, 1222 (strafrechtliche Vermögensabschöpfung); BVerfGE 160, 284 (Einzelrennen).

1. Verlässlichkeit der Rechtsordnung als Gebot des Rechtsstaats

372 Rechtsstaatlichkeit bedeutet, dass der Staat stets in den Grenzen der Rechtsordnung handelt. Dies bedingt Gesetzmäßigkeit der Verwaltung, Verfassungsmäßigkeit der Gesetze und vor allem auch **Rechtssicherheit**: Der Bürger muss sich auf die Geltung der Rechtsordnung verlassen können, also darauf, dass der Staat die Rechtsordnung respektiert. Nur dann kann er von seiner Freiheit sicher Gebrauch machen. **Bestimmtheit, Klarheit, Verlässlichkeit der Rechtsordnung** und damit **Rechtssicherheit** ist also ein **Gebot des Rechtsstaats**. Daraus folgt für den Bürger als Normadressaten: Rechtssicherheit erfordert zunächst *Bestimmtheit* der Norm im eigentlichen Sinn, also die *klare Fassung* ihres Wortlauts. Ferner muss die Rechtsordnung insgesamt klar, überschaubar und widerspruchsfrei sein[88]. Dieses Erfordernis wirkt auch in zeitlicher Hinsicht: Widerspruchsfreiheit und konsequentes Verhalten des Gesetzgebers bedeutet dann Kontinuität gesetzgeberischen Handelns, Schutz des Vertrauens des Bürgers in die Beständigkeit der Rechtsordnung und Schutz seiner hiernach getroffenen Dispositionen.

372a Rechtsstaatlichkeit also bedeutet Rechtssicherheit. Rechtssicherheit bedeutet Rechtsklarheit und – in der zeitlichen Dimension – Vertrauensschutz. „Als Elemente des Rechtsstaatsprinzips sind Rechtssicherheit und Vertrauensschutz eng miteinander verbunden, da sie gleichermaßen die Verlässlichkeit der Rechtsordnung gewährleisten."[89] Deshalb kann auch das Vertrauen darauf geschützt sein, nicht auf unbegrenzte Zeit damit rechnen zu müssen, zu Abgaben herangezogen zu werden, wie das BVerfG für Erschließungsbeiträge (Abgaben, mit denen Anlieger für die Kosten des Straßenausbaus herangezogen werden) entschieden hat; diese dürfen nicht Jahrzehnte nach der Herstellung festgesetzt werden.

2. Insbesondere: Rechtsklarheit

373 **Fall 31a: Verfolgungsvorsorge**

§ 33a Abs. 1 des Polizeigesetzes eines Landes lautet, soweit hier von Belang, wie folgt:

„Die Polizei kann personenbezogene Daten durch Überwachung und Aufzeichnung der Telekommunikation erheben [...].

2. über Personen, bei denen Tatsachen die Annahme rechtfertigen, dass sie Straftaten von erheblicher Bedeutung begehen werden, wenn die Vorsorge für die Verfolgung oder die Verhütung dieser Straftaten auf andere Weise nicht möglich erscheint, sowie

3. über Kontakt- und Begleitpersonen der in Nummer 2 genannten Personen, wenn dies zur Vorsorge für die Verfolgung oder zur Verhütung einer Straftat nach Nummer 2 unerlässlich ist."

Als Straftat von erheblicher Bedeutung benennt das Gesetz eine Reihe von §§ des StGB mit dem Zusatz „sowie nach Begehung oder Rechtsgut vergleichbare Straftaten" (Fall nach BVerfGE 113, 348).

Ist die Vorschrift hinreichend bestimmt? **Rn 383**

---

88 Vgl etwa BVerfGE 17, 306, 314 zur Fassung der Norm; BVerfGE 98, 106, 131 ff zum Gebot der Widerspruchsfreiheit der Rechtsordnung.
89 BVerfGE 159, 183 Rn 61 unter Verweis auf BVerfGE 133, 143 Rn 31.

Fall 31b: Corona III 373a

§ 25 Abs. 1 der CoronaschutzVO des Landes B bestimmte:
„(1) Wird in einem Landkreis oder einer kreisfreien Stadt der nach § 28a III 12 IfSG bestimmte Inzidenzwert von 200 […] überschritten, so sind für Personen, die in dem betreffenden Landkreis oder der betreffenden kreisfreien Stadt wohnen, Ausflüge über einen Umkreis von 15 km um die Wohnortgemeinde hinaus untersagt. Die zuständige Kreisverwaltungsbehörde hat die Überschreitung des Inzidenzwertes […] ortsüblich bekanntzumachen. Sie kann das Außerkrafttreten der Regelungen nach Satz 1 anordnen, wenn der in Satz 1 bestimmte Inzidenzwert seit mindestens sieben Tagen in Folge unterschritten worden ist."
Bei Verstößen konnten nach IfSG hohe Bußgelder verhängt werden.

Die pensionierte Studienrätin Rüstig, wohnhaft in einem Landkreis mit häufig hohen Inzidenzwerten, die gerne mit ihrem E-Bike Ausflüge in die nähere Umgebung macht, fühlt sich verunsichert. Sie wisse nun nicht so recht, wie weit sie eigentlich fahren dürfe, und woher solle sie wissen, ob das Verbot gerade gilt oder nicht. Auf telefonische Nachfrage beim Landratsamt erhält sie die Auskunft, die Inzidenzzahlen könnten täglich im elektronischen Amtsblatt nachgelesen werden, für die Bestimmung der Entfernungen gebe es verschiedene Apps. R meint, mit diesem elektronischen Kram wolle sie sich nicht abgeben. Ihr Neffe J, Jurastudent im 2. Semester und daher im Staatsrecht bewandert, meint, die Verordnung sei zu unbestimmt.
Zu Recht? (nach BayVGH NJW 2021, 872). **Rn 383a**

a) Klarheit und Bestimmtheit der Norm

Das Gebot der **Bestimmtheit** der Norm oder **Normenklarheit** folgt aus dem Gebot der 374 **Rechtssicherheit** als einem „Unterprinzip" des **Rechtsstaatsprinzips**. Es kann noch in anderen Elementen des Rechtsstaatsprinzips verankert werden: Gewaltenteilung, Vorrang und Vorbehalt des Gesetzes fordern hinreichend bestimmte Vorgaben für Exekutive und Judikative. Das Gebot der Normenklarheit dient *„der Vorhersehbarkeit von Eingriffen für die Bürgerinnen und Bürger, einer wirksamen Begrenzung der Befugnisse gegenüber der Verwaltung sowie der Ermöglichung einer effektiven Kontrolle durch die Gerichte"*[90]. Die Norm muss nach ihrer Fassung der Verwaltung hinreichende Maßstäbe liefern, nach denen sie ihre Befugnisse einschätzen kann, und sie muss schließlich die Gerichte in die Lage versetzen, *„die Verwaltung anhand rechtlicher Maßstäbe zu kontrollieren"*[91]. In jedem Fall bedeutet Klarheit und Bestimmtheit der Norm Erkennbarkeit des vom Gesetzgeber Gewollten, so *„dass die von ihr Betroffenen die Rechtslage erkennen und ihr Verhalten danach einrichten können"*[92]. Dass das Gesetz auslegungsbedürftig ist, steht dem noch nicht entgegen, ebenso wenig die Verwendung von *Generalklauseln* und unbestimmten Rechtsbegriffen[93] wie zB „öffentliche Belange". Deshalb war eine Bestimmung im Kleingartenrecht[94] zu unbestimmt, wonach für die Kündigung von Pachtverträgen eine behördliche Genehmigung erforderlich, diese aber zu versagen war, wenn *„öffentliche Belange"* entgegenstanden. Welche Belange dies sein sollten, ging aus dem Gesetz nicht hervor. Demgegenüber sind Bestimmungen des Polizeirechts, die ein Ein-

---

[90] BVerfGE 141, 220 Rn 94, dort als stRspr bezeichnet, unter Verweis auf BVerfGE 113, 348, 375 ff; 120, 378, 407 f; 133, 277, 336.
[91] BVerfGE 113, 348, 376 f.
[92] BVerfGE 52, 1, 41.
[93] BVerfGE 21, 73, 79.
[94] BVerfGE 52, 1, 41.

schreiten der Polizei bei einer Gefahr für die öffentliche Sicherheit und Ordnung vorsehen, hinreichend bestimmt, weil diese Rechtsbegriffe durch die Rechtsprechung seit Langem geklärt sind.

375 Die Anforderungen an die Fassung der Norm hängen maßgeblich auch davon ab, ob das Gesetz zu intensiven Eingriffen ermächtigt. So sahen die mitunter hastig formulierten Corona-Schutzverordnungen intensive Beschränkungen der persönlichen Freiheit vor und enthielten zahlreiche unbestimmte Rechtsbegriffe, wie das Verbot, die eigene Wohnung ohne „triftige Gründe" zu verlassen oder ohne zwingende Gründe im familiären Kreis zusammenzukommen. Die Betroffenen mussten damit rechnen, sanktioniert zu werden, wenn die von ihm angeführten Gründe für die Zusammenkunft nicht als zwingend anerkannt würden[95].

376 **Fallbeispiele aus der Rechtsprechung: (1)** Die einschlägige VO des Landes Berlin enthielt u.a. diese Bestimmungen: „*§ 1: Jede Person hat die physisch-sozialen Kontakte zu anderen Menschen auf ein absolut nötiges Minimum zu reduzieren. Bei Kontakten im Sinne von Satz 1 ist ein Mindestabstand von 1,5 Metern einzuhalten, soweit die Umstände dies zulassen. (...) § 24: Ordnungswidrig iSd § 73 InfSchG handelt, wer vorsätzlich oder fahrlässig die in dieser Verordnung enthaltenen Gebote und Verbote nicht beachtet. Ordnungswidrigkeiten können mit einer Geldbuße bis zu 25.000 Euro geahndet werden.*" Hierin sah der BerlVerfGH einen Verstoß gegen das Bestimmtheitsgebot: „Die Vorschrift versetzt die Bürgerinnen und Bürger nicht in ausreichender Weise in die Lage, zu erkennen, welche Handlung oder Unterlassung bußgeldbewehrt ist. Diese mangelnde Erkenntnismöglichkeit kann gerade rechtstreue Bürgerinnen und Bürger veranlassen, sich in ihren Grundrechten noch weiter zu beschränken, als es erforderlich wäre, um keine Ordnungswidrigkeit zu begehen. Eine Bußgeldandrohung von bis zu 25.000 Euro entfaltet zusätzliche abschreckende Wirkung"[96].

(2) Zu unbestimmt war auch § 25 Abs. 1 der 11. BayIfSVO vom 15.12.2020 (**Fall 31b**, **Rn 373a/383a**). Hier war schon der Geltungsbereich des Verbots unklar. Selbst wenn man den Begriff des Umkreises nicht streng geometrisch im Sinne eines Radius verstehe, was angesichts des tatsächlich unregelmäßigen Verlaufs der Gemeindegrenzen ausgeschlossen sein dürfte, sondern als eine an jedem Punkt 15 km breite Zone um die jeweilige Gemeindegrenze herum, so sei dem Adressaten aus eigener Sinneswahrnehmung in der Regel nicht einmal annähernd klar, wo diese Zone nun beginne und ende. „Die Tatsache, dass nunmehr verschiedene elektronische Tools die Feststellung eines (wie auch immer ermittelten) 15-km-Umkreises technisch ermöglichen, ist für die Beurteilung der Klarheit einer Norm unerheblich, denn diese muss sich aus der Norm selbst ergeben." Auch die zeitliche Geltung des Verbots sei zu unbestimmt: der Bürger wäre, um nicht gegen das Verbot zu verstoßen, verpflichtet, die entsprechenden Inzidenzen täglich abzurufen und sich zusätzlich zB mittels Kartenmaterials seinen zulässigen Bewegungsradius zu erschließen. „Dies wäre im Hinblick auf das Rechtsstaatsprinzip nicht hinnehmbar."[97] Es ist umso weniger hinnehmbar, als ja ein Verstoß bußgeldbewehrt ist. Dann gelten strengere Anforderungen an die Bestimmtheit.

(3) **„Drohende Gefahr" im Polizeirecht:** Umstritten sind auch die in einigen Ländern geplanten oder bereits vollzogenen Änderungen der jeweiligen Polizeigesetze, die als Voraussetzung für mitunter sehr intensive Grundrechtseingriffe wie zB verdeckte Datenerhebung oder Lauschangriff auf eine „*drohende Gefahr*" abstellen. „*Gefahr*" ist ein Zentralbegriff des Polizeirechts. Sie liegt dann vor, wenn bei ungehindertem Ablauf des objektiv zu erwartenden Geschehens mit hinreichender Wahrscheinlichkeit ein Schadenseintritt zu erwarten ist. Mit dem Begriff der „*drohenden Gefahr*" sollen Eingriffsbefugnisse offenbar bereits dann begründet werden, wenn diese Wahrscheinlichkeit noch nicht besteht. Der allgemeine Sprachgebrauch führt nicht weiter; danach wird von einer *dro-*

---

[95] So das Sondervotum zu VerfGH Bln, B. v. 14.4.2020 – 50 A/20 = NJW 2020, 1505 Rn 18.
[96] VerfGH Bln, B. v. 20.5.2020 – 81 A/20 Rn 18.
[97] BayVGH NJW 2021, 872 Rn 18 ff.

henden Gefahr eher im Sinn einer Tautologie gesprochen, um das einer Gefahr innewohnende Moment der B*edrohung* zu betonen. In diesem Sinn wird der Begriff auch in Art. 11 Abs. 2 GG gebraucht. Auch der rechtliche Sprachgebrauch bietet keine ausreichende Auslegungshilfe; seine Verwendung im BKA-G ist im engeren Zusammenhang terroristischer Bedrohung zu sehen[98]. Es ist also fraglich, ob hier der Exekutive hinreichend klare Maßstäbe an die Hand gegeben werden[99].

Noch strengere Anforderungen an die Bestimmtheit gelten im Strafrecht. **Art. 103 Abs. 2 GG** als *lex specialis* zum allgemein-rechtsstaatlichen Bestimmtheitsgebot legt den Grundsatz des *nulla poena sine lege* – zentrale Errungenschaft rechtsstaatlicher Strafrechtspflege – als grundrechtsgleiches Recht fest. Hieraus folgt das Gebot der hinreichend bestimmten Fassung von Strafgesetzen: der Normadressat muss aus dem Gesetz erkennen können, ob sein Verhalten strafbar ist. Das Bestimmtheitsgebots erfordert, dass der Gesetzgeber die Strafnormen so fasst, dass sich für den Normadressaten nach allgemeinen Maßstäben Tragweite und Anwendungsbereich der Straftatbestände erkennen und durch Auslegung ermitteln lassen[100]. Müsste der Gesetzgeber allerdings jede Straftat bis in alle Einzelheiten beschreiben, so würde das Strafrecht unübersichtlich, starr und kasuistisch und könnte nicht dem Einzelfall gerecht werden. Das *Risiko* der Bestrafung muss aber stets erkennbar sein[101]. Dies gilt auch für sog. Blankettstrafnormen, die auf andere Vorschriften, insbesondere Verordnungen verweisen, wie zB nach §§ 73 Abs. 1a Nr 11a, 74 IfSG, wonach auch Verstöße gegen die afr Grund des Gesetzes erlassenen Verordnungen können teilweise auch als Straftaten geahndet werden können. Hinreichend bestimmt sein müssen Straftatbestand und Strafandrohung. Starre Strafandrohungen sind jedoch nicht geboten – der Gesetzgeber kann einen Strafrahmen bezeichnen und muss dies auch tun, um im Einzelfall die „gerechte", also schuldangemessene Strafe zu ermöglichen. Die Kriterien für die Strafzumessung müssen aber aus dem Gesetz selbst hervorgehen[102]. Für die **Rechtsprechung** folgt hieraus ein Verbot der Analogie zu Lasten des Angeklagten, und zwar ein Verbot nicht nur der Analogie im technischen Sinn, sondern jeder Rechtsanwendung, die über den Inhalt einer Strafbestimmung hinausgeht: die Norm muss in ihrer Anwendung durch die Gerichte hinreichend bestimmt sein.

377

Fallbeispiele aus der Rechtsprechung: (1) Zur Strafbarkeit von **Sitzblockaden** sieht das BVerfG den Nötigungstatbestand des § 240 StGB als hinreichend bestimmt[103]. Der Begriff der *Gewalt* lasse sich in seiner Tragweite durch eine an Wortlaut und Gesetzeszweck orientierte Auslegung ermitteln. Nicht mehr zulässig ist seine weite *Auslegung*, wonach auch rein psychische Einwirkungen zB bei einer Sitzblockade Gewalt iSv § 240 StGB sind[104]. Welches Verhalten strafbar sei, könne dann nicht mit hinreichender Sicherheit beurteilt werden. Dies führte zur *Verfassungswidrigkeit* nicht der Norm selbst, aber zur entsprechenden *Auslegung* durch die Rspr; Strafbarkeitslücken zu schließen, sei Sache des Gesetzgebers[105]. Auch in der Gleichsetzung von „*Zombies*" mit Menschen bei der Auslegung des § 131 StGB lag eine unzulässige Analogie[106].

378

---

98 Dazu BVerfGE 141, 216.
99 Der Verf. vertritt einen Normenkontrollantrag („Meinungsverschiedenheit") gegen die Novelle zum BayPAG; die Antragsschrift und weitere Schriftsätze sind abrufbar unter https://christoph-degenhart.com sowie unter www.gruene-fraktion-bayern.de/themen/innenpolitik-recht-und-justiz/2018/pag-klageeinreichung/.
100 BVerfGE 160, 284 Rn 104 ff.
101 BVerfGE 92, 1, 12.
102 BVerfGE 105, 135, 159 ff.
103 BVerfGE 7, 206, 234 ff; ebenso BVerfGE 92, 1, 12 ff.
104 BVerfGE 92, 1, 12 ff.
105 BVerfGE 92, 1, 14 ff, s. aber auch dort die abw Meinung; s. auch BVerfGE 104, 92.
106 BVerfGE 87, 209, 225; vgl *Degenhart*, in: Sachs, Art. 103 Rn 70.

379 (2) Mit der Strafbarkeit illegaler Autorennen nach § 315d StGB wurde nach dessen Abs. 1 Nr 3 auch die sog. **Alleinraserei** erfasst. Hiernach ist strafbar, wer „sich als Kraftfahrzeugführer mit nicht angepasster Geschwindigkeit und grob verkehrswidrig und rücksichtslos fortbewegt, um eine höchstmögliche Geschwindigkeit zu erreichen". Das unbestimmte Tatbestandsmerkmal der nicht angepassten Geschwindigkeit kann unter Rückgriff auf die Gesetzesbegründung und auf § 3 Abs. 1 S. 2 StVO auf die Straßen-, Sicht- und Wetterverhältnisse bezogen werden[107]. Was „grob verkehrswidrig" und „rücksichtslos" ist, dazu gibt es gefestigte Rechtsprechung. Für das subjektive Tatbestandsmerkmal „um eine größtmögliche Geschwindigkeit zu erreichen" ist dies nicht der Fall. Auch hierfür kann im Wege der Auslegung auf die Gesetzesmaterialien zurückgegriffen werden. Der Tatbestand ist, auch soweit er am Rande Unschärfen enthält, einer Präzisierung innerhalb des Wortsinns zugänglich. Der BGH fordert zusätzlich, dass sich der Vorsatz des Täters auf eine nicht ganz unerhebliche Wegstrecke beziehen muss. Dies lässt die Norm nicht unbestimmt werden[108].

380 Als allgemeiner rechtsstaatlicher Grundsatz gilt das Bestimmtheitserfordernis auch für die **Verwaltung**; in § 37 Abs. 1 VwVfG ist dies für Verwaltungsakte ausdrücklich geregelt.

b) Klarheit und Widerspruchsfreiheit der Rechtsordnung

381 Nicht nur die einzelne Rechtsnorm, sondern auch die Rechtsordnung insgesamt muss für den Bürger klar und widerspruchsfrei sein – was für manche Bereiche des Steuer- und Sozialrechts, aber auch des Umweltrechts durchaus zweifelhaft ist. Um konkrete Konsequenzen hieraus zu ziehen, müsste man jedoch zu der Feststellung gelangen, dass gerade eine bestimmte Norm wegen der Unübersichtlichkeit oder Unklarheit der Regelung der Gesamtmaterie verfassungswidrig ist. Für den Fall der *kommunalen Verpackungssteuer* (auf Einweggeschirre von Fast-Food-Betrieben) hat das BVerfG[109] entsprechende Konsequenzen aus einem rechtsstaatlichen Gebot der Widerspruchsfreiheit der Rechtsordnung gezogen. Das Rechtsstaatsprinzip verpflichtet hiernach die rechtsetzenden Organe, Widersprüche innerhalb der Rechtsordnung zu vermeiden. Welche der Normen zu weichen hat, bestimmt sich dann nach ihrem Rang, ihrer Zeitenfolge und Spezialität – wobei etwa eine abgabenrechtliche Bestimmung im Fall des Widerspruchs zu einer Sachregelung zurückzutreten hat[110].

382 Das BVerfG sah danach die landesrechtliche Regelung über die Verpackungssteuer, obschon an sich von der Landeskompetenz für die örtlichen Verbrauchs- und Aufwandssteuern (Art. 105 Abs. 2a GG) umfasst, im Widerspruch zu Zielsetzung und Systematik des Abfallrechts des Bundes. Der Steuergesetzgeber begründe hier Zahlungspflichten, die den Adressaten zur Vermeidung des steuerbelasteten Tatbestandes – also des Anfalls von Einweggeschirr – veranlassen sollten. Diese Regelung laufe dem Konzept des Sachgesetzgebers im Abfallrecht zuwider, das auf Kooperation in der Abfallwirtschaft gerichtet sei. Der Steuergesetzgeber dürfe aber keine Regelungen herbeiführen, die der vom zuständigen Sachgesetzgeber getroffenen Regelung widersprechen, sei es, dass sie in direktem Widerspruch zu einzelnen Bestimmungen der Sachregelung stehen, sei es, dass sie deren Gesamtkonzept zuwiderlaufen. Demgegenüber sah das OVG Koblenz, im Gegensatz zum Bayerischen Verwaltungsgerichtshof, keinen Wertungswiderspruch zwischen der Begünstigung von Hotelübernachtungen im Umsatzsteuerrecht und der in Reaktion hierauf in manchen Gemeinden eingeführten „Bettensteuer"[111] (Rn 578).

---

107 BVerfGE 160, 284 Rn 108, BT-Drucks. 18/12964, S. 5.
108 BVerfGE 160, 284 zu BGH NJW 2021, 1173, 1175.
109 BVerfGE 98, 106, 131 ff.
110 Krit. *Kloepfer/Bröcker*, DÖV 2001, 1.
111 OVG Koblenz, NVwZ-RR 2011, 778; anders BayVGH DVBl 2012, 767.

Lösung Fall 31a: Verfolgungsvorsorge (Rn 373) 383

Die Norm könnte deshalb zu unbestimmt sein, weil weder der Bürger hinreichend erkennen kann, wann er von Überwachungsmaßnahmen betroffen sein kann, noch die Polizei ausreichend klaren Bindungen unterliegt. Auch wenn der Begriff der „Tatsachen" noch hinreichend von bloßen Vermutungen abgegrenzt werden kann, ergibt sich doch für die Polizei nicht klar, wann Tatsachen nun auf die Begehung einer Straftat hinweisen, und wann es sich um harmlose Verhaltensweisen handelt. Damit wird die Polizei ermächtigt, die Voraussetzungen für Eingriffe selbst zu definieren; zu unbestimmt ist auch die Bezugnahme auf Straftaten von erheblicher Bedeutung, wenn dort auch „vergleichbare" Straftaten benannt werden. Bei der Bestimmung über Kontaktpersonen ist zudem unklar, wer mit dem vermuteten künftigen Straftäter schon im Vorfeld künftiger Straftaten so in Verbindung steht, dass Hinweise über die angenommene Straftat gewonnen werden können[112].

Lösung Fall 31b: Corona III (Rn 373a) 383a

S. Rn 76a: § 25 Abs. 1 CoronaschutzVO könnte gegen das Bestimmtheitsgebot verstoßen. Dies ist dann der Fall, wenn eine Normadressatin wie hier die R nicht klar erkennen kann, was vom Normgeber – also vom Gesetzgeber bzw wie hier vom Verordnungsgeber – gewollt ist. Da Verstöße gegen die VO mit Bußgeldsanktionen belegt sind, sind an die Bestimmtheit strenge Anforderungen zu stellen.

Der räumliche Anwendungsbereich ist hier für die R nicht klar erkennbar; sie kann nicht eindeutig feststellen, wie der 15-km-Radius zu bestimmen ist und an welchem Punkt in der Landschaft ihre Bewegungsfreiheit endet; dies müsste sich aber aus der Norm selbst ergeben, R darf also nicht auf eine App verwiesen werden. Ob die Verbote der VO zu einem bestimmten Zeitpunkt überhaupt gelten, kann nur durch täglichen Abruf der Internetseite des Landratsamtes ermittelt werden; dies ist R nicht zumutbar.

J hat also Recht: die Bestimmung verstößt gegen das Bestimmtheitsgebot und ist deshalb nichtig (so auch BayVGH). – Dessen Entscheidung erging in einem Verfahren der verwaltungsgerichtlichen Normenkontrolle nach § 47 VwGO.

3. Rechtssicherheit – Rückwirkungsverbot und Vertrauensschutz

Fall 32: Energiewende I – Sonnenenergie und Gülle 384

Das Erneuerbare-Energien-Gesetz (EEG) sieht vor, dass Erzeuger von Solarstrom, Strom aus Windkraft und aus Biomasse Strom in die Netze einspeisen können. Die Energieunternehmen sind verpflichtet, den Strom zu einem gesetzlich festgelegten Preis abzunehmen. Die Kosten hierfür legen sie auf ihre Endkunden um.

a) Helios hat im Jahr 2010 eine Solaranlage errichtet; Investitionsaufwand € 100 000. Der gesetzliche Vergütungssatz betrug zu diesem Zeitpunkt € 0,50 pro Kilowattstunde (KWh), garantiert für 20 Jahre ab Inbetriebnahme. Helios erzielte in den Folgejahren Gewinne von durchschnittlich € 9000. Da wegen gesunkener Herstellungskosten wesentlich mehr Solaranlagen installiert wurden, als vorhergesehen, führte die EEG-Umlage in der Folge zu sozial unverträglichen Stromtarifen. In einer zum 1.10.2014 in Kraft getretenen Novelle zum EEG wurde daher die Einspeisungsvergütung für Neuanlagen auf € 0,40 und für Altanlagen um 5% auf € 0,475/ KWh gesenkt. Helios sieht sich in seinem Glauben an das Recht enttäuscht. Schließlich habe er seinen Beitrag zur Energiewende geleistet; da sei eine Rendite von 9% auf seine Investition nur recht und billig.

---

112 BVerfGE 113, 348, 377, 380.

b) Vespasian[113] betreibt seit 2010 mit Gülle eine Biogasanlage, mit der er Strom produziert. Die Einspeisevergütung war zu diesem Zeitpunkt festgelegt auf € 0,40/KWh, für Anlagen bis zu einer bestimmten Leistungsgröße auf € 0,50 – dies sollte die höheren Gestehungskosten kleinerer Anlagen ausgleichen. V teilt daher die auf seinem Grundstück errichtete Anlage in drei unmittelbar aneinandergrenzende Anlagen auf, die jeweils knapp unter der gesetzlichen Leistungsgröße liegen und erhält dafür jeweils den erhöhten Vergütungssatz. Der Gesetzgeber sieht in dieser weitverbreiteten Praxis einen Rechtsmissbrauch und legt in der EEG-Novelle 2014 fest, dass Anlagen, die wirtschaftlich eine Einheit bilden, insbesondere weil sie auf dem gleichen Grundstück liegen, rückwirkend ab Errichtung als eine Anlage zu behandeln sind. Auch V sieht sich in seinem Glauben an das Recht enttäuscht. **Rn 413**

(Fall nach BVerfGE 122, 374 – die gesetzlichen Bestimmungen sind vereinfacht dargestellt.)

385 Fall 33: Ne bis in idem

Im Jahr 1981 wurde die 17-jährige M auf ihrem Heimweg vergewaltigt und ermordet. Als dringend tatverdächtig wurde der 22-jährige T ermittelt und zunächst vom LG Celle verurteilt, nach Revision zum BGH rechtskräftig freigesprochen, da die Beweise für eine Verurteilung nicht ausreichten. Mehr als 30 Jahre später wurden mittels verfeinerter Methoden der DNA-Analyse auf dem Slip der M Sekretspuren nachgewiesen, die mit großer Wahrscheinlichkeit T zugeordnet werden konnten. Eine Wiederaufnahme des Verfahrens war jedoch nicht möglich, da nach damaliger Rechtslage neue Beweismittel diese nur zu Gunsten, nicht aber zu Ungunsten des Beschuldigten rechtfertigten. Nachdem der durch das „Gesetz zur Herstellung materieller Gerechtigkeit" vom 21.12.2021 (BGBl I S. 2021) in die StPO eingefügte § 362 Nr 5 die Wiederaufnahme auch im Fall neuer Beweistatsachen zulässt, beantragt die zuständige Staatsanwaltschaft die Wiederaufnahme des Verfahrens gegen T, die vom LG zugelassen wird; die Beschwerde des T wird vom OLG zurückgewiesen. T ist der Auffassung, die Wiederaufnahme sei schon deshalb unzulässig, weil § 362 Nr 5 StPO gegen den eindeutigen Wortlaut des Art. 103 Abs. 3 GG verstoße. Die Anwendung auf bereits in der Vergangenheit rechtskräftig abgeschlossene Verfahren verstoße zudem gegen das strafrechtliche Rückwirkungsverbot. **Rn 414**

386 Fall 34: Müllsatzung

Die Gemeinde A erlässt im Jahr 2010 eine am 1.1.2015 in Kraft tretende Satzung über Beiträge zur Müllabfuhr. Wegen eines Verfahrensfehlers wird diese Satzung durch gerichtliche Entscheidung vom 31.1.2016 für nichtig erklärt. In nunmehr ordnungsgemäßem Verfahren ergeht eine Satzung gleichen Inhalts, die rückwirkend ab 1.1.2015 gelten soll. Gemeindebürger B sieht hierin einen Fall unzulässiger Rückwirkung. **Rn 415**

387 Fall 35: Vermögenseinziehung

Porkus (P) ist Geschäftsführer der Fleischeslust GmbH (F), eines fleischverarbeitenden Betriebs. Dieser hat in den Jahren 2008–2010 illegal bis zu 400 Arbeitskräfte aus Rumänien und Bulgarien beschäftigt, wurde aber mit Urteil des Landgerichts vom 17.10.2017 wegen der zum 31.7.2016 eingetretenen Verfolgungsverjährung freigesprochen. Gleichzeitig wurde im Urteil gegenüber der F GmbH die Einziehung eines Betrags von 5 Mio € – des Ertrags aus der illegalen Beschäftigung – angeordnet. Dies war möglich geworden auf Grund einer zum 1.7.2017 in Kraft getretenen Gesetzesänderung. Danach durfte, was bis dahin nicht der Fall gewesen war, die Einziehung auch bei eingetretener Verjährung angeordnet werden. Die Übergangsregelung des § 316h StGB bestimmt ausdrücklich, dass dies auch für Taten gelten soll, die vor Inkrafttreten des Gesetzes, also vor dem 1.7.2017 begangen wurden. Die F-GmbH sieht darin einen Ver-

---

113 Name eines römischen Kaisers und Erfinders einer Latrinensteuer, dem der Spruch zugeschrieben wird: „pecunia non olet"(„Geld stinkt nicht").

stoß gegen das strafrechtliche Rückwirkungsverbot. Die inkriminierten Vorgänge hätten sich in den Jahren 2008–2010 abgespielt und seien spätestens 2016 verjährt gewesen. Das Gesetz aus 2017 bewirke also eine rückwirkende Bestrafung.

Hinweis: Nach § 73 StGB kann das Gericht die Einziehung dessen anordnen, was durch eine Straftat erlangt wurde, gemäß § 73b StGB auch gegenüber Dritten wie hier der GmbH, nach § 76a Abs. 2 S. 1 StGB auch dann, wenn die Tat selbst verjährt ist – diese Bestimmung wurde durch das G. v. 23.3.2017 neu eingeführt. **Rn 394b, 415a**

a) Rechtssicherheit im Strafrecht: Rückwirkungsverbot, ne bis in idem, Art. 103 Abs. 2, 3 GG

In der zeitlichen Dimension (Rn 372a) bedeutet Rechtssicherheit vor allem Beständigkeit der Gesetzes. Dies ist evident bei Strafgesetzen: Diese sollen dem Bürger verlässlich die Grenzen seiner Handlungsfreiheit aufzeigen. Dann aber darf ein Verhalten, das dem geltenden Recht entspricht, nicht nachträglich als rechtswidrig bzw strafbar bewertet werden. Die Strafbarkeit einer Tat muss im Zeitpunkt ihrer Begehung gesetzlich bestimmt sein; demgemäß enthält **Art. 103 Abs. 2 GG** in Konkretisierung des allgemeinen Rechtsstaatsgebots ein **Verbot rückwirkender Strafgesetze**. Entsprechend dem Schutzzweck der Norm, im Voraus Rechtssicherheit hinsichtlich der Strafbarkeit zu gewährleisten, bezieht dieses Verbot sich auf den Tatbestand, in dem die Strafbarkeit festgelegt ist, aber auch auf Rechtfertigungsgründe, wie schließlich auch auf die „Strafe" selbst. **Strafe** ist die missbilligende hoheitliche Reaktion auf schuldhaftes Unrecht. Sie darf nicht rückwirkend festgesetzt oder verschärft werden. 388

Für sonstige Sanktionen gilt dies nach Auffassung des BVerfG nicht – insbesondere nicht für Maßregeln der Sicherung und Besserung wie die **Sicherungsverwahrung** (Rn 288). Sie zählt zwar zum Strafrecht iSv Art. 74 Abs. 1 Nr 1 GG, ist aber, so das BVerfG, nicht Strafe iSv Art. 103 Abs. 2 GG[114] - anders der EGMR (Rn 288), der deshalb einen Verstoß gegen das Rückwirkungsverbots nach Art. 7 EMRK bejahte. Das BVerfG, das ja die Begrifflichkeit der Konvention nicht „schematisch" übernimmt (Rn 287), und deshalb nicht von einer „Strafe" ausgeht[115], trägt der Entscheidung des EGMR jedoch im Rahmen des allgemein-rechtsstaatlichen **Vertrauensschutzes** Rechnung, s. Rn 394 ff. Auch die strafrechtliche Vermögensabschöpfung nach Art. 316h EGStGB sah das BVerfG nicht als „Strafe"[116], vielmehr als Maßnahme eigener Art mit kondiktionsähnlichem Charakter: der Täter oder auch Dritte – wie im **Fall 35** die F-GmbH – können hiernach ungerechtfertigt bereichert sein und dürften nicht darauf vertrauen, das so Erlangte zu behalten. Dies betrifft gleichermaßen die rückwirkend erweiterte Möglichkeit der Einziehung nach § 73e StGB[117]. Bloße Verfolgungsvoraussetzungen wie die **Verjährung** fallen nicht unter die Garantiefunktion des Art. 103 Abs. 2 GG. Der Tatbestand des *Strafgesetzes*, also die Begehung einer bestimmten Tat, an die die Rechtsfolge der Strafbarkeit anknüpft, wurde daher auch durch die Verlängerung der Verjährungsfrist für NS-Verbrechen nicht berührt, das Strafgesetz also nicht rückwirkend geändert. Art. 103 Abs. 2 GG greift daher *nicht* ein[118]. 389

---

114 Vgl einerseits BVerfGE 109, 133, 167 ff; BVerfG (K) NJW 2006, 3483, andererseits nunmehr EGMR, U. v. 17.12.2009 – EuGRZ 2010, 25, bestätigt durch E. der Großen Kammer v. 11.5.2010 – Az 1934/04.
115 BVerfGE 128, 326 Rn 91.
116 BVerfG, B. v. 10.2.2021 – 2 BvL 8/19 –, NJW 2021, 1222 Rn 105 ff.
117 BVerfG (K) B. v. 7.4.2022 – 2 BvR 2194/21 (Cum-Ex).
118 Vgl BVerfGE 25, 269, 286.

390 Mit dem bereits im römischen Recht anerkannten Grundsatz des „**ne bis in idem**" übernimmt Art. 103 Abs. 3 GG eine zentrale Errungenschaft rechtsstaatlicher Strafrechtspflege[119]. Über den Wortlaut hinaus wird nicht nur die mehrfache Bestrafung, sondern auch die mehrfache Verfolgung ausgeschlossen. Die Wiederaufnahme eines rechtskräftig abgeschlossenen Verfahrens bedeutet erneute Strafverfolgung. Sie war bisher zulässig bei einem Geständnis. Dies dürfte daraus zu rechtfertigen sein, dass der Betroffene selbst den Anlass für ein neues Verfahren gibt. Nach dem „Gesetz zur Herstellung materieller Gerechtigkeit"[120] vom 21.12.2021 ist nun die Wiederaufnahme **zu Ungunsten** des rechtskräftig freigesprochenen Angeklagten zulässig, „*wenn neue Tatsachen oder Beweismittel beigebracht werden, die (...) dringende Gründe dafür bilden, dass der freigesprochene Angeklagte wegen Mordes, (... [genannt werden weitere Verbrechen nach dem Völkerstrafgesetzbuch]) verurteilt wird.*" Dies wurde mit der „Unerträglichkeit" der bisherigen Rechtslage begründet. Rechtssicherheit müsse hier der materiellen Gerechtigkeit weichen.

391 In dem **Fall 33** zugrundeliegenden Verfahren wurde die Wiederaufnahme des Verfahrens zugelassen. Mit seinem Beschluss vom 20.4.2022 hat das OLG Celle für § 362 Nr 5 StPO einen Verfassungsverstoß verneint[121]. Es sieht das Verbot mehrfacher Verfolgung nicht „im Kern" berührt und stützt sich entscheidend wie schon der Gesetzgeber auf die „Unerträglichkeit" des Ergebnisses, wenn bei schwersten Verbrechen (wie im **Fall 33**) ein dringend Verdächtiger strafrechtlich nicht verfolgt werden könne. Materieller Gerechtigkeit müsse dann Vorrang eingeräumt werden, auch das staatliche Strafverfolgungsinteresse habe seine Grundlage im Rechtsstaatsprinzip und damit Verfassungsrang. Dem ist jedoch entgegenzuhalten, dass das Grundrecht des Art. 103 Abs. 3 GG der Rechtssicherheit unbedingten Vorrang einräumt[122]. Mit Beschluss vom 14.7.2022 hat das BVerfG im Wege einer einstweiligen Anordnung den Haftbefehl unter Auflagen außer Vollzug gesetzt und die Frage der Verfassungsmäßigkeit als offen bezeichnet[123]. Es hat in der Folge die einstweilige Anordnung mehrfach wiederholt und am 16.6.2023 auch die zunächst festgesetzten Auflagen aufgehoben.

392 Das rechtsstaatliche Rückwirkungsverbot des Art. 103 Abs. 2 GG kann vor allem in Fällen der Staatskriminalität (NS-Verbrechen, DDR-Unrecht) in Konflikt geraten mit rechtsstaatlichen Erfordernissen **materieller Gerechtigkeit**. Darauf zielt die sog. *Radbruch'sche* Formel. Danach muss bei einem Verstoß gegen die allen Völkern gemeinsamen, auf Wert und Würde bezogenen Rechtsüberzeugungen das positive Recht der Gerechtigkeit weichen. Das BVerfG ist dem beigetreten[124]. Aus diesen Überlegungen kann auch ein DDR-Richter wegen **Rechtsbeugung** verurteilt werden[125]. Bei den NS-Juristen wurde dies allerdings versäumt.

b) IÜ: Rechtsstaatliches Rückwirkungsverbot

393 Schlechthin unzulässig sind rückwirkende Strafgesetze. Rückwirkende Gesetze sind auch im Übrigen nicht uneingeschränkt zulässig. Denn stets kann hier schutzwürdiges Vertrauen in die Beständigkeit der Rechtsordnung gegenüber nachträglicher Neubewertung betroffen sein. Aus dem Rechtsstaatsgebot des Art. 20 Abs. 3 i.V.m. Art. 2 Abs. 1 GG

---

[119] *Degenhart*, in: Sachs, Art. 103 Rn 76.
[120] BGBl I S. 2021; zur Gesetzesbegründung s. BT-Drucks. 19/30399; das Gesetz wurde mit den Stimmen der Koalitionsparteien CDU/CSU und SPD sowie der AfD gegen die Stimmen von FDP, GRÜNEN und LINKE beschlossen.
[121] B. v. 20.4.2022 – DVBl 2022, 743 mit Anm. *Jahn*, JuS 2022, 554; *Degenhart*, NJW-aktuell 27/2022 S. 7.
[122] *Pohlreich*, BonnK Art. 103 Abs. 3 (2018) Rn 36; für Verfassungswidrigkeit der Neuregelung BeckOK StPO/*Singelstein* StPO § 362 Rn 11 f.
[123] BVerfGE 162, 358.
[124] BVerfGE 95, 96, 133 ff.
[125] EGMR NJW 2001, 3035 Rn 17 ff; s. dazu *Kadelbach*, Jura 2002, 329.

folgen also Schranken für rückwirkende Gesetze. Für rückwirkende Eingriffe in Eigentumsrechte folgt dies auch aus Art. 14 Abs. 1 GG[126]. Bei der dann erforderlichen Abwägung zwischen Eigentümerinteresse und Sozialpflichtigkeit ist dann auf das Rückwirkungsverbot einzugehen. Sachlich ergeben sich jedoch keine Änderungen.

Die Rspr[127] unterscheidet unterschiedliche Formen der Rückwirkung: zwischen **„echter"** (retroaktiver) und **„unechter"** (retrospektiver) **Rückwirkung**, so das BVerfG:[128]*„Eine Rechtsnorm entfaltet – grundsätzlich unzulässige – ‚echte' Rückwirkung in Form einer Rückbewirkung von Rechtsfolgen, wenn ihre Rechtsfolge mit belastender Wirkung schon vor dem Zeitpunkt ihrer Verkündung für bereits abgeschlossene Tatbestände gelten soll. Demgegenüber ist von einer ‚unechten' Rückwirkung in Form einer tatbestandlichen Rückanknüpfung auszugehen, wenn die Rechtsfolgen eines Gesetzes erst nach Verkündung der Norm eintreten, deren Tatbestand aber Sachverhalte erfasst, die bereits vor Verkündung ‚ins Werk gesetzt' worden sind."* **Echte Rückwirkung** oder *Rückbewirkung von Rechtsfolgen* ist nur in Ausnahmefällen zulässig. Demgegenüber ist bei **unechter Rückwirkung** oder *tatbestandlicher Rückanknüpfung*[129] das Vertrauen auf den Fortbestand einer Regelung „weit weniger geschützt. (…) Es ist die Bedeutung des Anliegens des Normgebers für das Wohl der Allgemeinheit gegen das Vertrauen des Bürgers auf den Fortbestand der Rechtslage abzuwägen"[130].

394

Mit der **Unterscheidung** zwischen echter und unechter Rückwirkung erfolgt also die entscheidende verfassungsrechtliche Weichenstellung. Sie ist nicht immer eindeutig, kann am Beispiel des Einkommensteuerrechts verdeutlicht werden[131]: Gesetzestatbestand ist die Erzielung von Einkünften innerhalb des Veranlagungszeitraums, des Kalenderjahres. Rechtsfolge ist dann die Entstehung der Steuerschuld für eben diesen Zeitraum, § 25 Abs. 1 EStG. Ändert der Gesetzgeber nachträglich eine bereits entstandene Steuerschuld, also zB durch ein Gesetz vom 1.7.2021 die Steuerschuld für 2020, so ist dies ein Fall echter Rückwirkung. Führt das Gesetz aber dazu, dass sich die Steuerschuld für 2021 ändert, so werden keine bereits entstandenen Rechtsfolgen geändert, liegt also keine Rückbewirkung von Rechtsfolgen – und damit kein Fall echter Rückwirkung – vor. Die Rechtsfolge, die geändert wird, entsteht erst mit Ablauf des Jahres 2021. Wenn sie sich jedoch auf Sachverhalte bezieht, die bereits in der Vergangenheit *„ins Werk gesetzt"* wurden, also die Erzielung von Einkünften zwischen dem 1.1. und 1.7.2021, so liegt ein Fall unechter Rückwirkung vor.

395

Teils echte, teils unechte Rückwirkung bedeutete die Verlängerung der Spekulationsfrist durch das – in bestem Orwell'schen Neusprech so genannte – Steuerentlastungsgesetz 2000, in Kraft getreten zum 1.1.2000. Bis dahin konnten u.a. Grundstücke drei Jahre nach dem Kauf steuerfrei veräußert werden. Diese Frist wurde auf 10 Jahre verlängert und sollte auch für alle bereits erworbenen Grundstücke gelten. Wer also zB 1996 gekauft hatte, konnte davon ausgehen, ab 1999 steuerfrei verkaufen zu können. Die Verlängerung der bereits abgelaufenen Spekulationsfrist war ein Fall echter Rückwirkung. Hier wurde dem Vertrauensschutzinteresse Vorrang eingeräumt[132]. Anders für die Grundstü-

---

126 BVerfGE 95, 64, 86.
127 Zusammenfassung der Grundsätze der Rspr auf aktuellem Stand bei BVerfGE 127, 1.
128 BVerfG (K) B. v. 7.4.2022 – 2 BvR 2194/21 – Rn 75.
129 BVerfGE 72, 200, 241 f; 105, 17, 37.
130 BayVerfGH NVwZ 2016, 999 Rn 153.
131 Vgl BVerfGE 127, 31, 60; 132, 302 Rn 42 ff; 135, 114 Rn 42.
132 BVerfGE 127, 1, 21 ff; vgl *Kreuter-Kirchhof*, NVwZ 2014, 770, 773.

cke, für die die Frist noch nicht abgelaufen war: hier hatte der Vertrauensschutz geringeres Gewicht. Denn die bloße Erwartung, dass eine günstige Rechtslage fortbesteht, ist verfassungsrechtlich in aller Regel nicht schutzwürdig.

396 Es geht also in der Sache um **Rechtssicherheit** und **Vertrauensschutz**. Im Fall der nachträglichen Änderung von Rechtsfolgen ist die Rechtssicherheit intensiv beeinträchtigt. Deshalb hat hier der Vertrauensschutz in der Regel Vorrang.

Für die Zulässigkeit rückwirkend-belastender Gesetze gelten diese Grundsätze[133]:

> **Echte Rückwirkung** ist nur ausnahmsweise zulässig:
> (1) Wenn für den Rückwirkungszeitraum mit der dann getroffenen Regelung zu rechnen war und aus diesem Grund kein schutzwürdiger **Vertrauenstatbestand** geschaffen wurde[134]. Dies kann der Fall sein bei der Ersetzung einer vorläufigen durch eine endgültige Regelung, oder auch, wie im **Fall 34**, einer aus formellen Gründen nichtigen durch eine wirksame Regelung gleichen Inhalts.
> (2) Wenn die bisherige Rechtslage „unklar und verworren" war, ihre Bereinigung ein Erfordernis der Rechtssicherheit, kann die Entstehung schutzwürdigen Vertrauens ausgeschlossen und deshalb Rückwirkung zulässig sein. Gleiches kann gelten, wenn etwa nachträglich Systemwidrigkeiten eines umfangreicheren Gesetzgebungswerks korrigiert, verfassungswidrige Lücken im System der gesetzlichen Regelung geschlossen werden[135]. Schutzwürdiges Vertrauen kann auch dann ausgeschlossen sein, wenn das wenn das bisherige Recht derart systemwidrig und unbillig war, dass ernsthafte Zweifel an seiner Verfassungsmäßigkeit bestanden[136]. Aber auch dann, wenn wie im **Fall 32b**, sich entgegen der Intention des Gesetzgebers eine **missbräuchliche** Praxis entwickelt hat, kann es an einem schutzwürdigen Vertrauenstatbestand fehlen. „Unklar und verworren" ist die Rechtslage aber nicht schon dann, wenn das Gesetz mehrere Auslegungen zulässt[137] – dass ein Gesetz auslegungsbedürftig ist, ist keine Besonderheit.
> (3) Auch bei ganz geringfügigen Beeinträchtigungen („Bagatellvorbehalt")[138] kann eine Ausnahme in Betracht kommen.
> (4) Ob darüber hinaus „zwingende Gründe des öffentlichen Wohls" dem Gebot der Rechtssicherheit übergeordnet sein können[139], ist fraglich. Jedenfalls müsste es sich um besonders gelagerte Ausnahmefälle wie im Fall der Vermögenseinziehung bei Straftaten handeln.
> Ist keiner der vorgenannten Tatbestände gegeben, ist echte Rückwirkung unzulässig.

397 Für die Verfassungsmäßigkeit **unechter Rückwirkung** kommt es darauf an, ob das Interesse des Staates und des gemeinen Wohls die schutzwürdigen Interessen der Gesetzesadressaten am Fortbestand einer ihnen günstigen Rechtslage überwiegen[140]. Das **Änderungsinteresse des Gesetzgebers** und **Vertrauensschutzinteressen** sind gegeneinander abzuwägen. Dabei ist insbesondere darauf abzustellen, ob Grundrechte in belastender Weise betroffen sind[141]. Aber auch anderweitige, durch eine Gesetzesänderung nachteilig

---

133 S. zB BVerfGE 122, 374, 394.
134 Vgl BVerfGE 37, 363, 397 f; 45, 142, 173 f.
135 BVerfGE 7, 129, 151 ff; 72, 200, 260 ff.
136 BVerfGE 122, 374, 394 Rn 66.
137 BVerfG aaO.
138 BVerfGE 30, 367, 389; 72, 200, 258 f.
139 BVerfGE 13, 261, 272.
140 BVerfGE 105, 17, 37 f; 132, 302 Rn 60.
141 Vgl BVerfGE 72, 200, 242.

betroffene Dispositionen können eine Rolle spielen¹⁴². Wenn überwiegender Vertrauensschutz besteht, kann dem durch Übergangsvorschriften Rechnung getragen werden. Im Fall echter Rückwirkung hat also der Vertrauensschutz des Bürgers grundsätzlich Vorrang, demgegenüber ist bei unechter Rückwirkung von Fall zu Fall abzuwägen. Stets aber muss das Vertrauen schutzwürdig sein. Für die Vergütungssätze nach dem EEG hat das BVerfG dies verneint, da hinsichtlich der Höhe der Förderung das EEG bereits in der Vergangenheit häufig und in regelmäßigen Abständen geändert worden sei: *„Auf einem Rechtsgebiet mit derart bewegter Entwicklung kann der Einzelne nur eingeschränkt auf das unveränderte Fortbestehen einer ihm günstigen Rechtslage rechnen"*¹⁴³. Nicht schutzwürdig war im **Fall 35** auch ein etwaiges Vertrauen darauf, rechtswidrig erlangte Vermögensvorteile behalten zu können.

Nicht mehr schutzwürdig ist das Vertrauen ab dem **Zeitpunkt**, zu dem mit einer Neuregelung gerechnet werden muss. Dies ist spätestens der Zeitpunkt des Gesetzesbeschlusses (Rn 218)¹⁴⁴. Zur Vermeidung von Ankündigungseffekten kann Rückwirkung auch auf einen früheren Zeitpunkt als den des Gesetzesbeschlusses bezogen werden. Dies kann die Einbringung des Gesetzesvorhabens im Bundestag sein¹⁴⁵, ausnahmsweise aber auch schon der Referentenentwurf¹⁴⁶, so im Fall einer Beseitigung von Steuervorteilen für bestimmte Objekte, als zahlreiche Steuerpflichtige den Zeitraum zwischen Ankündigung des Gesetzes und dessen Inkrafttreten nutzten, um noch Objekte zu den alten Bedingungen zu erwerben und so das Gesetz unterlaufen. Es war ihnen jedoch zuzumuten, sich vom Zeitpunkt der Ankündigung der Gesetzesänderung an hierauf einzustellen – und eben keine Abschreibungsobjekte mehr zu erwerben¹⁴⁷. Die Frage könnte sich auch stellen, wenn vor Inkrafttreten eines angekündigten Gesetzes über einen „Mietenstopp" noch alle Möglichkeiten für eine Mieterhöhung ausgeschöpft würden.

398

Die **Unterscheidung** zwischen **echter** und **unechter** Rückwirkung ist nicht durchweg eindeutig. In seiner Entscheidung zur nachträglichen Sicherungsverwahrung vom 4.5.2011¹⁴⁸ lässt sie das BVerfG ausdrücklich offen. Es stellt vielmehr entscheidend auf den „Eingriff in das Vertrauen der in ihrem Freiheitsgrundrecht betroffenen Grundrechtsträger" ab. Auch beim Eingriff in laufende Vertragsbeziehungen, insbesondere bei Dauerschuldverhältnissen, ist die Unterscheidung oft nicht zwingend. Das BVerfG tendiert in derartigen Fällen zu unechter Rückwirkung. *Unechte Rückwirkung* wurde Eingriffen in bestehende Mietverträge¹⁴⁹ attestiert, wie einer Kappungsgrenze für Mieterhöhungen. Demgegenüber bedeutete die Verlängerung der Verjährungsfristen für vertragliche Ansprüche bei bereits eingetretener Verjährung, mit der Folge, dass die verjährten Ansprüche wieder durchsetzbar wurden, *echte Rückwirkung*¹⁵⁰. Ein Fall *unechter Rückwirkung* ist gegeben, wenn ein Studierender, der sein Studium gebührenfrei begonnen hat, sich in

399

---

142 Instruktiv: HambVerfG DÖV 2006, 1001 zur Schutzwürdigkeit der Initiatoren eines Volksbegehrens, die im Vertrauen auf geltende Regelungen erheblichen organisatorischen und finanziellen Aufwand hatten, gegenüber Änderungen der Verfahrensregeln; s. jetzt grundsätzlich BVerfGE 155, 238 Rn 140 ff: Entwertung von „Verfahrenspositionen".
143 BVerfG (K) NVwZ 2019, 715 Rn 29.
144 Vgl BVerfGE 95, 64, 87; 97, 67, 79; 127, 31, 58; 127, 1, 17; 132, 302, 324 ff.
145 Vgl BVerfGE 127, 31, 50; 132, 302, 324; kritisch *Schwarz*, JA 2013, 683, 686.
146 BVerfGE 155, 238 Rn 149.
147 BVerfGE 97, 67, 83 f mit Anm. *Arndt/Schumacher*, NJW 1998, 1538.
148 BVerfGE 128, 326.
149 BVerfGE 71, 230, 251.
150 Vgl BVerfGE 18, 70, 80.

hohem Semester mit einer neu eingeführten **Studiengebühr** konfrontiert sieht[151]. *Unechte Rückwirkung* bedeutete auch die Änderung des § 66b Abs. 2 StGB in der Weise, dass ein wegen bestimmter Gewaltdelikte verurteilter Täter noch nachträglich in Sicherungsverwahrung genommen werden konnte, wenn sich während der Haft seine fortdauernde Gefährlichkeit herausstellt. Die Norm knüpft an eine Anlasstat an, die vor der Gesetzesänderung begangen wurde, so dass jedenfalls ein Fall der Rückwirkung vorliegt. Es werden aber nicht die Rechtsfolgen der Anlasstat selbst nachträglich verändert. Vielmehr wird auf Grund neuer Tatsachen eine neue Rechtsfolge ausgesprochen. Dies ist ein Fall *unechter Rückwirkung*[152].

400 **Beispiele aus der Rechtsprechung (BayVerfGH, U. v. 9.5.2016**[153]**):** In ihrer Regierungserklärung vom 4.2.2014 hatte die Bayerische Staatsregierung eine Verschärfung der Genehmigungsvoraussetzungen für Windkraftanlagen angekündigt, die sog. 10-H-Regel: zehnfache Höhe der Anlage an der Rotorspitze als Mindestabstand von Wohnbebauung. Am 17.11.2014 trat das Landesgesetz in Kraft. Es enthält eine Übergangsvorschrift, nach der nur dann, wenn vor dem 4.2.2014 – dem Tag der Regierungserklärung – ein vollständiger Genehmigungsantrag eingereicht wurde, noch das alte Recht gilt. Der BayVerfGH sah hierin einen Fall **unechter Rückwirkung**. Die Rechtsänderung betreffe Sachverhalte aus der Vergangenheit – Verfahren, die zwischen dem Stichtag und dem Inkrafttreten der Gesetzesänderung eingeleitet wurden, aber noch nicht abgeschlossen waren: daher **unechte Rückwirkung**. Der BayVerfGH verneinte Vertrauensschutz. Zwar hatten die betroffenen Unternehmen regelmäßig bereits Investitionen getätigt. Im Verwaltungsrecht sei aber grundsätzlich die Rechtslage zum Zeitpunkt der Entscheidung über einen Antrag maßgeblich. So habe allenfalls eine schwache Vertrauensgrundlage bestanden; diese sei mit der Ankündigung der Staatsregierung vom 4.2.2014 jedenfalls zerstört worden. – Die Kläger hatten noch geltend gemacht, die 10-H-Regel sei auch deshalb verfassungswidrig, weil der Freistaat Bayern damit die Energiewende sabotiere. Um Windkraftanlagen wirtschaftlich betreiben zu können, sei eine Höhe von 200 m erforderlich. Dann aber verblieben allenfalls 2% des Gebiets des Freistaats für Windkraftanlagen. Dies könnte im Hinblick auf die Widerspruchsfreiheit der Rechtsordnung (Rn 381) bedeutsam sein. Der BayVerfGH sah jedoch keinen Widerspruch zum bundesrechtlichen Normgefüge, das Landesgesetz entspricht der bundesgesetzlichen Öffnungsklausel.

401/ Einen Fall **echter Rückwirkung** sah das BVerfG mit B. v. 10.2.2021[154] in der Erweiterung der
402 **Vermögenseinziehung** auf verjährte Delikte **(Fall 35)**. Nach altem Recht war die Einziehung der Erträge aus verjährten Taten ab Verjährungseintritt nicht möglich gewesen. Durch die Gesetzesänderung wurden nun an einen abgeschlossenen Vorgang neue Rechtsfolgen geknüpft: Rückbewirkung von Rechtsfolgen. Diese war hier ausnahmsweise zulässig. Das Gesetz verdeutliche, *„dass eine strafrechtswidrige Vermögensmehrung von der Rechtsordnung nicht anerkannt wird und deshalb keinen Bestand haben kann"* – dies ist ein überragend wichtiges Gemeinschaftsinteresse. Demgegenüber ist das Vertrauen darauf, einen durch eine Straftat erlangten Vermögensvorteil behalten zu dürfen, nicht schutzwürdig. Der Unrechtscharakter der Erwerbstat ändert sich nicht dadurch, dass diese nicht mehr verfolgt werden kann. Nach einer weiteren Gesetzesänderung sollte dies in schweren Fällen auch für Erträge aus Taten gelten, die vor Inkrafttreten des Gesetzes begangen wurden. Damit wurden für eine Straftat rückwirkend neue Sanktionen eingeführt. Sie sind gleichwohl kein Fall des Art. 103 Abs. 2 GG, denn die Vermögensabschöpfung ist eine „Maßnahme eigener Art mit konditionsähnlichem Charakter" (Kondiktion = Ausgleich von ungerechtfertigter Bereicherung, § 812 BGB). Die Neuregelung war daher am allgemeinen Rückwirkungsverbot zu messen. Danach handelt es sich um einen Fall **echter Rückwirkung**[155]. Das BVerfG sieht

---

151 Vgl VG Gera ThürVBl 2005, 256 – Studiengebühr für Langzeitstudenten, dort auch zu den materiellgrundrechtlichen Fragen.
152 BVerfG (K) NJW 2006, 3483; BVerfGK 9, 108.
153 BayVerfGH NVwZ 2016, 999.
154 BVerfGE 156, 354 Rn 134 ff.; dazu *Sachs*, JuS 2021, 1204.
155 BVerfG (K) B. v. 7.4.2022 – 2 BvR 2194/21 – Rn 76.

dies ausnahmsweise durch überragende Gemeinwohlinteressen gerechtfertigt. Es gehe darum, Störungen der Vermögensordnung durch Straftaten (konkret: Steuerhinterziehung in großem Ausmaß) zu beseitigen und deutlich zu machen, dass sich Straftaten nicht lohnen. Nicht schutzwürdig sei dagegen das Vertrauen, auf diese Weise erlangte Vermögensvorteile auf Grund von Zeitablauf behalten zu dürfen.

c) Vertrauensschutz außerhalb des Rückwirkungsverbots?

Nicht eindeutig zu entscheiden ist mitunter auch die Frage, ob ein Gesetz überhaupt als rückwirkendes Gesetz einzustufen ist. So wurden durch das Bodenschutzgesetz 1999 Grundstückseigentümer verpflichtet, auf ihre Kosten etwaige in ihrem Grundstück lagernde „Altlasten" (zB Rückstände) aus der Zeit vor Inkrafttreten des Gesetzes zu beseitigen. Das BVerwG[156] sah hierin kein Rückwirkungsproblem: Die Gefahr für den Boden wirke fort; die Rechtsprechung habe auch vorher schon Sanierungspflichten aus sicherheitsrechtlichen Vorschriften abgeleitet und eine Rechtsnachfolge in öffentlich-rechtliche Pflichten anerkannt. Kann aber der Gesetzgeber etwas rückwirkend anordnen, was bis dahin nur im Wege des Richterrechts gegolten hatte? **403**

Inwieweit **Vertrauensschutz** im Verhältnis zum **Gesetzgeber** über die anerkannten Rückwirkungsfälle hinaus rechtsstaatlich geboten ist, ist nicht abschließend geklärt. Einerseits ist der Einzelne in seinen Dispositionen von staatlicher Gesetzgebung abhängig, möchte auf deren Bestand vertrauen können. Andererseits muss der Gesetzgeber zur Anpassung an geänderte Gegebenheiten in der Lage sein. **404**

Die Rechtsprechung ist hier zurückhaltend[157]. Voraussetzung ist zunächst, dass der Betroffene auf den Fortbestand einer gesetzlichen Regelung tatsächlich vertraut hat, auf Grund dieses Vertrauens seinerseits Dispositionen getroffen hat und sein Vertrauen im konkreten Fall auch schutzwürdig ist. Letzteres wird zB dann der Fall sein, wenn es gerade die Absicht des Gesetzgebers war, zu entsprechenden Dispositionen zu veranlassen. Diese Fallgestaltung ist mit den Tatbeständen der unechten Rückwirkung gleich zu behandeln. Grundsätzlich aber ist das Vertrauen auf den unveränderten Fortbestand des geltenden Rechts nicht geschützt[158]. **405**

Fallbeispiel:[159] Geminderte Absatzchancen inländischer Produzenten durch Herabsetzung von Schutzzöllen – auch wenn hier inländische Unternehmer im Vertrauen auf den Fortbestand hoher Zölle disponiert hatten, hatten sie dies doch nur in Ausnutzung sich bietender Chancen getan, waren hierzu nicht vom Gesetzgeber veranlasst worden. Deshalb bestand kein Vertrauensschutz. **406**

Die Feststellung eines **Vertrauenstatbestandes** ist nur ein erster Schritt. Das schutzwürdige Vertrauen muss zudem gegenüber dem Anliegen des Gesetzgebers überwiegen. Auch hier ist die Rspr zurückhaltend: grundsätzlich kann der Bürger nicht auf den Fortbestand einer für ihn günstigen Rechtslage vertrauen. **Übergangsregelungen** können aber erforderlich sein, um den Eingriff abzumildern; sie reichen meist auch aus. Wenn also zB eine Prüfungsordnung grundlegend geändert wird, muss für diejenigen Studierenden, die sich im Vertrauen auf die alte Ordnung auf ihr Examen vorbereitet haben, übergangsweise die Ablegung nach dieser Ordnung ermöglicht werden – bei sehr langer Unterbrechung des Studiums gilt dies jedoch nicht mehr[160]. **407**

---

156 BVerwGE 125, 325, 329; vgl *Wittreck*, Jura 2008, 534.
157 Vgl BVerfGE 30, 392; ausführlich *Kloepfer* I, § 10 Rn 163 ff; *Wernsmann*, JuS 1999, 1177 f.
158 BVerfGE 155, 238 Rn 123 ff; dazu *Schwarz*, JA 2014, 683, 687.
159 BGHZ 45, 83.
160 BayVGH BayVBl 2005, 761.

408 | Prüfungsschema:

Die Prüfung der Frage nach **Vertrauensschutz gegenüber dem Gesetzgeber** vollzieht sich also in mehreren Stufen:

(1) Zunächst ist festzustellen, ob ein *Vertrauenstatbestand* gegeben ist; dies setzt iE voraus:
 – Vertrauen des Betroffenen in den Fortbestand der Regelung;
 – Dispositionen auf der Grundlage dieses Vertrauens;
 – Schutzwürdigkeit dieses Vertrauens, hierbei insbesondere bedeutsam: Veranlassung zu bestimmtem Verhalten durch den Gesetzgeber.

(2) Ist ein Vertrauenstatbestand demnach gegeben, so ist eine konkrete *Abwägung* zwischen Vertrauensschutzinteressen des Betroffenen und den Zielen der Neuregelung vorzunehmen.

(3) Bestimmung der *Rechtsfolge*, wenn Vertrauensschutz bejaht wird.

409 Als allgemein-rechtsstaatliches Prinzip gilt Vertrauensschutz gleichermaßen gegenüber der Exekutive, hier zT positiv geregelt für Rücknahme und Widerruf von Verwaltungsakten[161].

d) Europäisches Recht

410 Ein Verbot **rückwirkender Strafgesetze** enthält sowohl die EMRK in Art. 7 als auch die Grundrechtecharta in Art. 49. Im Übrigen behandelt der EuGH die rückwirkende Geltung von Rechtsakten unter dem Gesichtspunkt des Vertrauensschutzes, betont allerdings vor allem in wirtschaftlichen Zusammenhängen das Ermessen der Unionsorgane in der Anpassung gemeinschaftsrechtlicher Vorgaben an Änderungen der wirtschaftlichen Lage, etwa bei Marktordnungen. Vertrauensschutz des Marktteilnehmers besteht also nur eingeschränkt[162].

411 **Unionsrecht** kann Vertrauensschutz nach dem Grundgesetz **einschränken.** Im Fall der Rückforderung unionsrechtswidriger Subventionen (Rn 336) musste der Vertrauensschutz dann zurücktreten[163]. Auch die rückwirkende Feststellung der Nichtanwendbarkeit eines Gesetzes durch den EuGH kann schutzwürdiges Vertrauen durchkreuzen. Da die Entscheidung des EuGH über die Nichtanwendbarkeit des unionsrechtswidrigen Gesetzes grundsätzlich zu respektieren ist, kann Vertrauensschutz nur durch Ersatz des Vertrauensschadens gewährt werden[164].

412 | **Zusammenfassung: Rückwirkende Gesetze und Vertrauensschutz**

1. *Rückwirkende Gesetze* – Begriff:

 Zu unterscheiden ist zwischen *echter* Rückwirkung (Tatbestand in der Vergangenheit abgeschlossen) und *unechter* Rückwirkung (Tatbestand in der Vergangenheit begonnen, noch andauernd); das BVerfG spricht hier teilweise von Rückbewirkung von Rechtsfolgen (zeitliche Rückerstreckung des Anwendungsbereichs einer Norm = echte Rückwirkung) und tatbestandlicher Rückanknüpfung (= unechte Rückwirkung).

2. *Eingeschränkte Zulässigkeit rückwirkender Gesetze*
 a) *Stets unzulässig:* Strafgesetze, Art. 103 Abs. 2 GG;

---

161 Vgl *Siegel*, Rn 606 ff, 612 ff, 620, 634, 646.
162 Näher *Gornig/Trüe*, JZ 2000, 501, 504 f.
163 EuGH NJW 1998, 47 und BVerwGE 106, 328.
164 BVerfGE 126, 286, 313 ff.

b) Nur *eingeschränkt zulässig:* belastende rückwirkende Gesetze;
   aa) „echte" Rückwirkung: idR unzulässig, Ausnahmen: Fallgruppen o. Rn 397,
   bb) „unechte" Rückwirkung: idR zulässig, sofern nicht schutzwürdiges Vertrauen des Bürgers entgegensteht.
3. Wenn kein Fall der Rückwirkung, aber durch Gesetzesänderung bereits getroffene Dispositionen entwertet, möglicherweise: Vertrauensschutz, Voraussetzungen s. Rn 408; Zurückhaltung geboten.

Zu den Ausgangsfällen

Lösung Fall 32: Energiewende I – Sonnenenergie und Gülle (Rn 384) 413

a) Absenkung der Vergütung – unzulässige Rückwirkung?

1. Hier unechte Rückwirkung: Anknüpfung an einen in der Vergangenheit begründeten Sachverhalt – Installation der Solaranlage –; Rechtsfolgen für die Zukunft – geminderte Einspeisungsvergütung.

2. Daher *Abwägung* zwischen öffentlichen Belangen und Vertrauensschutz:
– Vertrauenstatbestand: begründet durch EEG, berechtigte Erwartung eines auf 20 Jahre festgesetzten Vergütungssatzes, berechtigtes Vertrauen wurde „ins Werk gesetzt", besondere Schutzwürdigkeit, da Ausbau der „erneuerbaren" Energien vom Gesetzgeber intendiert;
– entgegenstehende öffentliche Belange, hier: Sozialverträglichkeit der Stromtarife, Elektrizität als lebenswichtiges Gut[165]; Anpassung des Gesetzes an neue Entwicklungen;
– insoweit gewichtiges öffentliches Interesse an sozialverträglicher Energieversorgung anzuerkennen; andererseits auf Seiten des H nur geringfügig geminderte Renditeerwartungen, so dass in der Gesamtabwägung Vertrauensschutzinteressen des H geringer zu gewichten sind, also Zulässigkeit der unechten Rückwirkung.

b) Hier könnte, soweit die Anlagen rückwirkend ab Errichtung als einheitliche Anlage zu betrachten sind, ein Fall echter Rückwirkung vorliegen.

1. Die betroffenen Anlagen werden für den Zeitraum vor Inkrafttreten der Neuregelung anders behandelt, als bisher vorgesehen, auch wenn es sich möglicherweise bei dem Gesetz nur um eine klarstellende Regelung handelt. Mithin ist von echter Rückwirkung auszugehen.

2. Es könnte jedoch an einem Vertrauenstatbestand fehlen: wer eine unklare gesetzliche Regelung oder eine Gesetzeslücke entgegen der Intention des Gesetzgebers gezielt ausnutzt, muss damit rechnen, dass die Rechtslage bereinigt bzw die Gesetzeslücke geschlossen wird[166].

Lösung Fall 33: Ne bis in idem (Rn 385) 414

Die Wiederaufnahme des Verfahrens nach § 362 Nr 5 StPO könnte gegen das strafrechtliche oder aber das allgemeine Rückwirkungsverbot verstoßen. Sie könnte aber auch wegen Verfassungswidrigkeit des § 362 Nr 5 StPO unzulässig sein; die Bestimmung könnte gegen den Grundsatz *ne bis in idem* verstoßen, Art. 103 Abs. 3 GG.

1. Verfassungswidrigkeit von § 362 Nr 5 StPO?

Ein erneutes Strafverfahren könnte gegen Art. 103 Abs. 3 GG verstoßen. Dann müsste § 362 Nr 5 StPO verfassungswidrig sein.

a) Die Wiederaufnahme des rechtskräftig freigesprochenen T greift in den Schutzbereich des Grundrechts ein; es verbietet nicht nur die mehrfache Bestrafung, sondern auch mehrfache Verfolgung.

---

165 Vgl BVerfGE 122, 374.
166 BVerfGE 122, 374, 394, vgl dazu *Kreuter-Kirchhof*, NVwZ 2014, 770, 772.

b) Dies könnte allenfalls dann verfassungsrechtlich gerechtfertigt werden, wenn hierfür auf einen unerträglichen Widerspruch zwischen Rechtssicherheit und materieller Gerechtigkeit abgestellt und Letzterer im Zuge einer Abwägung Vorrang eingeräumt wird. Dagegen spricht jedoch, dass Art. 103 Abs. 3 GG die Kollision zwischen Rechtssicherheit und Gerechtigkeit im Einzelfall zugunsten Ersterer löst; § 362 Nr 5 StPO verstößt daher gegen Art. 103 Abs. 3 GG.

(Die Frage ist str., beide Auffassungen sind vertretbar, s. den Beschluss des BVerfG vom 14.7.2022 (Rn 391). Sieht man § 362 Nr 5 StPO als verfassungswidrig, so verstößt die Wiederaufnahme schon deshalb gegen Art. 103 Abs. 3 GG. Unabhängig davon ist auch zu prüfen, ob die Anwendung im vorliegenden Fall gegen das Rückwirkungsverbot verstößt.)

2. Rückwirkende Anwendung

Auch wenn § 362 Nr 5 verfassungsmäßig sein sollte, könnte doch seine Anwendung hier ein Fall unzulässiger Rückwirkung sein.

a) Verstoß gegen Art. 103 Abs. 2 GG? Das strafrechtliche Rückwirkungsverbot ist nicht anwendbar bei Verfahrensvoraussetzungen – hier also die Rechtskraft des freisprechenden Urteils.

b) Rechtsstaatliches Rückwirkungsverbot?

aa) Echte oder unechte Rückwirkung? An einen in der Vergangenheit abgeschlossenen Sachverhalt – rechtskräftiges Urteil – werden neue Rechtsfolgen geknüpft: erneute Verfolgbarkeit, damit Rückbewirkung von Rechtsfolgen, echte Rückwirkung.

bb) Diese könnte hier ausnahmsweise zulässig sein: wenn einerseits schutzwürdiges Vertrauen des T verneint, andererseits angesichts der Schwere des Delikts ein überragendes öffentliches Interesse an der Herstellung materieller Gerechtigkeit bejaht wird.

415 **Lösung Fall 34: Müllsatzung (Rn 386)**

1. Rückwirkung? Satzung knüpft an zurückliegende Tatbestände (Gebührentatbestände aus 2015); diese in der Vergangenheit abgeschlossen, also *echte* Rückwirkung.

2. Hier zulässig? Kein schutzwürdiges Vertrauen der Bürger, da auf Grund erster Satzung mit Gebührenpflicht zu rechnen; Satzung also zulässig.

415a **Lösung Fall 35: Vermögenseinziehung (Rn 387)**

1. Rückwirkung? Das Gesetz gilt für Taten, die bei seinem Inkrafttreten verjährt waren. Vor diesem Zeitpunkt konnte für diese Taten kein Einzug des Erlangten angeordnet werden. Hier werden an einen in der Vergangenheit mit dem Eintritt der Verjährung abgeschlossenen Tatbestand mit der nunmehrigen Möglichkeit der Vermögenseinziehung neue Rechtsfolgen angeknüpft; dies ist ein Fall echter Rückwirkung.

2. Diese ist grundsätzlich unzulässig, könnte hier aber ausnahmsweise zulässig sein. Dafür, dass mit der Neuregelung zu rechnen war, gibt es hier keine Anhaltspunkte, jedoch bestehen nach BVerfG dringende Gemeinwohlgründe (s. Rn 401) und kein schutzwürdiges Vertrauen.

Schrifttum zu II.: *Maurer*, Kontinuitätsgewähr und Vertrauensschutz, HStR IV[3], § 79; *Wernsmann*, Grundfälle zur verfassungsrechtlichen Zulässigkeit rückwirkender Gesetze, JuS 1999, 1177 und JuS 2000, 39; *Voßkuhle/Kaufhold*, Grundwissen öffentliches Recht – Vertrauensschutz, JuS 2011, 794; *Schwarz*, Rückwirkung von Gesetzen, JA 2013, 683; *Kreuter-Kirchhof*, Grundrechtliche Maßstäbe für eine Reform des EEG, NVwZ 2014, 770; *Huber*, Der enttäuschte Parteispender, Jura 2014, 1282; *Lepsius*, Die Rückwirkung von Gesetzen, Jura 2018, 577 und 995; *Jahn*, Neuregelung der Wiederaufnahme zu Ungunsten des Angeklagten, JuS 2022, 554.

III. Rechtsstaat und Übermaßverbot

Alles staatliche Handeln steht unter dem Gebot der Verhältnismäßigkeit. Es besagt, dass nur in dem Maße in Rechte des Bürgers eingegriffen werden darf, in dem dies erforderlich ist, um mit geeigneten Mitteln den angestrebten Zweck zu erreichen, und dass die Belastung durch den Eingriff in einem angemessenen Verhältnis zum Zweck der Maßnahme stehen muss. Dies gilt für jegliches Handeln des Staates. Hochaktueller Anwendungsfall ist die Corona-Pandemie, in der einschneidende Grundrechtseingriffe einer außergewöhnlichen Gefährdungssituation gegenüberstanden, s dazu Rn 474 ff: der Rechtsstaat in der Pandemie.

416

▶ **Leitentscheidungen:** BVerfGE 7, 377 (Apothekenurteil); BVerfGE 70, 297 (Unterbringungsgesetz); BVerfGE 90, 145 (Cannabis); BVerfGE 92, 277 (DDR-Spione); BVerfGE 130, 151 (Vorratsdatenspeicherung); BVerfGE 150, 244 (automatisierte Kennzeichenerfassung); BVerfGE 153, 182 (Suizidhilfe); BVerfGE 154, 17 (PSPP); BVerfG NJW 2023, 1494 (Kinderehen).

Fall 36: Mollath

417

M hat nach Überzeugung des zuständigen Landgerichts im Zustand der Schuldunfähigkeit die Delikte der gefährlichen Körperverletzung sowie der Sachbeschädigung begangen. Das Gericht ordnet im Jahr 2006 die Unterbringung in einer geschlossenen Anstalt an. Grundlage hierfür ist § 63 StGB: *„Hat jemand eine rechtswidrige Tat im Zustand der Schuldunfähigkeit oder geminderten Schuldfähigkeit begangen, so ordnet das Gericht die Unterbringung in einem psychiatrischen Krankenhaus an, wenn ... von ihm ... infolge seines Zustandes erhebliche rechtswidrige Taten zu erwarten sind und er deshalb für die Allgemeinheit gefährlich ist."*

Durch Beschluss aus 2013 ordnet das zuständige Landgericht Fortdauer der Unterbringung an, da nicht zu erwarten sei, dass M keine rechtswidrigen Taten mehr begehen werde. Da eine der Anlasstaten eine gefährliche Körperverletzung gegenüber der früheren Ehefrau des M gewesen und mit erheblicher Aggressivität begangen worden sei, und ähnliche Taten erneut drohten, sei die Verhältnismäßigkeit auch unter Berücksichtigung der bisherigen Dauer der Unterbringung weitergegeben. Zu Recht? **Rn 439**

(Fall nach BVerfG NJW 2013, 3228)

Fall 37: Letzte Generation

418

§ 17 des Polizeigesetzes des Landes A (PolG A) bestimmt, soweit hier von Bedeutung:

„(1) Die Polizei kann eine Person in Gewahrsam nehmen, wenn (...) dies unerlässlich ist, um die unmittelbar bevorstehende Begehung einer Ordnungswidrigkeit von erheblicher Bedeutung für die Allgemeinheit oder einer Straftat zu verhindern. Die Annahme, dass die Person eine Tat nach Satz 1 begehen wird, kann sich insbesondere darauf stützen, dass die Person die Begehung der Tat angekündigt oder dazu aufgefordert hat, dass sie Gegenstände bei sich führt, die zur Tatbegehung geeignet sind oder dass die Person bereits mehrfach aus vergleichbarem Anlass als Störer betroffen worden ist und nach den Umständen eine Wiederholung zu erwarten ist.

(2) Die Polizei hat in den Fällen des Abs.1 unverzüglich die richterliche Entscheidung einzuholen.

(3) In der richterlichen Entscheidung ist die höchstzulässige Dauer der Freiheitsentziehung zu bestimmen. Sie darf jeweils nicht mehr als einen Monat betragen und kann insgesamt nur bis zu einer Gesamtdauer von zwei Monaten verlängert werden."

Rob S. Pierre ist engagiertes Mitglied und Sprecher einer Klimaschutzinitiative, die sich von der sog. „Letzten Generation" abgespalten hat, weil diese ihr nicht radikal genug war, und die durch spektakuläre Aktionen gegen ihrer Auffassung nach besonders klimaschädliche Einrichtungen, Veranstaltungen und Verhaltensweisen von sich reden macht. Anlässlich einer in der Landes-

> hauptstadt von A stattfindenden Großveranstaltung kündigt R an, man werde während der 17-tägigen Dauer der mit extremem Überkonsum einhergehenden Veranstaltung und bereits Tage vorher die Stadt „lahmlegen". Von Seiten der Polizei besteht die Absicht, ihn für den gesamten Zeitraum von 3 Wochen in Gewahrsam zu nehmen, R ist jedoch der Auffassung, hierfür fehle es an einer verfassungsmäßigen Rechtsgrundlage. Der Präventivgewahrsam nach § 17 PolG A bedeute einen unverhältnismäßigen Eingriff in die Freiheit der Person; dies gelte ganz besonders für die Dauer der Haft. Zu Recht? **Rn 440**

1. Grundlagen: Verhältnismäßigkeit staatlicher Maßnahmen

419 Das Gebot der Verhältnismäßigkeit – oder auch: Übermaßverbot – besagt, dass die Mittel staatlichen Handelns nicht außer Verhältnis stehen dürfen zu dem damit bezweckten Erfolg. Es umfasst diese drei Elemente: Geeignetheit, Erforderlichkeit sowie Verhältnismäßigkeit im engeren Sinn („Proportionalität") einer Maßnahme im Verhältnis zu dem mit dieser Maßnahme verfolgten Zweck. Es geht also um eine **Zweck-Mittel-Relation**. Der Zweck der Maßnahme ist in Beziehung zu setzen zu ihren Auswirkungen und zu dem damit verbundenen Eingriff. Deshalb muss jedenfalls ein **legitimer Zweck** verfolgt werden, der vor der Rechtsordnung und insbesondere dem Grundgesetz Bestand hat. Dies ist zunächst festzustellen, ehe in die eigentliche Verhältnismäßigkeitsprüfung eingetreten wird:

– Eine Maßnahme muss **geeignet** sein, den angestrebten – legitimen – Zweck auch tatsächlich zu erreichen.
– Sie ist **erforderlich**, wenn sie unter mehreren für die Verwirklichung des angestrebten Zwecks in Betracht kommenden, *gleichermaßen geeigneten* Maßnahmen die am geringsten belastende Maßnahme darstellt: Prinzip des *geringstmöglichen Eingriffs*.
– Verhältnismäßigkeit im engeren Sinn, Proportionalität oder **Angemessenheit** bedeutet schließlich: auch die mit dem geringstmöglichen Eingriff verbundene Belastung darf nicht außer Verhältnis stehen zu dem damit verfolgten Zweck, darf nicht „unzumutbar" sein.

420 Das Verhältnismäßigkeitsprinzip hat seine Grundlage im Rechtsstaatsgebot des Grundgesetzes: „Die *Grundsätze der Verhältnismäßigkeit und des Übermaßverbotes ... als übergreifende Leitregeln allen staatlichen Handelns*" ergeben sich zwingend aus dem *Rechtsstaatsprinzip*"[167]. Wesentliches Anliegen des Rechtsstaats ist die Mäßigung, Begrenzung und Berechenbarkeit der Ausübung staatlicher Macht und der Schutz der Freiheit des einzelnen. Eben darum geht es beim Verhältnismäßigkeitsprinzip. Es folgt auch aus den Grundrechten. Diese binden die staatliche Gewalt unmittelbar gemäß Art. 1 Abs. 3 GG (Rn 13, 16, 142 ff). Das Verhältnismäßigkeitsprinzip ist auch als **allgemeiner Grundsatz des Unionsrechts** in Art. 5 Abs. 4 EUV enthalten. Sowohl Maßnahmen der Unionsorgane als auch der Organe der Bundesrepublik in Anwendung von Unionsrecht müssen geeignet, erforderlich und angemessen sein.

Das Gebot der Verhältnismäßigkeit ist keine „Erfindung" des Grundgesetzes. *Seine rechtsgeschichtlichen Wurzeln sind im Polizeirecht des konstitutionellen Rechtsstaats des 19. Jahrhunderts zu finden*: die „Polizei" sollte nur dann gegen den Bürger einschreiten dürfen, wenn dies erforderlich war, um Gefahren für die öffentliche Sicherheit und Ordnung abzuwehren, und gehalten sein, das mildeste erfolgversprechende Mittel zu wählen. Es galt ein umfassender Polizeibegriff, unter Einschluss zB der Bau„polizei" oder Gewerbe„polizei".

---

167 BVerfGE 23, 127, 133.

Das Verhältnismäßigkeitsprinzip gilt grundsätzlich nicht zwischen Hoheitsträgern, so das BVerfG für eine aufsichtliche Weisung der Bundesregierung an eine Landesregierung nach Art. 85 GG (Bundesauftragsverwaltung, Rn 526). Das Denken in „Freiheit und Eingriff" gilt im Staat-Bürger-Verhältnis. Bei den Voraussetzungen des Art. 72 Abs. 2 GG (Rn 188 ff) prüft das BVerfG mitunter jedoch eingehender, ob ein Eingreifen des Bundesgesetzgebers erforderlich ist[168].

421

2. Geltungsbereich und Anwendung

a) Gesetzgebung, Verwaltung und Rechtsprechung als Bindungsadressaten

Das rechtsstaatliche Übermaßverbot gilt für alles staatliche Handeln. Es gilt für die Gesetzgebung, die Verwaltung und die Rechtsprechung, allerdings in unterschiedlicher Weise. Denn der **Gesetzgeber** ist freier in der Bestimmung der maßgeblichen Zweck-Mittel-Relation, während Verwaltung und Rechtsprechung innerhalb des Gesetzes handeln müssen, Art. 20 Abs. 3 GG. Der **Verwaltung** sind die Ziele ihres Handelns weitgehend durch Gesetz vorgegeben, und das mildeste Mittel kann sie nur dort ergreifen, wo sie Ermessen in der Wahl des Mittels hat. Wenn also ein Versammlungsgesetz vorsieht, dass eine nicht ordnungsgemäß angemeldete Versammlung aufgelöst werden *kann*, so bedeutet dies: die Behörde hat Ermessen, muss also prüfen, ob die Auflösung im konkreten Einzelfall verhältnismäßig ist. Eine andere Frage ist, ob das Gesetz seinerseits unverhältnismäßig ist, wenn schon geringfügige Versäumnisse bei der Anmeldung den schwerwiegenden Eingriff eines Verbots oder einer Auflösung der Versammlung rechtfertigen können. Wenn für ein **Gericht** das Übermaßverbot im Strafrecht bedeutet, dass es eine der Tat angemessene, also verhältnismäßige Strafe zu verhängen hat[169], so ist es doch durch den Strafrahmen des Gesetzes in seinem Entscheidungsermessen gebunden. Eine andere Frage ist wiederum die der Verhältnismäßigkeit der gesetzlich vorgesehenen Rechtsfolgen.

422

Es findet bei Maßnahmen, die in Vollzug eines Gesetzes ergehen, regelmäßig also bei Entscheidungen der Exekutive oder der Gerichte, eine **zweistufige Verhältnismäßigkeitsprüfung** statt:

423

– zunächst muss das Gesetz und müssen die dort vorgesehenen Rechtsfolgen dem Übermaßverbot standhalten – auf dieser ersten Stufe ist die Verhältnismäßigkeitsprüfung generalisierend vorzunehmen und nicht schon auf den Einzelfall bezogen: der Gesetzgeber trifft eine generelle Entscheidung. Im **Fall 36** müsste also erörtert werden, ob die im Gesetz vorgesehene unbefristete Unterbringung verhältnismäßig ist. Ist bereits das Gesetz verfassungswidrig, weil unverhältnismäßig, ist die Maßnahme schon deshalb rechtswidrig – weil sie eben auf kein verfassungsmäßiges Gesetz gestützt werden kann.

– Ist das Gesetz als solches jedoch verhältnismäßig, dann muss zum Zweiten die Anwendung des Gesetzes im Einzelfall in verhältnismäßiger Weise erfolgen – auf dieser zweiten Stufe ist eine auf den Einzelfall bezogene Prüfung vorzunehmen, so im **Fall 36**, ob die lang andauernde Unterbringung gerade des M noch verhältnismäßig war.

Umso mehr, als die Entscheidungen der Behörde bzw des Gerichts durch das Gesetz determiniert sind, verlagert sich der Schwerpunkt der Prüfung auf die erste Stufe, die der

424

---

168 BVerfGE 81, 310, 338.
169 BVerfGE 75, 1, 16

Gesetzesprüfung. Umgekehrt stellt sich die Frage der Verhältnismäßigkeit umso mehr auf der zweiten Stufe der Gesetzesanwendung, als das Gesetz für die vollziehende Stelle Entscheidungsfreiheit einräumt. Flexible Rechtsfolgen sind deshalb ein Mittel, um Verhältnismäßigkeit im Einzelfall zu ermöglichen, andererseits der Rechtssicherheit abträglich, wenn sie zu weitgehendes Ermessen einräumen. Rechtssicherheit und Einzelfallgerechtigkeit in Gestalt der dem Einzelfall angemessenen Entscheidung stehen hier wie auch anderweitig in einem Spannungsverhältnis zueinander.

b) Anwendung des Übermaßverbots: Legitimes Handlungsziel

425 Die Prüfung der Verhältnismäßigkeit beginnt beim **legitimen Eingriffszweck**. Der Gesetzgeber hat dabei im Rahmen der Verfassung weites Ermessen. Er kann also die Ziele seines Handelns autonom bestimmen, soweit nicht das Grundgesetz engere Schranken zieht. Bestimmte Grundrechte, für die im Grundgesetz keine ausdrücklichen Schranken benannt werden, wie Art. 5 Abs. 3 GG (Kunst und Wissenschaft) oder Art. 4 GG (Glaubens- und Bekenntnisfreiheit) können nur zum Schutz von Rechtsgütern eingeschränkt werden, die ihrerseits Verfassungsrang haben, zB die Menschenwürde des Art. 1 Abs. 1 GG. Andererseits kann das Grundgesetz dem Anliegen des Gesetzes besonderes Gewicht verleihen, zB beim Klimaschutz, der gemäß Art. 20a GG Verfassungsrang hat (Rn 614). Für die Freiheitsbeschränkungen im Zuge der Corona-Pandemie wurden Gesundheitsschutz und Schutz des Gesundheitswesens vor Überlastung als legitimer Gesetzeszweck herangezogen, also der Schutz der Rechtsgüter Leben und Gesundheit[170] – dies sind Rechtsgüter von Verfassungsrang, wie sich aus Art. 2 Abs. 2 GG ergibt. Ob eine Gefahrenlage besteht und dringenden Handlungsbedarf begründet, obliegt zunächst der Einschätzung des Gesetzgebers. In derartigen Fällen, wenn die Erkenntnismöglichkeiten noch begrenzt sind, lässt es das BVerfG genügen, dass der Gesetzgeber „*sich an einer sachgerechten und vertretbaren Beurteilung der ihm verfügbaren Informationen und Erkenntnismöglichkeiten orientiert*"[171].

426 **Hinweis zur Fallbearbeitung:** Es geht bei der Prüfung der Verhältnismäßigkeit stets um eine Zweck-Mittel-Relation und konkret darum, in Bezug auf welche Rechte und rechtlich relevanten Interessen eine staatliche Maßnahme unverhältnismäßig ist. Es muss also zunächst festgestellt werden, in welche Rechte überhaupt eingegriffen wird. Dieser Gesichtspunkt wird häufig übersehen und so das Abwägungsprinzip der Verhältnismäßigkeit als undifferenzierte Billigkeitsklausel missverstanden. Eine hoheitliche Maßnahme kann in aller Regel nicht als schlechthin „unverhältnismäßig" gewertet werden, wenn sie auch im Einzelfall als unbillig erscheinen mag. Unverhältnismäßigkeit ist vielmehr stets in Bezug auf eine konkret betroffene Rechtsposition darzulegen. So kann etwa die Verfolgung von Rechtsverletzungen als solche in aller Regel nicht unverhältnismäßig sein; insoweit bestehen keine geschützten Rechte, in die eingegriffen würde. Übermaß kann jedoch auf Grund der Art und Weise der Durchführung der Verfolgung gegeben sein.

c) Anwendung des Übermaßverbots: Geeignetheit und Erforderlichkeit

427 Ob eine Maßnahme geeignet ist, ihr Ziel zu erreichen, kann regelmäßig nur auf Grund einer **Prognose** beurteilt werden. Es kommt nur darauf an, ob die Prognose vertretbar war und nicht darauf, ob sie sich im Nachhinein als richtig erweist. So konnte die Rechtmäßigkeit der Corona-Schutzverordnungen im Frühjahr 2020 nur auf der Basis des im

---

[170] Hierzu grundsätzlich BVerfGE 159, 223 und BVerfGE 159, 367 – Bundesnotbremse I und II -, dazu *Degenhart*, NJW 2022, 123.
[171] BVerfGE 159, 223 Rn 171.

Zeitpunkt des Erlasses verfügbaren Wissens beurteilt werden. Dem Verordnungsgeber war hier eine *„Einschätzungsprärogative"* zuzubilligen, wie sie in besonderem Maße der Gesetzgeber beanspruchen kann. Nur wenn seine Einschätzung „offensichtlich fehlsam" ist, kann ein Gesetz wegen mangelnder Geeignetheit für verfassungswidrig erklärt werden. Geeignetheit setzt auch nur voraus, dass die Maßnahme dazu **beiträgt**, das Handlungsziel zu erreichen – wenn also zB durch Gesetz die Werbung für alkoholische Getränke eingeschränkt wird, um den Jugendalkoholismus zu bekämpfen, ist dies nicht schon deshalb ungeeignet, weil damit nur eine von mehreren Ursachen erfasst wird. **Nächtliche Ausgangssperren** wurden in der Entscheidung zur Bundesnotbremse verfassungsrechtlich gerechtfertigt: sie seien erforderlich, um den Kontaktbeschränkungen Effektivität zu verleihen, was, wie kritisch angemerkt wurde, *„ein rechtswidriges Verhalten der Bürger"* unterstellt[172].

Ein Eingriff ist dann nicht **erforderlich**, wenn das Ziel der Maßnahme durch eine weniger intensiv eingreifende Maßnahme ebenso gut erreicht werden kann – was wiederum eine Prognoseentscheidung bedingt. Die Verwaltung ihrerseits kann dann gegen den Grundsatz der Erforderlichkeit verstoßen, wenn sie ein Auswahlermessen zwischen verschiedenen Maßnahmen hat. So ist es nicht erforderlich, eine Veranstaltung wegen Lärmbelästigung zu verbieten, wenn durch Auflagen, zB Schallschutzmaßnahmen, der gleiche Zweck erreicht werden kann. 428

d) Verhältnismäßigkeit im engeren Sinn – Methodik der Abwägung

Den dritten Schritt im Rahmen der Verhältnismäßigkeitsprüfung bezeichnet die Frage der Verhältnismäßigkeit im engeren Sinn (Proportionalität) oder **Angemessenheit**. Auch die an sich erforderliche und geeignete Maßnahme ist unzulässig, wenn sie außer Verhältnis steht zu dem mit ihr verfolgten Zweck. Insbesondere sind *„Einschränkungen individueller Freiheit (…) nur dann angemessen, wenn das Maß der Belastung des Einzelnen noch in einem vernünftigen Verhältnis zu den der Allgemeinheit erwachsenden Vorteilen steht".*[173] Es ist dies ein allgemeines Rechtsprinzip, das die **gesamte Rechtsordnung** durchzieht. 429

Fallbeispiele: Als *Schulfall* wird hier im Polizeirecht sowie für das Recht auf Notwehr in straf- und zivilrechtlichen Fragestellungen die gezielte Ladung Schrot genannt, als das allein geeignete und insoweit erforderliche, aber eben unverhältnismäßige Mittel zur Vertreibung des Kirschendiebs durch den im Rollstuhl sitzenden Eigentümer. Einen durchaus ernsteren Hintergrund belegt der Fall eines schuldunfähigen Täters, der sich wegen Taten im unteren Schwerebereich der Kriminalität von 1965 bis 1995 ca. 24 Jahre im Maßregelvollzug befunden hatte. Dies konnte auch durch Sicherungserfordernisse nicht mehr gerechtfertigt werden, da das Ausmaß der Freiheitsentziehung außer Verhältnis zum Gewicht der etwa drohenden Straftaten stand; mit zunehmender Dauer der Maßnahme waren erhöhte Anforderungen an deren Verhältnismäßigkeit zu stellen[174]. 430

Im Rahmen dieser engeren Verhältnismäßigkeitsprüfung ist nun Raum für die eigentliche **Abwägung** eröffnet: Eingriff und damit verfolgter Zweck müssen in einem angemessenen Verhältnis zueinander stehen. Sie sind also einander gegenüber zu stellen – je intensiver der Eingriff, desto höher die Anforderungen an die Rechtfertigung des Eingriffs. Gedanklich sind hierbei **zwei Bewertungsschritte** zu unterscheiden: 431

---

172 BayVGH BayVBl 2022, 158 Rn 79.
173 BVerfGE 153, 182. Rn 264.
174 BVerfG (K) NJW 1995, 3048 im Anschluss an BVerfGE 70, 297.

– Die in die Abwägung einzustellenden Belange sind in einem **ersten Prüfungsschritt** zunächst abstrakt rechtlich zu bewerten. Hier ist zB bei einer freiheitsentziehenden Maßnahme wie der Sicherungsverwahrung bzw. Unterbringung oder dem Unterbindungsgewahrsam zunächst die Bedeutung des Grundrechts der Freiheit der Person, Art. 2 Abs. 2 GG als eines höchstwertigen, personalen Rechtsguts darzulegen. Andererseits ist auszuführen, welche öffentlichen Belange damit verfolgt werden und wie diese zu bewerten sind, dass es also um den Schutz der Allgemeinheit vor gefährlichen Tätern geht, und damit ebenfalls um Grundrechte: Leben und körperliche Unversehrtheit, aber auch zB um den Schutz von Sachwerten. Dabei ist auch für die öffentlichen Interessen, die mit einem Eingriff verfolgt werden, stets eine rechtliche Bewertung vorzunehmen (Rn 425). Anschließend an eine dergestalt „abstrakte" Bewertung ist dann zu ermitteln, in welchem Maße diese Rechtsgüter durch die fragliche Maßnahme betroffen sind, wie intensiv also der Eingriff in die Rechtsgüter des Normadressaten ist, und in welchem Maße die mit der Maßnahme verfolgten öffentlichen Belange bzw schutzwürdigen Interessen Dritter gefährdet sind.

– Dies bedeutet im Fall der **Sicherungsverwahrung** gefährlicher bzw der Unterbringung schuldunfähiger Straftäter: ein Gesetz, das diese Maßnahmen vorsieht, ermächtigt zu Eingriffen in das Rechtsgut „Freiheit der Person"; dies ist ein Rechtsgut mit hohem verfassungsrechtlichem Gewicht. Das Gesetz dient aber auch seinerseits dem Schutz hochwertiger Rechtsgüter; stellt man also in einem ersten Prüfungsschritt die maßgeblichen Rechtsgüter einander gegenüber, ergibt sich noch kein eindeutiges Übergewicht in der Abwägung. Im Fall des **Unterbindungsgewahrsams** könnte durchaus gefragt werden, ob drohende Ordnungswidrigkeiten, wenn auch von erheblichem Gewicht, eine so intensive Maßnahme wie einen bis zu zweimonatigen Freiheitsentzug rechtfertigen können. Der BayVerfGH hat dies mit seiner Entscheidung vom 14.6.2023[175] bejaht; er verweist auf die Aufgabe des Staates, für Sicherheit zu sorgen, als legitimen Gesetzeszweck und bejaht Verhältnismäßigkeit vor allem mit dem Hinweis auf die Freiheitsentziehung als lultima ratio (letztes Mittel, wenn andere Maßnahmen keinen Erfolg versprechen) und die Verfahrensgarantien im Gesetz. Auch die Höchstdauer von 2 Monaten ist hiernach nicht unverhältnismäßig, da sich Gefahrenlagen entsprechend lang hinziehen können. Die Dauer des Gewahrsams muss jedoch in jedem Einzelfall der Schwere der zu verhindernden Straftaten und der Bedeutung der dadurch zu schützenden Rechtsgüter entsprechen.

432 In einem **zweiten Prüfungsschritt** ist dann zu fragen; wie intensiv wird in diese Rechtsgüter eingegriffen, wie intensiv sind sie bedroht? Die Intensität des Eingriffs in die Freiheit der Person ist bei der Verwahrung ebenso wie beim Unterbindungsgewahrsam sehr hoch, da die Freiheitsentziehung bereits auf den Verdacht erfolgt, dass der Betreffende Straftaten bzw Ordnungswidrigkeiten von erheblichem Gewicht begehen könnte. Des Weiteren wird die Intensität des Eingriffs auch durch die Dauer der Freiheitsentziehung bestimmt. Deshalb müssen auf der anderen Seite entsprechend gewichtige Rechtsgüter stehen. Die Anforderungen sind umso höher, je intensiver der Eingriff ist und je länger er dauert. So ist die Unterbringung von Straftätern unverhältnismäßig, wenn sie schon sehr lange andauert, aber nur eine geringe Wahrscheinlichkeit künftiger Straftaten gegeben ist oder auch dann, wenn keine sorgfältige Gefahrenprognose erstellt wurde.

433 Eine Grenze der Abwägung bezeichnet jedoch die **Menschenwürdegarantie** des Art. 1 Abs. 1 GG. Sie ist **nicht** abwägungsfähig. Dies wird bedeutsam, wenn es um die Straf-

---

[175] https://www.bayern.verfassungsgerichtshof.de/media/images/bayverfgh/15-vii-18-entscheidung.pdf.

barkeit von Äußerungen etwa nach dem Beleidigungstatbestand geht: wo diese die Menschenwürde verletzen, hat die Meinungsfreiheit zurückzutreten[176]. Auf den Schutz der Menschenwürde als nicht abwägungsfähig wurde auch abgestellt im kontrovers diskutierten Fall der Abschussermächtigung für ein entführtes Verkehrsflugzeug bei Terroraktionen nach dem Vorbild des 11. September im **Luftsicherheitsgesetz**. Der Abschuss würde die Tötung der Insassen und damit einen (finalen!) Eingriff in ihr Recht auf Leben aus Art. 2 Abs. 2 S. 1 GG bedeuten. Andererseits hat der Staat auch eine Schutzpflicht für das Leben der potenziellen Opfer am Boden. Den Abschuss zu rechtfertigen, würde bedeuten, quantitativ Leben (etwa 100 Insassen des Flugzeugs) gegen Leben (vielleicht 1000 und mehr Opfer am Boden) abzuwägen. Es würde auch bedeuten, das Leben der Ersteren geringer zu gewichten, weil sie ohnehin schon todgeweiht, zur Waffe in der Hand der Attentäter umfunktioniert sind. In einer solchen Betrachtungsweise sah das BVerfG eine Herabstufung des Einzelnen zum Objekt staatlichen Handelns und damit einen Verstoß gegen Art. 2 Abs. 1 iVm Art. 1 Abs. 1 GG[177]. Hier waren die Grenzen der Abwägung erreicht – eine Grenze, die auch im Fall der **Triage** bei Corona (Rn 474b) bedeutsam sein dürfte – weshalb die vom BVerfG geforderte gesetzliche Regelung an Grenzen stoßen dürfte[178].

Die Verhältnismäßigkeit i.e.S. der Angemessenheit war auch entscheidende Frage der massiven Freiheitsbeschränkungen während der **Pandemie**. Sie sind in Abwägung zu bringen mit deren Zielsetzung, also dem Schutz von Leben und Gesundheit, der ja durch Art. 2 Abs. 2 S 1 GG vorgegeben ist. Damit ist in aller Regel das Ergebnis vorgezeichnet: der Schutz vor den Gefahren der Pandemie hat Vorrang, zumal das BVerfG auch in der Frage der Verhältnismäßigkeit im engeren Sinn dem Gesetzgeber weitgehende Spielräume zubilligt[179]. Dass der so verstandene Gesundheitsschutz allerdings einseitig und abstrakt zum absolut vorrangigen Ziel erklärt wurde, dem sich alle anderen gleichermaßen verfassungsrechtlich relevanten Belange unterzuordnen hatten, wird mittlerweile auch aus verfassungsrechtlicher Sicht zunehmend kritisch gesehen[180]. So blieben Auswirkungen auf verfassungsrechtlich gleichermaßen schutzwürdige Rechtsgüter wie die seelische Gesundheit, die, wie zB bei der Isolation in Alten- und Pflegeheimen, oft den Menschenwürdekern der Persönlichkeitsrechte berühren, gleichermaßen unberücksichtigt wie die Wirkungen der Isolation auf Kinder und Jugendliche. Wenig überzeugend wird die Schwere von Eingriffen auch dadurch relativiert, dass diese jeweils nur befristet gelten[181]. Wenn die Verordnungen immer wieder verlängert werden, bleibt es eben nicht beim befristeten Eingriff. **434**

Aktuelle Rechtsprechung: In der Strafbarkeit der **geschäftsmäßigen Beihilfe zum Suizid** sah das BVerfG[182] einen faktischen Eingriff (Rn 315, 319) in das Persönlichkeitsrecht als Recht auf selbstbestimmten Tod, Art. 2 Abs. 1 iVm Art. 1 Abs. 1 GG. Das Verbot will der Gefahr entgegenwirken, dass durch Verbreitung geschäftsmäßiger Suizidhilfe ein Erwartungsdruck erzeugt werde, diese Angebote auch wahrzunehmen. Diese Zielsetzung ist legitim, weil sie dem Schutz des Lebens dient, für das Art. 2 Abs. 2 S. 1 GG eine Schutzpflicht begründet. Die Strafandrohung ist auch **435**

---

176 Beispiel: BVerfGE 75, 369.
177 BVerfGE 115, 118, 153 ff.
178 BVerfGE 160, 79 (Triage).
179 BVerfGE 159, 223 Rn 217; nur bedingt aussagekräftig die Referenzentscheidungen BVerfGE 153, 182; 152, 68; ebenso Bundesnotbremse II: BVerfGE 159, 355 Rn 135.
180 Eindrücklich *Hufen*, Zur verfassungsrechtlichen Beurteilung von Besuchs- und Ausgangsbeschränkungen in Alten- und Pflegeheimen aus Anlass der COVID-19-Pandemie, Rechtsgutachten, November 2020.
181 So zB BVerfG (K) NJW 2020, 1429 Rn 11.
182 BVerfGE 153, 182.

grundsätzlich ein geeignetes Instrument, Gefahren zu begegnen; davon durfte der Gesetzgeber jedenfalls ausgehen. Ob sie auch erforderlich war, wird mangels empirischer Daten offengelassen. Damit kam es entscheidend auf die Abwägung zur **Angemessenheit** an. Die Strafandrohung hatte hier zur Folge, „*dass das Recht auf Selbsttötung als Ausprägung des Rechts auf selbstbestimmtes Sterben in bestimmten Konstellationen faktisch weitgehend entleert ist. Dadurch wird die Selbstbestimmung am Lebensende in einem wesentlichen Teilbereich außer Kraft gesetzt, was mit der existenziellen Bedeutung dieses Grundrechts nicht in Einklang steht. Dadurch wird die Selbstbestimmung am Lebensende in einem wesentlichen Teilbereich außer Kraft gesetzt.*" Dies war in der Abwägung ausschlaggebend, da im Widerspruch zur „existenziellen Bedeutung dieses Grundrechts".

436 Beispielhaft kann auch auf die Prüfung der Verhältnismäßigkeit der **einrichtungsbezogenen Impfpflicht** verwiesen werden[183]. Hier waren Grundrechte der Beschäftigten im Gesundheitswesen (im weitesten Sinn) gegen Grundrechte der Angehörigen „vulnerabler Gruppen" (Rn 315) abzuwägen. Für Erstere bedeutete die Impfpflicht einen mittelbaren Eingriff (Rn 315) in das Grundrecht aus Art. 2 Abs. 2 S. 2 GG (Leben und körperliche Unversehrtheit); bei Letzteren ging es um den Schutz eben dieses Grundrechts, was fraglos ein legitimes Handlungsziel ist. Die Impfpflicht war nach der plausiblen Einschätzung des Gesetzgebers auch geeignet und erforderlich, um diese Gruppen wirksam zu schützen. Für die Verhältnismäßigkeit im engeren Sinn war nun einerseits der Eingriff gegenüber den Beschäftigten zu gewichten. Hier waren in der Abwägung die Grundrechte der Beschäftigen aus Art. 2 Abs. 2 S. 1 GG einerseits und die Grundrechte der vulnerablen Personen ebenfalls aus Art. 2 Abs. 2 S. 1 GG zu berücksichtigen. Diese abstrakt einander gegenüberstehenden Grundrechte waren hier konkret zu gewichten. Eine Impfpflicht ist ein intensiver Eingriff in die körperliche Integrität. Allerdings sah das Gesetz keinen unmittelbaren Impfzwang vor, auch hatte der fehlende Impfnachweis nicht zwingend ein Tätigkeitsverbot zur Folge. Dem waren „Verfassungsgüter mit überragendem Stellenwert" gegenüberzustellen[184]. Es ging um den Schutz einer besonders gefährdeten Personengruppe, die in besonderer Weise von den Risiken der Pandemie betroffen war. Der Gesetzgeber durfte davon ausgehen, dass sofortiges Handeln geboten war, seine Abwägung konnte nicht beanstandet werden.

Die **nächtlichen Ausgangssperren** während der Pandemie wurden gerechtfertigt, da sie erforderlich seien, um den Kontaktbeschränkungen Effektivität zu verleihen, was, wie kritisch angemerkt wurde, „ein rechtswidriges Verhalten der Bürger" unterstellt[185]. Sie seien auch gerade deshalb nicht unverhältnismäßig, weil sie nur während der Nachtstunden gelten[186]. Demgegenüber sah das OVG Lüneburg diese zur Kontaktreduzierung und Infektionsvermeidung ersichtlich nicht erforderlich[187]. Als unverhältnismäßig wertete das BVerwG mit Urteil vom 21.6.2023 – Az. 3 CN 1.21 – das generelle Versammlungsverbot nach § 3 SächsCoronaSchVO.

437 Durch **Schulschließungen** bzw Verbot des Präsenzunterrichts wurden Kinder und Jugendliche und deren Familien besonders schwer betroffen – was auch für den Gesetzgeber der Bundesnotbremse erkennbar war. Das BVerfG verschließt sich dem nicht, verweist auf Unzulänglichkeit digitaler Räume[188], stellt aber darauf ab, dass im Fernunterricht das geforderte Mindestmaß an Unterrichtsinhalten vermittelt wird[189]. Darum ging es den Betroffenen aber gerade nicht. Es sind die schwerwiegenden Beeinträchtigungen der Persönlichkeitsentwicklung, die das Gewicht des Eingriffs ausmachen. Das BVerfG sieht die Maßnahmen aber als Element eines gesetzgeberischen Gesamtschutzkonzepts[190] und deshalb als verhältnismäßig an. Die Entscheidung veranlasste des BVerfG, aus dem Grundrecht auf freie Entfaltung der Persönlichkeit iVm dem staatlichen Bildungsauftrag

---

183 BVerfGE 161, 199.
184 BVerfGE 161, 299 Rn 202 ff.
185 BayVGH, B.v. 4.10.2021 – 20 N 20.767 – Rn 79.
186 Bundesnotbremse I: BVerfGE 159, 223 Rn 297, 301.
187 OVG Lüneburg, B. v. 6.4.2021 – 13 ME 166/21 – Rn 26; *Schwarz*, COVuR 2021, 258.
188 Bundesnotbremse II: BVerfGE 159, 355 Rn 137, 144.
189 Bundesnotbremse II: BVerfGE 159, 355 Rn 169 f.
190 Bundesnotbremse II: BVerfGE 159, 355 Rn 153, 154, 156.

des Art. 7 Abs. 1 GG ein Grundrecht auf schulische Bildung abzuleiten, das sich allerdings beschränkt auf Zugang zu den Bildungseinrichtungen im Rahmen des bestehenden Schulsystems, jedoch keine Ansprüche auf eine bestimmte Gestaltung des Schulwesens begründet und unter dem Vorbehalt weitreichender staatlicher Gestaltungsspielräume ebenso wie unter dem Vorbehalt des Möglichen steht[191].

e) Exkurs: Verhältnismäßigkeit und innere Sicherheit

Fragen der Verhältnismäßigkeit werden durch die Gesetzgebung zur inneren Sicherheit, die sich keineswegs auf eine Anti-Terror-Gesetzgebung beschränkt, aufgeworfen, wie zB Rasterfahndung[192], Online-Durchsuchung[193], Vorratsdatenspeicherung[194], Anti-Terror-Datei[195]. Hier geht es oft um faktische Eingriffe: bereits die Beobachtung und das Speichern von Informationen können individuelles Verhalten beeinflussen. Die Eingriffsziele sind legitim, **Sicherheit** ist fundamentaler Staatszweck[196]. Gleichwohl sollte man hier nicht von einem „Grundrecht auf Sicherheit" sprechen (oder gar einem „Supergrundrecht" – so ein früherer Innenminister). Denn im Spannungsfeld von Freiheit und Sicherheit, ist es der Eingriff in die Freiheit, der der Rechtfertigung bedarf. Eingriffe wiegen besonders schwer, wenn sie verdachtslos und mit großer Streubreite erfolgen[197], wenn also Personen einbezogen werden, die hierzu in keiner Weise Anlass gegeben haben, wie etwa bei der Vorratsdatenspeicherung. Der Staat darf seine Bürger nicht unter Generalverdacht stellen. Besonders intensiv wirkt auch der heimlich erfolgende Eingriff[198]. Dies bedingt konkrete Gefahren[199]. Das Gesetz muss dafür Sorge tragen, dass der „unantastbare Kernbereich" der Persönlichkeit geschützt bleibt.

438

> **Lösung Fall 36: Mollath (Rn 417)**
>
> 1. In der Unterbringung liegt eine Freiheitsentziehung; diese ist nach Art. 2 Abs. 2 S. 2 und 3, Art. 104 Abs. 2 GG nur auf gesetzlicher Grundlage zulässig; diese ist hier in § 63 StGB zu sehen.
>
> 2. Verhältnismäßigkeit der gesetzlichen Regelung:
>
> a) Verhinderung von Straftaten als legitimes Ziel;
>
> b) Unterbringung jedenfalls geeignet; Erforderlichkeit grundsätzlich zu bejahen, wenn anderweitig Gefährdung nicht auszuschließen:
>
> c) Verhältnismäßigkeit ieS (Angemessenheit): Freiheit der Person als hochrangiges Rechtsgut – Verhinderung von Straftaten als Aufgabe des Staates geboten zum Schutz von Rechtsgütern Dritter und der Allgemeinheit; es muss jedoch ein angemessenes Verhältnis zwischen der Intensität des Eingriffs, etwa seiner Dauer und dem Grad der Gefährlichkeit bestehen.
>
> 3. Verhältnismäßigkeit der Entscheidung für die Fortdauer der Unterbringung
>
> Abwägung: Grundrecht auf Freiheit der Person als hochrangiges Rechtsgut – Verhinderung von Straftaten;
>
> Eingriffsintensität: hier sehr hoch wegen Dauer der Unterbringung, also hohes Gewicht des Freiheitsanspruchs in der Abwägung; dem müsste entgegenstehen: Gefahr schwerwiegender

439

---

191 Bundesnotbremse II: BVerfGE 159, 355 Rn 54-56.
192 BVerfGE 115, 320.
193 BVerfGE 120, 274.
194 BVerfGE 130, 151; EuGH, U. v. 8.4.2014 – C-293/12 und C-594/12 –, BB 2014, 1100.
195 BVerfGE 133, 277.
196 BVerfGE 115, 320, 358; 120, 274, 319.
197 BVerfGE 141, 220 Rn 101.
198 BVerfGE 107, 299, 321; 115, 320, 353; 150, 244 Rn 191.
199 BVerfGE 115, 320, 357; 150, 244 Rn 90.

Straftaten, diese müsste auf ausreichender tatsächlicher Grundlage belegbar sein. Da hier lang andauernde Freiheitsentziehung, sind hohe Anforderungen an die Prognose zu stellen. Das BVerfG[200] hat dies im Fall Mollath verneint. So hatte das Landgericht nicht näher spezifiziert, welche Taten denn nun drohen würden, und es hat keine entlastenden Umstände berücksichtigt.

440 **Lösung Fall 37: Letzte Generation (Rn 418)**

Der Präventivgewahrsam bedeutet eine intensive Beschränkung der Freiheit der Person, die durch Art. 2 Abs. 2 S. 2 GG geschützt ist, muss also auf einer gesetzlichen Grundlage beruhen.

Diese muss verfassungsmäßig sein. § 17 PolG A ist formell verfassungsmäßig, insbesondere hat das Land die Gesetzgebungskompetenz. Durch den Präventivgewahrsam sollen Straftaten verhindert werden; es handelt sich also um Sicherheitsrecht, nicht um das Recht des Strafverfahrens.

Das Gesetz muss auch materiell verfassungsmäßig sein. Nach Art. 2 Abs. 2 S. 3 GG darf die Freiheit der Person auf Grund eines Gesetzes eingeschränkt werden. Das Gesetz muss seinerseits verhältnismäßig sein. Straftaten oder sonstige Gefahren für die Allgemeinheit zu verhindern, ist ein legitimes Handlungsziel. Gewahrsam kann geeignet und erforderlich sein, Gefahren für die Allgemeinheit abzuwehren. Der Eingriff muss in seinem Gewicht angemessen sein. Hier gilt bei der Gefahrenabwehr: Je intensiver der Eingriff, desto dringender muss die Gefahr für die Sicherheit sein. Dem dürfte durch die im Gesetz normierten Voraussetzungen genügt sein. Die Bestimmung über die zulässige Dauer hat der BayVerfGH als nicht unverhältnismäßig gewertet, da es entsprechend länger anhaltende Gefahrenlagen gebe und davon auszugehen sei, dass die Höchstdauer nur ganz ausnahmsweise erreicht werde.

Ob R für die gesamte Dauer der Veranstaltung in präventiven Gewahrsam genommen werden darf, hängt vor allem davon ab, ob von ihm mit hinreichender Gewissheit gravierende Straftaten während der Dauer der Veranstaltung zu erwarten sind, was etwa dann bejaht werden könnte, wenn er selbst diese ankündigt.

Schrifttum zu III.: *Michael*, Grundfälle zur Verhältnismäßigkeit, JuS 2001, 654, 764, 866; *Voßkuhle*, Grundwissen – öffentliches Recht: Der Grundsatz der Verhältnismäßigkeit, JuS 2007, 429; *Klatt/Meister*, Der Grundsatz der Verhältnismäßigkeit, JuS 2014, 193; *Daiber*, Verhältnismäßigkeit im engeren Sinne, JuS 2020, 37; *Michaelis*, Der Grundsatz der Verhältnismäßigkeit, JA 2021, 573.

IV. Justizgewähr, Rechtsschutz und gerichtliches Verfahren: Der Schutz der Rechtsstaatlichkeit

1. Rechtsschutzgarantie und Justizgewährungsanspruch

441 *Im Rechtsstaat ist es Aufgabe des Staates, die Wahrung der Rechtsordnung zu garantieren. In Fällen verletzten oder bestrittenen Rechts ist dies die Aufgabe der Gerichte. Der Bürger hat demgemäß einen Anspruch darauf, dass sein Fall von Gerichten entschieden wird – er hat einen Anspruch auf Justizgewährung. Ist es die öffentliche Gewalt des Staates selbst, durch die der Bürger in seinen Rechten beeinträchtigt wird, so greift die Rechtsschutzgarantie des Art. 19 Abs. 4 GG ein. Sie gewährleistet effektiven Rechtsschutz durch unabhängige Gerichte. Art. 19 Abs. 4 GG wird auch als „Schlussstein im Gewölbe des Rechtsstaats" bezeichnet.*

---

200 NJW 2013, 3228.

▶ **Leitentscheidungen:** BVerfGE 35, 382 (Ausweisung); BVerfGE 84, 34 und 84, 59 (Prüfungsrecht); BVerfGE 107, 395 (Plenarentscheidung – außerordentliche Rechtsmittel); BVerfGE 113, 273 (Europäischer Haftbefehl); BVerfGE 133, 168 (Absprachen im Strafprozess); BVerfG NJW 2017, 1731 (Verurteilung in Abwesenheit).

Fall 38: Energiewende II – erneuerbare Energien 442

Im Zuge der angestrebten Energiewende ist die Bundesregierung bestrebt, rechtliche Hindernisse für den Ausbau der erneuerbaren Energien auszuräumen. Ein Gesetzentwurf sieht ua vor:

a) Die **Standorte** für Wind- und Solarkraftwerke werden von einer mit unabhängigen Experten besetzten und nicht weisungsgebundenen Klimakommission vorgeschlagen und durch Gesetz festgelegt.

b) Akustische und optische Einwirkungen einer Windkraftanlage gelten nicht als schädliche Umwelteinwirkungen und können von **Anwohnern** nicht geltend gemacht werden.

c) Die Umweltverträglichkeit von Hochspannungstrassen für Strom aus regenerativen Energien und ihre Vereinbarkeit mit Natur- und Landschaftsschutz werden von der Klimakommission beurteilt; deren **Entscheidung** kann nicht gerichtlich überprüft werden.

Ist das Gesetz mit Art. 19 Abs. 4 GG vereinbar? **Rn 450**

Fall 39: Erledigte Durchsuchung 443

Nachdem ein Nachrichtenmagazin einen aufsehenerregenden Bericht des Journalisten R über eine Korruptionsaffäre veröffentlicht und hierbei aus vertraulichen Unterlagen der Staatsanwaltschaft zitiert hatte, leitete diese ein Ermittlungsverfahren wegen Verletzung des Amtsgeheimnisses ein. Da R sich weigerte, die Identität seiner Informanten preiszugeben, erwirkte die Staatsanwaltschaft L einen Durchsuchungsbefehl beim Amtsgericht L nach §§ 103, 105 StPO, in dessen Vollzug die Privatwohnung des R ergebnislos durchsucht wurde, um Beweismittel sicherzustellen. Die Beschwerde nach §§ 304, 306 StPO wurde vom Landgericht L wegen prozessualer Erledigung als unzulässig zurückgewiesen. Gegen dessen Entscheidung legt R Verfassungsbeschwerde wegen Verletzung seiner Grundrechte aus Art. 5 Abs. 1 S. 2, 13 und 19 Abs. 4 GG ein. **Rn 451**

(Fall nach BVerfG [K] NJW 1998, 2131)

a) Der grundgesetzliche Anspruch auf Rechtsschutz

Den Schutz des Rechtsstaats vertraut das Grundgesetz den Gerichten an: ihnen obliegt die letztverbindliche Kontrolle jeglichen Staatshandelns. Soweit es sich um die Gesetzgebung handelt, ist dies Aufgabe der Verfassungsgerichte. Im Übrigen enthält Art. 19 Abs. 4 GG ein Gebot umfassenden **Rechtsschutzes**: jedem, der sich durch die öffentliche Gewalt des Staates in seinen Rechten verletzt sieht, steht der Rechtsweg zu den Gerichten offen. Gemeint ist hierbei die **Exekutive**. Gegen sie muss Rechtsschutz durch Gerichte gegeben sein – gemäß Art. 92 GG also durch Richter, die in richterlicher Unabhängigkeit entscheiden, Art. 97 GG. Auch Grundrechtsverstöße im gerichtlichen Verfahren, wenn zB der Partei das rechtliche Gehör nach Art. 103 Abs. 1 GG verweigert wird, müssen ihrerseits überprüft und behoben werden. Insoweit besteht also auch Rechtsschutz gegen die Gerichte selbst. Auf die Gesetzgebung, deren Kontrolle ja Aufgabe der Verfassungsgerichte ist, wurde die Rechtsschutzgarantie des Art. 19 Abs. 4 GG bisher nicht erstreckt[201], 444

---

201 BVerfGE 45, 297, 334.

wohl aber auf untergesetzliches Recht, insbesondere auf Rechtsverordnungen[202]. Dies ist folgerichtig, da es sich hierbei um Akte der Exekutive handelt.

In einem Ausnahmefall hat das BVerfG mit der verwaltungsgerichtlichen Normenkontrolle des § 47 VwGO die Rechtsschutzgarantie des Art. 19 Abs. 4 GG auf förmliche Gesetze erstreckt: Nach hamburgischem Landesrecht können bestimmte planungsrechtliche Festsetzungen statt durch Satzung durch Gesetz getroffen werden. Für derartige „satzungsvertretende Gesetze" dürfe die Tragweite der Rechtsschutzgarantie nicht verkürzt werden[203]. Ebenso besteht Rechtsschutz gegen Gesetze, wenn diese Rechtsverordnungen ändern[204].

445 Der Garantie des Rechtsschutzes gegen die öffentliche Gewalt durch Art. 19 Abs. 4 GG entspricht in anderen Fällen verletzten Rechts (also bei zivilrechtlichen Streitigkeiten[205]) ein allgemeiner **Justizgewährungsanspruch**[206]. Er folgt aus dem Rechtsstaatsgebot iVm Art. 2 Abs. 1 GG. Wenn der Bürger einerseits gehalten ist, zur Durchsetzung seiner Rechte die Gerichte in Anspruch zu nehmen und auf Selbsthilfe zu verzichten, so muss ihm andererseits der wirksame Rechtsschutz durch die Gerichte gewährleistet sein. Dies zählt zu den grundlegendsten Aufgaben des Staates überhaupt.

b) Voraussetzungen und Tragweite der Rechtsschutzgarantie

446 aa) **Schutz subjektiver Rechte und Grundrechte.** Das gesamte System des Rechtsschutzes ist auf den Schutz **subjektiver Rechte** zugeschnitten: nur der kann grundsätzlich in zulässiger Weise Klage erheben, der geltend machen kann, in seinen *eigenen Rechten* verletzt zu sein. Die *Popularklage* und die *Verbandsklage* sind die Ausnahme. Auch Art. 19 Abs. 4 GG gewährleistet Rechtsschutz nur für den, der in *seinen* Rechten verletzt ist[207]. Dem entspricht die Beschränkung der Klagebefugnis nach § 42 Abs. 2 VwGO. Ob Rechte iSv Art. 19 Abs. 4 GG verletzt sind, bestimmt sich nach dem *materiellen Recht*: Für den Adressaten einer belastenden Maßnahme ist dies unproblematisch: eine rechtswidrige belastende Maßnahme bedeutet immer einen Eingriff in subjektive Rechte, da schon wegen Art. 2 Abs. 1 GG jedermann ein Recht darauf hat, von rechtswidrigen Eingriffen verschont zu bleiben. IÜ (wenn zB ein Dritter klagen will, etwa ein Hauseigentümer gegen die dem bösen Nachbarn erteilte Baugenehmigung) kommt es darauf an, ob das Gesetz, auf das der Kläger sich beruft, seinen Schutz bezweckt, ob es eine Schutznorm ist[208]. Dies hat zunächst der Gesetzgeber zu entscheiden. Wenn es um den Schutz von Grundrechten geht, kann jedenfalls die gerichtliche Kontrolle nicht ausgeschlossen werden. Deshalb können Klagerechte gegen bestimmte Vorhaben, wie bedeutsam diese immer sein mögen, nicht von vornherein ausgeschlossen werden (vgl **Fall 38**).

447 bb) **Kein Letztentscheidungsrecht der Verwaltung.** Da den Gerichten nach Art. 19 Abs. 4 GG die Kontrolle der Verwaltung obliegt, sind kontrollfreie Räume der Verwaltung gegenüber der Rechtsprechung nicht anzuerkennen. Auch Ermessensentscheidungen sind auf Ermessensfehler zu überprüfen. Die Anwendung von *Rechtsbegriffen* unterliegt stets der gerichtlichen Kontrolle. Ein sog. *„Beurteilungsspielraum"* der Verwaltung ist nur ausnahmsweise anzuerkennen. Denn dies bedeutet ja die Anerkennung einer *Letzt-*

---

202 BVerfGE 115, 81, 92 f.
203 BVerfGE 70, 35, 54 ff.
204 BVerwGE 117, 313; dazu *Ossenbühl*, JZ 2003, 1066; *Winkler*, JA 2006, 336.
205 BVerfGE 54, 277, 291; 107, 395, 401 ff; *Papier*, in: HStR VIII³, § 176 Rn 1.
206 Grundlegend: BVerfGE 107, 395, 403 ff; vgl hierzu *Degenhart*, HStR V³, § 114 Rn 8 f.
207 Vgl BVerfGE 113, 273, 310.
208 Näher *Schenke*, Verwaltungsprozessrecht, Rn 497 ff.

entscheidungskompetenz. Die letztverbindliche Entscheidung über einen Rechtsbegriff muss aber grundsätzlich bei der Rechtsprechung liegen. Deshalb darf für Prüfungsentscheidungen, die für den Zugang zu einem Beruf entscheidend sind, kein genereller Beurteilungsspielraum der Verwaltung anerkannt werden, etwa beim juristischen Staatsexamen[209]; nur insoweit, als die Unwiederholbarkeit der speziellen Prüfungssituation eine gerichtliche Nachprüfung unmöglich macht, ist ein Beurteilungsspielraum anzuerkennen.

cc) **Verfahrensordnungen und effektiver Rechtsschutz.** Art. 19 Abs. 4 GG fordert nicht nur, dass überhaupt der Rechtsweg zu den *Gerichten* eröffnet wird, sondern auch **effektiven Rechtsschutz**. Deshalb darf zB der sofortige Vollzug von Verwaltungsakten nicht die Regel sein, müssen Rechtsmittel vielmehr grundsätzlich aufschiebende Wirkung haben. Auch wenn Eingriffe bereits vollzogen sind, muss eine gerichtliche Überprüfung möglich sein, wenn zB eine Wohnungsdurchsuchung wegen Gefahr im Verzug ohne richterlichen Durchsuchungsbeschluss erfolgt, oder der Termin für eine Versammlung verstrichen, wenn ein kurzfristiger Polizeigewahrsam beendet ist. Der Betroffene kann in diesen Fällen meist keinen Rechtsschutz vor dem Vollzug erreichen, daher ist sein Rechtsschutzinteresse für nachträgliche Überprüfung anzuerkennen. Dem ist bei Anwendung des Verfahrensrechts Rechnung zu tragen. Deshalb ist für eine Feststellungsklage analog § 113 Abs. 1 S. 4 VwGO (sog. Fortsetzungsfeststellungsklage) das hierfür erforderliche Feststellungsinteresse wegen Art. 19 Abs. 4 GG zu bejahen[210]. Dies gilt auch für die im **Fall 39** (Rn 443) gegebene Konstellation der **prozessualen Überholung** nach StPO. Hier ist ein Rechtsschutzinteresse gegeben, wenn sich ein intensiver Grundrechtseingriff wie eine Durchsuchung typischerweise bereits vor Ergehen der gerichtlichen Entscheidung faktisch erledigt[211]. **448**

Die Ausgestaltung des Verfahrensrechts obliegt dem Gesetzgeber, der hierbei auch Fristen und weitere prozessuale Anforderungen zu bestimmen hat. Zulässig sind zB Präklusionsvorschriften, wonach Einwendungen, die nicht innerhalb einer bestimmten Frist oder in einem bestimmten Verfahrensstand vorgebracht werden, ausgeschlossen sind. Eine Grenze ist dort erreicht, wo eine wirksame Kontrolle der öffentlichen Gewalt nicht mehr möglich ist. Art. 19 Abs. 4 GG fordert nicht ausnahmslos einen bestimmten **Instanzenzug** und mehrere Instanzen[212]. Deshalb durfte der Gesetzgeber für bestimmte Großvorhaben auch das Bundesverwaltungsgericht als erste und letzte Instanz vorsehen, und er durfte die Zulassung der Berufung nach VwGO von bestimmten Zulassungsgründen abhängig machen. **449**

> **Lösung Fall 38: Energiewende II – erneuerbare Energien (Rn 442)** **450**
>
> **a) Standortbestimmung**
>
> 1. Gesetzliche Standortfestlegung könnte einen Verstoß gegen Art. 19 Abs. 4 GG bedeuten, weil damit der Rechtsweg verkürzt wird: gegen Gesetze ist nur die Verfassungsbeschwerde mit ihrem begrenzten Prüfungsmaßstab eröffnet;
>
> 2. Grundsätzlich ist der Gesetzgeber befugt, auch einzelne Planungsentscheidungen durch Gesetz zu treffen, s. **Fall 11** (Rn 152).

---

209 BVerfGE 84, 34, 49 ff.
210 Vgl *Schenke,* Verwaltungsprozessrecht, Rn 583.
211 BVerfG (K) NJW 1998, 2131; s. dazu *Achenbach,* JuS 2000, 27; s. auch BVerfG (K) NJW 2005, 1855 – Eingriffe in das Grundrecht aus Art. 10 GG.
212 Vgl BVerfGE 11, 232, 233; 49, 329, 340.

3. Hier aber kein Einzelfall, sondern generelle Standortbestimmung durch Gesetz; hierdurch unzulässige Umgehung der gerichtlichen Kontrolle und damit Verstoß gegen Art. 19 Abs. 4 GG.

b) Ausschluss von Nachbarklagen

Wer in der Nachbarschaft einer Anlage lebt, hat einen Anspruch darauf, dass er durch ein Vorhaben nicht in seinem Grundrecht auf Gesundheit (Art. 2 Abs. 2 S. 1 GG) gefährdet wird. Geräusche und andere Einwirkungen von Windrädern können die Gesundheit gefährden und auch das Eigentum entwerten. Dies muss der Nachbar im Wege der Klage geltend machen können. Dies wird durch das Gesetz jedoch ausgeschlossen. Deshalb ist die Regelung unter b) mit Art. 19 Abs. 4 GG unvereinbar.

c) Letztentscheidungsrecht der Verwaltung

Ein solches Letztentscheidungsrecht verstößt grundsätzlich gegen Art. 19 Abs. 4 GG. Hier könnte jedoch die Entscheidung durch ein Sachverständigengremium – hinreichende Kompetenz und Objektivität vorausgesetzt – im Ergebnis den Schutz der Grundrechte durch sachnähere Entscheidungen verstärken. Doch sind hier die Voraussetzungen für die ausnahmsweise Anerkennung eines Beurteilungsspielraums nicht gegeben.

451 **Lösung Fall 39: Erledigte Durchsuchung (Rn 443)**

1. Zulässigkeit der Verfassungsbeschwerde, Art. 93 Abs. 1 Nr 4a GG

a) Beschwerdeentscheidung des LG als Akt öffentlicher Gewalt; behauptete Grundrechtsverletzung: s. Art. 5 Abs. 1 S. 2, 13 und 19 Abs. 4 GG.

b) Gegenwärtigem Betroffensein des R könnte entgegenstehen: Erledigung der Durchsuchung; dann aber kein Grundrechtsschutz bei intensiven Grundrechtseingriffen, die sich häufig bereits vor einer gerichtlichen Entscheidung faktisch erledigen – dies wäre unvereinbar mit Art. 19 Abs. 4 GG.

c) Rechtswegerschöpfung, § 90 Abs. 2 BVerfGG, ist wegen § 310 StPO – keine weitere Beschwerde – zu bejahen.

2. Begründetheit: Ist R durch die Entscheidung in seinen Grundrechten verletzt?

a) Zurückweisung der Beschwerde als unzulässig wegen prozessualer Erledigung:

aa) Art. 19 Abs. 4 GG als Gewährleistung gerichtlichen Rechtsschutzes gegen Maßnahmen der öffentlichen Gewalt. Hier: Rechtsschutz gegen gerichtliche Anordnungen durch eine weitere Instanz[213]?

bb) Kein Recht auf zweite Instanz – wenn aber die einfachgesetzliche Prozessordnung einen Instanzenweg eröffnet, muss dieser dem Betroffenen auch offen gehalten werden; dies betrifft auch Beschluss des Ermittlungsrichters, der in der Sache als Eingriffsakt zu werten ist[214].

b) Ob der Eingriff in die Grundrechte aus Art. 5 Abs. 1 S. 2 und Art. 13 GG gerechtfertigt war, kann nach dem SV nicht abschließend beurteilt werden (s. dazu den Examensfall SächsVBl 2000, 96 sowie **Klausurenband I Fall 12 und II Fall 15**). Das BVerfG wird jedenfalls wegen Verletzung des Art. 19 Abs. 4 GG die Beschwerdeentscheidung aufheben und die Sache an das Beschwerdegericht zurückverweisen, § 95 Abs. 2 BVerfGG.

2. Gerichtsorganisation und gesetzlicher Richter

452 *Aus der Rechtsschutzgarantie des Art. 19 Abs. 4 GG und aus dem allgemeinen Justizgewährungsanspruch folgen verfassungsrechtliche Vorgaben an die Organisation der Gerichtsbarkeit und an das gerichtliche Verfahren.*

---

213 BVerfGE 49, 329, 340.
214 BVerfG (K) NJW 1998, 2131; *Achenbach*, JuS 2000, 27, 30.

▶ **Leitentscheidungen:** BVerfGE 95, 322 (Spruchgruppen); BVerfGE 82, 159 (EuGH als gesetzlicher Richter).

Fall 40: Catch as catch can – Vorlage zum EuGH 453

Die Fight & Fun ltd. mit Sitz in Dublin veranstaltet Kampfsportwettbewerbe der Kategorie „Mixed Martial Arts" (MMA), in der verschiedene „harte" Kampfsportarten kombiniert werden. Als sie in der Stadt D erstmals einen Wettbewerb in der Bundesrepublik durchführen will, sieht sie sich überraschend mit einer Verbotsverfügung der Stadt konfrontiert. Diese beruft sich auf § 3 des Ordnungsbehördengesetzes (OBG) des Landes. Hiernach kann sie *„Anordnungen im Einzelfall treffen, um Gefahren für die öffentliche Sicherheit oder Ordnung abzuwehren"*. Die öffentliche Sicherheit sei bedroht, da den Veranstaltungen ein hohes Gewaltpotenzial immanent sei. Die Teilnehmer würden zu Kampfmaschinen herabgewürdigt. Dies verstoße gegen die Menschenwürde und verletze deshalb die öffentliche Ordnung. Die Fight & Fun ltd. geht dagegen gerichtlich vor; die Wettbewerbe würden in anderen EU-Staaten keineswegs als ordnungswidrig betrachtet. Das Verbot verstoße gegen die Dienstleistungsfreiheit nach Art. 56 AEUV. Das BVerwG bestätigt letztinstanzlich das Verbot: die öffentliche Ordnung genieße Vorrang. Die Fight & Fun ltd. meint, diese Frage hätte vom EuGH entschieden werden müssen und wendet sich deshalb an das BVerfG.
Rn 462 (prozessual Rn 917)

Im Rahmen der Gerichtsorganisation ist sicherzustellen, dass der konkrete Rechtsfall 454 durch Richter entschieden wird, die sich auch in diesem konkreten Fall allein dem Recht verpflichtet sehen und die in der Lage sind, neutral, sachlich und „distanziert" Recht zu sprechen. Sachwidrigen Einflüssen ist entgegenzuwirken, effektiver und chancengleicher Rechtsschutz *„due process in law"* anzustreben. Hieran sind die Bestimmungen über den Aufbau der Gerichtsbarkeit, die Zusammensetzung der Spruchkörper, über Zuständigkeiten und Instanzenzüge und ist deren Handhabung im konkreten Fall zu messen.

a) Gewährleistung der fachlich gegliederten Gerichtsbarkeit und eines Instanzenzugs?

Ob die bestehende **fachliche Gliederung** der Gerichtsbarkeit **von Verfassungs wegen** gewährleistet wird, ist nicht ganz unstr, dürfte jedoch zu bejahen sein. Art. 95 GG sieht die Errichtung oberster Bundesgerichte für die dort genannten Teilgerichtsbarkeiten vor. Die Bestimmung bezieht sich nicht unmittelbar auf die Instanzgerichte in den Ländern, doch dürfte der Bestand einer fachlich gegliederten Instanzgerichtsbarkeit vorausgesetzt sein[215]. Dies belegt auch eine *historische Interpretation*: zunächst hatte Art. 96 aF die Errichtung eines „obersten Bundesgerichts" vorgesehen. Dieser nicht erfüllte Verfassungsauftrag wurde durch das 16. ÄndG zum GG vom 18.6.1968[216] gestrichen. Hierin dürfte eine Grundsatzentscheidung *gegen* eine Vereinheitlichung zu sehen sein. Die Schaffung von einheitlichen **Rechtspflegeministerien** ist dadurch ebenso wenig ausgeschlossen, wie eine weitergehende **Vereinheitlichung der Verfahrensordnungen** und Verschiebungen in den bestehenden Zuständigkeiten. Einzelne, sachlich zusammengehörige Gerichtsbarkeiten zusammenzulegen, wie zB die Verwaltungsgerichtsbarkeit und die Sozialgerichtsbarkeit, ist ebenfalls nicht ausgeschlossen[217]. Zur Zusammenlegung von Justiz- und Innenministerium in NRW s. Rn 759. 455

Die Rechtsschutzgarantie des Art. 19 Abs. 4 GG bzw der allgemeine **Justizgewährungs- 456 anspruch** (Rn 444) bedeutet für den Bürger, dass **Gerichte** iSv Art. 92 GG (Rn 300) über seinen Fall entscheiden müssen, jedoch **nicht**, dass dies über mehrere **Instanzen** ge-

---

215 Vgl *Schenkel*, DÖV 2011, 481.
216 Eingehend dazu *Achterberg*, BonnK, Art. 95 Rn 41–103.
217 Vgl hierzu näher *Schenkel*, DÖV 2011, 481 ff.

hen muss[218]. Objektiv jedoch folgt aus Art. 95 GG, dass *oberste Bundesgerichte* bestehen müssen, die letztinstanzlich entscheiden und hierdurch auch die *Einheitlichkeit der Rechtsprechung* im Interesse der Rechtssicherheit herstellen. Auch das *Bundesstaatsprinzip* fordert die Wahrung der Rechtseinheit durch die Rechtsprechung. Deshalb darf der Rechtsweg zu den Bundesgerichten nicht generell abgeschnitten werden – die Ausgestaltung iE ist aber Sache des Gesetzgebers. Soweit der Gesetzgeber Instanzenzüge eröffnet hat, ist gleichmäßiger und berechenbarer Zugang zu den Instanzen zu gewährleisten. Deshalb durften Bestimmungen über die Zulassung der Revision nicht dergestalt gehandhabt werden, dass das Gericht auch erfolgversprechende Revisionen im Wege einer „Selbststeuerung" seiner Arbeitsbelastung zurückweisen konnte[219].

b) Das Recht auf den gesetzlichen Richter

457 Zu den grundlegenden rechtsstaatlichen Garantien im Bereich der Rechtsprechung zählt das grundrechtsgleiche **Recht auf den gesetzlichen Richter** in Art. 101 Abs. 1 S. 2 GG. Es umfasst zwei wesentliche Aspekte: zum einen das Recht auf den gesetzlich bestimmten, den **zuständigen** Richter; zum anderen das Recht auf den gesetzlichen Anforderungen – insbesondere den Anforderungen des Grundgesetzes – gemäßen Richter[220]. Dies ist ein rechtsstaatlicher Verfahrensgrundsatz, auf den sich alle am Verfahren Beteiligten berufen können, also auch der Staat oder Behörden[221]. Das grundrechtsgleiche Recht aus Art. 101 Abs. 1 S. 2 GG verleiht den Prozessparteien das Recht auf den dem Grundgesetz gemäßen, unabhängigen und unparteiischen Richter, der Gewähr für Neutralität und Objektivität bietet[222].

458 Art. 101 Abs. 1 S. 2 GG als das Recht auf den zuständigen Richter erfordert, dass der im konkreten Fall zur Entscheidung berufene Richter im Voraus eindeutig bestimmt sein muss, grundsätzlich durch (formelles) Gesetz. Soweit eine Bestimmung durch Gesetz aus praktischen Gründen ausgeschlossen ist, also für die Verteilung der Rechtssachen auf die einzelnen Spruchkörper innerhalb der Gerichte (als organisatorische Einheiten, also Amtsgericht X, Verwaltungsgericht Y), sind im Voraus in richterlicher Unabhängigkeit Geschäftsverteilungspläne aufzustellen. Diese müssen die eindeutige Bestimmung des zuständigen Spruchkörpers und des einzelnen Richters ermöglichen[223]. Verfassungsrechtlich bedenklich sind die beweglichen Zuständigkeiten in der Strafprozessordnung, die der Staatsanwaltschaft, also der Exekutive, erlauben, zwischen verschiedenen Gerichtsständen in einer Sache zu wählen[224]. Art. 101 Abs. 1 S. 2 GG als Recht auf den grundgesetzmäßigen Richter fordert zudem Regelungen, die die **Ausschließung** von Richtern ermöglichen, die möglicherweise nicht unvoreingenommen sind; ob sie es tatsächlich sind, ist nicht entscheidend – es genügt, dass bei den Parteien der subjektive Eindruck entsteht, das Gericht könnte nicht unbefangen an die Sache herangehen. Denn mit dem Recht auf den gesetzlichen Richter wird auch das Gerichtsvertrauen geschützt. Wirkt zB entgegen § 23 Abs. 2 StPO im Wiederaufnahmeverfahren ein vorher mit der Sache befasster Richter mit, so wird hierdurch der gesetzliche Richter entzogen.

---

218 S. BVerfGE 54, 277, 291; 107, 395, 401.
219 BVerfGE 54, 277, 292.
220 S. näher *Degenhart*, in: Sachs, Art. 101 Rn 5 ff, 8 f.
221 BVerfGE 138, 64 Rn 54 ff; *Degenhart*, in: Sachs, Art. 101 Rn 4.
222 Vgl. BVerfGE 10, 200, 213; 21, 139, 145 f; 89, 28, 36; BVerfG (K) NJW 2012, 2334 Rn 12; BVerfG MDR 2013, 294 Rn 13.
223 Näher *Degenhart*, aaO, Rn 14.
224 So auch *Kingreen/Poscher*, Rn 1166.

459 Nicht jeder Verstoß gegen einfachgesetzliches Verfahrensrecht ist freilich schon gleichbedeutend mit einem Verstoß gegen Verfassungsrecht – wie stets prüft das BVerfG nur die Verletzung **spezifischen Verfassungsrechts**. Demgegenüber ist der bloße Irrtum des Gerichts über seine Zuständigkeit – der *error in procedendo* – nur dann als Verfassungsverstoß zu werten, wenn das Gericht seine Entscheidung willkürlich getroffen hat. Andernfalls würde das *BVerfG* zur „Superrevisionsinstanz"[225].

460 Der gesetzliche Richter kann auch dann entzogen werden, wenn ein Gericht der Verpflichtung zur Vorlage an ein anderes Gericht nicht nachkommt. Dies gilt für die Vorlagepflicht nach Art. 100 Abs. 1 GG, wenn ein Gericht ein formelles Gesetz für verfassungswidrig hält (Rn 860 ff); es darf sich seiner Vorlagepflicht dann auch nicht durch eine unvertretbare verfassungskonforme Auslegung entziehen[226]. Auch die unterbliebene Vorlage zum EuGH kann einen Verstoß gegen Art. 101 Abs. 1 S. 2 GG bedeuten. Der EuGH ist gesetzlicher Richter iSv Art. 101 Abs. 1 S. 2 GG. Er wird entzogen, wenn eine Vorabentscheidung über die Auslegung von Unionsrecht entgegen Art. 267 Abs. 3 AEUV nicht eingeholt wird. Hierzu sind letztinstanzliche Gerichte verpflichtet, wenn es auf die Auslegung des Unionsrechts für ihre Entscheidung ankommt. Dann kann gegen die Entscheidung des Gerichts Verfassungsbeschwerde eingelegt werden. Sieht das BVerfG die Vorlagepflicht verletzt, so verweist es die Sache an das letztinstanzliche Gericht – also zB den BGH – zurück. Dieser holt dann die Vorabentscheidung des EuGH ein und entscheidet auf deren Grundlage endgültig in der Sache.

461 Allerdings bedeutet nicht jegliche fehlerhafte Entscheidung zugleich einen Verfassungsverstoß. Vielmehr muss die Vorlagepflicht in unvertretbarer Weise gehandhabt worden sein. Dies ist insbesondere dann der Fall,
– wenn eine Vorlage überhaupt nicht in Erwägung gezogen wurde, oder
– wenn von einer Entscheidung des EuGH bewusst abgewichen wird oder
– wenn bei Fehlen einer Rechtsprechung eindeutig vorzugswürdige Auffassungen übergangen werden.

Letztere Fallgruppe wurde auf Grund der Rechtsprechung des EuGH dahingehend modifiziert, dass ein Gericht immer dann vorlegen muss, wenn sich in dem bei ihm anhängigen Verfahren eine entscheidungserhebliche Frage des Unionsrechts stellt, es sei denn, die Frage ist vom EuGH bereits eindeutig entschieden oder aber sie ist offenkundig; diese Voraussetzungen müssen jedoch vom Gericht geprüft und dargelegt werden[227]. Man spricht hier im Jargon der Europarechtler von einem „*acte éclairé*" bzw. einem „*acte clair*".

462 **Lösung Fall 40: Catch as catch can – Vorlage zum EuGH (Rn 453)**
Die Fachgerichte könnten hier gegen eine Vorlagepflicht verstoßen und hierdurch die Fight & Fun ltd. in ihrem Recht auf den gesetzlichen Richter verletzt haben.
1. Als Verfahrensbeteiligte kann diese sich auf die Garantie des gesetzlichen Richters in Art. 101 Abs. 1 S. 2 GG berufen.
2. EuGH als gesetzlicher Richter[228]: Richterliche Unabhängigkeit, gesetzlich festgelegte Zuständigkeiten, Rechtsprechungsfunktionen, verbindliche Entscheidung in Fällen bestrittenen Rechts im Verhältnis zu den innerstaatlichen Gerichten.

---
225 Näher *Degenhart*, in: Sachs, Art. 101 Rn 18 ff.
226 BVerfGE 138, 64 Rn 71 ff.
227 Grundlegend BVerfGE 82, 159, 195 f; s. jetzt auch BVerfG (K) NJW 2010, 1268.
228 Vgl BVerfGE 73, 339, 366.

3. „Entzug"?

a) Vorlagepflicht nach Art. 267 Abs. 3 AEUV: BVerwG als letztinstanzliches Gericht; unionsrechtliche Fragestellung: Dienstleistungsfreiheit auf Seiten der irische Fight & Fun ltd., diese erbringt grenzüberschreitend eine wirtschaftliche Dienstleistung; Entscheidungserheblichkeit.

b) „Willkür"? Die Entscheidung des letztinstanzlichen Gerichts verstößt daher dann gegen Art. 101 Abs. 1 S. 2 GG, wenn sie auf einer „offensichtlich unhaltbaren" Rechtsanwendung beruht[229] oder wenn Vorlagepflicht nicht erwogen. Hier Annahme eines generellen Vorrangs der öffentlichen Ordnung unvertretbar.

3. Gerichtliches Verfahren und Grundgesetz

463 *Aufgabe des gerichtlichen Verfahrens ist es, effektiven Rechtsschutz durch rechtsstaatliche Verfahrensgestaltung zu sichern. Dem dient insbesondere als „prozessuale Grundnorm" das durch Art. 103 Abs. 1 GG als Grundrecht gewährleistete Recht auf Gehör; weitere verfassungsrechtliche Anforderungen an das gerichtliche Verfahren werden unmittelbar aus dem Rechtsstaatsprinzip abgeleitet.*

▶ **Leitentscheidungen:** BVerfGE 52, 203 (Geschäftsstelle des Gerichts); BVerfGE 57, 250 (Zeuge vom Hörensagen); BVerfGE 101, 397 (Rechtspfleger); BVerfGE 107, 395 (Plenarentscheidung – außerordentliche Rechtsmittel); BVerfGE 134, 106 (Gehörsrüge); BVerfG NJW 2017, 1731 (Verurteilung in Abwesenheit).

464 **Fall 41: Kanzleigehilfe (nach BVerfGE 57, 117)**

Rechtsanwältin R beauftragt am letzten Tag einer ihr in einem verwaltungsrechtlichen Streitverfahren vom Gericht gesetzten Schriftsatzfrist ihren Kanzleigehilfen K, einen Schriftsatz zu Gericht zu bringen. K gibt den Schriftsatz wenige Minuten vor Dienstschluss in der Posteingangsstelle des Gerichts ab, obwohl dort ein gut sichtbarer Hinweis angebracht ist, wonach fristwahrende Schriftsätze unmittelbar auf der Geschäftsstelle der jeweiligen Kammer einzuliefern sind. Der Schriftsatz gelangt im Laufe des folgenden Tages zur zuständigen Kammer. Er wird für die Urteilsfindung nicht mehr berücksichtigt.

R als Vertreterin der unterlegenen Prozesspartei sieht hierin einen Verstoß gegen das Recht auf Gehör und gegen die Grundsätze einer rechtsstaatlichen Verfahrensgestaltung. Welche Rechtsschutzmöglichkeiten stehen ihr offen? **Rn 470** (prozessual Rn 918)

a) Das Recht auf Gehör

465 Das Recht auf Gehör aus Art. 103 Abs. 1 GG ist die prozessuale Grundnorm des Grundgesetzes. Es hat seine Grundlage letztlich im Menschenwürdesatz des Art. 1 Abs. 1 GG. Der Betroffene soll „nicht Objekt der richterlichen Entscheidung sein, sondern… zu Wort kommen, um Einfluß auf das Verfahren und sein Ergebnis nehmen zu können", so daß über sein „Recht nicht von Obrigkeits wegen verfügt wird"[230]. Die Verfahrensbeteiligten müssen sich zum Verfahren äußern können, und das Gericht darf nur solche Tatsachen seiner Entscheidung zugrundelegen, zu denen die Beteiligten sich äußern konnten. Sie können sich aber nur äußern, wenn sie informiert sind. Daher begründet das Recht auf Gehör auf einer ersten Stufe der Realisation[231] **Mitteilungs- und Informations-**

---

229 BVerfGE 82, 159, 195 f; in der Sache ist EuGH NVwZ 2004, 1471 dem BVerwG beigetreten; dazu *Reich*, JA 2005, 419; **Klausurenband II Fall 10**.
230 Vgl grundlegend etwa BVerfGE 9, 89, 90; 84, 188, 190; 86, 133, 144.
231 Näher *Degenhart*, in: Sachs, Art. 193 Rn 11 ff.

pflichten des Gerichts. Es darf keine Überraschungsentscheidungen fällen[232]. Auf einer zweiten Stufe der Realisation des Rechts auf Gehör sind dann **Äußerungsrechte** einzuräumen. Schließlich muss das Gericht die Äußerungen der Verfahrensbeteiligten zur Kenntnis nehmen und **„in Erwägung ziehen"**. Hieraus folgt auch ein grundsätzlicher Anspruch auf hinreichende Begründung der gerichtlichen Entscheidung – die jedoch nicht auf jegliches Vorbringen eingehen muss[233]. Wie das Recht auf den gesetzlichen Richter steht auch das Gehörsrecht allen Verfahrensbeteiligten zu[234].

Wie das Recht auf Gehör dann im Verfahren wahrzunehmen ist, dies regeln die einfachgesetzlichen Verfahrensordnungen – ZPO, StPO, VwGO usf. Diese können bestimmen, dass die Parteien sich innerhalb von **Fristen** äußern müssen und verspätetes Vorbringen nicht mehr berücksichtigt wird – man spricht hier von Präklusion. Sie dient der **Verfahrensbeschleunigung**. Dies ist ein legitimes Anliegen des Gesetzgebers, zumal wirksamer Rechtsschutz auch zeitgerechten Rechtsschutz bedeutet. Allerdings darf die Wahrnehmung des Äußerungsrechts nicht unzumutbar erschwert werden. Die Gerichte müssen ihrerseits im Prozess der Bedeutung des Rechts auf Gehör Rechnung tragen; wir begegnen auch hier der typischen **Wechselwirkung** zwischen Verfassungsgarantie und einfachem Gesetz[235]. So ist das Recht auf Gehör verletzt, wenn fristgerecht eingegangene Schriftsätze nicht berücksichtigt werden, aber auch bei unangemessen kurzen Fristen[236]. Wird das Recht auf Gehör verweigert, so verlangt Art. 19 Abs. 4 GG bzw der rechtsstaatliche Justizgewährungsanspruch, dass hiergegen Rechtsschutz gewährt wird[237]. Durch das Anhörungsrügegesetz vom 9.12.2004 (BGBl. I S. 3220) wurden entsprechende Regelungen in den Verfahrensordnungen geschaffen. 466

b) Rechtsstaatlichkeit und „Fairness" des Verfahrens, insbesondere im Strafprozess

Im Strafprozess kommt der verfahrensrechtlichen Sicherung der Stellung des Betroffenen (des Beschuldigten und Angeklagten) entscheidendes Gewicht zu. Aufgabe des Strafprozesses[238] ist es, den Strafanspruch des Staates in einem justizförmig geordneten Verfahren durchzusetzen, das eine wirksame Sicherung der Grundrechte des Beschuldigten gewährleistet[239], hierbei einem nach Inhalt und Grenzen durch das Gebot der Achtung der Menschenwürde bestimmten, auf dem Schuldgrundsatz aufbauenden materiellen Strafrecht verpflichtet ist.[240] Dies erfordert „Waffengleichheit" gegenüber der Anklagebehörde, ein „faires Verfahren" und **wirksame Verteidigung**. Wenn andererseits auch das Interesse an einer **„funktionstüchtigen Strafrechtspflege"** vom BVerfG in den Rang eines Verfassungsgutes erhoben wird[241], so darf doch wirksame Verteidigung nicht als „störender Eingriff" in eine „funktionstüchtige Rechtspflege" und damit ihrerseits als legitimationsbedürftig gesehen werden. Es gilt die rechtsstaatliche **Unschuldsvermutung**. Sie ist explizit in Art. 6 Abs. 2 EMRK sowie in Art. 48 GRCh (Rn 288) gewähr- 467

---

232 Vgl zB BVerfG (K) B. v. 5.3.2018 – 1 BvR 1011/17 –.
233 Vgl BVerfGE 47, 182, 187; 58, 353, 357: die wesentlichen, der Rechtsverfolgung dienenden Tatsachen.
234 *Degenhart*, in: Sachs, Art. 103 Rn 9.
235 Näher *Degenhart*, in: Sachs, Art. 103 Rn 12 ff.
236 BVerfGE 60, 313, 318; BVerfG (K) B. v. 13.8.2018 – 2 BvR 745/14 –: Übergehen eines fristgemäß eingegangenen Gesuchs um Fristverlägerung.
237 BVerfGE 107, 395, 401 ff.
238 BVerfGE 133, 168 Rn 57 f.
239 BVerfGE 57, 250, 275; 74, 358, 370; 82, 106, 114 f.
240 BVerfGE 74, 358, 370; 109, 279, 312; zum Schuldprinzip auch grundsätzlich BVerfGE 105, 135.
241 BVerfGE 57, 250, 275 ff; 80, 367, 377 – zur Verwertung tagebuchartiger Aufzeichnungen; BVerfGE 133, 168 Rn 57.

leistet und wird für das Grundgesetz mit Verfassungsrang aus dem Rechtsstaatsprinzip abgeleitet[242], wie auch sonst die Rechtsprechung des BVerfG und die der Fachgerichte sich deutlich an der des EGMR zu den Verfahrensgarantien der EMRK orientiert. Die Unschuldsvermutung ist auch von den Strafverfolgungsbehörden im Rahmen ihrer Öffentlichkeitsarbeit zu beachten, gerade in Fällen von hohem Öffentlichkeitsinteresse. Verfassungsrechtlich gewährleistet ist das **Schuldprinzip** – strafrechtliche Sanktionen setzen die Feststellung der Schuld voraus und müssen schuldangemessen sein[243]. Zum Schuldprinzip als „europafestem" Element der Verfassungsidentität Rn 290, 291a und **Fall 19**.

468 Unschuldsvermutung, Schuldprinzip und das Gebot der Wahrheitsermittlung können gefährdet sein durch die Praxis der **Absprachen im Strafprozess**[244] nach § 257c StPO (Geständnis gegen Zusage einer milderen Strafe), durch die zB in komplexen Wirtschaftsstrafsachen langwierige Verfahren mit umfangreicher Beweisaufnahme abgekürzt werden, die andererseits zu einem problematischen „Handel mit der Gerechtigkeit" auch zu Lasten des Unschuldigen, zu einem Geständnis gedrängten Angeklagten führen können. Es liegt hier ein rechtsstaatlicher In-Sich-Konflikt vor: einerseits sollen Absprachen die Funktionstüchtigkeit der Strafrechtspflege wahren, andererseits können sie rechtsstaatliche Verfahrensgarantien aushebeln. Das BVerfG stellt daher einschränkende Voraussetzungen auf, wie zB die Verpflichtung zur Belehrung des Angeklagten; eine Verurteilung darf auch nicht auf Grund eines ungeprüften inhaltsleeren Formalgeständnisses erfolgen[245].

469 Das Gebot eines „fairen Verfahrens" gilt auch im **Verfassungsprozess**. In seiner Entscheidung zur Einstellung des ersten NPD-Verbotsverfahrens leitet das BVerfG aus der Unterwanderung der Parteispitze durch V-Leute des Verfassungsschutzes ein **absolutes Verfahrenshindernis** ab; es bezieht sich hierfür auf seine Rechtsprechung zum Strafprozess[246]. Im Urteil vom 17.1.2017 betont es erneut die Unzulässigkeit der Tätigkeit von V-Leuten und verdeckten Ermittlern während eines laufenden Verbotsverfahrens und bezieht sich hierfür auf den Grundsatz der Staatsfreiheit der Parteien und das Gebot eines fairen Verfahrens[247].

Zum Verbot der Doppelbestrafung, **Art. 103 Abs. 3 GG** und dessen Durchbrechung durch § 362 Nr 5 StPO **Rn 391**.

470 **Lösung Fall 41: Kanzleigehilfe (Rn 464)**

Der am letzten Tag der Schriftsatzfrist bei der Poststelle eingereichte, aber erst am Tag danach zur zuständigen Kammer gelangte Schriftsatz durfte nicht als verspätet behandelt werden: ausreichend ist, dass er rechtzeitig in den Verantwortungsbereich des Gerichts gelangt ist. Die Prozessbeteiligten dürfen dann darauf vertrauen, dass er ordnungsgemäß weitergeleitet wird. Das Gericht hat hier die Anforderungen an die Wahrnehmung des rechtlichen Gehörs überzogen[248].

Wegen der Verletzung des rechtlichen Gehörs ist an sich die Verfassungsbeschwerde zum BVerfG eröffnet. Um dieses zu entlasten, wurde jedoch im Rahmen der ZPO-Reform mit **§ 321a ZPO** ein besonderes **Rügeverfahren** eingeführt. Erst wenn alle Rechtsmittel ausgeschöpft sind, kann Verfassungsbeschwerde eingelegt werden.

---

242 BVerfGE 133, 168 Rn 61.
243 BVerfGE 133, 168 Rn 104 ff.
244 BVerfGE 75, 369; 133, 168, Besprechung bei *von Heintschel-Heinegg*, JA 2013, 474.
245 BVerfGE 133, 168 Rn 121 ff.
246 BVerfGE 107, 339, 363 ff unter Bezugnahme auf BVerfGE 51, 324, 343 ff.
247 BVerfGE 144, 20 Rn 405 f.
248 BVerfGE 52, 203, 210.

4. Schiedsgerichte, insbesondere im Freihandel

Recht zu sprechen, ist originäre und essenzielle Aufgabe des Staates. Eben dies bezeichnet wesentliche Kritikpunkte an den umstrittenen Freihandelsabkommen nach dem Muster von CETA, soweit dort jedenfalls ursprünglich private Schiedsgerichte für Rechtsstreitigkeiten zwischen Unternehmen und Staaten vorgesehen waren, für den Fall, dass zB Erstere geltend machen, ihre Investitionen seien auf Grund von Gesetzesänderungen entwertet worden. Nun sind private Schiedsgerichte nicht ungewöhnlich; sie sind in §§ 1025 ff ZPO als grundsätzlich der staatlichen Gerichtsbarkeit gleichwertig anerkannt. Sie müssen vergleichbaren Standards im Verfahren genügen und setzen den Abschluss einer wirksamen Schiedsvereinbarung voraus. Auch ist eine, wenn auch begrenzte, Überprüfung durch staatliche Gerichte möglich. Wenn aber Schiedsgerichte generell an die Stelle der staatlichen Gerichtsbarkeit treten, wirft dies die Frage auf, inwieweit der Staat sich seiner klassischen Hoheitsfunktionen begeben darf. Gegen die nunmehr nach CETA vorgesehene Schiedsgerichtsbarkeit, bei der die Richter von den Staaten entsandt werden, hat der EuGH keine Einwände[249]. **471**

Schrifttum zu IV.: *Papier*, Justizgewähranspruch, in: HStR VIII³, § 176; *Degenhart*, Gerichtsorganisation, in: HStR V³, § 114; *Degenhart*, Gerichtsverfahren, in: HStR V³, § 115; *Kingreen/Poscher*, § 30; *Britz*, Das Grundrecht auf den gesetzlichen Richter in der Rechtsprechung des Bundesverfassungsgerichts, JA 2001, 573; *Schenke*, Rechtsschutz gegen normatives Unrecht, JZ 2006, 1004; *Mächtle*, Die Gerichtsbarkeit der Europäischen Union, JuS 2014, 508; *Rademacher*, Rechtsschutzgarantien des Unionsrechts, JuS 2018, 343; *Payandeh*, Europäischer Haftbefehl und das Grundrecht auf faires Verfahren, JuS 2018, 919; *Schäfer*, Grundlagen des europäischen Haftbefehls, JuS 2019, 856.

V. Widerstandsrecht, „ziviler Ungehorsam", Notstand

Als letzte Sicherung des Rechtsstaats gewährt Art. 20 Abs. 4 GG ein Recht zum Widerstand als „subsidiäres Ausnahmerecht"[250] gegen Versuche zu dessen Beseitigung. Es gilt sowohl gegenüber dem Staat selbst bei einem „Staatsstreich von oben", als auch gegenüber dem „Staatsstreich von unten". Mit der Beseitigung der verfassungsmäßigen Ordnung kann die Errichtung einer Diktatur, aber auch die Auflösung des Rechtsstaats in Anarchie angestrebt werden. Das Recht zum Widerstand gilt also nur, wenn staatliche Abhilfe nicht möglich ist. Die Ausübung physischer Gewalt *„soll erst dann in private Hände gegeben werden, wenn der Staat die verfassungsmäßige Ordnung nicht hinreichend schützen kann"*[251]. Nicht auf das Widerstandsrecht des Grundgesetzes berufen können sich die „Aktivisten" der sog. „Letzten Generation". Denn der Staat ist nicht außerstande, die verfassungsmäßige Ordnung zu schützen; er trifft nur nicht die von ihnen als notwendig erachteten Entscheidungen. Darüber haben jedoch in der parlamentarischen Demokratie die demokratisch legitimierten Verfassungsorgane zu entscheiden. Mit Art. 20 Abs. 4 versucht das Grundgesetz, Ausnahmesituationen rechtlich zu erfassen, in denen seine Geltung nicht mehr gewährleistet ist. Wird allerdings die Diktatur, gegen die sich das Widerstandrecht richtet, gleichwohl errichtet, so ist die Berufung auf Art. 20 Abs. 4 GG, erst recht die Anrufung des BVerfG, sinnlos, scheitert sie, ist sie nicht notwendig. Die **472**

---
249 S. jetzt EuGH, Gutachten v. 30.4.2019 – C 1/17 – zur nunmehrigen CETA-Gerichtsbarkeit.
250 BVerfGE 123, 267, 333.
251 Vgl aus der RSpr. BayObLG, B. v. 21.4.2023 – 205 StRR 63/23 – Rn 41.

Grundsätze der Staatsnothilfe würden ausreichen[252]. So hat Art. 20 Abs. 4 GG primär klarstellende und appellative Funktion. Dies gilt auch für seine Erwähnung in Art. 93 Abs. 1 Nr 4a GG.

473 Von der Wahrnehmung eines Widerstandsrechts zu unterscheiden ist der sog. *„zivile Ungehorsam"*[253]. Darunter wird - im Unterschied zum Widerstandsrecht gegenüber einem Unrechtssystem – der Widerstand gegen für ethisch illegitim gehaltene staatliche Entscheidungen verstanden, der unter bewusster, Aufsehen erregender Regelverletzung erfolgt. Soweit durch Aktionen wie das Blockieren von Autobahnen oder das Einsprühen von Schaufenstern oder Hotelbars Straftatbestände verwirklicht werden, rechtfertigt „ziviler Ungehorsam" nicht die Rechtsverletzung, setzt sie vielmehr schon begrifflich voraus[254]. Auch sollte bedacht werden: Freiheit, auch der Meinungsäußerung, endet, wo die Freiheit des anderen beginnt, wenn wie bei den Aktionen der „Letzten Generation" unbeteiligte Dritte ihrerseits unter Verletzung ihres Selbstbestimmungsrechts als Instrument zur Erzwingung öffentlicher Aufmerksamkeit benutzt werden. „Vielmehr setzt, wer zivilen Ungehorsam leistet, die Überlegenheit der eigenen Ansicht voraus und leitet daraus das Recht ab, diese auch mit illegalen Mitteln durchsetzen zu dürfen. Die Annahme einer Rechtfertigung würde bedeuten, ein solches Recht tatsächlich zuzugestehen und damit der Ansicht einer Minderheit ein höheres Gewicht zuzubilligen als der im Rahmen des demokratischen Willensbildungsprozesses entstandenen Entscheidung der Mehrheit."[255]

Schrifttum zu V.: *Dolzer*, Der Widerstandsfall, HStR VII², § 171; *Karpen*, „Ziviler Ungehorsam" im demokratischen Rechtsstaat, JZ 1984, 249; *Lührs/Kroemer*, Anfängerklausur: Grundrechte, Freitagsdemo und Schulpflicht, JuS 2021, 421.

VI. Exkurs: Verfassungsfragen der Pandemie

474 ▶ **Leitentscheidungen:** BVerfGE 159, 223 und 367 (Bundesnotbremse I und II); BVerfGE 160, 79 (Triage); BVerfGE 161, 299 (Einrichtungsbezogene Impfpflicht)

474a Die Corona-Pandemie war eine Herausforderung für den demokratischen Rechtsstaat. Beispiellose Grundrechtseingriffe wie Kontaktbeschränkungen und Ausgangssperren, Versammlungs- und Gottesdienstverbote, Schulschließungen, Betriebsschließungen und Quarantänepflicht wurden zunächst auf schmaler, oft unzureichender gesetzlicher Grundlage im Verordnungswege verfügt und nicht immer willkürfrei durchgesetzt. Pandemien wie die Corona-Pandemie gefährden Gesundheit und Leben einer Vielzahl von Menschen und können das Gesundheitswesen an die Grenzen seiner Leistungsfähigkeit bringen. Hier ist es zweifellos Aufgabe des Staates, Maßnahmen zum Schutz der Menschen vor der Pandemie zu ergreifen: Sicherheit ist ein originärer Staatszweck. Das Grundgesetz kennt jedoch keinen übergesetzlichen oder parakonstitutionellen Notstand, auch die Bekämpfung der Pandemie kann selbstverständlich nur im Rahmen des Grundgesetzes erfolgen. Gewaltenteilung und Kompetenzordnung des Grundgesetzes, die rechtsstaatlichen Grundsätze der Gesetzmäßigkeit der Verwaltung und Verfassungsmäßigkeit der Gesetze, der Rechtssicherheit und der Verhältnismäßigkeit gelten unverkürzt. Wenn hier von der Krise als der *„Stunde der Exekutive"* die Rede war, so ist dies zumindest missverständlich: auch in der Krisensituation einer Pandemie muss in der parlamentarischen Demokratie des Grundgesetzes der Gesetzgeber die wesentlichen Entscheidungen selbst treffen.

---

252 *Hesse*, Rn 760.
253 *Sachs*, in: Sachs, Art. 20 Rn 169; vgl. zu „Letzte Generation" BayObLG, B.v. 21.4.2023 – 205 StRR 63/23 – Rn 53; *Degenhart*, NJW-aktuell 9/2022 S. 7.
254 BVerfGE 73, 206, 251 f.
255 BayObLG, B. v. 21.4.2023 – 205 StRR 63/23 – Rn 54.

474b Die Rechtsprechung hat die Maßnahmen bisher ganz überwiegend – mit einzelnen Korrekturen – gebilligt, zunächst meist in Eilverfahren[256]. Erst spät hat sich das BVerfG in grundsätzlicher Weise geäußert[257]. Mit den Beschlüssen Bundesnotbremse I und II vom 19.11.2022 Ausgangssperren und Schulschließungen[258], dem Triage-Beschluss vom 16.12.2021[259] und dem Beschluss zur einrichtungsbezogenen Impfpflicht vom 27.4.2022[260] wurden die Maßnahmen zur Eindämmung der Pandemie weitgehend bestätigt. Die Entscheidungen folgen meist einem ähnlichen Argumentationsmuster. Dass die Maßnahmen, auch auf Grund ihrer außerordentlichen Streubreite, schwerwiegende Eingriffe bewirken, wird nicht in Frage gestellt. Dem werden rechtfertigend mit Gesundheitsschutz und Schutz des Gesundheitswesens vor Überlastung als legitimem Gesetzeszweck[261] überragend wichtige Gemeinschaftsgüter entgegengehalten, womit das Ergebnis der Abwägung weitgehend vorprogrammiert ist.

474c In der Bilanz hat die Rechtsprechung der Verwaltungs- und Verfassungsgerichte die bisherige Corona-Politik mit ihren intensiven Freiheitsbeschränkungen mitgetragen und lediglich Korrekturen am Rande vorgenommen, wenn einzelne Maßnahmen ersichtlich unverhältnismäßig oder gleichheitswidrig waren. Eine wesentliche Korrektur des IfSG fordert das BVerfG in seiner Entscheidung zur Triage: Es sieht die Gefahr, dass im Fall einer Knappheit lebensrettender Behandlungsmöglichkeiten Menschen mit Behinderung zurückgestellt werden könnten und verpflichtet den Gesetzgeber, unverzüglich Vorkehrungen hiergegen zu treffen, billigt ihm aber wie generell bei Maßnahmen in der Corona-Pandemie einen weiten Einschätzung-, Wertungs- und Gestaltungsspielraum zu[262].

Grundsätzliche durch Corona aufgeworfene verfassungsrechtliche Fragen betreffen:
- zur Gesetzgebung die Zulässigkeit von „selbstvollziehenden" Maßnahmegesetzen, dazu Rn 148;
- zur Gewaltenteilung das Verhältnis von Exekutive und Legislative, dazu Rn 199;
- den Erlass von Rechtsverordnungen, dazu Rn 347;
- die Anforderungen an die Normbestimmtheit, dazu Rn 375;
- und in materieller Hinsicht vor allem die Verhältnismäßigkeit der Maßnahmen, dazu Rn 418;
- ferner im Bund-Länder-Verhältnis die Konferenzen der Regierungschefs und -chefinnen, dazu Rn 538.

Schrifttum: *Michl*, Der demokratische Rechtsstaat in Krisenzeiten, JuS 2020, 507; *Klafki*, Verwaltungsrechtliche Anwendungsfälle im Kontext der Covid-19-Pandemie, JuS 2020, 511; *Schwarz*, Das Infektionsschutzgesetz und die Grundrechte, JA 2020, 321; *Labrenz*, (Gesundheits-)Polizeistaat Sachsen?, SächsVBl 2020, 212; *Degenhart*, Risikogruppen, NJW-aktuell 2020/27, S. 7; *Kingreen*, Das Studium des Verfassungsrechts in der Pandemie, JA 2020, 1019; *Durth/Spannaus*, Vom Basketball-Court zum Verwaltungs-Court, Klausurfall, JA 2021, 484; *Boehme-Neßler*, Ausgangssperren zur Pandemiebekämpfung, NVwZ 2021, 670; *Kießling*, Corona-Maßnahmen in Herbst und Winter 2021/22 nach Ende der „epidemischen Lage", NVwZ 2021, 1801.

---

256 Überblick über die Rspr. bei *Zuck/Zuck*, NJW 2020, 2302 ff; *Füßer/Meiser*, SächsVBl 2021, 61 und SächsVBl 2022, 157; krit. *Degenhart*, NJW-aktuell 36/2021 S. 7.
257 *Degenhart*, NJW-aktuell 36/2021 S. 7.
258 BVerfGE 159, 223 und BVerfGE 159, 355 mit Anm. *Degenhart*, NJW 2022, 123.
259 BVerfGE 160, 79; dazu *Degenhart*, NJW-aktuell 4/2022 S. 7.
260 BVerfGE 161, 299.
261 BVerfGE 159, 223 Rn 168 ff; BVerfGE 159, 355 Rn 110 ff.
262 Vgl. *Degenhart*, NJW-aktuell 4/2022 S. 7.

§ 5 Das bundesstaatliche Prinzip des Grundgesetzes

475 *Die Bundesrepublik Deutschland ist, wie sich aus Art. 20 Abs. 1 GG und aus anderen Verfassungsbestimmungen ergibt, ein Bundesstaat. Die Staatsgewalt als die Gesamtheit staatlicher Befugnisse ist aufgeteilt zwischen einem „Gesamtstaat" – dem Bund – und den Gliedstaaten – den (derzeit) 16 Ländern. Wie im Einzelnen diese Befugnisse zwischen Bund und Ländern aufgeteilt sind, wie sie auszuüben sind, welche Einwirkungsmöglichkeiten der Bund auf die Länder hat und umgekehrt, wie ganz allgemein das Verhältnis zwischen Bund und Ländern beschaffen ist und wie Konflikte zwischen ihnen zu lösen sind, dem soll im Folgenden nachgegangen werden. Gegenstand der Darstellung ist kein abstrakter Bundesstaatsbegriff, sondern konkret der Bundesstaat des Grundgesetzes.*

I. Grundlagen

476 *Im Folgenden sollen zunächst einige wesentliche Merkmale des Bundesstaatsbegriffs nach dem Grundgesetz erörtert werden. Kennzeichnend hierfür ist zunächst die Staatsqualität des Bundes und der Länder. Dass diese Prämisse auch durchaus praktische Konsequenzen hat, soll im Folgenden deutlich werden. Dabei sind auch die Grenzen aufzuzeigen, die das Grundgesetz, vor allem in Art. 79 Abs. 3 GG, Veränderungen der bundesstaatlichen Ordnung setzt.*

▶ **Leitentscheidungen:** BVerfGE 12, 205 (1. Rundfunkurteil); BVerfGE 34, 9 (Art. 74a GG); BVerfGE 72, 330 (Finanzausgleich); BVerfGE 103, 332 (LNatSchG SH); BVerfGE 111, 226 (Juniorprofessur); BVerfGE 147, 185 (Kita-Gesetz Sachsen-Anhalt)

477 **Fall 42: Bildungskompetenz**

Als Reaktion auf deutliche Leistungsunterschiede zwischen den Bundesländern im Bildungswesen wird durch Verfassungsänderung dem Bund die Gesetzgebungszuständigkeit für „das Schul- und Hochschulwesen und das Recht der beruflichen Bildung" übertragen. Gesetze auf Grund dieser Zuständigkeitsnorm bedürfen der Zustimmung des Bundesrats. Das Bundesland B hat Bedenken gegen die Verfassungsmäßigkeit der Grundgesetzänderung. Den Ländern werde damit der Kernbereich ihrer Zuständigkeiten entzogen. Die Bundesregierung ist der Auffassung, durch die Möglichkeit der Länder, über den Bundesrat an der Gesetzgebung mitzuwirken, werde dies hinreichend ausgeglichen. **Rn 492**

478 **Fall 43: Wahltermin**

Im Wege einer Verfassungsänderung wird in das Grundgesetz eine Bestimmung eingefügt, die die Termine für die Landtagswahlen in den einzelnen Bundesländern einheitlich mit dem Termin zur Bundestagswahl zusammenlegt. Dadurch soll das politische Geschehen von der ständigen Wahlkampfsituation entlastet werden.

Die Länder sehen einen unzulässigen Eingriff in ihre Eigenstaatlichkeit. Zu Recht?

(Eine dahingehende Verfassungsänderung wurde im Rahmen der Beratungen der Gemeinsamen Verfassungskommission erwogen, aber im Ergebnis nicht befürwortet.)

Rn 493 (prozessual Rn 903)

1. Geschichtlich

Nach S. 2 der Präambel zum Grundgesetz in ihrer Neufassung durch den Einigungsvertrag haben die Deutschen in den – dort im Einzelnen aufgeführten – 16 Ländern die Einheit und Freiheit Deutschlands vollendet. Bereits die Präambel setzt also die Existenz von Ländern voraus. Sie ist durch die *„Ewigkeitsgarantie"* des Art. 79 Abs. 3 GG abgesichert. **Bundesstaatlichkeit** ist hiernach tragendes **Strukturprinzip für den Staatsaufbau** in Art. 20 Abs. 1 GG. Es ist die historisch gewachsene Staatsform Deutschlands[1]. Die Reichsgründung 1871 erfolgte unter Aufrechterhaltung der Staatsqualität der bis dahin souveränen Gliedstaaten. Stärker unitarisch geprägt war die Weimarer Reichsverfassung, doch war auch die *Weimarer Republik* Bundesstaat. Nach der nationalsozialistischen Machtergreifung wurde durch ein *„Gesetz über den Neuaufbau des Reiches"* vom 30. Januar 1934 die Eigenstaatlichkeit der Länder beseitigt. Nach 1945 waren es zuerst die Länder, in denen sich wieder deutsche Staatsgewalt formierte. Abgesehen von Bayern und den Hansestädten wurden sowohl im Westen als auch in der sowjetischen Besatzungszone neue Länder gebildet, unter Einbeziehung auch der Gebiete des aufgelösten Staates Preußen. Nach der Gründung der DDR 1949 wurden 1952 deren fünf Länder wieder aufgelöst und in 14 Bezirke umgewandelt. Durch Verfassungsgesetz zur Bildung von Ländern in der Deutschen Demokratischen Republik vom 22. Juli 1990 (GVBl I 1, S. 955) erfolgte die Wiederherstellung der Länder in der DDR, die dann mit dem *Beitritt* der DDR zum Geltungsbereich des Grundgesetzes Länder der Bundesrepublik Deutschland wurden.

479

Mit der Festlegung auf die Bundesstaatlichkeit knüpft das Grundgesetz auch (nicht ausschließlich) an die Staatsform des Bundesstaats in ihrer historischen Prägung und damit an ein vorverfassungsrechtliches Gesamtbild der Bundesstaatlichkeit an. Wenn also das *BVerfG* in einzelnen Entscheidungen auf *traditionelle* Elemente, wie die Selbstständigkeit, die Eigenstaatlichkeit der Länder[2] abstellt, so liegt hierin ein Rückgriff auf einen Bundesstaatsbegriff, wie ihn das Grundgesetz vorgefunden und näher ausgestaltet hat.

480

2. Der Bundesstaatsbegriff des Grundgesetzes

a) Staatlichkeit von Bund und Ländern

Art. 20 Abs. 1 GG enthält die **verfassungsgestaltende Grundentscheidung** für die Bundesrepublik als **Bundesstaat**. Dies bedeutet: Die Bundesrepublik als Gesamtstaat setzt sich zusammen aus einzelnen (aktuell 16) Gliedstaaten: den Ländern, diese bilden den Gesamtstaat, den Bund. Die Staatsgewalt wird zwischen Bund und Ländern aufgeteilt (Rn 7). Dies erfolgt durch das Grundgesetz, also in der Verfassung des Bundes. Dieser hat die „Kompetenz-Kompetenz" (Rn 486), in den Schranken des Art. 79 Abs. 3 GG: Die Länder dürfen zB nicht von der Beteiligung an der Gesetzgebung ausgeschlossen werden. In diesem Rahmen üben die **Länder** eigene, nicht vom Bund abgeleitete, originäre Staatsgewalt aus. Sie verfügen auch über ein Staatsgebiet, auch von einem Staatsvolk mag gesprochen werden – ohne dass dies freilich rechtlich relevant wäre: nach Art. 33 Abs. 1 GG haben alle Deutschen in allen Ländern die gleichen staatsbürgerlichen Rechte und Pflichten. Wenn also von der **Staatsqualität** der Länder gesprochen wird, so handelt es sich nicht um die Staatlichkeit eines souveränen Staates: Umfang und Qualität der staatlichen Befugnisse der Länder sind im Grundgesetz geregelt, die Länder haben auch

481

---

1 Vgl *Huber*, NVwZ 2019, 665.
2 BVerfGE 3, 58, 158; 4, 178, 189; 6, 309, 346; 11, 77, 88; 22, 267, 270; 36, 342, 360.

kein Recht zum Austritt aus der Bundesrepublik. Die Bundesrepublik als Staat beruht auf der verfassungsgebenden Gewalt ihres Staatsvolkes; Sezessionsbestrebungen verstießen gegen die verfassungsmäßige Ordnung[3]. Demgegenüber erkennt Art. 50 EUV ein Recht der Mitgliedstaaten zum Austritt aus der EU an. Während die Mitgliedstaaten der EU „Herren der Verträge" sind, sind die Länder nicht Herren des Grundgesetzes[4].

482/ 483 Die Frage der „Staatsqualität" der Länder könnte bei einer durch völkerrechtlichen Vertrag des Bundes mit einem auswärtigen Staat vereinbarten **Gebietsabtretung** (zB Grenzkorrektur) bedeutsam werden. Str ist hier, ob ein solcher Vertrag der Zustimmung des betroffenen Landes – in dessen Gebiet ja ebenfalls eingegriffen wird – bedarf[5]. Nach Art. 32 Abs. 1 GG ist die Pflege der auswärtigen Beziehungen Sache des Bundes; dazu zählt auch der Abschluss von Verträgen mit anderen Staaten. Da der Vertrag die besonderen Verhältnisse des Landes, dessen Gebiet abgetreten bzw getauscht wird, berührt, muss dieses „gehört" werden. Dies bedeutet in der Rechtsprache aber nur: es muss Gelegenheit zur Äußerung erhalten. Eine Bindung des „anhörenden" Bundes folgt hieraus nicht: Anhörung ist weniger als Zustimmung. Aus Art. 32 GG ergibt sich also kein Zustimmungserfordernis. Der Staatsqualität der Länder aber würde es widersprechen, wenn von Seiten des Bundes ohne ihre Zustimmung über ihr Staatsgebiet – ein Essentiale ihrer Staatlichkeit – verfügt werden könnte.

484 Der Staatlichkeit der Länder entspricht ihre **Verfassungsautonomie**. Dies ist die originäre Befugnis des Trägers der Staatsgewalt in den Ländern – des Volkes –, sich eine Verfassung zu geben. Sie wird eingeschränkt durch die **Homogenitätsklausel** des Art. 28 Abs. 1 S. 1 GG mit ihren zwingenden Vorgaben für die verfassungsmäßige Ordnung in den Ländern, Rn 103, 142, 245a – und deren gewählte Volksvertretungen. Volksentscheide sind damit nicht ausgeschlossen (Rn 123). Auch müssen die für den Parlamentarismus tragenden Grundsätze über die Stellung des Parlaments und des Abgeordneten auch auf Länderebene gewahrt sein. In der Konsequenz konnte ein Landtagsabgeordneter sich gegen seine Observation durch den Verfassungsschutz unter Berufung auf Art. 38 Abs. 1 S. 2 iVm Art. 28 Abs. 1 S. 1 GG mit der Verfassungsbeschwerde zur Wehr setzen[6].

Zu gemeinsamen Ländereinrichtungen s. Rn 543.

485 Mit dem Grundsatz der Staatlichkeit der Länder und ihrer Verfassungsautonomie wäre es auch unvereinbar, wenn die Termine der **Wahlen zu den Landtagen** durch Bundesgesetz – sei es auch durch verfassungsänderndes Gesetz – festgelegt würden **(Fall 43 Rn 478, 493)**. Denn wenn die Länder Träger originärer, nicht vom Bund abgeleiteter staatlicher Gewalt sind, so obliegt es ihnen, deren Ausübung zu organisieren. Primärer Akt der Staatsorganisation sind Wahlen. Deren Organisation muss von den Ländern auf Grund ihrer originären Staatsgewalt autonom erfolgen, dies betrifft auch die Festlegung des Termins. Eine Regelung im Grundgesetz wäre unzulässig. Sie dürfte nicht erst an Art. 79 Abs. 3 GG scheitern, sondern von vornherein außerhalb der Zuständigkeit des Bundes liegen.

---

[3] Vgl. die Anm. *Hillgruber*, JA 2017, 238 zum Kammerbeschluss des BVerfG (B. v. 16.12.2016 – 2 BvR 349/16 – juris) über die Nichtannahme einer Verfassungsbeschwerde gegen die Nichtzulassung eines Volksbegehrens über den Austritt Bayerns aus der Bundesrepublik; zu den Sezessionsbestrebungen in Katalonien vgl. *Degenhart*, NJW-aktuell 45/2017, 7; s. auch *Honer*, JuS 2018, 661; *Lindner*, BayVBl 2014, 645.
[4] BVerfG, B. v. 16.12.2016 – 2 BvR 349/16 – juris.
[5] Dagegen etwa *Streinz*, in: Sachs, Art. 32 Rn 46; dafür *Jarass/Pieroth*, Art. 32 Rn 9; *Schubert*, in: Sachs, Art. 30 Rn 5.
[6] BVerfGE 134, 141 Rn 104 ff; dazu *Sachs*, JuS 2014, 284 ff.

b) Bundesstaatliche Kompetenzordnung – unitarischer Bundesstaat oder Wettbewerbsföderalismus?

Die Bestimmungen des Grundgesetzes, die die Aufteilung der staatlichen Befugnisse – zB der Gesetzgebungskompetenzen – vornehmen, bilden die bundesstaatliche **Kompetenzordnung**. Grundregel ist **Art. 30 GG**, in der die Staatsqualität der Länder ihren positiven Ausdruck findet[7]. Danach ist die Ausübung staatlicher Befugnisse Sache der Länder, soweit sie nicht vom Grundgesetz ausdrücklich dem Bund zugewiesen werden. Art. 70 GG wiederholt und konkretisiert diesen Grundsatz für die Gesetzgebung, Art. 83 GG für die Verwaltung. Kompetenzzuweisungen an den Bund sind vor allem in Art. 71 ff GG für die Gesetzgebung, in Art. 84 ff GG für die Verwaltung und in Art. 95 GG für die Rechtsprechung sowie in den Art. 104a ff GG für den Bereich der Staatsfinanzen enthalten. Die Kompetenzzuweisungen sind nicht deckungsgleich: Wenn für eine bestimmte Materie die Gesetzgebung Sache des Bundes ist, kann die Ausführung der Gesetze gleichwohl bei den Ländern liegen. Dies ist sogar der Regelfall. Der Schwerpunkt der Gesetzgebung liegt jedoch beim Bund.

486

Damit ist die Entwicklung zu einem **unitarischen** Bundesstaat vorgezeichnet. Dazu tragen auch entscheidend die Grundrechte des Grundgesetzes als die gesamte Rechtsordnung durchdringende Wertentscheidungen bei[8]. Mit der Föderalismusreform I von 2006 sollte auf eine „Erosion der Landesgesetzgebung"[9] reagiert werden, verursacht durch Kompetenzzuwächse für den Bund[10], wie auch intensiven Gebrauch des Bundes von konkurrierenden Zuständigkeiten. Es wurden einige Kompetenzen – nicht die bedeutsamsten – auf die Länder verlagert, zB für das Versammlungsrecht, das Ladenschlussrecht oder das Recht der Spielhallen. Andererseits wurde der Bund bei der konkurrierenden Gesetzgebung dadurch gestärkt, dass die Erforderlichkeitsprüfung für die wichtigsten Materien nach Art. 72 Abs. 2 GG entfällt (Rn 188 f). Die Änderungen des Grundgesetzes vom 13. Juli 2017 (BGBl. I S. 2347) haben insgesamt ebenfalls die Rolle des Bundes in der bundesstaatlichen Ordnung gestärkt. Diese Entwicklungen schließen den Gedanken eines **föderalen Wettbewerbs** nicht aus, wie er etwa in den Urteilen des BVerfG zum Hochschulrecht[11] und zum Finanzausgleich zum Ausdruck kommt. Föderaler Wettbewerb ist auf bundesstaatliche Vielfalt ausgerichtet – das Grundgesetz fordert Gleichwertigkeit der Lebensverhältnisse, so in Art. 72 Abs. 2 GG, aber nicht Gleichartigkeit.

487/
488

c) Bundesstaatlichkeit als unantastbares Verfassungsprinzip

Durch Art. 79 Abs. 3 GG wird der bundesstaatliche Aufbau der Bundesrepublik auch gegenüber verfassungsändernden Mehrheiten in seinen wesentlichen Grundzügen gewährleistet: Art. 79 Abs. 3 GG nimmt Bezug auf die „*Gliederung des Bundes in Länder*", auf die „*Mitwirkung der Länder bei der Gesetzgebung*", aber auch generell auf den in Art. 20 Abs. 1 GG genannten Grundsatz der Bundesstaatlichkeit. Die Existenz von Ländern als Gliedstaaten fällt in diesen Kernbereich. Sie wird von der Unveränderlichkeitssperre des Art. 79 Abs. 3 GG – 1. Alternative – umfasst. Die Länder dürfen nicht zu blo-

489

---

7 Vgl *Schubert*, in: Sachs, Art. 30 Rn 2 ff.
8 BVerfGE 7, 198, 208.
9 *Huber*, Festschrift Scholz, 2007, S. 595 (596 f.) sowie *ders.*, NVwZ 2019, 665, 666.
10 *Huber* a.a.O. nennt 19 dahingehende Grundgesetzänderungen zwischen 1949 und 2006; Aufzählung bei *Meyer*, Die Föderalismusreform 2006 –Konzeption, Kommentar, Kritik, 2008, S. 77.
11 BVerfGE 111, 226; 112, 226.

ßen Verwaltungseinheiten werden[12]. Ihnen muss ein **Kern eigener Aufgaben** als „Hausgut" unentziehbar verbleiben[13]. Zur Frage, inwieweit die Mitwirkungsrechte des Bundesrats darunter fallen, s. Rn 744

d) Bundesstaat, Demokratie und Rechtsstaat

490 Die Bundesstaatlichkeit Deutschlands ist nicht nur Ausdruck historisch gewachsener Vielfalt. Ihre aktuelle Bedeutung liegt auch darin, dass sie als ein **komplementäres Element freiheitlich-demokratischer Ordnung** wirkt. Bundesstaatlichkeit lässt auf Länderebene Gegengewichte zur politischen Macht des Bundes entstehen, bewirkt Aufteilung und wechselseitige Verschränkung von Gesetzgebungs- und Verwaltungszuständigkeiten. Insofern kann von *„vertikaler"* Gewaltenteilung gesprochen und dem Bundesstaatprinzip eine freiheitssichernde Funktion zugeschrieben werden. Andererseits sind auch Effizienzverluste zu konstatieren, wenn etwa die Handlungsbefugnisse des Bundesrats einseitig im Sinn einer Blockadepolitik eingesetzt werden. Das Verhältnis von Bundesstaatlichkeit und Demokratie ist ambivalent. Einerseits ermöglicht die bundesstaatliche Gliederung weitergehende Möglichkeiten einer Teilhabe des Bürgers am Staat und stärkt auch die Chancen der Oppositionsparteien auf Bundesebene, wenn diese in den Ländern mitgestalten[14]. Andererseits geht mit der aktuellen Ausgestaltung des bundesstaatlichen Prinzips eine deutliche Schwächung des Parlamentarismus einher. Der Bundesstaat des Grundgesetzes ist **exekutivlastig**. Die Länder haben Gesetzgebungskompetenzen an den Bund verloren; verbleibende Gesetzgebungsbefugnisse sind häufig Gegenstand von Staatsverträgen der Länder, die von deren Regierungen vereinbart werden. Der Bundesrat, der ja den Ländern die entscheidenden politischen Einflussmöglichkeiten im Bundesstaat verschafft, ist eine Vertretung der Regierungen der Länder und nur mittelbar demokratisch legitimiert.

3. Bundesstaatlichkeit und Europäische Union

491 Auch innerhalb der EU muss die Bundesrepublik Bundesstaat bleiben. Dies folgt schon aus Art. 79 Abs. 3 GG, der eine Integrationsschranke bildet[15]. Darüber hinaus soll aber die Europäische Union selbst föderativen Grundsätzen verpflichtet sein – hierauf hat die Bundesrepublik nach Art. 23 Abs. 1 S. 1 GG hinzuwirken. Die Mitwirkung an einer Union, die sich föderativen Grundsätzen nicht mehr verpflichtet sieht, wäre von der Integrationsermächtigung des Art. 23 Abs. 1 GG nicht mehr getragen. Föderative Grundsätze in diesem Sinn bedeuten zB, dass die Mitgliedstaaten an der Willensbildung auf europäischer Ebene mitwirken, dass die Zuständigkeiten ähnlich wie nach Art. 30 GG verteilt sind, dass bei den Mitgliedstaaten substanzielle Zuständigkeiten verbleiben, und dass die Union das Subsidiaritätsprinzip des Art. 5 Abs. 2 EUV beachtet (Rn 269). Tatsächlich erscheinen Politik und Strukturen der EU deutlich zentralistisch orientiert.

> **Lösung der Ausgangsfälle**
>
> 492 **Fall 42: Bildungskompetenz (Rn 477)**
>
> Die Verfassungsänderung könnte dann unwirksam sein, wenn sie gegen die durch Art. 79 Abs. 3 GG gewährleistete bundesstaatliche Ordnung verstieße.
>
> 1. Danach darf die grundsätzliche Mitwirkung der Länder an der Gesetzgebung nicht ausgeschlossen werden. Sie ist über den Bundesrat gewährleistet (Rn 223, 744).
>
> 2. Die Grundgesetzänderung könnte jedoch gegen die Garantie der *„Gliederung des Bundes in Länder"* verstoßen.

---

12 BVerfGE 34, 9, 19 f.
13 BVerfGE 34, 9, 19 f; 87, 181, 196.
14 S. zu diesen Gesichtspunkten *Kloepfer* I, § 9 Rn 52 ff; *Huber*, NVwZ 2019, 665, 671.
15 Vgl *Streinz*, in: Sachs, Art. 23 Rn 32.

a) Die Länder müssen in ihrer Staatsqualität erhalten bleiben; ihnen müssen daher nennenswerte staatliche Befugnisse verbleiben. „*Höchstpotenzierte Gebietskörperschaften*" genügen *nicht*[16].

b) Von substanziellen staatlichen Befugnissen kann nur gesprochen werden, wenn diese auch im Bereich der Gesetzgebung vorhanden sind.

aa) Es kommt also auf das Ausmaß der den Ländern noch verbleibenden *Kompetenzen* an.

bb) Tatsächlich haben die Länder nur noch in diesen Bereichen nennenswerte Gesetzgebungskompetenzen, die ihnen die Möglichkeit eigener Gestaltung eröffnen: im Recht der inneren Sicherheit (Polizeirecht) und vor allem im Bereich der Bildung.

cc) Wird ihnen Letzterer entzogen, so ist das erforderliche Mindestmaß an eigenen staatlichen Befugnissen in der Gesetzgebung nicht mehr gegeben.

3. Ergebnis: Die Grundgesetzänderung überschreitet die Grenzen des Art. 79 Abs. 3 GG und ist deshalb nichtig, „*verfassungswidriges Verfassungsrecht*".

Fall 43: Wahltermin (Rn 478)

1. Die Verfassungsänderung könnte bereits an mangelnder Zuständigkeit des Bundes(verfassungs-)gesetzgebers scheitern.

a) Grundsätzlich hat zwar im Bundesstaat der Verfassungsgeber auf Bundesebene die „Kompetenz-Kompetenz", dh er ist dafür zuständig, die nähere Zuständigkeitsverteilung im Bund-Länder-Verhältnis vorzunehmen.

b) Dies betrifft jedoch nur die staatlichen Befugnisse, die Bund oder Ländern zustehen können. Wahlen als Akt der Staatsorganisation sind aber auf Landesebene von vornherein einer Regelung durch den Bund entzogen. Zwar kann das Grundgesetz hierfür bestimmte Grundsätze aufstellen, wie in Art. 28 GG geschehen. Die Organisation der Wahlen selbst, und damit auch die Festlegung des Wahltermins, muss jedoch als Akt der Staatsorganisation durch das Land selbst erfolgen. Der Bund ist also nicht zuständig.

2. Außerdem wären die Grenzen des Art. 79 Abs. 3 GG überschritten. Die Organisationshoheit der Länder wäre in einem Kernbereich getroffen. Die Verfassungsänderung ist nichtig.

Schrifttum zu I.: *Jestaedt*, Bundesstaat als Verfassungsprinzip, HStR II³, § 29; *Lindner*, „Austritt" des Freistaates Bayern aus der Bundesrepublik Deutschland?, BayVBl 2014, 97; *ders.*, Aufhebung der Eigenstaatlichkeit der Länder in einer neuen deutschen Verfassung, BayVBl 2014, 645; *Degenhart*, Modernisierung des Bundesstaates – eine Zwischenbilanz nach drei Reformen, BayVBl 2018, 505; *Weiß*, Die Integrationsverantwortung der Landtage, JuS 2019, 79; *Huber*, Der ungeliebte Bundesstaat, NVwZ 2019, 665, 671; *Waldhoff*, Staat und Verfassung – von der Reichsgründung 1871 bis zu den „Reichsbürgern", JuS 2021, 289.

II. Kooperativer Föderalismus und Bundestreue – die föderalen Rechtsbeziehungen

Bund und Länder unterliegen im Bundesstaatsverhältnis Bindungen in der Ausübung ihrer Kompetenzen. Sowohl der Bund als auch jedes Land sind im Bundesstaat des Grundgesetzes verpflichtet, so zu handeln, dass die Interessen aller Beteiligten möglichst gewahrt bleiben. Dieser ungeschriebene Verfassungsgrundsatz der gegenseitigen Rücksichtnahme wird mit dem Gebot der Bundestreue oder des bundesfreundlichen Verhaltens umschrieben. Es verdrängt die positiv niedergelegte Kompetenzordnung nicht, kann

---

16 BVerfGE 34, 9, 19 f.

aber den Beteiligten bei der Wahrnehmung ihrer Kompetenzen im Einzelfall Schranken setzen. Schließlich können auch die Länder sich untereinander in der Wahrnehmung ihrer Kompetenzen koordinieren – man spricht insoweit von kooperativem Föderalismus.

▶ **Leitentscheidungen:** BVerfGE 8, 104 (Volksbefragung); BVerfGE 12, 205 (1. Rundfunkurteil); BVerfGE 92, 203 (Fernsehrichtlinie); BVerfGE 158, 359 (Rundfunkbeitrag II).

495 **Fall 44: Hochschulen**

a) Studiengebühren: Nach dem Urteil des BVerfG vom 26.1.2005 haben sechs Bundesländer Studiengebühren eingeführt. In L ist das Studium weiterhin kostenfrei, in den angrenzenden Ländern A und B werden demgegenüber Studiengebühren von € 500 – € 750 pro Semester erhoben. Nachdem aus diesen Ländern zahlreiche Studierende nach L wechseln, vertritt die Landesregierung von L die Auffassung, die Länder A und B müssten auf L Rücksicht nehmen und keine oder nur niedrige Studiengebühren erheben, um so den Druck von L zu nehmen. Demgegenüber meint die Landesregierung A, das Land L müsse dann ebenfalls Studienbeiträge erheben. **Rn 513** (prozessual Rn 906)

b) Hochschullehrerbesoldung: Das wirtschaftlich starke Land C wiederum hat nach der Föderalismusreform 2006 seine neu erlangte Zuständigkeit für die Besoldung seiner Beamten auch dazu genutzt, durch Verbesserungen bei der Besoldung der Professoren die Attraktivität seiner Hochschulen zu steigern. Das Land L, das von seiner Kompetenz durch eine deutliche Absenkung der Bezüge Gebrauch gemacht hat, moniert, dass es auf Grund seiner schlechten Wirtschaftslage hier nicht mithalten könne und deshalb seine Hochschulen nicht konkurrenzfähig seien. **Rn 513**

496 **Fall 45: Gastschüler**

Das Privatschulgesetz des Landes X sieht Zuschüsse für Schulen in freier Trägerschaft vor, die anteilig pro Schüler gewährt werden, für Schüler aus anderen Bundesländern aber nur insoweit, als durch diese eine Erstattung erfolgt. Im angrenzenden Land Y ist man der Auffassung, die Landeskinder sollten Schulen in Y besuchen und verweigert eine entsprechende Kostenerstattung. Demgemäß gewährt das Land X seinen Privatschulen keine Zuschüsse für deren zahlreiche Schüler aus Y. Entsprechend höher werden für diese die Schulgelder festgesetzt. Der im Land Y wohnhafte, mäßig besoldete Professor P kann die Schulgelder für seine eine Privatschule in X besuchenden Kinder nicht mehr aufbringen. Er hält derartige Landeskinderklauseln für unzulässig. **Rn 514**

497 **Fall 46: Kung Fu TV**

Durch Staatsvertrag haben die Länder Grundsätze für die Verbreitung privater Fernsehprogramme über Kabel vereinbart. Ein Programm, das in *einem* Land nach dessen Rundfunkgesetzen zugelassen ist, darf in *allen* Ländern ohne weitere rechtliche Voraussetzungen verbreitet werden (Herkunftslandprinzip). Durch Landesgesetz haben alle Bundesländer den Staatsvertrag ratifiziert.

Der private Veranstalter eines Fernsehspartenprogramms für Kampfsport „Kung Fu TV" hat im Land X eine rundfunkrechtliche Zulassung erhalten. Die zuständige Behörde des Landes Y untersagt die Verbreitung in Y, da das Programm gewaltverherrlichend und brutalisierend wirke und deshalb gegen rundfunkrechtliche Grundsätze verstoße; im anschließenden Rechtsstreit erklärt das Landesverfassungsgericht Y das Zustimmungsgesetz des Landes Y zum Rundfunkstaatsvertrag für nichtig.

Das Land X ist der Auffassung, das Land Y müsse sich an den Staatsvertrag halten; die Entscheidung des Landesverfassungsgerichts dürfte nicht dazu führen, dass das Land sich seinen staatsvertraglichen Bindungen entziehe. **Rn 515** (prozessual Rn 906)

Fall 47: Glücksspiel I

Um das Recht des Glücksspiels und der Wetten auf eine verfassungsmäßige Grundlage zu stellen, haben sich die Ministerpräsidenten der Länder am 1. Oktober 2013 auf einen neuen Glücksspielstaatsvertrag geeinigt. Er lautet, soweit hier von Bedeutung:

„§ 1 Ziele des Gesetzes sind das Entstehen von Glücksspielsucht und Wettsucht zu verhindern, ... den natürlichen Spieltrieb in geordnete und überwachte Bahnen zu lenken, den Jugend- und den Spielerschutz zu gewährleisten, ... Gefahren für die Integrität des sportlichen Wettbewerbs durch Sportwetten vorzubeugen.

§ 9 Die Veranstaltung und die Vermittlung von Lotterien und Sportwetten bedarf der Erlaubnis
...

§ 12 Werbung: Art und Umfang der Werbung für öffentliches Glücksspiel ist an den Zielen des § 1 auszurichten. Werbung für öffentliches Glücksspiel ist im Fernsehen und im Internet verboten ...

(...)"

§ 12 Die Erlaubnis nach § 9 ist zu widerrufen, wenn der Inhaber wiederholt und schwerwiegend gegen die Verbote nach § 12 verstößt.

Der Landtag von A hat durch Gesetz vom 1.11.2013 dem GlüStV zugestimmt. Gustav Gambler vermittelt Sportwetten. Nach wiederholten Verstößen gegen das Werbeverbot widerruft die zuständige Behörde die ihm erteilte Erlaubnis. Gambler ist der Auffassung, das Werbeverbot sei unverhältnismäßig und ohne gesetzliche Grundlage. Der Staatsvertrag sei von den Ministerpräsidenten der Länder in einem undurchsichtigen und undemokratischen Verfahren vereinbart worden, die Landtage seien ohne jegliche Möglichkeit zur Einflussnahme auf den Inhalt des Vertrags gedrängt worden, ihm zuzustimmen. **Rn 516** (prozessual Rn 916)

1. Unitarisierung durch Kooperation – insbesondere: Staatsverträge

Nicht nur liegt die Gesetzgebung im Schwerpunkt beim Bund, auch die Länder tragen ihrerseits für die ihnen verbleibenden Gesetzgebungskompetenzen zur Unitarisierung bei. Gemeinsame Musterentwürfe für Gesetze sind vor allem im Polizei- und Bauordnungsrecht anzutreffen; sie sind freilich unverbindlich und lassen Raum für Abweichungen. Anders ist dies bei **Staatsverträgen**, durch die sich die Länder auf eine einheitliche Gesetzgebung festlegen. So legt zB der Rundfunkfinanzierungsstaatsvertrag den Rundfunkbeitrag centgenau fest. Der von den Ministerpräsidenten der Länder abgeschlossene Vertrag wird dann durch Transformationsgesetze der Landesparlamente in jedem Land als Landesgesetz verabschiedet. Erst wenn alle 16 Länder durch Gesetz zugestimmt haben, tritt der Vertrag in Kraft – entsprechend hoch ist dann der politische Druck auf die Landtage. Ihnen verbleibt hier nur die Entscheidung über Annahme oder Ablehnung des ausformulierten Vertrags; sie können aber keine Änderungswünsche vorbringen. Dieser **Funktionsverlust der Länderparlamente** ist im Hinblick auf das Demokratiegebot nicht unproblematisch. Andererseits wird dadurch vermieden, dass der Bund eine Materie an sich zieht, für die eine einheitliche Regelung unabweisbar ist. Auch das bundesstaatliche Prinzip des Art. 20 Abs. 1 GG wird durch die Praxis der Staatsverträge berührt. Die Garantie eines Kernbestands eigener Aufgaben (Rn 489) der Länder richtet sich zwar in erster Linie gegen den Bund. Sie kann aber teilweise leerlaufen, soweit die Länder in Staatsverträgen selbst ihre Gestaltungsfreiheit einschränken[17].

---

17 Offengelassen bei: BVerfGE 87, 181, 196.

500 Staatsverträge zwischen den Ländern setzen voraus, dass die Länder die Sachkompetenz für den Gegenstand des Vertrags haben. Verstößt der Vertrag – genauer: das Zustimmungsgesetz zum Vertrag – gegen die Verfassung eines der beteiligten Bundesländer, so ist dessen Zustimmungsgesetz nichtig. Anders als beim völkerrechtlichen Vertrag besteht dann im Außenverhältnis zu den Vertragspartnern keine Bindung[18] (**Fall 46** Rn 497). Die Verfassungswidrigkeit des Zustimmungsgesetzes ist vor dem jeweiligen Landesverfassungsgericht geltend zu machen. Die Staatsverträge führen zu bundesweit einheitlichem Landesrecht. Dazu tragen auch staatsvertragliche Regelungen wie zB § 114 MStV bei, die im Verwaltungsprozess eine Revision zum Bundesverwaltungsgericht vorsehen[19], während sonst Landesrecht nicht revisibel ist, über seine Auslegung also von den Verwaltungsgerichten der Länder letztverbindlich entschieden wird.

500a In seiner Entscheidung vom 20.7.2021 (BVerfGE 158, 359) zur Erhöhung des Rundfunkbeitrags durch den 1. Medienänderungsstaatsvertrag sieht das BVerfG die Länder in einer **föderalen Verantwortungsgemeinschaft**. Die Länder hatten sich auf die Erhöhung entsprechend dem Vorschlag der Kommission zur Ermittlung des Finanzbedarfs der Rundfunkanstalten (KEF) geeinigt. Da aber im Landtag von Sachsen-Anhalt keine Mehrheit zustandekam, zog der Ministerpräsident den Gesetzentwurf für das Zustimmungsgesetz zurück, es fehlte also an der Zustimmung des Landtags zum Staatsvertrag. Hierin sah das BVerfG eine Verletzung der Rundfunkfreiheit der Anstalten, denen es seit jeher einen Anspruch auf „funktionsgerechte Finanzierung" zuerkennt. Die Länder waren damit, so das BVerfG, in der Verantwortung für diese Finanzierung. Dieser Verantwortung war Sachsen-Anhalt nach Ansicht des BVerfG nicht nachgekommen; der Landtag hätte zustimmen müssen.

2. Bundestreue, bundesfreundliches Verhalten

a) Verfassungssystematischer Standort und grundsätzliche Bedeutung

501 Das Grundgesetz verteilt die staatlichen Kompetenzen zwischen Bund und Ländern zur Wahrnehmung in eigener Verantwortung. Unterschiede in der Gesetzgebung und Verwaltungspraxis werden damit bewusst in Kauf genommen. Andererseits können im Bundesstaatsverhältnis Bund und Länder bei der Ausübung ihrer Kompetenzen Belange der jeweils anderen Beteiligten – aber auch der Bürger – berühren, wie die Problematik der Hochschulzugangsberechtigung beispielhaft belegen. Bund und Länder dürfen dann ihre Kompetenzen nicht ohne die gebotene und ihnen zumutbare **gegenseitige Rücksichtnahme** wahrnehmen[20]. Diese ist Inhalt des Gebotes der „Bundestreue" oder des „bundesfreundlichen Verhaltens". Es gilt für die Länder untereinander und in ihrem Verhältnis zum Bund, aber auch umgekehrt im Verhältnis des Bundes zu den Ländern – insoweit kann auch von „länderfreundlichem" Verhalten gesprochen werden – und wird als ungeschriebener Verfassungsgrundsatz unmittelbar aus dem Bundesstaatsprinzip abgeleitet.

502 Grundlegend für das Prinzip Bundestreue war das 1. Rundfunkurteil des BVerfG aus dem Jahr 1961 (BVerfGE 12, 205), eine seiner folgenreichsten Entscheidungen.

Im Jahr 1960 strebte die Bundesregierung unter Bundeskanzler Adenauer (CDU) ein zweites Fernsehprogramm auf Bundesebene an[21]. Träger sollte eine „Deutschland-Fernsehen-GmbH" unter Be-

---

18 BVerwGE 50, 137.
19 Vgl *Gundel*, NVwZ 2000, 408 f.
20 BVerfGE 81, 310, 337 f; 92, 203, 230 ff.
21 Hinweis: Es gab damals nur ein Fernsehprogramm, das nur in schwarz-weiß und auch nicht ganztägig sendete.

teiligung der Bundesrepublik (mehrheitlich) und der Länder sein. Die Bundesregierung verhandelte zunächst mit den CDU-regierten Ländern[22]. Trotz Bedenken von deren Seite wurde am 23.7.1960 die GmbH gegründet. Gesellschafter waren die Bundesrepublik (mehrheitlich) und ein Bundesminister. In der Satzung der Gesellschaft wurde diese für den Beitritt der Länder offen gehalten; dazu kam es nicht, die Bundesrepublik war einziger Gesellschafter. Die SPD-regierten Länder fühlten sich durch das Vorgehen des Bundes „überfahren"; die Bundesregierung habe sich nur mit den CDU-regierten Ländern abgestimmt.

Das BVerfG sah dadurch den Grundsatz der Gleichbehandlung der Länder durch den Bund verletzt, und beanstandete auch im Übrigen das „Procedere" der Bundesregierung: es sei keine hinreichende Abstimmung erfolgt, da trotz offener Fragen die GmbH gegründet und dadurch faktischer Beitrittszwang ausgeübt worden sein.

Es handelt sich beim Gebot der Bundestreue um eine (ungeschriebene) *Generalklausel*, etwa vergleichbar (bei aller methodischen Problematik derartiger Vergleiche zwischen unterschiedlichen Rechtsgebieten) dem Grundsatz von *„Treu und Glauben"*. Ähnlich wie dieser allgemeine Rechtsgrundsatz, erschließt sich das Gebot der Bundestreue in seiner konkreten Bedeutung aus bestimmten **Fallgruppen**, die sich insbesondere in der Rspr herausgebildet haben. Es ist in der Regel nicht unmittelbar und selbstständig zur Beantwortung verfassungsrechtlicher Fragestellungen heranzuziehen, sondern meist erst in Ergänzung und ggf in Korrektur der zunächst aus der positiven Ordnung des Grundgesetzes ermittelten Ergebnisse.

503

b) Einzelne Fallgruppen – Kompetenzschranken und Verfahrenspflichten

Das Gebot bundesfreundlichen Verhaltens ist vor allem **Kompetenzausübungsschranke**. Es bindet die Beteiligten darin, wie sie ihre staatlichen Befugnisse wahrnehmen. Es hat eine verfahrensmäßige Komponente, wie im Fall des Rundfunkstreits oder bei der Ausübung von Weisungsrechten des Bundes in der Auftragsverwaltung (Rn 529), wo der Bund zunächst die Verständigung mit den Ländern zu suchen hat[23]. Bund und Länder wie auch die Länder untereinander sind hierbei zu gegenseitiger Rücksichtnahme verpflichtet, aber keinesfalls zu Gleichförmigkeit. Sinn des bundesstaatlichen Prinzips ist es ja auch, den Ländern eigene Gestaltungsmöglichkeiten einzuräumen. Es bedeutet auch keinen Verstoß gegen den Gleichheitssatz des Art. 3 Abs. 1 GG, wenn die gleiche Sachfrage unterschiedlich geregelt wird: der Gleichheitssatz bindet einen Kompetenzträger nur innerhalb seines Kompetenzbereichs. Das BVerfG betont hier die Befugnis der Länder zu „partikular-differenzierter Gesetzgebung"[24]. In der Sache ergeben sich jedoch Schranken aus den Grundrechten der Bürger.

504/505

Anwendungsfälle: Nachdem den Ländern die alleinige Zuständigkeit für die Beamtenbesoldung übertragen wurde, können sie diese eben auch unterschiedlich regeln. Ein zu starkes Gefälle könnte allerdings einzelne Länder in Zugzwang bringen. Gleichwohl dürften Beschränkungen nach dem Grundsatz der Bundestreue nur in Extremfällen anzunehmen sein, denn durch die Reform sollte durchaus ein Wettbewerb der Länder ermöglicht werden. Allerdings ist der Quervergleich mit der Besoldung in anderen Bundesländern und im Bund wesentliches Kriterium für die Beurteilung der „Amtsangemessenheit" der Besoldung[25], auf die nach Art. 33 Abs. 5 GG ein grundrechtsgleicher Anspruch besteht.

506

Im Interesse der Bürger kann der Grundsatz der Bundestreue Bund oder Länder in der Wahrnehmung ihrer Gesetzgebungsbefugnisse beschränken, wenn unterschiedliches

507

---

22 Hinweis: Seinerzeit regierte in den Ländern entweder die SPD oder die CDU (die damaligen Volksparteien), ggf. in Koalition mit der FDP; dies waren auch die im Bundestag vertretenen Parteien.
23 BVerfGE 81, 310, 337 f.
24 BVerfGE 112, 226, 246 ff.
25 Grundlegend BVerfGE 139, 64; ferner BVerfGE 140, 220; BVerfGE 149, 382.

Recht die Verwirklichung von Grundrechten hindert. Dies kann der Fall sein. wenn zB durch unterschiedliches Hochschulrecht die Freizügigkeit zwischen den Ländern unmöglich gemacht und damit das Grundrecht auf freie Wahl der Ausbildungsstätte, Art. 12 Abs. 1 GG, länderübergreifend erschwert wird[26]. Beim **Rundfunk** ist eine Kooperation der Länder erforderlich (s. Rn 500a), da Veranstalter von bundesweiten Programmen sich nicht nach einem Bündel unterschiedlicher landesgesetzlicher Regelungen richten können[27]. Dies gilt erst recht für Medienangebote im Internet.

508 Problematisch sind stets sog. „**Landeskinderklauseln**" – sei es in Form von Privilegien für eigene oder von Nachteilen für „fremde" Landesangehörige – entgegenstehen. Sie bewirken eine Ungleichbehandlung durch das jeweilige Land, das ja in seinem Kompetenzbereich an den Gleichheitssatz gebunden ist[28]. „*Mittelkonzentration auf die Belange der Bürger des eigenen Landes*"[29] kann jedoch einen hinreichenden sachlichen Grund hierfür darstellen. Deshalb durften Zuschüsse an Privatschulen für Schüler aus anderen Ländern ausgeschlossen werden. Demgegenüber wurde eine Differenzierung zwischen „Landeskindern" und auswärtigen Studierenden bei Studiengebühren als nicht gerechtfertigte Ungleichbehandlung und damit als Verstoß gegen das Grundrecht auf freie Wahl der Ausbildungsstätte und gleichberechtigte Teilhabe an universitärer Ausbildung, Art. 12 Abs. 1 iVm Art. 3 Abs. 1 GG angesehen[30].

c) Akzessorischer Charakter der Bundestreue – Anspruchsgrundlage?

509 Der Grundsatz der Bundestreue ist **akzessorischer** Natur: er kann nicht selbstständig Rechte und Pflichten begründen[31], sondern setzt ein Rechtsverhältnis zwischen den Beteiligten voraus. Als Grundlage selbstständiger Rechtspflichten hätte Bundestreue für die von Bayern im Zuge der **Flüchtlingskrise** immer wieder angedrohte Verfassungsklage herangezogen werden müssen; Verfahrensart wäre der Bund-Länder-Streit iSv Art. 93 Abs. 1 Nr 3 GG (Rn 848) gewesen. Um überhaupt zur Zulässigkeit zu gelangen, hätte zunächst dargelegt werden müssen, dass dem Bund eine verfassungsrechtliche Pflicht obliegt, das Staatsgebiet gegen unkontrollierte massenhafte Einreise zu sichern, des Weiteren, dass die Bundesregierung dieser Verpflichtung rechtswidrig nicht nachgekommen ist. Dies wird sehr kontrovers beurteilt[32]. Schließlich müsste eine etwa verletzte Rechtspflicht des Bundes gerade auch im Verhältnis zu den Ländern, jedenfalls zu den Ländern mit Außengrenzen bestehen[33].

510 Die Bundestreue lieferte keine Anspruchsgrundlage für die Länder, als diese sich wegen ihrer Steuerausfälle auf Grund der UMTS-Versteigerung beim Bund schadlos halten wollten – obschon das Verhalten des Bundes durchaus nicht „länderfreundlich" war: Einnahmen beim Bund von DM 100 Mrd. standen Steuerausfälle in Höhe von annähernd DM 40 Mrd. gegenüber, diese aber waren zur Hälfte von den Ländern zu tragen. Doch fielen diese Beträge mangels positiver Regelung nicht in die Masse des Finanzausgleichs; eine eigenständige Anspruchsgrundlage ergab sich aus dem Prinzip der Bundestreue nicht[34].

---

26 Vgl zur NC-Problematik BVerfGE 33, 303, 352.
27 Vgl BVerfGE 73, 118, 197; s. auch BVerfGE 158, 389.
28 BVerfGE 134, 1 Rn 54.
29 BVerfGE 112, 74, 88.
30 BVerfGE 134, 1 Rn 54, 62.
31 BVerfGE 42, 103, 117; 103, 81, 88.
32 Übbl. zB bei *Fontana*, NVwZ 2016, 735; *Wendel*, JZ 2016, 332.
33 Abl. *Ewer/Thiemel*, NJW 2016, 376 ff.
34 S. BVerfGE 105, 185, 193.

Zusammenfassend bedeutet **Bundestreue** also die Verpflichtung zur Zusammenarbeit, Abstimmung, Koordination, gegenseitiger Information und Rücksichtnahme, die insbesondere bei Ausübung an sich gegebener Kompetenzen zu beachten ist, hier *im Einzelfall* als Kompetenzschranke wirken kann, generell das *„Procedere"* zwischen den Beteiligten bestimmt.

511

Methodisch bedeutet dies, dass zunächst die sich aus der positiven Kompetenzordnung ergebenden Befugnisse zu ermitteln sind, erst dann eine mögliche Modifikation dieses Ergebnisses als Ausnahme in Betracht kommt; im Übrigen ist stets vorrangig nach einer positiven Regelung des bundesstaatlichen Konflikts zu suchen (zB die Regelung des Finanzausgleichs in Art. 107 GG, der Amtshilfe in Art. 35 GG). Auf Grundrechte der betroffenen Bürger ist jedoch in besonderer Weise Rücksicht zu nehmen (Rn 506).

Vergleichbar dem Grundsatz der Bundestreue im Verhältnis von Bund und Ländern ist der Grundsatz der **Gemeinschaftstreue** im Verhältnis zwischen der EU und ihren Mitgliedstaaten, für den Art. 4 Abs. 3 EUV eine ausdrückliche Regelung enthält. So müssen zB die Mitgliedstaaten dafür sorgen, dass innerstaatliche Hindernisse für die Durchsetzung von Unionsrecht aus dem Wege geräumt werden.

512

Lösung der Ausgangsfälle

Lösung Fall 44a: Studiengebühren (Rn 495)

513

1. Die Einführung der Studiengebühren erfolgte in Wahrnehmung der Gesetzgebungskompetenzen der Länder, Art. 70 GG. Damit besteht grundsätzlich keine Verpflichtung der Länder zu gleichlautenden Regelungen.

2. Eine dahingehende Verpflichtung könnte sich ausnahmsweise aus dem Grundsatz der Bundestreue ergeben.

a) Verpflichtung zur Rücksichtnahme auf die Belange des Landes L? Hieraus folgt jedoch keine Verpflichtung zu gleichlautenden Regelungen, da das Land L auch in anderer Weise auf die Nachfrage aus den Ländern A und B reagieren kann, zB durch abgestimmte Zugangsbeschränkungen.

b) Grundrechte der Studierwilligen könnten unterschiedlichen Landesregelungen entgegenstehen; Art. 12 GG gewährleistet jedoch keinen gebührenfreien Zugang zum Studium und ist erst dann berührt, wenn Studiengebühren prohibitiv wirken.

Lösung Fall 44b: Hochschullehrerbesoldung (Rn 495)

1. Beamtenbesoldung in ausschließlicher Zuständigkeit der Länder: Kompetenz zu unterschiedlicher Regelung

2. Bundestreue als Kompetenzschranke?

a) Grundsätzliche Verpflichtung zur wechselseitigen Rücksichtnahme;

b) Keine Angleichungspflicht: föderaler Wettbewerb als maßgebliche Zielsetzung der Föderalismusreform bedeutet auch: Wettbewerb über unterschiedliche gesetzliche Rahmenbedingungen.

Lösung Fall 45: Gastschüler (Rn 496)

514

1. Schulrecht ist nach Art. 70 GG Sache der Länder.

2. Aus dem Grundsatz der Bundestreue, der auch im Verhältnis der Länder untereinander gilt, könnte sich die Unzulässigkeit einer Diskriminierung der Schüler aus dem Nachbarland ergeben.

a) Aus Art. 7 Abs. 4 GG wird eine grundsätzliche staatliche Finanzgewährleistungspflicht für Ersatzschulen in freier Trägerschaft abgeleitet[35]. Hieraus folgen freilich keine unmittelbaren Ansprüche einzelner Schulträger; er hat nur einen Anspruch auf Gleichbehandlung.

b) Dieser könnte dadurch verletzt sein, dass Schulen, die auswärtige Schüler aufnehmen, insoweit keine staatliche Förderung erhalten.

c) Dies ist jedoch sachlich gerechtfertigt: das Schulwesen liegt in der alleinigen Zuständigkeit des Landes; dies rechtfertigt es, die Mittel für das Schulwesen primär auf die „Landeskinder" auszurichten. Die Erwägung, dass bei Unterrichtung an Privatschulen dem Land Aufwendungen für eigene Schulen erspart werden, nicht aber die Unterrichtung von Schülern aus anderen Bundesländern, bezeichnet das BVerfG als sachgerecht[36].

3. Ein Verfassungsverstoß ist daher zu verneinen[37].

515 **Lösung Fall 46: Kung Fu TV (Rn 497)**

Verpflichtung des Landes Y, das Programm zur Verbreitung zuzulassen?

1. Mögliche Grundlage: Staatsvertrag (Rn 499 f) – Verpflichtung zum Erlass und zur Anwendung entsprechender Gesetze in Erfüllung des Vertrags.

2. Land Y hat ein entsprechendes Gesetz erlassen, dieses ist jedoch nach der Entscheidung des Landesverfassungsgerichtes nichtig wegen Verstoßes gegen die Verfassung.

3. Folgerungen: Das Land ist *intern* verpflichtet, Gesetz nicht anzuwenden, damit grundsätzlich im Außenverhältnis zu den anderen Ländern nicht gebunden: staatsvertragliche Bindungen können nur im Einklang mit der Verfassung eingegangen werden; die Landesverfassung steht nicht zur Disposition der Vertragsparteien.

4. Aus der bundesstaatlichen Kompetenzordnung folgt also, dass das Land Y das Gesetz nicht anzuwenden braucht (und nach seiner Verfassung nicht anwenden *darf*).

5. Dem könnte jedoch der Grundsatz der Bundestreue entgegenstehen: die Aussetzung des Vertrags könnte das ausdifferenzierte bundesweite Verteilungssystem und damit die Interessen der anderen Länder erheblich beeinträchtigen. Hierauf Rücksicht zu nehmen, hat das BVerwG (E 50, 137) die Länder nach dem Grundsatz bundesfreundlichen Verhaltens verpflichtet: *„Dieser Grundsatz verpflichtet jedes Land, bei der Inanspruchnahme seiner Rechte die gebotene Rücksicht auf die Interessen der anderen Länder und des Bundes zu nehmen und nicht auf Durchsetzung rechtlich eingeräumter Positionen zu dringen, die elementare Interessen eines anderen Landes schwerwiegend beeinträchtigen."* – Dass es hier um „elementare" Interessen des Landes X gehe, dürfte allerdings kaum zu begründen sein.

516 **Lösung Fall 47: Glücksspiel I (Rn 498)**

1. Gesetzliche Grundlage für Widerruf – erforderlich wegen Vorbehalt des Gesetzes –: Staatsvertrag bzw Zustimmungsgesetz des Landes zum Staatsvertrag.

2. Verfassungsmäßigkeit des Gesetzes?

a) Gesetzgebungszuständigkeit des Landes: Art. 70 GG; Bundeskompetenz? Art. 74 Abs. 1 Nr 11 GG – Recht der Wirtschaft, aber: keine bundesgesetzliche Regelung, Länderzuständigkeit gem. Art. 72 Abs. 1 GG.

b) Gesetz verfassungsmäßig zustande gekommen?

aa) Verstoß gegen Demokratiegebot? Dafür könnte sprechen: kein inhaltlicher Einfluss des Landtags auf den Inhalt des Staatsvertrags, faktisch geminderte Entscheidungsfreiheit; für Ver-

---

[35] BVerfGE 90, 107, 114 ff.
[36] BVerfGE 112, 74 f.
[37] Anders bis zur 21. Auflage.

fassungsmäßigkeit könnte sprechen: mittelbare demokratische Legitimation auch der Landesregierung; dem Landtag verbleibt jedenfalls die rechtliche Möglichkeit der Ablehnung. Im Ergebnis dürfte noch von Vereinbarkeit mit dem Demokratiegebot auszugehen sein.

bb) Verstoß gegen das bundesstaatliche Prinzip? Staatsvertragliche Bindung schränkt die Gestaltungsfreiheit der Länder ein, deshalb sind Staatsverträge nicht unbegrenzt zulässig, hier aber aus Sachgründen gerechtfertigt.

c) Gesetz materiell verfassungsmäßig? Eingriff in das Grundrecht der Berufsfreiheit, Art. 12 Abs. 1 GG; gerechtfertigt durch legitime Gemeinwohlziele nach § 1.

3. Verfassungsmäßige Anwendung des Gesetzes im Einzelfall? Waren die Verstöße „schwerwiegend"? Wenn nicht, wäre der Widerruf unverhältnismäßig.

Schrifttum zu II.: *Ruffert/Löbel*, Klausur: „Wir schaffen das!", JuS 2016, 1088; *Hermann/Hofmann*, Bildungspolitisches Kompetenzgerangel – Turboabitur für alle!, JuS 2012, 543; vgl auch *Palm*, JuS 2007, 751 zur Frage der Bundestreue bei der Abweichungsgesetzgebung; *Kuch*, Das Recht auf den gesetzlichen Richter, Jura 2020, 228.

III. Verwaltungskompetenzen

Für die bundesstaatliche Ordnung des Grundgesetzes ist kennzeichnend, dass die Verteilung der staatlichen Befugnisse für die vollziehende Gewalt nicht der Verteilung der Gesetzgebungskompetenzen folgt. Sie ist selbstständig vorzunehmen und in Art. 30, 83 ff GG näher geregelt. Dies ist Gegenstand des folgenden Abschnitts.

▶ **Leitentscheidungen:** BVerfGE 12, 205 (1. Rundfunkurteil); BVerfGE 81, 310 (Kalkar II); BVerfGE 104, 249 (Biblis).

Fall 48: Glücksspiel II – Glücksspielkollegium

Nach einem Änderungsstaatsvertrag zum Glücksspielstaatsvertrag aus **Fall 47 (Rn 498)** haben die Länder über die Zulassung nach § 9 in einem ländereinheitlichen Verfahren entschieden. Zu diesem Zweck wird eine gemeinsame Stelle der Länder geschaffen, das sog. Glücksspielkollegium, in das jedes Land einen Vertreter entsendet. Es entscheidet über die Zulassung von Veranstaltern und Vermittlern und über Aufsichtsmaßnahmen bis hin zum Entzug der Erlaubnis. Es trifft seine Entscheidungen mit einfacher, in bestimmten Fällen mit qualifizierter Mehrheit. Die so beschlossenen Maßnahmen werden dann jeweils durch die Behörde eines im GlüStV bestimmten Landes mit Wirkung für das ganze Bundesgebiet getroffen. So soll zB nach § 9a GlüStV die zuständige Behörde des Landes B die vom Glücksspielkollegium beschlossene Veranstaltererlaubnis erteilen, die dann für alle Länder gilt.

Nachdem das Glücksspielkollegium mehrheitlich, aber gegen die Stimme des Landes B beschlossen hat, Zorro Zocker (Z) aus B eine Konzession für eine Sportwettenvermittlung zu erteilen, will dies die Landesregierung von Y nicht hinnehmen und fragt, ob es mit dem Grundgesetz vereinbar ist, dass ein Land überstimmt werden kann und gegen seinen Willen die Entscheidung des Glücksspielkollegiums ausführen, es also Z die Erlaubnis erteilen muss. **Rn 540**

Fall 49: Bildungspakt

Aufgeschreckt durch die Ergebnisse eines internationalen Vergleichstests über den Leistungsstand der Schulen und die Benachteiligung von Kindern aus „bildungsfernen Schichten" beschließt die Bundesregierung im August 2019 einen „nationalen Bildungspakt". Durch Bundesgesetz soll eine „Bundesfamilienagentur" als Bundesoberbehörde errichtet werden, der die Koordinierung familienbezogener Leistungen, Vorsorge gegen Vernachlässigung, Hilfen für gefährdete Familien etc obliegen sollen. Eine „Bundesschulagentur" in Zusammenarbeit mit den Ländern soll Lehrpläne koordinieren, einheitliche Leistungsstandards und Kriterien für ein Zentralabitur festlegen, vergleichende Studien durchführen und die Schulträger beraten. Ferner soll das Projekt einer „integrativen Ganztagsschule" zunächst in einem flächendeckenden Feldversuch über einen Zeitraum von 5 Jahren durch die Länder unter Aufsicht der Bundesregierung erprobt werden.

Wäre ein derartiges Vorhaben zulässig? **Rn 532, 541** (prozessual Rn 903)

520 **Fall 50: Energiewende III – Klimaschutz und atomrechtliche Weisung**

Unter dem Eindruck des Kriegs in der Ukraine und ausbleibender Energielieferungen aus Russland will die Bundesregierung wieder verstärkt auf Kohle und Atomkraft setzen. Nach einer erneuten Änderung des Atomgesetzes sollen einige der vom Netz genommenen Kernkraftwerke wieder in Betrieb gehen. Für das Kernkraftwerk der Wattenknall AG im Land A soll die Betriebsgenehmigung erteilt werden. Die Landesregierung A will weitere Gutachten einholen. Der Bundesumweltminister ist der Auffassung, dass die Angelegenheit entscheidungsreif sei und erteilt nach intensiver Diskussion mit dem Land eine *„bundesaufsichtliche Weisung"*, durch die die Landesregierung zur unverzüglichen Fortführung des Genehmigungsverfahrens aufgefordert wird. Diese weigert sich, da ihr mit der Weisung rechtswidriges, gegen grundrechtliche Schutzpflichten aus Art. 2 Abs. 2 GG verstoßendes Handeln abverlangt werde und auch iÜ die Voraussetzungen für eine Weisung nicht gegeben seien. Auch habe die Bundesregierung ihre Befugnisse überschritten, als sie sich unmittelbar an die Kraftwerksbetreiber gewendet habe, um Sachaufklärung zu betreiben. Das Land ruft im Wege eines Bund-Länder-Streits das BVerfG gegen die Weisung des Bundesumweltministers an. **Rn 542** (prozessual Rn 904)

1. Der Grundsatz: Regelzuständigkeit der Länder im Verwaltungsbereich – Landeseigenverwaltung

521 Auch für die **Verwaltungszuständigkeiten** gilt zunächst Art. 30 GG. Die Länder sind zuständig, soweit nicht dem Bund Zuständigkeiten im Grundgesetz verliehen sind. Der Schwerpunkt liegt hier jedoch bei den Ländern. Ihre Zuständigkeiten reichen weiter als im Bereich der Gesetzgebung. Hieraus hat das BVerfG im 1. Rundfunkurteil[38] (Rn 502) die allgemeine Auslegungsregel abgeleitet, dass die Gesetzgebungszuständigkeiten des Bundes die äußerste Grenze seiner Verwaltungszuständigkeiten bezeichnen.

a) Landeseigener Vollzug der Gesetze

522 Nach Art. 83 GG führen die Länder die Gesetze auch des Bundes als eigene Angelegenheit aus, sofern das Grundgesetz keine abweichende Regelung trifft: landeseigener Vollzug von Bundesgesetzen. Dies ist der Regelfall und bedeutet, dass die Länder die Gesetze in eigener Verantwortung ausführen. Der Bund übt – durch die Bundesregierung – lediglich beschränkte Rechtsaufsicht aus, die sich allein auf die Gesetzmäßigkeit des Verwaltungshandelns bezieht, keinesfalls aber auf Zweckmäßigkeit oder politische Opportunität. Er hat nur die beschränkten Eingriffsbefugnisse des Art. 84 Abs. 3 GG. Ausnahmsweise kommen nach Art. 84 Abs. 5 GG **Weisungen** in Betracht. Sie müssen jedoch gesetzlich explizit vorgesehen und dürfen grundsätzlich nur an die obersten Landesbehörden gerichtet sein[39]. Die Verwaltung der Länder ist also nicht den Bundesorganen im

---

[38] BVerfGE 12, 205.
[39] S hierzu den Klausurfall bei *Frenzel*, JuS 2014, 1014.

Sinn eines hierarchischen Verwaltungsaufbaus nachgeordnet. Sie steht der des Bundes selbstständig gegenüber. Auch hierin kann ein Element einer **eigenen Staatlichkeit** der Länder gesehen werden[40]. Das Weisungsrecht hat jedoch keine praktische Bedeutung erlangt. Dass Landesgesetze von den Ländern auszuführen sind, ergibt sich schon aus Art. 30 GG. *Schlechthin unzulässig* ist die Ausführung von Landesgesetzen durch Bundesbehörden[41]. So können zB Maßnahmen einer Bundesbehörde nie auf Polizeigesetze der Länder gestützt werden.

b) Nicht gesetzesakzessorische Verwaltung

Die Regelzuständigkeit der Länder betrifft auch die **nicht gesetzesakzessorische Verwaltung**. Darunter versteht man die Verwaltung, die nicht in der Ausführung von Gesetzen besteht. 523

Fallbeispiel aus der Rechtsprechung: Auch dies stand der Gründung der Deutschland-Fernsehen-GmbH entgegen (zum Sachverhalt Rn 502). Das BVerfG sah in seinem auch hierin grundlegenden 1. Rundfunkurteil[42] die Veranstaltung von Rundfunksendungen als eine „öffentliche Aufgabe". Wenn aber der Staat die Durchführung einer öffentlichen Aufgabe übernehme, so nehme er staatliche Aufgaben iSv Art. 30 GG wahr. Dies gilt unabhängig von der Rechtsform: dass sich in diesem Fall die Bundesrepublik einer GmbH bediente, also in der Form des Privatrechts handelte, ließ die Geltung der Art. 30, 83 ff GG unberührt. Ausgeschlossen wurde eine ungeschriebene Bundeskompetenz kraft Natur der Sache[43] – zum Begriff Rn 180, 533. Dass der Bund auch aus materiell-rechtlichen Gründen wegen der durch Art. 5 GG gebotenen Staatsfreiheit des Rundfunks selbst keinen Rundfunk betreiben darf, gilt auch für Rundfunk in privatrechtlichen Organisationsformen.

Gegenbeispiel: Wenn sich der Bund an einem privatwirtschaftlichen Unternehmen mit erwerbswirtschaftlicher Zielsetzung beteiligt, es also nicht um die Ausübung staatlicher Befugnisse geht, ist ein Kompetenztitel nach Art. 83 ff GG nicht erforderlich. (Eine andere Frage ist, ob eine solche Beteiligung an privaten Unternehmen unbegrenzt zulässig ist.) 524

Eine Verwaltungszuständigkeit des Bundes im Bereich schlicht-hoheitlichen Handelns außerhalb der Art. 83 ff GG besteht für die **Bundesregierung** im Rahmen ihrer Befugnis zur Öffentlichkeitsarbeit (Rn 320 ff). Dies betrifft zB die Warnung vor gefährlichen Produkten und die umfangreichen Warnungen und Verhaltensempfehlungen in der Corona-Krise. Für die gesetzesfreie Verwaltung ist schließlich verstärkt die Möglichkeit **ungeschriebener Bundeskompetenzen** (Rn 533) zu bedenken. 525

2. Abweichung vom Regelfall: Bundesauftragsverwaltung

In bestimmten Fällen vollziehen die Länder Bundesgesetze „im Auftrag" des Bundes: „**Bundesauftragsverwaltung**". Sie bedeutet **Weisungsgebundenheit** der Länder sowie Rechts- und Fachaufsicht durch den Bund, Art. 85 Abs. 3, 4 GG. Weisungen sind auch hier grundsätzlich an die obersten Landesbehörden zu richten, die den Bundesbehörden nicht hierarchisch nachgeordnet sind (Rn 523). Damit bleibt die **Organisationshoheit** der Länder gewahrt. Bundesauftragsverwaltung bedeutet freilich nicht, dass die Landesbehörden vor jeder Maßnahme die Anweisung des Bundes einholen müssen. Vielmehr führen sie zunächst die Gesetze aus und treffen die erforderlichen Entscheidungen. Der 526

---

40 Vgl näher *F. Kirchhof*, Dürig/Herzog/Scholz, Art. 83 Rn 15, 82.
41 BVerfGE 12, 205, 221; 21, 312, 325 ff.
42 BVerfGE 12, 205, 243.
43 BVerfGE 12, 205, 250 ff.

Bund kann jedoch jederzeit diese an sich ziehen, indem er nach Art. 85 Abs. 3 GG Weisungen erteilt: Inanspruchnahme der **Sachkompetenz**. Weisungen können für den Einzelfall, aber auch generell für den künftigen Gesetzesvollzug ergehen. Nach außen handeln aber stets die Länder; ihnen sind die getroffenen Entscheidungen im Verhältnis zum Bürger zuzurechnen (weshalb für eine Klage dagegen das Land der richtige Beklagte ist). Man spricht insoweit von der sog. **Wahrnehmungskompetenz**, die bei den Ländern bleibt. Doch ist der Bund nicht von jedem Tätigwerden nach außen abgeschnitten. Soweit es zur Wahrnehmung seiner Sachkompetenz erforderlich ist, ist er befugt, etwa zur Vorbereitung einer Weisung, auch unmittelbar bei den Normadressaten (zB beim Betreiber des Kernkraftwerks im **Fall 50**) Erkundigungen einzuziehen, Verhandlungen zu führen ua[44].

527 *Wann* Bundesauftragsverwaltung stattfindet, muss im Grundgesetz ausdrücklich geregelt sein. Neben dem Vollzug des Atomgesetzes (Art. 87c GG iVm § 24 Abs. 1 AtG) ist hier vor allem eine Bestimmung aus der Finanzverfassung (Rn 556 f) relevant: Art. 104a Abs. 3 S. 2 GG, wonach Gesetze, die Geldleistungen gewähren (Leistungsgesetze) dann im Auftrag des Bundes ausgeführt werden, wenn dieser mindestens die Hälfte der Kosten trägt.

528 Verfassungskonflikte können sich aus dem **Weisungsrecht** des Bundes ergeben. Die Erteilung einer Weisung kann als rechtserhebliche Maßnahme des Bundes im Verhältnis zum Land Gegenstand eines **Bund-Länder-Streits** nach Art. 93 Abs. 1 Nr 3 GG sein (Rn 848 ff). Auch der Bund könnte das BVerfG anrufen, wenn das Land einer Weisung nicht nachkommt. Die Prüfung nach der vertrauten Methodik: Befugnis – formelle Verfassungsmäßigkeit – materielle Verfassungsmäßigkeit – erfolgt nach diesen Kriterien:

529 Die *Befugnis* des Bundes, eine Weisung zu erteilen, folgt aus Art. 85 Abs. 3 S. 1 iVm Art. 85 Abs. 4 S. 1 GG.

In *formeller* Hinsicht muss zunächst das **zuständige** Organ gehandelt haben, also die „zuständige oberste Bundesbehörde", Art. 85 Abs. 3 S. 1 GG. Die Weisung muss an den richtigen Weisungsadressaten gehen, Art. 85 Abs. 3 S. 2 GG. Schließlich fordert das BVerfG, dass der Bund das Land nicht mit der Weisung „überfällt", sondern zunächst erklärt, er wolle nun die Sachkompetenz übernehmen und dem Land Gelegenheit zur **Stellungnahme** geben. Dies ist nicht ausdrücklich im GG vorgesehen, wird jedoch aus allgemeinen Verfassungsgrundsätzen hergeleitet: Die Beteiligten im Bundesstaat müssen bei der Wahrnehmung ihrer Kompetenzen wechselseitig aufeinander Rücksicht nehmen – „Bundestreue", Rn 501 ff).

In *materieller* Hinsicht ist das Weisungsrecht des Bundes umfassend; es reicht so weit wie sein Gesetzgebungsrecht für die fragliche Materie. Wird vom Land nun eingewandt, der **Inhalt der Weisung** sei rechtswidrig, weil etwa das auszuführende Gesetz verfassungswidrig oder die Maßnahme, zu der es angewiesen wird, aus anderen Gründen rechtswidrig sei, so führt dies in aller Regel nicht zur Verfassungswidrigkeit der Weisung. Denn das Recht, Weisungen zu erteilen, umfasst auch die Befugnis des Bundes, rechtliche Zweifelsfragen für das Land verbindlich zu entscheiden. – Wie stets, gilt freilich auch hier die Schranke des Rechtsmissbrauchs.

---

44 BVerfGE 104, 249, 266 ff – KKW Biblis, mit Sondervotum S. 273 ff; vgl dazu *Huber*, NVwZ 2019, 665, 668.

3. Bundeseigene Verwaltung

Für den Eigenvollzug von Bundesgesetzen, also den Vollzug der Gesetze durch Behörden des Bundes, ist wiederum eine ausdrückliche Kompetenzzuweisung erforderlich. Art. 87 GG benennt „Gegenstände bundeseigener Verwaltung". Weitere Kompetenzzuweisungen enthalten Art. 87b, d, 88, 89, 90 Abs. 3 GG sowie die Haushalts- und Finanzverfassung im X. Abschnitt (dazu nachstehend V.). Teils ist die bundeseigene Verwaltung **fakultativ**, teils **obligatorisch**. Es gibt sie als bundesunmittelbare Verwaltung und mittelbare Bundesverwaltung.

530

Bundesunmittelbare Verwaltung bedeutet Verwaltung unmittelbar durch Behörden des Bundes. Die Bundesrepublik selbst wird also durch diese Behörde tätig. Sie wird dann auch Partei eines etwaigen Rechtsstreits. Bei **mittelbarer** Bundesverwaltung handelt die Bundesrepublik durch eine zwischengeschaltete, selbstständige juristische Person, eine Körperschaft oder Anstalt (auch Stiftung) des öffentlichen Rechts, die ihr zugeordnet ist. Trägergemeinwesen der juristischen Person ist also die Bundesrepublik. Deshalb spricht man hier von **„bundesunmittelbaren"** Körperschaften oder Anstalten, Art. 87 Abs. 2, 3 GG. Hieraus erklärt sich der Begriff der mittelbaren Bundesverwaltung durch bundesunmittelbare Körperschaften oder Anstalten. Denn um nur mittelbare Bundesverwaltung handelt es sich hier, weil die Bundesrepublik nicht selbst unmittelbar handelt, sondern eine rechtlich selbstständige juristische Person. Diese wird dann auch Partei eines etwaigen Rechtsstreits. Wann eine der genannten Formen bundeseigener Verwaltung zulässig oder geboten ist, bestimmt sich nach Art. 87 GG. Die Einrichtung neuer Anstalten oder Körperschaften des öffentlichen Rechts bedarf dabei eines **gesetzlichen Organisationsakts**; hierbei sind auch Aufsichtsrechte des Bundes festzulegen.

531

Zu unterscheiden ist weiterhin zwischen Verwaltung mit und ohne eigenen Verwaltungsunterbau. Bundeseigene Verwaltung ohne eigenen Verwaltungsunterbau bedeutet Verwaltung durch Zentralbehörden, also durch Bundesministerien oder sog. *„Bundesoberbehörden"*, die einem Bundesministerium unmittelbar nachgeordnet und für das gesamte Bundesgebiet zuständig sind (Beispiel: Bundeskartellamt). Diese Zentralbehörden nehmen häufig nur Aufgaben auf überregionaler Ebene wahr, insbesondere der Planung, Koordination und Information gegenüber Landesbehörden, wie im Fall 49 (Bildungspakt), werden teilweise aber auch unmittelbar nach außen tätig, treffen also zB verbindliche Anordnungen wie das Bundeskartellamt, wenn es eine Fusion genehmigt oder untersagt, oder die die Bankenaufsicht durch die BaFin. Bundeseigene Verwaltung mit eigenem Verwaltungsunterbau, also mit Mittel- und Unterbehörde, ist obligatorisch in den Fällen des Art. 87 Abs. 1 S. 1 GG vorgesehen, ferner fakultativ nach Art. 87 Abs. 1 S. 2 GG. Nach Art. 87 Abs. 3 S. 2 GG dürfen schließlich unter erschwerten Voraussetzungen („neue Aufgaben, dringender Bedarf") durch Bundesgesetz mit qualifizierter Mehrheit und Zustimmung des Bundesrats weitere Mittel- und Unterbehörden des Bundes errichtet werden. Für Sozialversicherungsträger gilt die Ausnahme des Art. 87 Abs. 2 S. 2 GG.

532

Aktuelle Rechtsprechung – bayerische Grenzpolizei: Von der Möglichkeit des Art. 87 Abs. 1 S. 2 GG hat der Bund durch § 2 BPolG für den Grenzschutz Gebrauch gemacht. Bayern führte 2018 eine eigene Grenzpolizei ein; dieser wurden Befugnisse der Grenzkontrolle und Anlagensicherung übertragen. Zwar durfte, so der BayVerfGH[45], das Land diese im Rahmen einer polizeiinternen Zuständigkeitsverteilung errichten, es durfte ihr aber keine grenzpolizeilichen Befugnisse zuweisen, da hierfür nach Art. 73 Abs. 1 Nr 5 GG ausschließlich der Bund zuständig ist.

4. Ungeschriebene Bundeskompetenzen auch für die Verwaltung?

Mit der Annahme **ungeschriebener Verwaltungskompetenzen** des Bundes wird wiederum von der Grundregel der Art. 30, 83 GG abgewichen. Diese bedürfen also besonderer Rechtfertigung nach dem Grundgesetz. Dabei wird ähnlich wie für ungeschriebene

533

---

45 BayVerfGH NJW 2020, 3429; für Verfassungswidrigkeit *Kingreen/Schönberger* NVwZ 2018, 1825.

Gesetzgebungskompetenzen, auf Sachzusammenhang, auf Annexkompetenzen, wie auch auf die „*Natur der Sache*" zurückgegriffen. Insbesondere bei Letzterer ist Zurückhaltung geboten, vor allem, wenn hierbei der Gesichtspunkt der „*Überregionalität*" eingeführt wird: Folgerungen aus der **„Natur der Sache"** müssen „begriffsnotwendig" sein. Für den Rundfunk wurde eine Bundeszuständigkeit aus der Natur der Sache kraft „faktischer Überregionalität" geltend gemacht, weil „*Rundfunkwellen sich nicht an Ländergrenzen halten*" („faktische Überregionalität")[46], doch kann dem auf andere Weise, zB durch gemeinsame Ländereinrichtung, Rechnung getragen werden.

Eine Verwaltungskompetenz des Bundes kraft Natur der Sache ist jedoch für die Veranstaltung von Rundfunkprogrammen für Deutsche im Ausland und zum Zweck der nationalen Repräsentation nach außen gegeben[47]. Auch für die förmliche (feststellende) Bekanntgabe der Verpackungsquoten für Mehrwegverpackungen als Voraussetzung für das Wirksamwerden des „Dosenpfands" wurde die Verwaltungskompetenz des Bundes aus der Natur der Sache bejaht[48].

5. Unzulässige Mischverwaltung und zulässige Kooperation im Bundesstaat

534 Die Verteilung der Verwaltungszuständigkeiten durch Art. 83 ff GG steht nicht zur Disposition von Bund und Ländern[49]. Die **öffentlich-rechtliche Kompetenzordnung** ist **zwingend**. Die Zuweisung einer Kompetenz bedeutet die Verpflichtung, diese Kompetenz wahrzunehmen. Die differenzierte Regelung der Art. 83 ff GG darf nicht durch neue Verwaltungstypen und Kombinationsformen überspielt werden. **Mischverwaltung** von Bund und Ländern ist grundsätzlich ausgeschlossen; hiervon sehen jedoch Art. 91a–e GG zahlreiche Ausnahmen vor. Ebensowenig darf der Bund nur für einzelne Anwendungsfälle eines Gesetzes die Zuständigkeit einer Bundesbehörde vorsehen; die Zuständigkeitsabgrenzungen müssen in sich klar und widerspruchsfrei sein[50], dies ist ein Gebot auch des Rechtsstaats.

535 Deshalb durften vor Einfügung von Art. 91e GG durch Gesetz auch keine mit Verwaltungsbefugnissen ausgestatteten **Hartz-IV-Arbeitsgemeinschaften** von Bund und Gebietskörperschaften – Gemeinden und Landkreisen – gebildet werden[51]. Hierin lag eine unzulässige Mischverwaltung von Bund und Ländern, da Gemeinden und Landkreise Teil der Landesverwaltung sind. Unzulässig sind auch Formen der Mischverwaltung, durch die grundgesetzlich übertragene, zwingende Kompetenzen weiterübertragen werden, zB ein Beschwerdeweg von Landes- zu Bundesbehörden, Weisungs- und Selbsteintrittsrechte Letzterer.

536 **Gemeinsame Ländereinrichtungen mit eigenen Verwaltungszuständigkeiten** (zB ZVS bzw Stiftung für Hochschulzulassung) auf der Grundlage eines Staatsvertrags sind zulässig, soweit der Zuständigkeitsbereich der Länder gewahrt bleibt. Denn die Staatstätigkeit der Länder kann sich auf einer gemeinsamen Ebene abspielen, sofern die „Grundlagen der bundesstaatlichen Ordnung" nicht beeinträchtigt werden[52]. Eben dies könnte der Fall sein, wenn innerhalb einer gemeinsamen Ein-

---

46 Vgl. – ablehnend – BVerfGE 12, 205, 262 f.
47 BVerfGE 12, 205, 241, 250.
48 OVG Berlin DVBl 2002, 630.
49 Vgl BVerfGE 119, 331, 365.
50 Vgl BVerfGE 108, 169, 181 f.
51 Vgl BVerfGE 119, 331, 367; zur Einfügung des Art. 91e GG vgl *Huber*, NVwZ 2019, 671: „Revisionismus".
52 BVerwGE 50, 137.

richtung einzelne Länder überstimmt werden können, wenn also vom Einstimmigkeitsprinzip abgegangen wird, wie im **Fall 48 (Rn 518)** des Glücksspielkollegiums. Derartige Formen des kooperativen Föderalismus sind im Grundgesetz nicht explizit geregelt. Sowohl die Bund-Länder-Kooperation als auch die Kooperation der Länder untereinander ist jedoch an die Verfassungsgrundsätze des Art. 20 GG gebunden. Dazu zählt die Staatlichkeit der Länder (Rn 481 ff) und das Demokratieprinzip. Wenn nun ein Land eine Maßnahme treffen muss, der es selbst nicht zugestimmt hat, weil es in dem Kollegium überstimmt wurde, so bedeutet dies, dass es nicht selbst über die Ausübung seiner Staatsgewalt entscheidet. Dies berührt die Staatlichkeit des Landes. Auch fehlt es an der demokratischen Legitimation. Denn die von der Exekutive des Landes erlassene Maßnahme kann nicht auf den Träger der Staatsgewalt im Land zurückgeführt werden. Dies spricht gegen die Zulässigkeit des Mehrheitsprinzips bei gemeinsamen Einrichtungen[53]. Es gilt allerdings nicht bei den gemeinsamen Stellen der Landesmedienanstalten nach dem Rundfunkstaatsvertrag, denen die Aufsicht über den privaten Rundfunk obliegt, § 104 Abs. 2 MStV. Diese aber sind gegenüber der jeweiligen Landesverwaltung weitgehend verselbstständigt und müssen dies aus verfassungsrechtlichen Gründen wegen der Staatsfreiheit des Rundfunks auch sein.

Gemeinsame Einrichtungen von **Bund und Ländern** werden, sofern es sich nicht um rein koordinative Gremien (Konferenz der Innen- oder Justizminister) handelt, idR gegen das Verbot der Mischverwaltung verstoßen. Für die in Art. 91a GG aufgeführten **Gemeinschaftsaufgaben** von Bund und Ländern[54] wird eine gemeinsame Aufgabenerfüllung zugelassen; ebenso nach Art. 91b GG für Bildungsplanung und Forschungsförderung sowie nach Art. 91c GG über ein Zusammenwirken bei Einrichtung und Betrieb informationstechnischer Systeme. Abs. 2 sieht hier den Abschluss auch von Staatsverträgen zwischen Bund und Ländern vor; sie bedürfen der Zustimmung durch den Bundestag und die Parlamente der beteiligten Länder. **537**

Während der Corona-Pandemie wurde regelmäßig in einer Konferenz der Regierungschefs und -chefinnen der Länder und Mitgliedern der Bundesregierung über notwendige Maßnahmen beraten und entschieden, dem **Bund-Länder-Regierungsausschuss**. Er ist als Gremium im GG nicht vorgesehen[55]. Seine Beschlüsse sind nicht rechtsverbindlich, sie müssen je nach Zuständigkeit von den Ländern oder vom Bund in verbindlichen Rechtsakten, Verordnungen oder auch Verwaltungsakten umgesetzt werden. **538**

6. Bundesaufsicht, Bundeszwang, Bundesintervention

Das Grundgesetz kennt keine allgemeine, sondern nur eine der Ausführung von Bundesgesetzen akzessorische Bundesaufsicht. Die in Art. 37 GG vorgesehene Möglichkeit des Bundeszwangs[56] hat keine praktische Bedeutung erlangt, ebenso wenig die der Bundesintervention nach Art. 35, 91 GG. Von den Tatbeständen der Amtshilfe im Bund-Länder-Verhältnis, Art. 35 Abs. 2, 3 GG, Art. 91 Abs. 1 GG, kann Art. 35 Abs. 2 S. 1 GG bei Großdemonstrationen Bedeutung erlangen. Die Länder können hier den Bundesgrenzschutz bzw die Bundespolizei zur Unterstützung der eigenen Polizeikräfte anfordern, der dem nachzukommen verpflichtet ist und dann den Weisungen der Landesbehörden untersteht. Unabhängig davon können die Länder sich gegenseitig durch Entsenden von Polizeikräften unterstützen. Art. 91 GG verleiht dem Bund besondere Weisungsrechte gegenüber den Ländern im Fall des „inneren Notstands". Darunter kann weder die **Corona**-Pandemie noch ein von zahlreichen Gemeinden ausgerufener „Klimanotstand" subsumiert werden. **539**

---

53 So auch VGH Kassel, B. v. 16.10.2015 – 8 B 1028/15 –; *G. Kirchhof*, AfP 2016, 502; für begrenzte, ausnahmsweise Zulässigkeit demgegenüber BayVerfGH, E. v. 25.9.2015 – Vd. 9-VII-13 u.a.; BayVBl 2016, 81, 119.
54 Zu den Gemeinschaftsaufgaben nach der Föderalismusreform II s. *Seckelmann*, DÖV 2009, 747.
55 So *Papier*, NZZ vom 20.10.2020, zitiert nach *Schwarz*, NVwZ 2021, 265, 268 Fn 49.
56 Zur vergleichbaren Bestimmung des Art. 155 der spanischen Verfassung s. *Garcia Morales*, DÖV 2019, 1 zu Katalonien.

Zusammenfassung zu den Ausgangsfällen

540 **Lösung Fall 48: Glücksspiel II – Glücksspielkollegium (Rn 518)**

1. Vollzug des GlüStV: Staatsverträge der Länder werden durch Gesetz in Landesrecht transformiert; der GlüStV gilt also in B auf Grund der Transformation in Landesrecht von B; der Vollzug liegt dann beim Land B, das damit für die Erteilung einer Genehmigung nach dem Vertrag zuständig ist und selbst darüber entscheidet.

2. Das Land könnte jedoch an den mehrheitlich getroffenen Beschluss des Glücksspielkollegiums gebunden und demgemäß zur Erteilung der Genehmigung verpflichtet sein. Voraussetzung ist allerdings, dass die Einrichtung des Glücksspielkollegiums und die Geltung des Mehrheitsprinzips in diesem Gremium verfassungsmäßig sind.

a) In ihrem Zuständigkeitsbereich können die Länder gemeinsame Einrichtungen schaffen.

b) Mehrheitsprinzip: Jegliche vom Land ausgeübte Staatsgewalt muss auf das Staatsvolk im Land rückführbar sein (Rn 26). An dieser demokratischen Legitimation fehlt es, wenn die demokratisch legitimierten Organe eines Landes überstimmt werden.

c) Besondere Gründe, warum hier vom Einstimmigkeitsprinzip abgegangen werden sollte, sind nicht ersichtlich.

3. Ergebnis: Sieht man das Mehrheitsprinzip als verfassungswidrig an (Rn 537), ist das Land Y nicht an die Entscheidung des Glücksspielkollegiums gebunden.

541 **Lösung Fall 49: Bildungspakt (Rn 519)**

I. Einrichtung der Agenturen

1. Kompetenz des Bundes zur Einrichtung der Agenturen:

Art. 87 Abs. 1 GG? Keiner der Fälle obligatorischer (S. 1) oder fakultativer (S. 2) bundeseigener Verwaltung gegeben.

2. Neue Bundesoberbehörde nach Art. 87 Abs. 3 S. 1 GG?

a) Bundesfamilienagentur:

aa) Bundesoberbehörde mit vor allem koordinierenden und informativen Aufgaben;

bb) Einrichtung durch Gesetz – sog. institutioneller Gesetzesvorbehalt – hier gegeben;

cc) Voraussetzung: Gesetzgebungskompetenz des Bundes für die fragliche Materie; hier könnte in Betracht kommen: Art. 74 Abs. 1 Nr 7 GG – Fürsorge; darunter fallen Jugendschutz, Beratungsdienste, Familienfürsorge –; Gesetzgebungsrecht des Bundes aber nur unter den Voraussetzungen des Art. 72 Abs. 2 GG – hier: gleichmäßige Bildungschancen als wesentliches Kriterium der Gleichwertigkeit der Lebensverhältnisse;

b) Bundesschulagentur: keine Gesetzgebungskompetenz des Bundes für schulische Bildung, daher keine Kompetenz zur Errichtung einer Bundesoberbehörde.

II. Förderprogramm

1. Art. 30 GG: Geltung auch für nicht-gesetzesakzessorische Verwaltung; Abweichung durch den Bund: rechtliche und fachliche Koordination durch Bundesregierung; dies ist eine Form der Mischverwaltung.

2. Derartige Mischverwaltung ist jedoch im GG nicht vorgesehen, Art. 91a GG greift hier nicht ein; sie ist also *unzulässig*.

542 **Lösung Fall 50: Energiewende III – Klimaschutz und atomrechtliche Weisung (Rn 520)**

A. Zulässigkeit des Antrags

I. Es handelt sich um einen Antrag im Bund-Länder-Streit nach Art. 93 Abs. 1 Nr 3 GG (Rn 848 ff); für das Land ist der Antrag durch die Landesregierung zu stellen, er ist gegen die Bundesregierung zu richten, § 68 BVerfGG.

II. Gegenstand des Verfahrens: die unmittelbare Sachaufklärung bei den Betreibern und Weisung.

III. Antragsbefugnis: hier aus Art. 85 GG – Rechte des Landes (Rn 849).

IV. Es müssen gewisse Form- und Fristerfordernisse erfüllt sein (Rn 849).

B. Begründetheit des Antrags

Aufbauhinweis: Wie stets dann, wenn nach der Rechtmäßigkeit bzw Verfassungsmäßigkeit einer Maßnahme gefragt wird, sind diese drei Punkte zu prüfen:

– *grundsätzliche Ermächtigung zum Erlass,*
– *formelle Voraussetzungen (Verfahren),*
– *materielle Voraussetzungen.*

I. Weisung der Bundesregierung

1. Weisungsbefugnis: Art. 85 Abs. 3 S. 1 iVm Art. 85 Abs. 4 S. 1 GG, wenn Fall der Bundesauftragsverwaltung; dies zu bejahen wegen Art. 87c GG iVm § 24 Abs. 1 AtG.

2. Formelle Voraussetzungen:

a) Zuständigkeit des Bundesministers für Reaktorsicherheit als der sachlich zuständigen obersten Bundesbehörde;

b) Sachlich zuständiger Landesminister als oberste Landesbehörde als geeigneter Adressat der Weisung, Art. 85 Abs. 3 S. 2 GG.

c) Bundesfreundliches Verhalten: Verpflichtung des Bundes, dem Land Gelegenheit zur Stellungnahme zu geben, hier lt SV gewahrt – Einvernehmen muss nicht hergestellt werden: das Weisungsrecht soll ja die Sachkompetenz dem Bund übertragen.

d) Ankündigung der Weisung als Erklärung des Bundes, die Sachkompetenz an sich zu ziehen.

3. Materielle Verfassungsmäßigkeit:

a) Zulässiger Gegenstand einer Weisung: gesamte Aufgabenwahrnehmung, also der Gesetzesvollzug durch die Durchführung eines Genehmigungsverfahrens. Die Anordnung zügiger Fortführung war also zulässig.

b) Einwand der Rechtswidrigkeit des dem Land aufgegebenen Handelns? Entscheidung von Rechtsfragen vom Weisungsrecht umfasst.

c) Bundestreue/länderfreundliches Verhalten? keine Anhaltpunkte für missbräuchliche Ausübung des Weisungsrechts[57].

II. Sachaufklärung durch die Bundesregierung

Unzulässige Inanspruchnahme der Wahrnehmungskompetenz durch den Bund? Sachaufklärung zur Vorbereitung einer Weisung von der Sachkompetenz des Bundes gedeckt.

Ergebnis: Antrag unbegründet.

Schrifttum zu III. 1.-6.: *Oebbecke*, Verwaltungszuständigkeit, HStR VI³, § 136; *Hebeler*, Die Ausführung der Bundesgesetze, Jura 2002, 164; *Janz*, Inhalt, Grenzen und haftungsrechtliche Dimension des Weisungsrechts nach Art. 85 III GG, Jura 2004, 227; *Schnapp*, Mischverwaltung im Bundesstaat nach der Föderalismusreform, Jura 2008, 241; *Maurer*, Die Ausführung der Bundesgesetze durch die Länder, JuS 2010, 945; *G. Kirchhof*, Die demokratische Legitimation der länderübergreifenden Kommissionen im Rundfunkrecht, AfP 2016, 502; *Voßkuhle/Kaiser*, Grundwissen – Öffentliches Recht: Die Ausführung von Bundesgesetzen – Verwaltungskompetenzen, JuS 2017, 316; *Schliesky/Hofmann*, die Digitalisierung des Föderalismus, DÖV 2018, 193; s. ferner den Übungsfall bei *Kahl/Brehme*, JuS 2015, 917; *Durner/Grandmontagne*, „Hamburger Lehren", JA 2018, 447.

---

57 BVerfGE 81, 310, 334; s. auch BVerfGE 104, 249, 266 ff.

7. Exkurs: Die Bundeswehr im Grundgesetz

543 Zur vollziehenden Gewalt im weiteren Sinn werden traditionell auch die Streitkräfte gezählt, nach dem GG also die Bundeswehr. Verfassungsrechtliche Grundlage ihres Auftrags ist primär Art. 87a GG. Im Zeichen der Bedrohung durch den internationalen Terrorismus werden Auslandseinsätze der Bundeswehr ebenso kontrovers erörtert, wie Zulässigkeit und Grenzen eines Bundeswehreinsatzes im Innern, die Gegenstand einer der seltenen Plenarentscheidungen des BVerfG waren[58]. (Die Anrufung des Plenums beider Senate ist nach § 16 BVerfGG erforderlich, wenn ein Senat von der Entscheidung eines anderen Senats abweichen will.) Nicht zuletzt unter dem Eindruck historischer Erfahrungen[59] (so zB die Niederschlagung der südwestdeutschen Freiheitsbewegung 1848 durch preußisches Militär) hat das Grundgesetz den Einsatz der Bundeswehr klar geregelt und unter Verfassungsvorbehalt gestellt sowie ihren Einsatz im Innern an sehr enge Voraussetzungen gebunden.

544 Eigentliche Aufgabe der Bundeswehr ist die **Verteidigung**, Art. 87a Abs. 1 S. 1 GG. Es ist dies eine der klassischen Aufgaben des Staates, die historisch überhaupt erst zur Bildung von Staaten geführt haben und deren Existenz rechtfertigen: die Verteidigung des Staates gegen Angriffe von außen (sowie die Schaffung von Rechtsfrieden und Sicherheit im Innern). Der Begriff der Verteidigung ist nicht gleichbedeutend mit dem „Verteidigungsfall" nach Art. 115a Abs. 1 GG – diese später ins Grundgesetz eingefügte Vorschrift ist staatsorganisatorischer Natur und betrifft die innerstaatliche Zuständigkeitsverteilung[60]. Verteidigung bedeutet die Abwehr eines von außerhalb der Bundesgrenzen kommenden, bewaffneten Angriffs. Ob es sich um einen Angriff durch einen Staat im Sinn des Völkerrechts handeln muss, oder ob eine terroristische Aktion nach dem Vorbild des 11. September ausreicht, wird unterschiedlich beurteilt[61]. Dann jedenfalls, wenn es sich um **Terrororganisationen** handelt, die militärisch operieren und über ein vergleichbares Aggressions- oder Zerstörungspotenzial verfügen, wenn also zur Abwehr polizeiliche Mittel nicht ausreichen, dürfte von einem bewaffneten Angriff auszugehen sein. Verteidigung iSv Art. 87a Abs. 1 S. 1 GG ist auch die sog. Bündnisverteidigung im Rahmen der NATO. Eine militärische Beistandsklausel enthält auch Art. 42 Abs.7 EUV[62]. Handelt die Bundeswehr im Rahmen ihres Verteidigungsauftrags, ist es unerheblich, ob der Einsatz im Innern oder im Ausland erfolgt. Nicht „zur Verteidigung" handelt die Bundeswehr, wenn sie sich an UNO-Einsätzen beteiligt, die nicht der individuellen und kollektiven Selbstverteidigung dienen (friedensstiftende Aktionen, Blauhelm-Einsätze). Dies richtet sich nach Art. 24 Abs. 2 GG[63], wonach sich die Bundesrepublik einem System der kollektiven Sicherheit anschließen kann. Damit ist sie auch befugt, zur Erfüllung ihrer Bündnisverpflichtungen Streitkräfte zur Verfügung zu stellen. Art. 87a GG, der nachträglich in das Grundgesetz eingefügt wurde, hat an dieser Rechtslage nichts geändert[64]. Demgemäß war die Beteiligung der Bundeswehr am Einsatz einer internationa-

---

58 BVerfGE 132, 1.
59 S. dazu das Sondervotum des Richters *Gaier*, BVerfGE 132, 1 Rn 62: das Grundgesetz als „Absage an den deutschen Militarismus".
60 Vgl dazu und zum Folgenden näher *Wiefelspütz*, AöR 132 (2007), 44, 57 f.
61 Vgl dazu *Palm*, AöR 132 (2007), 95, 104 f.
62 BVerfGE 152, 35.
63 BVerfGE 123, 267, 360 ff; vgl *Gramm*, DVBl 2009, 1476, 1477 ff.
64 BVerfGE 90, 286, 356; zum Kosovo-Einsatz der Bundeswehr vgl *Fink*, JZ 1999, 1016; zu Auslandseinsätzen nach dem Kosovo-Krieg s. *Wild*, DÖV 2000, 622; zu Einsätzen zur Terrorismusbekämpfung s. *Krings/Burkiczak*, DÖV 2002, 501 ff; Rn 34 zum Luftsicherheitsgesetz s. *Sittard/Ulbrich*, JuS 2005, 432.

len Allianz gegen den sog. *islamischen Staat* von Art. 24 Abs. 2 GG gedeckt[65]. Ob auch die **Personalverteidigung**, also der Schutz deutscher Staatsbürger im Ausland im Fall kriegerischer bzw bürgerkriegsartiger Auseinandersetzungen zum Verteidigungsauftrag der Bundeswehr gehört, ist wiederum str.

Im Fall der Evakuierungsflüge aus **Afghanistan** im August 2021 war die Rückholung der Bundeswehrangehörigen, da ja der Einsatz selbst durch Art. 24 Abs. 2 GG gerechtfertigt war, als Teil dieses Einsatzes zu werten. Die Evakuierung der afghanischen Ortskräfte war m.E. verfassungsrechtlich geboten, da die Bundesrepublik ihnen gegenüber, nachdem sie sich durch ihre Tätigkeit für die Bundeswehr in Lebensgefahr gebracht hatten, eine Schutzpflicht aus dem Grundrecht auf Leben und körperliche Unversehrtheit hatte, Art. 2 Abs. 2 GG – die sie allerdings nur unzureichend wahrgenommen hat. Eine Aufnahmepflicht bejaht VG Berlin, B. v. 25.8.2021 – VG 10 L/285 21 V.

544a

Der Angriff muss von außen kommen. Andernfalls würde die Abgrenzung zum Streitkräfteeinsatz im Innern gegenstandslos[66]. Handelt die Bundeswehr nicht „zur Verteidigung", so gilt der Verfassungsvorbehalt des Art. 87a Abs. 2 GG. Dies bedeutet für Einsätze **im Innern**: Nur wenn und soweit dies im Grundgesetz ausdrücklich vorgesehen ist, darf die Bundeswehr zum Einsatz kommen. Nicht jedes Tätigwerden der Bundeswehr ist allerdings ein „Einsatz" iSv Art. 87a Abs. 2 GG, sondern nur bei Einbeziehung in bewaffnete Unternehmungen[67] oder Androhung hoheitlichen Zwangs. Der Abwurf von Sandsäcken bei Hochwasser und das Ehrenspalier für scheidende Bundespräsidenten fallen nicht darunter. Demgegenüber wäre bewaffnetes Vorgehen gegen Plünderer bei Naturkatastrophen als „Einsatz" zu werten[68].

545

Art. 35 Abs. 2 und 3 GG sieht den Einsatz im Fall des regionalen und überregionalen Katastrophennotstands vor. Die Streitkräfte können dann aber immer nur zur Unterstützung herangezogen werden. Im Urteil zum Luftsicherheitsgesetz vom 15.2.2006 wollte das BVerfG sie auf den Einsatz „polizeitypischer" Art beschränken[69]. Davon ist die Plenarentscheidung vom 3.7.2012 abgerückt[70]. Auch der Einsatz mit typisch militärischen Waffen soll nunmehr erlaubt sein; Art. 35 Abs. 2 und 3 GG legen nicht fest, welche Einsatzmittel zur Unterstützung der Polizeikräfte gebraucht werden sollten. Wenn überhaupt der Einsatz der Bundeswehr im Innern zulässig sei, und dies sei nur unter sehr engen Voraussetzungen der Fall, gelte dies auch für die Einsatzmittel. Es muss sich in den Fällen des Art. 35 Abs. 2 und 3 GG allerdings um Ereignisse von „katastrophischem Ausmaß" handeln – die auch absichtlich herbeigeführt sein können[71], zB terroristische Angriffe wie die des 11. September. Gegen innere Unruhen, Demonstrationen, Streiks uÄ ist jedoch ein Einsatz nach Art. 35 Abs. 2 und 3 GG ausgeschlossen. Dies ergibt sich aus der Zusammenschau mit Art. 87a Abs. 4 GG[72]. Nur im Fall des inneren Notstands nach Abs. 4 darf die Bundeswehr auch zur Unterstützung der Polizei bei der Bekämpfung „organisierter und militärisch bewaffneter Aufständischer" eingesetzt werden. Die Beschränkungen nach Abs. 4 sind strikt zu beachten. In erster Linie geht es in den Fällen des äußeren Notstands, Art. 87a Abs. 3 GG, und des Staatsnotstands, Art. 87a Abs. 4, um den Schutz

546

---

65 BVerfG, B. v. 17.9.2019 – 2 BvE 2/18 = NVwZ 2019, 1669; s. auch BVerfGE 121, 135.
66 So zutr *Gramm*, DVBl 2009, 1476, 1479 mit Überblick über den Meinungsstand.
67 BVerfGE 121, 135, 163.
68 Instruktiver Fall bei *Droege/Broscheit*, JuS 2015, 633.
69 BVerfGE 115, 118, 147 f; kritisch *Gramm*, DVBl 2006, 653.
70 BVerfGE 132, 1, 10.
71 BVerfGE 132, 1, 18.
72 Vgl BVerfGE 132, 1, 18.

ziviler Objekte[73]. Auf Art. 35 Abs. 2 und 3 GG beruhen die Einsätze der Bundeswehr während der Corona-Krise, wie technische und logistische Hilfe, aber auch Objektsicherung und Überwachung von Quarantänemaßnahmen.

547 Für alle Bundeswehreinsätze gilt iÜ, dass die Grundsätze des Völkerrechts beachtet werden müssen[74]. Zur notwendigen Beteiligung des Parlaments bei Entscheidungen über Auslandseinsätze s. Rn 41; erwähnenswert in diesem Zusammenhang ist auch, dass das BVerfG im Urteil zum Lissabon-Vertrag den wehrverfassungsrechtlichen Parlamentsvorbehalt für integrationsfest erklärt hat[75]. Der Bundestag kann auf dieses Recht also nicht zugunsten der Union verzichten. In den Fällen des Art. 35 Abs. 2 und 3 GG muss stets die Bundesregierung als Kollegialorgan entscheiden.

548 **Zusammenfassend** ergeben sich also diese Einsatzmöglichkeiten der Bundeswehr:

Im **Ausland**: Zur Verteidigung, sowie zur Bündnisverteidigung, Art. 87a Abs. 2 GG, ferner zur Erfüllung von Bündnisverpflichtungen nach Art. 24 Abs. 1 GG (zB Blauhelmeinsätze);

Im **Inland**: Zur Verteidigung, Art. 87a Abs. 2 GG; im Verteidigungsfall zum Schutz ziviler Objekte und Unterstützung polizeilicher Maßnahmen, Art. 87a Abs. 3 GG; im Fall des inneren Notstands nach Art. 87a Abs. 4 GG zum Schutz ziviler Objekte und Bekämpfung militärisch bewaffneter, organisierter Aufständischer; im Katastrophennotstand, Art. 35 Abs. 2 und 3 GG, im äußersten Notfall auch unter Einsatz militärischer Mittel, zB zum Schutz vor Plünderungen bei Naturkatastrophen oder auch zur Abwehr terroristischer Angriffe aus der Luft unter Einsatz der Luftwaffe, hinreichende gesetzliche Ermächtigung vorausgesetzt; keinesfalls zulässig ist der Einsatz zB bei Großdemonstrationen gegen „Gefahren aus einer demonstrierenden Menschenmenge"[76]. Kein „Einsatz" in diesem Sinn sind Hilfseinsätze wie zB Sandsackabwürfe aus Hubschraubern bei Hochwasser.

Schrifttum zu III. 7.: *Ladiges,* Verfassungsrechtliche Grundlagen für den Einsatz der Streitkräfte, JuS 2015, 958; *Droege/Broscheit,* Land unter. Der Einsatz der Bundeswehr als letztes Mittel?, JuS 2015, 633, 637; *Seyffarth/Mohr,* Übungsklausur zum wehrverfassungsrechtlichen Parlamentsvorbehalt, Jura 2018, 1283.

IV. Die Rechtsprechung in der bundesstaatlichen Ordnung

549 Auch für die Rechtsprechung gilt Art. 30 GG. Die **Einrichtung der Gerichte** gemäß Art. 92 GG obliegt daher grundsätzlich den Ländern. Sie haben hierbei nach Maßgabe des Rechts der Gerichtsverfassung (GVG) und des gerichtlichen Verfahrens (also der Verfahrensordnungen – ZPO, StPO, VwGO, ArbGG, FGO, SGG) vorzugehen, für das der Bund nach Art. 74 Abs. 1 Nr 1 GG konkurrierend zuständig ist. Gerichte des Bundes sind vorgesehen in Art. 95 GG. Für die dort genannten Zweige der Gerichtsbarkeit sind oberste Bundesgerichte zu errichten. Es sind dies der Bundesgerichtshof für die „ordentliche Gerichtsbarkeit" (Zivil- und Strafgerichte), das Bundesverwaltungsgericht, der Bundesfinanzhof, das Bundessozialgericht und das Bundesarbeitsgericht. Sie sind Rechtsmittelgerichte, der Bund stellt also für die in Art. 95 GG genannten Zweige der Gerichtsbarkeit nur die den Instanzenzug abschließenden Revisionsgerichte.

---

73 Vgl. den Klausurfall bei *Droege/Broscheit,* JuS 2015, 633, 637.
74 BVerfGE 112, 1, 24; *Wiefelspütz,* AöR 132 (2007), 44, 92.
75 BVerfGE 123, 267, 360 ff.
76 Vgl. aber das Sondervotum *Gaier* zu BVerfGE 132, 1, der hier eindeutigere Beschränkungen vermisst.

Eine Ausnahme bildet Art. 96 Abs. 1 GG für gewerblichen Rechtsschutz (Bundespatentgericht), die Wehrstrafgerichtsbarkeit im Verteidigungsfall (Art. 96 Abs. 2 GG) und die Disziplinargerichtsbarkeit über Bundesbeamte; in Ausnahmefällen werden auch die obersten Bundesgerichte als Tatsacheninstanzen tätig. 550

Die Rechtsprechungskompetenzen werden also im Verhältnis von Bund und Ländern nicht nach Sachgebieten verteilt, sondern nach Funktionen: die obersten Bundesgerichte sind (bis auf wenige Ausnahmen) Rechtsmittelgerichte. Sie sind auf die Anwendung von Bundesrecht beschränkt: **Landesrecht** ist nicht revisibel (Ausnahme: Rn 500). Mit der **Verfassungsgerichtsbarkeit** wird keine zusätzliche Instanz eingerichtet. Ihre Aufgabe ist die Wahrnehmung spezifischen Verfassungsrechts: auf Bundesebene besteht hierfür das BVerfG, auf Landesebene bestehen die Landesverfassungsgerichte, deren Einrichtung im Rahmen der Verfassungsautonomie der Länder liegt (§ 12). Der Europäische Gerichtshof (EuGH) hat entsprechend Art. 19 EUV die einheitliche Auslegung und Anwendung des Unionsrechts zu sichern. Das Gericht (früher Gericht erster Instanz – EuG) ist insbesondere für Klagen von Privaten zuständig. 551

Schrifttum zu IV.: *Degenhart*, Gerichtsorganisation, in HStR V³, § 114.

V. Die bundesstaatliche Finanz- und Haushaltsverfassung

Der X. Abschnitt des Grundgesetzes enthält die bundesstaatliche Finanzverfassung. Gerade auf diesem Feld finden die entscheidenden Auseinandersetzungen um den Föderalismus statt. Es geht um die Fragen, wer – Bund oder Länder – die Kosten für die Erfüllung staatlicher Aufgaben trägt, wie das Aufkommen aus Steuern und Abgaben verteilt werden soll und wer überhaupt Steuern und Abgaben festsetzen darf, also darüber die Gesetzgebungshoheit hat. Es geht um das Bund-Länder-Verhältnis – welches Gewicht den Ländern im Bundesstaat zukommt, hängt maßgeblich von ihrer Finanzausstattung ab. Die Länder sind von unterschiedlicher Wirtschafts- und Finanzkraft. Dies wurde bisher durch Finanztransfers von den „reicheren", den „Geberländern", zu den „ärmeren", den „Nehmerländern", ausgeglichen und war Ursache wiederholter Verfassungsstreitverfahren. Durch das Gesetz zur Änderung des Grundgesetzes vom 13. Juli 2017 wird der bisherige Länderfinanzausgleich ab 2020 durch unmittelbare Leistungen des Bundes an die Länder abgelöst. Das BVerfG spricht von der Finanzverfassung als einem Eckpfeiler der bundesstaatlichen Ordnung und betont aber auch ihre Schutz- und Begrenzungsfunktion zugunsten des Bürgers. 552

▶ **Leitentscheidungen:** BVerfGE 86, 148 (Finanzausgleich); BVerfGE 93, 319 (Wasserpfennig); BVerfGE 98, 106 (kommunale Verpackungssteuer); BVerfGE 101, 158 (Finanzausgleich); BVerfGE 122, 316 (Absatzfonds der Land- und Ernährungswirtschaft); BVerfGE 135, 155 (Filmförderungsgesetz); BVerfGE 145, 171 (Brennelementesteuer); BVerfGE 149, 222 (Rundfunkbeitrag); BVerfG, B. v. 22.3.2022 – 1 BvR 2868/15 – (kommunale Übernachtungssteuer).

Fall 51: Rundfunkbeitrag 553

Der Rundfunkbeitragstaatsvertrag sieht vor, dass jeder Wohnungsinhaber und jeder Betriebsinhaber einen Rundfunkbeitrag zu leisten hat, für Betriebe nach Größe gestaffelt. Die Beitragspflicht besteht, unabhängig davon, ob Rundfunkempfang stattfindet. Im Betrieb des U ist den Beschäftigten Rundfunkempfang untersagt; sie haben über ihre PCs nur Zugang zum firmeninternen Intranet. U sieht in dem Beitrag eine verfassungswidrige Steuer. **Rn 577**

554 **Fall 52: Bettensteuer**

Die Stadt S im Bundesland A ist auf Grund riskanter Börsenspekulationen und cross-border-leasing-Verträge an den Rand der Zahlungsunfähigkeit gelangt und versucht neue Finanzquellen zu erschließen. Nachdem der Bund durch Änderung des Umsatzsteuergesetzes für Übernachtungen in Hotels die Umsatzsteuer von 19% auf 7% herabgesetzt hat, schlägt der Stadtkämmerer vor, die hierdurch frei werdende Steuerkraft für die Stadt nutzbar zu machen. Das Kommunalabgabengesetz des Landes A – KAG – ermächtigt die Gemeinden, im Wege der Satzung örtliche Verbrauchs- und Aufwandssteuern festzusetzen. Die Stadt erlässt daraufhin eine Satzung, wonach für Hotelübernachtungen in S ein nach Übernachtungspreis gestaffelter „Kulturförderungsbeitrag" von € 2,–, 3,– oder 5,– zu entrichten ist. Der häufig in S übernachtende Handlungsreisende Merkur sieht hierin eine verfassungswidrige kommunale Steuer, die noch dazu der Entscheidung des Bundesgesetzgebers widerspreche, Hotelübernachtungen zu begünstigen.

Hinweis: § 7 Abs. 2 des einschlägigen Kommunalabgabengesetzes lautet: *„Die Gemeinden können örtliche Verbrauch- und Aufwandsteuern erheben, soweit sie nicht bundesgesetzlich geregelten Steuern gleichartig sind"*. **Rn 578**

1. Überblick

555 Die Bestimmungen über die bundesstaatliche Finanzverfassung in Art. 104a–108 GG sind *„einer der tragenden Eckpfeiler der bundesstaatlichen Ordnung des Grundgesetzes"* und sollen Bund und Länder in die Lage versetzen, ihre Aufgaben zu erfüllen[77] und hierbei Eigenverantwortlichkeit und Unabhängigkeit sichern. Die bundesstaatliche Finanzverfassung hat die Einnahmeseite und die Ausgabenseite im Blick. Auf der **Ausgabenseite** beantworten die Art. 104a ff GG die entscheidende Frage, wer für die Erfüllung der staatlichen Aufgaben bezahlt: Bund oder Länder. Art. 105–107 GG betreffen die **Einnahmeseite**. Staatliche Einnahmen sind in erster Linie die Steuern. Art. 105 GG bestimmt die Gesetzgebungskompetenzen für die Steuern, Art. 106–107 GG regeln die Verteilung des Steueraufkommens. Dabei muss auch die für die bundesstaatliche Ordnung entscheidende Frage beantwortet werden, ob und in welchem Maße Unterschiede in der Finanzkraft der Länder im Interesse gleichwertiger Lebensverhältnisse ausgeglichen werden sollen. Dem dient der Finanzausgleich nach Art. 107 Abs. 2 GG (Rn 559). Die Bestimmungen der Finanzverfassung des Grundgesetzes dienen einerseits der Stabilität der bundesstaatlichen Ordnung und sollen andererseits eine Schutz- und Begrenzungsfunktion zugunsten des Bürgers entfalten[78].

2. Gesonderte Ausgabentragung (Konnexität), Art. 104a GG, und Finanzhilfen

556 Für die Erfüllung staatlicher Aufgaben gilt nach Art. 104a Abs. 1 GG der **Grundsatz der gesonderten Ausgabentragung:** Bund und Länder tragen die Kosten für die Erfüllung ihrer jeweiligen Aufgaben. Welches die Aufgaben von Bund und Ländern sind, dazu sagt die bundesstaatliche Finanzverfassung nichts; dies muss anderweitig dem Grundgesetz entnommen werden. Die Grundregel des Art. 30 GG lautet: die Wahrnehmung der staatlichen Aufgaben ist Sache der Länder, sofern das Grundgesetz nichts anderes besagt. Soweit es um die Ausführung von Gesetzen geht, gilt Art. 83 GG: die Gesetze des Bundes

---

[77] BVerfGE 55, 274, 300; zur Entwicklung vgl *Huber*, NVwZ 2019, 665, 668 f.
[78] BVerfGE 145, 171 Rn 58 ff.

– die der Länder ohnehin – werden von den Ländern als eigene Angelegenheit ausgeführt. Dies bedeutet: die Ausführung ist Aufgabe der Länder. Bei der **Auftragsverwaltung** (Art. 104a Abs. 2 GG) trägt die Kosten der Bund. Die Länder sind hier ohnehin weisungsgebunden. Bestimmt demgegenüber zB Art. 87 GG, dass Aufgaben in bundeseigener Verwaltung durchgeführt werden, so trägt der Bund die Kosten. Der Bund trägt auch die Kosten für die gesamtstaatliche Repräsentation nach der Hauptstadtklausel des Art. 22 Abs. 1 GG[79].

Es liegt auf der Hand, dass die Länder davor geschützt sein müssen, dass ihnen von Seiten des Bundes ohne Weiteres ausgabenintensive Aufgaben überbürdet werden. Deshalb regelt Art. 104a GG in Abs. 3 für **Leistungsgesetze** (Rn 527) die Kostentragung abweichend von Abs. 1. Dies sind Gesetze, die die Gewährung finanzieller Leistungen des Staates (Subventionen, Sozialleistungen, zB Wohngeld, Kindergeld) regeln. Auch deren Ausführung ist an sich Aufgabe der Länder (Rn 522 ff). Müssten diese nun nach Art. 104a Abs. 1 GG die Kosten tragen, so könnte der Bund auf ihre Kosten finanzielle Wohltaten verteilen. Nach Abs. 3 S. 1 kann das Bundesgesetz bestimmen, dass der Bund die Kosten ganz oder teilweise trägt. Trägt er die Kosten mindestens zur Hälfte, dann wird das Gesetz in **Bundesauftragsverwaltung** ausgeführt. Allerdings ist der Bund nicht verpflichtet, die Ausgaben zu übernehmen. Die Interessen der Länder werden jedoch dadurch gewahrt, dass immer dann, wenn Ausgaben bei den Ländern verbleiben, die Zustimmung des Bundesrats erforderlich ist, Art. 104a Abs. 4 GG. Die Zustimmungspflicht soll die Länder davor schützen, dass ohne ihre Zustimmung Bundesgesetze erlassen werden können, aufgrund derer sie Dritten kostenaufwändige Vorteile – finanzielle Zuwendungen, geldwerte Sach- oder Dienstleistungen zukommen lassen[80]. 557

Aktuelle Rechtsprechung: Mit Gesetz vom 22.4. 2021 (BGBl I S. 802) wurde in das Infektionsschutzgesetz des Bundes (IfSG) ein § 28b eingefügt, nach dessen Abs. 3 S. 1 am Präsenzunterricht an den Schulen Lehrkräfte und Schülerinnen und Schüler nur teilnehmen dürfen, wenn sie zweimal pro Woche getestet werden. Dies gilt ab bestimmten Infektionszahlen im jeweiligen Landkreis. Wer die Tests bezahlt, ist nicht geregelt. Das BVerfG (**Bundesnotbremse II**)[81] verneint hier einen Fall des Art. 104a Abs. 4 GG. Bereits aus dem Wortlaut des Art. 104a Abs. 4 GG folge, dass es bei dem Gesetz darum gehen muss, Dritten Geldleistungen oder geldwerte Leistungen zu erbringen. Bei der Durchführung von Impfungen gehe es jedoch um den verwaltungsmäßigen Vollzug eines Gesetzes; die Aufwendungen hierfür sind vom Land zu tragen. 557a

Finanzhilfen des Bundes an die Länder sind in Art. 104b–d GG geregelt[82]. Sie bedeuten eine Durchbrechung des Konnexitätsprinzips, sind **nur** zu den dort genannten Zielsetzungen zulässig. Nach dem 2017 eingefügten und mit Gesetz vom 28. März 2019 bereits wieder geänderten Art. 104c GG kann der Bund den Ländern Finanzhilfen zum Ausbau der kommunalen Bildungsinfrastruktur gewähren. Die Grundgesetzänderung ist im Zusammenhang des sog. **Digitalpakts** für die Schulen zu sehen. Sie bewirkt, auch über die Mitwirkungs- und Kontrollrechte des Bundes nach Art. 104b Abs. 2 GG, der entsprechend anwendbar ist, eine weitere Kompetenzverlagerung zum Bund in einem der verbleibenden zentralen Kompetenzbereiche der Länder, der Bildungspolitik. 558

---

79 *Huber*, in: Sachs, Art. 22 Rn 2.
80 BVerfGE 159, 355 Rn 103.
81 BVerfGE 159, 355 Rn 99; den Erlass einer e.A. hatte der Senat abgelehnt, NJW 2021, 1808.
82 Dazu näher: *Meyer/Freese*, NVwZ 2009, 609; *Leisner-Egensperger*, DVBl 2019, 1589 ff; *Lindner*, ZRP 2018, 94 ff.

3. Steuerertragshoheit und Finanzausgleich

559 Art. 106 und 107 GG regeln die **Verteilung des Steueraufkommens** zwischen Bund und Ländern und im Verhältnis der Länder untereinander. Während für bestimmte Steuern ein Trennsystem gilt, das Aufkommen also jeweils zur Gänze entweder dem Bund – Art. 106 Abs. 1 GG – oder den Ländern – Art. 106 Abs. 2 GG – zusteht, gilt für die wichtigsten Steuern das **Verbundsystem** des Art. 106 Abs. 3 GG. Das Aufkommen hieraus steht Bund und Ländern gemeinsam zu, das Aufkommen aus der Einkommen- und Körperschaftsteuer insbesondere jeweils zur Hälfte. Dabei gilt das Prinzip des örtlichen Aufkommens. Der Länderanteil steht dem Land zu, in dem die Steuern vereinnahmt werden; allerdings werden hier durch das in Art. 107 Abs. 1 S. 2 GG geforderte „Zerlegungsgesetz" Korrekturen vorgenommen. Die „vertikale" Verteilung des Umsatzsteueraufkommens zwischen Bund und Ländern erfolgt durch Gesetz entsprechend Art. 106 Abs. 3 S. 4 GG; der Länderanteil wird dann nach dem Verhältnis der Einwohnerzahlen verteilt, Art. 107 Abs. 1 S. 4, 1. HS GG. Abs. 2 sieht nun vor, dass durch Gesetz mit Zustimmung des Bundesrats vom jeweiligen Länderanteil Zu- und Abschläge gemacht werden, um die unterschiedliche Finanzkraft der Länder angemessen auszugleichen. Im Jahr 2022 beliefen sich die Abschläge bei den „Geberländern" auf 3,35 Mrd. € für Hessen, 4,47 Mrd. € für Baden-Württemberg und 9,84 Mrd. € für Bayern[83]. Alle anderen Länder erhielten Zuschläge. Bayern sieht hierdurch die bundesstaatliche Solidarität überstrapaziert und hat gegen das Gesetz einen Normenkontrollantrag beim BVerfG gestellt. Bis 2020 galt ein anderes Verfahren bei vergleichbaren Ergebnissen; dieses wird im Urteil des BVerfG vom 11.11.1999 beschrieben[84].

4. Exkurs: Europäischer Finanzausgleich?

560 In der EU ist ein Finanzausgleich zwischen „ärmeren" und „reicheren" Mitgliedstaaten nicht vorgesehen: die EU ist kein Bundesstaat mit gemeinsamer Haushaltspolitik. Demgemäß bemängelt das BVerfG die *„Maßnahmen der im OMT-Beschluss angekündigten Art insbesondere deshalb, weil sie zu einer erheblichen Umverteilung zwischen den Haushalten und damit den Steuerzahlern der Mitgliedstaaten führen können und damit Züge eines Finanzausgleichs tragen, den die europäischen Verträge nicht vorsehen. Konstitutiv für die Ausgestaltung der Währungsunion ist gerade die Eigenständigkeit der nationalen Haushalte, die einer direkten oder indirekten gemeinsamen Haftung der Mitgliedstaaten für Staatsschulden entgegensteht"*[85]. Umverteilungswirkungen sind allerdings mit dem Programm Next Generation EU verbunden (Rn 283).

5. Verteilung der Steuergesetzgebung

a) Steuern und sonstige Abgaben: Begriffliche Voraussetzungen

561 Was **Steuern** iS der Kompetenznorm des Art. 105 GG sind, ist nicht positiv festgelegt, doch besteht Übereinstimmung darüber, dass hierunter Geldleistungen verstanden werden, die einem öffentlich-rechtlichen und nach dem GG zur Steuererhebung berechtigten Gemeinwesen zur Deckung seines Finanzbedarfs zufließen[86]. § 3 Abs. 1 Hs 1 AO gilt als

---

83 https://www.bundesfinanzministerium.de/Content/DE/Downloads/Oeffentliche-Finanzen/Foederale-Finanzbeziehungen/Laenderfinanzausgleich/abrechnung-ausgleichsjahr-2022.pdf, abgerufen am 27.7.2023.
84 BVerfGE 101, 158, 214 ff mit Anm. Degenhart, ZG 2000, 79.
85 BVerfGE 134, 366 Rn 41.
86 Vgl *Siekmann*, in: Sachs, vor Art. 104a, Rn 74 ff und nunmehr BVerfGE 159, 222 Rn 53 ff.

verfassungskonforme Definition. Neben dem Zweck der Einnahmeerzielung können Steuern aber auch Lenkungsfunktion haben[87]. So sollen „Öko-Steuern" zum sparsamen Umgang mit Energie Anreiz geben.

Neben Steuern erheben Bund, Länder, Gemeinden und weitere öffentlich-rechtliche Körperschaften **nichtsteuerliche Abgaben**, vor allem Beiträge und Gebühren. Steuern gehen in den allgemeinen Staatshaushalt und sind nicht zweckgebunden (auch der „Solidaritätszuschlag" fließt nicht zweckgebunden in die ostdeutschen Bundesländer). Mit Gebühren und Beiträgen werden demgegenüber besondere Leistungen des Staates und daraus entstehende Sondervorteile abgegolten – man spricht daher auch von **„Vorzugslasten"**. Gebühren werden für eine konkrete Amtshandlung geschuldet, so zB die Erteilung einer Baugenehmigung oder die Ausstellung eines Ausweises, Beiträge demgegenüber für die Möglichkeit, eine öffentliche Einrichtung zu nutzen, wie zB Beiträge der Straßenanlieger für den Anschluss an die öffentliche Kanalisation oder die Erschließung ihres Grundstücks. Für den Rundfunkbeitrag[88] will, wie schon das BVerwG[89] auch das BVerfG in seinem Urteil vom 18.7.2018[90] bereits in der Möglichkeit, das Programmangebot des öffentlich-rechtlichen Rundfunks zu nutzen, einen derartigen besonderen Vorteil erkennen. Dass der öffentlich-rechtliche Rundfunk „*der gesamten Gesellschaft nutzt*" und die gesamte Bevölkerung beitragspflichtig sei[91], schließe nicht aus, dass jedem Einzelnen ein individueller Vorteil zugewendet werde. – Zu weiteren Abgaben, insbesondere **„Sonderabgaben"** Rn 570 ff.

562

b) Zuständigkeiten

Für Gebühren, Beiträge und sonstige Abgaben, die keine Steuern sind, ist derjenige Gesetzgeber zuständig, der nach den allgemeinen Regeln der Art. 70 ff GG auch die Sachkompetenz hat – für Studiengebühren also der Landesgesetzgeber. Für Steuern gilt als lex specialis Art. 106 GG. Für die **Steuergesetzgebung** hat nach Art. 105 Abs. 2, 1. Var. GG der Bund die konkurrierende Zuständigkeit, wenn das Aufkommen aus der Steuer ganz oder teilweise dem Bund zusteht. Dies betrifft nach Art. 106 GG die praktisch wichtigsten Steuern. In diesem Fall braucht die Erforderlichkeit bundesgesetzlicher Regelung nach Art. 72 Abs. 2 GG nicht mehr festgestellt zu werden. Steht das Aufkommen auch nicht teilweise dem Bund zu, kann dieser trotzdem tätig werden, wenn die Voraussetzungen des Art. 72 Abs. 2 GG erfüllt sind (s. die Formulierung in Art. 105 Abs. 2 GG „*oder*"). Wenn das Aufkommen ganz oder teilweise den Ländern zusteht, sind nach Art. 105 Abs. 3 GG Steuergesetze zustimmungspflichtig.

563

Bund und Länder können nicht beliebig Steuern einführen. Die einzelnen Steuerarten sind in Art. 106 Abs. 1–3 GG aufgeführt.

564

Fallbeispiel aus der Rechtsprechung – Brennelementesteuer: In seiner Entscheidung vom 13.4.2017 sieht das BVerfG in der Aufzählung des Art. 106 Abs. 1–3 GG eine Festlegung auf die dort aufgeführten Steuerarten als „Typusbegriffe"[92]. Neue Steuern müssen sich hiernach im Rahmen dieser Typusbegriffe halten. Dies entspreche der bundesstaatlichen Ordnungsfunktion der Finanzverfassung, aber auch ihrer Schutz- und Begrenzungsfunktion: der Bürger müsse vor einer un-

---

87 S. dazu *Weber-Grellet*, NJW 2001, 3657.
88 S. zur Einordnung *Siekmann*, in: Sachs, vor Art. 104a Rn 92, 113, 117a ff.
89 BVerwG NVwZ 2016, 1081, 1085 ff.
90 BVerfGE 149, 222.
91 Rn 75 ff; s. auch bereits BayVerfGH DVBl 2014, 848; VerfGH RhPf DVBl 2014, 842.
92 BVerfGE 145, 171 Rn 65 ff.

überschaubaren Anzahl neuer Steuern geschützt werden. Diesen Anforderungen genügte die Brennelementesteuer – eine Steuer auf die Verwendung von Kernbrennstoffen in Atomkraftwerken – nicht. Sie wurde erhoben auf den Verbrauch der Brennelemente (Plutonium bzw. Uran). Sie entsprach aber nicht dem Typus der Verbrauchsteuer: Besteuert wurde hier ein Produktionsmittel, nicht aber der Verbrauch von Gütern des ständigen Bedarfs durch den Endverbraucher, wie dies für Verbrauchsteuern typisch sei, die zudem typischerweise auf die Einkommensverwendung gerichtet seien, nicht auf die Produktion. Deshalb habe der Bund keine Gesetzgebungszuständigkeit nach Art. 105 Abs. 2, da mit den „übrigen Steuern" in dieser Vorschrift die in Art. 106 GG aufgeführten Steuern gemeint seien[93]. Für den Typus einer bestimmten Steuer – hier der Verbrauchsteuer – wurde also auf die Ausgestaltung im allgemeinen Steuerrecht zurückgegriffen, die Kompetenzmaterie nach dem vorgefundenen Gesetzesrecht definiert, eine auch sonst für Kompetenznormen kennzeichnende Methodik (Rn 169, 177).

565 Auch die Länder sind auf die in Art. 106 GG aufgeführten Steuerarten beschränkt. Bei konkurrierender Zuständigkeit erfasst eine Kompetenzsperre kraft bundesgesetzlicher Regelung auch gleichartige Steuern. Sie sind nach Abs. 2a S. 1 ausschließlich zuständig für die **örtlichen Verbrauch- und Aufwandsteuern**, deren Belastungswirkung örtlich begrenzt ist und zu keinem bundesstaatlich relevanten, die Einheit der Wirtschaftsbedingungen als zentrales Anliegen der bundesstaatlichen Finanzverfassung gefährdenden Steuergefälle führt (zB Hundesteuer, Getränkesteuer[94]). Als „Aufwand" definiert das BVerfG die Verwendung von Einkommen als Ausdruck wirtschaftlicher Leistungsfähigkeit; besteuert wird der „isolierte Vorgang des Konsums"[95].

566 Fallbeispiele aus der Rechtsprechung:

(1) Kommunale Übernachtungssteuer: Die **„Bettensteuer"** in **Fall 52** wurde als eine derartige Aufwandsteuer gerechtfertigt. Die Inanspruchnahme einer Hotelübernachtung indiziert, so das BVerfG, wirtschaftliche Leistungsfähigkeit; dies unabhängig davon, ob der Anlass privat oder beruflich war[96]. Auch Gleichartigkeit mit einer Bundessteuer, insbesondere der Umsatzsteuer wurde verneint. Weder werden unterschiedslos alle Konsumvorgänge besteuert wie bei der Umsatzsteuer, noch ist „der Aufwand einer entgeltlichen Übernachtung in einem Beherbergungsbetrieb bisher durch eine spezielle Steuer des Bundes belegt."[97]

(2) Nicht unumstritten war daher auch zeitweise die Zulässigkeit einer **Zweitwohnungsteuer** als Aufwandsteuer. Die Gleichartigkeit mit bundesrechtlich geregelten Steuern verneint das BVerfG; die Zweitwohnungsteuer betreffe die Einkommensverwendung, die Einkommensteuer die Einkommenserzielung[98]. Die Grundsteuer ziele demgegenüber auf die Ertragskraft des Grundeigentums und treffe nur den Eigentümer. Auch der örtlich begrenzte Wirkungskreis wurde auf Grund der ausschließlich auf örtliche Gegebenheiten abstellenden Steuererhebung bejaht. Verfassungswidrig ist die Zweitwohnungsteuer jedoch dann, wenn bei Verheirateten ein Partner an einem anderen Ort als dem des ehelichen Wohnsitzes beschäftigt ist und dort eine Zweitwohnung nimmt, die Ehepartner den ehelichen Wohnsitz beibehalten wollen: dies verstößt gegen Art. 6 Abs. 1 GG[99]. Der Schutz von Ehe und Familie umfasst auch die Bestimmung des Familienwohnsitzes; Verheiratete würden hierdurch diskriminiert.

---

93 BVerfGE 145, 171 mit abw. Meinung *Huber* Rn 131 ff.
94 BVerfGE 40, 56, 63.
95 BVerfGE 161, 1 Rn 83.
96 BVerfGE 161, 1 Rn 83, 141; anders noch BVerwGE 143, 301 Rn 16 ff.
97 BVerfGE 161, 1 Rn 107.
98 BVerfGE 65, 325, 352.
99 BVerfGE 114, 316, 333 ff.

6. Nichtsteuerliche Abgaben

a) Nichtsteuerliche Abgaben und die Begrenzungs- und Schutzfunktion der Finanzverfassung

Für Abgaben, die keine Steuern sind, bleibt es für die Gesetzgebungskompetenz bei den Art. 70 ff. Die Gebührenkompetenz folgt der Sachkompetenz. Derartige Abgaben sind aber in der Sache nicht ohne Weiteres zulässig, da andernfalls die differenzierte Regelung der Art. 104a ff GG und die „*Begrenzungs- und Schutzfunktion der bundesstaatlichen Finanzverfassung*"[100] überspielt würde. Deshalb bedürfen nichtsteuerliche Abgaben einer besonderen, über die Einnahmeerzielung hinausgehenden **sachlichen Rechtfertigung**. Sie müssen sich von Steuern deutlich unterscheiden[101]. 567

Unproblematisch sind insoweit die schon erwähnten herkömmlichen **Gebühren und Beiträge** als Gegenleistung für die Inanspruchnahme von öffentlichen Leistungen (Rn 562), ebenso die **Sozialversicherungsbeiträge**. Art. 74 Abs. 1 Nr 12 GG ist auch auf die Finanzierung der Sozialversicherung bezogen und trägt die Abgabenkompetenz in sich[102]. Schließlich sind auch „**Abschöpfungsabgaben**", durch die von der öffentlichen Hand zu Unrecht gewährte Subventionsvorteile rückgewährt werden sollen, so zB die Fehlbelegungsabgabe im sozialen Wohnungsbau[103], zulässig, ebenso Ressourcennutzungsgebühren für natürliche Ressourcen, die Gut der Allgemeinheit sind, wie der „Wasserpfennig", eine in einigen Bundesländern erhobene Abgabe für die Entnahme von Grundwasser[104]. Ihre sachliche Rechtfertigung liegt in der Abschöpfung eines Sondervorteils, den der Abgabenschuldner aus der Nutzung eines Guts der Allgemeinheit erlangt. Man wird dies aber nur auf solche Nutzungen beziehen dürfen, die einer besonderen Erlaubnis bedürfen – die Abgrenzung zur Steuer wäre sonst nicht gewahrt[105]. 568

Für die Höhe von Gebühren gilt der Gleichheitssatz des Art. 3 Abs. 1 GG, der für die Bestimmung der Gebührenmaßstäbe zu beachten ist. Gebühren dürfen aber nicht in beliebiger Höhe erhoben werden: dem steht die vom BVerfG stets betonte „**Schutz- und Begrenzungsfunktion** der bundesstaatlichen Finanzverfassung" entgegen. Insbesondere die finanzverfassungsrechtlichen Verteilungsregelungen dürfen nicht beliebig umgangen werden – mit dieser Aussage rückt der 2. Senat des BVerfG in seiner Entscheidung zu den Rückmeldegebühren[106] in der Tendenz von einer Entscheidung des 1. Senats ab[107], der sozial gestaffelte Gebühren für Kindergärten für verfassungskonform erachtet hatte. In der Tat scheint es im Hinblick auf die **Widerspruchsfreiheit der Rechtsordnung** problematisch, wenn kommunale Gebührensatzungen die Wirkungen der Steuergesetzgebung des Bundes konterkarieren (wenn sie zB eine Entlastung für Familien wieder einkassieren). Denn ein Bundesland darf durch den Erlass von Abgabenregelungen keine Lenkungswirkungen erzielen, die den vom Bund als dem zuständigen Sachgesetzgeber erlassenen Regelungen zuwiderlaufen. 569

Die nach dem Bürger- und Gemeindenbeteiligungsgesetz MV (Rn 573)[108] unter bestimmten Voraussetzungen – dann, wenn keine Beteiligung der Gemeinde an der Betreibergesellschaft zustandekommt – zu leistenden Ausgleichsabgaben, durch die ein Teil der Gewinne der Betreiber aus der Nutzung der Windenergie abgeschöpft wird, sind nach der Entscheidung des BVerfG nichtsteuerli-

---

100 BVerfGE 91, 186, 201.
101 Zu diesen Voraussetzungen s. näher BVerfGE 91, 186, 202; 92, 91, 113; 93, 319, 342.
102 BVerfGE 75, 108, 148.
103 BVerfGE 78, 249, 267 f.
104 BVerfGE 93, 319, 342.
105 *Raber*, NVwZ 1997, 219.
106 BVerfGE 108, 1, 16.
107 BVerfGE 97, 332, 346.
108 Vom 18.5.2016, GVOl MV S. 258; BVerfGE 161, 63.

che Abgaben. Das Aufkommen hieraus muss zweckgebunden „zur Steigerung der Akzeptanz für Windenergieanlagen bei ihren Einwohnern" verwendet werden. Beispielhaft nennt das Gesetz die Aufwertung des Ortsbildes, die Optimierung der Energiekosten oder des Energieverbrauchs in der Gemeinde oder die Förderung von Veranstaltungen und Einrichtungen der Kultur, Bildung oder Freizeit, wobei für die Einwohner stets erkennbar sein muss, dass ein Zusammenhang zwischen der Maßnahme und den aus der Windenergieerzeugung generierten Geldmitteln besteht[109]

b) Sonderabgaben

570 Abgaben, die nicht nach diesen Kriterien sachlich besonders gerechtfertigt sind, sind als sog. Sonderabgaben nur ausnahmsweise zulässig. Es sind dies vor allem Abgaben, die zur Bewältigung einer **besonderen Finanzierungsaufgabe** von Abgabenschuldnern erhoben werden, denen eine Finanzierungsverantwortung zugewiesen wird. Folgende **Voraussetzungen** nennt das BVerfG für derartige Abgaben[110]:

> (1) Der Gesetzgeber muss mit der Abgabe einen besonderen **Sachzweck** verfolgen, der über bloße Mittelbeschaffung hinausgeht.
> (2) Der Gesetzgeber muss mit der Abgabe eine **Gruppe von Abgabepflichtigen** belegen, die
>   – in sich **homogen** ist und
>   – in besonderer **Sachnähe** zu dieser Aufgabe stehen und denen deshalb eine besondere **Finanzierungsverantwortung** zugewiesen wird.
> (3) Das Aufkommen aus der Abgabe muss **gruppennützig** verwendet werden.

571 BVerfG erörtert diese sachlichen Erfordernisse als **Kompetenzfrage** unter dem Gesichtspunkt, ob der Gesetzgeber in zulässiger Weise von seiner Sachkompetenz aus Art. 70 ff GG Gebrauch gemacht hat. Die Rechtsprechung ist allerdings nicht ganz einheitlich. In seinem Urteil zur Filmförderabgabe prüft das BVerfG sie als Frage der Vereinbarkeit mit dem Finanzverfassungsrecht des Grundgesetzes und damit des materiellen Verfassungsrechts[111].

572 **Fallbeispiele aus der Rechtsprechung:** Die **Filmförderabgabe** nach dem Filmförderungsgesetz (Rn 178), zu der Kinobetreiber, Videounternehmen und Fernsehveranstalter herangezogen werden, ist als Sonderabgabe zulässig. Aus dem Aufkommen wird die Filmförderungsanstalt finanziert. Deren Aufgabe ist es, nach qualitativen Kriterien deutsche Filmproduktionen zu fördern, um so die Leistungs- und Wettbewerbsfähigkeit der deutschen Filmwirtschaft zu stärken. Die genannten „Filmvermarkter" bilden eine in sich homogene, durch das gemeinsame Interesse an einer leistungsfähigen und attraktiven Filmproduktion verbundene Gruppe, sie ziehen aus der Abgabe unmittelbar Nutzen und sind daher in besonderer Sachnähe zu sehen, so dass sie damit auch in Finanzierungsverantwortung stehen. Das Aufkommen aus der Abgabe wird gruppennützig verwendet[112].

573 Keine Homogenität der Abgabenschuldner und keine besondere Sachnähe zum Feuerwehrwesen besteht für **Feuerwehrabgaben** nach Landesrecht. Deren Erhebung nur von männlichen Gemeindeangehörigen verstößt auch gegen Art. 3 Abs. 3 GG[113]. Und auch für eine Beteiligung der Eltern bzw volljährigen Schüler an den Kosten der Lehrmittel (Schulbücher) verneint das OVG Weimar besondere Sachnähe – es handele sich bei der Bereitstellung der Lehrmittel um eine staatliche Aufgabe[114].

---

109 BVerfGE 161, 63 Rn 76 f.
110 BVerfGE 122, 316, 334 ff; BVerfGE 135, 155 Rn 120 ff.
111 BVerfGE 135, 155 Rn 120 ff.
112 Dazu BVerfGE 135, 155 Rn 118 ff.
113 BVerfGE 92, 91, 113.
114 Vgl ThürOVG ThürVBl 2007, 108.

Für die Ausgleichsabgaben nach dem **Bürger- und Gemeindenbeteiligungsgesetz MV** (Rn 569) als Sonderabgabe kommt es auf die Sachkompetenz an[115]. Da die Energiewirtschaft unter Art. 74 Abs. 1 Nr 11 GG – Recht der Wirtschaft – fällt, gilt dies auch für die von den Betreibern von Windkraftanlagen unter bestimmten Voraussetzungen an die Standortgemeinden zu leistenden Ausgleichsabgaben. Damit ist für die Zuständigkeit des Landes Art. 72 Abs. 1 GG maßgeblich.

Aufbauhinweis: 574

Für die verfassungsrechtliche Prüfung von Abgabengesetzen ist damit wie folgt vorzugehen[116]:

I. Formelle Verfassungsmäßigkeit

1. *Gesetzgebungskompetenz:*
   a) Qualifikation der Abgabe: Steuer oder nichtsteuerliche Abgabe?
   b) wenn *Steuer*: Gesetzgebungskompetenz zu bestimmen aus Art. 105 GG; bei Landessteuern insbesondere Gleichartigkeitsverbot nach Art. 105 Abs. 2a GG zu beachten;
   c) wenn *nichtsteuerliche Abgabe*: *Sachkompetenz* aus Art. 70 ff GG?
2. *Gesetzgebungsverfahren*
   Bei Steuergesetzen: Zustimmung des Bundesrats erforderlich?

II. Materielle Verfassungsmäßigkeit

1. wenn Steuer: Grundrechte, insbesondere Art. 3 Abs. 1 GG, Art. 14 Abs. 1 GG; allgemeinrechtsstaatliche Grundsätze, zB Vertrauensschutz
2. nichtsteuerliche Abgaben – Schutzfunktion der bundesstaatlichen *Finanzverfassung*?
   a) wenn eine der vorstehend unter 6.a) genannten Abgaben (Beitrag oder Gebühr, Sozialversicherungsbeitrag, Abschöpfungsabgabe) vorliegt: sachliche Rechtfertigung idR zu bejahen;
   b) wenn Sonderabgabe: besondere Rechtfertigung entspr. o. 6.b), Rn 570 f; erforderlich: keine Steuerähnlichkeit, homogene Gruppe, Sachnähe, gruppennützige Verwendung.

7. Exkurs: Die bundesstaatliche Haushaltsverfassung – Schuldenbremse, Sondervermögen

Zentrale Bestimmung der Haushaltsverfassung in Bund und Ländern ist Art. 109 GG. Nach dessen Abs. 1 sind Bund und Länder in ihrer Haushaltswirtschaft selbstständig und voneinander unabhängig. Dieser Grundsatz der Haushaltautonomie wird durch die – freilich kaum justiziable – Verpflichtung auf das gesamtwirtschaftliche Gleichgewicht nach Abs. 2, 2. Hs durchbrochen, vor allem aber durch die 2009 eingeführte **„Verschuldungsgrenze"**. Nach Abs. 3 nF dürfen hiernach Bund und Länder ihren Haushalt grundsätzlich nicht durch Kredite ausgleichen, dh sie dürfen sich nicht neu verschulden. Ausnahmen sind vorgesehen; sie sind mittlerweile eher zur Regel geworden. Bund und Länder dürfen gewisse konjunkturelle Schwankungen ausgleichen. Zudem darf nach der Neufassung des Art. 115 GG der Bund in weiteren Ausnahmefällen abweichen, dies nach Abs. 2 S. 6 *„im Falle von Naturkatastrophen oder außergewöhnlichen Notsituationen, die sich der Kontrolle des Staates entziehen und die staatliche Finanzlage erheblich beeinträchtigen."* Die Bestimmung ist so weit gefasst, dass jedenfalls die Corona-Pandemie darunter gefasst werden kann, wobei Beschränkungen nach Kausalität geboten, aber kaum justiziabel sein dürften. Ob auch die Finanzkrise 2008 darunter fiel, ist zweifelhaft. Sie mochte nur schwer beherrschbar sein, war aber durchaus von den Staaten und deren Banken ver- 575

---

115 BVerfGE 161, 1 Rn 72 ff.
116 Beispielhaft: BVerfGE 135, 155.

antwortet. Für den Bund gilt zudem nach Art. 109 Abs. 3 S. 4, 115 Abs. 2 S. 2 GG, dass eine Kreditaufnahme, die 0,35% des Bruttoinlandsprodukts (BIP) nicht überschreitet, nicht als Kreditaufnahme iSv Art. 109 Abs. 3 S. 1 GG gilt. Für die Länder gilt diese Erleichterung nach Art. 109 Abs. 3 S. 5 GG nicht. Die **„Schuldenbremse"** bedeutet keinen verfassungswidrigen Eingriff in die Haushaltsautonomie der Länder. Auch wenn diese Merkmal der nach Art. 79 Abs. 3 GG änderungsfesten Staatsqualität der Länder sein sollte[117], ist sie doch eingebunden in die ohnehin engen Verflechtungen der Finanz- und Haushaltswirtschaft von Bund und Ländern. Die „Schuldenbremse" ist also unter bundesstaatlichen Aspekten verfassungskonform. Sie verstößt nicht gegen die Grundsätze des Art. 79 Abs. 3 GG[118].

576 Die „Schuldenbremse" kann dadurch umgangen werden, dass sog. **„Sondervermögen"** errichtet werden, die neben dem eigentlichen Haushalt bestehen und bestimmten Sachzwecken dienen sollen – so im Fall des Sondervermögens von 100 Mrd. Euro zur Ertüchtigung der Bundeswehr. Dieses Sondervermögen soll von der Beschränkung der Kreditaufnahme nach Art. 115 Abs. 2 GG – also der „Schuldenbremse" – freigestellt werden. Dafür bedarf es einer verfassungsändernden Mehrheit. Derartige Nebenhaushalte schwächen die Kontrollfunktion des Parlaments. Denn während nach Art. 110 Abs. 1 GG alle Einnahmen und Ausgaben in den Haushalt einzustellen sind, den der Bundestag mit dem Haushaltsgesetz feststellt, entfällt diese Kontrollbefugnis beim Sondervermögen. Für die Errichtung eines Sondervermögens ist also ein besonderer sachlicher Grund erforderlich. Auch müssen Mitwirkungsrechte des Bundestags vorgesehen werden[119].

Lösung der Ausgangsfälle

577 **Lösung Fall 51: Rundfunkbeitrag (Rn 553)**

1. Gesetzgebungskompetenz

a) Qualifikation der Abgabe: Für Beitrag könnte sprechen, dass die Möglichkeit des Empfangs von Rundfunkprogrammen abgegolten werden soll[120]; dagegen könnte sprechen, dass das Innehaben einer Wohnung oder einer Betriebsstätte noch keine Nutzungsmöglichkeit für den Rundfunk und damit keinen individualisierbaren Vorteil begründet. BVerfGE 149, 222 sieht jedoch bereits in der Möglichkeit, das Programm des öffentlich-rechtlichen Rundfunks zu empfangen, einen individualisierbaren Vorteil und geht daher von einem Beitrag aus (s.a. Rn 562).

b) Gesetzgebungskompetenz: Für eine Steuer würde es an der Gesetzgebungskompetenz der Länder fehlen, es handelt sich nicht um eine örtliche Verbrauch- und Aufwandsteuer (Art. 105 Abs. 2a GG), da die Abgabe bundeseinheitlich erhoben wird[121]; geht man mit dem BVerfG von einem Beitrag aus, folgt die Zuständigkeit der Länder aus deren Sachkompetenz für das Rundfunkwesen.

2. Gesetzgebungsverfahren – hier mangels entgegenstehender Angaben als ordnungsgemäß vorauszusetzen (staatsvertragliche Vereinbarung hier zulässig).

---

117 Vern. *Ohler*, DVBl 2009, 1265, 1273; *Lenz/Burgbacher*, NJW 2009, 2561, 2566; bej. *Fassbender*, NVwZ 2009, 737, 740.
118 BVerfGE 129, 108, 117.
119 Übbl. über die Problematik von Sondervermögen bei *Waldhoff*, JuS 2022, 319; *Degenhart*, NJW-aktuell 21/2022 S. 7.
120 *Kirchhof*, Gutachten über die Finanzierung des öffentlich-rechtlichen Rundfunks, April 2010, abrufbar zB unter www.ard.de, S. 61; dagegen *Degenhart*, ZUM 2011, 193 ff; K&R 2013, Beihefter zu Heft 2 sowie HFR 2013, 60 ff, auch abrufbar unter www.humboldt-forum-recht.de/deutsch/7-2013/index.html; *Korioth/Koemm*, DStR 2013, 833 ff; *Siekmann*, in: Sachs, Vor Art. 104a Rn 15.
121 BayVerfGH DVBl 2014, 848 und VerfGH RhPf DVBl 2014, 842; ferner BVerwGE 154, 275; wie hier *Siekmann* aaO.

3. Materielle Verfassungsmäßigkeit: Sieht man bereits in der Möglichkeit, den öffentlich-rechtlichen Rundfunk zu nutzen, einen individualisierbaren Vorteil, so wird der Beitrag hierdurch auch materiell gerechtfertigt, sofern er in der Höhe verhältnismäßig ist und gleichmäßig erhoben wird.

Lösung Fall 52: Bettensteuer (Rn 554) 578

1. Ermächtigungsgrundlage: Gemeindliche Satzung iVm § 7 Abs. 2 KAG – damit Ermächtigungsgrundlage in einem formellen Gesetz.

2. Gesetzgebungskompetenz: Der Landesgesetzgeber kann die Gemeinde nur im Rahmen seiner Zuständigkeit zur Erhebung von Steuern ermächtigen.

a) Qualifikation: Steuer oder nichtsteuerliche Abgabe? – Bezeichnung unschädlich; hier nicht zweckgebundene Abgabe, die in den Gemeindehaushalt fließen soll: Steuer.

b) Gesetzgebungskompetenz: Art. 105 Abs. 2a GG – örtliche Verbrauch- oder Aufwandsteuer?

aa) Aufwandsteuern erfassen die *„wirtschaftliche Leistungsfähigkeit, die in der Einkommensverwendung für den persönlichen Lebensbedarf zum Ausdruck kommt"*[122]. Bei beruflicher Veranlassung könnte dagegen sprechen, dass es hier um die Einkommenserzielung und nicht -verwendung geht[123]. Gegenstand für die Besteuerung ist jedoch nach BVerfG (Rn 566) der Konsumvorgang, auch bei beruflicher Veranlassung.

bb) „Örtliche" Steuer: Anknüpfung an die Übernachtung im Ortsbereich.

cc) Gleichartigkeit mit der Umsatzsteuer? Keine unterschiedslose Erhebung auf alle Konsumvorgänge, pauschale, nicht proportionale Bemessung, anderes Besteuerungsverfahren[124].

3. Materielle Verfassungsmäßigkeit: Verstoß gegen Gebot der Widerspruchsfreiheit der Rechtsordnung? Gemeindliche Steuer konterkariert eine gesetzliche Entscheidung des Bundes, andererseits keine gegenläufigen Regelungskonzepte[125].

Ergebnis: Die Steuer ist schon aus Kompetenzgründen verfassungswidrig, soweit sie beruflich veranlasste Übernachtungen erfasst. Ein relevanter Widerspruch zur bundesgesetzlichen Regelung dürfte zu verneinen sein.

Schrifttum zu V.: *Britz*, Verfassungsmäßigkeit des Wasserpfennigs, JuS 1997, 404; *Kämmerer*, Maßstäbe für den Bundesfinanzausgleich?, JuS 2003, 214; *Elsner/Kaltenborn*, Sonderabgaben im Steuerstaat, JA 2005, 823; *Schwarz/Reimer*, Schwerpunktbereich – Einführung in das Finanz- und Haushaltsverfassungsrecht (Art. 104a bis 115 GG), JuS 2007, 119 und 219 ff; *Degenhart*, Modernisierung des Bundesstaats – eine Zwischenbilanz nach drei Reformen, BayVBl 2018, 505; *Eisele/Hyckel*, Die Lichtspielabgabe (Referendarexamensklausur), JuS 2019, 149; *Jäkel*, Sonderabgaben im System der grundgesetzlichen Finanzverfassung, Jura 2017, 630; *Schwarz*, Das Finanz-und Haushaltsverfassungsrecht des Grundgesetzes (Art. 104a–115 GG), JA 2020, 184; JA 2021, 176.

VI. Auswärtige Beziehungen und völkerrechtliche Verträge, Art. 32, 59 GG

Auswärtige Beziehungen sind im Bundesstaat des Grundgesetzes im Prinzip Sache des Bundes. Dies gilt insbesondere für den Abschluss völkerrechtlicher Verträge. Wie Zuständigkeiten und Verfahren hierfür im Einzelnen geregelt sind und welche Rechte die Länder dabei haben, ist Gegenstand des folgenden Abschnitts. 579

---

122 OVG Koblenz NVwZ-RR 2011, 778.
123 BVerwGE 143, 301.
124 BVerwGE 143, 301 Rn 26 ff.
125 BayVGH, DVBl 2012, 767; vern. BVerwGE 143, 301 Rn 29 ff.

▶ **Leitentscheidungen:** BVerfGE 90, 286 (Adria-Einsatz der Bundeswehr).

580 **Fall 53: Kulturabkommen**

Die Bundesrepublik Deutschland schließt mit der Französischen Republik einen als „Kulturabkommen" bezeichneten Vertrag, in dem sich die Bundesrepublik u.a. verpflichtet, Französisch als Unterrichtssprache in weiterführenden Schulen stärker zu berücksichtigen, sowie an deutschen Universitäten zusätzliche Lehrstühle für französische Sprache und Geschichte einzurichten.

Auf Grund dieses Vertrags ergeht ein Bundesgesetz, das die Länder zu entsprechenden Maßnahmen verpflichtet.

a) Durfte die Bundesrepublik den Vertrag abschließen?
b) Durfte der Bund das Gesetz erlassen?
c) Sind ggf die Länder verpflichtet, durch eigene Maßnahmen den Vertrag durchzuführen? **Rn 583, 586** (prozessual Rn 905)

581 **Fall 54: Grenzabkommen**

Der Freistaat Sachsen will mit der Polnischen Republik durch völkerrechtlichen Vertrag die Grenzsicherheit verbessern und dem Treiben von Schleuserbanden ein Ende setzen. So soll vereinbart werden, dass die Polizeibehörden alle Informationen über entsprechende Aktivitäten austauschen. Diese Informationen sollen sowohl den Polizeidienststellen der Vertragspartner zur Gefahrenabwehr als auch den Strafverfolgungsbehörden zur Verfügung stehen. Die Staatsregierung möchte wissen, ob der Freistaat für den Abschluss dieses Vertrags zuständig ist und wer daran mitwirken muss. **Rn 587** (prozessual Rn 905)

1. Völkerrechtliche Verträge: Verbandskompetenz und Organkompetenz, Art. 32 und Art. 59 GG

582 Art. 32 GG befasst sich mit den Zuständigkeiten im Bereich der auswärtigen Beziehungen und bestimmt insoweit „etwas anderes" als Art. 30 GG. Die Pflege der **auswärtigen Beziehungen** ist Sache des **Bundes**, Art. 32 Abs. 1 GG, damit auch der Abschluss völkerrechtlicher Verträge mit auswärtigen Staaten und sonstigen Völkerrechtssubjekten (Vereinte Nationen, NATO). Die Länder haben eine eingeschränkte Vertragsschlusskompetenz nach Abs. 3, soweit sie die Gesetzgebungskompetenz haben. Sie „können" dann Verträge schließen, jedoch nur mit Zustimmung der Bundesregierung. Dadurch wird auch sichergestellt, dass die Länder keine „Gegen-Außenpolitik" betreiben. Die Zuständigkeit des Bundes wird nicht dadurch in Frage gestellt, dass es um Fragen geht, für die innerstaatlich die Länder zuständig sind, zB kulturelle Angelegenheiten. In Art. 32 Abs. 1 GG ist ohne Einschränkung von „auswärtigen Angelegenheiten" die Rede. Dafür spricht auch die Systematik des Art. 32 GG: Abs. 3, wonach die Länder in ihrem Zuständigkeitsbereich Verträge schließen können, spricht für eine nur ergänzende Zuständigkeit neben dem Bund; Abs. 2, wonach der Bund die Länder nur „hören" muss, spricht für umfassende Bundeskompetenz. Dies bestätigt die teleologische Auslegung[126]: dass auswärtige Staaten mit dem Gesamtstaat verhandeln, entspricht internationaler Übung.

583 Art. 32 GG besagt, wann der Bund, wann die Länder zuständig sind. Dies ist eine Frage der **Verbandskompetenz** im Bundesstaat. Steht die Zuständigkeit des Bundes fest, stellt sich die Frage, wer nun für den Bund handeln soll, welches Verfassungsorgan, also die

---
126 *Friehe*, JA 1983, 117, 121.

Frage der **Organkompetenz**. Sie ist für den Bund in Art. 59 GG geregelt (für die Länder regelt dies die jeweilige Landesverfassung). Zum Vertragsschluss ist nach Art. 59 Abs. 1 GG grundsätzlich der Bundespräsident befugt (der allerdings nicht die Vertragsverhandlungen führt – dies ist Sache der Bundesregierung). Für bestimmte Verträge ist nach Abs. 2 die **Zustimmung des Bundesgesetzgebers** erforderlich: Verträge, die die politischen Beziehungen des Bundes regeln und Verträge, die sich auf Gegenstände der Bundesgesetzgebung beziehen. Derartige Verträge bedürfen nach Unterzeichnung zu ihrer Annahme eines entsprechenden Gesetzes; erst mit dem Austausch der Urkunden hierüber – der „Ratifikationsurkunden" – wird der Vertrag bindend. Ist ein Vertragsgesetz nicht erforderlich, so ist die Zustimmungserklärung des Bundespräsidenten – die Ratifikation – ausreichend, es sind dann ohne vorgehende Befassung des Bundestags mit dem Vertrag die Ratifikationsurkunden auszutauschen[127]. **„Politische"** Verträge in diesem Sinn sind Verträge, die von wesentlicher Bedeutung für die Bundesrepublik sind, ihre Stellung in der Staatengemeinschaft regeln (zB Bündnisverträge). Auf Gegenstände der **Bundesgesetzgebung** beziehen sich Verträge, wenn sie innerstaatlich nur durch Gesetz zur Geltung gebracht werden können – Verträge etwa, die Rechte und Pflichten der Bürger begründen sollen.

> Im **Fall 53** ist fraglich, ob das Kulturabkommen eines derartigen Vertragsgesetzes bedarf oder ob es sich hier um ein Verwaltungsabkommen handelt. Zumindest im Hinblick auf einen Wesentlichkeitsvorbehalt im Schulwesen (Rn 325 f) dürfte aber die Notwendigkeit eines Gesetzes zu bejahen sein.

2. Vertragsschluss- und Transformationsgesetz

Im Fall des Art. 59 Abs. 2 GG wird der Vertrag mit dem Erlass des **Zustimmungsgesetzes** des Bundes wirksam. Die Zuständigkeit des Bundes für das Zustimmungsgesetz folgt aus Art. 59 Abs. 2 GG. Diese Zustimmungsgesetze enthalten lediglich die Aussage, dass dem Vertrag, der im Wortlaut beigefügt ist, zugestimmt wird; sie werden in Teil II des Bundesgesetzblattes veröffentlicht. Häufig bedürfen die Verträge dann, um auch innerstaatlich wirksam zu werden, der **Transformation** in innerstaatliches Recht durch Gesetz. Wenn zB in einem Vertrag gegenseitige Freizügigkeit vereinbart wird, so müssen hierfür die entsprechenden ausländerrechtlichen Bestimmungen geändert werden. Enthält der Vertrag Vereinbarungen über die gegenseitige Anerkennung von Hochschulzugangsberechtigungen, so müssen die Länder ihre Hochschulgesetze ggf ändern. Das Zustimmungsgesetz zum Vertrag, also das eigentliche Vertragsgesetz, enthält diese Änderungen ja noch nicht – es besagt lediglich, dass dem Vertrag zugestimmt wird. Dass dieses **Vertragsgesetz** vom Bund zu erlassen ist, folgt aus dem hierin eindeutigen Wortlaut des Art. 59 Abs. 2 GG: *„in der Form eines Bundesgesetzes"*. Die Zuständigkeit des Bundes, durch Gesetz gemäß Art. 59 Abs. 2 GG das Zustimmungsgesetz zum Vertrag zu erlassen, darf nicht mit der Zuständigkeit für den Erlass der erforderlichen Transformationsgesetze verwechselt werden. Letztere bestimmt sich nach den allgemeinen Zuständigkeitsregeln der Art. 70 GG. Es kann also dazu kommen, dass die Vertragsschlusskompetenz nach Art. 32 Abs. 1 GG und die Transformationskompetenz auseinanderfallen.

584

Dem Bund generell die **Transformationskompetenz** zuzugestehen, würde die differenzierte Kompetenzordnung der Art. 70 ff GG überspielen. Liegt sie beim Land, müssen

585

---

127 Näher zum Verfahren *Schweitzer/Dederer*, Rn 333 ff.

die erforderlichen Gesetze – zB zum Hochschulrecht – von den Ländern erlassen werden. Hierzu verpflichtet sind sie allerdings im Prinzip nicht: Aus Art. 70 ff GG folgen keine Gesetzgebungspflichten, ebensowenig als selbständige Pflichten aus dem Gebot der Bundestreue. Um den praktischen Schwierigkeiten hieraus zu begegnen, haben Bund und Länder das sog. **„Lindauer Abkommen"** geschlossen[128] und sich darauf verständigt, dass der Bund dann, wenn Verträge die ausschließliche Landesgesetzgebung betreffen, er sich vorgehend mit den Ländern abstimmt, die dann im Gegenzug die erforderlichen Transformationsgesetze erlassen. Wenn Bund und Länder sich vor Vertragsschluss geeinigt haben, wäre es in der Tat ein widersprüchliches Verhalten, wenn die Länder im Nachhinein den Erlass der erforderlichen Gesetze verweigern und den Bund in die Lage bringen würden, vertragsbrüchig zu werden. Dies würde gegen das Gebot der Bundestreue verstoßen[129], Rn 501 f.

Lösung der Ausgangsfälle

586 **Fall 53: Kulturabkommen (Rn 580)**

a) Vertragsabschlusskompetenz des Bundes besteht trotz Gesetzgebungskompetenz der Länder.

b) Hieraus folgt aber keine Gesetzgebungskompetenz des Bundes zur Durchführung des Vertrags.

c) Die Länder sind ihrerseits nicht verpflichtet, den Vertrag durch Gesetzgebung und Verwaltung zu erfüllen, insbesondere nicht aus dem Gebot der Bundestreue – es sei denn, Bund und Länder hätten sich vorher abgestimmt.

587 **Fall 54: Grenzabkommen (Rn 581)**

1. Zuständigkeit des Landes?

a) Grundsatz des Art. 30 GG: Wahrnehmung staatlicher Befugnisse Sache der Länder.

b) Art. 32 Abs. 1 GG: Pflege der auswärtigen Beziehungen, also Abschluss von Verträgen, Sache des Bundes.

c) Zuständigkeit des Landes nach Art. 32 Abs. 3 GG: Gesetzgebungszuständigkeit des Landes?

aa) Grundregel des Art. 70 GG.

bb) Bundeszuständigkeit?

– Art. 73 Abs. 1 Nr 1 GG – auswärtige Beziehungen; völkerrechtliche Verträge werden notwendig mit auswärtigen Staaten geschlossen. Würde es sich hierbei stets um „auswärtige Beziehungen" handeln, wäre die differenzierte Kompetenzzuweisung des Art. 32 GG sinnlos.

– Art. 73 Abs. 1 Nr 10 GG – internationale Verbrechensbekämpfung – bezieht sich auf die Verfolgung von Verbrechen; damit hat das Land keine Zuständigkeit für jene Vertragsinhalte, die sich auf die Verwendung der Informationen zum Zweck der Strafverfolgung beziehen.

– Insoweit greift auch Art. 74 Abs. 1 Nr 1 GG – gerichtliches Verfahren – ein, wenn die Informationen in Strafverfahren Verwendung finden sollen; für das Strafverfahren besteht eine abschließende Kodifikation in der StPO, so dass die Sperrwirkung des Art. 72 Abs. 1 GG (Rn 193 f) zu beachten ist.

cc) Das Land ist zuständig für die Teile des Vertrags, die den Informationsaustausch zu präventiven Zwecken betreffen. Aber auch hier muss der Bund zustimmen.

2. Zuständigkeit innerhalb des Landes nach der Landesverfassung:

---

128 Dazu *Streinz*, in: Sachs, GG, Art. 32 Rn 35 ff.
129 Näher *Friehe*, JA 1983, 117, 123 f; *Papier*, DÖV 2003, 265 ff.

Vertragsschluss: Ministerpräsident, Art. 65 Abs. 1 SächsVerf (vergleichbare Regelung in allen Landesverfassungen); Zustimmung des Landtags und der Landesregierung für Staatsvertrag, Art. 65 Abs. 2 SächsVerf.

Schrifttum zu VI.: *Friehe*, Kleines Problemkompendium zum Thema „Kulturabkommen des Bundes", JA 1983, 117; *Stumpf/Goos*, Übungsklausur – Öffentliches Recht: Terrorabwehr durch die NATO im Inland, JuS 2009, 40; *Schweitzer/Dederer*, § 4 A VI; *Herrmann/Hofmann*, Bildungspolitisches Kompetenzgerangel – Turboabitur für alle?, JuS 2012, 543.

§ 6 Staatsziele

Staatsziele sind offen gefasste Verfassungsnormen, die den Staat verpflichten, auf die Verwirklichung bestimmter Ziele hinzuwirken. Derartige Verpflichtungen stehen naturgemäß unter dem Vorbehalt des Möglichen; sie begründen auch in aller Regel keine unmittelbar gerichtlich geltend zu machenden Rechte. Sie verpflichten den Staat, so die Legaldefinition in Art. 13 SächsVerf, „nach seinen Kräften" diese Staatsziele anzustreben und sein Handeln danach auszurichten. Ihre normative Qualität bleibt damit deutlich hinter der der Verfassungsprinzipien der Rechtsstaatlichkeit, der Demokratie oder Bundesstaatlichkeit zurück. Eben deshalb ist gegenüber ausufernden Staatszielbestimmungen Zurückhaltung geboten. Die praktisch bedeutsamste Staatszielbestimmung des Grundgesetzes ist die der Sozialstaatlichkeit; Umweltschutz als Staatsziel wurde später eingefügt, zuletzt der Tierschutz. Die Landesverfassungen enthalten zT breit gefächerte Staatsziele.

588

I. Das soziale Staatsziel

Die Bundesrepublik Deutschland ist nach Art. 20 Abs. 1 GG ein demokratischer und sozialer Bundesstaat, nach Art. 28 Abs. 1 S. 1 GG ein sozialer Rechtsstaat. Hierin wird die verfassungskräftige Festlegung der Sozialstaatlichkeit gesehen. Es handelt sich hierbei um ein Staatsziel, gerichtet auf die Herstellung sozialer Gerechtigkeit und sozialer Sicherheit. Seine Verwirklichung ist in erster Linie – aber nicht nur – dem Gesetzgeber aufgetragen. Was dies für den Gesetzgeber bedeutet, wann darüber hinaus das Sozialstaatsprinzip unmittelbare rechtliche Verbindlichkeit erlangen kann, ist im Folgenden darzustellen.

589

▶ **Leitentscheidungen:** BVerfGE 33, 303 (Numerus clausus); BVerfGE 68, 193 (Gesetzliche Krankenversicherung); BVerfGE 115, 25 (Außenseitermethoden); BVerfGE 125, 175 (Hartz IV); BVerfGE 132, 134 (Asylbewerberleistungsgesetz); BVerfGE 138, 136 (Erbschaftsteuer); BVerfGE 152, 68 (Hartz IV-Sanktionen)

Fall 55: Sanktionen

590

Im Sozialgesetzbuch, Zweites Buch (SGB II) ist die Sicherung des Lebensunterhalts für erwerbsfähige Personen geregelt („Hartz IV"). Die Leistungen umfassen i.W. einen Regelsatz, der das Existenzminimum abdecken soll, sowie Unterkunft und Wohnkosten. Das Existenzminimum muss so berechnet sein, dass es nicht nur die reine physische Existenz umfasst, sondern auch ein Mindestmaß an Teilhabe am sozialen Leben („soziokulturelles Existenzminimum"). Die Leistungen sind mit Obliegenheiten verknüpft: So hat sich der Empfänger um eine zumutbare Erwerbstätigkeit zu bemühen. Bei Verletzung dieser Verpflichtung – wenn zB der Empfänger nicht zum Vorstellungstermin erscheint oder eine angebotene zumutbare Beschäftigung ohne Grund ablehnt – sind Sanktionen vorgesehen: Kürzung des Regelsatzes um 30%, bei weiteren Verstößen um 60% bis hin zum vollständigen Wegfall. Der arbeitslose Anton Abromeit klagt beim Sozialgericht gegen die von der zuständigen Arbeitsagentur verfügte Kürzung von 60%. Das Gericht ist der Auffassung, die gesetzlichen Sanktionen seien verfassungswidrig: die Ansprüche hätten ihre Grundlage in der Garantie der Menschenwürde, diese sei unabhängig vom Verhalten des Betroffenen. Zu Recht? **Rn 605**

(Fall nach BVerfGE 152, 68).

591 **Fall 56: Elterngeld**

Besorgt über niedrige Geburtenzahlen, will die Bundesregierung durch finanzielle Anreize die Gebärfreudigkeit vor allem auch gut ausgebildeter Frauen fördern. Dazu soll ein Elterngeld als Einkommensersatzleistung beitragen. Während eines bestimmten Zeitraums von bis zu 18 Monaten nach der Geburt soll ein sich am vorherigen Einkommen orientierender Betrag von monatlich bis zu € 2000 zur Auszahlung kommen, der Mindestbetrag soll € 300 betragen. Während die in der Modebranche vorher gut verdienende und auch sonst in komfortablen Verhältnissen lebende Belinda B. den Höchstbetrag ausbezahlt bekommt, muss sich die bisher nur in prekären Arbeitsverhältnissen, zuletzt bei einer Gebäudereinigung beschäftigte und in bescheidenen Verhältnissen lebende Amanda A. mit dem Mindestbetrag zufriedengeben. Sie hält dies für gleichheits- und sozialstaatswidrig – zumal sich herausgestellt habe, dass der Geburtenrückgang nicht aufgehalten worden sei. **Rn 606**

1. Der soziale Rechtsstaat: Grundlagen

a) Zur Entwicklung des Sozialstaats im Grundgesetz

592 Die Bundesrepublik Deutschland ist nach Art. 20 Abs. 1 GG ein „sozialer Bundesstaat", Art. 28 Abs. 1 S. 1 GG spricht vom „sozialen Rechtsstaat im Sinne des Grundgesetzes", dem auch die Verfassungsordnung in den Ländern entsprechen muss. Auch hierin liegt eine grundsätzliche Aussage über die Gestaltung der staatlichen Ordnung: Aufgabe des Staates ist es auch, für **soziale Sicherheit** und **soziale Gerechtigkeit** zu sorgen und die unabdingbaren Voraussetzungen für ein menschenwürdiges Dasein des Einzelnen zu sichern[1]. Zu den Grundentscheidungen des Art. 20 Abs. 1 GG wird deshalb auch ein **Sozialstaatsprinzip** gezählt. Es handelt sich hier um eine Staatszielbestimmung: der Staat ist gehalten, im Rahmen der rechtsstaatlichen Ordnung soziale Sicherheit und Gerechtigkeit anzustreben. Der Begriff des *„sozialen"* Rechtsstaats wird auch in der Abgrenzung zum (nur) *„liberalen"* Rechtsstaat gesehen, dessen *alleiniges* Anliegen die Abgrenzung eines gesellschaftlichen Freiraums im Verhältnis zum Staat war, die Gewährleistung eines *status negativus* – Freiheit und Eigentum – und von *Rechtsgleichheit*. Tatsächliche Gleichheit und tatsächliche Voraussetzungen grundrechtlicher Freiheit blieben insoweit außer Betracht. Doch kann Freiheit substanzlos werden, wenn ihre tatsächliche Basis fehlt, etwa für den, der kein „Eigentum" als Basis bürgerlicher Freiheit erwerben kann. Freiheit kann dann umschlagen, nicht nur in materielle Ungleichheit, sondern auch in Unfreiheit zulasten des Schwächeren. Mit dem Eintritt ins industrielle Zeitalter und dem damit verbundenen Wegfall tradierter sozialer Bindungen wurde der Staat immer stärker gefordert. Er ist dies erneut im postindustriellen Zeitalter. Gegenüber Verallgemeinerungen ist Zu-

---
1 BVerfGE 125, 175 (LS 1 und 2) – ALG II/Hartz IV.

rückhaltung geboten: Der für soziale Fragen blinde „Nachtwächterstaat" hat in dieser uneingeschränkten Form nie existiert. Soziale Fürsorge und die Bekämpfung sozialer Missstände als Aufgabe (auch) des Staates entsprach seit jeher kontinentaleuropäischem Staatsverständnis. Auch dies hat in die Sozialstaatsklausel des Grundgesetzes Eingang gefunden.

b) Wesentliche Inhalte: Soziale Sicherheit und soziale Gerechtigkeit

Als **Staatsziel** ist das Sozialstaatsprinzip in die Zukunft offen, seine grundlegenden Inhalte sind jedoch im Grundsatz zu bewahren. Dazu zählt die Gewährleistung eines Grundstandards an **sozialer Sicherheit**. Darunter fällt die Absicherung gegen Risiken, die den Einzelnen überfordern: Krankheit, Invalidität, Arbeitslosigkeit[2], ebenso die Alterssicherung. Dazu zählt ganz allgemein die Gewährleistung einer menschenwürdigen Existenzgrundlage. Aus der Garantie der Menschenwürde im Zusammenwirken mit dem Sozialstaatsprinzip, Art. 1 Abs. 1 iVm Art. 20 Abs. 1 GG, folgt ein **Grundrecht auf Gewährleistung eines menschenwürdigen Existenzminimums**. Es umfasst nicht nur diejenigen materiellen Voraussetzungen, die für die physische Existenz, das Überleben erforderlich sind, sondern auch für ein Mindestmaß an Teilhabe am gesellschaftlichen, kulturellen und politischen Leben[3]. Zu einem „ausbildungsspezifischen Existenzminimum" (BVerwG) Rn 599. 593

Sozialstaatliche Leistungen sind nicht auf soziale Notlagen beschränkt, wie auch das BSG in der Frage des „Elterngelds" feststellt[4]. Ob es allerdings mit dem Sozialstaatsprinzip des Art. 20 Abs. 1 GG unter dem Gesichtspunkt der sozialen Gerechtigkeit vereinbar ist, dass an vor der Geburt gut Verdienende höhere staatliche Leistungen ausgeschüttet werden als an Personen, die ein niedriges Einkommen hatten und vermutlich auch sonst über geringere Mittel verfügen, ist fraglich. Die Rechtsprechung rechtfertigt dies mit dem Charakter des Elterngelds als einer Lohnersatzleistung und dem Anliegen der Steigerung der Geburtenrate, die dann auch maßgeblich zur Stabilisierung der Sozialversicherung beitragen könne, auch wenn dadurch bestehende soziale Ungleichheiten verfestigt würden[5]. Letzteres kann aber nicht Sinn des Sozialstaats sein. 594

Sozialstaatlich motiviert sind Normen im Steuerrecht und Sozialrecht, die unter dem Schlagwort **„Umverteilung"** zusammengefasst werden. Das Sozialstaatsgebot verpflichtet den Staat auf die Ziele **sozialer Gerechtigkeit** und sozialen **Ausgleichs**. Wird bei der Erbschaftsteuer betriebliches Vermögen verschont, so liegt hierin eine Ungleichbehandlung zu Lasten privaten Vermögens. Sie bedarf, wie im Sondervotum zum Erbschaftsteuer-Urteil des BVerfG vom 17.12.2014 hervorgehoben wird, umso mehr der Rechtfertigung, als sie entgegen dem Ziel sozialen Ausgleichs zur Verfestigung und Verstärkung ökonomischer Ungleichheit beiträgt[6]. Zur faktischen Realisierung des Sozialstaats mögen schließlich Aktivitäten staatlicher *„Daseinsvorsorge"* gerechnet werden, also die Versorgung des Bürgers mit bestimmten, „daseinsnotwendigen" Leistungen, die der Markt nicht hinreichend bereitstellen kann. 595

---

2 BVerfGE 115, 25, 43.
3 BVerfGE 125, 175, 222 ff; s. auch *Voßkuhle/Wischmeyer*, JuS 2015, 693, 694.
4 BSG, U. v. 17.2.2011 – B 10 EG 21/09 R, juris Rn 44.
5 BSG aaO.
6 BVerfGE 138, 136, 252 ff, s *Sachs*, NJW 2015, 601.

2. Zur positiven Bindungswirkung des Sozialstaatsprinzips

a) Sozialstaatsprinzip als Anspruchsgrundlage? Gesetzgebung und Verwaltung als Adressaten

596 Die Realisation des Sozialstaatsprinzips als Staatszielbestimmung erfolgt in erster Linie durch den Gesetzgeber, in der gesetzlichen Sozialversicherung, in einer umverteilenden Steuergesetzgebung, und im Schutz des strukturell Schwächeren im Wirtschaftsverkehr, im Arbeitsrecht oder Mietrecht. Auch das Grundrecht auf Gewährleistung der Grundlagen für eine menschenwürdige Existenz aus Art. 1 Abs. 1 iVm Art. 20 Abs. 1 GG ist in seinem konkreten Inhalt vom Gesetzgeber festzulegen; der Gesetzgeber muss andererseits Leistungsansprüche für den hilfsbedürftigen Einzelnen vorsehen: *„Ein Hilfebedürftiger darf nicht auf freiwillige Leistungen des Staates oder Dritter verwiesen werden"*[7]. Die Höhe der Leistungen muss in einem nachvollziehbaren, rationalen Verfahren festgelegt werden, weshalb es das BVerfG beanstandet hat, dass die Leistungen für Kinder nach „Hartz IV" ohne Berücksichtigung ihrer spezifischen Bedürfnisse im Wege eines pauschalen Abschlags auf den Regelsatz berechnet wurden. Aus den gleichen Erwägungen kritisiert das BVerwG die Festlegung der BAFöG-Regelsätze als unzureichend (Rn 599).

597 Bei vollständiger Untätigkeit des Gesetzgebers würde dann ausnahmsweise das Sozialstaatsprinzip iVm Art. 1 Abs. 1 GG als unmittelbar geltende Anspruchsgrundlage heranzuziehen sein[8]. IÜ ist es Sache des Gesetzgebers, wie er das Staatsziel der Sozialstaatlichkeit verwirklichen will[9]. Das BVerfG prüft nur, ob die vorgesehenen Leistungen evident fehlerhaft bestimmt sind. Der Hilfsbedürftige muss also geltend machen, die gesetzlich vorgesehenen Leistungen seien unzureichend bzw, bei Kürzung von Leistungen wie im **Fall 50**, ihm werde das menschenwürdige Existenzminimum entzogen. Der Anspruch hierauf besteht grundsätzlich unabhängig vom Verhalten des Hilfsbedürftigen. Der Gesetzgeber darf jedoch Mitwirkungspflichten vorsehen, um Erwerbsfähige wieder an den Arbeitsmarkt heranzuführen; sie dürfen jedoch nicht auf staatliche Bevormundung gerichtet sein: „Dem Grundgesetz ist ein solcher Paternalismus fremd" – so das BVerfG im Urteil zu den Hartz-IV-Sanktionen[10]. Sanktionen sind nicht ausgeschlossen, stehen aber unter striktem Verhältnismäßigkeitsgebot und dürfen nicht schematisch erfolgen.

598 **Fallbeispiel aus der Rechtsprechung:** Aus der allgemeinen Handlungsfreiheit, dem Sozialstaatsprinzip und dem Grundrecht auf Leben folgt ein verfassungsunmittelbarer Anspruch auf Krankenversorgung abgeleitet, wenn in Fällen einer lebensbedrohlichen oder regelmäßig tödlichen Erkrankung vom Leistungskatalog der gesetzlichen Krankenversicherung erfasste, anerkannte Behandlungsmethoden nicht zur Verfügung stehen, eine andere Behandlungsmethode aber eine nicht ganz fernliegende Chance der Heilung oder Linderung verspricht[11]

599 **Aktuelle Rechtsprechung:** Das BVerwG hat mit Beschluss vom 20.3.2021 – 5 C 11.18 – aus Art. 12 Abs. 1 GG – freie Wahl der Ausbildungsstätte – Art. 3 Abs. 1 GG – Gleichheitssatz i.V.m dem **Sozialstaatsprinzip** ein Teilhaberecht auf gleichmäßigen Zugang zu den staatlichen Ausbildungsangeboten – konkret zum Universitätsstudium – abgeleitet und hieraus wiederum ein Recht nicht nur auf Zugang zur Universität selbst, sondern darüber hinaus auf Unterhalt während des Studiums nach Maßgabe eines **ausbildungsbezogenen Existenzminimums**: „Dieses Teilhaberecht

---

7 BVerfGE 125, 175, 223.
8 BVerwGE 1, 159; 52, 339, 346.
9 BVerfGE 40, 121, 133.
10 BVerfGE 152, 68 Rn 127.
11 BVerfGE 115, 25, 48 ff.; BVerfG (K) NJW 2017, 2096.

verpflichtet den Gesetzgeber, für die Wahrung gleicher Bildungschancen Sorge zu tragen und im Rahmen der staatlich geschaffenen Ausbildungskapazitäten allen entsprechend Qualifizierten eine (Hochschul-) Ausbildung in einer Weise zu ermöglichen, die den Zugang zur Ausbildung nicht von den Besitzverhältnissen der Eltern abhängig macht, sondern ihn so gestaltet, dass soziale Gegensätze hinreichend ausgeglichen werden und soziale Durchlässigkeit gewährleistet wird." Der Gesetzgeber müsse den Bedarf in nachvollziehbarer Weise unter Berücksichtigung aller relevanten Tatsachen mit einer adäquaten Berechnungsmethode bestimmen; dem genüge die aktuelle gesetzliche Regelung nicht, die daher dem BVerfG vorgelegt wurde[12].

b) Sozialstaatsprinzip als Bestandsgarantie?

Der Sozialstaat wird in erster Linie durch den Gesetzgeber realisiert. Dies bedeutet jedoch nicht, dass das einfache Recht, zB das Recht der Sozialversicherung, mit der Verfassungsgarantie gleichgesetzt werden dürfte. Dies würde zu einer „Erstarrung" führen, die der „Dynamik" des Sozialstaatsgebots zuwiderliefe. Nur in einem Kernbereich ist die bestehende **sozialstaatliche Gesetzgebung** jedenfalls insoweit in ihrem Bestand gewährleistet, als ihre ersatzlose Rücknahme unzulässig wäre. Ob damit die Prinzipien des geltenden Sozialversicherungsrechts – wie zB Solidarausgleich und beitragsproportionale Rente – gewährleistet werden, ist offen, dürfte aber zu verneinen sein. Das tradierte System kann schwerlich als auf Dauer festgeschrieben gelten, zumal, wenn Grenzen der Finanzierbarkeit erreicht werden. Deshalb wäre es auch zulässig, für Leistungen der Krankenversicherung eine Bagatellgrenze einzuführen oder für die Lohnfortzahlung im Krankheitsfall einige wenige Karenztage einzuführen.

600

Das Sozialstaatsprinzip wirkt daher auch nicht als Bestandsgarantie für einzelne, individuelle Leistungsansprüche. Für diese ist vielmehr zurückzugreifen auf die **Eigentumsgarantie** des Art. 14 GG, soweit es sich um Leistungsansprüche handelt, die durch eigene Leistung „erdient" wurden, also etwa die durch eigene Beitragsleistung erworbenen Ansprüche und Anwartschaften aus der gesetzlichen Rentenversicherung[13]. Dabei ist das Gebot der Rechtssicherheit zu beachten. Das Sozialstaatsprinzip wirkt hier ambivalent: Einerseits kann es die Schutzwürdigkeit individueller Rechtspositionen verstärken, andererseits kann gerade die sozialstaatlich gebotene Funktionsfähigkeit etwa der Rentenversicherung Eingriffe rechtfertigen.

601

c) Freiheitlicher Rechtsstaat, Sozialstaat und Nanny-Staat

Wenn der Gesetzgeber zur Verwirklichung sozialpolitischer Ziele in bestehende Rechte eingreift, dann verstärkt das Sozialstaatsprinzip das Gewicht der Eingriffsziele in der Abwägung (Rn 431) mit den Belangen der Betroffenen. Allerdings: „sozial" sollte nicht als undifferenzierte Billigkeitsformel eingesetzt werden. *Methodisch* bedeutet dies, dass nicht undifferenziert auf das Sozialstaatsgebot zurückzugreifen ist, sondern auf dessen näher aufzugliedernde Inhalte, wie etwa die Gewährleistung sozialer Mindeststandards, die Begrenzung wirtschaftlicher Machtstellungen und die Absicherung sozialer Risiken (Rn 593 ff).

602

Beispiele: Betriebliche Mitbestimmung greift in Grundrechte der Unternehmenseigentümer ein, wird hierin legitimiert durch das sozialstaatliche Anliegen, wirtschaftliche Macht zu begrenzen[14]. Die Zwangsmitgliedschaft in berufsständischen Versorgungseinrichtungen, in der Sozialversiche-

603

---

12 BVerwG FamRZ 2021, 2009.
13 Dazu s. etwa BVerfGE 69, 272; *Degenhart*, BayVBl 1984, 65 ff, 103 ff.
14 Dazu s. das „Mitbestimmungs-Urteil", BVerfGE 50, 290.

604 Der Staat als *Sozialstaat*, der umfassend für den Bürger plant, umfassende Daseinsvorsorge betreibt, leitet eben hieraus den Anspruch auf umfassende Information über den Bürger ab; Aufgabe des Rechtsstaats aber ist es, den Freiheitsraum des Bürgers auch gegen den leistenden, planenden, daseinsvorsorgenden Staat zu sichern[17]. Dies berührt grundsätzliche Fragen der Beziehungen zwischen Sozialstaat und freiheitlichem Rechtsstaat. Das Spannungsverhältnis von *Freiheit* und *Gleichheit* darf nicht einseitig zu Lasten Letzterer aufgelöst werden. Grenzen des Sozialstaats liegen jedenfalls im Prinzip der selbstverantworteten, rechtsstaatlichen Freiheit[18]. Sozialstaatliche Fürsorge darf nicht in paternalistische, edukatorische Bevormundung münden, der „Nanny-Staat" ist nicht der freiheitliche Staat des GG, der umfassend betreuungsbedürftige Bürger entspricht nicht dem Menschenbild des GG[19].

Zu Beginn steht bei § 6 *Staatsziele* als Seitenkopf, und der Fließtext oben lautet:

rung oder in der gesetzlichen Krankenversicherung wirkt als Eingriff in die allgemeine Handlungsfreiheit des Art. 2 Abs. 1 GG[15]. Das sozialstaatliche Anliegen der sozialen Sicherung kann dies rechtfertigen. Es wird nur dann hinreichend gewährleistet, wenn der in Betracht kommende Personenkreis umfassend einbezogen wird. Für die Staffelung von Abgaben nach Einkommen kann das Sozialstaatsprinzip einen sachlichen Differenzierungsgrund iSv Art. 3 Abs. 1 GG liefern[16].

605 **Lösung Fall 55: Sanktionen (Rn 590)**

1. Entzug des ALG II: Eingriff in das Recht auf das Existenzminimum, das eine menschenwürdige Existenz sichern soll.

2. Gerechtfertigt als Sanktion für Verletzung von Mitwirkungspflichten?

a) Grundsätzliche Zulässigkeit Mitwirkungspflichten: Eigenverantwortung und Vorrang der Selbsthilfe entspricht sowohl Art. 1 GG als auch dem Sozialstaatsprinzip.

b) Sanktionen: grundsätzliche Zulässigkeit, um Mitwirkungspflichten durchzusetzen, Voraussetzung aber Ausrichtung am Ziel der Wiedereingliederung in den Arbeitsmarkt.

c) Verhältnismäßigkeit? – hier schwerwiegender Eingriff, insbesondere bei überwiegendem oder vollständigem Entzug der Leistungen – nach BVerfGE 152, 68 jedenfalls bei 60% Minderung unverhältnismäßige Kürzung.

606 **Lösung Fall 56: Elterngeld (Rn 591)**

Verstoß gegen den Gleichheitssatz?

1. Ungleichbehandlung von A und B müsste sachlich gerechtfertigt sein; hier durch familienpolitische Ziele des Gesetzgebers, durch die Ausgestaltung des Elterngelds als Einkommensersatzleistung anstelle der bisherigen bedürftigkeitsabhängigen Förderung.

2. Diese Erwägung müsste ihrerseits im Einklang mit der Verfassung stehen; die Ausgestaltung der Familienförderung könnte jedoch gegen das Sozialstaatsprinzip verstoßen.

a) Höhere Förderung nicht bedürftiger Personen steht im Widerspruch zum Anliegen sozialer Gerechtigkeit: Festschreibung und Verfestigung bestehender Ungleichheit.

b) Andererseits durfte der Gesetzgeber durch finanzielle Anreize eine Stabilisierung der sozialen Systeme unter demographischen Gesichtspunkten anstreben, solange diese nicht offensichtlich ungeeignet waren.

---

15 BVerfGE 115, 25, 42.
16 BVerfGE 97, 332, 347.
17 Vgl BVerfGE 65, 1.
18 *Degenhart*, FS Scupin, 1983, S. 537 ff.
19 Näher *Hufen*, JuS 2019, 193 ff.

c) Entscheidend ist letztlich die weite Gestaltungsfreiheit bei sozialen Leistungen, damit dürfte die Ungleichbehandlung noch gerechtfertigt werden, so die (nicht unbedingt überzeugende) Rechtsprechung[20].

Schrifttum zu I.: *Zacher*, Das soziale Staatsziel, in: HStR II³, § 28; *Degenhart*, Rechtsstaat – Sozialstaat, Festschrift Scupin, 1983, S. 537; *Voßkuhle/Wischmeyer*, Grundwissen – Öffentliches Recht: Das Sozialstaatsprinzip, JuS 2015, 693; *Buchholtz*, Das Grundrecht auf menschenwürdiges Existenzminimum und die staatliche Grundsicherung, JuS 2021, 503.

II. Staatsziel Umweltschutz

Art. 20a GG, 1994 in das Grundgesetz eingefügt, normiert den Umweltschutz als Staatsziel. Welchen juristisch fassbaren Gehalt die Bestimmung hat und wie sie sich konkret auswirken kann, ist im Folgenden darzustellen. Dabei ist insbesondere auf Klimaschutz einzugehen. 607

▶ **Leitentscheidungen:** BVerfGE 128, 1 (Gentechnik); BVerfGE 127, 293 (Legehennenhaltung II); BVerfGE 157, 30 (Klimaschutz); BVerfGE 161, 63 (Windenergie-Beteiligungsgesellschaften).

Fall 57: Energiewende IV 608

§ 13 BNatSchG stellt folgenden „allgemeinen Grundsatz" iSv Art. 72 Abs. 3 S. 1 Nr 2 GG auf: *„Erhebliche Beeinträchtigungen von Natur und Landschaft sind vom Verursacher vorrangig zu vermeiden. Nicht vermeidbare erhebliche Beeinträchtigungen sind durch Ausgleichs- oder Ersatzmaßnahmen oder, soweit dies nicht möglich ist, durch einen Ersatz in Geld zu kompensieren."*

Um die im Zuge der angestrebten „Energiewende" erforderlichen Vorhaben zu erleichtern, soll folgender § 13a eingefügt werden: *„Anlagen zur Gewinnung, zum Transport und zur Speicherung regenerativer Energien gelten nicht als Beeinträchtigung iSv § 13."* Kritiker sehen dies als unvereinbar mit Art. 20a GG an. **Rn 619**

Art. 20a GG, mit ÄndG vom 27.10.1994 in das GG eingefügt, enthält das **Staatsziel Umweltschutz** und wurde mit ÄndG vom 26.7.2002 (BGBl I S. 2862) um den **Tierschutz** erweitert. Klimaschutz wurde bisher jedenfalls nicht als eigenes Staatsziel explizit formuliert, ist jedoch im Staatsziel Umweltschutz enthalten[21]. 609

1. Schutz der natürlichen Lebensgrundlagen

Art. 20a GG verpflichtet zum Schutz der **natürlichen Lebensgrundlagen**. Dies sind die natürlichen – also nicht, wie soziale oder ökonomische Grundlagen, von Menschen erst geschaffenen – Grundlagen des menschlichen, aber auch allen anderen Lebens. Schutzziel ist auch die Erhaltung der biologischen Vielfalt und artgerechter Bedingungen für bedrohte Tier- und Pflanzenarten[22]. Dem dient der Schutz der Umweltmedien Luft, Wasser und Boden, der Pflanzen- und Tierwelt, aber auch der Unversehrtheit einer Landschaft[23] als Erholungsraum für den Menschen, auch die vom Menschen geprägte Kultur- 610

---

20 BSG, U. v. 17.2.2011 – B 10 EG 21/09 R, juris Rn 44 f.
21 BVerfGE 157, 30.
22 BVerfGE 128, 1, 37 f.
23 BVerwG NJW 1995, 2648.

landschaft. **"Schutz"** bedeutet, die Schutzgüter vor Schäden zu bewahren, bedeutet die Abwehr aktueller Gefahren und die Vorsorge gegenüber künftigen Risiken[24], aber auch Ressourcenschonung. Dieses Schutzgebot richtet sich unmittelbar an den **Staat**. Gegenüber Dritten kann es mittelbar wirken, wenn der Staat in Wahrnehmung des Schutzauftrags umweltschädigendes Handeln beschränkt oder verbietet.

611 Mit dem Gebot, diese Lebensgrundlagen auch für **künftige Generationen** zu erhalten, übernimmt das GG ausdrücklich auch eine Verpflichtung für die Nachwelt[25]. „Der Schutzauftrag des Art. 20a GG schließt die Notwendigkeit ein, mit den natürlichen Lebensgrundlagen so sorgsam umzugehen und sie der Nachwelt in solchem Zustand zu hinterlassen, dass nachfolgende Generationen diese nicht nur um den Preis radikaler eigener Enthaltsamkeit weiter bewahren könnten"[26] – gemeint ist: die Umwelt darf dann nicht in einem Zustand sein, in dem eine spätere Generation bedeutende Auflagen und Einschränkungen zu ihrem Schutz würde beachten müssen.

612 Art. 20a GG richtet sich primär an den **Gesetzgeber**. Ähnlich wie beim Sozialstaatsprinzip haben auch bei Art. 20a GG einfache Gesetze, die das Staatsziel verwirklichen sollen, wie zB die Normen der Naturschutzgesetze oder des Klimaschutzgesetzes, selbst keinen Verfassungsrang. Bestimmte Grundprinzipien des einfachen Rechts sind jedoch von Art. 20a GG gewährleistet, so zB im Naturschutzrecht das **Kompensationsprinzip**[27], wonach Eingriffe in den Naturhaushalt zB durch ein Bauvorhaben anderweitig, zB durch Ersatzbepflanzungen, auszugleichen sind, oder auch das **Verursacherprinzip**. Diese Prinzipien hat der verfassungsändernde Gesetzgeber des Jahres 1994 bei Einfügung des Art. 20a GG[28] vorgefunden. Sie dürfen durch die Gesetzgebung nicht ersatzlos aufgehoben werden, wenn hierdurch eine relevante Absenkung des Schutzniveaus eintritt. Insoweit kann aus Art. 20a GG ein zumindest relatives Verschlechterungsverbot abgeleitet werden. Die Umweltsituation darf nicht insgesamt verschlechtert werden. Dies ist relevant im **Fall 57**, wenn für die dort genannten Vorhaben der Grundsatz, dass Eingriffe nach Möglichkeit zu vermeiden sind, der Verursacher sie aber jedenfalls auszugleichen hat, außer Kraft gesetzt wird.

612a Allerdings steht das Staatsziel Umweltschutz nicht isoliert in der Verfassung. Es ist mit anderweitigen Verfassungsgütern in Ausgleich zu bringen, mit Freiheitsrechten ebenso wie mit dem Sozialstaatsprinzip. Art. 20a GG bindet alle staatlichen Teilgewalten. Für die Exekutive gilt dies, wie Art. 20a GG klarstellt, **innerhalb** der verfassungsmäßigen Ordnung, nicht gegen sie. Daher ist im Verhältnis zur **Exekutive** das ökologische Staatsziel auch keine selbstständige Eingriffsgrundlage, ersetzt nicht die für jeden Eingriffsakt erforderliche gesetzliche Grundlage. Wohl aber kann Art. 20a GG also, ähnlich wie das Sozialstaatsprinzip, Eingriffsmaßnahmen zur Verwirklichung des Staatsziels legitimieren.

Fallbeispiel: Für eine kommunale Satzung, die wie im **Fall 24** einen Anschluss an die kommunale Fernwärmeversorgung anordnete, fehlte es an einer Rechtsgrundlage in einem formellen Gesetz; diese war erforderlich, weil ein solcher Anschluss- und Benutzungszwang einen Eingriff in die Rechte der Pflichtigen (Art. 14 Abs. 1 GG, allgemeine Handlungsfreiheit des Art. 2 Abs. 1 GG) bedeutet. Die Satzung konnte auch nicht unmittelbar auf Art. 20a GG gestützt werden – Umwelt-

---

24 Vgl *Murswiek*, in: Sachs, Art. 20a Rn 33 ff.
25 Vgl hierzu *Kloepfer* I, § 12 Rn 71.
26 BVerfGE 157, 30 Rn 193 und LS 4.
27 Vgl *Voßkuhle*, Das Kompensationsprinzip, 1999, S. 389 ff; *Degenhart*, in: Festschrift Kloepfer, 2014, S. 21 ff.
28 *Schulze-Fielitz*, in: Dreier II, Art. 20a Rn 69.

schutz muss im Rahmen der Gesetze verwirklicht werden[29]. Wenn jedoch die Verpflichtung in einem formellen Gesetz vorgesehen ist, kann Art. 20a GG zur Rechtfertigung herangezogen werden: Umweltschutz ist ein legitimes Eingriffsziel.

Soweit die Exekutive ihrerseits Ermessensspielräume hat, zB im Rahmen planerischer Gestaltungsfreiheit, hat sie das Staatsziel Umweltschutz einzubeziehen. Dieses bezeichnet dann relevante **öffentliche Belange**. Insbesondere auch als **Auslegungsmaßstab** kann Art. 20a GG Bedeutung erlangen, so vor allem dann, wenn Gesetze auf öffentliche Interessen, öffentliche Belange u.Ä. abstellen[30]. Dies gilt auch für die Rechtsprechung. Auch durch Verfahrensvorschriften wie zB die Einschaltung sachverständiger Kommissionen kann dem Staatsziel Rechnung getragen werden. Ihre Missachtung kann dann einen Verstoß gegen Art. 20a GG bedeuten[31]. 613

2. Insbesondere: Klimaschutz

Umweltschutz nach Art. 20a GG bedeutet auch **Klimaschutz**. Dass es sich hierbei nicht etwa um einen unverbindlichen Programmsatz handelt, hat das BVerfG in seiner Grundsatzentscheidung vom 24.3.2021[32] mit seiner geradezu apokalyptischen Schilderung der Folgen der Erderwärmung klargestellt: „*Ein unbegrenztes Fortschreiten von Erderwärmung und Klimawandel stünde aber nicht im Einklang mit dem Grundgesetz*" (Rn 120). Hieraus leitet das BVerfG ab, dass der Staat verpflichtet ist, Maßnahmen zu ergreifen, um die Erderwärmung zu begrenzen, gemäß den Zielen des **Pariser Klimaschutzabkommens** auf deutlich unter 2° C und möglichst auf 1,5° C im Vergleich um Vorindustriezeitalter[33]. Diese Ziele erklärt das BVerfG auch für verfassungsrechtlich verbindlich: Der Gesetzgeber habe im Klimaschutzgesetz eben diese Ziele zu Grundlagen des Klimaschutzes erklärt. „*Dabei ist die gewählte Temperaturschwelle nicht allein Ausdruck des politisch aktuell Gewollten, sondern ist auch als Konkretisierung gerade des verfassungsrechtlich gebotenen Klimaschutzziels zu verstehen.*"[34] Die Klimaziele stehen also nicht explizit im Grundgesetz, sondern in einem einfachen Gesetz. Mit dem Kunstgriff, der Gesetzgeber habe den Auftrag zur Konkretisierung[35], verleiht es dem Klimaziel des einfachen Gesetzes unversehens Verfassungsrang, um dann das Gesetz an eben diesem Klimaziel zu messen. Das BVerfG trifft auch klare Aussagen dazu, wie dieses Ziel anzustreben ist: durch Begrenzung des Ausstoßes von CO_2 als der wesentlichen Ursache des Klimawandels. Denn weltweit stehe nur noch ein begrenztes CO_2-Budget zur Verfügung, von dem ein bestimmter Anteil auf Deutschland entfalle, das nationale CO_2-Budget, das allerdings nirgends verbindlich festgelegt ist. Werde dies bereits in naher Zukunft durch CO_2-relevante Verhaltensweisen – Produktion, Verkehr, Konsum – aufgezehrt, müsste eine nachfolgende Generation drastische Freiheitseinbußen hinnehmen – es könnten „*selbst gravierende Freiheitseinbußen künftig zum Schutz des Klimas verhältnismäßig und gerechtfertigt sein*"[36]. Das BVerfG entwickelt hier die Rechtsfigur von **eingriffsglei-** 614

---

29 BVerwG DVBl 2006, 779; s. aber auch BVerwGE 125, 68: der parlamentarische *Gesetzgeber* kann eine entsprechende Anordnung vorsehen.
30 *Uhle*, UPR 1996, 55, 56 zu BVerwG NJW 1995, 2648; *Westphal*, JuS 2000, 339, 342.
31 BVerfGE 127, 293, 321 f.
32 BVerfGE 157, 30; s. die Entscheidungsrezension durch *Faßbender*, NJW 2021, 2085 und die Kritik der Entscheidung zB bei *Murswiek*, Festschrift Dörr, 2022, S. 117 ff.
33 BVerfGE 161, 63 Rn 107.
34 BVerfGE 157, 30 Rn 210.
35 BVerfGE 161, 63 Rn 107.
36 BVerfGE 157, 30 Rn 193.

chen Vorwirkungen. Beschränkungen grundrechtlicher Freiheit sind jetzt geboten, so lässt sich die Kernaussage zusammenfassen, um künftige, dann deutlich intensiver ausfallende Eingriffe zu vermeiden. Unterlässt der Gesetzgeber jetzt geeignete Maßnahmen, so können diejenigen, die von den aus Sicht des BVerfG später erforderlichen intensiveren Eingriffen betroffen sein werden, jetzt schon geltend machen, in ihrer grundrechtlichen Freiheit verletzt zu sein. Mit dieser Rechtsfigur des vorwirkenden Grundrechtsschutzes wird auch die Hürde überwunden, die darin besteht, dass Art. 20a GG nicht zu den Verfassungsbestimmungen zählt, auf die nach Art. 93 Abs. 1 Nr 1a eine Verfassungsbeschwerde gestützt werden kann.

615 Das BVerfG hat einen solchen Grundrechtsverstoß jedenfalls insoweit festgestellt, als für den Zeitraum nach 2030 der „Reduktionspfad" nicht hinreichend festgelegt wurde[37]. Der Staat ist also gehalten, bereits jetzt Maßnahmen zur Schonung des CO_2-Budgets zu ergreifen. Den Einwand, Deutschland trage nur zu einem geringen Prozentsatz zum weltweiten Ausstoß von CO_2 bei, lässt das BVerfG nicht gelten: Die Klimaziele können nur in internationalem Zusammenwirken verwirklicht werden[38]. Deutschland soll hier, so offenbar die Vorstellung des Senats, eine Vorbildfunktion haben. Wenn allerdings andere, wichtige Länder dem deutschen Vorbild nicht folgen, wird auch die vom BVerfG geforderte Reduktion des CO_2-Ausstoßes nicht geeignet sein, die vom ihm verfassungsrechtlich vorgegebenen Klimaziele zu erreichen, so dass fraglich wird, inwieweit intensive Freiheitsbeschränkungen dann noch **verhältnismäßig** sind – es könnte bereits an der Geeignetheit fehlen. Auch der Klimaschutz steht nicht isoliert in der Verfassung. Ihm kommt im Konflikt mit Freiheitsrechten und anderen Verfassungsnormen kein absoluter Vorrang zu, doch soll sein Gewicht, so das BVerfG[39], mit zunehmender Erderwärmung zunehmen, so dass dann auch Eingriffe gerechtfertigt sein könnten, die nach heutigem Verständnis unzumutbar wären[40]. Dies sollte aber angesichts der weitreichenden und intensiven Freiheitsbeschränkungen im Zuge der Corona-Pandemie nicht als Blankoermächtigung für ähnliche Beschränkungen gesehen werden[41].

3. Tierschutz

616 Beim Tierschutz handelt es sich um einen **Schutzauftrag** an den Gesetzgeber, dem weiter **Gestaltungsspielraum** zukommt[42], der aber gleichfalls Eingriffe in Grundrechte rechtfertigen kann, zB in die Freiheit der Wissenschaft im Zusammenhang mit Tierversuchen, aber auch in das Grundrecht der Berufsfreiheit, Art. 12 GG, in Fragen der landwirtschaftlichen Produktion und Tierhaltung.

617 **Aktuelle Anwendungsbeispiele:** Mit der Aufnahme eines Staatsziels „**Tierschutz**" in Art. 20a GG ist die Streitfrage geklärt, ob der Tierschutz **Verfassungsrang** hat. Sie wird relevant, wenn aus Gründen des Tierschutzes Grundrechte eingeschränkt werden sollen, insbesondere die Wissenschaftsfreiheit, neuerdings auch die Glaubensfreiheit des Art. 4 Abs. 1 und 2 GG beim Verbot des **Schächtens**[43]. Um diese Grundrechte einzuschränken, sind Rechtsgüter mit Verfassungsrang erfor-

---

37 BVerfGE 157, 30 Rn 251 ff.
38 BVerfGE 157, 30 Rn 203.
39 BVerfGE 157, 30 Rn 198, 246.
40 BVerfGE 157, 30 Rn 198.
41 *Degenhart*, NJW-aktuell 24/2021, 7; *Faßbender*, NJW 2021, 2085 Rn 24.
42 BVerfGE 127, 293 f.
43 Das „Schächt"-Urteil des BVerfG, BVerfGE 104, 337 erging vor Einfügung des Art. 20a GG, vgl dazu *Kluge*, NVwZ 2006, 650; zur rechtlichen Bedeutung des Tierschutzes s. BVerfG (K) NVwZ 2007, 808, 810; BVerfGE 127, 293 f sowie BVerwGE 129, 183.

derlich, da die Grundrechte aus Art. 4 und aus Art. 5 Abs. 3 GG nur sog. verfassungsimmanenten Schranken unterliegen[44]. Nunmehr ist klargestellt, dass zB Tierversuche beschränkt werden können, dies freilich in sorgfältiger Abwägung mit Art. 5 Abs. 3 GG. Bei Art. 12 GG genügen demgegenüber „vernünftige Erwägungen des Gemeinwohls", wozu Tierschutz sicher zu zählen ist. Aber auch hier verstärkt der Verfassungsrang des Tierschutzes das rechtliche Gewicht derartiger Gründe. Deshalb ist auch bei jenen Vorschriften des TierSchG, die eine Ausnahme vom Verbot des betäubungslosen Schlachtens (Schächten) aus religiösen Gründen vorsehen, das verfassungsrechtliche Gewicht des Staatsziels Tierschutz zu berücksichtigen, ohne dass ihm jedoch genereller Vorrang zukäme: auch hier ist der Ausgleich mit den Grundrechten aus Art. 12 Abs. 1 GG bzw Art. 4 Abs. 1 GG[45] in praktischer Konkordanz vorzunehmen[46]. Die wesentlichen Entscheidungen müsste wohl auch hier der Gesetzgeber treffen. Belange des Tierschutzes können im Rahmen des Jagdrechts Eigentumsbeschränkungen als legitime Gemeinwohlgründe rechtfertigen[47].

Auch die Missachtung von **Verfahrensvorschriften** kann einen Verstoß gegen Art. 20a GG begründen. Dies war der Fall bei der unterlassenen Anhörung der Tierschutzkommission, die durch § 16b TierSchG vor dem Erlass von Verordnungen über die Tierhaltung nach § 2a TierSchG vorgeschrieben ist, wie im Fall der Verordnung zur Haltung von Legehennen *(gallus gallus)*. Der Bundesrat, der nach Art. 80 Abs. 2 GG zustimmen musste, verlangte Änderungen. Dem kam die Bundesregierung nach und hörte dann erst die Tierschutzkommission an. Damit, so das BVerfG, war das Verfahren fehlerhaft, da die Ergebnisoffenheit der Beratung nicht mehr gegeben war. Hierin lag wegen der erheblichen Bedeutung der Anhörung für den verfassungsrechtlichen Schutzauftrag ein Verstoß auch gegen die Verfassungsnorm des Art. 20a GG.

Lösung Fall 57: Energiewende IV (Rn 608)

Vereinbarkeit der Änderung des BNatSchG mit Art. 20a GG?

1. Fiktion des § 13a BNatSchG („gelten nicht als Beeinträchtigung") bedeutet Einschränkung der Eingriffsregelung des § 13;

2. § 13 BNatSchG als Norm des einfachen Rechts ist durch Gesetz abänderbar; Schranke hierfür ist das Schutzgebot des Art. 20a GG;

a) Schutzgebot des Art. 20a GG ist tangiert bei genereller Absenkung des Schutzniveaus für Natur und Landschaft;

b) Aufhebung der Eingriffsregelung des § 13 BNatSchG als eines wesentlichen Grundsatzes des Naturschutzes bedeutet relevante Absenkung des Schutzniveaus, wenn, wie hier, kein Ausgleich geschaffen wird;

c) Energiepolitische Zielsetzung als Rechtfertigung?

Legitimes Handlungsziel: der Ausbau der Nutzung erneuerbarer Energien ist ein legitimes Handlungsziel. Es hat Verfassungsrang, Art. 20a GG. Dies gilt aber auch für den Landschaftsschutz. Diese kollidierenden Rechsgüter sind in Ausgleich zu bringen. Einschränkungen des Landschaftsschutzes können im Interesse des Klimaschutzes gerechtfertigt sein. Ihn vollständig unberücksichtigt zu lassen, ist jedoch unverhältnismäßig.

Schrifttum zu II.: *Calliess*, Umweltpolitik im Grundgesetz, JuS 2023, 1; *Westphal*, Art. 20a GG – Staatsziel „Umweltschutz", JuS 2000, 339; *Voland*, Zur Reichweite von Menschenrechten im Klimaschutz, NVwZ 2019, 114; *Caspar/Geissen*, Das neue Staatsziel „Tierschutz" in Art. 20a GG, NVwZ 2002, 913; *Kluge*, Das Schächten als Testfall des Staatszieles Tierschutz, NVwZ 2006, 650.

---

44 *Kingreen/Poscher*, Rn 681.
45 BVerfGE 104, 337, 346.
46 Dazu näher *Dietz*, Natur und Recht 2004, 359.
47 BVerfGK 10, 66, 71.

III. Die Staatszielbestimmungen der Landesverfassungen

620 Die älteren, **vorgrundgesetzlichen** Landesverfassungen entfalten zT eine detaillierte sozialstaatliche Programmatik, so zB die BayVerf in ihrem 3. und 4. Hauptteil über „Das Gemeinschaftsleben" und „Wirtschaft und Arbeit". Teilweise stehen die einschlägigen Bestimmungen von vornherein im Widerspruch zum GG; iÜ betreffen sie weitestgehend Bereiche, in denen das Land im Wege der Gesetzgebung nicht tätig werden kann. Breitgefächerte Staatszielbestimmungen sind in den Verfassungen der neuen Bundesländer enthalten; so wird das Sozialstaatsgebot näher bestimmt, wenn zB nach Art. 7 Abs. 1 SächsVerf das Land ein Recht auf Wohnraum, Arbeit oder angemessenen Lebensunterhalt anerkennt, nach Art. 9 Abs. 1 SächsVerf das Recht „eines jeden Kindes auf gesunde ... Entwicklung". Eingehend widmen sich die neuen Landesverfassungen dem kulturellen Sektor, der umfangreiche Förderung erfahren soll, und vor allem dem **Umweltschutz**. Mecklenburg-Vorpommern und Brandenburg haben jeweils eine „Anti-Rassismus-Klausel" in ihre Landesverfassung aufgenommen, vgl. Art. 18a MVVerf und Art. 7a BbgVerf. Klärungsbedürftig ist insoweit Art. 18a Abs. 2 MVVerf: „Handlungen, die geeignet sind und in der Absicht vorgenommen werden, das friedliche Zusammenleben zu stören und ... rassistisches oder anderes extremistisches Gedankengut zu verbreiten, sind verfassungswidrig". Die Rechtsfolgen sind unklar – zumal auch extremistisches Gedankengut, sofern es nicht ganz konkrete Straftatbestände erfüllt, unter den Schutz der Meinungsfreiheit des Art. 5 Abs. 1 GG fällt[48]. Aber auch die Landesverfassungen der „alten" Bundesländer werden zusehends mit vielgestaltigen Staatszielen und Förderpflichten des Staates angereichert.

Das umfassendste Sortiment an Staatszielbestimmungen führt derzeit die **Hessische Verfassung** mit Änderungsgesetz vom 12.12.2018 (GVBl S. 752) in **Art. 26 a–f**: u.a. Nachhaltigkeit, angemessenen Wohnraum, gleichwertige Lebensverhältnisse in Stadt und Land, Kultur, Ehrenamt und Sport. Die **hamburgische Verfassung** formuliert ähnlich breit gefächerte Staatsziele, u.a. Klimaschutz, bereits in der Präambel (**Rn 243**).

621 Die **rechtliche Bedeutung** der Staatszielbestimmungen der Landesverfassungen ist an sich in gleicher Weise wie für die des Grundgesetzes zu bestimmen, kann allerdings von vornherein nur dort zum Tragen kommen, wo die Länder zuständig sind. Deshalb greifen zB die Kartellverbote und die weitreichenden Sozialisierungsermächtigungen der Art. 41 ff BremVerf ins Leere. Wo es aber darum geht, in der Anwendung von Gesetzen bestimmte öffentliche Belange zu verwirklichen, kann der Umstand, dass diese als Staatsziele der Landesverfassung Gewicht haben, in der Abwägung eine Rolle spielen. Beispiel: Das Denkmalschutzgesetz eines Landes beschränkt Befugnisse des Eigentümers; diese Inhalts- und Schrankenbestimmung nach Art. 14 Abs. 1 S. 2 GG muss gegenüber dem Eigentumsgrundrecht gerechtfertigt sein. Hier kann in der Abwägung zwischen dem Eigentumsgrundrecht und dem öffentlichen Interesse an Denkmalschutz auch berücksichtigt werden, dass die Landesverfassung ausdrücklich zum Erhalt der Kulturdenkmäler verpflichtet. Insgesamt aber ist die rechtliche Bedeutung der Staatsziele in den Landesverfassungen nicht allzu hoch zu veranschlagen.

622 Je mehr Staatsziele in einer Verfassung enthalten sind, desto eher können **Zielkonflikte** auftreten, zB zwischen Umweltschutz, der durch gesetzliche Erleichterungen für Investitionen beeinträchtigt wird, und einem „Recht auf Arbeit" als Staatsziel, das eben diese Investitionen fordert. In derartigen Konflikten kann keines der unterschiedlichen Staatsziele generellen Vorrang beanspruchen; der Konflikt ist vom Gesetzgeber zu lösen. Staatsziele bleiben in ihrer verfassungsrechtlichen Wirkung also begrenzt und sollten deshalb in einer Verfassung, die wie das Grundgesetz auf normative Geltung und nicht auf unverbindliche Programmatik angelegt ist, die Ausnahme darstellen. Die Verfassungen der neuen Bundesländer – deren Staatszielbestimmungen verfassungspolitische

---

48 Näher hierzu *Bauer/Abromeit*, DÖV 2015, 1 ff.

Kompromissformeln sind, erste Entwürfe hatten sehr viel weitergehende soziale Grundrechte vorgesehen – wecken teilweise Erwartungen, die die Länder schon aus Kompetenzgründen nicht erfüllen können[49]. Mitunter sind weitgespannte Staatszielbestimmungen auch Ausdruck eines problematischen, paternalistischen Staatsverständnisses („Nanny-Staat").

---

[49] Zu den Staatszielen der neuen Landesverfassungen vgl zB: *Dietlein*, NWVBl 1993, 401 ff; *Degenhart*, in: Degenhart/Meissner, Handbuch der Verfassung des Freistaates Sachsen, 1997, § 6.

Teil II
Staatsorgane

Zusammenfassender Ausgangsfall zu Teil II

Fall 58: Bundestagsauflösung

Im Mai 200X erlitt die im Bund in einer Koalition mit der B-Partei regierende A-Partei im bevölkerungsstärksten Bundesland L, wo sie seit 40 Jahren die Regierung gestellt hatte, bei Landtagswahlen eine deutliche Niederlage.

Der amtierende Bundeskanzler sah in baldigen Neuwahlen zum Bundestag den einzig möglichen Ausweg. Er könne sich für sein politisches Programm nicht mehr rückhaltlos auf seine Partei verlassen; deshalb wolle er die Vertrauensfrage stellen. Den Abgeordneten der Regierungskoalition wurde von der Parteispitze „empfohlen", sich bei der anstehenden Vertrauensfrage der Stimme zu enthalten.

Nachdem der Bundestag mit der Mehrheit der Koalition von 6 Mandaten am 30.6.200X noch eine Reihe von Gesetzen beschlossen hatte, stellte der Bundeskanzler in der Sitzung des Bundestags vom 1.7.200X die Vertrauensfrage. Er erklärte, er könne sich der parlamentarischen Unterstützung durch die Abgeordneten der Koalition nicht sicher sein. Das Volk wünsche Neuwahlen. Er wolle den Weg dazu frei machen und so in der aktuell kritischen Situation den Auftrag des Wählers für sein Regierungsprogramm erhalten. In der Abstimmung über die Vertrauensfrage enthielt sich etwa die Hälfte der Abgeordneten der A-Partei und der B-Partei der Stimme, die übrigen Abgeordneten dieser Fraktionen sprachen dem Kanzler ihr Vertrauen aus, die Abgeordneten der Opposition verweigerten es erwartungsgemäß. Da ihm nur 150 von über 600 Abgeordneten das Vertrauen ausgesprochen hatten, schlug der Bundeskanzler dem Bundespräsidenten unverzüglich die Auflösung des Bundestags vor.

Der Bundespräsident ordnete am 20.7.200X die Auflösung des Bundestags und Neuwahlen an. Er verweist auf die plausible Einschätzung der politischen Lage durch den Bundeskanzler; dabei sei auch zu berücksichtigen, dass alle Parteien und die Mehrheit der Bürgerinnen und Bürger im Lande Neuwahlen wünschten und die Lage sehr ernst sei.

Gegen seine Anordnung wenden sich einen Tag später 4 Abgeordnete des Bundestags. Sie beantragen die Feststellung, dass die Anordnungen des Bundespräsidenten, den Bundestag aufzulösen und Neuwahlen anzuordnen, gegen Art. 68 Abs. 1 S. 1 GG verstießen und ihren durch Art. 38 Abs. 1 GG garantierten Status als Abgeordnete des Bundestags unmittelbar gefährdeten oder verletzten.

Die Entscheidung des BVerfG ist gutachtlich vorzubereiten. **Rn 823**

Zusatzfrage: Die nicht im Bundestag vertretene, erst kürzlich gegründete „Partei für Arbeit, Familie und Vaterland" fühlt sich durch den vorgezogenen Wahltermin überrumpelt. Es fehle ihr an Zeit für die Vorbereitung des Wahlkampfs, der kurzfristig angesetzte Wahltermin lasse ihr keine Zeit, um sich beim Wähler hinreichend bekannt zu machen. Sie sei deshalb in ihrem Recht auf Chancengleichheit verletzt.

§ 7 Der Bundestag

▶ **Leitentscheidungen:** BVerfGE 67, 100 (Flick-Untersuchungsausschuss); BVerfGE 70, 324 (Nachrichtendienste); BVerfGE 104, 310 (Immunität); BVerfGE 110, 199 (Aktenvorlage); BVerfGE 112, 118 (Besetzung des Vermittlungsausschusses); BVerfGE 114, 121 (Vertrauensfrage); BVerfGE 118, 277 (Offenlegungspflichten); BVerfGE 124, 78 (BND-Ausschuss), BVerfGE 124, 161 (Fragerechte); BVerfGE 130, 318 (Neunergremium); BVerfGE 134, 141 (Observation von Abgeordneten); BVerfGE 135, 317 (ESM); BVerfGE 137, 185 (Kriegswaffenexportkontrolle); BVerfGE 142, 25 (Oppositionsrechte); BVerfGE 143, 101 (NSA-Untersuchungsausschuss); BVerfGE 146, 1 (Oktoberfestattentat); BVerfGE 147, 50 (parlamentarische Anfragen); BVerfGE 156, 170 (Amri-Untersuchungsausschuss-V-Leute); VerfGH BW, U. v. 22.7.2019 – 1 GR 1/19 (Ordnungsmaßnahmen gegen Abgeordnete).

624

Fall 59: Energiewende V – Windige Affären

625

Der in hohem Maße von staatlichen Subventionen und Steuervergünstigungen profitierende, bundesweit tätige Windparkbetreiber „Luft AG" soll in erheblichem Umfang gegen Bundesrecht verstoßen und sich zudem Subventionen erschlichen haben. In den Medien wird die Vermutung geäußert, man habe im zuständigen Bundesumweltministerium auf entsprechende Informationen nicht reagiert, um die Energiewende nicht zu gefährden.

Daraufhin konstituierte sich 2020 auf Antrag der oppositionellen X-Fraktion, der ein Viertel der Mitglieder des Bundestags angehören, ein parlamentarischer Untersuchungsausschuss. Er soll untersuchen, ob der Bundesregierung entsprechende Informationen vorlagen und wie diese darauf reagiert hat; er soll weiterhin die Vorwürfe gegen die Luft AG untersuchen und dabei auch klären, ob ihr Vorstand in unzulässiger Weise auf Bundesregierung und Mitglieder des Bundestags Einfluss genommen hat und ob auch Parteispenden geflossen sind.

Zu diesem Zweck beschloss der Untersuchungsausschuss, Beweis zu erheben durch Beiziehung der Akten der Bundesregierung sowie aller Geschäftsberichte und der Protokolle der Sitzungen des Aufsichtsrats der „Luft AG".

Die Luft AG verweigerte die Herausgabe der angeforderten Unterlagen. Daraufhin ordnete der Ermittlungsrichter beim BGH die Beschlagnahme und Durchsuchung nach § 29 Abs. 3 S. 1 und 2 PUAG an. Auch die Bundesregierung weigert sich, die angeforderten Akten herauszugeben; sie enthielten schutzwürdige Geschäftsgeheimnisse. Die X-Fraktion sowie die ihr angehörigen Mitglieder des Untersuchungsausschusses rufen das BVerfG an. Unter Berufung auf den Kontrollauftrag des Bundestages stellen sie den Antrag, das BVerfG möge die Verpflichtung der Bundesregierung zur Herausgabe aller Akten aussprechen, da diese zur Aufklärung der Vorgänge unverzichtbar seien. **Rn 710** (prozessual Rn 892)

Fall 60: Oktoberfest

626

Am 26.9.1980 explodierte am Haupteingang des Münchner Oktoberfests ein Sprengsatz, dem neben dem Attentäter Gundolf Köhler weitere 12 Personen zum Opfer fielen; 211 Menschen wurden verletzt.

Obschon die Ermittlungen von einer Alleintäterschaft ausgingen, konnten Zweifel hieran nie ausgeräumt werden. Wiederholt tauchte der Name des Mitglieds der „Wehrsportgruppe Hoffmann" Lemke auf, der sich 1981 in der U-Haft das Leben nahm. 2014 wurden die Ermittlungen wieder aufgenommen. Zwei Fraktionen des Bundestags richteten eine kleine Anfrage an die Bundesregierung und begehrten Auskunft, ob Lemke oder weitere Mitglieder der „Wehrsportgruppe Hoffmann" (einer militanten neonazistischen Organisation) als V-Leute für den Verfassungsschutz gearbeitet hätten, und welche Quellenmeldungen die Bundesregierung erhalten hätte. Diese verweigerte die Auskunft, da die Offenlegung von Quellen die Tätigkeit des Nachrichtendienstes erheblich beeinträchtigen und die Informanten an Leib und Leben bedrohen würde. *(Fall nach BVerfGE 146, 1)*

Rn 711 (prozessual Rn 893)

627 Fall 61: Brandner

Nach § 12 GeschOBT ist für die Zusammensetzung der Ausschüsse des Bundestags das Stärkeverhältnis der Fraktionen maßgeblich, ebenso für die Regelung des Vorsitzes in den verschiedenen Ausschüssen. Der Abgeordnete Biedermann (B) der Partei „Freie Nationale Aktion" (FNA) wurde hiernach zum Vorsitzenden des Rechtsausschusses gewählt. Nachdem Beiträge des B auf Twitter u.a. zu einem Anschlag auf eine jüdische Einrichtung allgemeine Empörung hervorriefen, beantragten die Obleute der übrigen Fraktionen im Ausschuss die Abberufung des B. Gerade die parlamentarische Arbeit des Rechtsausschusses sei den Werten des Grundgesetzes wie Demokratie, Respekt, Toleranz und Vielfalt verpflichtet. Dies müsse der Vorsitzende in seiner Amtsführung wie auch sonst bei öffentlichen Äußerungen beachten. B sei daher für dieses Amt ungeeignet. Daraufhin beschloss der Ausschuss mit 37:6 Stimmen die Abberufung des B. Die Fraktion sieht hierin einen Verstoß gegen die Gleichheit der Fraktionen und ihr Recht auf wirksame Opposition und beantragt beim BVerfG, die Abwahl des B „für verfassungswidrig und nichtig zu erklären" sowie im Wege einer einstweiligen Anordnung nach § 32 BVerfGG anzuordnen, dass B bis zur endgültigen Entscheidung weiterhin den Vorsitz im Ausschuss führe. Zu Recht? *(Fall nach BVerfGE 154, 1)*

Rn 712 (prozessual Rn 894)

628 Fall 62: Notausschuss – Corona IV

Unter dem Eindruck der Corona-Pandemie beschließt der Landtag des Bundeslandes A die Einsetzung eines Notausschusses, der seine Arbeitsfähigkeit auch im Fall eines pandemiebedingten Lockdowns und in ähnlichen Notsituationen aufrechterhalten soll. Hierzu wird nach dem mit Art. 48 GG inhaltsgleichen Art. 48 der Landesverfassung ein Art. 48a über einen „Notausschuss" eingefügt. Dieser soll im Fall einer „Notlage" als „Notparlament" fungieren. Eine „Notlage" soll vorliegen, *„wenn aufgrund einer außerordentlich schweren Katastrophe oder einer epidemischen Lage dem unaufschiebbaren Zusammentritt des Landtags unüberwindliche Hindernisse entgegenstehen oder seine Beschlussfähigkeit auch auf hybridem Weg nicht hergestellt werden kann."* Vom Notparlament beschlossene Gesetze treten nach Beendigung der Notlage außer Kraft, wenn sie nicht vom Landtag bestätigt werden. Seine 13 Mitglieder werden von den Fraktionen entsprechend den Mehrheitsverhältnissen im Landtag benannt. Jede Fraktion soll mindestens einen Vertreter entsenden.

Nach Einsetzung des Notausschusses macht der Landtagsabgeordnete H, der dem Ausschuss nicht angehört, geltend, in seinen Rechten als Abgeordneter verletzt zu sein. Mit Recht?

Art. 1 der Landesverfassung über die Grundlagen des Staates ist inhaltsgleich mit Art. 20 Abs. 2 GG; eine Art. 79 Abs. 3 GG entsprechende Bestimmung enthält die Landesverfassung nicht.

Rn 712a (prozessual Rn 894)

(Fall nach LVerfG Schleswig-Holstein, U.v. 25.3.2022 – 4/21 –)

629 Fall 63: Verzichtsrevers

Vor der Bundestagswahl haben alle Kandidaten der X- Partei dieser gegenüber Erklärungen folgenden Inhalts abgegeben: „Für den Fall, dass ich als Bundestagsabgeordneter während der nächsten Legislaturperiode aus der Fraktion der X-Partei ausscheiden sollte, erkläre ich schon jetzt den Verzicht auf mein Mandat und verpflichte mich gegenüber der Partei, die von ihr aufgebrachten Mittel für meinen Wahlkampf in Höhe von € 20 000 zurückzuzahlen."

Im Verlauf der Legislaturperiode stellte der der X-Partei angehörende Abgeordnete Alois Hinterbänkler fest, dass er den von der Fraktionsspitze vertretenen Kurs immer weniger mit seinem Gewissen vereinbaren konnte. Er trat daraufhin aus der X-Partei aus und schloss sich einer anderen im Bundestag vertretenen Partei an. Seitens der X-Partei ist man der Auffassung, Hinterbänkler sei nicht mehr Mitglied des Bundestags oder doch verpflichtet, sein Mandat niederzulegen. Außerdem verlangt man Rückzahlung der € 20 000 an Wahlkampfkosten.

Frage (1):
a) Ist H noch Mitglied des Bundestags?
b) Muss er ggf sein Mandat niederlegen?

Frage (2): Ist H zur Zahlung verpflichtet?

Frage (3): Wäre eine Änderung des Bundeswahlgesetzes in der Weise zulässig, dass in diesem Fall der Abgeordnete sein Mandat verliert?

Rn 680, 713 (prozessual Rn 895)

Fall 64: Kiffersumpf

Im Verlauf einer Bundestagsdebatte, in der über die Notwendigkeit eines einheitlichen Versammlungsrechts und hierbei insbesondere wirksamer Handhaben gegen neonazistische Kundgebungen debattiert wurde, äußerte sich die der Fraktion der Freien Nationalen Aktion (FNA) angehörende Abgeordnete Brunhilde B. eingehend zur Gefährdung der Versammlungsfreiheit durch „Autonome, Alternative und Chaoten" und führte weiterhin aus, „die gewaltbereiten Extremisten kommen zumeist aus dem linkskriminellen Kiffersumpf und sind in aller Regel renitente Denkgegner und dauerpubertierende Antifaschisten" und fuhr, als sie von der die Sitzung leitenden Vizepräsidentin des Bundestags zur Mäßigung aufgefordert wurde, fort: „Wenn solches Gesindel seine geistig-seelischen Mängel durch Gewalt ...", worauf sie die Vizepräsidentin unterbrach und ihr einen Ordnungsruf erteilte. Hierdurch sieht sich die S. in ihren Rechten verletzt. (Fall nach *SächsVerfGH NVwZ-RR 2011, 129* – die hier wörtlich wiedergegebenen Äußerungen sind so im Sächsischen Landtag gefallen). **Rn 714** (prozessual Rn 896)

Fall 65: Gesetzgebung im Eilverfahren

Nach langwierigen kontrovers geführten Koalitionsgesprächen hat die Bundesregierung im März 2023 den Entwurf eines Gesetzes zum Klimaschutz im Kabinett verabschiedet und dem Bundesrat zugeleitet. Nach dessen Beratung beantragten die Koalitionsfraktionen erst am 16.6.2023, die Vorlage zur ersten Lesung auf die Tagesordnung des Bundestags zu nehmen, kündigten am gleichen Tag aber in einer Pressekonferenz an, das Gesetz in einer grundlegend geänderten Fassung verabschieden zu wollen. Gleichwohl wurde in einer kurzfristig anberaumten Anhörung im federführenden Ausschuss am 21.6.2023 der unveränderte Gesetzentwurf zugrundegelegt. Eine zweite Anhörung vor dem federführenden Ausschuss fand am Montag, den 3.7.2023 statt; die Abgeordneten erhielten erst am späten Abend des 30.6. die Änderungsanträge zum Gesetzentwurf aus den Reihen der Koalitionsfraktionen im Umfang von mehr als 150 Seiten. Nachdem der Ausschuss noch am gleichen Tag die Annahme des Gesetzes in der geänderten Fassung empfohlen hatte, sollte am 4.7.2023 das Gesetz in 2. und 3. Lesung beschlossen werden.

Der Abgeordnete A sieht sich durch diese Verfahrensweise in seinen Rechten aus Art. 38 GG verletzt. Durch das überhastete Gesetzgebungsverfahren sei es ihm unmöglich gemacht worden, sich mit dem Inhalt des Gesetzes vertraut zu machen. Er habe erst kurz vor der entscheidenden Ausschusssitzung den Inhalt des geänderten Gesetzentwurfs erfahren, für die Beratung des Gesetzes bis zur Beschlussfassung habe der Zeitraum gerade einmal 5 Tage umfasst. Damit sei sein Recht auf Teilhabe am parlamentarischen Verfahren unverhältnismäßig verkürzt worden. Von Seiten des Bundestags wird auf die Eilbedürftigkeit des Gesetzesvorhabens verwiesen; der

Ablauf des Verfahrens liege in der Autonomie des Bundestags. **Rn 659, 715** (*Fall nach BVerfG, B. v. 5.7.2023 – 2 BvE 4/23*)

632 **Fall 66: Kein Rederecht für Abweichler?**

Nachdem in den Debatten um die „Euro-Rettung" wiederholt einzelne Abgeordnete der Regierungsfraktionen sich vehement gegen den Kurs der Regierung ausgesprochen hatten, erwägen die Vorsitzenden der großen Fraktionen eine Änderung des § 27 GeschOBT dahingehend, dass dem Abgeordneten das Wort „durch den Bundestagspräsidenten auf Vorschlag der Fraktion" erteilt wird. Der Abgeordnete Demosthenes, der wiederholt als „Abweichler" aufgefallen ist, hält dies für verfassungswidrig. **Rn 716** (prozessual Rn 897)

I. Rechtsstellung und grundsätzliche Bedeutung des Bundestags – Verfassungskonflikte

633 *Der Bundestag ist als Volksvertretung alleiniges unmittelbar demokratisch legitimiertes Verfassungsorgan. Welche Anforderungen sich aus dem Demokratieprinzip des Grundgesetzes für die Wahl des Bundestags ergeben und welche Rolle die politischen Parteien dabei spielen, wurde im Zusammenhang des Demokratieprinzips in § 2 behandelt. Im Folgenden ist zunächst ein Überblick über die Stellung des Bundestags im Verfassungsgefüge und hieraus resultierende Verfassungskonflikte zu geben, im Verhältnis zu anderen Verfassungsorganen wie auch im Binnenbereich des Parlaments. Die damit zusammenhängenden Fragen spielen auch auf Landesebene eine Rolle.*

634 In der parlamentarischen Demokratie des Grundgesetzes ist der Bundestag alleiniges unmittelbar demokratisch legitimiertes Verfassungsorgan und primäres Forum politischer Willensbildung. Hieraus resultieren die bereits beschriebenen Hauptfunktionen (Rn 36 ff) des Bundestags, wie insbesondere die **Gesetzgebungsfunktion**, zu der auch das **Budgetrecht** zu zählen ist, seine **Kontrollfunktionen** gegenüber der Exekutive, insbesondere zur Regierung, seine **Kreationsfunktion** für weitere Verfassungsorgane und schließlich **„Repräsentationsfunktion"** und Öffentlichkeitsfunktion; damit wird die Stellung des Bundestags als eigentliche Volksvertretung und als primäres Forum politischer Auseinandersetzung gekennzeichnet. Dabei machen die im Grundgesetz *ausdrücklich* normierten Befugnisse und Kompetenzen nur einen Teil seiner Gesamtaufgabe aus; dies gilt besonders für seinen *„bestimmenden Anteil an der Gestaltung der inneren und äußeren Politik, den das Grundgesetz nicht durch erschöpfende Kompetenzzuweisungen regelt, sondern den es in erster Linie dem Zusammenspiel der politischen Kräfte, vor allem dem von Parlament und Regierung überlässt"*[1].

635 Sowohl die Beziehungen des Bundestags zu anderen Verfassungsorganen als auch die Rechtsverhältnisse seiner Untergliederungen wie der Fraktionen und Ausschüsse und seiner einzelnen Mitglieder sind Gegenstand des Verfassungsrechts – und damit auch Gegenstand möglicher **Verfassungskonflikte**. Sie entstehen im Außenverhältnis zu anderen Verfassungsorganen dann, wenn diese in die Kompetenzen des Bundestags eingreifen oder dessen Befugnisse nicht anerkennen. Als besonders konfliktträchtig erwiesen sich hier Untersuchungsausschüsse (Rn 686 ff) und Informationsansprüche der Abgeordneten (**Fall 61**). Im Innenverhältnis des Bundestags geht es häufig um die Rechte der Fraktio-

---

[1] *Hesse*, Rn 572, 588.

nen und des einzelnen Abgeordneten[2], um Inhalt und Grenzen des freien Mandats, wie etwa beim Streit um die Offenlegung der Einkünfte aus Tätigkeiten neben dem Mandat[3], aber auch aus Anlass von Ordnungsmaßnahmen wie im **Fall 64**. Für diese Fragen finden sich häufig keine oder nur sehr allgemein gehaltene Regelungen im GG. So wird die Rechtsstellung der Fraktionen im Grundgesetz nicht geregelt, werden die Rechte des Untersuchungsausschusses in Art. 44 GG nur angedeutet. Die Antwort muss dann in allgemeineren Grundsätzen gesucht werden. Die Befugnisse der Beteiligten müssen in der Weise bestimmt werden, dass sie ihre Aufgaben wirksam erfüllen können und in verhältnismäßigen Ausgleich mit den Rechten anderer Beteiligter gebracht werden. So sind zB die **Fragerechte** des Bundestags und seiner Mitglieder[4] aus „den Aufgaben, die einem Parlament im demokratischen Staat zukommen"[5], abzuleiten, müssen aber andererseits einen Kernbereich exekutiver Eigenverantwortung beachten, vgl Rn 693.

II. Bildung des Bundestags, Zusammensetzung und Verfahren

Die Folgerungen, die sich aus dem Demokratieprinzip des Grundgesetzes für die Wahlen zum Bundestag ergeben, wurden unter § 2 IV dargestellt. Gegenstand der folgenden Erörterungen sind – neben der Frage einer vorzeitigen Auflösung des Bundestags – Einzelheiten des parlamentarischen Verfahrens, vor allem aber die Rechtsstellung der Mitglieder des Bundestags, der Fraktionen und Ausschüsse im parlamentarischen Prozess. 636

1. Abgeordnete und Fraktionen

Dem Bundestag gehören derzeit 709 Abgeordnete an; nach § 1 Abs. 1 S. 1 BWahlG 2023 sollen es künftig 630 sein. Die Abgeordneten sind die Repräsentanten des Volkes – des ganzen Volkes, wie dies Art. 38 Abs. 1 S. 2 GG formuliert, und nicht etwa nur ihres Wahlkreises und ihrer Wähler. Sie sind hiernach nicht an Weisungen gebunden, sondern nur ihrem Gewissen unterworfen. Ihre Aufgabe ist es, so das BVerfG, *„unterschiedliche politische Auffassungen und Interessen aufzunehmen, auszugleichen und in die Willensbildung von Partei, Fraktion und Parlament zu überführen, und umgekehrt den Bürgern den guten Sinn der im Parlament getroffenen politischen Entscheidungen zu vermitteln oder bessere Alternativen aufzuzeigen und für sie zu werben."* Es spricht vom Abgeordneten als *„Verbindungsglied zwischen Parlament und Bürger"*[6] – eine nicht sonderlich geglückte Metapher, denn der Abgeordnete ist ja selbst Teil des Parlaments. 637/638

Art. 38 Abs. 1 S. 2 GG gewährleistet das **freie Mandat**[7]. Danach sind alle Abgeordneten berufen, gleichermaßen an der parlamentarischen Willensbildung mitzuwirken[8]. Dies ist auch vom Bundestag selbst im Rahmen seiner Verfahrensautonomie zu beachten. In diesem Recht werden die Abgeordneten durch das freie Mandat gemäß Art. 38 Abs. 1 S. 2 GG geschützt; ebenso im Bestand des Mandats, zB bei einer vorzeitigen Auflösung des 639

---

2 BVerfGE 112, 118.
3 Vgl BVerfGE 118, 277.
4 Vgl BVerfGE 124, 161, 181, sowie LS 1a.
5 Vgl BVerfGE 124, 161, 181 f; BayVerfGH NVwZ 2002, 715, 716 für die entsprechende Rechtslage nach der Bayerischen Verfassung.
6 BVerfGE 134, 141 Rn 96.
7 BVerfGE 118, 277, 324; BVerfGE 140, 115 Rn 92 mit Anm. *Lenz*. Vgl. BayVerfGH E. v. 26.2.2019 – Vf. 51-IVa – 17 – Rn 55 f.
8 BVerfG NJW 2023, 672 Rn 93.

Bundestags durch den Bundespräsidenten, **Fall 59**; dazu und zu den weiteren Statusrechten Rn 655 ff. Art. 38 Abs. 1 S. 2 GG ist wesentliches Element des Demokratieprinzips des Grundgesetzes. Insofern hat das freie Mandat Teil an den unveränderlichen Grundsätzen des Art. 79 Abs. 3, 20 Abs. 1 GG.

640 Die Abgeordneten des Bundestags sind – von seltenen Ausnahmen abgesehen – Mitglieder politischer Parteien und schließen sich als solche zu Fraktionen zusammen. Dies sind Zusammenschlüsse von Abgeordneten des Bundestags, die grundsätzlich der gleichen Partei oder jedenfalls gleichgerichteten Parteien (CDU/CSU) angehören müssen, wobei § 10 GeschOBT eine Mindeststärke von 5 v. H. der Mitgliederzahl des Bundestags verlangt. Dies festzusetzen, ist der Bundestag auf Grund seiner Geschäftsordnungsautonomie befugt[9]. Soweit sich Abgeordnete zusammenschließen wollen, ohne die Fraktionsstärke zu erreichen, können sie nach § 10 Abs. 4 GeschOBT als **Gruppen** anerkannt werden. Da es hierbei um die Mitwirkungsrechte des *Abgeordneten* aus Art. 38 Abs. 1 S. 2 GG geht, sind auch den Gruppen vergleichbare **Mitwirkungsrechte** einzuräumen[10].

641 -643 Das Recht, sich mit anderen Abgeordneten zu **Fraktionen** zusammenzuschließen, zählt zu den Statusrechten des Abgeordneten[11] (Rn 655). Im Grundgesetz sind die Fraktionen mehr beiläufig in Art. 53a Abs. 1 S. 2 GG erwähnt, wonach im Verteidigungsfall ein Gemeinsamer Ausschuss, an Stelle von Bundestag und Bundesrat tätig werden kann, der nach dem Stärkeverhältnis der Fraktionen zu besetzen ist. Nach § 47 Abs. 1 AbgG wirken sie „*an der Erfüllung der Aufgaben des Deutschen Bundestages mit*". Ihre tatsächliche verfassungsrechtliche Bedeutung geht weit darüber hinaus. Die Willensbildung des Bundestags erfolgt maßgeblich über die Fraktionen. Sie werden deshalb vom BVerfG als „*notwendige Einrichtungen des Verfassungslebens*" angesehen[12]. Die Fraktionsbildung soll das parlamentarischen Geschehen im Interesse der Funktionsfähigkeit des Parlaments verlässlich ordnen, eine arbeitsteilige Bewältigung der vielfältigen Aufgaben des Bundestags – für die Landtage gilt nichts anderes - ermöglichen und den Parlamentariern die Mitarbeit erleichtern[13]. Die Fraktionen sollen die parlamentarische Arbeit koordinieren, indem sie die unterschiedlichen politischen Richtungen gleichsam bündeln, und sind wesentliche Voraussetzung für dessen Arbeitsfähigkeit. Dies ist auch eine Konsequenz aus der verfassungsrechtlichen Stellung der Parteien nach Art. 21 GG. Aus Art. 21 GG folgt zudem: Ebensowenig, wie eine nicht verbotene politische Partei, darf auch eine Fraktion als verfassungswidrig behandelt werden. Aus ihrer verfassungsrechtlichen Stellung folgt auch die Befugnis der Fraktionen zur Öffentlichkeitsarbeit[14]. Wie der einzelne Abgeordnete, hat auch die Fraktion ein verfassungsmäßiges Recht auf gleichberechtigte Teilhabe am parlamentarischen Verfahren. Dies bedeutet insbesondere ein Recht auf Chancengleichheit. Ihr **verfassungsrechtlicher Status** leitet sich daher auch aus dem der Abgeordneten – Art. 38 Abs. 1 S. 2 GG – ab[15]. Es gilt der Grundsatz „formaler" Gleichheit. Das Recht der Fraktion auf Gleichbehandlung kann von dieser im Organstreitverfahren geltend gemacht werden[16].

---

9 BVerfGE 96, 264, 278.
10 BVerfGE 84, 304, 323 ff, 328 ff; *Kloepfer* I, § 15 Rn 209 ff.
11 Vgl zusammenfassend BVerfGE 80, 188, 217 ff; s. auch VerfGH BW, U. v. 27.10.2017 – 1 GR 35/17 – VBlBW 2018, 193; *Austermann/Waldhoff*, Rn 250; zul. BVerfG, U. v. 22.3.2022 – 2 BvE 2/20 – NVwZ 2022, 629 Rn 51.
12 Vgl BVerfGE 70, 324, 350; 80, 188, 219; VerfGHNW NVwZ-RR 2000, 265.
13 VerfGH BW, U. v. 27.10.2017 – 1 GR 35/17 – Rn 45.
14 VerfGHRhPf NVwZ 2003, 75.
15 Vgl VerfGHNW NVwZ-RR 2000, 265, 266.
16 Vgl. BVerfGE 162, 188 Rn 39.

2. Geschäftsordnung, Ausschüsse, Verfahren

a) Geschäftsordnungsautonomie des Bundestags und Präsidium

Das parlamentarische Verfahren bedarf bestimmter Regeln, nach denen der Prozess der Willensbildung und Entscheidungsfindung abläuft, die auch die Minderheiten schützen. Das Grundgesetz selbst legt nur wenige Regeln fest. IW ist dies Aufgabe der **Geschäftsordnung**, die sich der Bundestag gemäß Art. 40 Abs. 1 S. 2 GG gibt. Die Geschäftsordnung des Deutschen Bundestags – GeschOBT – regelt die interne Organisation des Bundestags und die Einzelheiten des parlamentarischen Verfahrens. Ihre Rechtsnatur ist nicht explizit geregelt, sie wird überwiegend als **autonome Satzung** qualifiziert[17] und steht damit im Rang unterhalb des Grundgesetzes und des formellen Bundesrechts. Man spricht deshalb auch von der Geschäftsordnungsautonomie des Bundestages. Sie ist nicht unbeschränkt. Der Bundestag muss hierbei die Gleichberechtigung der Abgeordneten und der Fraktionen gemäß Art. 38 Abs. 1 S. 2 GG beachten. Die Geschäftsordnung soll vor allem die Arbeitsfähigkeit des Bundestags gewährleisten und kann zu diesem Zweck die Wahrnehmung der Abgeordnetenrechte näher regeln, diese auch beschränken und Ordnungsmaßnahmen vorsehen. §§ 36 ff GeschOBT sehen Ordnungsrufe, den Wortentzug, Ordnungsgeld oder auch den Ausschluss von einer oder mehreren Sitzungen vor, wenn „Ordnung oder Würde des Bundestags" verletzt sind, was zB bei grob rassistischen Äußerungen der Fall sein kann.

644

Die Geschäftsordnungsautonomie des Bundestags ist Ausdruck seines **Selbstorganisationsrechts**. Davon umfasst ist auch die Wahl des **Bundestagspräsidenten** und seiner Stellvertreter, Art. 40 Abs. 1 GG, die zusammen das Präsidium bilden. Die Befugnisse des Bundestagspräsidenten sind teils im GG, teils in der GeschOBT enthalten. Er übt nach Art. 40 Abs. 2 GG das Hausrecht aus und hat die Polizeigewalt, die mittels der Polizei im Deutschen Bundestag wahrgenommen wird. Er leitet die Sitzungen des Bundestags und hat hier die Ordnungsgewalt (§ 7 Abs. 1 S. 2 GeschOBT), kann also zB Abgeordneten das Wort erteilen und auch entziehen, weitere Ordnungsmaßnahmen ergreifen (Rn 661) und Sanktionen verhängen, zB bei Verstößen gegen Offenlegungspflichten, teils mit Zustimmung des Präsidiums. Nach § 2 Abs. 1 S. 2 GeschOBT „*ist jede Fraktion mit mindestens einem Stellvertreter im Präsidium vertreten*". Die Abgeordneten sind jedoch bei der Wahl der Präsidiumsmitglieder frei in ihrer Stimmabgabe, denn Wahlen zeichnen sich, so das BVerfG, gerade durch die Wahlfreiheit aus[18]. Sie setzt auch dem Recht der Fraktion auf Teilhabe Grenzen, so nach Zusammentritt des Bundestags 2017, als nach § 2 GeschOBT die von den Fraktionen vorgeschlagenen Kandidaten zu Stellvertreterinnen und Stellvertretern des Bundestagspräsidenten gewählt wurden, wobei nur vorgeschlagene Kandidaten der AfD nicht die erforderliche Mehrheit nach § 2 Abs. 2 GeschOBT erhielten. Die Fraktion der AfD sah sich in ihrer gleichberechtigten Teilhabe an der Arbeit des Bundestags verletzt und berief sich auf ihr Recht auf Gleichbehandlung (Rn 641). Dieses Recht findet jedoch seine Grenze im Wahlrecht der Abgeordneten nach Art. 40 Abs. 2 GG, die in ihrer Wahlentscheidung frei sind; Art. 40 GG sieht gerade kein Benennungsrecht der Fraktionen vor. Die Abgeordneten müssen ihr Stimmverhalten auch nicht begründen[19].

645

---

17 *Austermann/Waldhoff*, Rn 96, dort Rn 89 ff zur Geschäftsordnungsautonomie.
18 BVerfGE 160, 411 Rn 31.
19 BVerfGE 160, 411 Rn 33 ff.

b) Ausschüsse und Gremien

646 In die Selbstorganisation des Bundestags fällt auch die Bildung von Untergremien, die in der parlamentarischen Praxis unabdingbar sind, um sinnvolle Arbeit zu ermöglichen[20]. So wird im Gesetzgebungsverfahren entscheidende Vorarbeit in den **Ausschüssen** geleistet. Die einzelnen Fachausschüsse (Ausschuss für Inneres, Rechtsausschuss ua) sind in der GeschOBT benannt, obligatorisch nach dem GG sind die Ausschüsse für Auswärtiges und Verteidigung (Art. 45a Abs. 1, 2 GG). Mit besonderen Zustimmungsrechten ausgestattet ist der Haushaltsausschuss (§ 96 GeschOBT). Bedeutsam für die Ausübung der parlamentarischen Kontrollrechte sind insbesondere die Untersuchungsausschüsse nach Art. 44 GG (Rn 686 ff). Allerdings bedeutet eine Verlagerung parlamentarischer Aufgaben in Ausschüsse oder andere Untergremien, dass diejenigen Abgeordneten, die diesen Gremien nicht angehören, insoweit nicht an der parlamentarischen Arbeit teilhaben. Deshalb sind Ausschüsse grundsätzlich auf eine unterstützende Funktion zu beschränken, dürfen ihnen Entscheidungsbefugnisse nur ausnahmsweise übertragen werden und müssen den Nicht-Mitgliedern Informationsrechte eingeräumt werden.

647 Der vom Bundestag nach den Bundestagswahlen 2013 sowie 2017 eingesetzte **Hauptausschuss**, der, um den Zeitraum zwischen Zusammentritt des neugewählten Bundestags und Regierungsbildung zu überbrücken, die Aufgaben der noch nicht gebildeten Fachausschüsse übernahm, beschränkte in erheblichem Ausmaß die parlamentarischen Wirkungsmöglichkeiten der Abgeordneten; er hatte nur 47 Mitglieder. Damit war die Mehrzahl der Abgeordneten von der Ausschusstätigkeit ausgeschlossen. Dies dürfte nur für eine begrenzte Übergangszeit mit dem Grundsatz der Gleichheit der Abgeordneten, Art. 38 Abs. 1 GG, zu vereinbaren sein, insbesondere auch dann, wenn dem Hauptausschuss die Aufgaben der in Art. 45, 45a und 45c GG ausdrücklich benannten Ausschüsse übertragen werden[21].

648 Die Ausschüsse des Bundestags und grundsätzlich auch andere parlamentarische Gremien und Kommissionen sind nach dem Stärkeverhältnis der Fraktionen zu besetzen: Gebot der **Spiegelbildlichkeit**[22], der Ausschuss muss ein „verkleinertes Abbild des Plenums" sein. Dies folgt unmittelbar aus dem Grundsatz der Gleichbehandlung der Fraktionen (zum Vermittlungsausschuss Rn 224), wird in § 12 S. 1 GeschOBT explizit geregelt und gilt auch für den Vorsitz in den Ausschüssen. Durch dieses Gebot formaler Gleichheit sollen vor allem die Rechte der Minderheit geschützt werden. Würde man die Ausschüsse schlicht durch Wahl nach dem Mehrheitsprinzip besetzen, könnten die kleineren Fraktionen an der Mitwirkung gehindert werden. Wenn aber die Geschäftsordnungsbestimmung Ausdruck des verfassungsrechtlichen Gleichbehandlungsgebots ist, so ist die Fraktion dann jedenfalls in ihren verfassungsmäßigen Rechten verletzt, wenn ihr ein an sich zustehender Ausschussvorsitz verweigert wird.

649 Aktuelle Rechtsprechung: Die AfD-Fraktion ist auch Antragstellerin in einem anhängigen Organstreitverfahren um den **Vorsitz in Ausschüssen des Bundestags**. Deren Vorsitzende werden nach § 58 GeschOBT von den Ausschüssen bestimmt. Nach bisheriger parlamentarischer Übung wurde den Fraktionen ein faktisches Benennungsrecht eingeräumt, während für die laufende Wahlperiode die Vorsitzenden in den Ausschüssen gewählt wurden; die Wahlvorschläge der AfD erhielten je-

---

[20] BVerfGE 130, 318, 350.
[21] S. dazu *Fuchs*, DVBl 2014, 886 ff; *Pfengler*, DVBl 2018, 1249; s. auch den Klausurfall bei *Straßburger*, JuS 2015, 714; wie hier *Austermann/Waldhoff*, Rn 435.
[22] BVerfGE 130, 318, 356; 140, 115 Rn 93; StGH NdS U. v. 15.1.2019 – StGH 1/18 = DVBl 2019 299, 304; VerfGH RhPf, U. v. 23.1.2018 – VGH O 17/17; BVerfGE 154, 1 Rn 29; dies gilt auch, wenn sich die Zusammensetzung des Landtags ändert, SächsVerfGH LKV 2007, 171; näher *Austermann/Waldhoff*, Rn 262 ff.

weils keine Mehrheit. Ein Antrag der Fraktion, im Wege der einstweiligen Anordnung nach § 32 BVerfGG (Rn 884 ff) die von ihr benannten Kandidaten vorläufig einzusetzen, wurde vom BVerfG zwar zurückgewiesen[23], da die entscheidende Frage, ob § 58 GeschOBT eine freie Wahl der Ausschussvorsitze zulasse und dies die Fraktion in ihren Rechten verletzen könne, im Hauptsacheverfahren zu klären sei. Die für § 32 BVerfGG erforderliche Abwägung ging hier zu Lasten der Antragstellerin aus: bei Nichterlass der eA wäre sie in ihrer parlamentarischen Arbeit nicht nachhaltig gehindert, während andererseits bei Erlass der eA, würde sich der Antrag in der Hauptsache als unbegründet erweisen, die Ausschüsse bis dahin von Vorsitzenden geleitet würden, die nicht das Vertrauen der Mitglieder besäßen. Eine Entscheidung in der Hauptsache ist noch nicht erfolgt.

Das BVerfG bezeichnet es für den Fall der Abberufung eines Ausschussvorsitzenden im Verfahren um eine einstweilige Anordnung als jedenfalls möglich, dass Art. 38 Abs. 1 S. 2 GG der Fraktion – ggf. unter Rekurs auf den Gedanken der „fairen und loyalen Anwendung der Geschäftsordnung" – ein verfassungsrechtliches Teilhaberecht verleiht, das durch die Abberufung beeinträchtigt sein könnte. Ebenso sieht es den Grundsatz effektiver Opposition als möglicherweise verletzt[24] (**Fall 61**).

Das Recht auf gleichberechtigte Teilhabe gilt für die gesamte Tätigkeit des Parlaments, wie in diesem vom **SächsVerfGH** entschiedenen Fall[25]: eine Delegation des Landtags war im Rahmen interparlamentarischer Kontakte zu einem offiziellen Besuch bei der Volksvertretung eines Schweizer Kantons eingeladen. Die Zahl der Mitglieder der Delegation war vom Landtag so berechnet worden, dass bei einer proportionalen Verteilung die Fraktion der NPD unter die Zuteilungsschwelle fiel. Der VerfGH sah in dieser Reise keine nur gesellschaftliche Kontaktpflege oder touristische Exkursion – in diesem Fall wäre der Antrag im Organstreitverfahren bereits unzulässig gewesen –, sondern die Wahrnehmung politischer Funktionen. Hieran sind die einzelnen Fraktionen proportional zu beteiligen. Eine Ungleichbehandlung könnte allenfalls im Fall gravierender diplomatischer Konflikte gerechtfertigt sein (zB bei einem Besuch in Israel). Keine Verletzung von Rechten der Fraktion war darin zu sehen, dass der Ministerpräsident, um in einer kontroversen Angelegenheit den Konsens mit den Parteien zu suchen, deren Vorsitzende zu „Kamingesprächen" empfing, jedoch eine sehr weit „rechts" stehende Partei hiervon ausschloss: hier bestanden im Vorfeld des parlamentarischen Prozesses noch keine verfassungsrechtlichen Bindungen[26].

650

c) Mehrheitsprinzip

Im **Grundgesetz** selbst ist der Grundsatz der **Öffentlichkeit** festgelegt: Der Bundestag verhandelt gemäß Art. 42 Abs. 1 GG öffentlich. Für den Ausschluss der Öffentlichkeit ist eine Zwei-Drittel-Mehrheit erforderlich. Art. 42 Abs. 2 GG enthält für Beschlüsse des Bundestags das **Mehrheitsprinzip**. Regelfall ist hiernach die einfache Mehrheit der Abstimmenden. Ein Antrag ist also angenommen, wenn mehr Ja- als Nein-Stimmen abgegeben werden. Stimmenthaltungen werden nicht mitgezählt[27], denn andernfalls würden sie faktisch als Nein-Stimmen wirken[28]. In bestimmten Fällen sind qualifizierte Mehrheiten vorgeschrieben:

651

– **Mitgliedermehrheit:** für einen Beschluss muss die Mehrheit der gesetzlichen Mitgliederzahl des Bundestags stimmen, Art. 121 GG. Letztere ergibt sich aus dem BWahlG, unter Einbeziehung der Überhang- und Ausgleichsmandate. Es ist dies die

652

---

23 BVerfGE 162, 188.
24 BVerfGE 154, 1 Rn 29.
25 SächsVerfGH, U. v. 21.3.2013 – Vf. 95-I-12.
26 SächsVerfGH, B. v. 13.12.2007 – Vf. 149-I-07.
27 *Magiera*, in: Sachs, Art. 42 Rn 10.
28 S. den Fall bei *Droege/Broscheit*, JuS 2015, 633, 635 f: 497 abgegebene Stimmen, 246 mit Ja, 244 mit Nein, 7 Enthaltungen: in diesem Fall wäre die erforderliche Mehrheit nicht erreicht, würde man die Enthaltungen mitzählen.

absolute Mehrheit oder „Kanzlermehrheit"; sie ist erforderlich für die Wahl des Bundeskanzlers, Art. 63 Abs. 2, 3 GG, für das konstruktive Misstrauensvotum, Art. 67 Abs. 1 GG und im Fall der Vertrauensfrage, Art. 68 Abs. 1 S. 1 GG. Im Gesetzgebungsverfahren ist sie erforderlich, um den Einspruch des *Bundesrats* gegen ein vom Bundestag beschlossenes Gesetz zurückzuweisen, Art. 77 Abs. 4 S. 1 GG.
- **Qualifizierte Abstimmungsmehrheit:** für einen Beschluss ist eine qualifizierte Mehrheit der abgegebenen Stimmen erforderlich, so zB im Fall des Art. 42 Abs. 1 S. 2 GG für den Ausschluss der Öffentlichkeit oder nach Art. 80a Abs. 1 S. 2 GG für die Feststellung des Spannungsfalls.
- **Qualifizierte Mitgliedermehrheit:** Für einen Beschluss ist eine qualifizierte Mehrheit der gesetzlichen Mitgliederzahl erforderlich, zB von zwei Dritteln für eine Verfassungsänderung, Art. 79 Abs. 2 GG – bei einer gesetzlichen Mitgliederzahl von 598 wären dies 399 Stimmen, bei den derzeit 709 (598 + Überhang- und Ausgleichsmandate , § 1 Abs. 1 S. 1 BWahlG aF) Abgeordneten sind es 473.
- Die **doppelt qualifizierte Abstimmungsmehrheit** iFd Art. 77 Abs. 4 S. 2 GG bedeutet: wenn der Bundesrat mit Zwei-Drittel-Mehrheit Einspruch gegen Gesetz erhoben hat, muss die Zurückweisung des Einspruchs mit einer Zwei-Drittel-Mehrheit der *abgegebenen* Stimmen erfolgen; diese wiederum müssen mindestens die Mehrheit der gesetzlichen Mitgliederzahl ausmachen. Beträgt die gesetzliche Mitgliederzahl also 709, nehmen an der Abstimmung über die Zurückweisung des Einspruchs 480 Abgeordnete teil, und stimmen hiervon 320 dafür, so ist der Einspruch damit nicht wirksam zurückgewiesen: 320 sind zwar zwei Drittel von 480 (also qualifizierte Abstimmendenmehrheit), nicht aber die Mehrheit der gesetzlichen Mitgliederzahl, für die 355 Stimmen erforderlich wären (also keine Mitgliedermehrheit).
- In Angelegenheiten der EU können nach Art. 23 Abs. 1a S. 3 GG durch Bundesgesetz „Ausnahmen von Artikel 42 Abs. 2 S. 1" zugelassen werden (s. Rn 136 zum IntegrationsverantwortungsG).

3. Ende der Wahlperiode und Neuwahlen

653 Das „Amt" des Bundestags, also seine Wahlperiode beginnt mit seinem ersten Zusammentritt. Die Wahlperiode endet mit dem Zusammentritt des neugewählten Bundestags, Art. 39 Abs. 1 S. 2 GG. Der reguläre Zeitpunkt für Neuwahlen bestimmt sich nach Art. 39 Abs. 1 S. 3, 4 GG. Der Bundestag kann nicht von sich aus seine Wahlperiode verkürzen (verlängern kann er sie ohnehin nicht, Rn 82, 111): er hat **kein Selbstauflösungsrecht**. Die Gemeinsame Verfassungskommission hatte 1993 darüber beraten, jedoch von einer Empfehlung abgesehen.

654 Gleichwohl kann es unter bestimmten Voraussetzungen zu vorzeitigen Neuwahlen kommen (mit der Folge, dass mit Zusammentritt des neugewählten Bundestags die Wahlperiode des bisherigen Bundestags endet).

Wenn nach einer Bundestagswahl der Bundeskanzler erst im dritten Wahlgang mit einfacher Mehrheit gewählt wird (Rn 764), kann der *Bundespräsident* nach Art. 63 Abs. 4 S. 3 GG ihn gleichwohl ernennen, oder aber den Bundestag *auflösen* mit der Folge von Neuwahlen, Art. 39 Abs. 1 S. 4 GG. Gleiches gilt, wenn nach Rücktritt oder anderweitiger Beendigung des Amtes des Bundeskanzlers ein neuer Bundeskanzler gewählt werden muss.

Vorzeitige Neuwahlen sind ferner möglich nach Art. 68 Abs. 1 GG, also im Fall der gescheiterten **Vertrauensfrage**: dazu **Rn 771 ff**.

Schrifttum zu II.: *Hahn*, Zur verfassungssystematischen Konsistenz eines Selbstauflösungsrechts des Bundestags, DVBl 2008, 151; *Straßburger*, Einsetzung des Hauptausschusses, JuS 2015, 714; *Pfengler*, Verfassungsbruch durch Hauptausschuss, DVBl 2018, 1249; *Austermann*, Grundfälle zum Geschäftsordnungsrecht des Bundestags, JuS 2018, 716; s. auch den Fall bei *Ingold*, JuS 2018 – Probeexamen Aufgabe 5; *Beckermann*, Beschlussfähigkeit des Deutschen Bundestags zwischen Repräsentation und Arbeitsfähigkeit, Jura 2020, 273.

III. Abgeordnetenrechte

1. Statusrechte des Abgeordneten: Freies Mandat und parlamentarisches Verfahren

Zu den Statusrechten des/der Abgeordneten, die seinen verfassungsmäßigen Status ausmachen und die er gemäß Art. 38 Abs. 1 S. 2 GG als Rechte aus seinem freien Mandat geltend machen kann, zählen das Recht auf Anwesenheit bei den Beratungen, das Rederecht, das Stimmrecht, das Recht auf Teilhabe am Frage- und Informationsrecht des Parlaments, das Recht, parlamentarische Initiativen zu ergreifen und das Recht, sich mit anderen Abgeordneten zu einer Fraktion zusammenzuschließen[29]. Beschränkungen dieser Rechte müssen durch Rechtsgüter von Verfassungsrang gerechtfertigt und verhältnismäßig sein. 655

a) Anwesenheitsrecht, Mitberatungsrecht, Stimmrecht

Dass der Abgeordnete ein Recht auf Teilnahme an den Sitzungen des Bundestags hat, versteht sich von selbst. Ein Saalverweis oder den Ausschluss von einer oder sogar mehreren Sitzungen des Bundestags durch eine Ordnungsmaßnahme des Bundestagspräsidenten nach §§ 36 ff GeschOBT (Rn 645) bedeutet einen schwerwiegenden Eingriff in seine Abgeordnetenrechte aus Art. 38 Abs. 1 GG. Ob die Anwendung der 2G+-Regel während der Corona-Pandemie, mit der Folge, dass Abgeordnete, die weder geimpft noch genesen waren, nur von der Tribüne aus an Plenarsitzungen teilnehmen konnten, was die Teilnahme am parlamentarischen Geschehen erschwerte, einen schwerwiegenden Eingriff darstellten, ließ das BVerfG in einer Eilentscheidung vom 8.3.2022 offen[30]. 656

Das Mandat des Abgeordneten umfasst neben der Anwesenheit gleichermaßen die Teilnahme an den Verhandlungen des Bundestags gemäß Art. 42 Abs. 1 GG. In dieses Recht auf Mitberatung aus Art. 38 Abs. 1 S. 2 GG, Art. 42 Abs. 1 GG wird auch eingegriffen, wenn Abgeordnete von der Beratung bestimmter Angelegenheiten ausgeschlossen werden, diese auf ein **Sondergremium** übertragen werden. Dies kann bei besonders eilbedürftigen Angelegenheiten oder zur Wahrung der notwendigen Vertraulichkeit zulässig sein, kann sich aber auch „*als Missbrauch des Mehrheitsrechts und damit als Verletzung der verfassungsrechtlich verbürgten Abgeordnetenrechte*" darstellen. Grundsätzlich liegt es in der Geschäftsordnungsautonomie des Bundestags bzw seinem Recht zur Selbstorganisation, wie er in derartigen Fällen verfahren will[31]. Die Beschränkung der Abgeordnetenrechte muss jedoch verhältnismäßig sein – es ist ein angemessener Ausgleich mit den Statusrechten der Abgeordneten sicherzustellen[32]. Auch die Einrichtung eines Not- 657

---

29 S. zul. den Übbl. bei BVerfGE 160, 368 Rn 46 mit Nw. der Rspr.
30 BVerfGE 160, 346.
31 BVerfGE 130, 318, 350, 358.
32 BVerfGE 130, 318, 359 f; s. zur Unterrichtungspflicht auch BVerfGE 131, 152.

ausschusses, der wie im **Fall 62** (Rn 628) als Notparlament tätig werden soll, beschränkt die verfassungsmäßigen Rechte der Abgeordneten, die diesem nicht angehören.

658 **Aktuelle Rechtsprechung:** Ein unter dem Eindruck der Pandemie in die Landesverfassung von Schleswig-Holstein eingefügter Art. 22a sieht eben ein solches Notparlament vor. Auf Bundesebene wäre eine entsprechende Verfassungsänderung an Art. 79 Abs. 3 GG zu messen. Das LVerfG SH zieht als Prüfungsmaßstab das Demokratieprinzip als identitätsstiftende und -sichernde Grundentscheidung der Landesverfassung heran. Der Notausschuss beschränkt das Recht auf Freiheit und Gleichheit des Abgeordneten, bedeutet also einen Eingriff in das freie Mandat. Dieses verfassungsmäßige Recht kann jedoch durch Rechtsgüter von Verfassungsrang beschränkt werden: dazu zählt auch die Funktionsfähigkeit des Parlaments in einer „Notsituation". Gegenüber einem Notverordnungsrecht der Landesregierung ist der Eingriff auch weniger intensiv, also erforderlich iSd geringstmöglichen Eingriffs. Da die Entscheidungen des Notausschusses der Bestätigung durch das Plenum des Landtags bedürfen, sind die Abgeordnetenrechte auch nicht unverhältnismäßig verkürzt[33].

659 Dass das Mandat des Abgeordneten das Recht auf Teilnahme an den Abstimmungen gemäß Art. 42 Abs. 2 GG umfasst, versteht sich gleichermaßen von selbst. Damit ist es aber nicht getan. Die Abgeordneten müssen sich über den Beratungsgegenstand auf der Grundlage ausreichender Informationen eine eigene Meinung bilden, um davon ausgehend an der Beratung und Beschlussfassung des Parlaments mitwirken zu können[34]. Dies setzt hinreichende Information voraus. Die Abgeordneten müssen diese auch verarbeiten können. Wenn, wie dies schon in der Finanzkrise 2008 der Fall war und wiederholt in jüngster Zeit, zuletzt beim „Heizungsgesetz" **(Fall 65, Rn 631)** nur wenige Tage oder gar Stunden verbleiben, um sich mit komplexen Gesetzesvorhaben vertraut zu machen und in umfangreiche Unterlagen einzuarbeiten, so kann dies allenfalls bei objektiv unaufschiebbaren Gesetzesvorhaben gerechtfertigt sein. Im Urteil zur Parteienfinanzierung vom 23.1.2023 ließ das BVerfG dies noch dahingestellt: Das Gesetz war materiell verfassungswidrig. In seinem Beschluss vom 5.7.2023 zur Novelle des GEG („Heizungsgesetz")[35] hat dann das BVerfG im Wege einer einstweiligen Anordnung dem Bundestag aufgegeben, die 2. und 3. Lesung des Gesetzes nicht in der laufenden Sitzungswoche durchzuführen. Es sieht den Antrag des Abgeordneten, der sich in seinem verfassungsmäßigen Recht aus Art. 38 Abs. 1 S. 1 GG iVm Art. 42 Abs. 1 GG verletzt sah, weder als offensichtlich unzulässig, noch als offensichtlich unbegründet.

b) Rederecht

660 Wie das Recht auf Anwesenheit, ist auch das Recht, sich mit Redebeiträgen an den Beratungen zu beteiligen, so selbstverständlich mit dem Mandat verknüpft, dass es im Grundgesetz nicht eigens erwähnt werden musste. Es hat seine Grundlage unmittelbar im freien Mandat, also nicht im Grundrecht des Art. 5 Abs. 1 GG[36]. Seine Ausübung wird im Interesse der Arbeitsfähigkeit des Parlaments und der Redefreiheit aller anderen Abgeordneten durch die Geschäftsordnung, die sich der Bundestag nach Art. 40 Abs. 1 S. 2 GG gibt, näher geregelt. Nach § 27 Abs. 1 S. 1 GeschOBT darf der Abgeordnete erst nach Worterteilung durch den Bundestagspräsidenten sprechen. Dies ist keine Beschränkung, sondern eine sachgerechte Ausgestaltung des Rederechts: es können nicht alle Abgeordneten gleichzeitig reden. Könnte der Bundestagspräsident allerdings nur Abgeordneten

---

33 S. LVerfG Schleswig-Holstein, U. v. 25.3.2022 – 4/21; Besprechung durch *Waldhoff*, JuS 2022, 621.
34 BVerfG NJW 2023, 672 Rn 93.
35 BVerfG, B. v. 5.7.2023 – 2 BvE 4/23.
36 Vgl. VerfGH BW U. v. 22.7.2019 – 1 GR 1/19; zum Rederecht *Austermann/Waldhoff*, Rn 148 f.

das Wort erteilen, die von der Fraktion vorgeschlagen sind – wie im **Fall 66 (Rn 632)**, so hätte der einzelne Abgeordnete kein selbstständiges Rederecht mehr. Dies würde die verfassungsrechtlichen Vorgaben umkehren: der Abgeordnete würde sein Recht von der Fraktion ableiten und wäre hierin von ihr abhängig. Tatsächlich aber leitet sich die Rechtsstellung der Fraktion von der des Abgeordneten ab. Eine entsprechende Änderung der Geschäftsordnung würde daher gegen Art. 38 Abs. 1 S. 2 GG verstoßen[37]. Verfassungskonform ist demgegenüber die Begrenzung der **Redezeit** durch § 35 GeschOBT: sie liegt im Interesse aller Abgeordneten. Unter den Bedingungen einer Großen Koalition sind bei Verteilung der Redezeiten nach §§ 28, 35 GeschOBT die Wirkungsmöglichkeiten der Opposition zu wahren[38]. Die Reihenfolge der Redner wird durch den Bundestagspräsidenten bestimmt, § 38 GeschOBT, der hierbei auf das Prinzip „Rede und Gegenrede" achtet. Anders als bei der Besetzung von Ausschüssen muss hierbei nicht zwingend proportional zur Stärke der Fraktionen vorgegangen werden[39].

Überschreitet ein Abgeordneter seine Redezeit, so kann ihm nach § 35 Abs. 3 GeschOBT der Präsident im Rahmen der sog. Disziplinargewalt[40] nach einmaliger Mahnung das Wort entziehen. Die Geschäftsordnungen von Bundestag – dort §§ 36 ff – und Landtagen sehen auch Ordnungsmaßnahmen wie im **Fall 64** vor. Darunter fallen Ordnungsrufe, der Entzug des Wortes, aber auch der Ausschluss von einer oder sogar mehreren Sitzungen des Parlaments. Es handelt sich um rechtlich relevante Maßnahmen, gegen die der Abgeordnete im Organstreitverfahren Rechtsschutz begehren kann. Der Wortentzug greift in das Rederecht des Abgeordneten ein, der Ausschluss von einer Sitzung in sein Anwesenheitsrecht. Aber auch schon in der Missbilligung durch einen Ordnungsruf liegt ein Eingriff in das freie Mandat. Parlamentarische Ordnungsmaßnahmen sollen die geordnete Wahrnehmung der parlamentarischen Funktionen, aber auch das Ansehen des Parlaments wahren. Sie können zB wegen der Ausdrucksweise („Dreckschleuder"[41]) oder wegen des Inhalts einer Äußerung erfolgen, etwa beim Tatbestand der Volksverhetzung (§ 130 StGB)[42]. Der Grundsatz der freien Rede des Abgeordneten ist jedoch ebenso zu beachten, wie die notwendige Offenheit der parlamentarischen Auseinandersetzung[43]. Deshalb kann regelmäßig nur die Form und nur ausnahmsweise der Inhalt einer Äußerung Ordnungsmaßnahmen rechtfertigen; eine Grenze ist regelmäßig erreicht, wo es um bloße Provokation, die schiere Herabwürdigung Anderer oder die Verletzung von Rechtsgütern Dritter geht[44]. 661

Aktueller Konfliktfall: Die bloße Missachtung parlamentarischer Gepflogenheiten wie im Fall der Kritik am Bundespräsidenten in der Debatte am 16.5.2019 zu „70 Jahre Grundgesetz" dürfte einen Ordnungsruf noch nicht rechtfertigen. Der Bundestags- bzw Landtagspräsident hat jedoch einen Einschätzungsspielraum in der Frage, ob die parlamentarische Ordnung gestört ist; die Verfassungsgerichte haben dies zu beachten. 662

Drastische Debattenbeiträge sind in der parlamentarischen Auseinandersetzung nicht unüblich; tatsächlich waren die Sitten in früheren Legislaturperioden rauer als in der so lange großkoalitionär harmonischen Gegenwart. Legendär sind die Ausbrüche des langjährigen Fraktionsvorsitzenden 663

---

37 Vgl auch *Schiff*, Jura 2013, 1290; *Austermann/Waldhoff*, Rn 426 f.
38 Vgl dazu *Schuster*, DÖV 2014, 516.
39 *Schönberger*, JZ 2016, 486, 490.
40 SächsVerfGH NVwZ-RR 2011, 129, 130.
41 Vgl BVerfGE 60, 374, 380 f.
42 Vgl MVVerfG NVwZ 2010, 958, 960.
43 S. zu Ordnungsmaßnahmen BVerfGE 10, 4, 12 ff; 80, 188, 220; SächsVerfGH NVwZ-RR 2011, 129.
44 SächsVerfGH NVwZ-RR 2011, 129, 130.

Herbert Wehner, der politische Gegner auch mit Josef Goebbels verglich, mit dem Unterschied, dass dieser noch „jesuitisch raffiniert" gewesen sei. Helmut Schmidt äußerte einmal an die Adresse des CSU-Abgeordneten Freiherr von und zu Guttenberg, fast müsse man es bedauern, dass es in Deutschland nie eine Revolution gegeben habe, die seiner Klasse (also dem Adel) die Grundlage entzogen hätte. Als bei einer dieser Gelegenheiten die Unionsabgeordneten unter Protest den Plenarsaal verließen, wurde ihnen wiederum von Wehner ein „prost – denn da gehen Sie ja hin" nachgerufen.

c) Informationsrechte

664 Um sein Mandat wahrnehmen zu können, ist der Angeordnete auf Information angewiesen. Zu den verfassungsrechtlich gewährleisteten Rechten des einzelnen Abgeordneten zählen auch die im Grundgesetz nicht ausdrücklich normierten **Fragerechte und Informationsansprüche**[45]. Hierbei handelt es sich um Rechte des einzelnen Abgeordneten wie auch des Bundestags als eines Verfassungsorgans. Da für sie ähnliche Grundsätze gelten, wie für Untersuchungsausschüsse, werden sie im Anschluss an diese behandelt (Rn 703).

2. Freies Mandat und Pflichtenstellung – insbesondere: Mittelpunktregelung

665 Das freie Mandat ist nicht etwa nur Privileg, es ist Verpflichtung. Der Abgeordnete hat seine Unabhängigkeit zu bewahren und sein Mandat auch tatsächlich aktiv wahrzunehmen: nur dann vertritt er tatsächlich das Volk. Freies Mandat als Freiheit des Abgeordneten bedeutet also „*nicht eine Freiheit von Pflichten, sondern lediglich die Freiheit in der inhaltlichen Wahrnehmung dieser Pflichten*"[46]. § 44a Abs. 1 AbgG – die sog. **Mittelpunktregelung** – besagt nichts anderes, als was schon aus Art. 38 Abs. 1 S. 2 GG und dem repräsentativen Prinzip des Grundgesetzes folgt: das Mandat hat im Mittelpunkt der Tätigkeit des Abgeordneten zu stehen. Sonstige berufliche Tätigkeiten sind nicht ausgeschlossen, dürfen jedoch seine Unabhängigkeit nicht beeinträchtigen und das Mandat nicht aus dem Mittelpunkt seiner Tätigkeit verdrängen. Art. 38 Abs. 1 S. 2 GG meint auch die Unabhängigkeit von Interessengruppen[47]. Sie soll auch durch die Abgeordnetenentschädigung (die „*Diäten*") nach Art. 48 Abs. 3 S. 1 GG gesichert werden. Auch hier gilt: die Abgeordneten sind in Statusfragen gleich zu behandeln, „damit keine Abhängigkeiten oder Hierarchien über das für die Arbeitsfähigkeit des Parlaments unabdingbare Maß hinaus entstehen"[48]. Deshalb sind besondere parlamentarische Funktionsstellen (wie zB stellvertretende Fraktionsvorsitzende) und damit verbundene Funktionszulagen nur sehr eingeschränkt zulässig.

666/ Die Repräsentationspflichten des Abgeordneten können rechtlich nicht erzwungen werden. Der Gesetzgeber durfte jedoch eine Verpflichtung zur Offenlegung von Tätigkeiten neben dem Mandat und hieraus erzielter Einkünfte festlegen. Entsprechende Verhaltensregeln sind nunmehr in §§ 45-52 AbgG[49] enthalten. Sie enthalten umfangreiche Anzeigepflichten für berufliche und entgeltliche Tätigkeiten vor und neben dem Mandat, die gem. § 47 AbgG veröffentlicht werden. Sie betreffen die Abgeordneten als Mandatsträ-

---

45 Vgl BVerfGE 70, 324, 355; 124, 161, 181 f.
46 BVerfGE 118, 277, 326.
47 BVerfGE 118, 277, 330.
48 S. dazu und zum Folgenden BVerfGE 102, 224, 241; *Winkler*, JA 2001, 288; *Röper*, DÖV 2002, 655.
49 I.d.F. d. G. v. 18.10.2021 – BGBl I S. 4650.

ger, sind also am Maßstab des Art. 38 Abs. 1 S. 2 GG zu bewerten. Sie berühren auch ihre private Rechtssphäre, ihre Berufsfreiheit (Art. 12 Abs. 1 GG) und das Recht auf informationelle Selbstbestimmung (Art. 2 Abs. 1 iVm Art. 1 Abs. 1 GG). Diese Auswirkungen sind im Wege der Abwägung zu berücksichtigen[50]. § 51 AbgG sieht weitreichende Sanktionen vor, so zB ein Ordnungsgeld bis zur Hälfte der jährlichen Abgeordnetenentschädigung, § 51 Abs. 4 AbgG.

Die Regelungen der §§ 44a, 45 ff AbgG sind also aus diesen Gründen verfassungskonform: **668**

– Nach Art. 38 Abs. 3 GG ist die Rechtsstellung des Abgeordneten durch Gesetz zu regeln;
– dass das Mandat im Mittelpunkt der Tätigkeit des Abgeordneten zu stehen hat, drückt aus, was verfassungsrechtlich ohnehin gilt: der Freiheit des Mandats entspricht die Pflicht zu dessen aktiver Wahrnehmung;
– mit den Offenlegungspflichten wird Transparenz hergestellt; dies ist verfassungsrechtlich geboten, da die parlamentarische Demokratie die Öffentlichkeit politischer Herrschaft erfordert. Sie beruht auf dem Vertrauen des Wählers, das bedingt Transparenz.
– Die Interessen des Abgeordneten als Privatperson sind im Rahmen des Art. 38 Abs. 1 S. 2 GG zu berücksichtigen; für seine nach außen gerichtete berufliche Tätigkeit, muss das öffentliche Interesse an der Offenlegung möglicher Abhängigkeiten Vorrang haben.
– Die Nichterfüllung der Offenlegungspflichten durfte der Gesetzgeber nach § 51 AbgG sanktionieren.

3. Weitere Statusrechte des Abgeordneten

Art. 46 Abs. 1 GG enthält den Grundsatz der **Indemnität**. Er schützt den Abgeordneten in der Wahrnehmung seines Mandats: er darf wegen seiner parlamentarischen Äußerungen nicht gerichtlich belangt werden. Dies gilt für alle Äußerungen im Bundestag (Plenum und Ausschüsse) – mit Ausnahme verleumderischer Beleidigungen, §§ 103, 187 StGB, nicht aber für Äußerungen außerhalb, zB im Wahlkampf. Indemnitätsschutz besteht für alle gerichtlichen Verfahren, Strafverfahren, Zivilklagen, aber auch sonstige staatliche Maßnahmen wie Disziplinarverfahren. Er gilt auch nach Beendigung der Mitgliedschaft im Bundestag. **669**

Beispiel: Der Abgeordnete A weist während einer Bundestagsdebatte darauf hin, dass der Arzneimittelhersteller X wiederholt nicht hinreichend geprüfte Arzneimittel mit schädlichen Nebenwirkungen in Verkehr gebracht habe; daraufhin geht der Absatz dieser Firma zurück. X verklagt den A auf Widerruf und Schadensersatz: Die Klage ist unzulässig wegen Art. 46 Abs. 1 GG. Im Landesverfassungsrecht kann dies iE unterschiedlich geregelt sein – so gilt zB nach Art. 55 Abs. 1 S. 1 SächsVerf Indemnität für alle Äußerungen, die der Abgeordnete im Landtag *oder sonst in Ausübung seines Mandats* getätigt hat.

Immunität bedeutet, dass eine Strafverfolgung des Abgeordneten aus jeglichem Grund, also auch wegen seines Verhaltens außerhalb des Parlaments, nur mit Genehmigung des Bundestags zulässig ist. Es handelt sich, so das BVerfG[51], um kein überholtes Relikt aus **670**

---

50 BVerfGE 118, 277, 354 – dort für § 44b AbgG a.F.
51 BVerfGE 104, 310, 325 ff; *Austermann/Waldhoff*, Rn 166 f.

der Zeit des Kampfes gegen den Absolutismus – auch im Rechtsstaat des Grundgesetzes sind ungerechtfertigte Verfolgungsmaßnahmen nicht auszuschließen. Die Immunität ist Verfahrenshindernis nur für die Dauer des Mandats. Es bezieht sich auf alle Maßnahmen der Strafverfolgung, also bereits die Einleitung eines Ermittlungsverfahrens und die Durchführung strafprozessualer Zwangsmaßnahmen wie zB die Durchsuchung seiner Räume. Die Immunität soll die Arbeitsfähigkeit des Gesamtparlaments schützen, schützt aber auch den einzelnen Abgeordneten in der Ausübung seines Mandats vor willkürlicher oder ungerechtfertigter Verfolgung. Deshalb hat der einzelne Abgeordnete auch ein Recht darauf, dass der Bundestag nach sachgerechten Kriterien über die Aufhebung der Immunität entscheidet. Dieses Recht kann er im Wege des Organstreitverfahrens nach Art. 93 Abs. 1 Nr 1 GG geltend machen[52]; der Bundestag hat jedoch einen weiten Entscheidungsspielraum. Hierzu hat er die in den Anlagen zur GeschOBT wiedergegebenen Grundsätze in Immunitätsangelegenheiten beschlossen. Erst bei eindeutig sachfremden Erwägungen ist seine Entscheidung fehlerhaft.

671 **Fallbeispiel aus der Rechtsprechung:** Der Bundestag hatte auf Antrag der Staatsanwaltschaft NRW die Genehmigung zur Durchsuchung bei einem CDU-Abgeordneten aus NRW erteilt. Die Durchsuchung erwies sich später als rechtswidrig. Die CDU/CSU-Fraktion des Bundestags sah im Verhalten des Landes NRW (die Durchsuchung hatte drei Tage vor der Landtagswahl in NRW stattgefunden) eine Verletzung der Bundestreue und wollte in einem Organstreitverfahren nach Art. 93 Abs. 1 Nr 1 GG die Bundesregierung dazu zwingen, einen Bund-Länder-Streit gegen NRW nach Art. 93 Abs. 1 Nr 3 GG einzuleiten, um eben dies festzustellen – also eine Klage auf Erhebung einer Klage. Dazu sah das BVerfG[53] jedoch keinen Anlass: mit seinem Antrag auf Genehmigung nach Art. 46 Abs. 2 GG hatte das Land sich zwar rechtswidrig verhalten, der Rechtsverstoß lag jedoch auf einfachgesetzlicher Ebene. Daher kam ein Verstoß gegen das Verfassungsgebot der Bundestreue nicht in Betracht, somit auch keine Verpflichtung der Bundesregierung, das BVerfG anzurufen. In einem weiteren Verfahren entschied das BVerfG[54] dann auf Antrag des Abgeordneten im Organstreitverfahren nach Art. 93 Abs. 1 Nr 1 GG[55].

672 Zu den Statusrechten des Abgeordneten zählen auch sein **Zeugnisverweigerungsrecht** und das **Beschlagnahmeverbot** nach Art. 47 GG[56]. Diese Rechte dürfen nicht verwechselt werden mit der Immunität nach Art. 46 GG: Letztere schützt den Abgeordneten vor eigener Strafverfolgung, während Art. 47 GG eingreift, wenn der Abgeordnete im Rahmen eines Verfahrens gegen Dritte aussagen oder Unterlagen herausgeben soll. Vergleichbare Zeugnisverweigerungsrechte haben nach der StPO zB Journalisten, Anwälte, Ärzte, Geistliche. Das Beschlagnahmeverbot des Art. 47 S. 2 GG gilt für Schriftstücke (darunter fallen auch Datenträger), die dem Abgeordneten in dieser Eigenschaft anvertraut wurden. Es erfasst auch die darauf gerichtete Durchsuchung nach §§ 102 ff StPO. Wird dieses Verbot missachtet, so wird der Abgeordnete in seinen grundgesetzlichen Rechten verletzt; Art. 47 GG schützt das Vertrauensverhältnis, das im Einzelfall zwischen dem Abgeordneten und einem Dritten mit Rücksicht auf die Mandatsausübung zustande gekommen ist. Im Verstoß gegen Art. 47 GG liegt zugleich ein Verstoß gegen Art. 38 Abs. 1 S. 2 GG. Denn Zeugnisverweigerungsrecht und Beschlagnahmeprivileg stärken das freie Mandat und schützen zugleich die ungestörte parlamentarische Arbeit[57].

---

52 Vgl die Fälle bei *Haug/Schmid*, JuS 2013, 440, 442 sowie bei *Lammers/Lehmann*, JA 2015, 531.
53 BVerfGE 103, 81, 86 f.
54 BVerfGE 104, 310, 322.
55 Zu Einzelheiten s. *Walter*, Jura 2000, 496 sowie den Klausurfall bei *Sachs*, NWVBl 2004, 79; zur Immunität des Abgeordneten: *Wiefelspütz*, DVBl 2002, 1229.
56 Dazu *Ohler*, NVwZ 2004, 696.
57 BVerfGE 108, 251, 269.

Dies gilt gleichermaßen für Art. 40 Abs. 2 S. 2 GG, wonach Abgeordnetenbüros nur mit Genehmigung des Bundestagspräsidenten betreten und durchsucht werden dürfen. Das freie Mandat schützt auch die **räumliche Integrität** des Abgeordnetenbüros.

Fallbeispiel aus der Rechtsprechung (BVerfGE 154, 354): Während eines Besuchs des türkischen Staatspräsidenten hatte ein Abgeordneter an den Außenfenstern seiner Büroräume auf DIN A4-Blättern gedruckte Symbole der kurdischen Milizen angebracht. Beamte der Polizei beim Deutschen Bundestag betraten in seiner Abwesenheit die Räume und entfernten sie. Sie handelten hierbei in Ausübung des Hausrechts und der Polizeigewalt des Bundestagspräsidenten nach Art. 40 Abs. 2 S. 1 GG. Damit war die Maßnahme dem Bundestagspräsidenten zuzurechnen. Sie bedeutete einen Eingriff in das freie Mandat, da der Abgeordnete für dessen Wahrnehmung auch auf eine geschützte räumliche Sphäre angewiesen ist. Ob Art. 40 Abs. 2 S. 1 GG taugliche Ermächtigungsgrundlage war, ließ das BVerfG offen, gelangte aber zur Unverhältnismäßigkeit der Maßnahme: einem schwerwiegenden Eingriff in die räumliche Integrität und damit das freie Mandat standen hier nur abstrakte und eher fernliegende Beeinträchtigung der Unversehrtheit des Parlamentsgebäudes gegenüber.   672a

Hieraus ergeben sich Konsequenzen für den **Rechtsschutz**. Gegen die Durchsuchungsanordnung eines Gerichts kommt nicht das Organstreitverfahren, sondern nur die Verfassungsbeschwerde in Betracht, Rn 847[58]: das Gericht ist kein Verfassungsorgan. Allein auf Art. 47 GG kann die Verfassungsbeschwerde nicht gestützt werden: die Bestimmung wird in Art. 93 Abs. 1 Nr 4a GG nicht aufgeführt, wohl aber Art. 38 GG. Die Verfassungsbeschwerde kann dann auf Art. 38 Abs. 1 S. 2 iVm Art. 47 GG gestützt werden[59].   673

4. Insbesondere: Observation von Abgeordneten

Dass Beobachtung und Registrierung einen Eingriff bedeuten können, gilt für die Rechte des Abgeordneten ebenso wie für die Grundrechte des Bürgers (Rn 315, 435). Die Observation durch den Verfassungsschutz ist ein intensiver Eingriff in Abgeordnetenrechte, Art. 38 Abs. 1 S. 2 GG. Sie beeinträchtigt den Abgeordneten in seiner Kommunikation mit dem Bürger und in seiner freien Willensbildung. Sie ist zudem eine Kontrolle des Abgeordneten durch die Exekutive. Da es nach dem Grundgesetz aber das Parlament ist, das die Regierung kontrollieren soll, ist dies nur ausnahmsweise zum Schutz der freiheitlich-demokratischen Grundordnung zulässig, gemäß dem Grundsatz der „streitbaren Demokratie".   674

Als Eingriff bedarf die Observation einer gesetzlichen Grundlage. Nach § 3 VerfSchG ist Aufgabe des Verfassungsschutzes Sammlung und Auswertung von Informationen über *Bestrebungen, die gegen die freiheitliche demokratische Grundordnung* gerichtet sind; er darf zu diesem Zweck Daten erheben (§ 8). Die Observation hat unter strikter Beachtung des Verhältnismäßigkeitsgebots zu erfolgen[60]. Dies setzt voraus, dass beim einzelnen Abgeordneten hinreichende Anhaltspunkte für die Annahme bestehen, er verfolge verfassungsfeindliche Bestrebungen. Allein der Umstand, dass es in seiner Partei solche Bestrebungen gibt, reicht nicht aus. So hat das BVerfG die Beobachtung eines Abgeordneten der Partei Die Linke für nicht gerechtfertigt erklärt: zwar bestanden bei einzelnen Untergliederungen der Partei Anhaltspunkte für entsprechende Bestrebungen, der betroffene Abgeordnete stand aber keiner dieser Untergliederungen nahe[61].   675

---
58 BVerfGE 108, 251, 266.
59 S. auch den Klausurfall „Durchsuchung im Landtag" von *Sachs/Schroeder*, NWVBl 2006, 389.
60 BVerfGE 134, 141 Rn 110 ff.
61 BVerfGE 134, 141 Rn 138 ff gegen BVerwGE 137, 275.

676 Für den Rechtsschutz des Abgeordneten gilt, was zu Durchsuchungen gesagt wurde: der Abgeordnete kann seine Rechte aus Art. 38 Abs. 1 S. 2 GG im Wege der Verfassungsbeschwerde gemäß Art. 93 Abs. 1 Nr 4a GG geltend machen[62]. Dies setzt gemäß § 90 Abs. 2 BVerfGG allerdings eine vorgehende Erschöpfung des Rechtswegs, gemäß § 40 Abs. 1 VwGO zu den Verwaltungsgerichten, voraus. Die Verfassungsbeschwerde steht hier auch dem Landtagsabgeordneten offen (Rn 673).

IV. Abgeordneter und Fraktion

1. Freies Mandat, Partei- und Fraktionszugehörigkeit des Abgeordneten

677 Der einzelne Abgeordnete ist in aller Regel auch Mitglied und Repräsentant einer politischen Partei und wird als solcher in den Bundestag gewählt. Es liegt auf der Hand, dass auch dies Abhängigkeiten begründet. Die „politische Einbindung des Abgeordneten in Partei und Fraktion" ist jedoch verfassungsrechtlich gewollt. Sie ist die Konsequenz aus der Rolle der politischen Parteien im Prozess der politischen Willensbildung, die durch Art. 21 GG ausdrücklich anerkannt wird (§ 2 III). Es besteht daher ein Spannungsverhältnis zwischen dem freien Mandat des Art. 38 Abs. 1 S. 2 GG und dem Grundsatz der parteienstaatlichen Demokratie, Art. 21 GG, das im Grundgesetz angelegt ist. Der Abgeordnete ist in seine Partei eingebunden und angewiesen auf „abgestimmte Unterstützung", wenn er aktiv gestalten will[63]. Dies ist die Aufgabe vor allem der Fraktionen. Zwischen Fraktion und ihren Abgeordneten besteht damit ein Verhältnis wechselseitiger Abhängigkeit: Letztere sind auf die Fraktion angewiesen, um politisch wirken zu können, diese aber möchte sich des Abstimmungsverhaltens „ihrer" Abgeordneten vergewissern und erwartet zu Recht deren Loyalität. Eine so verstandene **Fraktionsdisziplin** ist hinzunehmen – das BVerfG drückt sich vornehmer aus und spricht von einer gewissen „Bindekraft der Fraktion im Verhältnis zum Abgeordneten" – gemeint ist politische Bindung.

678 Die Partei ist damit berechtigt, über die Fraktion auf die Mandatswahrnehmung der Abgeordneten einzuwirken. Dies entspricht ihrem verfassungsrechtlichen Auftrag. Im Konfliktfall muss freilich die Gewissensentscheidung der Abgeordneten Vorrang haben. Die Grenzen zwischen zulässiger Fraktionsdisziplin und unzulässigem Fraktionszwang durch Druck auf die durch Art. 38 Abs. 1 S. 2 GG geschützte Gewissensentscheidung sind nur bedingt justiziabel. Politisches Wirken ist keine Sache perfekter (verfassungsrechtlicher) Kautelen. Auch der Abgeordnete, der sich weder innerhalb seiner Fraktion durchzusetzen vermag noch bereit ist, die Konsequenzen daraus zu ziehen, entspricht nicht dem vom Grundgesetz vorausgesetzten Typ des Abgeordneten. Abgeordnete müssen jedoch in der Lage bleiben, das Mandat frei wahrzunehmen. Die Ausübung seines Rederechts vom Vorschlag der Fraktion abhängig zu machen wie im **Fall 66** wäre daher ebenso unzulässig, wie ein Redeverbot[64].

679 Wenn der Bereich der politischen Auseinandersetzung verlassen und zB wirtschaftlicher Druck auf die Abgeordneten ausgeübt wird, ist die Grenze erreicht. Deshalb sind zB Verpflichtungserklärungen wie im **Fall 63** unzulässig[65]. In der Art und Weise der innerpar-

---

[62] BVerfG aaO. Rn 195 ff; vgl *Holterhus*, JuS 2014, 233 f.
[63] BVerfGE 118, 277, 328 f.
[64] VerfGH BW, U. v. 27.10.2017 – 1 GR 35/17 – VBlBW 2018, 193 Rn 45.
[65] Näher *Austermann/Waldhoff*, Rn 140 ff, 280 ff.

teilichen Disziplinierung liegt hier der ausschlaggebende Gesichtspunkt, nicht allein in der Tatsache, dass der Abgeordnete gezwungen wird, von einer eigenen Entscheidung abzusehen: dies kann die Folge auch durchaus zulässiger Druckmittel – etwa Verlust des „sicheren" Listenplatzes, ggf auch Parteiausschluss – sein.

Parteitagsbeschlüsse uÄ, durch die Abgeordnete zum **Mandatsverzicht** aufgefordert werden, entfalten keine rechtliche Bindungswirkung. Fraglich ist, wie der Verzicht zu behandeln ist, wenn der Abgeordnete sich gleichwohl der Partei beugt. Hier sind jedenfalls die Grenzen der Justiziabilität erreicht. Erklärt der Abgeordnete den Verzicht durch Erklärung gegenüber dem Präsidenten des Bundestags, §§ 46, 47 BWahlG, so bestünde allenfalls die Möglichkeit, die *Verzichtserklärung* auf Grund des Parteitagsbeschlusses als *unwirksam* zu behandeln, die *Bestätigung* der Verzichtserklärung nach § 47 Abs. 1 Nr 4 iVm § 46 Abs. 1 Nr 4 BWahlG *zu verweigern*. Hiergegen käme ein Antrag des Abgeordneten auf Entscheidung durch den Bundestag nach § 47 Abs. 3 S. 3 BWahlG in Betracht. Dergestalt könnte dann letztlich die Angelegenheit zu verfassungsgerichtlicher Klärung gebracht werden. 680

2. Der fraktionslose Abgeordnete

Auch der **fraktionslose Abgeordnete**, der entweder als parteiloser Direktkandidat in den Bundestag gewählt wurde (was praktisch nicht vorkommt) oder eine Partei und Fraktion verlassen hat oder aber von ihnen ausgeschlossen wurde, ist Vertreter des ganzen Volkes und muss als solcher die Möglichkeit haben, sich gleichermaßen an der Arbeit des Bundestags zu beteiligen, auch in den Ausschüssen. Dies bedeutet dann, wenn die Zahl der Ausschusssitze in etwa der der Mitglieder des Bundestags entspricht, das Recht auf einen Ausschusssitz. So auch das BVerfG – mit einer gewichtigen Einschränkung: der fraktionslose Abgeordnete habe das Recht, in einen Ausschuss berufen zu werden und dort zu reden und Anträge zu stellen. Ein **Stimmrecht im Ausschuss** komme ihm jedoch nicht zu. Seine Stimme hätte sonst überproportionales Gewicht. Denn der fraktionslose Abgeordnete spreche im Ausschuss nur für sich, nicht aber für eine Fraktion; dies sei mit den repräsentativen Funktionen des Parlaments unvereinbar[66]. Anderseits aber vertreten fraktionszugehöriger und fraktionsloser Abgeordneter beide das Volk. Das BVerfG löst das Spannungsverhältnis zwischen Repräsentativfunktion und Fraktionszugehörigkeit und damit auch Parteienstaatlichkeit einseitig zulasten der Ersteren. 681

Die Wirkungsmöglichkeiten des fraktionslosen Abgeordneten, der auch keiner Gruppe iSv § 10 Abs. 4 GeschOBT angehört – dann gelten die genannten Einschränkungen nicht – sind also deutlich reduziert. Deshalb bedeutet der Ausschluss aus einer Fraktion einen erheblichen Eingriff in die Abgeordnetenstellung, auch auf Grund seiner diskriminierenden Wirkung. Anderseits ist auch die Fraktion auf eine gewisse Übereinstimmung ihrer Mitglieder angewiesen. Wenn die Bildung von Fraktionen frei ist, müssen diese auch die prinzipielle Möglichkeit haben, Mitglieder auszuschließen. Dies darf aber nicht in ihrem freien Ermessen liegen, zumal die Drohung des Fraktionsausschlusses erhebliche Rückwirkungen auf seine Freiheit der Mandatswahrnehmung haben kann[67]. Diese gegenläufigen Interessen sind auch hier nach dem Grundsatz praktischer Konkordanz in Ausgleich zu bringen. Zu fordern sind daher ein **Verfahren**, in dem der Abgeordnete seine Rechte wahrnehmen kann, und in materieller Hinsicht hinreichend gewichtige Gründe für einen 682

---

[66] Hierzu und zum Folgenden s. BVerfGE 80, 188, 218 ff; VerfGH BW, U. v. 27.10.2017 – 1 GR 35/17 – VBlBW 2018, 193.
[67] Dies wird bei *Ipsen*, NVwZ 2005, 361 nicht hinreichend berücksichtigt; richtig: *Binder/Hofmann*, Jura 2006, 387; *Caliskan*, Jura 2009, 900, 902.

Ausschluss. Gründe, die einen Parteiausschluss rechtfertigen, dürften in aller Regel auch einen Fraktionsausschluss rechtfertigen, jedenfalls dann, wenn sie die Annahme einer künftigen erheblichen Belastung der Fraktionsarbeit rechtfertigen. Ein Automatismus darf jedoch nicht hergestellt werden[68]. Rechtsschutz ist über das Organstreitverfahren nach Art. 93 Abs. 1 Nr 1 GG eröffnet[69]. Auch kann eine Fraktion einen Abgeordneten aus einem Ausschuss abberufen, entsprechend ihrem Benennungsrecht, § 57 Abs. 2 GeschOBT. Die „Abberufung" erfolgt dabei nicht unmittelbar durch die Fraktion, sondern auf deren Vorschlag durch das Plenum. Vor einem Beschluss der Fraktion ist dem Abgeordneten jedoch Gehör zu geben; der Beschluss darf auch nicht willkürlich sein.

3. Oppositionsrechte?

683 Das Recht der Fraktionen auf Gleichbehandlung soll auch eine effektive **Opposition** gewährleisten[70]. Der Begriff der „Opposition" bezeichnet einerseits diejenigen Fraktionen, die die Regierung nicht tragen, andererseits auch die parlamentarische Arbeit eben jener Fraktionen. Eine effektive Opposition ist notwendiges Element der parlamentarischen Demokratie[71]. Das Grundgesetz benennt allerdings nicht die „Opposition" als Zuordnungssubjekt besonderer parlamentarischer Rechte, sondern knüpft die Minderheitenrechte an bestimmte Quoren: ein Viertel der Abgeordneten kann die Einsetzung eines Untersuchungsausschusses beantragen, Art. 44 Abs. 1 GG, oder einen Antrag auf Normenkontrolle nach Art. 93 Abs. 1 Nr 2 GG stellen. Es gilt der Grundsatz, wonach die parlamentarische Mehrheit die Minderheit bei der Wahrnehmung ihrer Befugnisse nicht behindern darf[72]. Besondere Minderheitenrechte, die an den Status einer Fraktion als Oppositionsfraktion anknüpfen, sieht das Grundgesetz darüber hinaus nicht vor; dies würde eine Ungleichbehandlung der Fraktionen bewirken[73].

684 Da im 18. Bundestag (2013-2017) die Opposition über weniger als ein Viertel der Mandate verfügte, wurde die befristete Sonderregelung des § 126a GeschOBT eingefügt. Hiernach konnten bereits 120 Abgeordnete die Einsetzung eines Untersuchungsausschusses nach Art. 44 GG, die Einberufung des Bundestags oder auch die Erhebung einer Klage vor dem EuGH nach Art. 23 Abs. 1a GG verlangen. Das Quorum für den Normenkontrollantrag nach Art. 93 Abs. 1 Nr. 2 GG – ein Viertel der Mitglieder des Bundestags – ist jedoch unmittelbar durch das Grundgesetz vorgegeben und hätte nur durch Verfassungsänderung abgesenkt werden können. Anders war dies im Fall des Art. 23 Abs. 1a GG. Hier stellen nicht Abgeordnete, sondern der Bundestag den Antrag. Der Bundestag muss Klage erheben, wenn mindestens ein Viertel der Abgeordneten dies beantragt. Er kann dies aber auch auf Antrag einer geringeren Anzahl von Abgeordneten tun und hat sich dahingehend im Rahmen seiner Geschäftsordnungautonomie festgelegt.

685 In einigen Landesverfassungen wird die **Opposition** ausdrücklich benannt, vgl zB Art. 38 Abs. 3, 49 Abs. 4 BerlVerf, Art. 55 Abs. 2 BbgVerf, Art. 48 SAHVerf[74], Art. 16a BayVerf. Der SächsVerfGH[75] sah in der Absetzung der von einer Minderheitfraktion

---

68 Zu den Voraussetzungen s. BbgVerfG NVwZ-RR 2004, 161; LVerfGMV DÖV 2003, 765; zum vorläufigen Rechtsschutz s. BerlVerfGH NVwZ-RR 2005, 753; s. auch *Schmidt*, DÖV 2003, 846 sowie *Lenz*, NVwZ 2005, 364.
69 VerfGH RhPf, U. v. 29.1.2019 – VGH O 18/18; AA *Ipsen*, NVwZ 2005, 361.
70 BVerfGE 154, 1 Rn 30.
71 BVerfGE 142, 25.
72 BVerfGE 154, 1 Rn 31.
73 BVerfGE 142, 25.
74 SAHVerfGH LKV 1998, 101.
75 SächsVerfGH LKV 1996, 21.

verlangten aktuellen Debatte eine Verletzung ihres Rechts auf Chancengleichheit, stellte hierbei jedoch auf den Grundsatz der Gleichbehandlung der Fraktionen aus Art. 39 Abs. 3 SächsVerf ab, nicht auf die ausdrückliche Gewährleistung einer Opposition in Art. 40 SächsVerf.

Schrifttum zu III./IV.: *Caliskan*, Neues vom Abgeordneten, Jura 2009, 900; *Frenz*, Abgeordnetenrechte, JA 2010, 126; *Glauben*, Immunität der Parlamentarier – Relikt aus vordemokratischer Zeit?, DÖV 2012, 378 ff.; *Kulick/Bendisch*, Anfängerklausur: Verlust der Abgeordnetenimmunität, JuS 2017, 1181; *Holterhus*, Anfängerklausur – Öffentliches Recht: Staatsorganisationsrecht – Der beobachtete Abgeordnete, JuS 2014, 233; *Schiff*, „Reden ist Silber …" – auch im Bundestag?, Jura 2013, 1290: *Haug/Schmid*, Referendarexamensklausur – Öffentliches Recht: Staatsrecht – Turbulentes Parlament, JuS 2013, 440; *Lammers/Lehmann*, Immun gegen Durchsuchungen?, JA 2015, 526; *Nellessen/Pötzer*, Die Stellung des Bundestagsabgeordneten im Organstreitverfahren, JuS 2018, 429; *Jürgensen/Sokolov*, Anfängerklausur Staatsorganisationsrecht: Freund, Feind, Fraktionsfreund, JuS 2018, 36; *Austermann*, Grundfälle zum Geschäftsordnungsrecht des Bundestags, JuS 2018, 760; *Hollo*, Fraktionszwang und Fraktionsdisziplin, JuS 2020, 928.

V. Kontrolle der Regierung: Untersuchungsausschüsse, Fragerechte und Auskunftsansprüche

Zu den zentralen Kontrollbefugnissen des Parlaments zählt sein Enquêterecht, also sein Recht, Untersuchungsausschüsse einzusetzen. Es handelt sich hier in besonderer Weise um ein Recht der Minderheit. Was ein Untersuchungsausschuss untersuchen darf und welche Rechte ihm hierzu gegenüber anderen Staatsorganen, aber auch gegenüber Privaten zustehen, ist Gegenstand des folgenden Abschnitts. Der Kontrolle der Regierung durch das Parlament dienen auch Fragerechte und Informationsansprüche der Abgeordneten. 686

Organspezifische Rechte des Bundestags sind rechtliche Befugnisse, die diesem *als Verfassungsorgan* durch das Grundgesetz eingeräumt worden sind, wie zB Interpellations-, Zitier- und Initiativrecht und Kontrollrechte auf dem Gebiet der militärischen Verteidigung (Art. 45a, 45b, 87a Abs. 1 GG). Auch das Fragerecht des Abgeordneten zählt hierzu (Rn 703). Der Wahrnehmung der Kontrollaufgabe des Bundestags dient insbesondere dessen **Enquêterecht**, das den Untersuchungsausschüssen nach Art. 44 GG übertragen ist. Ihre Befugnisse sind häufig Gegenstand von Verfassungskonflikten[76]. 687

Seit 2001 ist das Recht der Untersuchungsausschüsse im **Untersuchungsausschussgesetz** – Gesetz zur Regelung des Rechts der Untersuchungsausschüsse des Deutschen Bundestages (PUAG) vom 19. Juni 2001 (BGBl. I S. 1142) – enthalten. Es regelt Einsetzung und Verfahren und konkretisiert insoweit den verfassungsrechtlichen Auftrag des Art. 44 GG. Wenn in verfassungsgerichtlichen Verfahren Rechte des Untersuchungsausschusses in Frage stehen, kommt es dann darauf an, ob in Anwendung des Gesetzes gegen verfassungsmäßige Rechte verstoßen wurde (Rn 699). Für Untersuchungsausschüsse der **Landtage** ist, soweit nicht vergleichbare Landesgesetze existieren, auf die Landesverfassungen zurückzugreifen. Dabei können die zu Art. 44 GG entwickelten Grundsätze herangezogen werden: das Recht der Untersuchungsausschüsse folgt aus dem Prinzip der parlamentarischen Demokratie. 688

---

76 **Klausurenband I Fall 7; Klausurenband II Fall 7.**

1. Die Einsetzung des Untersuchungsausschusses

689 Ein **Untersuchungsausschuss** kann durch Mehrheitsbeschluss – sog. **Mehrheitsenquête** – oder auf Verlangen einer qualifizierten Minderheit – sog. **Minderheitsenquête** – durch Beschluss des Bundestags, § 1 Abs. 2 PUAG, eingesetzt werden. In letzterem Fall ist eine qualifizierte Minderheit von einem Viertel der Mitglieder, Art. 44 Abs. 1 S. 1 GG, § 1 Abs. 1 PUAG, erforderlich. Auf deren Antrag ist der Bundestag verpflichtet, den Untersuchungsausschuss einzusetzen, dessen Verfassungsmäßigkeit vorausgesetzt. Der Untersuchungsgegenstand muss zutreffend bezeichnet sein und es muss sich um einen verfassungsrechtlich zulässigen Untersuchungsgegenstand handeln. Die Einsetzung erfolgt durch Beschluss des Bundestags, § 1 Abs. 2 PUAG, der auch die Verfassungsmäßigkeit des Antrags prüfen kann[77]. Lehnt er hiernach die Einsetzung zu Unrecht – ganz oder teilweise, § 2 Abs. 3 PUAG – ab, so wird hierdurch die antragstellende Minderheit in ihren Rechten verletzt. Das Recht, die Einsetzung eines Untersuchungsausschuss zu verlangen, ist also maßgeblich auch ein Minderheitenrecht und damit ein Recht der Opposition. Für den 18. Deutschen Bundestag (2013-2017)[78] s. Rn 684.

2. Verfassungsmäßige Bestimmung des Untersuchungsgegenstands

a) Bezeichnung des Untersuchungsgegenstands und Festlegung

690 Der Untersuchungsgegenstand muss hinreichend bestimmt bezeichnet sein. Er wird mit dem Einsetzungsbeschluss festgelegt und darf von der Mehrheit im Ausschuss grundsätzlich nicht verändert werden. Dies ist in § 2 Abs. 2 PUAG[79] ausdrücklich festgelegt, folgt aber unmittelbar aus Verfassungsrecht: das Untersuchungsverlangen soll nicht verfälscht werden[80]. Wenn es zB um Parteispenden an die Regierungsparteien geht, darf die Bundestagsmehrheit im Einsetzungsbeschluss keine Parteispenden an die Oppositionsparteien einbeziehen. Sind die im Einsetzungsantrag enthaltenen Fragen nur teilweise zulässig, ist dem Antrag, wenn die Fragen abgrenzbar sind, teilweise stattzugeben. Ist der Untersuchungsausschuss einmal eingesetzt, wird man im Fall der Minderheitsenquête ein Recht der Minderheit auf nachträgliche **Erweiterung** des Untersuchungsgegenstands grundsätzlich bejahen dürfen, wenn dies für die Effektivität der parlamentarischen Kontrolle erforderlich ist. Wenn der Untersuchungsausschuss als Kurzbezeichnung den Namen eines Dritten, etwa auch eines Politikers, erhält, gegen den sich die Untersuchung richtet, kann dessen Persönlichkeitsrecht beeinträchtigt sein[81]. Sein Rechtsschutz richtet sich bei Untersuchungsausschüssen des Bundes nach §§ 17, 36 PUAG; auf Landesebene wäre ggf Unterlassungsklage vor dem Verwaltungsgericht zu erheben[82].

b) Materielle Schranken des Untersuchungsrechts

691 Art. 44 GG trifft keine Aussage zum Gegenstand des Untersuchungsrechts, also zu der Frage, was der Untersuchungsausschuss untersuchen darf. Jedenfalls muss es um die Feststellung von **Tatsachen** gehen, für die dann die notwendigen Beweise zu erheben

---

77 Vgl *Geis*, HStR III³, § 55 Rn 22; *Hebeler/Schulz*, JuS 2010, 969, 970.
78 *Cancik*, NVwZ 2014, 18 ff.
79 Dazu *Wiefelspütz*, DÖV 2002, 803.
80 Vgl BVerfGE 49, 70; 124, 78, 118 f; BayVerfGH BayVBl 1977, 597, 599.
81 Vgl SaarlVerfGH NVwZ-RR 2003, 393; dazu *Caspar*, DVBl 2004, 845, 848 und *Glauben*, DVBl 2006, 1263, 1264.
82 Vgl *Glauben*, DVBl 2006, 1263, 1264.

sind. Vor allem aber kann der Untersuchungsausschuss als Untergliederung nicht mehr an Rechten haben als der Bundestag selbst (sog. Koronartheorie). Mitunter wird unterschieden zwischen der Kontrollenquête (auch: Missbrauchsenquête oder Skandalenquête) und der sog. Gesetzgebungsenquête[83], die der Sachaufklärung für komplexe Gesetzgebungsvorhaben dienen soll, aber in der Praxis keine Bedeutung erlangt hat.

692 Dass ein Untersuchungsausschuss nur im Rahmen der verfassungsmäßigen **Zuständigkeit des Bundestags** agieren kann, hält § 1 Abs. 3 PUAG ausdrücklich fest, ohne aber diese Schranken näher zu definieren. Sie ergeben sich zunächst aus der Kompetenzordnung im Bundesstaat: Vorgänge im Zuständigkeitsbereich eines Landes können nicht Gegenstand einer Enquête des Bundestags sein; der Bundestag kann allerdings untersuchen, wie in einem Fall der Bundesauftragsverwaltung die Bundesregierung ihr Aufsichtsrecht ausgeübt hat[84]. Ebenso ist das Untersuchungsrecht der Landesparlamente auf Vorgänge im und mit Bezug zum Land beschränkt; darunter fallen auch Vorgänge in den Gemeinden, die ja Teil der Verwaltung des Landes sind.

693 Kernbereich des parlamentarischen Untersuchungsrechts ist die Kontrolle der Exekutive und insbesondere des Regierungshandelns[85]. Der Grundsatz der Gewaltenteilung setzt hier jedoch Schranken: Ein **Kernbereich exekutiver Eigenverantwortung** ist zu wahren. Er wird mit einem grundsätzlich nicht ausforschbaren „Initiativ-, Beratungs- und Handlungsbereich" der Regierung umschrieben[86]. Dazu zählt insbesondere die regierungsinterne Willensbildung – würde diese iE ausgeforscht, so könnte dies die Arbeitsfähigkeit der Regierung nachhaltig beeinträchtigen[87]. Aus dem Untersuchungsauftrag darf kein Mitregieren werden. Deshalb dürfen nicht abgeschlossene Vorgänge grundsätzlich nicht untersucht werden.

Der Untersuchungsausschuss darf aus Gründen der Gewaltenteilung nicht in laufende Verwaltungsverfahren und schwebende Gerichtsverfahren eingreifen[88] und ebenso wenig in einen nicht abgeschlossenen Willensbildungsprozess der Regierung[89]. Nicht ausgeschlossen ist es jedoch, Vorgänge, die Gegenstand eines Ermittlungs- oder Strafverfahrens sind, gleichzeitig in einem Untersuchungsausschuss zu behandeln wie im **Fall 59**. Hier geht es nicht um die strafrechtliche, sondern um die politische Bewertung, die Klärung der Hintergründe. Die Führung des Strafverfahrens selbst und die Tätigkeit der befassten Richter dürfen nicht zum Gegenstand der parlamentarischen Untersuchung gemacht werden[90].

694 Auch die Untersuchung parlamentsinterner Vorgänge ist nicht ausgeschlossen; die sog. „**Kollegialenquête**" kann das Verhalten einzelner Abgeordneter zum Gegenstand haben, ist jedoch die Ausnahme.

Fallbeispiele aus der Rechtsprechung: Die beiden Fälle, in denen das BVerfG von einer derartigen „Kollegialenquête" spricht[91], betreffen keinen Untersuchungsausschuss nach Art. 44 GG, sondern die Überprüfung von Abgeordneten nach § 44c AbgG auf eine frühere Tätigkeit für den

---

83 Vgl *Magiera*, in: Sachs, Art. 44 Rn 4.
84 Vgl *Hebeler/Schulz*, JuS 2010, 969, 970,
85 BVerfGE 77, 1, 43; 105, 197, 222.
86 BVerfGE 67, 100, 139; 110, 199, 214.
87 *Hebeler/Schulz*, JuS 2010, 969, 972; *Droege*, DVBl 2015, 937, 939.
88 BVerfGE 110, 199, 215; 143, 101 Rn 120 f; BayVerfGH DVBl 1986, 233.
89 BVerfGE 145, 348 Rn 93.
90 Näher BayVerfGH BayVBl 2015, 154; dazu *Lindner*, BayVBl 2015, 693, 696.
91 BVerfGE 94, 351, 366; 99, 19, 33; s. dazu *Glauben*, DVBl 2014, 894 ff.

Staatssicherheitsdienst der DDR. Als grundsätzlich zulässig wertete der Verfassungsgerichtshof Rheinland-Pfalz die **„Fraktionsenquête"**, also einen Untersuchungsausschuss, der Vorgänge bei einer Parlamentsfraktion – konkret das Finanzgebaren der CDU-Fraktion in der vorgehenden Legislaturperiode auf Antrag der SPD-Fraktion – zum Gegenstand hatte[92]. Der Innenbereich der Fraktion sollte hier jedoch in ähnlicher Weise schutzwürdig sein wie der nicht ausforschbare Kernbereich exekutiver Eigenverantwortung. Der Verfassungsgerichtshof bejahte jedoch ein qualifiziertes öffentliches Interesse. Dies vermag nicht zu überzeugen, da hier von diesem parlamentarischen Kontrollrecht zweckwidrig Gebrauch gemacht wurde[93].

695 Vorgänge im nicht-staatlichen Bereich können Gegenstand eines Untersuchungsausschusses sein, wenn hieran ein besonderes **öffentliches Interesse** besteht[94]. Dies kann sich daraus ergeben, dass private Unternehmen besondere Vergünstigungen genießen, besonderen gesetzlichen Pflichten unterliegen oder auch in erheblichem Umfang an den Staat liefern (zB die Rüstungsindustrie). Öffentliches Interesse kann auch an Vorgängen im Bereich politischer Parteien bestehen[95]. In jedem Fall aber sind bei der Untersuchung von Vorgängen bei Privaten deren Grundrechte zu beachten.

696 Dem Untersuchungsauftrag des Ausschusses können also entgegengehalten werden:
– fehlende Kompetenz im Bundesstaat, des Bundestags im Verhältnis zu einem Land, einem Landtag im Verhältnis zum Bund;
– der Schutz eines Kernbereichs exekutiver Eigenverantwortung;
– der Einwand des laufenden Verfahrens;
– im Fall der „Kollegialenquête": das Mandat des Abgeordneten;
– Grundrechte Dritter;
– schließlich auch eine Gefährdung des Staatswohls, der äußeren und inneren Sicherheit, wenn es zB um die Tätigkeit der Nachrichtendienste geht[96].

Diese Gesichtspunkte sind in Abwägung zu bringen mit dem Auftrag des Untersuchungsausschusses, der wegen Art. 44 GG ebenfalls Verfassungsrang hat. Dies kann dazu führen, dass einzelne Maßnahmen des Ausschusses unzulässig sind, er bestimmte Fragen nicht stellen darf[97], aber auch dazu, dass bereits die Einsetzung des Ausschusses ganz oder teilweise unzulässig ist.

697 **Rechtsschutz:** Hält der Bundestag den Antrag für unzulässig, so hat er den Einsetzungsbeschluss abzulehnen, bei teilweiser Unzulässigkeit nach § 2 Abs. 3 PUAG vorzugehen. Die Antragsteller können dagegen das BVerfG anrufen (§ 2 Abs. 3 S. 2 PUAG). Es handelt sich hierbei um einen Fall des Organstreitverfahrens iSv Art. 93 Abs. 1 Nr 1 GG, für den Beteiligtenfähigkeit und Verfahrensgegenstand besonders geregelt sind.

3. Zum Verfahren im Untersuchungsausschuss – Beweiserhebungsrechte

698 Nach Art. 44 Abs. 1 S. 1 GG ist das Verfahren vor dem Untersuchungsausschuss öffentlich, doch kann nach Satz 2 die Öffentlichkeit ausgeschlossen werden; dies wird in § 14 Abs. 1 PUAG näher ausgeführt. Öffentlichkeit muss dabei der Regelfall sein: die parlamentarische Demokratie fordert Transparenz. Der Untersuchungsausschuss hat das

---
92 RhPfVerfGH DVBl 2010, 1504.
93 S. dazu näher *Degenhart*, in: Festschrift Schenke, 2011, S. 81 ff; wie hier *Austermann/Waldhoff*, Rn 560.
94 Vgl BVerfGE 67, 100, 143; 77, 1, 44; weiter *Austermann/Waldhoff*, Rn 557.
95 Vgl *Schröder*, NJW 2000, 1455; diff. *Geis*, HStR III³, § 55 Rn 42.
96 Vgl. BVerfGE 143, 101 Rn 122, 137 ff; für Fragerechte des Abgeordneten BVerfGE 146, 1 Rn 110.
97 Vgl. BayVerfGH 17.11.2014 – Vf. 70-VI-14.

Recht, von der Bundesregierung und allen anderen Bundesbehörden die **Vorlage von Beweismitteln** – insbesondere auch von Akten – zu verlangen. Es folgt unmittelbar aus Art. 44 Abs. 1 GG. Der Untersuchungsausschuss muss in der Lage sein, seinen verfassungsrechtlichen Auftrag zu erfüllen. Bereits ein Viertel der Mitglieder des Ausschusses kann die Erhebung von Beweisen verlangen. Der Untersuchungsausschuss verfügt über einen Einschätzungsspielraum, frei vom Einfluss anderer Staatsorgane selbst darüber zu befinden, welche Beweiserhebungen er zur Aufklärung des Sachverhalts als notwendig erachtet[98].

Für das Beweiserhebungsrecht des Untersuchungsausschusses bestehen verfassungsrechtliche Grenzen, worauf Art. 18 Abs. 1 PUAG verweist. Diese Grenzen ergeben sich wiederum aus der Gewaltenteilung. Ein „Kernbereich exekutiver Eigenverantwortung" (Rn 693) ist auch insoweit zu beachten[99]. Die Verfassungsorgane sind dabei zu wechselseitiger Rücksichtnahme verpflichtet; man spricht hier von einem Grundsatz der **„Organtreue"**. Grundsätzlich aber gilt: die Regierung ist dem Parlament verantwortlich, nicht umgekehrt. Dessen Aufklärungsinteresse hat dann besonderes Gewicht, wenn es um Missstände innerhalb der Regierung geht[100]. Andererseits kann auch das Staatswohl, insbesondere die äußere und innere Sicherheit, Geheimhaltung rechtfertigen und der Beweiserhebung Grenzen setzen[101]. Dies betrifft besonders die Tätigkeit der Nachrichtendienste. Diese sind auf verdeckte Nachrichtenquellen, V-Leute u.Ä. angewiesen. Werden diese offengelegt, können Vertraulichkeitszusagen nicht eingehalten werden, so werden in der Folge Informationsquellen versiegen, was ihre Arbeitsfähigkeit nachhaltig beeinträchtigen kann. Dies ist auch verfassungsrechtlich von Belang, denn die Nachrichtendienste sind im GG ausdrücklich vorgesehen, so in Art. 45d, 73 Abs. 1 Nr. 10b, 87 Abs. 1 S. 2 GG, und mit dem Informationsrecht des Abgeordneten in Ausgleich zu bringen[102]. Dabei ist auch eine Gefährdung der V-Leute zu berücksichtigen; auch deren Grundrechte begrenzen die Beweiserhebungsrechte des Ausschusses. Beruft sich die Regierung auf Geheimhaltung, ist dies nachvollziehbar zu begründen. Es ist also stets im Einzelfall abzuwägen, nicht aber dürfen bestimmte Bereiche von vornherein ausgenommen werden[103].

Fallbeispiele aus der Rechtsprechung: (1) Im **NSA-Untersuchungsausschuss** (BVerfGE 143, 101) ging es um die Kooperation zwischen BND und NSA (National Security Agency der USA), die in großem Umfang Abhöraktionen in der Bundesrepublik durchgeführt hatte. Der Ausschuss verlangte von der Bundesregierung die Herausgabe von Unterlagen der NSA, der sog. Selektorenlisten, aus denen sich die Kriterien für die Durchführung von Abhörmaßnahmen ergaben. Diese weigerte sich, da dies die künftige Zusammenarbeit der Geheimdienste gefährden würde. Das BVerfG sah dies als gerechtfertigt. Die Führung und Koordination der Geheimdienste sei im Verantwortungsbereich der Regierung; die Bundesrepublik sei in ihrer Außen- und Sicherheitspolitik auf Zusammenarbeit mit ausländischen Geheimdiensten angewiesen, die gefährdet werden könnte, wenn Vertraulichkeit nicht gewährleistet sei; das Staatswohl könnte durch Bekanntwerden geheimhaltungsbedürftiger Informationen gefährdet werden[104].

---

98 OVG SAH, B. v. 17.3.2020 – 4 M 36/20.
99 Instruktiv: HessStGH NVwZ-RR 1999, 483.
100 BVerfGE 110, 199.
101 BVerfGE 143, 101; BVerfGE 156, 270 Rn 94.
102 BVerfGE 146, 1 Rn 10 f, 78 ff für parlamentarische Fragerechte; BVerfGE 156, 270 Rn 98 ff, 103 ff, 107 f.
103 BVerfG NVwZ 2023, 239 Rn 68: keine Bereichsausnahme für die Nachrichtendienste.
104 BVerfGE 143, 101 Rn 122, 126 ff.

(2) Ähnlich beim **Amri-Untersuchungsausschuss** zum Terroranschlag auf den Weihnachtsmarkt am Breitscheidplatz 2016: Die Bundesregierung weigerte sich auf Grund gegebener Vertraulichkeitszusagen, die Identität von V-Leuten preiszugeben. Einerseits hat bei Geheimdiensten, eben weil sie im Geheimen agieren, das parlamentarische Kontrollrecht besonderes Gewicht. Andererseits aber kann die Enttarnung von V-Leuten nicht nur diese gefährden, sondern auch die nachrichtendienstliche Tätigkeit. In Abwägung dieser Gesichtspunkte durfte die Bundesregierung auf die Vertraulichkeitszusagen der Dienste gegenüber ihren Quellen verweisen und deren Offenlegung, etwa durch Vernehmung der zuständigen Beamten, verweigern, da anderweitig wirksamer Schutz nicht gewährleistet war.

700 Auch können **Rechte Dritter** die Beweiserhebungsrechte begrenzen (Rn 695)[105]. Die Offenlegung privater Informationen kann Persönlichkeitsrechte nach Art. 2 Abs. 1, 1 Abs. 1 GG verletzen; auch Geschäftsgeheimnisse genießen verfassungsrechtlichen Schutz aus Art. 12 Abs. 1, 14 Abs. 1 GG. Diese Rechte sind mit dem Prinzip der parlamentarischen Öffentlichkeit in seiner Bedeutung für die Demokratie abzuwägen[106]. Dies ist zunächst die Sache des Ausschusses selbst, der auch die erforderliche Geheimhaltung zu gewährleisten hat. Mit dem Ausschluss der Öffentlichkeit nach § 14 Abs. 1 Nr 1, 3 PUAG dürfte dem grundsätzlich genügt sein, doch kann im Einzelfall der Eingriff in die Privatsphäre auch unverhältnismäßig und deshalb unzulässig sein Wer allerdings selbst dazu Anlass gegeben hat, dass sich der Untersuchungsausschuss mit ihm beschäftigt (zB im Parteispendenfall), muss weitergehende Einschränkungen hinnehmen. Auch dann erstreckt sich aber das Beweiserhebungsrecht nicht auf Daten mit streng persönlichem Charakter[107]. Bei höchstpersönlichen Informationen, deren Preisgabe den Betroffenen nicht zumutbar ist, wie im Fall des Untersuchungsausschusses zum Kindesmissbrauch Lüdge, muss die Aktenvorlage in einer Weise erfolgen, die jede Identifizierung der Opfer ausschließt[108].

701 Der Untersuchungsausschuss kann sein Beweiserhebungsrecht auch gegenüber **Privaten** durchsetzen. Er übt dann hoheitliche Gewalt aus. Hierbei muss er die Grundrechte beachten[109] und hat zB keine Möglichkeit, das Abhören von Telefonaten gemäß §§ 100a ff StPO anzuordnen; dies folgt bereits aus Art. 44 Abs. 2 S. 2 GG, wonach das Post- und Fernmeldegeheimnis unberührt bleiben[110]. Der Ausschuss kann Zeugen laden, §§ 20 ff PUAG, und die Herausgabe von Beweismitteln verlangen, § 29 PUAG. Der Untersuchungsausschuss des Bundestags ist grundsätzlich auch befugt, Landesbeamte als Zeugen vorzuladen[111], ebenso wie der Untersuchungsausschuss eines Landtags Bedienstete des Bundes[112]. Der Untersuchungsausschuss ist jedoch kein Gericht. Deshalb muss er wegen des **Richtervorbehalts** für Maßnahmen wie Durchsuchungen oder Beugehaft deren Anordnung beim Ermittlungsrichter beim BGH beantragen, §§ 27 Abs. 2, 29 Abs. 3 PUAG. Für illegal erlangte Beweismittel besteht ein grundsätzliches Verwertungsverbott[113]. Zeugnisverweigerungsrechte bestehen nach § 22 PUAG. Der Untersuchungsausschuss legt nach Beendigung seiner Tätigkeit seinen **Abschlussbericht** vor; ob Dritte, die

---

105 Vgl BbgVerfG LKV 2007, 553.
106 BVerfGE 77, 1, 46 ff.
107 VGH Mannheim DVBl 2015, 1383.
108 VerfGH NW NWVBl 2021, 469 Rn 190 ff.
109 BVerfGE 76, 363, 391 ff.
110 S. dazu BVerfGE 124, 78, 126.
111 Vgl *Geis*, HStR III³, § 55 Rn 37 f, der hier einen Sonderfall der Amtshilfe annimmt.
112 S. BVerwGE 109, 258.
113 Vgl LG Kiel JZ 1996, 155; BVerfGE 124, 78, 127 f.

sich hierin nachteilig erwähnt sehen, dagegen Rechtsschutz beanspruchen können, ist eine Frage des Verhältnisses von Art. 44 Abs. 4 S. 1 GG zur Rechtsschutzgarantie des Art. 19 Abs. 4 GG[114].

4. Exkurs: Landesverfassungsrecht

Für die Landesverfassungen ist zu beachten, dass insbesondere in neueren Kodifikationen die Rechte des Untersuchungsausschusses verstärkt als **Minderheitenrechte** ausgestaltet sind. So kann zB nach Art. 72 Abs. 1 BbgVerf, Art. 54 Abs. 3, 4 SächsVerf oder nach Art. 48 Abs. 2 S. 2 BerlVerf bereits ein Fünftel der Ausschussmitglieder die Erhebung von Beweisen bzw die Vorlage von Akten verlangen, ähnliche Regelungen sind überwiegend in den neuen Landesverfassungen enthalten. Der Untersuchungsausschuss eines Landtags ist auf Untersuchungsgegenstände im **Kompetenzbereich des Landes** beschränkt. Er hat die Exekutive des Landes zu kontrollieren und darf seine Tätigkeit nicht auf Bundesthemen erstrecken. Seine Beweiserhebungsrechte beschränken sich jedoch nicht auf das jeweilige Land, weshalb Zeugen auch aus der Bundesverwaltung vorgeladen werden dürfen[115]. Eine prozessuale Besonderheit enthält Art. 53 Nr 4 MVVerf, wonach auf Antrag eines Gerichts die Verfassungsmäßigkeit des Auftrags eines Untersuchungsausschusses durch das LVerfG zu überprüfen ist, wenn es für die Entscheidung des vorlegenden Gerichts (zB über eine Beschlagnahmeanordnung) darauf ankommt[116]. Nach Art. 25 Abs. 4 BayVerf kann die Minderheit im Ausschuss beantragen, bestimmte Beweismittel heranzuziehen und kann diesbezüglich ein Organstreitverfahren vor dem Landesverfassungsgericht einleiten[117].

702

5. Frage- und Informationsrechte des Bundestags und der Abgeordneten und Auskunftspflichten der Regierung

Den verfassungsrechtlichen Aufgaben des Bundestags dienen auch Fragerechte und korrespondierende Auskunftspflichten der Regierung. In der parlamentarischen Demokratie ist das Parlament das maßgebliche Forum der politischen Willensbildung. Hierfür und zur Wahrnehmung seiner Gesetzgebungs- und Kontrollfunktionen[118] ist es auf Information durch die Regierung angewiesen. Das Parlament als Ganzes, aber auch einzelne Fraktionen und Abgeordnete haben daher das verfassungsmäßige Recht, Fragen an die Regierung zu stellen. Das Fragerecht der Abgeordneten ist sowohl im Gewaltenteilungsprinzip als auch im Demokratieprinzip verankert. Es erstreckt sich auf alle Bereiche der Regierungsverantwortung; damit auch auf das Handeln von Unternehmen, an denen der Bund ganz oder mehrheitlich beteiligt ist, wie zB die Deutsche Bahn AG[119]. Denn die Kontrolle der Regierung durch das Parlament sichert auch die Legitimationskette vom Volk zum Handeln der Staatsorgane[120]. Die besondere Bedeutung des Fragerechts liegt auch darin, dass es ein Recht der Minderheit ist, die der Regierung und der Regierungsmehrheit im Parlament gegenübersteht. Während es in einzelnen Landesverfassungen, zB in Art. 51

703

---

114 Vgl *Buckler*, DVBl 2018, 1190.
115 S. auch **Klausurenband II Fall 7**.
116 Zu den Rechten der qualifizierten Minderheit nach Art. 41 Abs. 1 S. 1 NWVerf s. VerfGHNW DÖV 1995, 728; zu Art. 92 Abs. 1 S. 2 HessVerf s. HessStGH NVwZ-RR 1999, 483.
117 BayVerfGH DÖV 2007, 338.
118 Vgl. ThürVerfGH, U. v. 22.4.2020 – VerfGH 20/19.
119 BVerfGE 147, 50; *Hamdorf/Karkaj*, DVBl 2018, 823.
120 BVerfGE 146, 1 Rn 87.

SächsVerf, ausdrücklich festgelegt ist, folgt es für das Grundgesetz aus Art. 38 Abs. 1 GG iVm Art. 20 Abs. 2 S. 2 GG[121]. Eine analoge Anwendung der landesverfassungsrechtlichen Bestimmungen ist unzulässig – zulässig ist es jedoch, vergleichend auf sie zu verweisen. Die Regierung ist verpflichtet, Anfragen vollständig und nach bestem Wissen zu beantworten. – Zur Unterrichtungspflicht in Angelegenheiten der EU nach **Art. 23 Abs. 2 GG** s. Rn 299a.

704 -707 Ob die Regierung ihrer Auskunftspflicht nachgekommen ist, kann vom BVerfG bzw dem Verfassungsgericht des Landes im Organstreitverfahren überprüft werden[122]. Unvollständige Antworten bedürfen einer besonderen Rechtfertigung und sind zu begründen. Das Frage- und Auskunftsrecht der Abgeordneten bzw. des Bundestags oder Landtags ist nicht unbegrenzt; es gelten die gleichen Grundsätze wie für Untersuchungsausschüsse (Rn 691 ff)[123], so zB für die Vertraulichkeit nachrichtendienstlicher Informationen[124].

Fallbeispiel aus der Rechtsprechung: Abgeordnete des Bayerischen Landtags richteten, nachdem die Beobachtung von Abgeordneten durch den Verfassungsschutz – hier des Landes – bekannt geworden war, eine Anfrage an die Staatsregierung mit u.a. diesen Fragen: 1) Sind oder waren Parlamentarier Beobachtungs- oder Überwachungsobjekt des Verfassungsschutzes (bitte aufgeschlüsselt nach Parteien/Wählergruppen)? Wenn ja, wie viele und welche und über welchen Zeitraum hinweg (bitte aufgeschlüsselt nach den jeweiligen Personen)? 2) Wie viele V-Leute hat der Verfassungsschutz seit 2010 geführt, in welche Vorstände wurden diese eingeschleust und was war der Erkenntnisgewinn? Hierauf antwortete die Staatsregierung: „Zu 1): Es unterlagen bisher insbesondere folgende politische Parteien dem Beobachtungsauftrag…. Weitergehende Auskünfte können nicht gegeben werden, da dies Rückschlüsse auf die Arbeit des Verfassungsschutzes zulassen würde. Zu 2): Aus diesem Grund kann über geheimhaltungsbedürftige Tatsachen keine Auskunft gegeben werden, zumal dies auch die Sicherheit etwaiger V-Leute, sollte es sie gegeben haben, gefährden würde."

Der **BayVerfGH** – der sich an der Rspr des BVerfG orientierte – beanstandete die Antwort zu 1) als zu unpräzise. Das Informationsinteresse der Abgeordneten war hier deshalb *„besonders hoch zu gewichten, da die Beobachtung von Mandatsträgern erhebliche Gefahren für den Prozess der demokratischen Willensbildung auf den verschiedenen politischen Ebenen in sich birgt"*[125], also auch ein intensiver Eingriff in Abgeordnetenrechte vorlag. Demgegenüber war die Antwort der Regierung zu unpräzise. Sie war unzureichend begründet, denn es wurde nicht deutlich, worin konkret die Gefährdung der Arbeit des Verfassungsschutzes liegen sollte. Dass der Schutz von V-Leuten und Informanten eine Auskunftsverweigerung rechtfertigen kann, bejahte auch das BVerfG im Fall des Oktoberfest-Attentäters[126], verneint aber eine relevante Gefährdung angesichts des zeitlichen Abstands von über 30 Jahren.

Schrifttum zu V.: *Geis*, Untersuchungsausschuss, HStR III³, § 55; *Glauben*, Rechtsschutz Privater im parlamentarischen Untersuchungsverfahren, DVBl 2006, 1263; *Hebeler/Schulz*, Prüfungswissen zum Untersuchungsausschussrecht, JuS 2010, 969; *Steinmetz*, Verfassungsimmanente Grenzen des Beweiserhebungsrechts der Untersuchungsausschüsse, JuS 2013, 792; *Glauben*, Umfang und Grenzen des parlamentarischen Fragerechts der Abgeordneten im Bund und in den Ländern, DVBl 2018, 741; *Harks*, Das Fragerecht der Abgeordneten, JuS 2014, 979; *Schwanengel*, Die

---

121 BVerfGE 124, 161, 181; *Harks*, JuS 2014, 979.
122 BVerfGE 124, 161, 184 f, 187; 146, 1 Rn 78 ff; 147, 50; VerfGHMV NJW 2003, 815; ebenso BbgVerfG DÖV 2001, 164 für Art. 56 Abs. 2 BbgVerf; s. auch ThürVerfGH LKV 2003, 422; BayVerfGH NVwZ 2002, 715.
123 BVerfGE 124, 161, 188 f.
124 BVerfGE 146, 1 Rn 78 ff.
125 BayVerfGH BayVBl 2014, 464.
126 BVerfGE 146, 1.

parlamentarische Kontrolle des Regierungshandelns, Jura 2018, 463; s. auch die Übungsfälle bei *Nettesheim/Vetter*, JuS 2004, 219; *Müller*, Jura 2017, 471; *Klamet*, Jura 2020, 750; sowie **Klausurenband I Fall 7 und II Fall 7**.

VI. Bundestag, Abgeordnete und Fraktion im Verfassungsprozess

Für Verfassungsstreitigkeiten sowohl zwischen Bundestag und anderen Verfassungsorganen, als auch im Innenverhältnis ist geeignete Verfahrensart das Organstreitverfahren nach Art. 93 Abs. 1 Nr 1 GG. Sowohl der Bundestag als „oberstes Verfassungsorgan" als auch der einzelne **Abgeordnete** als „anderer Beteiligter" können Antragsteller sein. Antragsgegner kann der Bundestag als Verfassungsorgan sein, so zB bei der Besetzung eines parlamentarischen Gremiums, aber auch der Bundestagspräsident im Fall von Ordnungsmaßnahmen, schließlich die Fraktion etwa beim Ausschluss aus der Fraktion, die Bunderegierung, wenn sie eine Anfrage des Abgeordneten nicht beantwortet, der Bundespräsident im Fall der Auflösung des Bundestags. Auch Fraktionen und Ausschüsse sind als ständige Untergliederungen des Bundestags als Teile des Verfassungsorgans Bundestag gemäß § 63 BVerfGG beteiligtenfähig. Sie können in **Prozessstandschaft** auch Rechte des Bundestags selbst geltend machen, Rn 843.

> **Lösung Fall 59: Energiewende V – Windige Affären (Rn 625)**
>
> Weigerung der Bundesregierung – Zulässigkeit des Antrags: Richtige Verfahrensart ist das Organstreitverfahren nach Art. 93 Abs. 1 Nr 1 GG; die Fraktion kann hier Rechte *des Bundestags* geltend machen[127]: das Enquêterecht des Art. 44 GG. Der Antrag kann auch gestellt werden von deren Mitgliedern als Einsetzungsminderheit nach Art. 44 Abs. 1 GG; näher Rn 892.
>
> **Begründetheit des Antrags:**
>
> I. Der Untersuchungsausschuss muss *in zulässiger Weise eingesetzt* worden sein.
>
> 1. Zu den verfahrensmäßigen Voraussetzungen Rn 689; mit dem Prüfauftrag, ob der Bundesregierung Informationen vorlagen, ist der Untersuchungsgegenstand hinreichend bestimmt.
>
> 2. Untersuchungsgegenstand: Aufklärung von Tatsachen; innerhalb der Aufgaben des Bundestags: Kontrolle der Bundesregierung; *öffentliches Interesse*.
>
> II. Recht des Ausschusses auf Aktenvorlage: Art. 44 Abs. 1 GG. § 18 Abs. 1 PUAG.
>
> III. Verfassungsrechtliche Grenzen?
>
> – Kernbereich exekutiver Eigenverantwortung? Ob der Bundesregierung Informationen vorlagen, ist keine Frage regierungsinterner Willensbildung.
>
> – Schutzwürdige Betriebsinterna? Hier: unternehmerische Betätigung, Art. 12 Abs. 1 GG und Art. 14 Abs. 1 GG (Recht am Gewerbebetrieb); Offenlegung als faktischer Eingriff hier aber gerechtfertigt durch den Untersuchungsauftrag des Parlaments, da hierfür erforderlich, Geheimnisschutz gem. § 15 PUAG im Verfahren des Ausschusses; damit überwiegendes öffentliches Interesse an der Aufklärung; wer Subventionen in Anspruch nimmt, muss hinnehmen, dass dies öffentlich erörtert wird. Die Bundesregierung verstößt mit ihrer Weigerung gegen Art. 44 GG. Der Antrag ist *begründet*.
>
> **Durchsuchung/Beschlagnahme beim Unternehmen – Rechtmäßigkeit:**
>
> 1. Rechtsgrundlage: Beweiserhebungsrecht aus Art. 44 Abs. 1 S. 1, Abs. 2 S. 1 GG, § 29 PUAG
>
> 2. Formelle Rechtmäßigkeit: Zuständigkeit des Ermittlungsrichters beim BGH, § 29 Abs. 3 Satz 1 und 2 PUAG,

---

[127] BVerfGE 67, 100, 124.

3. Materielle Rechtmäßigkeit

a) Verfassungsmäßigkeit der Einsetzung des Untersuchungsausschusses – Vorgänge bei Privaten: hier besonderes öffentliches Interesse wegen Subventionierung;

b) § 29 Abs. 3 S. 1 und S. 2 PUAG: Bedeutsamkeit für Beweiserhebung, keine Zeugnisverweigerungsrechte, die nach § 29 Abs. 3 S. 1 2. HS PUAG iVm § 97 StPO der Beschlagnahme entgegenstünden.

c) Verhältnismäßigkeit/Zumutbarkeit, § 30 Abs. 1 PUAG: verfassungsrechtlicher Untersuchungsauftrag des Ausschusses in Ausgleich zu bringen mit den des Unternehmens[128]: hier besonderes öffentliches Interesse am Unternehmen, Vorrang des Untersuchungsauftrags.

Rechtsschutz: Beschwerde gegen die Anordnung des Ermittlungsrichters, § 36 Abs. 3 PUAG zum BGH; gegen dessen Entscheidung **Verfassungsbeschwerde**: Die Luft AG ist unmittelbar durch eine Maßnahme der öffentlichen Gewalt – des Gerichts – betroffen[129].

711 **Lösung Fall 60: Oktoberfest (Rn 626)**

1. Anspruch der Fraktionen auf Beantwortung der Anfrage: Art. 38 Abs. 1 S. 2 i.V.m. Art. 20 Abs. 2 S. 2 GG; es handelt sich um ein Recht der Fraktionen, das aus der Rechtsstellung der Abgeordneten abgeleitet ist, aber auch des Bundestags als Verfassungsorgan.

2. Auskunftsverweigerungsrecht der Bundesregierung:

Gründe des Staatswohls – hier Funktionsfähigkeit der Nachrichtendienste als Rechtsgut von Verfassungsrang, Art. 45d, 73 Abs. 1 Nr. 10 Buchst. b), 87 Abs. 1 S. 2 GG; Gefährdung der Grundrechte Dritter, also insbesondere von Informanten und V-Leuten des Verfassungsschutzes, kann zur Auskunftsverweigerung berechtigen.

Hier: Angesichts des zeitlichen Abstands von über 30 Jahren sind konkrete Gefährdungen des Staatswohls oder der persönlichen Sicherheit Dritter nicht mehr begründbar; deshalb durfte die Bundesregierung die Antwort ausnahmsweise nicht verweigern[130].

712 **Lösung Fall 61: Brandner (Rn 627)**

Die Fraktion kann das BVerfG im Wege des Organstreitverfahrens nach Art. 93 Abs. 1 Nr 1 GG anrufen. Sie ist als Teil des Verfassungsorgans Bundestag beteiligtenfähig und kann geltend machen, in ihren verfassungsmäßigen Rechten als Fraktion aus Art. 38 Abs. 1 S. 2 GG verletzt zu sein. Allerdings kann sie im Organstreitverfahren nur die Feststellung der Rechtsverletzung beantragen, nicht aber die Aufhebung einer Maßnahme.

1. Anspruch der Fraktion auf Gleichbehandlung? Grundlage: gleichberechtigte Stellung aller Abgeordneten, Art. 38 Abs. 1 S. 2 GG, Stellung der Fraktion als notwendige Einrichtung der parlamentarischen Demokratie.

2. Abberufung des B als Beeinträchtigung der Fraktion in ihrer parlamentarischen Stellung.

3. Rechtfertigung?

Da der Vorsitzende vom Ausschuss gewählt wird, ist dieser grundsätzlich auch zur Abwahl berechtigt. Allerdings wird dann zum Schutz der Minderheitsfraktion ein plausibler Grund für die Abberufung zu verlangen sein[131]. Ausnahmen vom Grundsatz formaler Gleichheit der Fraktionen sind um der Handlungsfähigkeit des Parlaments und „um der zu verhandelnden Sache willen" zulässig, so BVerfG[132]. Ein plausibler Grund könnte hier darin liegen, dass durch die Äuße-

---

128 Vgl BVerfGE 67, 100, 143; BVerfGE 77, 1, 60.
129 S. näher BVerfGE 77, 1, 60 ff – dort auch zur prozessualen Seite des Falls.
130 BVerfGE 146, 1 Rn 118 ff.
131 So BVerfGE 154, 1 Rn 32.
132 BVerfGE 70, 324, 366; vgl. auch SächsVerfGH SächsVBl 1996, 90.

rungen des B nicht nur die Zusammenarbeit im Ausschuss gestört ist, sondern dieser auch nach außen Grundwerte der Demokratie nicht verkörpern könne.

Lösung Fall 62: Notausschuss – Corona IV (Rn 628) 712a

Sind die Abgeordneten in ihren Rechten verletzt?

1. Abgeordnetenrechte: Ein Eingriff in Rechte der Abgeordneten könnte deshalb ausscheiden, weil der Notausschuss in der Landesverfassung selbst vorgesehen ist, diese also die Abgeordnetenrechte bereits auf verfassungsrechtlicher Ebene beschränkt.

2. Art. 48a der Landesverfassung A könnte jedoch selbst verfassungswidrig sein; auch wenn die Landesverfassung keine ausdrückliche „Ewigkeitsgarantie" wie Art. 79 Abs. 3 GG enthält, könnte hier doch die Grundentscheidung der Verfassung für die parlamentarische Demokratie berührt sein. Sie ist Merkmal der Verfassungsidentität von A und bedeutet in ihrem Kern Repräsentation des Volkes durch den Landtag und umfasst damit auch die Rechte des Abgeordneten.

3. Damit liegt ein Eingriff in die Rechte des Abgeordneten vor. Diese können aber durch gleichrangige Verfassungsgüter beschränkt werden – hier die Wahrung der Funktionsfähigkeit des Landtags. Der Eingriff ist verhältnismäßig, s.o. Rn 658.

Lösung Fall 63: Verzichtsrevers (Rn 629) 713

Frage (1) – zur Verzichtserklärung:

1. Verlust der Mitgliedschaft auf Grund der Erklärung des H nur wenn aufschiebend bedingte Verzichtserklärung.

a) Bedingungsfeindlichkeit der Verzichtserklärung: Erfordernis jederzeitiger Klarheit über Mitgliederbestand des BT.

b) Formwidrigkeit: Abgabe gegenüber dem Bundestagspräsidenten in der Form des § 46 Abs. 3 BWahlG; hier nicht gewahrt.

c) Verstoß gegen Freiheit des Mandats, Art. 38 Abs. 1 S. 2 GG: auch in der parteienstaatlichen Demokratie muss die freie Entscheidung des Abgeordneten in Konfliktfällen gewahrt sein; der Bestand des Mandats ist von der Parteizugehörigkeit unabhängig.

2. Verpflichtung zum Mandatsverzicht? Unwirksam aus den vorgenannten Gründen.

Frage (2) – Zahlungsverpflichtung:

Die Zahlungsverpflichtung ist unwirksam, wenn sie gegen ein gesetzliches Verbot verstößt.

1. Grundsatz des freien Mandats, Art. 38 Abs. 1 S. 2 GG: gilt auch im Verhältnis zwischen Abgeordnetem und Partei.

2. Andererseits könnte ein berechtigtes Interesse der Partei bestehen, im Wahlkampf für den Abgeordneten aufgewandte Mittel zurück zu erhalten, wenn dieser nicht mehr in ihrem Sinn an der politischen Willensbildung mitwirkt.

3. Grenze: wirtschaftlicher Druck; daher ist hier auch die Zahlungsverpflichtung unwirksam.

Frage (3) – Gesetzesänderung:

1. Verstoß gegen Art. 38 Abs. 1 S. 2 GG? gerechtfertigt werden kann.

a) Nach Art. 38 Abs. 3 GG darf der Gesetzgeber „das Nähere" regeln.

b) Rechtfertigung? Abgeordnete ist auch Repräsentant seiner Partei.

c) Aber: Vertreter des ganzen Volkes und nicht nur seiner; Art. 38 Abs. 1 S. 2 GG geht hier Art. 21 GG vor.

2. Anders beim „Listenmandat"? Über die Liste Wahl der Partei; aber: Abgeordneten mit Direktmandat und mit Listenmandat sind gleichermaßen Vertreter des ganzen Volkes, keine Differenzierung im Grundgesetz, eine entsprechende Gesetzesänderung wäre also verfassungswidrig (näher **Klausurenband II Fall 6**).

714 Lösung Fall 64: Kiffersumpf (Rn 630)

Verletzung der Abgeordneten B in ihren Rechten durch Ordnungsruf? Hier Art. 38 Abs. 1 S. 2 GG (nicht: Meinungsfreiheit des Art. 5 Abs. 1 S. 1 GG, da B nicht als Privatperson, sondern in ihrer Eigenschaft als Abgeordnete betroffen.

1. Rederecht als verfassungsmäßiges Abgeordnetenrecht: freies Mandat, Art. 38 Abs. 1 S. 2 GG; Ordnungsruf als Einschränkung des Rederechts.

2. Schranken des Rederechts: Arbeitsfähigkeit des Parlaments und Geschäftsordnung

a) Beschränkbarkeit des Rederechts: Disziplinargewalt des Parlamentspräsidenten als verfassungskonforme Ausgestaltung der parlamentarischen Rechte und des Verfahrens:

b) Ermächtigung des Bundestagspräsidenten (oder seines Stellvertreters, § 7 Abs. 6 GeschOBT) zum Ordnungsruf: § 36 GeschOBT.

3. Rechtsverletzung durch Ordnungsruf?

a) Grundsatz: Freiheit der Rede; hier in Ausgleich zu bringen mit entgegenstehenden Belangen, wie Ansehen des Parlaments, Rechtsgüter Dritter; Wortwahl der B deutet darauf hin, dass sie politische Gegner in aggressiver Weise herabwürdigen wollte; wenn die Bundestagspräsidentin die Grenze zur Schmähung überschritten sah, durfte sie im Rahmen ihres Einschätzungsspielraums eine Ordnungsmaßnahme für erforderlich halten.

b) Der Ordnungsruf ist gegenüber dem Entzug des Worts und dem Saalverweis die mildere Maßnahme und steht hier nicht außer Verhältnis zum Verhalten der S.

Ergebnis: Die S ist nicht in ihren Rechten verletzt. – S. auch **Klausurenband I Fall 6**.

715 Lösung Fall 65: Gesetzgebung im Eilverfahren (Rn 631)

Ist der Abgeordnete A in seinen Rechten verletzt?

1. Eingriff in Abgeordnetenrechte?

Hier: Recht auf Mitberatung, Art. 38 Abs. 1 S. 2 GG iVm Art. 42 Abs. 1 GG durch unzureichende und verspätete Information über die Gesetzesvorlage bzw. die Änderungsanträge.

2. Rechtfertigung des Eingriffs?

Hier: Verfahrensautonomie des Bundestags, der grundsätzlich in der Lage ist, den Ablauf des Gesetzgebungsverfahrens nach seinem Ermessen zu gestalten; Beschränkung der Abgeordnetenrechte durch gleichwertige Verfassungsgüter – hier: Arbeitsfähigkeit des Bundestags bei Eilbedürftigkeit und notwendiger Geheimhaltung.

3. Verhältnismäßigkeit: einerseits intensive Beeinträchtigung in der Mandatswahrnehmung durch Umfang der Vorlage und kurzfristige Information des Abgeordneten und damit unzureichende Einarbeitungszeit, andererseits keine unabweisbare Notwendigkeit für den gewählten zeitlichen Ablauf, geringfügige Verschiebung der Verabschiedung nicht zwingend ausgeschlossen.

Ergebnis: A ist in seinen verfassungsmäßigen Rechten aus Art. 38 Abs. 1 S. 2 GG iVm Art. 42 Abs. 1 GG verletzt. Er kann dies im Organstreitverfahren als „anderer Beteiligter" nach Art. 93 Abs. 1 Nr 1 GG geltend machen[133].

716 Lösung Fall 66: Kein Rederecht für Abweichler (Rn 632)

1. Schutzbereich des Art. 38 Abs. 1 S. 2 GG: Rederecht als wesentliches Element der Mandatswahrnehmung:

2. Nähere Ausgestaltung durch die Geschäftsordnung gemäß Art. 40 Abs. 2 S. 2 GG;

a) Erfordernis der Worterteilung durch Bundestagspräsidenten als Voraussetzung der parlamentarischen Debatte;

b) Vorschlagsrecht der Fraktion als unzulässige Beschränkung des freien Mandats, Rn 660.

---

133 S. dazu BVerfG, B. v. 5.7.2023 – 2 BvE 4/23.

§ 8 Der Bundesrat

▶ **Leitentscheidungen:** BVerfGE 37, 363 (Zustimmungsbedürftigkeit); BVerfGE 106, 310 (Zuwanderungsgesetz); BVerfGE 126, 77 (Art. 87d GG). 717

Fall 67: Gentechnik 718

Ein Bundesgesetz über den Anbau gentechnisch veränderter Futtermittel (GenFuttG) enthält in seinen ersten vier Abschnitten materielle Anforderungen an die Sicherheit, Kennzeichnungspflichten uÄ und regelt im 5. Abschnitt in §§ 36–40 GenFuttG das Zulassungsverfahren. § 40 GenFuttG bestimmt: *„Von den Bestimmungen der §§ 36–39 dieses Gesetzes können die Länder nicht abweichen."* Der Bundesrat stimmt dem Gesetz nicht zu. Die Bundesregierung ist der Auffassung, das Gesetz sei jedenfalls in seinen ersten vier Abschnitten in Kraft getreten. **Rn 746** (prozessual Rn 898)

Fall 68: Laufzeitverlängerung 719

Das Atomgesetz hatte seit seiner Änderung durch das Gesetz zum „Atomausstieg" vom 22.4.2002 eine Begrenzung der Laufzeiten der Kernkraftwerke vorgesehen. In einer Anlage zum Gesetz ist für jede einzelne Anlage eine bestimmte „Reststrommenge" festgelegt. Hat die Anlage die entsprechende Menge an Elektrizität erzeugt, so soll die Betriebsgenehmigung nach § 7 AtG automatisch erlöschen. Die Mengen sind so berechnet, dass für jedes Kernkraftwerk eine Laufzeit von etwa 30 Jahren erreicht wird. Im Sommer erwägt die Bundesregierung, die Laufzeiten zu verlängern und deshalb die Reststrommengen so zu erhöhen, dass eine Laufzeit von jeweils 50 Jahren erreicht wird. Der Bundesrat ist der Auffassung, er müsste dem Gesetz zustimmen. Darüber besteht Streit. § 24 AtG bestimmt, dass der Vollzug des Gesetzes in dem dort näher umgrenzten Ausmaß durch die Länder im Auftrag des Bundes erfolgen soll. Das ursprüngliche Gesetz aus dem Jahr 1959 war mit Zustimmung des Bundesrats ergangen, das „Ausstiegsgesetz" 2002 jedoch nicht. **Rn 734, 735, 747**

Fall 69: Richtlinienfall 720

Der Ministerrat der EU will eine Richtlinie zum Nichtraucherschutz verabschieden. Vorgesehen sind weitreichende Beschränkungen und Verbote für Gaststätten, für Verkehrseinrichtungen und für Schulen und Hochschulen. Im Bundesrat vertritt der Vertreter des Landes X die Auffassung, die Bundesregierung dürfe am Erlass dieser Richtlinie nicht mitwirken, da es hier um Angelegenheiten der Bundesländer gehe. Jedenfalls dürfe sie der Richtlinie aber nicht zustimmen. Durch einstimmigen Beschluss stimmen die Mitglieder des Bundesrats seinem Antrag zu. Die Bundesregierung möchte demgegenüber der Richtlinie zustimmen; nur auf diese Weise könnten die Belange der Bundesrepublik noch Berücksichtigung finden. Gleichwohl beharrt der Bundesrat durch einstimmigen Beschluss auf seiner ablehnenden Haltung. **Rn 748** (prozessual Rn 899)

Fall 70: Ländermehr 721

Das Gesetz zur Änderung des Grundgesetzes in **Fall 9** (Rn 114) enthält folgenden Art. 79b: Bedarf das Gesetz der Zustimmung des Bundesrates, so tritt an die Stelle der Stimmabgabe durch die Vertreter des Landes im Bundesrat das Abstimmungsergebnis in diesem Land. Dies bedeutet praktisch: das Abstimmungsergebnis in denjenigen Ländern, die für das Gesetz gestimmt haben, wird der Stimmabgabe im Bundesrat gleichgesetzt; wenn also zB in Bayern dem Gesetz zugestimmt wird, zählt dies für 6 Stimmen, während die Zustimmung im Saarland nur 3 Stimmen wiegt. Kritiker des Gesetzes sehen hierin eine unzulässige Aushöhlung der Rechte des Bundesrats. **Rn 749**

I. Rechtsstellung, Bedeutung und Zusammensetzung des Bundesrats

1. Zur Funktion des Bundesrats in der bundesstaatlichen Ordnung des Grundgesetzes: Teilhabe der Länder an der Staatsgewalt im Bund

722 Der **Bundesrat** ist die Vertretung der Länder beim Bund. Durch ihn haben die Länder Anteil an der **Gesetzgebung** des Bundes, an der Verwaltung und in Angelegenheiten der **Europäischen Union**, so die Umschreibung seiner Stellung und seiner Aufgaben in Art. 50 GG. Der Bundesrat ist gleichwohl ein Verfassungsorgan des Bundes. Er ist keine echte „zweite Kammer", wie andere Bundesstaaten sie kennen. Seine Mitglieder sind nicht vom Volk gewählt, vielmehr besteht er „aus Mitgliedern der Regierungen der Länder", die von der jeweiligen Landesregierung bestellt und abberufen werden. Deshalb kann ein Regierungswechsel nach Neuwahlen in einem Land die Mehrheitsverhältnisse im Bundesrat verändern. Der Bundesrat spiegelt die traditionelle Exekutivlastigkeit des deutschen Föderalismus wider: es sind die Regierungen und eben nicht die Parlamente der Länder, durch die die Länder ihren politischen Einfluss auf Bundesebene geltend machen können. Wenn also zum Ausgleich dafür, dass auch die Länder Kompetenzen an die EU verlieren, der Bundesrat in EU-Angelegenheiten erweiterte Mitspracherechte hat, so bedeutet dies eine Stärkung der Landesregierungen, die Länderparlamente, deren Gesetzgebungsrechte ja zur EU abwandern, verlieren aber an Bedeutung. So ist das Verhältnis der Institution des Bundesrates zum **Demokratieprinzip** durchaus komplex – was nicht zuletzt historisch bedingt erscheint, denkt man an das Vorbild des Bundesrats im Bismarck-Reich 1871.

723 Praktisch und politisch am bedeutsamsten ist von den **Aufgaben** des Bundesrats zweifellos die Mitwirkung an der Gesetzgebung des Bundes – besonders, wenn es sich um Zustimmungsgesetze (Rn 223, 229 f) handelt. Die Mitwirkungsrechte im Gesetzgebungsverfahren sind in Art. 76, 77 GG geregelt, die Mitwirkungsrechte in Angelegenheiten der EU in Art. 23 GG, in Verwaltungsangelegenheiten in Art. 83 ff GG. Art. 50 GG selbst enthält noch keine konkreten Befugnisse, sondern beschreibt allgemein Aufgaben und Stellung des Bundesrats.

2. Zusammensetzung des Bundesrats – Stimmabgabe und Weisungsrechte

724 **Mitglieder** des Bundesrats sind nach der Formulierung des Art. 51 Abs. 1 S. 1 GG *Mitglieder der Landesregierungen*, die von diesen entsandt werden[1], wobei jedes Land so viele Mitglieder entsenden kann, wie es Stimmen hat. Dies besagt Art. 51 Abs. 3 S. 1 GG. Nicht die Länder sind also Mitglieder des Bundesrats, sondern die von ihnen entsandten Mitglieder der Landesregierungen. Die Zahl der **Stimmen** bzw Mitglieder eines jeden Landes richtet sich nach seiner Einwohnerzahl; allerdings sind dabei die kleineren Länder im Verhältnis überproportional vertreten: Länder ab 7 Mio Einwohnern haben 6, Länder mit mehr als 6 Mio Einwohnern 5, Länder mit mehr als 2 Mio Einwohnern 4, die kleineren Länder 3 Stimmen, so dass das kleinste Land immer noch halb so viele Stimmen wie das größte Land hat, auch wenn dieses die 20- oder 30-fache Einwohnerzahl aufweist (Nordrhein-Westfalen und Bayern gegenüber Bremen und dem Saarland). Damit sind auch die Bewohner der großen Länder im Bundesrat unterrepräsentiert. Föderale Gleichheit – also die Gleichberechtigung der Länder im Bundesstaat – ist hier im Spannungsverhältnis zur demokratischen Gleichheit der Bürger.

---

[1] Vgl grundlegend BVerfGE 106, 310, 330 ff.

Die **Mitgliedschaft** im Bundesrat wird begründet durch Bestellungsakt der einzelnen 725
Landesregierungen. Stets Mitglied sind in der Praxis die Ministerpräsidenten der Länder.
Die Stellvertretung – wiederum nur durch Regierungsmitglieder – wird durch Art. 51
Abs. 1 S. 2 GG ausdrücklich für zulässig erklärt. Auch hierin wird deutlich, dass die Mitglieder des Bundesrats als Vertreter ihrer Landesregierungen agieren und nicht als Mandatsträger. In der Praxis benennen die Länder stets eine größere Anzahl von ordentlichen und stellvertretenden Mitgliedern, die sich wechselseitig vertreten können – an der jeweiligen Bundesratssitzung nimmt dann häufig nur ein Mitglied teil und gibt eine entsprechende Anzahl von Stimmen ab. Dabei muss die Stimmabgabe einheitlich erfolgen, Art. 51 Abs. 3 S. 2 GG. Denn es werden die Stimmrechte der Länder wahrgenommen.

Werden die Stimmen eines Landes **uneinheitlich** abgegeben, so sind sie ungültig[2]. In der 726
Praxis erfolgt bei Anwesenheit mehrerer Mitglieder aus einem Land die Stimmabgabe regelmäßig durch nur ein Mitglied einer Landesregierung. Dieser Vertreter des Landes ist dann „Stimmführer" für das Land – jedoch nur, solange ihm kein anderer anwesender Vertreter des Landes widerspricht. Ein solches Recht besteht. Wollte man die Länder als die „Mitglieder" des Bundesrats ansehen, so könnte man die Maßgeblichkeit der Stimmabgabe durch den Ministerpräsidenten in Erwägung ziehen.

Fallbeispiel aus der Rechtsprechung: Verfassungskonflikt um das **Zuwanderungsgesetz**. Der 727
Innenminister von Brandenburg hatte in seiner Rede erklärt, mit „nein" stimmen zu wollen. Dann wurden die Länder zur Abstimmung aufgerufen. Für Brandenburg antwortete zunächst ein Vertreter mit „ja", dann der Innenminister mit „nein". Daraufhin stellte der Bundesratspräsident fest, das Land habe uneinheitlich abgestimmt und fragte beim ebenfalls anwesenden Ministerpräsidenten von Brandenburg nach. Dieser antwortete mit „ja". Der Innenminister erklärte: „Sie kennen meine Auffassung". Daraufhin stellte der Bundesratspräsident fest, das Land Brandenburg habe mit „ja" gestimmt. Hierin lag der Verfassungsverstoß: der Bundesratspräsident durfte nach dem eindeutigen Ergebnis der ersten Abstimmung nicht erneut nachfragen und er durfte sich auch nicht nur an den Ministerpräsidenten wenden[3]. Dass dieser nach der Landesverfassung das Land nach außen vertritt, ist bundesverfassungsrechtlich für das Verfahren im Bundesrat unerheblich. Demgegenüber geht ein Minderheitsvotum zum Urteil des BVerfG davon aus, das Land Brandenburg habe durch den Ministerpräsidenten seine Stimmabgabe noch wirksam korrigiert und gelangt dadurch zur Annahme einer einheitlichen Stimmabgabe. – Zum Verhalten des Bundespräsidenten Rn 807 ff.

Es gibt im Bundesrat kein „freies Mandat". Die Landesregierungen haben ein **Weisungsrecht** gegenüber ihren Mitgliedern im Bundesrat[4]. Dies folgt schon daraus, dass die 728
Stimmabgabe einheitlich erfolgen muss (Umkehrschluss aus Art. 53a Abs. 1 S. 3 GG und Art. 77 Abs. 2 S.3 GG). Eine weisungswidrige Stimmabgabe bleibt allerdings gültig, da das Weisungsrecht nur das Innenverhältnis zwischen Landesregierung und Bundesratsmitglied betrifft. (Auch die Willenserklärung eines Bevollmächtigten, der den Weisungen seines Auftraggebers zuwiderhandelt, bleibt ja wirksam.) Wie dieses Innenverhältnis ausgestaltet wird, ist Gegenstand des Landesverfassungsrechts. Ein Weisungsrecht der **Landtage**[5] wird überwiegend verneint[6], auch wenn die Landesverfassung dies vorsehen sollte, wie in Art. 70 Abs. 4 S. 2 BayVerf. Bei Übertragung von Kompetenzen auf die EU

---

2 BVerfGE 106, 310, 330.
3 BVerfGE 106, 310, 332.
4 *Robbers*, in: Sachs, Art. 51 Rn 10; *Krebs*, in: von Münch/Kunig I, Art. 51 Rn 14.
5 Zu entsprechenden Überlegungen s. *Grimm/Hummrich*, DÖV 2005, 280.
6 So jedenfalls die überwiegende Auffassung, vgl *Robbers*, in: Sachs, Art. 51 Rn 11; *Korioth*, vMKS II, Art. 52 Rn 25; für Zulässigkeit: *Herdegen*, Dürig/Herzog/Scholz, Art. 79 (2014) Rn 103; offengelassen durch BayVerfGH, E. v. 15.2.2017 – Vf. 60-IX-16 = BayVBl 2017, 407 Rn 49.

(Rn 9, 133) kann hiernach die Staatsregierung durch Gesetz – dies kann auch ein durch Volksentscheid beschlossenes Gesetz sein – zu einem bestimmten Abstimmungsverhalten verpflichtet werden. Der Bundesrat ist jedoch ein Verfassungsorgan des Bundes. Zusammensetzung und Verfahren sind Gegenstand des Grundgesetzes; danach entscheiden die Landesregierungen, wie abgestimmt werden soll. Dem könnte entgegengehalten werden, dass die Vertreter des Landes dem Bundesrat als Mitglieder ihrer Landesregierung angehören, also eines Verfassungsorgans des Landes. Da aber nach Art. 51 GG die Mitglieder des Bundesrats von den Landesregierungen entsandt werden, dürfte nur ihnen ein Weisungsrecht zustehen[7]. Zulässig ist eine Pflicht zur „Berücksichtigung" der Stellungnahme des Landtags und zur Begründung im Fall der Abweichung, wie sie Art. 79 Abs. 3 BremVerf und Art. 40 Abs. 2 VerfNW für EU-Angelegenheiten vorsehen.

II. Aufgaben und Befugnisse

1. Mitwirkung an der Gesetzgebung des Bundes

a) Einspruchs- und Zustimmungsgesetze

729 Über den Bundesrat wirken die Länder bei der Gesetzgebung des Bundes mit. Da er das Recht zur Gesetzesinitiative hat, Art. 76 Abs. 1 GG, können die Länder auf diesem Wege Anstöße zur Gesetzgebung des Bundes geben. Für seine Mitwirkung im Gesetzgebungsverfahren (Rn 223 ff) wird zwischen **Einspruchs- und Zustimmungsgesetzen** unterschieden: bei Ersteren kann ein Einspruch des Bundesrats durch den Bundestag mit qualifizierter Mehrheit zurückgewiesen werden (Rn 227 f), während Letztere ohne positive Zustimmung des Bundesrats nicht zustande kommen (Rn 229 f). Zustimmungsgesetze sind nur die im Grundgesetz ausdrücklich so bezeichneten Gesetze („Bundesgesetz mit Zustimmung des Bundesrats"). Ist nach dem Grundgesetz die Zustimmung des Bundesrats nicht erforderlich, handelt es sich um ein Einspruchsgesetz. Nach der Konzeption des Grundgesetzes sollen die Zustimmungsgesetze an sich die Ausnahme sein[8]. Stets zustimmungspflichtig sind Verfassungsänderungen, Art. 79 Abs. 2 GG. Die Fälle, in denen **Zustimmungspflicht** besteht, sind im Grundgesetz ausdrücklich und abschließend geregelt. Zustimmungspflicht muss also stets aus einer konkreten Verfassungsnorm begründet werden, allgemeine bundesstaatliche Rechtsgrundsätze reichen hierfür nicht aus.

730 Da der Bundesrat die **Belange der Länder** wahren soll, fordert das Grundgesetz seine Zustimmung zu einem Gesetz vor allem dann, wenn Länderinteressen in besonderer Weise berührt sind. Dies ist der Fall, wenn zu Lasten der Länder von der Zuständigkeitsverteilung des Art. 83 GG abgewichen wird[9]. So bestimmt zB das Atomgesetz in § 24, dass es im Auftrag des Bundes von den Ländern ausgeführt wird. Es unterwirft damit die Länder den weitreichenden Aufsichtsrechten des Bundes im Rahmen der Auftragsverwaltung. Dass das Atomgesetz die Auftragsverwaltung bestimmen konnte, besagt Art. 87c GG, fordert für diesen Fall aber gleichzeitig die Zustimmung des Bundesrats. Damit soll die Systemabweichung ausgeglichen werden, die in der Anordnung der Bundesauftragsverwaltung liegt. Diese ratio der Zustimmungspflicht ist gleichzeitig der Schlüssel für die Frage, ob ein Gesetz über den Ausstieg aus der Atomenergie oder den „Ausstieg aus dem

---

[7] Näher *Möstl*, in: Linder/Möstl/Wolff, Verfassung des Freistaates Bayern, 2. Aufl. 2017, Art. 51 Rn 14 f.
[8] BVerfGE 126, 77, 100.
[9] BVerfGE 37, 363, 384 f; 75, 108, 150.

Ausstieg" zustimmungspflichtig war: es kommt darauf an, ob erneut eine Systemverschiebung stattfindet. Auch die weiteren Zustimmungserfordernisse nach Art. 84 ff GG betreffen Abweichungen vom Grundsatz des Art. 83 GG.

Die praktisch relevanteste Regelung ist mit der Föderalismusreform 2006 entfallen. Bis dahin waren alle Gesetze, die Bestimmungen über das Verwaltungsverfahren oder die Einrichtung von Behörden enthielten, als Ganzes zustimmungspflichtig, Art. 84 Abs. 1 2. HS GG aF. 731

Nach Art. 84 Abs. 1 GG neuer Fassung gilt[10]:
- Die Länder regeln die Einrichtung der Behörden und das Verwaltungsverfahren, Art. 84 Abs. 1 S. 1 GG; der Bund kann jedoch seinerseits entsprechende Bestimmungen in das Gesetz aufnehmen und braucht hierzu auch nicht die Zustimmung des Bundesrats.
- Die Länder dürfen dann wiederum von diesen Bestimmungen abweichende Regelungen treffen, Art. 84 Abs. 1 S. 2 GG.
- Für das Verwaltungsverfahren kann der Bund das Recht zur Abweichungsgesetzgebung ausschließen, Art. 84 Abs. 1 S. 5 und 6 GG. Voraussetzung ist ein besonderes Bedürfnis nach einer bundeseinheitlichen Regelung. Der Bundesrat muss dann zustimmen.

Um die Belange der Länder geht es auch bei der **Finanzverfassung**, Art. 104a ff GG. Deshalb sind Leistungsgesetze nach Art. 104a Abs. 4 GG zustimmungspflichtig, wenn die Ausgaben ganz oder teilweise von den Ländern zu tragen sind (Rn 557); für Steuergesetze Rn 563. 732

b) Reichweite der Zustimmungspflicht – Änderung des Zustimmungsgesetzes

Die Zustimmungspflicht gilt für das Gesetz als „**gesetzgebungstechnische Einheit**": ein Gesetz ist insgesamt zustimmungspflichtig, wenn es auch nur eine einzige zustimmungspflichtige Vorschrift enthält: sog. Einheitsthese[11]. Wenn also im Fall des Art. 84 Abs. 1 S. 5 GG der Bund das Abweichungsrecht der Länder ausschließen will, besteht die Zustimmungspflicht für das Gesetz als Ganzes. Dies ergibt sich aus dem Wortlaut der Norm: „*Diese Gesetze bedürfen der Zustimmung des Bundesrates.*" Auch das Atomgesetz bedurfte bei seinem Erlass insgesamt der Zustimmung des Bundesrats. Für die Einheitsthese sprechen Gesichtspunkte der Praktikabilität und der Rechtssicherheit: Gegenstand des Gesetzgebungsverfahrens ist die Gesetzesvorlage, so wie sie eingebracht wurde. Der Bundesrat kann nur zustimmen oder die Zustimmung verweigern, das Gesetz kommt nach Art. 78 GG entweder zustande oder nicht; der Bundespräsident kann nach Art. 82 GG nur dieses Gesetz, so wie es beschlossen wurde, ausfertigen, er kann aber nicht die zustimmungspflichtigen Teile von der Ausfertigung ausschließen. Das Verfahren der Gesetzgebung ist auf Rechtssicherheit angewiesen; deshalb darf ein Gesetz auch im Initiativstadium in einen zustimmungspflichtigen und einen nicht zustimmungspflichtigen Teil aufgespalten werden (Rn 240)[12]. 733

Wird ein Gesetz geändert, das bei seinem Erlass zustimmungspflichtig war, ist nicht schon deshalb die Zustimmung des Bundesrats erforderlich. *Für die Zustimmungsbedürftigkeit von **Änderungsgesetzen*** wird angeführt, dass der Bundesrat mit seiner Zustimmung die Verantwortung für das Gesetz *als Ganzes* übernommen habe und er deshalb auch an Änderungen beteiligt werden müsse. Diese These hat das BVerfG ausdrücklich zurückgewiesen: der Bundesrat sei keine „zweite Kammer" und habe nicht gleichbe- 734

---
10 S. hierzu *Kahl*, NVwZ 2008, 710, 711 f.
11 BVerfGE 8, 274, 294 f; 24, 170, 179; 55, 274, 327 f mit abw. Meinung 331, 341; *Masing*, vMKS II, Art. 77 Rn 51; *Dittmann/Winkler*, in: Sachs, Art. 84 Rn 37; aM *Trute*, in: vMKS III, Art. 84 Rn 23 ff.
12 BVerfGE 105, 313, 338 ff.

rechtigt mit dem Bundestag Anteil an der Gesetzgebung. Seine Mitwirkung erschöpft sich im Fall der Auftragsverwaltung darin, dass er mit seiner Zustimmung die Abweichung vom Grundsatz des Art. 83 GG „genehmigt"[13]. Änderungen des Gesetzes in den Teilen, die die Zustimmungspflicht nicht ausgelöst haben, sind daher grundsätzlich nicht zustimmungspflichtig – dies entspricht auch dem Gesichtspunkt der **gesetzgebungstechnischen Einheit**[14]. Für jedes Gesetz sind hiernach die verfahrensmäßigen Voraussetzungen gesondert zu prüfen; es kommt dann nur darauf an, ob das jeweils in Frage stehende Gesetz *seinem Inhalt nach* die Zustimmungsbedürftigkeit auslöst.

735 Etwas anderes kann ausnahmsweise dann gelten, wenn durch die Gesetzesänderung auch die nicht ausdrücklich geänderten, zustimmungsbedürftigen verfahrensrechtlichen Bestimmungen *in ihrer Bedeutung und Tragweite so wesentlich verändert* werden, dass sie den nicht geänderten Vorschriften eine so wesentlich neue Bedeutung und Tragweite verleihen, dass sie von der ursprünglichen „Genehmigung" durch den Bundesrat nicht mehr gedeckt sind[15]. Im Fall der Laufzeitverlängerung für Kernkraftwerke könnte etwa darauf verwiesen werden, dass die Länder dann wesentlich länger mit der Aufsicht über Kernkraftwerke belastet wären. Andererseits hat der Bundesrat ursprünglich bereits einem unbefristeten Gesetz zugestimmt und ändern sich die Verwaltungsaufgaben der Länder in der Sache nicht. Eine nur quantitative Mehrbelastung soll in aller Regel nicht ausreichen[16].

Generell betont das BVerfG, dass die **Zustimmungsbedürftigkeit** eines Gesetzes nach der Intention des Grundgesetzes der **Ausnahmefall** ist[17].

736 **Fallbeispiele:** Bei der 2010 beschlossenen Verlängerung der **Laufzeiten** der Kernkraftwerke war beides nicht der Fall. Das Atomgesetz war nach Art. 87c GG bei seinem erstmaligen Erlass zustimmungspflichtig, weil es in § 24 Auftragsverwaltung anordnete. Die Verlängerung der Laufzeiten bedeutete zwar für die Länder, dass sie über einen längeren Zeitraum mit der Auftragsverwaltung belastet sein würden. Es wurden aber keine neuen Fälle der Auftragsverwaltung eingeführt, die für sich gesehen keine Zustimmungspflicht ausgelöst hatte.

Keiner Zustimmung bedurfte auch die Rückübertragung von Auftragsangelegenheiten an den Bund im **Luftsicherheitsgesetz**, nachdem zunächst der Bund diese Aufgaben gem. Art. 87d Abs. 2 GG durch Gesetz mit Zustimmung des Bundesrats auf die Länder übertragen hatte[18].

2. Mitwirkung bei der Verwaltung des Bundes

737 An der Ausübung von Verwaltungsbefugnissen durch den Bund ist der Bundesrat wiederum vor allem dort zu beteiligen, wo Eingriffe in die **Verwaltungs- und Organisationshoheit** der Länder vorgenommen werden. Dies ist der Fall beim Erlass allgemeiner Verwaltungsvorschriften durch den Bund, Art. 84 Abs. 2 GG, Art. 85 Abs. 2 GG, Art. 108 Abs. 7 GG, und bei Anordnungen der Bundesregierung gegenüber den Bundesländern im Rahmen der Bundesaufsicht, Art. 84 Abs. 3, 4 GG, des Bundeszwangs, Art. 37 Abs. 1 GG sowie im Fall des inneren Notstands, Art. 91 Abs. 2 GG. Rechtsverordnungen der Bundesregierung bedürfen der Zustimmung des Bundesrats iFd Art. 80 Abs. 2 GG und des Art. 109 Abs. 4 GG. Besondere Befugnisse sind dem Bundesrat schließlich für den Fall des Notstands verliehen, vgl Art. 115a ff GG.

---

13 BVerfGE 48, 127, 180 ff, 184; BVerfGE 126, 77, 100 unter ausdrücklicher Bezugnahme auf BVerfGE 48, 127, 180 ff, 184.
14 BVerfGE 37, 363, 382.
15 So BVerfGE 37, 363, 382; 48, 127, 180 ff; 126, 77, 100.
16 BVerfGE 126, 77, 105.
17 BVerfGE 48, 127, 179.
18 BVerfGE 126, 77, 111.

3. Mitwirkung in EU-Angelegenheiten – Art. 23 GG

Wenn Hoheitsbefugnisse nach Art. 23 GG auf die EU übergehen, so können dies sowohl Befugnisse des **Bundes** als auch der **Länder** sein. Für die EU ist die bundesstaatliche Verfassung der Bundesrepublik unerheblich. An der Ausübung der Befugnisse der Union wirken die Mitgliedstaaten insbesondere über den Rat mit, also über ihre Regierung, für die Bundesrepublik die Bundesregierung. Ob es sich ursprünglich um Befugnisse der Länder oder des Bundes gehandelt hatte, ist unerheblich. Der 1992 neugefasste und 2006 geänderte Art. 23 GG (Rn 32, 129 ff) will dies dadurch kompensieren, dass nach Abs. 2 in Angelegenheiten der EU auch die Länder durch den Bundesrat mitwirken und der Bundesrat *„an der Willensbildung des Bundes zu beteiligen"* ist, Abs. 4, 5. Die Beteiligungsrechte sind wiederum akzessorisch zu den Gesetzgebungskompetenzen geregelt (zu den Einzelheiten s. Rn 163 ff). Auch insoweit können abweichend von Art. 52 Abs. 3 S. 1 GG dann durch Gesetz qualifizierte Mehrheiten vorgesehen werden, Art. 23 Abs. 1a S. 3 GG. **738**

Die Mitwirkung der Bundesländer in EU-Angelegenheiten über den Bundesrat nach Art. 23 Abs. 4 und 5 GG gestaltet sich wie folgt: **739**

- **Unterrichtungspflicht**, Art. 23 Abs. 2 S. 2 GG: die Bundesregierung hat in EU-Angelegenheiten den Bundesrat (wie auch den Bundestag, Rn 299a) umfassend und frühestmöglich zu unterrichten.
- **Beteiligung des Bundesrats**, Art. 23 Abs. 4 GG: Dem Bundesrat ist Gelegenheit zur Stellungnahme zu geben, wenn er an einem entsprechenden innerstaatlichen Akt mitwirken müsste, insbesondere bei Rechtsetzungsakten (Richtlinien), weil der Bundesrat stets an der Gesetzgebung zu beteiligen ist, sowie stets dann, wenn die Angelegenheit innerstaatlich in den Zuständigkeitsbereich der Länder fällt.
- **Berücksichtigung** der Stellungnahme des Bundesrats, Abs. 5 S. 1: Die Stellungnahme des Bundesrats ist zu „berücksichtigen", wenn bei ausschließlicher Gesetzgebung des Bundes Interessen der Länder berührt sind, oder aber dann, wenn der Bund nur konkurrierend zuständig ist („im Übrigen"). Berücksichtigung bedeutet: Kenntnisnahme und sachliche Auseinandersetzung, nicht jedoch Bindung.
- **Maßgebliche Berücksichtigung**, Abs. 5 S. 2: In den Fällen des Art. 23 Abs. 5 S. 2 GG ist die Stellungnahme des Bundesrats „maßgeblich" zu berücksichtigen, also dann, wenn **(1)** Gesetzgebungsbefugnisse der Länder, das Verwaltungsverfahren oder die Einrichtung der Behörden betroffen sind und dass **(2)** diese Materien auch im Schwerpunkt betroffen sind.

Zu (1): **Gesetzgebungsbefugnisse der Länder** sind betroffen, wenn diese für eine Materie entweder ausschließlich zuständig sind oder bei konkurrierender Gesetzgebung die Sperrwirkung des Art. 72 Abs. 1 GG nicht eingetreten ist. Ob in diesem Fall die Stellungnahme des Bundes auch dann „maßgeblich" zu berücksichtigen ist, wenn der Bund noch nicht tätig geworden ist, aber nach Art. 72 Abs. 2 GG tätig werden könnte, wurde bisher nicht entschieden – der Wortlaut spricht dafür, da die Gesetzgebungsbefugnisse ja noch bei den Ländern sind[19]. Zu (2): Die Befugnisse der Länder sind **„im Schwerpunkt"** betroffen, wenn die Inhalte, die die Befugnisse der Länder berühren, im Mittelpunkt des europäischen Rechtsetzungsaktes stehen. **740**

Was **„maßgebliche** Berücksichtigung" bedeutet, dazu äußert sich die Verfassungsnorm nicht. Der Begriff „maßgeblich" spricht für Bindung, „Berücksichtigung" eher dagegen. § 5 Abs. 2 EuZBLG sieht eine gestufte, verfahrensmäßige Lösung vor. **741**

---
19 Vgl *Würtenberger/Kunz*, JA 2010, 406, 410.

(1) Zunächst hat der Bundesrat seine **Stellungnahme** abzugeben. Stimmt diese nicht mit der Auffassung der Bundesregierung überein, so ist ein **Einvernehmen** anzustreben, § 5 Abs. 2 S. 3 EuZBLG.

(2) Kommt das Einvernehmen nicht zustande, so kann der Bundesrat erneut eine Stellungnahme abgeben. Wenn er nun in einem **„Beharrungsbeschluss"** seine Auffassung mit einer Mehrheit von zwei Dritteln seiner Stimmen bestätigt, so ist dieser für die Bundesregierung verbindlich, § 5 Abs. 2 S. 5 EuZBLG. Aus dem Wortlaut des Art. 23 Abs. 5 GG geht dies nicht unmittelbar hervor. Art. 23 Abs. 7 GG dürfte aber insoweit als eine Ermächtigung an den Bundesgesetzgeber aufgefasst werden, den Begriff der maßgeblichen Berücksichtigung in Abs. 5 näher zu konkretisieren.

(3) Allerdings ist nach Art. 23 Abs. 5 S. 2, 2. HS GG die **gesamtstaatliche Verantwortung** des Bundes zu wahren; wie in § 5 Abs. 2 S. 2 EuZBLG zum Ausdruck kommt, geht es hierbei vor allem um außen-, verteidigungs- und grundsätzliche integrationspolitische Fragen. Auch dann dürfte jedoch der Beharrungsbeschluss nach § 5 Abs. 2 S. 5 EuZBLG für die Bundesregierung verbindlich sein. Dafür spricht die systematische Stellung von S. 2.

742 **Rechtsschutz:** Es handelt sich bei den Rechten nach Art. 23 Abs. 5 und 6 GG um Rechte des Bundesrats, die dieser im Organstreitverfahren nach Art. 93 Abs. 1 Nr 1 GG geltend machen kann, nicht um unmittelbare Rechte der Länder[20], die Gegenstand eines Bund-Länder-Streits nach Art. 93 Abs. 1 Nr 3 GG sein könnten. Denn die Mitwirkung der Länder in Angelegenheiten der EU erfolgt über den Bundesrat.

743 Eine noch weitergehende Form der Beteiligung der Länder regelt Art. 23 Abs. 6 GG. Auf den dort genannten Gebieten der Bildung, der Kultur und des Rundfunks – man spricht hier mitunter vom kompetenziellen „Hausgut" der Länder – ist die Wahrnehmung der Rechte der Bundesrepublik in der EU auf einen Ländervertreter zu übertragen. Dieser wird vom Bundesrat benannt. Bis zur Föderalismusreform 2006 hatte es sich um eine Soll-Vorschrift gehandelt. Demgegenüber bedeutet die Formulierung „wird übertragen" eine uneingeschränkte Verpflichtung. Andererseits ist die praktische Bedeutung der Vorschrift nunmehr geringer, da die genannten Bereiche nicht zu den zentralen Kompetenzen der EU zählten.

III. Garantie der Mitwirkungsrechte – Bundesrat und „Ewigkeitsgarantie"

744 Nach Art. 79 Abs. 3 GG sind Verfassungsänderungen unzulässig, die die grundsätzliche **Mitwirkung der Länder an der Gesetzgebung** des Bundes berühren. Diese Mitwirkung erfolgt nach der gegenwärtigen Verfassungslage über den Bundesrat. Dieser ist in seiner im Grundgesetz vorgesehenen Form jedoch nicht unveränderbar festgeschrieben. Denkbar wäre auch eine **Senatslösung** mit gewählten, dann auch nicht weisungsgebundenen Mandatsträgern[21]. Auch dann müsste aber die Mitwirkung der Länder gewahrt bleiben. Ob dies bei Senatsmitgliedern, die nicht an Willensäußerungen des jeweiligen Landes und seiner Organe gebunden sind, der Fall wäre, ist fraglich.

---

20 So aber *Sauer*, NVwZ 2008, 52.
21 Vgl *Herdegen*, Dürig/Herzog/Scholz, Art. 79 (2014) Rn 101 f.

Auf etwaige Volksabstimmungen auf Bundesebene wäre das Verfahren der Beteiligung des Bundesrates nur schwer übertragbar. Doch bedeutet Mitwirkung der Länder an der Gesetzgebung nicht, dass sie auch zwingend über den Bundesrat erfolgt[22], und auch nicht, dass sie ausnahmslos gewährleistet sein muss: Art. 79 Abs. 3 GG spricht von der „grundsätzlichen" Mitwirkung. Es erscheint durchaus vertretbar, Fälle der Gesetzgebung durch Volksbegehren und Volksentscheid als Ausnahmefälle zu bewerten[23]. Jedenfalls bedeutet eine Teilhabe der Länder in einem Verfahren der gewichteten Ländermehrheit im Volksentscheid eine gleichwertige Alternative zum Verfahren im Bundesrat. Dass es gerade die Landesregierungen sein müssen, durch die die Länder an der Gesetzgebung des Bundes Anteil haben, fällt nicht unter die Unabänderlichkeitssperre des Art. 79 Abs. 3 GG. Wollte man die Beteiligung gerade des Bundesrats unter die „Ewigkeitsgarantie" fassen, so würde dies bedeuten, dass „Abstimmungen" in Art. 20 Abs. 2 S. 2 GG vorgesehen sind, aber gleichzeitig durch Art. 79 Abs. 3 GG ausgeschlossen wären, jedenfalls für den Erlass von Gesetzen[24].

745

Lösung der Ausgangsfälle

Lösung Fall 67: Gentechnik (Rn 718)

746

1. Zustimmungspflichtigkeit könnte sich hier ergeben aus Art. 84 Abs. 1 S. 6 GG.

a) Das Gesetz enthält Bestimmungen über das Verwaltungsverfahren; Grundlage hierfür ist Art. 84 Abs. 1 S. 2 GG; es schließt weiterhin das Abweichungsrecht der Länder hiervon aus; Grundlage ist Art. 84 Abs. 1 S. 5 GG „in Ausnahmefällen".

b) Ob Ausnahmefall gegeben, ist Frage der materiellen Verfassungsmäßigkeit – dass eine Regelung nach S. 5 getroffen getroffen wurde, ergibt die Rechtsfolge des S. 6: Zustimmungspflicht; erst recht dann, wenn der Bund die Abweichungsmöglichkeit gerade nicht ausschließen durfte, da dann umso intensivere Verletzung von Länderrechten.

2. Zustimmungspflichtigkeit des Gesetzes in seinem gesamten Inhalt, Art. 84 Abs. 1 S. 6 GG und damit bei fehlender Zustimmung Nichtigkeit des Gesetzes als Ganzes.

Lösung Fall 68: Laufzeitverlängerung (Rn 719)

747

1. Das AtG war zustimmungspflichtig gemäß Art. 87c GG, da es in § 24 bestimmt, dass es in Bundesauftragsverwaltung ausgeführt wird. Ein Gesetz zur Laufzeitverlängerung würde hieran nichts ändern, wäre also nicht schon wegen seines Inhalts zustimmungspflichtig.

2. Aber: Zustimmungspflichtigkeit des geänderten Gesetzes bei Erlass.

a) Änderungsgesetz zustimmungspflichtig – Verantwortung des Bundesrats für das Gesetz *als Ganzes*?

b) Bundesrat keine gleichberechtigte „zweite Kammer", seine Mitwirkung erschöpft sich darin, dass er mit der Auftragsverwaltung verbundene Eingriff in die Befugnisse der Länder durch seine Zustimmung „genehmigt".

c) Wesentlich erweiterte, von der früheren Zustimmung des Bundesrats ersichtlich nicht mehr getragene Bedeutung der Bestimmungen über die Auftragsverwaltung[25]? Zwar längerer Zeitraum für Ausführung des AtG in Bundesauftragsverwaltung, aber keine Änderung der Verwaltungsaufgaben ihrer Art nach. Dies spricht ebenso gegen Zustimmungspflicht, wie der Umstand, dass das Gesetz von Anfang an unbefristet gegolten hat.

---

22 *Bryde*, in: v. Münch/Kunig II, Art. 79 Rn 32; *Hain*, in: vMKS II, Art. 79 Rn 133 f.
23 *Sachs*, in: Sachs, Art. 79 Rn 47.
24 So aber *Steiger* im Klausurfall: Mehr direkte Demokratie?, Jura 2014, 963, 971 f.
25 So BVerfGE 48, 127, 180 für einen Fall einer dergestalt wesentlichen Änderung.

748 **Lösung Fall 69: Richtlinienfall (Rn 720)**

1. Mitwirkung des Bundes an Rechtsetzungsakten unabhängig von innerstaatlicher Zuständigkeit der Länder: Art. 23 Abs. 4 GG.

2. Wahrnehmung der Rechte des Bundes im Ministerrat zwingend durch Ländervertreter, wenn die in Art. 23 Abs. 6 GG genannten Gebiete „im Schwerpunkt" ausschließliche Gesetzgebungsbefugnisse der Länder betroffen sind. Hier schulische Bildung nicht betroffen, Abs. 6 nicht anwendbar.

3. Bundesregierung im Ministerrat an die Stellungnahme des Bundesrats gebunden, Art. 23 Abs. 5 S. 2 GG?

(1) *Gesetzgebungsbefugnisse der Länder betroffen?* Gaststättenrecht: ausschließliche Zuständigkeit der Länder, Art. 70, 74 Abs. 1 Nr 11 GG; Rauchverbote in Schulen und Hochschulen: Länderzuständigkeit; Verkehrsmittel: ausschließliche Bundeszuständigkeit für Eisenbahnen des Bundes des Bundes, Art. 73 Abs. 1 Nr 6a GG. Konkurrierende Zuständigkeit des Bundes nach Art. 74 Abs. 1 Nr 19 (gemeingefährliche Krankheiten) oder Nr 20 GG (Genussmittel)? Hier kein genereller Nichtraucherschutz, sondern bereichsspezifische Regelungen für Gaststätten, Bildungs- und Verkehrseinrichtungen vorgesehen, deshalb Einschlägigkeit der hierfür geltenden, spezielleren Regelungen.

(2) *Im Schwerpunkt?* Hier: Gesetzgebungsbefugnisse des Bundes und der Länder, daher Maßgeblichkeit des überwiegenden Inhalts. Die tatbestandlichen Voraussetzungen des Art. 23 Abs. 5 GG sind also gegeben.

(3) Folge: Art. 23 Abs. 5 S. 2 GG „*maßgebliche Berücksichtigung*"- Bindung der Bundesregierung durch Letztentscheidungsrecht des Bundesrats? So § 5 Abs. 2 S. 5 EuZBLG nach Beharrungsbeschluss; die nicht zwingend nach dem Wortlaut des Art. 23 Abs. 5 GG: maßgebliche Berücksichtigung ist weniger als Bindung. Andererseits Ermächtigung des Gesetzgebers, „das Nähere" zu bestimmen, Abs. 7.

(4) Zustimmung zur Richtlinie aus *gesamtstaatlicher Verantwortung*, Art. 23 Abs. 6 S. 2, 2. HS GG? Nach dem AusführungsG zu Art. 23 GG aber auch unter Berufung auf gesamtstaatliche Verantwortung des Bundes kein Übergehen der Entscheidung des Bundesrats bei qualifizierter Mehrheit, § 5 Abs. 2 S. 5 EuZBLG.

Ergebnis: Die Bundesregierung ist an die Stellungnahme des Bundesrats gebunden.

749 **Lösung Fall 70: Ländermehr (Rn 721)**

Der erwähnte Gesetzentwurf zur Einführung von Volksbegehren und Volksentscheid auf Bundesebene enthielt die hier genannte Klausel. Vorbild war das schweizerische „Ständemehr", wonach für erfolgreiche Volksabstimmungen in bestimmten Fällen sowohl die Mehrheit der Stimmbürger als auch eine Zustimmung in der Mehrheit der Kantone erforderlich ist. Damit sollten Einwände aus Art. 79 Abs. 3 GG aufgefangen werden.

Sieht man über Art. 79 Abs. 3 GG die Mitwirkung der Länder an der Gesetzgebung des Bundes nicht notwendig über den Bundesrat garantiert, so bewegt sich die Grundgesetzänderung im Rahmen des Art. 79 Abs. 3 GG. Dieses Ergebnis ist mE zwingend, da die „Ewigkeitsgarantie" nicht zur Versteinerung der Verfassung führen darf und „Abstimmungen" des Bundesvolkes hieraus nicht verhindert werden dürfen.

Schrifttum zu § 8: *Schmidt,* Strukturelle Alternativen bei der Ausgestaltung des Bundesrats, DÖV 2006, 379; *Würtenberger/Kunz,* Die Mitwirkung der Bundesländer in Angelegenheiten der EU, JA 2010, 406; Examensfall „Laufzeitverlängerung", SächsVBl 2013, 174 und 194; *Eisele/ Hyckel,* Die Lichtspielabgabe, JuS 2019, 149; *Weiß,* Die Integrationsverantwortung der Landtage, JuS 2019, 97; *ders.,* Die Integrationsverantwortung der Verfassungsorgane, JuS 2018, 1046; *Hebeler,* Die Beschlussfassung von Gesetzesvorlagen sowie die Mitwirkung des Bundesrates an der Gesetzgebung gem. Art. 77 GG, JA 2017, 484; *Kluckert*, Übungsklausur: Das Gesetz zur Abschaffung der Briefwahl, Jura 2020, 169; *Voßkuhle/Kaufhold*, Grundwissen – Öffentliches Recht: Der Bundesrat, JuS 2020, 1160.

§ 9 Die Bundesregierung

▶ **Leitentscheidungen:** BVerfGE 62, 1 (Bundestagsauflösung); BVerfGE 91, 148 (Umlaufverfahren); BVerfGE 105, 252 (Marktbezogene Informationstätigkeit – Glykol); BVerfGE 114, 121 (Bundestagsauflösung 2005); BVerfGE 138, 102 (Äußerungsrecht); BVerfGE 148, 11 (Rote Karte); BVerfGE 154, 320 (Seehofer); BVerfGE 162, 207 (Angela Merkel).

Fall 71: Koalitionskrach

Innerhalb der aus X-, Y- und Z-Partei gebildeten Regierungskoalition bestehen erhebliche Meinungsverschiedenheiten in der Migrationspolitik.

a) Der der Z-Partei angehörige Bundesinnenminister möchte bestimmte Gruppen bereits an der Bundesgrenze zurückweisen. Die Entscheidung fällt nach der internen Geschäftsverteilung in sein Ressort. Das Bundeskabinett entscheidet jedoch mehrheitlich gegen Zurückweisungen an der Grenze. Der Bundesinnenminister beruft sich auf seine Ressortkompetenz. Zu Recht?

b) Nunmehr schaltet sich der der X-Partei angehörige Bundeskanzler ein. Unter Berufung auf seine Richtlinienkompetenz weist er den Bundesinnenminister an, niemanden abzuweisen. Zu Recht? Wie hat sich der Bundesinnenminister zu verhalten – es ist davon auszugehen, dass sowohl die Zurückweisung als auch die Bewilligung der Einreise geltendem Recht entsprächen.

c) Der Bundesinnenminister weist gleichwohl durch ministeriellen Erlass die zuständigen, nachgeordneten Behörden an, in bestimmten Fällen eine Zurückweisung auszusprechen. Wie haben sich diese zu verhalten?

d) Nachdem der Bundeskanzler darauf verzichtet, den Bundesinnenminister zu entlassen, fordert der Bundestag nach einer erregten Debatte mehrheitlich mit den Stimmen der Opposition, der Y-Partei und einiger Abgeordneter der X-Partei den Bundeskanzler auf, den Bundesinnenminister zu entlassen. Dieser möchte wissen, ob er dazu berechtigt oder sogar verpflichtet ist und bezieht sich auf einen Passus des Koalitionsvertrags, wonach die Mitglieder der Bundesregierung das Vertrauen aller Koalitionspartner genießen müssen.

Hinweis: Ähnlichkeiten mit tatsächlichen Geschehnissen und/oder Personen sind zufällig und nicht beabsichtigt.

Rn 785 (prozessual Rn 900)

Fall 72: Cinque Stelle

Bei den Bundestagswahlen 202X hat die als Protestpartei angetretene „Bewegung 5 Sterne" einen überraschenden Wahlerfolg errungen und möchte zusammen mit der Freien Nationalen Aktion **(s. Fall 4 – Rn 47)** eine Koalitionsregierung bilden. Der bereits im ersten Wahlgang gewählte Bundeskanzler möchte den als Euro-Skeptiker bekannten, namhaften Ökonomen Martin Maladroit (M) in sein Kabinett holen, dessen erklärte Absicht es ist, Deutschland „aus dem Euro zu führen". Die Bundespräsidentin möchte seine Ernennung verweigern. Ein Ausstieg aus dem Euro wäre in hohem Maße nachteilig für Deutschland und Europa, denn, das habe sie schon gesagt, als sie noch Bundeskanzlerin war, „scheitert der Euro, dann scheitert Europa". Außerdem fordere das Grundgesetz die europäische Integration; ein antieuropäisch eingestellter Minister – noch dazu Finanzminister – sei für das Staatswohl schlechthin untragbar. Darf sie die Ernennung verweigern?

Rn 766 (prozessual Rn 901)

753 Fall 73: Umlaufverfahren

Durch Bundesgesetz wird die Bundesregierung zum Erlass von Rechtsverordnungen zur Durchführung eines Gesetzes ermächtigt. Eine 1. DurchführungsVO wurde vom Bundeskabinett in einer Sitzung beschlossen, an der lediglich 6 von 14 Bundesministern sowie der Bundeskanzler teilgenommen haben; die Abstimmung im Kabinett erfolgte einstimmig. Eine 2. DurchführungsVO wurde im Umlaufverfahren nach § 20 Abs. 2 GeschOBReg beschlossen. Dabei haben innerhalb der gesetzten Frist zwei der Bundesminister widersprochen, drei ausdrücklich ihre Zustimmung erklärt, die übrigen Bundesminister sich nicht geäußert; dies wird entsprechend ständig geübter Praxis als Zustimmung gewertet, die Verordnung ausgefertigt und verkündet.

Sind die Verordnungen wirksam zustande gekommen? **Rn 787**

(Der Fall beruht auf BVerfGE 91, 148)

754 Fall 74: Klimaschutz in Zeiten des Wahlkampfs

Nachdem der Bundestag im April 202X ein Gesetzespaket zur energetischen Gebäudesanierung verabschiedet hat, erscheint im Juni in den großen Tageszeitungen eine Serie von großformatigen Anzeigen, in denen unter der Überschrift „Die Bundesregierung informiert" auf die Bedeutung der geplanten Maßnahmen für den Klimaschutz hingewiesen wird und die vorgesehenen Subventionen detailliert beschrieben werden. Die Anzeigen sind mit den Nationalfarben umrandet und illustriert mit Aufnahmen, die die bekannteren Mitglieder der Bundesregierung mit sorgenvollem Blick vor abschmelzenden Gletschern, im Gespräch mit optimistisch gestimmten Jugendlichen, teils mit Migrationshintergrund, mit sachverständig-dynamischem Blick und behelmt auf Baustellen sowie in der Diskussion mit Fridays-for-Future-Aktivistinnen zeigen. Die oppositionelle L-Partei sieht hierin unzulässige Wahlwerbung für die im September stattfindenden Wahlen zum Bundestag. Die Bundesregierung verweist auf ihre Informationsaufgabe, sie wolle in Zeiten wie diesen der Bevölkerung Rat und Orientierung geben. **Rn 790, 794**

754a Fall 75: Ein schlechter Tag für die Demokratie

Am 5.2.2020 fand im Thüringer Landtag die Wahl des Ministerpräsidenten statt. In den ersten beiden Wahlgängen erhielt keiner der vorgeschlagenen Kandidaten die erforderliche absolute Mehrheit. Im 3. Wahlgang erhielt ein bis dahin nicht genannter Abgeordneter die Mehrheit der Stimmen und war damit gewählt, dies nur deshalb, weil für ihn auch drei Abgeordnete der AfD gestimmt hatten. Die damalige Bundeskanzlerin Merkel äußerte sich hierzu tags darauf auf einer Pressekonferenz in Pretoria mit den Worten: „... muss man sagen, dass dieser Vorgang unverzeihlich ist und deshalb das Ergebnis rückgängig gemacht werden muss... Dies war ein schlechter Tag für die Demokratie".

Die AfD wandte sich an das BVerfG, da sie sich in ihrem Recht auf Chancengleichheit im Wettbewerb der politischen Parteien aus Art. 21 Abs. 1 S. 1 GG verletzt sieht. Von Seiten der Bundeskanzlerin wird vorgebracht, sie habe im Interesse des Ansehens der Bundesrepublik und der Stabilität der Bundesregierung gehandelt. **Rn 794a**

(Fall nach BVerfGE 162, 207)

755 Fall 76: Mitgliederbefragung

a) Nach der Bundestagswahl im Jahr 201X beschlossen A-Partei und B-Partei die Bildung einer Koalition unter der Kanzlerschaft des Parteivorsitzenden der A-Partei. Sie vereinbarten einen Koalitionsvertrag, der ua im Kapitel 3 – Steuerpolitik – diesen Passus enthält: „Steuererhöhungen werden für die gesamte Legislaturperiode ausgeschlossen." Da an der Basis der B-Partei erhebliches Grummeln zu vernehmen ist, möchte die Parteispitze vor der Wahl des Bundeskanzlers den Koalitionsvertrag den Mitgliedern der Partei zur Abstimmung vorlegen. Sie möchte wissen, ob dagegen verfassungsrechtliche Bedenken bestünden.

b) Nachdem eine Mitgliederbefragung stattgefunden hat, der Koalitionsvertrag von 70% der Mitglieder gebilligt wurde und die Regierungsbildung wie vorgesehen erfolgt ist, bringt in der Mitte der Legislaturperiode die Bundesregierung einen Gesetzentwurf ein, der für die Umsatzsteuer eine Erhöhung von 19% auf 25% sowie die Abschaffung des ermäßigten Satzes für eine Reihe von Produkten vorsieht. Die Fraktionsspitze der B-Partei ist sich unschlüssig, wie sie damit „umgehen" soll und ob sie die Mitglieder nochmals befragen muss. **Rn 768**

I. Die Bundesregierung als Verfassungsorgan: Rechtsstellung und grundsätzliche Bedeutung

Die Bundesregierung ist Organ der politischen Staatsleitung. Ihre Kompetenzen sind vor allem auch politischer Natur, ihre Stellung in der Verfassungsordnung kommt in den ihr positiv nach dem Grundgesetz zugewiesenen Befugnissen nur bedingt zum Ausdruck. **756**

Für die Bundesregierung als Verfassungsorgan gilt in besonderer Weise, was grundsätzlich für die Staatsorganisation angemerkt wurde: Ihre positiv verfassungsrechtlichen Befugnisse und Kompetenzen beschreiben tatsächliche Stellung im Verfassungsleben nur teilweise. Diese ist eine Frage des politischen Wirkens, des politischen Zusammenwirkens der Verfassungsorgane, das nicht umfassend in verfassungsrechtliche Kautelen eingebunden werden kann. Dies betrifft die entscheidende politische Funktion der Bundesregierung: die Teilhabe an der **politischen Staatsleitung**, die sie von Parlament und Regierung gemeinsam „zur gesamten Hand" ausgeübt wird. Dies ist die Regierung im materiellen Sinn. Wie das Parlament, ist auch die Regierung dem Gemeinwohl verpflichtet, während ihre Mitglieder gleichzeitig ihren jeweiligen Parteien verbunden sind. Auch hierin zeigt sich das Spannungsverhältnis zwischen parteienstaatlicher Demokratie iSd Art. 21 Abs. 1 GG und Gemeinwohlbindung. Dies wird deutlich in der Öffentlichkeitsarbeit der Regierung – **Fall 74 und 75** –, die notwendig auch Öffentlichkeitsarbeit der Regierungsparteien ist. **757**

Die Bundesregierung als Verfassungsorgan setzt sich zusammen aus dem **Bundeskanzler** und den **Bundesministern**. Dies ist die *Regierung im organisatorisch-institutionellen Sinn*. Für die Aufgaben und Befugnisse der Bundesregierung bedarf es jeweils der Feststellung, ob diese der Bundesregierung als *Kollegialorgan* (Bundeskanzler und Bundesminister), einem *einzelnen Bundesminister* oder dem *Bundeskanzler* zugeordnet sind. Spricht das Grundgesetz von „der Bundesregierung", so ist regelmäßig die Bundesregierung als Kollegialorgan gemeint. **758**

Fallbeispiel: Bei Auftragsverwaltung (Rn 526) kann die Bundesregierung mit Zustimmung des Bundesrats allgemeine Verwaltungsvorschriften erlassen, Art. 85 Abs. 2 S. 1 GG. § 7 Abs. 2a S. 1, 2. HS AtG a.F. ermächtigte das für kerntechnische Sicherheit zuständige Bundesministerium, allgemeine Verwaltungsvorschriften für den Vollzug des Atomgesetzes – einen Fall der Auftragsverwaltung, Art. 87c GG. – zu erlassen. Das BVerfG erklärte die Bestimmung für verfassungswidrig. Denn der Gesetzgeber durfte nicht einen einzelnen Fachminister ermächtigen, sondern nur die Bundesregierung als Kollegialorgan[1]. Es fehlte zudem an der vorgesehenen Zustimmung des Bundesrats.

Die Bestimmung der Geschäftsbereiche der einzelnen Ministerien und auch die Festlegung ihrer Anzahl obliegt dem Bundeskanzler im Rahmen seiner **Organisationsgewalt**[2]. **759**

---

1 BVerfGE 100, 249, 261.
2 S. hierzu *Busse*, Der Staat 45 (2006), 245, 248 f.; *Fuchs*, DVBl 2015, 1337.

Er entscheidet durch Organisationserlass über Aufgabenbereich und Zuständigkeit der Ministerien. Er kann hierbei auch neue Ministerien bilden und bestehende zusammenlegen oder auflösen und benötigt hierfür kein Gesetz. Verfassungsrechtlich gewährleistet ist allerdings die Existenz des Justizministeriums durch Art. 96 GG, ebenso die des Finanzministeriums in Art. 108, 112, 114 GG.

Fallbeispiel aus der Rechtsprechung: Der Verfassungsgerichtshof für NRW hat allerdings im Fall der Zusammenlegung von Justiz- und Innenministerium durch den Ministerpräsidenten dessen Organisationshoheit in Anwendung des Wesentlichkeitsvorbehalts eingeschränkt (Rn 332) und auch in der Sache Zweifel angemeldet, dies im Hinblick auf die Unabhängigkeit der Justiz und die Gewaltentrennung: so sei es zweifelhaft, ob der für die Polizei zuständige Minister gleichzeitig weisungsberechtigter Dienstvorgesetzter der Staatsanwaltschaften sein könne[3].

II. Zwischen Politik und Recht: Bildung und Amtsdauer der Bundesregierung

760 *Nach Zusammentritt eines neugewählten Bundestags erfolgt die Regierungsbildung durch Wahl des Bundeskanzlers und Ernennung der Bundesminister. Mit dem Zusammentritt des nächsten neugewählten Bundestags endet das Amt der Bundesregierung. Dies ist der Normalfall. Verfassungskonflikte können vor allem aus den Abweichungen vom Normalfall entstehen: dem konstruktiven Misstrauensvotum und der Vertrauensfrage. Sie sind im Schwerpunkt Gegenstand des nachstehenden Abschnitts.*

1. Verfassungsfragen der Regierungsbildung

a) Regierungsbildung – die maßgeblichen Schritte

761 Kennzeichnend für das Regierungssystem des Grundgesetzes ist die rechtlich stark ausgeprägte Stellung des **Bundeskanzlers**. Er allein wird unmittelbar vom Bundestag gewählt, auf seinen Vorschlag hin werden die Bundesminister vom Bundespräsidenten ernannt und entlassen. Sie sind damit in ihrem Amt unmittelbar nur vom Vertrauen des Bundeskanzlers abhängig. Mit dem Amt des Bundeskanzlers endet zwingend auch das der Bundesminister, Art. 69 Abs. 2 GG, der „Sturz" eines Bundeskanzlers durch das Parlament – der nur im Wege des „konstruktiven Misstrauensvotums" (Rn 769) möglich ist – hat also stets den Sturz der gesamten Bundesregierung zur Folge.

762 Mit dem Zusammentritt des neugewählten Bundestags, spätestens am 30. Tag nach der Wahl, Art. 39 Abs. 2 GG, endet das Amt der alten Bundesregierung, Art. 69 Abs. 2 GG. Es muss also eine neue Regierung gebildet werden. Eine Regierungsneubildung wird auch erforderlich, wenn der Bundeskanzler zurücktritt (Rn 756) oder sein Amt auf andere Weise endet, da dann auch das Amt der Minister endet. Bis zur Bildung der neuen Bundesregierung gilt Art. 69 Abs. 3 GG, der die Bildung einer geschäftsführenden Regierung ermöglicht. Sie hat grundsätzlich alle Befugnisse einer regulär amtierenden Regierung[4] (zur Gesetzesinitiative Rn 209). Dass geschäftsführende Regierungen keine Entscheidungen treffen, die ihre Nachfolgeregierungen binden, ist politische Praxis, aber verfassungsrechtlich nicht zwingend. Die parlamentarische Legitimation der nunmehr geschäftsführenden Regierung endete allerdings mit der Legislaturperiode, also dem Zu-

---

3 VerfGHNW NJW 1999, 1243 = DÖV 1999, 427.
4 *Schenke*, BonnK, Art. 69 (2010) Rn 56; *Freudiger*, SächsVBl 2019, 61, 64; *Schemmel*, NVwZ 2018, 105 ff.

sammentritt des neuen Bundestags. Die über Gebühr verzögerte Regierungsbildung nach der Bundestagswahl vom September 2017 war nicht so sehr deshalb problematisch, *„weil Deutschland und Europa eine stabile Bundesregierung brauchen"*, sondern weil es hier an der Achtung fehlte vor dem demokratischen Souverän und den Grundsätzen der parlamentarischen Demokratie[5].

b) Kanzlerwahl

Die Regierungsbildung erfolgt in der Weise, dass zunächst vom Bundestag der Bundeskanzler gewählt wird, Art. 63 GG, und dann auf Vorschlag des Bundeskanzlers die Bundesminister ernannt werden, Art. 64 GG. Für die Wahl des Bundeskanzlers, die ohne Aussprache im Bundestag erfolgt, ist die Mehrheit der Mitglieder des Bundestags (Mehrheit der gesetzlichen Mitglieder – „Kanzlermehrheit") erforderlich. Das Vorschlagsrecht liegt für den ersten Wahlgang beim Bundespräsidenten, Art. 63 Abs. 1 GG. Wen er vorschlägt, ist im Grundgesetz nicht geregelt[6]. Es liegt in seinem politischen Ermessen. Er wird sich an der Zielsetzung stabiler Mehrheitsverhältnisse orientieren. Dabei geht es um die Einschätzung der politischen Kräfteverhältnisse; dies dürfte kaum justiziabel sein, jedenfalls hat der Bundespräsident weitgehende Beurteilungsspielräume[7]. Deren Grenze dürfte erreicht sein, wenn der Bundespräsident einen Kandidaten vorschlägt, der offensichtlich keinerlei Aussicht hat, gewählt zu werden[8]. In der Praxis richtet sich der Bundespräsident ggf nach den vor der Regierungsbildung getroffenen Koalitionsvereinbarungen.

763

Zur Frage einer rechtlichen Bindung des Bundespräsidenten in seinem Vorschlagsrecht s. **Klausurenband I Fall 8**.

Kommt in einem ersten Wahlgang die erforderliche Mehrheit nicht zustande, so geht in einem zweiten Wahlgang das Initiativrecht auf den Bundestag über. Auch dann ist Mitgliedermehrheit erforderlich. In einem *dritten Wahlgang* ist gewählt, wer „die meisten Stimmen" erhält. Steht allerdings nur ein Kandidat zur Wahl – was der Regelfall sein dürfte –, so könnte fraglich sein, ob er auch dann gewählt ist, wenn er nicht die einfache Mehrheit erreicht, als die Nein-Stimmen die Ja-Stimmen überwiegen. Die Regelung des Art. 63 Abs. 4 GG will aber gerade den Fall erfassen, dass sich die Mehrheit nicht auf einen Kandidaten einigen kann – für diesen Fall ist immer davon auszugehen, dass die Anzahl der Nein- höher als die der Ja-Stimmen sein kann.[9] Einfache Mehrheit bedeutet die Bildung einer Minderheitsregierung. In diesem Fall kann der **Bundespräsident** den so Gewählten ernennen, muss dies aber nicht, sondern kann nach seinem Ermessen auch gemäß Art. 63 Abs. 4 S. 3 GG den Bundestag auflösen und Neuwahlen anordnen. Wird der Bundeskanzler demgegenüber im dritten Wahlgang mit der Mehrheit der Stimmen des Bundestags gewählt, so hat ihn nach Art. 63 Abs. 4 S. 2 GG der Bundespräsident innerhalb von 7 Tagen zu ernennen. Ein Prüfungsrecht hat er nur, soweit es um die Voraussetzungen der Ernennung geht, also insbesondere die ordnungsgemäße Wahl.

764

Gegen Ende der 19. Wahlperiode des Bundestags 2021 kamen vermehrt Forderungen nach einer **Begrenzung der Amtszeit** des Bundeskanzlers bzw der Bundeskanzlerin auf. Dazu müsste das Grundgesetz geändert werden. Dafür sprechen verfassungspolitisch ge-

764a

---

5 Vgl *Degenhart*, NJW-aktuell 2018/4, 7.
6 S. dazu *Ipsen*, JZ 2006, 217 sowie den Klausurfall bei *Lohse*, JA 2014, 519.
7 So auch *Schröder*, in: vMKS II, Art. 63 Rn 27.
8 Vgl den Klausurfall bei *Lohse*, JA 2014, 519.
9 *Hölscheidt/Mundil*, DVBl 2019, 73, 78.

wichtige Gründe. Demokratie ist Herrschaft auf Zeit. Ein Übermaß an institutioneller und personeller Kontinuität durch überlange Amtszeiten auf Grund wiederholter Wiederwahl lässt das System der Gewaltenteilung nicht unberührt. Die Corona-Krise ließ erkennen, in welchem Maße sich die politische Herrschaftsmacht nicht nur vom Bundestag zur Bundesregierung, sondern auch dort von den Ressorts zum Kanzleramt verlagert hat. Das gegen eine Amtszeitbegrenzung vorgebrachte Argument, hierdurch würden die Wähler „entmündigt", ist verfehlt. Nach dem GG ist es nicht der Bundeskanzler, der gewählt wird, sondern der Bundestag.

c) Kabinettsbildung

765 Die einzelnen Bundesminister werden vom Bundeskanzler dem Bundespräsidenten zur Ernennung vorgeschlagen, dieser hat die **rechtlichen Voraussetzungen** für die Ernennung zu prüfen – sie sind im Gesetz über die Rechtsverhältnisse der Mitglieder der Bundesregierung (BMinG – Sartorius Nr 45) enthalten –, im Übrigen jedoch dem Vorschlag des Bundeskanzlers zu entsprechen[10].

766 Mehr theoretischer Natur war bisher die Frage, ob der Bundespräsident eine Ernennung aus Gründen des „Staatswohls" ablehnen kann, etwa bei schwerwiegenden Zweifeln an der Verfassungstreue des Vorgeschlagenen, mögen diese auch aus einem früheren politischen Leben herrühren[11]. Grundsätzlich wird man aus der Stellung des Bundespräsidenten im Verfassungsgefüge eine Beschränkung seines Prüfungsrechts auf die rechtlichen Voraussetzungen seines Handelns ableiten müssen. Andererseits erscheint es mit seiner Verpflichtung auf das Staatswohl schwer vereinbar, ihn als zur Ernennung eines „für Wohl und Ansehen des Staates schlechterdings untragbaren" Ministers[12] verpflichtet zu sehen. Bei schwerwiegenden Zweifel an der Verfassungstreue wäre es mE vertretbar, hierin eine ungeschriebene *rechtliche* Voraussetzung für die Ernennung zu sehen. Ein politisches Prüfungsrecht hat der Bundespräsident nicht. Im **Fall 72 – Cinque Stelle** ist von der grundsätzlichen Verpflichtung des Bundespräsidenten auszugehen, den Vorgeschlagenen zu ernennen. Mangelnde Verfassungstreue könnte zur Ablehnung berechtigen, doch bedeutet allein das Bestreben, die Währungsunion zu verlassen, noch nicht mangelnde Verfassungstreue. Die nähere Ausgestaltung der europäischen Integration ist eine Frage des politischen Programms der Regierung, auch dann, wenn diese nicht weiter vertieft, sondern ggf. auch verlangsamt werden soll. Aus diesem Grund jedenfalls darf der Bundespräsident die Ernennung nicht verweigern.

d) Koalitionsvertrag

767 Erst einmal hat eine Partei die absolute Mehrheit der Mandate erlangt (1957); auf absehbare Zeit dürfte es dabei bleiben. Es müssen also Koalitionen aus zwei oder mehr Parteien gebildet werden. Diese führen zunächst Verhandlungen über ein Regierungsprogramm, das dann im **Koalitionsvertrag** festgehalten wird. Es handelt sich hierbei um keinen Vertrag mit einklagbaren Vertragspflichten, sondern um rechtlich nicht bindende politische Absprachen[13]. Denn wenn auch der Erlass von Gesetzen vereinbart ist, so ist es doch der allein der Bundestag, der darüber entscheiden kann. Zum Erlass von Gesetzen können sich die Parteien nicht verpflichten. Faktische Bindungen entstehen gleichwohl. In hohem Maße bedenklich ist daher dieser im aktuellen Koalitionsvertrag enthaltene Passus: *„Im Bundestag und in allen von ihm beschickten Gremien stimmen die Koaliti-*

---

10 Ebenso *Schenke*, BonnK, Art. 64 (2014) Rn 69.
11 Vgl dazu *Hermes*, in: Dreier II, Art. 64 Rn 27.
12 So noch *Stern*, Staatsrecht II, 1980, § 30 III 4; aM *Brinktrine*, in: Sachs, Art. 64 Rn 15, hM.
13 *Schenke*, BonnK, Art. 65 Rn 26 ff; *Müller/Etzig*, NVwZ 2018, 549.

onsfraktionen einheitlich ab. Das gilt auch für Fragen, die nicht Gegenstand der vereinbarten Politik sind. Wechselnde Mehrheiten sind ausgeschlossen." Nicht nur das freie Mandat des Abgeordneten wird dadurch ausgehöhlt. Der Bundestag wird zusehends in eine affirmative Rolle gedrängt[14].

Den Abschluss des Koalitionsvertrags vom Ergebnis einer **Mitgliederbefragung** abhängig zu machen (s. **Fall 76: Mitgliederbefragung, Rn 755**), wie im Fall der SPD nach den Bundestagswahlen 2013[15] und 2017, ist den Parteien nicht verwehrt. Es gibt keine Vorschrift im Grundgesetz oder im Parteiengesetz, die dies verbieten würde; in ihr mag auch ein Beitrag zu innerparteilicher Demokratie gesehen werden. Ihr Ergebnis ist für die Abgeordneten auch nicht verbindlich – es gilt das freie Mandat, Art. 38 Abs. 1 S. 2 GG. Das BVerfG sieht eine Mitgliederbefragung demgemäß auch als rein parteiinterne Angelegenheit[16]. Dies wird jedoch mE ihrer Bedeutung nicht in vollem Umfang gerecht, insbesondere der Stellung der Parteien an der Schnittstelle zwischen staatlichem und gesellschaftlichem Bereich. Die Mitgliederbefragung ist als Auftrag an die Abgeordneten intendiert. Faktisch dürfte ein Mitgliedervotum die Abgeordneten stärker in die Pflicht nehmen, als der Beschluss eines kleinen Parteitags. Letzterer ist zudem revisibel, das Mitgliedervotum nicht ohne Weiteres. Hinzu kommt: die Mitgliederbefragung entwertet die Entscheidung des Wählers. Demokratie geht vom Staatsvolk aus. Abstimmungen der Parteimitglieder mögen innerparteiliche Demokratie befördern, sie begründen keine Legitimation für die staatliche Ebene. Das freie Mandat wird faktisch weiter geschwächt, die politische Willensbildung weiter entparlamentarisiert, also aus dem Parlament verlagert. Eine der Regierungsbildung unmittelbar vorgeschaltete Mitgliederbefragung ist nicht justiziabel[17], stellt gleichwohl einen Fremdkörper in der parlamentarischen Demokratie dar. Die Regierungsbildung und das Regierungsprogramm sind von den Fraktionen, die aus den gewählten Abgeordneten bestehen, zu verhandeln, nicht aber von den politischen Parteien. Mitgliederentscheide hierüber *„hebeln stückweit diese grundgesetzlichen Regeln des parlamentarischen Systems faktisch aus"*[18].

768

2. Amtsdauer der Bundesregierung, Misstrauensvotum

Die **Entlassung** eines Bundesministers erfolgt wiederum auf Vorschlag des Bundeskanzlers durch den Bundespräsidenten, der hieran gebunden ist. Die Bundesminister sind also rechtlich nur vom Vertrauen des Bundeskanzlers abhängig. Der Bundestag hat keine rechtliche Handhabe, die Entlassung eines Ministers zu erzwingen. Er kann allein dann, wenn die Bundesregierung sein Vertrauen nicht mehr besitzt, diese über das in Art. 67 GG geregelte **konstruktive Misstrauensvotum** gegen den *Bundeskanzler* zu Fall bringen, also durch Wahl eines neuen Bundeskanzlers mit der *Mehrheit der Mitglieder* des Bundestags. Es kennzeichnet das parlamentarische Regierungssystem des Grundgesetzes in seinem betonten Anliegen, Regierungsstabilität zu gewährleisten: nur dann, wenn sich gleichzeitig eine hinreichende Mehrheit für die Bildung einer neuen Regierung ergibt, soll der Sturz der bestehenden Regierung möglich sein.

769

---

14 Vgl *Degenhart*, NJW-aktuell 2018/4, 7; *Pagenkopf*, ZRP 2018, 37.
15 S. dazu den Beitrag „Wer mit den Parteien heult" von *Degenhart/Horn*, FAZ v. 13.12.2013 S. 7.
16 BVerfG (K) BayVBl. 2014, 172.
17 Zur Mitgliederbefragung über den Koalitionsvertrag nach der Bundestagswahl 2017 s. *Degenhart*, NJW-aktuell 2018/9, 7; s. zur Thematik auch *Schönberger*, JZ 2016, 486, 489.
18 So auch *Papier*, in: http://www.finanznachrichten.de/nachrichten-2018-01/42887484-wie-2013-verfassungsrechtler-kritisieren-spd-mitgliedervotum-003.htm.

770 Deshalb kennt das Grundgesetz auch kein Misstrauensvotum gegen einzelne Bundesminister (anders noch Art. 54 WRV), das diesen zum Abgang bzw. den Bundeskanzler zur Entlassung zwingen würde. Das Schweigen des Grundgesetzes kann nicht als Indiz für die Zulässigkeit gewertet werden, auch wenn es sich um eine traditionelle parlamentarische Institution handeln sollte (eine Erwägung, die ohnehin unzulässig ist, da stets nur aus dem parlamentarischen System *des Grundgesetzes* argumentiert werden darf, *nicht* aus „dem" parlamentarischen System schlechthin). Wenn ein Kanzler nur durch eine sich auf einen neuen Regierungschef einigende Mehrheit gestürzt werden kann, so wäre es unzulässig, dies dadurch zu umgehen, dass der Bundestag gegen den Willen des Kanzlers einzelne Minister zum Abgang zwingen und damit die Regierung zu Fall bringen könnte. Zulässig ist jedoch ein „schlichtes" Misstrauensvotum, also ein Beschluss des Bundestags, durch den dieser ein Regierungsmitglied „tadelt", ohne dass dies die Rechtspflicht zum Rücktritt bzw zur Entlassung nach sich zieht. Da die Regierung der parlamentarischen Kontrolle unterliegt, muss das Parlament die Möglichkeit haben, seine Kritik an ihrer Amtsführung klar zum Ausdruck zu bringen, insbesondere auch in der klarsten Ausdrucksform des parlamentarischen Willens, im Parlamentsbeschluss, der als Tadelsantrag, Missbilligungsvotum oder auch Misstrauensvotum formuliert sein kann.

3. Die Vertrauensfrage

771 Die Regelung des Art. 67 GG hat zur Folge, dass eine Bundesregierung im Amt bleibt, auch wenn sie nicht mehr das Vertrauen des Parlaments besitzt, solange dieses sich nicht mehrheitlich auf einen neuen Bundeskanzler einigt. Für diesen Fall öffnet Art. 68 GG den Weg zu vorzeitigen Neuwahlen über die **Vertrauensfrage** des Bundeskanzlers. Findet er auf seinen Antrag, ihm das Vertrauen auszusprechen, nicht die erforderliche Mehrheit der Mitglieder des Bundestags, so **kann** der Bundespräsident auf seinen Vorschlag den Bundestag auflösen. Dieser Weg wurde gewählt, um nach dem Regierungswechsel durch konstruktives Misstrauensvotum im Herbst 1982 vorzeitige Neuwahlen zu ermöglichen[19], sowie 2005 durch Bundeskanzler Schröder, nachdem die Landtagswahlen im größten Bundesland Nordrhein-Westfalen zu einer Verschiebung der Mehrheitsverhältnisse im Bundesrat geführt hatten. Der Bundespräsident hat, wie im Fall des Art. 63 Abs. 4 GG, zwischen der Möglichkeit einer Minderheitsregierung und Neuwahlen zu entscheiden. Dies ist eine *politische Ermessensentscheidung*[20]. Die Vertrauensfrage mit einer Sachentscheidung zu verbinden – wenn also der Bundeskanzler, wie am 16.11.2001 geschehen, den Antrag auf Zustimmung zu einer Entscheidung der Regierung mit dem Antrag, ihm das Vertrauen auszusprechen, verknüpft –, wird als zulässig erachtet. Art. 81 Abs. 1 S. 2 GG setzt diese Vorgehensweise offensichtlich voraus[21].

772 Die verfahrensmäßigen Voraussetzungen für die Entscheidung des Bundespräsidenten nach Art. 68 GG sind nach dieser Bestimmung:
- die *Vertrauensfrage* des Bundeskanzlers an den Bundestag;
- der *Beschluss des Bundestags*, durch den dem Bundeskanzler das Vertrauen verweigert wird;
- der *Antrag des Bundeskanzlers* an den Bundespräsidenten, den Bundestag aufzulösen (der Bundeskanzler braucht diesen Antrag nicht zu stellen; er kann zurücktreten oder aber weiterregieren).

---

19 Dazu BVerfGE 62, 1; vgl zur „unechten Vertrauensfrage" *Schenke*, BonnK, Art. 68 (2017) Rn 136 ff.
20 BVerfGE 62, 1.
21 *Haass*, BayVBl 2004, 204 ff; aM: *Schönberger*, JZ 2002, 211 ff.

Dass diese formellen Voraussetzungen erfüllt sind, genügt jedoch noch nicht. Das **773** Grundgesetz will die Handlungsfähigkeit der Regierung sichern. Dem Ziel der Regierungsstabilität dient auch das Instrument der Vertrauensfrage. Von ihr darf deshalb nicht beliebig Gebrauch gemacht werden, um Neuwahlen zu ermöglichen. Sie muss vielmehr in Einklang mit dem Zweck des Art. 68 GG gestellt werden. In seiner Entscheidung aus 1983 hat das BVerfG eine *materielle Auflösungslage* gefordert:, auf Grund der Mehrheitsverhältnisse muss klar sein, dass die Regierung nicht mehr vom Vertrauen der Parlamentsmehrheit getragen ist[22]. Art. 68 GG setzt hiernach eine Lage *„politischer Instabilität"* voraus. In seiner Entscheidung vom 25.8.2005 zur Vertrauensfrage des Kanzlers Schröderspricht es vom zweckgemäßen Gebrauch des Art. 68 GG[23]. Die Vertrauensfrage muss mit dem Ziel gestellt werden, die Regierungsstabilität zu sichern. Mit dieser Zielsetzung ist die „echte Vertrauensfrage" zulässig, bei der es darum geht, Zweifel hinsichtlich der Handlungsfähigkeit der Regierung zu klären. Diese „echte" Vertrauensfrage ist nicht auf Auflösung gerichtet, der Kanzler will sich vielmehr einer tragfähigen Mehrheit vergewissern. Aber auch die **„unechte"** oder **auflösungsgerichtete Vertrauensfrage** kann zulässig sein. Das ist sie, wenn der Bundeskanzler sich einer stabilen Mehrheit im Bundestag nicht mehr sicher sein kann. Dafür ist es nicht erforderlich, dass der Kanzler bereits Abstimmungsniederlagen erlitten hat, es reicht aus, dass ihm künftige Abstimmungsniederlagen drohen – auch dann gehe die Handlungsfähigkeit der Regierung verloren[24].

Damit kann also dieses ungeschriebene Tatbestandsmerkmal in Art. 68 GG eingefügt werden: **774**
– Zweckgemäßer Gebrauch der Vertrauensfrage zur Behebung einer Lage politischer Instabilität.

Dies festzustellen, ist im Organstreitverfahren an sich Sache des BVerfG. Andererseits ist die Beurteilung der politischen Lage zunächst Sache der politisch handelnden Organe. Das BVerfG überprüft deren Beurteilung nur eingeschränkt: *„Ob eine Regierung politisch noch handlungsfähig ist, hängt maßgeblich davon ab, welche Ziele sie verfolgt und mit welchen Widerständen sie aus dem parlamentarischen Raum zu rechnen hat. Derartige Einschätzungen haben Prognosecharakter und sind an höchstpersönliche Wahrnehmungen und abwägende Lagebeurteilungen gebunden. (...) Die Einschätzung des Bundeskanzlers, er sei für seine künftige Politik nicht mehr ausreichend handlungsfähig, ist eine Wertung, die durch das BVerfG schon praktisch nicht eindeutig und nicht vollständig überprüft werden kann (...)."*

Es genügt, dass die Entscheidung des Bundeskanzlers auf Tatsachen gestützt ist und die **775** hieraus gezogenen Folgerungen plausibel sind. Das BVerfG kann dies nur dann beanstanden, wenn eine andere Einschätzung auf Grund von Tatsachen eindeutig vorzuziehen ist[25]. Kommt es schließlich zur Bundestagsauflösung, so ist zudem zu berücksichtigen, dass drei Verfassungsorgane – Bundeskanzler, Bundestag und Bundespräsident – von einer Auflösungslage ausgegangen sind. In diese Entscheidung will das BVerfG nur bei offensichtlicher Fehlsamkeit eingreifen, um dieses ausdifferenzierte System der politischen Gewaltenteilung nicht zu stören. Für die Anordnung des Bundespräsidenten prüft

---

22 BVerfGE 62, 1, 42 f.
23 BVerfGE 114, 121, 149.
24 BVerfGE 114, 121, 154.
25 BVerfGE 114, 121, 155 f, 161; unter Bezugnahme auf BVerfGE 62, 1, 52.

das BVerfG nur etwaige Ermessensfehler, die es in der Entscheidung vom 25.8.2005 lapidar verneint: *"Der Bundespräsident hat den ihm vom Bundeskanzler unterbreiteten Vorschlag (...) überprüft (...) die ihm eröffnete politische Entscheidungsfreiheit gesehen und genutzt. Er hat Ermessenserwägungen angestellt und ist in seiner Gesamtabwägung zu dem verfassungsrechtlich unbedenklichen Ergebnis gekommen, dass dem Wohl des Volkes mit einer Neuwahl am besten gedient sei."*[26]

776 Die Entscheidung kann nicht durchweg überzeugen[27]. Den politischen Organen einen *Einschätzungsspielraum* zuzubilligen, ist grundsätzlich berechtigt, denn Regierungsstabilität kann nicht durch die Verfassungsgerichtsbarkeit erzwungen werden. Andererseits darf dies nicht dazu führen, dass die Vertrauensfrage gestellt wird, um lediglich eine vorzeitige Selbstauflösung des Bundestags herbeizuführen. Denn der Bundestag hat kein **Selbstauflösungsrecht**. Von der Gemeinsamen Verfassungskommission zu den beitrittsbedingten Grundgesetzänderungen 1994 war ein Selbstauflösungsrecht ausdrücklich behandelt, aber abgelehnt worden[28]. Bundeskanzler Schröder verfügte, als er am 1.7.2005 die Vertrauensfrage stellte, über eine solide parlamentarische Mehrheit. Der Einwand einer Umgehung des Verbots der Selbstauflösung war hier nicht ganz fernliegend. Auch die Begründung, die Regierung strebe ein neues Mandat des Wählers an, war nicht tragfähig: die parlamentarische Demokratie des Grundgesetzes ist keine Referendumsdemokratie.

Die Vertrauensfrage war auch Gegenstand einer presserechtlichen Streitigkeit zwischen Ex-Kanzler Schröder und dem Springer-Verlag, der die Frage aufgeworfen hatte, ob die Aussicht auf eine lukrative Tätigkeit für Gazprom Motiv für die Vertrauensfrage gewesen sein könnte. Der EGMR sah hierin einen Gegenstand des allgemeinen Interesses und die Veröffentlichung vom Recht der Meinungsfreiheit nach Art. 10 EMRK gedeckt, nachdem die bundesdeutschen Gerichte noch für Schröder, der sein Persönlichkeitsrecht als verletzt sah, entschieden hatten[29].

Die Problematik wird fallmäßig behandelt in Rn 823; zur Vertrauensfrage s. **Klausurenband I Fall 8.**

777 **Zusammenfassend** ergeben sich also folgende Möglichkeiten der Beendigung der *Amtsdauer der Bundesregierung*:

1. Das Amt der *Bundesregierung* endet stets mit dem Zusammentritt des neugewählten Bundestags, Art. 69 Abs. 2 GG; – nach Neuwahl wegen Ablauf der Legislaturperiode bzw iFd Art. 68 GG.
2. Das Amt des Bundeskanzlers endet iFd Art. 67 GG bei einem *konstruktiven Misstrauensvotum* mit der Wahl eines neuen Bundeskanzlers durch den Bundestag; damit endet gemäß Art. 69 Abs. 2 GG auch das Amt der Bundesminister.
3. *Rücktritt*: Im GG nicht ausdrücklich geregelt (aber etwa in Art. 69 Abs. 3 GG vorausgesetzt);
   – des einzelnen Bundesministers: Dieser kann jederzeit seine Entlassung verlangen, s. § 9 Abs. 2 S. 2 BMinG; der Bundeskanzler hat dann nach Art. 64 Abs. 1 GG dem Bundespräsidenten die Entlassung vorzuschlagen;

---

26 BVerfGE 114, 121, 169 f.
27 Vgl die kritischen Reaktionen im Schrifttum ua von *Pestalozza*, NJW 2005, 2817; *Starck*, JZ 2005, 1053; *Buettner/Jäger*, DÖV 2006, 408; sowie das überzeugende Sondervotum des Richters *Jentsch*, BVerfGE 114, 121, 170 ff; für Verfassungswidrigkeit des Vorgehens des Bundeskanzlers auch *Löwer*, DVBl 2005, 1102; *Schenke/Baumeister*, NJW 2005, 1844.
28 Vgl *Epping*, in: vMKS II, Art. 68 Rn 15.
29 EGMR AfP 2016, 24; vgl. *Degenhart*, BonnK, Art. 5 I und II (2017) Rn 104.

- des Bundeskanzlers; damit endet nach Art. 69 Abs. 2 GG das Amt der Bundesminister;
- des gesamten Kabinetts.
4. *Entlassung* von *Bundesministern*, Art. 64 Abs. 1 GG, jederzeit auf Vorschlag des Bundeskanzlers durch Bundespräsidenten (zwingend).

III. Interne Organisation und Aufgabenverteilung

Wenn im Folgenden die verfassungsrechtliche Kompetenzverteilung zwischen Bundeskanzler und Bundesministern erörtert wird, ist stets zu vergegenwärtigen: es geht hierbei um Fragen des politischen Zusammenwirkens der Verfassungsorgane, die nicht abschließend in verfassungsrechtliche Kautelen eingebunden werden können. 778

1. Kanzlerprinzip, Ressortprinzip, Kollegialprinzip – zur Aufgabenverteilung innerhalb der Bundesregierung

a) Systematik des Art. 65 GG

Bestimmend für die interne Organisation und Aufgabenverteilung sind **Kanzlerprinzip**, **Ressortprinzip** und **Kollegialprinzip**. Unter *Kanzlerprinzip* ist die in Art. 65 S. 1 GG ausgesprochene Befugnis des Bundeskanzlers zur Bestimmung der *Richtlinien der Politik* zu verstehen, unter *Ressortprinzip* die selbstständige politische Leitung und Verwaltung der einzelnen Geschäftsbereiche der Bundesregierung durch die einzelnen Bundesminister, das *Kollegialprinzip* greift ein, soweit über bestimmte Angelegenheiten die Bundesregierung als Kollegium zu entscheiden hat, so iFd Art. 65 S. 3, 4 GG und in weiteren, an anderer Stelle des Grundgesetzes genannten Fällen. Wird als Träger einer Aufgabe oder Befugnis „die Bundesregierung" genannt, so ist damit idR das Kollegialorgan gemeint, so zB dann, wenn die *Bundesregierung* ermächtigt wird, eine Rechtsverordnung zu erlassen[30]. 779

b) Richtlinienkompetenz des Bundeskanzlers

Was **„Richtlinien der Politik"** sind, geht nicht eindeutig aus der Verfassungsnorm hervor. „Abstrakt-generelle politische Regelungen" trifft es m.E. nicht, denn es handelt sich nicht um Rechtsnormen[31]. Vielmehr geht es bei der Bestimmung der Richtlinien der Politik um die *grundlegenden politischen Leitentscheidungen*, die typischerweise als *Rahmenentscheidungen*[32] auf Ausfüllung innerhalb der Ressortverantwortung der Bundesminister angelegt sind, sich aber auch als konkrete politische Einzelentscheidungen darstellen können. Die Richtlinienkompetenz bedeutet Verantwortung, politische Führung zu ermöglichen, dadurch etwa, *„dass er Ziele und Maßnahmen zu einem Gesamtkonzept zusammenführt und unterschiedliche politische Auffassungen in Ausgleich bringt"* wie auch für die Organisation und Gewährleistung einer stabilen und handlungsfähigen Bundesregierung für die Dauer der Wahlperiode[33]. 780

Beispiele: Im Koalitionsstreit über die Flüchtlingspolitik im Sommer 2018 drohte die Bundeskanzlerin dem Bundesinnenminister mit der Ausübung ihrer Richtlinienkompetenz, sollte dieser die

---
30 BVerfGE 91, 148, 165 ff.
31 Vgl *Schenke*, Jura 1982, 337, 339 sowie *Schenke*, BonnK, Art. 65 (2018) Rn 73 f.
32 *Schenke*, Jura 1982, 337, 340 sowie *Schenke*, BonnK, Art. 65 (2003) Rn 26 f.
33 BVerfGE 162, 207 Rn 107 (Angela Merkel).

Grenzbehörden anweisen, Flüchtende an der Grenze zurückzuweisen. Hierin war ein Konflikt angelegt zwischen Ressortkompetenz des Ministers und Richtlinienkompetenz der Bundeskanzlerin. Demgegenüber unterließ sie es, im Fall der Evakuierung der sog. Ortskräfte aus Afghanistan im August 2021, angesichts der unzureichenden Kommunikation zwischen Außen-, Innen- und Verteidigungsministerium von ihrer Richtlinienkompetenz Gebrauch zu machen, obschon es hier um dringende verfassungsrechtliche Schutzpflichten ging.

Ob der Bundeskanzler im Zusammenhang mit dem Ukrainekrieg seiner Aufgabe der politischen Führung bereits dadurch nachgekommen ist, dass er den „Jungs und Mädels" aus dem Bundestag (immerhin auch Ausschussvorsitzende) sagte, weil er nicht mache, was sie wollten, *„deshalb führe ich"*, sei dahingestellt.

781 Die vom Bundeskanzler – formlos – festgelegten Richtlinien der Politik binden den einzelnen Bundesminister in der Führung seines Ressorts, nicht aber *unmittelbar* die Ressortbeamten, die, entsprechend der innerbehördlichen Weisungshierarchie, an die Weisungen „ihres" Ministers gebunden sind. Die Richtlinienkompetenz verleiht dem Bundeskanzler kein unmittelbares Weisungsrecht gegenüber dem einzelnen Ressortbeamten. Auch das Bundeskabinett ist an die „Richtlinien der Politik" gebunden[34]. Dies spricht dafür, dass eine vom Bundeskabinett beschlossene Gesetzesvorlage nicht gegen den Willen des Bundeskanzlers in das Gesetzgebungsverfahren eingebracht werden darf. Gegen ein Vetorecht spricht jedoch, dass die Bundesregierung als Kollegialorgan das Recht zur Gesetzesinitiative hat[35]. Die Frage ist eher theoretischer Natur; jedenfalls würde eine Missachtung der Richtlinienkompetenz das Gesetz nicht verfahrensfehlerhaft werden lassen. Sie wirkt nur im Verhältnis Bundeskanzler – Bundesregierung.

782 Der *Bundestag* ist an die vom Bundeskanzler gewiesenen Richtlinien der Politik **nicht** gebunden[36]. Er kann den vom Bundeskanzler getroffenen politischen Leitentscheidungen entgegentreten und seine fehlende Zustimmung im Wege *„schlichter Parlamentsbeschlüsse"* kundgeben, an die die Bundesregierung ihrerseits rechtlich *nicht* gebunden ist[37], aber auch im Wege der Gesetzgebung seinerseits verbindliche politische Leitentscheidungen entgegensetzen. Er hat ein Zugriffsrecht in allen politischen Fragen.

c) Ressortkompetenzen, Kollegialprinzip

783 Die **Ressortkompetenz** des einzelnen Bundesministers wird durch die Richtlinienkompetenz des Bundeskanzlers, der zudem die Organisationsgewalt (Rn 759) innehat, begrenzt, ebenso durch das **Kollegialprinzip** vor allem bei Gesetzesinitiativen: für die Ausarbeitung der Gesetzesentwürfe ist das Bundeskabinett – das diese dann ja zu beschließen hat – weisungsbefugt. Eine entscheidende Erweiterung des Kollegialprinzips nimmt § 15 Abs. 1 GeschOBReg für alle Angelegenheiten von allgemeiner innen- oder außenpolitischer, wirtschaftlicher, finanzieller, sozialer und kultureller Bedeutung zulasten der Ressortverantwortlichkeit der Minister vor, nicht aber zulasten der gegenüber Kollegialentscheidungen stets durchgreifenden Richtlinienkompetenz des Bundeskanzlers. Es handelt sich um Entscheidungen von ressortübergreifender Bedeutung; deshalb sind verfassungsrechtliche Bedenken im Hinblick auf Art. 65 S. 2 GG nicht begründet[38]. Eine vergleichbare Einschränkung des Ressortprinzips enthält § 15a GeschOBReg für

---

34 *Schenke*, Jura 1982, 337, 342 ff mwN sowie eingehend *Schenke*, BonnK, Art. 65 (2018) Rn 86 ff.
35 Vgl *Beaucamp*, JA 2001, 478, 481.
36 Vgl. *Schenke*, BonnK, Art. 65 (2018) Rn 129 ff.
37 Zur fehlenden Verbindlichkeit schlichter Parlamentsbeschlüsse ThürVerfGH DVBl 2011, 352.
38 Vgl *Schenke*, BonnK, Art. 65 (2018) Rn 102; andererseits *Brinktrine*, in: Sachs, Art. 65 Rn 30.

Angelegenheiten von frauenpolitischer Bedeutung. Einzelnen Bundesministern werden im Grundgesetz und auch durch die Geschäftsordnung der Bundesregierung **Sonderrechte** zugewiesen, so dem Bundesfinanzminister durch Art. 112 GG (auch durch § 28 Abs. 2 S. 2 BHO – Bundeshaushaltsordnung – und durch § 26 Abs. 1 der GeschOBReg), dem Verteidigungsminister durch Art. 65a GG, dem Innen- und dem Justizminister durch § 26 Abs. 2 GeschOBReg.

Aus der Ressortkompetenz eines Bundesministers wird auch dessen Organkompetenz für **Warnungen** uÄ im Rahmen staatlicher **Öffentlichkeitsarbeit** abgeleitet (Rn 320 f, 790 f).

784 Es gilt also diese Rangordnung: Genereller Vorrang der Richtlinien der Politik (Bundeskanzler); Vorrang der Sonderrechte einzelner Bundesminister vor Kollegialentscheidungen und Entscheidungen der Fachminister; Vorrang von Kollegialentscheidungen – in dem durch das Kollegialprinzip abgegrenzten Rahmen – vor den Entscheidungen der Fachminister. Klarstellend ist zu betonen, dass es bei der Zuständigkeitsverteilung innerhalb der Bundesregierung primär um Fragen politischer Leitung und politischer Verantwortung geht, die nur bedingt justiziabel und im Konfliktfall wirksam nur politisch lösbar sind, ungeachtet der verfassungsrechtlich vorgegebenen Rangordnung der in Art. 65 GG genannten Kompetenzen. Konflikte könnten an sich in einem Organstreitverfahren nach Art. 93 Abs. 1 Nr 1 GG entschieden werden. Praktisch dürfte dies nicht relevant werden, da der Bundeskanzler einen Bundesminister jederzeit entlassen kann; entscheidend ist hier die Verteilung der politischen Gewichte in der Regierung.

785 **Lösung Fall 71: Koalitionskrach (Rn 751)**

a) Grenzkontrollen und Zurückweisungen: Ressortzuständigkeit des Bundesinnenministers; keine ressortübergreifende Angelegenheit nach § 15 GeschOBReg, für die die Bundesregierung als Kollegialorgan zuständig wäre.

b) Richtlinienkompetenz des Bundeskanzlers? Weisung als Entscheidung über prinzipielle Fragen der Flüchtlingspolitik bedeutet Wahrnehmung der Richtlinienkompetenz; damit ist sie bindend für den Bundesinnenminister. Davon auch umfasst: Befugnis zu verbindlicher Entscheidung rechtlicher Fragen; Ausnahme: evidente Rechtswidrigkeit, hier nicht gegeben.

c) Nachgeordnete Behörden: Bindung an die Weisung der für sie zuständigen obersten Bundesbehörde (Rn 781) – hier: Bundesinnenminister.

d) Bundeskanzler kann gem. Art. 64 Abs. 1 GG den Bundesminister jederzeit entlassen; genauer: dem Bundespräsidenten (für diesen verbindlich) die Entlassung vorschlagen – Ermessen. „Misstrauensvotum" des Bundestags: Aufforderung zur Entlassung des Ministers für den Bundeskanzler nicht verbindlich; „schlichtes" oder unechtes Misstrauensvotum (Rn 770) zulässig, aber nicht verpflichtend.

Koalitionsvereinbarungen: rechtliche Qualifikation (Rn 767) unerheblich: Verfassungsrechtliche Befugnisse des Bundeskanzlers stehen nicht zur Disposition der Parteien der Koalitionsvereinbarungen[39].

2. Das Beschlussverfahren der Bundesregierung

786 Wie Beschlüsse der Bundesregierung verfahrensmäßig zustande kommen, ist nicht im GG, sondern in der Geschäftsordnung (GeschOBReg) geregelt. Von Verfassungs wegen muss das Verfahren so ausgestaltet sein, dass es möglich ist, Beschlüsse der Bundesre-

---

39 Zu diesem „Standard-Fall" *Friehe*, JuS 1983, 208, dort auch eine interessante Abwandlung des Falls.

gierung als Kollegialorgan wie zB beim Erlass von Rechtsverordnungen dieser tatsächlich zuzurechnen. Dies erfordert iE:
- hinreichende **Information** der Regierungsmitglieder,
- Mitwirkung einer hinreichend großen Anzahl von Regierungsmitgliedern an der Entscheidung (**Quorum**), sowie
- eine **Mehrheit** von Stimmen für die Beschlussfassung.

Das Anwesenheitsquorum des § 24 GeschOBReg trägt diesen Erfordernissen Rechnung, wie auch die Unterrichtung der Regierungsmitglieder nach § 15 Abs. 1 lit. b GeschOBReg; ein **Umlaufverfahren** kann die Anwesenheit der Regierungsmitglieder iSv § 24 Abs. 1 GeschOBReg ersetzen, doch muss dann hinreichende Beteiligung der Regierungsmitglieder am Umlaufverfahren gewährleistet sein. Dies bedeutet tatsächliche Stimmabgabe: *qui tacet consentire videtur* – dieser Satz gilt hier also nicht[40].

787 **Lösung Fall 73: Umlaufverfahren (Rn 753)**

Beide Durchführungsverordnungen sind verfahrensfehlerhaft zustande gekommen:

– Bei Abstimmung über die 1. DVO war das Anwesenheitsquorum nach § 24 Abs. 1 GeschOBReg nicht erfüllt. Dieses Quorum ist nach BVerfGE 91, 148 auch verfassungsrechtlich geboten, da nur dann die Beschlussfassung der Bundesregierung als Kollegium zugerechnet werden kann. Hier führt also ein Geschäftsordnungsverstoß zu einem Verfassungsverstoß.

– Beim Umlaufverfahren iFd 2. DVO durfte das Schweigen der Mehrheit der Regierungsmitglieder nicht als Zustimmung gewertet werden, damit haben sich nur fünf Regierungsmitglieder an der Abstimmung beteiligt, Quorum des § 24 Abs. 1 GeschOBReg ist nicht gewahrt, somit die erforderliche materielle Zurechenbarkeit nicht gegeben. Eine bis dahin abweichende Staatspraxis führt zu keiner abweichenden Beurteilung: Denn die Staatspraxis ist Gegenstand und nicht Maßstab der verfassungsrechtlichen Beurteilung (auch wenn gelegentlich eine von den Verfassungsorganen einhellig geübte Staatspraxis in str. Auslegungsfrgen herangezogen wird).

IV. Einzelne Kompetenzen der Bundesregierung – insbesondere: Öffentlichkeitsarbeit

788 Eigentliche und primäre Aufgabe der Bundesregierung im Verfassungsgefüge ist die der politischen Staatsleitung. Im Recht der Gesetzesinitiative nach Art. 76 Abs. 1 GG, verknüpfen sich Funktionen von Parlament und Bundesregierung in der Staatsleitung. Die Bundesregierung nimmt hierdurch erheblichen Einfluss auf die Gesetzgebungsarbeit im Parlament – die ganz überwiegende Anzahl der Gesetzesvorlagen werden von der Bundesregierung eingebracht. Im Verhältnis zu Bundestag und Bundesrat bedeutsam ist das **Rederecht** der Bundesregierung. Im Bund-Länder-Verhältnis wurden im Rahmen der bundesstaatlichen Kompetenzordnung die **Direktions- und Aufsichtsbefugnisse** der Bundesregierung nach Art. 84 Abs. 2, 85 Abs. 2, 108 Abs. 7 GG beim Erlass von *Verwaltungsvorschriften* bedeutsam[41]; ferner die Weisungsrechte nach Art. 84 Abs. 5, 85 Abs. 3, 108 Abs. 3 GG; regelmäßig ist hier die Beteiligung des Bundesrats erforderlich.

789 Im Verhältnis zur Bundesverwaltung steht der Bundesregierung die **Organisationsgewalt** zu, also die Befugnis, die zur Wahrnehmung ihrer Aufgaben erforderlichen organisatorischen und verfah-

---

40 BVerfGE 91, 148, 168.
41 Vgl BVerfGE 100, 249, 259.

rensmäßigen Anordnungen zu treffen, auch in Form von Verwaltungsvorschriften. Diese Organisationsgewalt bedurfte ebenso wenig wie die umfassende Direktionsbefugnis der einzelnen Bundesminister gegenüber der unmittelbaren Bundesverwaltung (Rn 530 ff) der ausdrücklichen Festlegung im Grundgesetz. Sie folgt vielmehr unmittelbar aus der Stellung der Regierung als Spitze der Exekutive. Art. 86 GG bestätigt diese Befugnisse, sichert sie insbesondere im Verhältnis zu den Ländern ab. Gesichtspunkte der bundesstaatlichen Kompetenzordnung sind auch bestimmend für die Begrenzung der Organisationsgewalt des Bundes in Art. 87 Abs. 1 S. 2, Abs. 3 GG (Rn 524 ff). Ausdrückliche Gesetzesvorbehalte im Organisationsbereich enthalten teilweise die Verfassungen der Bundesländer[42]. Zur Organisationsgewalt des Bundeskanzlers Rn 759.

Zu den nicht explizit im Grundgesetz geregelten Aufgaben und Befugnissen der Bundesregierung zählt ihre Informationsaufgabe (Rn 320). Hieraus folgt auch die Befugnis zur **Öffentlichkeitsarbeit**. Sie hat auch die Funktion, einen Grundkonsens zwischen Staat und Bürgern herzustellen, der in einer demokratischen Ordnung unabdingbar ist. Sie entspricht dem Demokratieprinzip **Art. 20 Abs. 1, 2 GG**; hieraus ergeben sich auch ihre Schranken. Öffentlichkeitsarbeit in diesem Sinn bedeutet, dass die Regierung – aber auch das Parlament – *„ihre Politik, ihre Maßnahmen und Vorhaben sowie die künftig zu lösenden Fragen darlegen und erläutern"*[43] kann. Deshalb muss die Regierung sich mit näher rückendem Wahltermin mit ihrer Öffentlichkeitsarbeit zurückhalten und muss sich etwa in der „heißen" **Wahlkampfphase** auf zwingend notwendige Informationen etwa zu aktuellen Gefahren beschränken – **Fall 74**. Teilweise wird hierfür auf die Bekanntgabe des Wahltermins abgestellt[44], teilweise ein Zeitraum von etwa drei Monaten genannt[45]. 790

In ihrer Öffentlichkeitsarbeit wird die Regierung darauf ausgehen, sich positiv darzustellen, was sich auch auf ihre künftigen Wahlchancen auswirken und die der Opposition mindern kann. Wegen des Gebots der Chancengleichheit der Parteien (Rn 55) ist die Bundesregierung in ihrer Öffentlichkeitsarbeit zur Neutralität verpflichtet und darf nicht *„in parteiergreifender Weise auf den Wettbewerb zwischen den politischen Parteien"* Einfluss nehmen. Dies gilt in besonderer Weise, aber nicht nur in Wahlkampfzeiten[46]. Gegen dieses Gebot wird verstoßen, wenn die Regierung – oder ein Regierungsmitglied – sich mit einer Partei identifiziert oder ihre Wirkungsmöglichkeiten beeinträchtigt. Die Grundsätze für das Äußerungsrecht des Bundespräsidenten nach BVerfGE 136, 323 gelten nicht für die Bundesregierung und ihre Mitglieder. Während der Bundespräsident weitgehend frei entscheiden kann, wozu und wie er sich äußert, und in Distanz zum parteipolitischen Wettbewerb steht, ist das Handeln der Regierung mit dem Programm der sie tragenden Parteien verbunden und wird sie deshalb *„immer auch die Wählerinnen und Wähler im Blick haben."*[47] 791

Dies gilt auch für den **Bundeskanzler**. Auch seine Äußerungsbefugnisse sind nicht mit denen des Bundespräsidenten gleichzusetzen, da er, anders als jener, in den politischen Wettbewerb eingebunden ist und eben nicht nur Repräsentations- und Integrationsaufgaben wahrnimmt. Sie sind jedoch weiter als die der einzelnen Bundesminister, die grundsätzlich jeweils auf ihr Ressort beschränkt sind, da er ressortübergreifend die Richtlinien der Politik bestimmt. Der Bundeskanzler unterliegt aber ebenso dem Neutralitätsgebot. Er hat die Chancengleichheit der Parteien zu beachten. Das Neutralitätsgebot gilt jedoch 791a

---
42 Dazu *Schmidt-Aßmann*, Festschrift Ipsen, 1977, S. 333 ff.
43 BVerfGE 44, 125, 147.
44 BVerfGE 44, 125, 153.
45 SaarlVerfGH NVwZ-RR 2010, 785.
46 BVerfGE 138, 102 Rn 45; BVerfGE 140, 229 Rn 9.
47 BVerfGE 138, 102 Rn 44.

nicht absolut, sondern kann, wie der Gleichheitssatz auch sonst, durch anderweitige Verfassungsgüter eingeschränkt sein. Das BVerfG nennt hier im Urteil vom 15.6.2022 *„Schutz der Handlungsfähigkeit und Stabilität der Bundesregierung sowie das Ansehen und das Vertrauen in die Verlässlichkeit der Bundesrepublik Deutschland in der Staatengemeinschaft."*[48]

792 Die Verpflichtung zur Neutralität wird jedoch zurückgenommen, wenn ein Regierungsmitglied nicht in dieser Eigenschaft, sondern als Parteipolitiker auftritt. In der parteienstaatlichen Demokratie des Art. 21 GG[49]. dürfen Mitglieder der Regierung sich als Parteipolitiker auch dezidiert parteipolitisch äußern. Sie dürfen hierbei jedoch nicht die Ressourcen der Regierung nutzen und nicht unter Inanspruchnahme regierungsamtlicher Autorität auftreten. Die damit einhergehende Rollenkonfusion dürfte das eine oder andere Regierungsmitglied überfordern. Wenn allerdings die Pressemitteilung eines Mitglieds der Bundesregierung auf der Internetseite des Ministeriums eingestellt wird, handelt es sich um eine Äußerung in regierungsamtlicher Eigenschaft[50] (s. oben **Fall 5, Rn 48, 56**).

793 **Aktuelle Rechtsprechung** – BVerfG v. 15.6.2022: Die umstrittenen Äußerungen der damaligen **Bundeskanzlerin Merkel** zur Ministerpräsidentenwahl in Thüringen (**Fall 75**) erfolgten in amtlicher Eigenschaft – ihr ging es um den Zusammenhalt der Bundesregierung, sie gab die Pressekonferenz als Bundeskanzlerin und war auch als solche und nicht als Parteipolitikerin in Südafrika unterwegs, so dass ihre Äußerungen als Stellungnahme der Bundesregierung aufgefasst werden mussten. Sie hätte also klarstellen müssen, nur ihre eigene Auffassung als Parteipolitikerin wiederzugeben. In der Sache verstieß sie gegen das Neutralitätsgebot und äußerte sich zu einem Vorgang auf Landesebene, für die es an der Kompetenz des Bundes fehlte (Rn 352); inwieweit sich die Forderung, eine ordnungsgemäß erfolgte Wahl „rückgängig zu machen", mit dem Demokratieprinzip des Grundgesetzes verträgt, spielte für die Entscheidung des BVerfG keine Rolle. – Zu Äußerungen des Bundesinnenministers *Seehofer* über die AfD („staatszersetzend", „schäbig") s. **Rn 55**.

794 **Lösung Fall 74: Klimaschutz in Zeiten des Wahlkampfs (Rn 754)**

Die Anzeigenkampagne könnte die L-Partei in ihrem Recht auf Chancengleichheit aus Art. 21 Abs. 1 iVm Art. 3 Abs. 1 GG und Art. 38 Abs. 1 GG verletzen.

1. Öffentlichkeitsarbeit der Regierung – sofern nicht auf ausschließlich sachliche Information beschränkt – wirkt sich notwendig auch auf Wahlchancen der Regierungsparteien aus; hier insb. auf Grund positiver Darstellung der Regierungspolitik und zeitlicher Nähe zu Wahlen.

2. Zulässige Informationstätigkeit der Regierung?

a) Öffentlichkeitsarbeit der Regierung als Voraussetzung funktionsfähiger Demokratie grundsätzlich durch Art. 20 Abs. 1, 2 GG getragen.

b) Öffentlichkeitsarbeit grundsätzlich unzulässig in „heißer" Wahlkampfphase.

c) Keine generelle Zeitgrenze, doch umso stärkere Zurückhaltung, je näher der Wahltermin rückt; hier: Wahltermin bekanntgegeben und nur noch vier Monate entfernt, daher besondere Zurückhaltung geboten; Aufmachung und Darstellung hier mit dem Charakter einer Wahlwerbung.

Ergebnis: Anzeigenkampagne unvereinbar mit dem Demokratiegebot des Art. 20 Abs. 1, 2 GG und damit Verletzung des Rechts der L-Partei auf Chancengleichheit.

---

48 BVerfGE 162, 207 Rn 86 ff (Angela Merkel).
49 BVerfGE 138, 102 Rn 50 ff.
50 BVerfGE 154, 320 Rn 89.

Lösung Fall 75: „Ein schlechter Tag für die Demokratie" (Rn 754a)   **794a**

I. Zulässigkeit eines Antrags der AfD zum BVerfG: Organstreitverfahren, Partei als „anderer Beteiligter".

II. Begründetheit: Verstoß gegen das Neutralitätsgebot?

1. Chancengleichheit der Partei, Art. 21 Abs. 1 GG iVm Art. 3 Abs. 1 GG: Schutzbereich durch Äußerung der Bundeskanzlerin berührt; „schlechter Tag…" als abwertende Äußerung.

2. Äußerung in amtlicher Eigenschaft als Bundeskanzlerin? Hier zu bejahen[51] – Indizien: Pressekonferenz der Bundeskanzlerin in dieser Eigenschaft, Handeln im Interesse des Ansehens der Bundesrepublik und der Stabilität der Regierung.

3. Rechtfertigung: Stabilität der Koalition auf Bundesebene nicht gefährdet, ebensowenig internationale Handlungsfähigkeit; auch keine Rechtfertigung aus allgemeiner Informationsaufgabe der Bundesregierung, dies schon deshalb, weil keine Zuständigkeit für die Regierungsbildung auf Landesebene.

Schrifttum zu § 9: *W.-R. Schenke*, Die Aufgabenverteilung innerhalb der Bundesregierung, Jura 1982, 337; *Terhechte*, Die vorzeitige Bundestagsauflösung als verfassungsrechtliches Problem, Jura 2005, 512; *Mager*, Die Vertrauensfrage – Zur Auslegung und Justitiabilität von Art. 68 GG, Jura 2006, 290; *Freudiger*, Die geschäftsführende Regierung – nach Grundgesetz und Verfassung des Freistaates Sachsen, SächsVBl 2019, 61; *Hölscheidt/Mundit*, Wer hat die meisten Stimmen? Die Wahl des Bundeskanzlers in der dritten Wahlphase, DVBl 2019, 73; *Schemmel*, Die geschäftsführende Bundesregierung, NVwZ 2018, 205; *Spitzlei*, Die politische Äußerungsbefugnis staatlicher Organe, JuS 2018, 856; *Rademacher/Marsch*, Mitgliederbefragung zum Koalitionsvertrag, JuS 2017, 992; *Hobusch/Schröder*, Anfängerklausur – Öffentliches Recht: Der widerspenstige Innenminister, JuS 2019, 359; *Voßkuhle/Schemmel*, Grundwissen öffentliches Recht: Die Bundesregierung, JuS 2020, 736; *Böttner/Bundes/Gundling*, Anfängerhausarbeit Öffntliches Recht-Staatsorganisationsrecht: Die überraschende Wahl, JuS 2021, 946.

§ 10 Der Bundespräsident

▶ **Leitentscheidungen:** BVerfGE 62, 1; BVerfGE 114, 121 (Bundestagsauflösung I und II);   **795**
BVerfGE 136, 277 (Bundesversammlung); BVerfGE 136, 323 (Spinner).

Fall 77: Prüfungsrecht

Der Bundestag verabschiedet mit der Mehrheit seiner Stimmen ein Gentechnikgesetz, das sich in seinen wesentlichen Inhalten an ein weiteres Urteil des BVerfG zu dieser Problematik anlehnt. Der Bundespräsident, dem es zur Ausfertigung und Verkündung gemäß Art. 82 GG zugeleitet wird, weigert sich, das Gesetz auszufertigen. Der Bundesrat hätte seiner Auffassung nach dem Gesetz zustimmen müssen; ferner verstoße es gegen die Menschenwürdegarantie des Art. 1 GG und beruhe auf einem politisch fragwürdigen Kompromiss mit der Industrie. Außerdem stehe es im Widerspruch zu einer Richtlinie der EU. Hat der Bundespräsident die Ausfertigung des Gesetzes zu Recht verweigert? **Rn 821** (prozessual Rn 902)

Fall 78: „Spinner"   **796**

Auf einer Diskussionsveranstaltung mit 18–20-jährigen Schülern einer Berufsschule in Berlin-Hellersdorf verwies ein Teilnehmer auf die vielen NPD-Plakate in diesem Viertel, von denen

---

51 BVerfGE 162, 207 Rn 118 ff (Angela Merkel).

auch einige abgerissen worden seien – ob er, der Bundespräsident da mitgemacht hätte? Dieser verneinte, denn eine nicht verbotene Partei habe das Recht ihre Meinung zu verbreiten, die Demokratie müsse auch irrige Meinungen ertragen. Und wörtlich fuhr er fort: „Wir brauchen da Bürger, die auf die Straße gehen, die den Spinnern ihre Grenzen aufweisen und die sagen bis hierher und nicht weiter."

Die NDP fühlt sich durch diese Äußerungen diskriminiert. Der Bundespräsident habe seine Befugnisse überschritten und seine Verpflichtung zu parteipolitischer Neutralität verletzt. (*Fall nach BVerfGE 136, 323*). **Rn 822** (prozessual Rn 902)

I. Rechtsstellung und Bedeutung

797 *Der Bundespräsident wird durch das Grundgesetz nur in geringem Maße mit unmittelbaren staatlichen Befugnissen ausgestattet. Wenn ihm besonders die Repräsentation und Wahrung der staatlichen Einheit obliegt, so ist diese Funktion nicht so sehr eine Frage verfassungsrechtlicher Kompetenzen, als vielmehr seiner persönlichen Autorität. Gleichwohl sind die ihm positiv zugewiesenen Befugnisse verfassungsrechtlich nicht irrelevant.*

1. Stellung im Grundgesetz

798 Der Bundespräsident ist nach dem Grundgesetz ein oberstes Bundesorgan. Die ihm von der Verfassung ausdrücklich zugewiesenen Befugnisse sind allerdings nur in geringem Maße mit eigener politischer Gestaltung verbunden. Er fertigt die von Bundestag und Bundesrat beschlossenen Gesetze aus (Rn 231, 234), hat aber keinen Einfluss auf deren Inhalt. Er ernennt und entlässt die Mitglieder der Bundesregierung, die ihm vorgeschlagen werden (Rn 764). Man kann hier von „staatsnotariellen" Funktionen des Bundespräsidenten sprechen, ebenso im Fall des Art. 60 GG. Er vertritt die Bundesrepublik nach außen (Art. 59 Abs. 1 GG) – dies bedeutet **Repräsentation** des Staates. In Situationen einer politischen Instabilität soll er stabilisierend und integrierend wirken: Dem dient seine Befugnis, bei drohender Minderheitsregierung zwischen der Auflösung des Bundestags und der Hinnahme einer Minderheitsregierung nach eigenem politischen Ermessen zu entscheiden (s. Art. 63 Abs. 4 S. 3, Art. 68 Abs. 1 S. 1 GG, Rn 765, 770). Ihm obliegt auch die Erklärung des Gesetzgebungsnotstands, Art. 81 GG. Man spricht auch von „Reservefunktionen". Er ist also nicht das schlechthin apolitische Verfassungsorgan, als das er mitunter dargestellt wird. Gleichwohl: Seine wesentlichen Funktionen liegen darin, den Staat zu repräsentieren und integrierend zu wirken[1]. Der Bundespräsident soll nach dem Grundgesetz „eine integrierende, die Einheit des Staates und des Volkes repräsentierende Autorität sein". Autorität und Würde seines Amtes sieht das BVerfG gerade auch darin, *„dass es auf vor allem geistig-moralische Wirkung angelegt ist.*[2]"

799 Seiner integrierenden Funktion entspricht es, nicht einseitig Stellung zu beziehen und „eine gewisse Distanz zu Zielen und Aktivitäten von politischen Parteien und gesellschaftlichen Gruppen" zu wahren[3], andererseits aber auch, auf Entwicklungen hinzuweisen, die für das Gemeinwesen gefährlich sein könnten. Es obliegt in erster Linie der Einschätzung des Bundespräsidenten selbst, in welchem Maße er sein Amt politisch verste-

---

1 *Kloepfer* I, § 17 Rn 15 ff.
2 BVerfGE 136, 277 Rn 91, 94.
3 BVerfGE 136, 277 Rn 95.

hen und wahrnehmen will[4], wie die aktive Rolle des Bundespräsidenten bei der Koalitionsbildung nach den Bundestagswahlen 2017 belegt. Das BVerfG spricht hier bezeichnender Weise von verfassungsrechtlichen **„Erwartungen"** und nicht von justiziablen verfassungsrechtlichen Bindungen[5].

Der Bundespräsident wird durch die **Bundesversammlung** gewählt. Dieses Verfassungsorgan[6] konstituiert sich nur zu diesem Zweck. Mitglieder sind die Abgeordneten des Bundestags und eine gleiche Anzahl von Vertretern der Länder, die von den Landesparlamenten gewählt werden, ihnen jedoch nicht angehören müssen, Art. 54 GG. Die Wahl erfolgt „ohne Aussprache", Art. 54 Abs. 1 GG. Daher haben die Mitglieder der Bundesversammlung kein Rede- oder Antragsrecht[7]. Eine unmittelbare Volkswahl, wie mitunter gefordert, würde nur Sinn machen, wenn die verfassungsrechtlichen Funktionen des Bundespräsidenten deutlich gestärkt würden. Der Bundespräsident genießt Immunität gemäß Art. 60 Abs. 4 iVm Art. 46 GG. Seine persönliche Rechtsstellung ist im GG iÜ nur rudimentär geregelt. Art. 55 GG legt **Inkompatibilitäten** für das Amt des Bundespräsidenten fest; Mitgliedschaft in einer Partei ist nicht ausgeschlossen, wohl aber – wenngleich dies nicht ausdrücklich niedergelegt ist – aktive Betätigung für die Partei. 800

Die Amtsperiode erstreckt sich auf 5 Jahre, einmalige Wiederwahl ist zulässig. Der Bundespräsident kann nur durch das BVerfG im Verfahren der Präsidentenanklage nach Art. 61 GG seines Amtes enthoben werden. Ein Rücktritt ist nicht ausdrücklich vorgesehen, aber wie bei jedem Staatsamt möglich[8]. 801

Nach dem Ausscheiden aus dem Amt des Bundespräsidenten gilt Art. 55 GG nicht mehr unmittelbar. Ob die Norm eine gewisse Nachwirkung entfaltet und ein Gebot zur Zurückhaltung bei entsprechenden Aktivitäten besteht, ist wohl eher eine Frage des politischen Stils. Der sog. „Ehrensold" ist im Gesetz über die Ruhebezüge des Bundespräsidenten aus dem Jahr 1953 festgelegt[9]. Nach dessen § 1 erhält der Bundespräsident, wenn er regulär nach dem Ablauf seiner Amtszeit oder vorzeitig aus politischen oder gesundheitlichen Gründen aus dem Amt ausscheidet, Ruhebezüge in voller Höhe seiner Amtsbezüge. Im Fall des Bundespräsidenten *Wulff* war unklar, ob er aus politischen oder persönlichen (nicht: gesundheitlichen) Gründen zurückgetreten ist; ob in letzterem Fall der Anspruch besteht, ist str[10].

Fallbeispiel aus der Rechtsprechung: Im Fall von *Wulff* spielte der Ehrensold mittelbar eine Rolle in einem Rechtsstreit zwischen ihm und einer illustrierten Zeitschrift. Diese hatte Fotos vom ihm veröffentlicht, auf denen er mit vollem Einkaufswagen auf dem Parkplatz eines Supermarktes zu sehen war. Er sah hierin eine Verletzung seiner Persönlichkeitsrechte. Anders der BGH: Es bestehe ein berechtigtes öffentliches Interesse an der Person nicht nur eines amtierenden, sondern auch eines ehemaligen Bundespräsidenten. Dieser nehme weiterhin Funktionen in der Öffentlichkeit wahr, was auch darin zum Ausdruck komme, dass er eben diesen Ehrensold beziehe[11]. Es handelte sich daher um Vorgänge von zeitgeschichtlicher Relevanz. Die Veröffentlichung war durch das Grundrecht der Pressefreiheit gedeckt[12].

---

4   BVerfGE 136, 323 Rn 31, 33.
5   BVerfGE 136, 323 Rn 11, 28 und BVerfGE 136, 277 Rn 95.
6   BVerfGE 136, 277 Rn 104 ff.
7   BVerfGE 138, 125 Rn 25 ff.
8   S. hierzu den Klausurfall bei *Helm/Platzer*, JA 2013, 284.
9   BGBl I S. 406.
10 S. dazu *Degenhart*, ZRP 2012, 74 sowie in: legaltribune online v. 20.2.2012 und v. 9.8.2017, www.lto.recht/hintergruende.
11 BGH NJW 2018, 1820 Rn 22.
12 Zum Verhältnis von Pressefreiheit und Persönlichkeitsschutz s. *Degenhart*, BonnK, Art. 5 I und II (2017) Rn 81, 458 ff.

802 Demgegenüber war die Stellung des unmittelbar vom Volk gewählten Reichspräsidenten nach der Weimarer Verfassung als Gegengewicht zum Parlament konzipiert. Er war demgemäß sehr viel stärker in das unmittelbare politische Geschehen einbezogen und mit weitergehenden Befugnissen ausgestattet. Im Zeitpunkt der Entstehung des Grundgesetzes 1948/49 wurde dies als mitursächlich für das Aufkommen der Diktatur gesehen, und deshalb sollte der Bundespräsident auf vorwiegend repräsentative Befugnisse beschränkt bleiben. Seiner Bedeutung als Verfassungsorgan würde es allerdings nicht gerecht, sie lediglich negativ, aus der Entgegensetzung zur WRV zu bestimmen. Sie ist eigenständig aus dem Grundgesetz zu bestimmen. Deshalb ist gegenüber dem – durchaus beliebten – Argumentationsmuster der Entgegensetzung zur WRV Zurückhaltung geboten.

2. Zur Gegenzeichnungspflicht

803 Durch die **Gegenzeichnungspflicht** des Art. 58 GG wird der Bundespräsident in die politische Entscheidungsgewalt der *Bundesregierung* eingebunden. Über die parlamentarische Verantwortlichkeit der Regierung wird damit die *parlamentarische* Legitimation seiner Handlungen vermittelt. Der Gegenzeichnung bedürfen nach Art. 58 GG **„Anordnungen und Verfügungen"** des Bundespräsidenten. Der Begriff ist umstritten. Teilweise werden hierunter alle amtlichen und politisch bedeutsamen Handlungen und Erklärungen des Bundespräsidenten verstanden, also insbesondere auch **Reden**, Interviews uÄ. Doch stellt sich hier die Frage, wie die Gegenzeichnung erfolgen soll. Überwiegend wird sie daher nur für rechtlich verbindliche Akte und nach außen wirkende, schriftförmige Entscheidungen angenommen[13]. Für die weite Auffassung spricht, dass der Bundespräsident auch im informellen Bereich politisch wirken kann. Für die herrschende, engere Auffassung spricht jedoch der Wortlaut des Art. 58 GG und der Begriff der „Gültigkeit": Eine Rede kann weder „gültig" noch „ungültig" sein. Der Bundespräsident kann aber unter dem Aspekt der Verfassungsorgantreue gehindert sein, sich gegen die Politik der Regierung zu positionieren[14].

804 **Zum Begriff: Verfassungsorgantreue** impliziert eine ungeschriebene Verpflichtung der Verfassungsorgane, in ihrem Verhältnis zueinander über die positiv festgelegten Befugnisse hinaus sich von wechselseitiger Rücksichtnahme leiten zu lassen, hierin in etwa der Pflicht zu bundesfreundlichem Verhalten (Rn 501 ff) vergleichbar. Vor allem dann, wenn Rechte und Befugnisse von Verfassungsorganen miteinander kollidieren und nach dem Grundsatz „praktischer Konkordanz" in Ausgleich zu bringen sind, ist auf diese immanente Verpflichtung zu wechselseitigem Ausgleich abzustellen. Keinen Verstoß gegen die Organtreue sieht das BVerfG darin, dass unmittelbar nach der Nichtigerklärung der 5%-Sperrklausel für die Europawahlen durch BVerfGE 129, 300 der Gesetzgeber eine 3%-Sperrklausel festgelegt hatte: Der Gesetzgeber habe sich nicht über das Urteil hinweggesetzt, sondern die Neuregelung in Auseinandersetzung mit dem Urteil getroffen[15].

805 Die **Gegenzeichnung** obliegt dem Bundeskanzler oder dem ressortmäßig zuständigen Bundesminister, richtet sich also nach der Aufgabenverteilung innerhalb der Bundesregierung (Rn 779 ff): Sind „Richtlinien der Politik" betroffen (Rn 780), so ist der Bundeskanzler zuständig. Die Gegenzeichnung erfolgt bei rechtlich verbindlichen Anordnungen schriftlich (in der Praxis wird dem Bundespräsidenten regelmäßig die bereits gegengezeichnete Verfügung zum Vollzug vorgelegt, also zB das auszufertigende Gesetz). Folge

---

13 Vgl *Schenke*, BonnK, Art. 58 (2015) Rn 62 ff sowie JZ 2015, 1009, 1013; *Nierhaus/Brinktrine*, in: Sachs, Art. 58 Rn 7.
14 *Schenke*, aaO.
15 BVerfGE 135, 259 Rn 37; s. dazu *Pernice-Warnke*, Jura 2014, 1143, 1145.

der Gegenzeichnung ist die Übernahme der politischen Verantwortung durch die Bundesregierung. Die rechtliche Verantwortung verbleibt beim Bundespräsidenten: Er hat ein Gesetz, das nicht „nach den Vorschriften des Grundgesetzes zustande gekommen" ist (Rn 231, 808), nicht auszufertigen, auch bei vorliegender Gegenzeichnung[16]. Fehlt die Gegenzeichnung, so ist nach Art. 58 GG die Maßnahme ungültig, wird also nicht wirksam. Auch dies macht nur Sinn bei rechtlich verbindlichen Akten[17].

II. Kompetenzen des Bundespräsidenten, insbesondere das Prüfungsrecht

Soweit dem Bundespräsidenten positive verfassungsrechtliche Kompetenzen wie etwa die Ausfertigung von Gesetzen zugewiesen sind, stellt sich regelmäßig die Frage, ob er hierbei lediglich die Entscheidungen der anderen Verfassungsorgane vollzieht oder aber selbst über die Voraussetzungen seines Handelns entscheidet. Die damit angesprochene Frage der Prüfungskompetenz des Bundespräsidenten ist im Schwerpunkt Gegenstand der nachstehenden Ausführungen. 806

1. Ausfertigung von Gesetzen und Prüfungskompetenz

Gesetze bedürfen zu ihrem Inkrafttreten der Ausfertigung durch den Bundespräsidenten, Art. 82 GG. Mit der **Ausfertigung** wird bekundet, dass der veröffentlichte Gesetzestext mit dem vom Bundestag und Bundesrat beschlossenen Inhalt des Gesetzes übereinstimmt und das Gesetzgebungsverfahren ordnungsgemäß durchgeführt wurde. Abschließend erfolgt die Veröffentlichung im Bundesgesetzblatt. Zentrales Problem bei dieser „staatsnotariellen" Kompetenz des Bundespräsidenten ist die Frage einer Prüfungskompetenz: Darf der Bundespräsident, muss er ggf die Ausfertigung verweigern, wenn er das Gesetz für verfassungswidrig hält? 807

Unstreitig ist das **formelle Prüfungsrecht** des Bundepräsidenten. Dies folgt bereits aus dem Wortlaut des Art. 82 GG: er hat nach den Vorschriften des GG **zustandegekommene** Gesetze auszufertigen. Wann ein Gesetz zustandekommt, besagt Art. 78 GG. Dessen Voraussetzungen müssen vorliegen. Der Bundespräsident kann hiernach also die Beschlussfassung durch den Bundestag und die Wahrung der Rechte des *Bundesrats*, aber auch die *Gesetzgebungskompetenz* des Bundes prüfen. Er hat insoweit nicht nur ein Prüfungsrecht, er hat auch eine **Prüfungspflicht**[18], da er sich der verfassungsrechtlichen Voraussetzungen seines Handelns vergewissern muss. In der Praxis erfolgt meist die Beschränkung auf evidente Verfahrensfehler, so beim **Zuwanderungsgesetz** (Rn 727): hier verneinte der Bundespräsident *Rau* angesichts des interpretationsfähigen Verhaltens der Beteiligten bei der Abstimmung im Bundesrat einen evidenten Verfassungsverstoß und fertigte das Gesetz aus. Diese Selbstbeschränkung ist jedoch für das Gesetzgebungsverfahren nicht zwingend. 808

Ob der Bundespräsident auch ein **materielles Prüfungsrecht** hat, also zB prüfen kann, ob ein Gesetz Grundrechte verletzt, ist str. Der **Wortlaut** des Art. 82 GG ist nicht eindeu- 809

---

16 Zur Frage, ob auch die Bundesregierung bei der Gegenzeichnung ein Prüfungsrecht hat, s. den Übungsfall bei *Keber*, JA 2012, 917.
17 Vgl *Nierhaus/Brinktrine*, in: Sachs, Art. 58 Rn 18; s. auch den Klausurfall bei *Jochum*, JuS 2014, 350.
18 Vgl *Kahl/Benner*, Jura 2005, 869, 870.

tig, denn „Vorschriften des Grundgesetzes", nach denen ein Gesetz zustande kommt, können *auch* materielle Bestimmungen sein. Allerdings spricht die Parallele zu Art. 78 GG für die engere Auffassung. Da die Frage also im Grundgesetz nicht *ausdrücklich* geregelt ist, ist sie aus dessen systematischem Zusammenhang und der sich hieraus ergebenden Aufgabenstellung der Staatsorgane zu beantworten, hier also aus der verfassungsrechtlichen Stellung des Bundespräsidenten, wie sie im Grundgesetz umrissen wird.

810 Nicht weiterführend ist der **Amtseid** des Bundespräsidenten, Art. 56 GG: Seine Verpflichtung, „das Grundgesetz zu wahren", sagt noch nichts über den Umfang seiner Pflichten nach dem Grundgesetz. Dies wäre ein *Zirkelschluss*[19]. Ebensowenig sinnvoll erscheint mir die Argumentation *gegen* ein Prüfungsrecht aus der im Vergleich zur WRV schwächeren Stellung des Bundespräsidenten: dessen Befugnisse sind *aus dem Grundgesetz* zu bestimmen, nicht aus der Rückwendung auf die WRV. Auch aus der Stellung des Bundespräsidenten im Verfassungsgefüge lässt sich die Frage nicht eindeutig beantworten. Es handelt sich bei der Prüfung der Verfassungsmäßigkeit eines Gesetzes um keine Frage *politischer Staatsleitung*, für die der Bundespräsident jedenfalls nicht zuständig wäre.

811 Der Grundsatz der **Gewaltenteilung**, Art. 20 Abs. 2 GG, spricht zwar gegen materielle Eingriffe des Bundespräsidenten in die Gesetzgebung: er gehört als Verfassungsorgan nicht zur Legislative. Andererseits kennt das Grundgesetz auch sonst Verschränkungen zwischen den einzelnen Staatsfunktionen; es besteht keine durchgehende strikte Trennung der Gewalten. Alle Verfassungsorgane sind verpflichtet, die **verfassungsmäßige Ordnung** zu wahren, Art. 20 Abs. 3 GG. Deshalb ist auch der Gesichtspunkt der vorrangigen Kompetenz des BVerfG zur Prüfung der Verfassungsmäßigkeit von Gesetzen nicht tragfähig: Die Möglichkeit der nachträglichen Kontrolle (auf Antrag!) entbindet keinesfalls von der Verpflichtung aller Verfassungsorgane, von vornherein verfassungsmäßig zu handeln.

812 Diese Verpflichtung und damit der Vorrang der Verfassung spricht *für* ein Prüfungsrecht[20]. Aber auch Bundestag und Bundesrat haben die verfassungsmäßige Ordnung zu wahren. Mit der Verabschiedung eines Gesetzes bekunden sie, dass es nach ihrer Auffassung der verfassungsmäßigen Ordnung entspricht. Ist der Bundespräsident gegenteiliger Auffassung, so stellt sich letztlich die **Kompetenzfrage**, wessen Auffassung den Ausschlag geben soll. Hier nun kann auf den Gewaltenteilungsgrundsatz abgestellt werden: verantwortlich für den Inhalt der Gesetze ist primär der demokratisch legitimierte Gesetzgeber. Seine Einschätzung der Verfassungsmäßigkeit hat im Gesetzgebungsverfahren Vorrang[21]. An diese Einschätzung ist der Bundespräsident zunächst gebunden, es sei denn, diese ist offensichtlich fehlsam: Wenn sich die Verfassungswidrigkeit eines Gesetzes geradezu aufdrängt, muss die Wahrung der Verfassungsordnung gegenüber der grundsätzlichen, aber eben nicht unbegrenzten Einschätzungsprärogative des Gesetzgebers durchgreifen.

813 Im Ergebnis bedeutet dies: Der Bundespräsident prüft die materielle Verfassungsmäßigkeit eines Gesetzes, weil er, wie alle Verfassungsorgane, auf die Wahrung der Verfas-

---

19 *Ipsen/Kaufhold/Wischmeyer*, § 9 Rn 23 ff.
20 *Schoch*, Jura 2007, 354, 359.
21 So auch einer der Vorgänger des jetzigen Bundespräsidenten im Amt, *Johannes Rau*, in seinem Beitrag „Vom Gesetzesprüfungsrecht des Bundespräsidenten", DVBl 2004, 1, 2, in seiner Zitierweise ähnlich großzügig wie ein späterer Bundesverteidigungsminister.

sungsordnung verpflichtet ist. Er kann die Ausfertigung aber nur dann verweigern, wenn der Verfassungsverstoß klar zutage tritt und in diesem Sinn **evident** ist[22]. Dies folgt aus der Kompetenzverteilung zwischen Bundestag/Bundesrat und Bundespräsident. Hier werden auch allgemeinere Überlegungen hinsichtlich der Stellung des Bundespräsidenten als Verfassungsorgan sinnvoll: Ihm ist es nicht zuzumuten, bei klar erkannter Verfassungswidrigkeit durch die Ausfertigung eines Gesetzes den Verfassungsverstoß zu billigen. Dem entspricht auch weitgehend die Praxis[23]. Im Übrigen ist auch hier zu bedenken, dass es um das Verhältnis oberster Verfassungsorgane zueinander geht, denen gewisse Handlungsspielräume zugestanden werden müssen. So wird man auch dem Bundespräsidenten einen Einschätzungsspielraum in der Frage zubilligen müssen, wann für ihn die Verfassungswidrigkeit eines Gesetzes deutlich zutage tritt. Ein *politisches Prüfungsrecht* hinsichtlich des Inhalts eines auszufertigenden Gesetzes, dies ist klarstellend anzumerken, hat der Bundespräsident ganz unstreitig *nicht*: Hierin läge ein unzulässiger Eingriff in die politische Staatsleitung durch das Parlament.

Eine Prüfungskompetenz bezüglich der Vereinbarkeit eines Gesetzes mit Unionsrecht dürfte ungeachtet Art. 4 Abs. 3 AEUV[24] zu verneinen sein. Der Wortlaut des Art. 82 GG bezieht sich auf die Vorschriften des Grundgesetzes; auch führt der Widerspruch zu Unionsrecht nur zu dessen Anwendungsvorrang, nicht zur Nichtigkeit des Gesetzes. Zum Prüfungsrecht bei Art. 60 GG, Rn 816. 814

2. Vertretung der Bundesrepublik nach außen

Der Bundespräsident vertritt als Staatsoberhaupt – entsprechend allgemeinen völkerrechtlichen Gepflogenheiten – die Bundesrepublik nach außen. Ihm obliegt hierbei insbesondere der Abschluss **völkerrechtlicher Verträge**, Art. 59 Abs. 1 GG (Rn 582 f). Nicht obliegt ihm die Außenpolitik. Er ist darauf beschränkt, die von den hierfür zuständigen Verfassungsorganen eingenommenen Positionen zu vertreten, also etwa auch bei Reden im Rahmen von Staatsbesuchen die außenpolitische Linie der Bundesregierung und des Bundestags zu wahren, Träger der materiellen auswärtigen Gewalt sind Parlament und Regierung. Demgemäß bezieht sich die Kompetenz des Art. 59 Abs. 1 S. 2 GG nicht auf die materielle Gestaltung der Außenpolitik, nicht auf die Ausgestaltung völkerrechtlicher Verträge, insbesondere also auch nicht auf Vertragsverhandlungen, sondern ausschließlich auf die Ratifikation der Verträge, dh die Erklärung der völkerrechtlichen Bindung an den bereits durch die Bundesregierung unterzeichneten Vertrag mit Austausch der Ratifikationsurkunden[25]. *Wann* Verträge eines Vertragsgesetzes bedürfen, ergibt sich aus Art. 59 Abs. 2 GG (Rn 583). Das Vertragsgesetz ermächtigt den Bundespräsidenten zur Ratifikation, wodurch dieser völkerrechtlich bindend wird. Für die **Prüfungskompetenz** des Bundespräsidenten gelten die gleichen Gesichtspunkte, wie auch sonst bei der Ausfertigung von Gesetzen. 815

---

22 *Kment*, in: Jarass/Pieroth, Art. 82 Rn 3; *Bauer*, in: Dreier II, Art. 82 Rn 14.
23 So auch *Wallrabenstein*, in: v. Münch/Kunig II, Art. 82 Rn 6 f; gegen die *Beschränkung* auf eine Evidenzkontrolle *Schoch*, Jura 2007, 354, 360, dessen Einwände gegen den Maßstab der Evidenz allerdings nicht überzeugen: eine Evidenzkontrolle findet sich auch in anderen verfassungsrechtlichen Zusammenhängen, so zB bei der Entscheidung des Bundespräsidenten über die Auflösung des Bundestags; das BVerfG schließlich sieht sich an die Rechtsauffassung des EuGH gebunden, solange diese nicht evident fehlerhaft (willkürlich) ist; wie hier: *Nolte/Tams*, JuS 2006, 1088, 1089.
24 Für unionsrechtliche Prüfungskompetenz deshalb *Schladebach/Koch*, Jura 2016, 355, 358.
25 Vgl hierzu *Kleinlein*, BonnK, Art. 59 (2022) Rn 221 ff; *Starski*, in: v. Münch/Kunig I, Art. 59 Rn 12 ff.

3. Weitere Befugnisse

816 Bei der Ernennung und Entlassung der Bundesminister nach Art. 64 Abs. 1 GG ist der Bundespräsident grundsätzlich beschränkt auf die Prüfung der – geringen – rechtlichen Voraussetzungen hierfür (zur Frage der Ablehnungsbefugnis aus Gründen des „Staatswohls", Rn 766). Bei der Ernennung des Bundeskanzlers prüft er lediglich die Voraussetzungen für dessen ordnungsgemäße Wahl, wie sie in Art. 63, 67 GG enthalten sind. Für die dem Bundespräsidenten durch Art. 60 Abs. 1 GG übertragene Ernennung und Entlassung der Bundesbeamten, Bundesrichter und Angehörigen der Bundeswehr wird über die Prüfung der rechtlichen Voraussetzungen hinaus dem Bundespräsidenten auch eine begrenzte sachliche Prüfungsbefugnis in Fragen der Qualifikation zugebilligt[26].

817 Nach **eigenem politischen Ermessen** handelt der Bundespräsident bei der Entscheidung über die **Auflösung des Bundestags** nach Art. 63 Abs. 4 S. 3 GG, Art. 68 Abs. 1 S. 1 GG (Rn 771, 823). Auch hier geht die Prüfung der rechtlichen Voraussetzungen seines Handelns voraus, so iFd Art. 68 Abs. 1 S. 1 GG die Annahme „politischer Instabilität", näher Rn 774 f. Vergleichbare Überlegungen dürften für die Erklärung des **Gesetzgebungsnotstands** nach Art. 81 GG maßgeblich sein. Auch hier trifft der Bundespräsident eine politische Ermessensentscheidung nach Prüfung der rechtlichen Voraussetzungen für sein Handeln; hinsichtlich der *„Dringlichkeit"* einer Vorlage ist wiederum eine Einschätzungsprärogative zu Gunsten der Bundesregierung in Betracht zu ziehen. Die Ausübung des *Gnadenrechts für den Bund* ist von praktisch geringerer Bedeutung, da auf *Bundessachen*[27] beschränkt.

4. „Politische" Befugnisse des Bundespräsidenten – insbesondere: Äußerungsrecht

818 Der Bundespräsident als Verfassungsorgan nimmt nicht an der politischen Staatsleitung teil. Andererseits ist er durchaus befugt, kann sogar dazu verpflichtet sein, sich in Fragen von tragender Bedeutung für das Staatsganze mit dem Gewicht seines Amtes zu äußern. Es entspricht seiner nach außen hin repräsentativen wie nach innen integrativen Funktion als Staatsoberhaupt, wenn er etwa sich in grundsätzlicher Weise zur historischen Verantwortung der Bundesrepublik bekennt, aber etwa auch die Aufmerksamkeit in der Öffentlichkeit auf krisenhafte Entwicklungen lenkt. Als sich in der Hauptstadtdiskussion nach 1990 der damalige Amtsinhaber dezidiert für Berlin aussprach, dürfte dies seiner Repräsentationsfunktion entsprochen haben[28].

819 Nicht eindeutig sind die Grenzen in der Frage parteipolitischer Neutralität zu ziehen. Wenn sich unterschiedliche Bundespräsidenten bereits kritisch zu Fehlentwicklungen des Parteienstaates geäußert haben, so entspricht dies durchaus ihrer Aufgabe, integrierend zu wirken, ebenso wie die Warnung vor dem Wiederaufleben nazistischen oder rassistischen Gedankengutes. Wenn dieses Gedankengut aus Richtung einer bestimmten Partei kommt, ist es klar, dass eben diese Partei von der Äußerung des Bundespräsidenten betroffen ist. Justiziable Grenzen sieht das BVerfG erst dort, wo der Bundespräsident „unter evidenter Vernachlässigung seiner Integrationsfunktion und damit willkürlich Partei

---

[26] Näher *Reimer*, BonnK, Art. 60 (2015) Rn 30 ff.
[27] Dazu *Nierhaus*, in: Sachs, Art. 60 Rn 11 ff; s. auch den Klausurfall bei *Jochum*, JuS 2014, 350.
[28] Zur Frage, ob der Bundespräsident zur Bestimmung einer Nationalhymne befugt wäre, s. den Übungsfall von *Naumann*, JuS 2000, 786.

ergriffen hat"²⁹. Das BVerfG beschränkt sich also auf eine reine Willkürkontrolle. Nach diesen Maßstäben dürfte die bei anderer Gelegenheit geäußerte Genugtuung darüber, dass die Partei „Alternative für Deutschland" (AfD) den Einzug in den Bundestag verfehlt hatte (2013), einen Grenzfall darstellen. Die Grenzen wären überschritten, wenn während des Wahlkampfs ein Aufruf erfolgte, eine Partei nicht zu wählen; und auch in offenen Verfassungskonflikten dürfte der Bundespräsident nicht einseitig Partei ergreifen.

Wie auch sonst in öffentlicher Auseinandersetzung, ist es dem Bundespräsidenten zuzubilligen, seine Auffassung in zugespitzter Form, entsprechend der jeweiligen kommunikativen Situation, zum Ausdruck zu bringen, seine Ausdrucksweise in gewissem Rahmen der Zielgruppe anzupassen, die er erreichen will³⁰. Dass die für den Bundespräsidenten geltenden Maßstäbe auf Mitglieder der Bundesregierung nicht übertragbar sind, diesen vielmehr engere Grenzen gezogen sind, hat das BVerfG in einem späteren Urteil klargestellt³¹ (Rn 791). 820

Lösung Fall 77: Prüfungsrecht (Rn 795) 821

1. Der Bundespräsident macht mit seiner Weigerung zunächst *Verfahrensmängel* geltend.

a) Hierzu ist er berechtigt: er hat ein formelles Prüfungsrecht, Art. 82 GG.

b) Er weigert sich dann zu Recht, das Gesetz auszufertigen, wenn es verfahrensfehlerhaft zustande gekommen ist. Dies ist der Fall, wenn der Bundesrat entgegen Art. 77 GG nicht verfassungsgemäß beteiligt worden ist.

2. Der Bundespräsident macht ferner materielle Verfassungswidrigkeit geltend.

Beschränkt man seine Prüfungskompetenz auf Fälle evidenter Verfassungswidrigkeit, wird man seine Weigerung aus diesem Grund nicht als berechtigt anerkennen dürfen. Bei einer derart verfassungsrechtlich umstrittenen Thematik wird evidente Verfassungswidrigkeit nicht in Betracht kommen und ist jedenfalls dann zu verneinen, wenn das Gesetz iW verfassungsgerichtlichen Vorgaben entspricht.

3. Politische Aspekte des Zustandekommens des Gesetzes zu bewerten, ist dem Bundespräsidenten untersagt.

4. Ein unionsrechtliches Prüfungsrecht des Bundespräsidenten dürfte nach dem Wortlaut des Art. 82 GG ausgeschlossen sein, s. Rn 814.

Lösung Fall 78: „Spinner" (Rn 796) 822

1. Äußerungsrecht des Bundespräsidenten: Integrationsfunktion als Grundlage.

2. Grenzen des Äußerungsrechts?

a) Willkürliche Diskriminierung der Partei? Hier nicht der Fall, da es dem Bundespräsidenten darum ging, auf die Gefahr der Wiederbelebung nazistischen Gedankenguts hinzuweisen und bürgerschaftliches Engagement dagegen zu fordern; die umfasst notwendig Engagement gegen eine Partei oder Vereinigung, die derartiges Gedankengut verbreitet.

b) Die Formulierung „Spinner" könnte als Schmähkritik unzulässig sein; das BVerfG wertet sie jedoch als Sammelbegriff für Menschen, die die Geschichte nicht verstanden haben und die Unbelehrbarkeit der so Angesprochenen verdeutlichen; die Formulierung entspricht diesem Anliegen und war auch in der konkreten Situation nicht unangemessen.

---

29 BVerfGE 136, 323 Rn 33.
30 BVerfG aaO Rn 32.
31 BVerfGE 138, 102.

Der Bundespräsident hat also Rechte der Partei nicht verletzt; der gegen seine Äußerung gerichtete Antrag im **Organstreitverfahren** war unbegründet. – Die Zulässigkeit ergibt sich daraus, dass auch durch Äußerungen eines Verfassungsorgans Rechte anderer Beteiligter verletzt werden und diese daher eine rechtserhebliche Handlung iSv § 64 Abs. 1 BVerfGG sein können.

Schrifttum zu § 10: *Kunig*, Der Bundespräsident, Jura 1994, 217; *Kahl/Benner*, Fehlerhaftes Gesetzgebungsverfahren? – Der Bundespräsident als Kontrollinstanz, Jura 2005, 869; *Schoch*, Die Prüfungskompetenz des Bundespräsidenten im Gesetzgebungsverfahren, Jura 2007, 354; *Degenhart*, Der „Ehrensold" des Bundespräsidenten, ZRP 2012, 74; vgl auch *Nolte/Tams*, Übungsklausur: Der Bundespräsident und das Flugsicherungsgesetz, JuS 2006, 1088; *Helm/Platzer*, Der schneidige Bundespräsident und sein Rücktritt, JA 2013, 284; *Lohse*, „Die Hüter der Verfassung", JA 2014, 519; *Jochum*, Der Kapitän muss noch nicht gehen, JuS 2014, 350; *Pracht*, Die Wahl des Bundespräsidenten durch die Bundesversammlung, ZJS 2015, 573; *Schladebach/Koch*, Das unions- und völkerrechtliche Prüfungsrecht des Bundespräsidenten, Jura 2016, 355; *Voßkuhle/Schemmel*, Grundwissen öffentliches Recht: der Bundespräsident, JuS 2021, 118.

823 Lösung Zusammenfassender Ausgangsfall 58: Bundestagsauflösung (Rn 623)

I. Zulässigkeit des Antrags im Organstreitverfahren, Art. 93 Abs. 1 Nr 1 GG.

1. Der einzelne Bundestagsabgeordnete ist beteiligtenfähig als Träger eigener Rechte nach dem GG (Rn 712); für den Bundespräsidenten als *Antragsgegner* folgt die Beteiligtenfähigkeit unmittelbar aus Art. 93 Abs. 1 Nr 1 GG, § 63 BVerfGG.

2. *Streit* um gegenseitige Rechte und Pflichten liegt vor: Auflösung des Bundestags und Anordnung der Neuwahlen.

3. *Antragsbefugnis*, § 64 BVerfGG: die Antragsteller sind in ihrer rechtlichen Stellung als Abgeordnete betroffen; Art. 39 Abs. 1 S. 1 GG – Wahlperiode – gewährleistet eine verfassungsrechtliche Position des Bundestags, damit auch des einzelnen Abgeordneten, der durch Art. 38 Abs. 1 S. 2 GG geschützt wird.

4. Das *Rechtsschutzinteresse* besteht auch dann fort, wenn der Bundestag bereits aufgelöst ist; zur Antragsfrist s. § 64 Abs. 3 BVerfGG.

II. Begründetheit des Antrags

Der Antrag ist begründet, wenn der Bundespräsident gegen die Verfassung verstoßen und hierdurch Rechte der Antragsteller verletzt hat. In Betracht kommt hier: Art. 68 Abs. 1 S. 1 GG.

Die Vorschrift räumt dem Bundespräsidenten *Ermessen* ein; das BVerfG prüft also fehlerhaften Ermessensgebrauch, zunächst aber die tatbestandlichen Voraussetzungen des Art. 68 Abs. 1 GG:

1. Tatbestandliche Voraussetzungen:

a) *Vertrauensfrage:* war hier gestellt;

– keine ausreichende *Mehrheit:* hier gegeben, da mehrheitlich Enthaltung;

– *Vorschlag des Bundeskanzlers*, den Bundestag aufzulösen: hier gegeben.

b) *Problem:* Erfordernis einer „*materiellen Auflösungslage*" – zweckgerichteter Gebrauch des Art. 68 GG in einer Lage politischer Instabilität.

Der Bundeskanzler hat hier die sog. unechte oder auflösungsgerichtete Vertrauensfrage gestellt. Er darf sie nicht nur zu dem Zweck gestellt haben, das fehlende Selbstauflösungsrecht des Bundestags zu umgehen. Er muss vielmehr von Art. 68 GG in einer dem Zweck der Vorschrift entsprechenden Weise Gebrauch gemacht haben, um die Regierungsstabilität zu sichern.

aa) Dabei kommt es nicht entscheidend auf die numerischen Mehrheitsverhältnisse im Bundestag an. Auch wenn der Bundeskanzler sich noch auf eine rechnerische Mehrheit stützen kann, können die politischen Verhältnisse doch derart sein, dass künftige politische Niederlagen im

Parlament drohen und die Bundesregierung deshalb in ihrer Handlungsfähigkeit eingeschränkt ist. Es geht um die Verhältnisse im Bundestag: diese waren bei der Vertrauensfrage des Kanzlers Schröder (der der Fall nachgebildet ist) aber nicht instabil. Dies spricht gegen die Annahme einer materiellen Auflösungslage.

bb) Dass Parteien und Wähler Neuwahlen wünschen, ist verfassungsrechtlich unerheblich – die entsprechende Begründung liefe auf eine dem Grundgesetz nicht gemäße Referendumsdemokratie hinaus.

c) Ob eine Lage politischer Instabilität, auf die auch mit der auflösungsgerichteten Vertrauensfrage reagiert werden darf, gegeben ist, ist allerdings zunächst vom Bundeskanzler zu beurteilen, dem auch eine *Prärogative in der Einschätzung* zuzuerkennen ist. Gefordert wird, dass er sich überhaupt auf Tatsachen stützt und dass die hierauf gestützte Einschätzung der politischen Situation jedenfalls plausibel ist. Die im Sachverhalt wiedergegebene Begründung lässt es daran fehlen; angesichts der eindeutig gegebenen Mehrheitsverhältnisse im Parlament dürfte aber auch dann nicht von der Berechtigung der Vertrauensfrage auszugehen sein.

d) Auch wenn der *Bundespräsident* im Hinblick auf den Bereich eigenständiger politischer Verantwortung der Verfassungsorgane *seine* politische Bewertung der Verhältnisse nicht an die Stelle der Beurteilung des Bundeskanzlers setzen darf, durfte er hier doch nicht bei der Entscheidung über die Auflösung des Bundestags von einer materiellen Auflösungslage ausgehen.

2. Fehlt es bereits an den Voraussetzungen des Art. 68 Abs. 1 S. 1 GG, so stellt sich nicht mehr die Frage nach dem *politischen Ermessen* des Bundespräsidenten.

3. Verletzung des ASt in eigenen Rechten: Bestand des Mandats.

Anhang zu §§ 7–10: Staatsorgane der Länder

824 Die Organisation des Staatsapparates ist notwendiger Inhalt der Landesverfassungen. Sie ist im Rahmen der Homogenitätsklausel des Art. 28 Abs. 1 S. 1 GG der Einwirkung des Bundesrechts verschlossen. Hier ist also Raum für die Entfaltung der Verfassungsautonomie der Länder. Dass diese der unmittelbaren Demokratie breiteren Raum geben, wurde im Zusammenhang mit dem Demokratieprinzip dargestellt (Rn 119 ff). Im Übrigen folgen die nachgrundgesetzlichen Verfassungen zwar weitgehend dem Vorbild des Grundgesetzes, doch konnte die neueste Verfassungsgebung, also die Verfassungsgebung in den neuen Bundesländern, aber auch in Schleswig-Holstein und Niedersachsen, wo die bisherigen Organisationsstatute durch Vollverfassungen abgelöst wurden, Erfahrungen mit dem Grundgesetz berücksichtigen und Ergebnisse der aktuellen Verfassungsdiskussion aufnehmen. Im Folgenden sind insbesondere wesentliche Besonderheiten der Landesverfassungen darzustellen. Sie betreffen das Wahlrecht, Fragen der Regierungsbildung und der Zuständigkeitsverteilung zwischen den Verfassungsorganen sowie des Parlamentsrechts.

825 Eine aus allgemeinen, unmittelbaren, freien, gleichen und geheimen Wahlen hervorgehende **Volksvertretung** ist für die Bundesländer bereits durch Art. 28 Abs. 1 S. 2 GG zwingend vorgeschrieben. Die Landesverfassungen legen diese Erfordernisse meist ausdrücklich fest (vgl zB für Baden-Württemberg Art. 26 Abs. 4 BWVerf). Für Bayern fordert Art. 14 Abs. 1 S. 1 BayVerf ausdrücklich die Staatsbürgerschaft, meint hierbei die bayerische Staatsbürgerschaft nach Art. 6 BayVerf. Da aber Art. 8 BayVerf die Gleichheit der staatsbürgerlichen Rechte für alle Deutschen vorsieht, ist die deutsche Staatsangehörigkeit hinreichende Voraussetzung. Die nachgrundgesetzlichen Verfassungen gewähren das **Wahlrecht** durchweg allen Deutschen, die das 18. Lebensjahr vollendet haben und im Lande wohnen. Vertretung des Volkes ist in allen Ländern mit Ausnahme der Stadtstaaten der Landtag, in Hamburg und Bremen die Bürgerschaft, in Berlin das Abgeordnetenhaus.

Das **Wahlsystem** wird, anders als im Grundgesetz, in einigen Landesverfassungen ausdrücklich festgelegt. In den neuen Ländern wird durchweg ein Wahlverfahren vorgeschrieben, das die Persönlichkeitswahl mit den Grundsätzen der Verhältniswahl verbindet, vgl für Brandenburg Art. 22 Abs. 3 S. 3 BbgVerf, für Mecklenburg-Vorpommern Art. 20 Abs. 2 S. 2 MVVerf, für Sachsen Art. 41 Abs. 1 S. 2 SächsVerf, für Sachsen-Anhalt Art. 42 Abs. 1 SAHVerf. Brandenburg (Art. 22 Abs. 1 S. 2 BbgVerf) und Sachsen-Anhalt (Art. 42 Abs. 2 S. 2 SAHVerf) wollen ein **Ausländerwahlrecht** auch zum Landtag offen halten: Es kann, muss in Brandenburg sogar eingeführt werden, sobald das Grundgesetz dies zulässt. Dies ist freilich wenig realistisch. Das Wahlalter ist in einigen Ländern auf 16 Jahre herabgesetzt, zB Art. 22 Abs. 1 S. 1 BbgVerf.

826 Die **Wahlperiode** beträgt in den Ländern mit Ausnahme von Bremen 5 Jahre; in Bremen war eine Verlängerung von 4 auf 5 Jahre in einem Bürgerentscheid abgelehnt worden. Von erheblicher Variationsbreite sind die Landesverfassungen in der Frage der vorzeitigen Beendigung der Wahlperiode. Das von der gemeinsamen Verfassungskommission für das Grundgesetz vorgeschlagene Selbstauflösungsrecht des Parlaments verwirklichen bereits Berlin in Art. 54 Abs. 2 BerlVerf[1], Brandenburg in Art. 62 Abs. 2 BbgVerf, Mecklenburg-Vorpommern in Art. 27 Abs. 2 MVVerf, Sachsen in Art. 58 SächsVerf, Sachsen-Anhalt in Art. 60 SAHVerf und Niedersachsen in Art. 10 NdsVerf. Teilweise sind bereits für die Antragstellung qualifizierte Mehrheiten vorgesehen, durchweg aber für den Beschluss über die Auflösung selbst. Er muss regelmäßig von 2/3 der Mitglieder des Landtags gefasst werden, in Niedersachsen genügt eine Mehrheit von 2/3 der Abstimmenden, mindestens aber der Hälfte der Mitglieder des Landtags, Art. 10 Abs. 2 S. 2 NdsVerf. Von den älteren Landesverfassungen kennen ein Selbstauflösungsrecht: Bayern, Art. 18 Abs. 1 BayVerf, Baden-

---

[1] Dazu BerlVerfGH DVBl 2002, 412.

Württemberg, Art. 43 Abs. 1 BWVerf, Berlin, Art. 54 Abs. 2 BerlVerf, Hamburg, Art. 11 HambVerf, Hessen, Art. 80 HessVerf, Nordrhein-Westfalen, Art. 35 NWVerf, Rheinland-Pfalz, Art. 84 RhPfVerf, Saarland, Art. 69 SaarlVerf. ZT sind qualifizierte Mehrheiten erforderlich, zT genügt Mitgliedermehrheit.

Auch im Bereich des **Parlamentsrechts** nehmen die neueren Landesverfassungen die aktuelle Verfassungsdiskussion auf. Art. 89b RhPfVerf[2] normiert umfassende Informations- und Beteiligungsrechte des Landtags[3]. Ausdrücklich als Einrichtungen des Verfassungslebens werden die *Fraktionen* anerkannt in den Verfassungen von Berlin (Art. 40, 41), Brandenburg (Art. 67), Mecklenburg-Vorpommern (Art. 25), Sachsen-Anhalt (Art. 47) sowie von Niedersachsen (Art. 19). In der Sache wird hierbei die Rechtsprechung des BVerfG zur Stellung der Fraktionen (Rn 642) rezipiert. Ausdrücklich der fraktionslosen Abgeordneten nimmt sich demgegenüber die Sächsische Verfassung in Art. 46 Abs. 3 an: ihre Rechte „dürfen nicht beschränkt werden". Eine Begrenzung ihrer Rechtsstellung, wie sie das BVerfG für den fraktionslosen Bundestagsabgeordneten vornimmt (Rn 681)[4], dürfte hiernach ausgeschlossen sein. Keine allzu große Bedeutung dürfte auch die ausdrückliche Anerkennung der Rolle der **Opposition** in den genannten neuen Verfassungen erlangen. Das Recht auf Chancengleichheit, wie es die einschlägigen Verfassungsbestimmungen in diesem Zusammenhang festlegen, bedurfte an sich keiner ausdrücklichen Erwähnung im Verfassungstext. Und unklar ist etwa auch die praktische Bedeutung des Art. 24 der Hamburgischen Verfassung, wonach die Opposition die Aufgabe hat, „Kritik am Regierungsprogramm ... öffentlich zu vertreten". 827

Eine bedeutsame Fortbildung des **Parlamentsverfassungsrechts** nehmen demgegenüber jene Bestimmungen der neuen Verfassungen vor, die die Kontrollrechte vor allem der Parlamentsminderheit verstärken. Sie ziehen gebotene Konsequenzen aus Veränderungen im Verhältnis von Parlament und Regierung. Die Kontrollfunktionen des Parlaments werden ja bekanntlich nicht mehr so sehr vom Parlament als Ganzem als vielmehr von der die Regierung nicht tragenden Minderheit im Parlament, also der **Opposition** wahrgenommen. Diese steht der Parlamentsmehrheit und der Regierung gegenüber. Und so bedeutet es eine konsequente Fortentwicklung des Rechts der Untersuchungsausschüsse, wenn nicht nur der parlamentarischen Minderheit das Recht eingeräumt wird, die Einsetzung von **Untersuchungsausschüssen** zu verlangen, sondern auch der Minderheit in diesen Ausschüssen das Recht, die Erhebung von Beweisen zu verlangen, so beispielhaft die Sächsische Verfassung in Art. 54 Abs. 3, ebenso die neu gefasste Berliner Verfassung in Art. 48 Abs. 2, die Brandenburgische Verfassung in Art. 72 Abs. 3 S. 1, die Verfassung von Mecklenburg-Vorpommern in Art. 34 Abs. 3 S. 1, von Niedersachsen in Art. 27 Abs. 2 S. 2, von Sachsen-Anhalt in Art. 54 Abs. 2 S. 1 und von Schleswig-Holstein in Art. 24 Abs. 3 S. 1. Auch die Verfassung von Nordrhein-Westfalen gewährt in Art. 41 Abs. 1 S. 2 dieses Recht den Antragstellern, also den Abgeordneten, die die Einsetzung des Untersuchungsausschusses beantragt haben. Ein Beweisantragsrecht der Minderheit kennt auch Baden-Württemberg, Art. 35 Abs. 2 BWVerf, nicht aber Bayern, Hessen, Rheinland-Pfalz und das Saarland. Ausdrückliche Auskunfts- und Aktenvorlagerechte auch **einzelner Abgeordneter** enthalten die Verfassungen von Brandenburg, Art. 56 Abs. 2, 3, Mecklenburg-Vorpommern, Art. 40, Niedersachsen, Art. 24, Sachsen, Art. 51, und Sachsen-Anhalt, Art. 53. Es handelt sich hierbei durchweg um organspezifische Rechte des einzelnen Abgeordneten, die dieser auch im Wege der Organklage durchsetzen kann. 828

In den Fragen der **Regierungsbildung**, der Aufgaben und Befugnisse der Regierungen und ihrer Ablösung halten sich die nachgrundgesetzlichen Landesverfassungen überwiegend an das Vorbild des Grundgesetzes. 829

Dies gilt für Nordrhein-Westfalen (Art. 51 ff NWVerf), für Schleswig-Holstein (Art. 33 f SHVerf), Mecklenburg-Vorpommern (Art. 41 ff MVVerf) und Sachsen-Anhalt (Art. 64 f SAHVerf), für Sachsen (Art. 59 ff SächsVerf) mit der Maßgabe, dass die Verfassung hier die Vertrauensfrage

---

2 IdF des ÄndG vom 16.2.2000, GVBl S. 73.
3 Vgl *Jutzi*, NJW 2000, 1295.
4 BVerfGE 80, 188, 225 f.

nicht vorsieht, sowie für Brandenburg (Art. 82 ff BbgVerf) mit der Maßgabe, dass nach negativ beantworteter Vertrauensfrage auch der Landtag seine Auflösung beschließen kann (Art. 87 S. 1 BbgVerf). In all diesen Ländern sind die Wahl des Ministerpräsidenten durch den Landtag, die Ernennung und Entlassung der Minister, ohne dass hierfür die Zustimmung des Landtags erforderlich wäre, sowie das konstruktive Misstrauensvotum entsprechend der Regelung im Grundgesetz, unter häufig wörtlicher Übernahme von dessen Bestimmungen, ausgestaltet. Dem Vorbild des Grundgesetzes folgen dann auch Aufgabenbeschreibung und interne Zuständigkeitsverteilung für die Landesregierungen, wobei teilweise die Zuständigkeit der Regierung als Kollegialorgan positiv festgelegt wird, vgl zB Art. 64 SächsVerf.

830 Die älteren Verfassungen setzen in stärkerem Maße eigene Akzente. Sie stimmen allerdings durchweg darin überein, dass der **Ministerpräsident** vom Landtag gewählt wird. Die Regierungsbildung obliegt dann, mit Ausnahme der Stadtstaaten, durchweg dem Ministerpräsidenten. Im Übrigen aber wird das Verhältnis von Landtag und Landesregierung in den Landesverfassungen unterschiedlich geregelt. In Baden-Württemberg bedarf die Regierung als Ganzes der Bestätigung durch den Landtag, Art. 46 Abs. 3 BWVerf; Gleiches gilt für jede spätere Berufung eines Regierungsmitgliedes. Die Regierung kann nach Art. 54 BWVerf durch konstruktives Misstrauensvotum gestürzt werden, ein einzelner Minister auch nach Art. 56 BWVerf durch destruktives Misstrauensvotum mit Entlassungszwang, für das eine Zweidrittelmehrheit im Landtag erforderlich ist. Im Übrigen sind die Minister in ihrem Amt vom Ministerpräsidenten abhängig, Art. 55 Abs. 2 BWVerf. Die Vertrauensfrage ist nicht vorgesehen. In Bayern ist der Ministerpräsident bei Ernennung und Entlassung der Minister und der Staatssekretäre durchweg an die Zustimmung des Landtags gebunden. Die Verfassung kennt jedoch keine Vertrauensfrage und kein Misstrauensvotum, wohl aber nach Art. 44 Abs. 3 S. 2 BayVerf eine Rücktrittspflicht, wenn die politischen Verhältnisse „ein vertrauensvolles Zusammenarbeiten" mit dem Landtag unmöglich machen. Hierbei handelt es sich um eine Rechtspflicht, über die im Streitfall der Verfassungsgerichtshof zu entscheiden hat. Von sich aus kann also der Landtag den Ministerpräsidenten nicht zum Rücktritt zwingen.

831 In den Stadtstaaten Berlin (Art. 56 BerlVerf) und Bremen (Art. 107 BremVerf) muss die **Landesregierung** – dort jeweils „Senat" genannt – vom Landtag, der „Bürgerschaft", bzw in Berlin dem „Abgeordnetenhaus" gewählt werden. In Hamburg wird demgegenüber der Erste Bürgermeister durch die Bürgerschaft gewählt. Ihm obliegt die Regierungsbildung, doch ist sein Kabinett (der Senat) durch die Bürgerschaft zu bestätigen (Art. 34 Abs. 2 S. 2 HambVerf). Die Verfassungen dieser Länder kennen durchweg das konstruktive Misstrauensvotum sowohl gegen die Regierung als Ganzes als auch gegen einzelne Regierungsmitglieder. Eine Besonderheit im Verfassungsvergleich stellt in Bremen die Inkompatibilitätsvorschrift des Art. 108 BremVerf dar, nach der sich Mitgliedschaft in Parlament und Regierung gegenseitig ausschließen.

In Hessen obliegt die Regierungsbildung zwar dem Ministerpräsidenten, Art. 101 Abs. 2 HessVerf, doch bedarf die Regierung zur Übernahme der Geschäfte des Vertrauens des Landtags, Art. 101 Abs. 4 HessVerf. Der Zustimmung des Landtags bedarf die Abberufung der Minister. Art. 114 HessVerf gibt dem Landtag die Möglichkeit eines „destruktiven" Misstrauensvotums gegen den Ministerpräsidenten, der dann zurücktreten muss, Abs. 4; dies bedeutet automatisch Rücktritt der gesamten Landesregierung, Art. 113 Abs. 1 S. 2. Einigt sich der Landtag nicht auf einen Nachfolger, so ist er automatisch aufgelöst, Art. 114 Abs. 5 HessVerf.

In Rheinland-Pfalz (Art. 98 f RhPfVerf) bedarf die Entlassung, im Saarland (Art. 87 f SaarlVerf) bedürfen Ernennung und Entlassung der Minister durch den Ministerpräsidenten der Zustimmung des Landtags. Auch in Rheinland-Pfalz bedarf die Landesregierung der Bestätigung durch den Landtag. Die Verfassungen beider Länder (Art. 99 Abs. 2 RhPfVerf bzw Art. 88 Abs. 2 SaarlVerf) kennen das destruktive Misstrauensvotum sowohl gegen die Regierung als Ganzes als auch gegen einen einzelnen Minister, das Saarland (Art. 88 SaarlVerf) darüber hinaus die Vertrauensfrage.

832 Die Möglichkeit einer **vorzeitigen Abberufung** des Landtags durch das Volk – und damit auch einer vorzeitigen Ablösung der Regierung – kennen Baden-Württemberg (Rn 246), Bayern (Rn 247) sowie Berlin (Rn 248). In den Ländern, in denen die Volksinitiative sich generell auf Ge-

genstände politischer Willensbildung in der Kompetenz des Landtags beziehen kann, dieser gleichzeitig ein Selbstauflösungsrecht hat, dürfte es zulässig sein, einen Volksantrag auf Selbstauflösung des Landtags einzubringen. Dieser muss dem Antrag freilich nicht nachkommen, sondern sich nur damit „befassen".

Teil III
Der Schutz der Verfassung durch die Verfassungsgerichtsbarkeit

§ 11 Das Bundesverfassungsgericht

I. Das Bundesverfassungsgericht: Bedeutung und verfassungsrechtliche Stellung

833 *Zu den obersten Verfassungsorganen zählt auch das BVerfG. Ihm obliegt die letztverbindliche Entscheidung von Verfassungsstreitigkeiten und damit entscheidend auch der Schutz der Verfassung. Die starke Stellung der Verfassungsgerichtsbarkeit ist kennzeichnend für die rechtsstaatliche Ordnung des Grundgesetzes.*

834 Die Stellung des BVerfG ist gekennzeichnet durch seine Doppelfunktion als **Gericht** iSv Art. 92 GG (Rn 300) und als **oberstes Verfassungsorgan des Bundes**. Das BVerfG ist Gericht: es entscheidet in konkreten Rechtsstreitigkeiten im Rahmen der ihm übertragenen Zuständigkeiten. Seine Sonderstellung resultiert aus dem ihm zur Verfügung stehenden Normenmaterial: Es entscheidet ausschließlich am Maßstab des Verfassungsrechts. Stärker als in anderen Bereichen der Gerichtsbarkeit sind hier „offene", konkretisierungsbedürftige Normen anzuwenden. Verfassungsrechtsprechung ist in besonderer Weise *auch* Rechtsfortbildung und Rechtsschöpfung. Verfassungsrecht ist *politisches Recht*: es bestimmt die rechtlichen Vorgaben der Staatswillensbildung, der politischen Staatsleitung. Diese durch Rechtsprechung aufzuzeigen, bedeutet also, Eingriffe in die politische Staatsleitung vorzunehmen: Verfassungsrechtsprechung ist daher begriffsnotwendig auch politische Rechtsprechung. Aus diesen Besonderheiten seiner Rechtsprechungsfunktionen folgt gleichzeitig die Bedeutung des BVerfG als **Verfassungsorgan**: Selbständig und in richterlicher Unabhängigkeit trifft es letztverbindliche Entscheidungen gegenüber allen anderen Verfassungsorganen, auch dort, wo diese „staatsleitend" tätig werden.

835 **Funktion** der Verfassungsgerichtsbarkeit ist die Wahrung des Verfassungsrechts gegenüber den Organen des Staates, der **Schutz der Verfassung**. Dabei ist zu unterscheiden zwischen der Entscheidung von Konflikten zwischen den Verfassungsorganen selbst und dem Schutz des Bürgers in seinen verfassungsmäßigen Rechten. Dem erstgenannten Funktionsbereich sind neben dem *Organstreitverfahren* (u. II. 1., Rn 840) auch die verfassungsrechtliche Kontrolle des Gesetzgebers auf Antrag anderer Verfassungsorgane zuzuordnen, *abstrakte Normenkontrolle* (u. II. 4. u. 5., Rn 853), sowie, bedingt durch den bundesstaatlichen Aufbau der Bundesrepublik, Streitigkeiten auf Verfassungsebene im Verhältnis von Bund und Ländern, *Bund-Länder-Streit* (u. II. 2., Rn 848). Dem zweitgenannten Funktionsbereich ist vor allem der Schutz der Grundrechte im Verfahren der *Verfassungsbeschwerde* zuzurechnen, aber wohl auch die Überprüfung der Verfassungsmäßigkeit eines in einem konkreten Rechtsstreit entscheidungserheblichen Gesetzes, *konkrete Normenkontrolle* (u. II. 7, Rn 860). Hinzu treten Verfahren des *Verfassungsschutzes* im engeren Sinn, etwa *Anklageverfahren* gegen Verfassungsorgane wegen Verletzung ihrer verfassungsrechtlichen Pflichten, Entscheidungen über die Verwirkung von

Grundrechten, das Verbot verfassungswidriger Parteien. Die Wahrung des Grundgesetzes obliegt dem BVerfG grundsätzlich auch gegenüber der **Europäischen Union** (Rn 279 ff). Das von der Kommission wegen des PSPP-Urteils des BVerfG gegen die Bundesrepublik eingeleitete Vertragsverletzungsverfahren ist auch vor dem Hintergrund zu sehen, dass die Kommission von der alleinigen Deutungshoheit des EuGH ausgeht (Rn 283); dem darf die Bundesrepublik nicht nachkommen – das BVerfG ist gehalten, die Identität des Grundgesetzes zu wahren.

Das BVerfG besteht aus *zwei Senaten*, die mit jeweils acht Richtern besetzt sind. Die Geschäftsverteilung zwischen den Senaten wird durch § 14 BVerfGG geregelt. Im Verfassungsbeschwerdeverfahren wird gemäß §§ 93a-d BVerfGG, §§ 39 ff GeschOBVerfG durch mit 3 Richtern besetzte „*Kammern*" über die Verfassungsbeschwerde vorentschieden: Endgültige Ablehnung bei Unzulässigkeit oder offensichtlicher Unbegründetheit, Stattgabe bei offensichtlicher Begründetheit. Die Senate entscheiden grundsätzlich mit Mehrheit. In den Verfahren der Grundrechtsverwirkung, des Parteiverbots, des Ausschlusses von der Parteienfinanzierung und in den Anklageverfahren ist für eine dem Antragsgegner (also etwa der zu verbietenden Partei, dem „angeklagten" Bundespräsidenten) nachteilige Entscheidung 2/3-Mehrheit erforderlich, § 15 Abs. 4 S. 1 BVerfGG. Wichtig ist, dass bei *Stimmengleichheit* ein Verstoß gegen das Grundgesetz oder sonstiges Bundesrecht *nicht* festgestellt werden kann, Verfassungsbeschwerde oder Normenkontrollantrag also zurückzuweisen sind. In derartigen Fällen wird häufig von der durch § 30 Abs. 2 S. 2 BVerfGG eröffneten Möglichkeit der Mitteilung des Stimmverhältnisses Gebrauch gemacht. Senatsmitglieder können, wenn sie überstimmt werden, von der Möglichkeit des **Sondervotums** nach § 30 Abs. 2 S. 1 BVerfGG Gebrauch machen, sowohl zum Ergebnis als auch zur Begründung. Seine Berechtigung dürfte vor allem in der spezifischen „Offenheit" der Verfassungsnormen zu sehen sein. Hieraus resultiert auch seine Bedeutung für den „offenen" Prozess der Verfassungsfortbildung. Dass die dissentierende Minderheit zur Mehrheit werden kann, haben die Auseinandersetzungen um die Parteienfinanzierung (Rn 65) gezeigt. Das Sondervotum ist also mehr als eine unverbindliche literarische Äußerung. 836

Dass angesichts der herausragenden auch politischen Funktion des BVerfG auch der **Wahl der Richter** erhebliche politische Bedeutung zukommt, ist evident. Sie ist zunächst in Art. 94 Abs. 1 S. 2 GG geregelt; *je die Hälfte* der Bundesverfassungsrichter werden vom *Bundestag* und vom *Bundesrat* gewählt – notwendige Konsequenz des bundesstaatlichen Prinzips angesichts der Befugnisse des BVerfG im Verhältnis von Bund und Ländern. Das komplizierte Wahlverfahren ist geregelt in §§ 5 ff BVerfGG. Erforderlich sind *qualifizierte Mehrheiten* (Bundestag: 8 von 12 Wahlmännern eines nach § 6 BVerfGG zu bestimmenden Wahlmännergremiums, Bundesrat: 2/3-Mehrheit nach § 7 BVerfGG). Dies bedingt vorgehende Verständigung der Parteien über die Wahl. In der Praxis hat sich hier ein Proporzsystem herausgebildet. Wiederwahl der für eine Amtsdauer von 12 Jahren gewählten Richter ist ausgeschlossen, hierdurch soll die Unabhängigkeit der Richter gesichert werden. 837

Schrifttum zu I.: *Hillgruber/Goos*, § 1; *Roellecke*, Aufgaben und Stellung des Bundesverfassungsgerichts im Verfassungsgefüge, HStR III[3], § 67; *ders.*, Aufgabe und Stellung des Bundesverfassungsgerichts in der Gerichtsbarkeit, HStR III[3], § 68; *Kischel*, Amt, Unbefangenheit und Wahl der Bundesverfassungsrichter, HStR III[3], § 69; *Voßkuhle/Schemmel*, Grundwissen öffentliches Recht: Die Verfassungsgerichtsbarkeit, JuS 2021, 1137.

II. Einzelne Verfahren vor dem Bundesverfassungsgericht

Im Folgenden werden die im Bereich des Staatsorganisationsrechts wichtigsten Verfahrensarten dargestellt. Im Anschluss an die Behandlung der einzelnen Verfahren wird die prozessuale Seite der wichtigsten hierfür einschlägigen Ausgangsfälle behandelt. 838

Für die Verfahren vor dem BVerfG gilt das **Enumerativprinzip** – im Gegensatz etwa zur Verwaltungsgerichtsbarkeit: dort gilt die *Generalklausel* des § 40 VwGO. Die Geltung des Enumerativprinzips (oder Enumerationsprinzips) bedeutet, dass die Zuständigkeit des Gerichts nicht schlechthin bei verfassungsrechtlichen Streitigkeiten gegeben ist, sondern nur für die im Grundgesetz, aber auch einfachgesetzlich, zB nach § 33 Abs. 2 PartG explizit vorgesehenen Verfahrensarten. Eine Klage vor dem BVerfG ist also nur dann zulässig, das Gericht entscheidet nur dann in der Sache, wenn die Zulässigkeitsvoraussetzungen für eines der gesetzlich geregelten Verfahren erfüllt sind. Diese Zulässigkeitsvoraussetzungen sind im Folgenden für die im Bereich des Staatsorganisationsrechts wichtigsten Verfahrensarten darzustellen.

839 **Zum Prüfungsaufbau:**

An erster Stelle der Zulässigkeitsvoraussetzungen wird für die nachfolgend aufgeführten Verfahrensarten regelmäßig die Beteiligtenfähigkeit des Antragstellers oder Beschwerdeführers geprüft. Denn für die einzelnen Verfahrensarten ist jeweils durch GG und BVerfGG festgelegt, wer Beteiligter in einem Verfahren sein kann: lediglich die Verfassungsbeschwerde kann „jeder" einlegen. Vorab noch einen eigenständigen Prüfungspunkt „Zuständigkeit des BVerfG" abzuarbeiten, ist mE verzichtbar, da die Zuständigkeit des BVerfG ohnehin nur für die ausdrücklich geregelten Verfahrensarten besteht und sich aus deren Zulässigkeitsvoraussetzungen ohne Weiteres ergibt.

Schrifttum: Für Einzelheiten s. etwa die Darstellung bei *Benda/Klein/Klein*, §§ 19–38; *Hillgruber/Goos*, §§ 3–11.

1. Organstreitverfahren, Art. 93 Abs. 1 Nr 1 GG; §§ 13 Nr 5, 63 ff BVerfGG

840 Gegenstand des Organstreitverfahrens sind Streitigkeiten zwischen Verfassungsorganen um ihre wechselseitigen Rechte und Pflichten; ein Organstreitverfahren ist also dann vorrangig in Betracht zu ziehen, wenn eines der in den vorgehenden Abschnitten (§§ 7–10) behandelten Verfassungsorgane sich in seinen Kompetenzen beeinträchtigt sieht.

841 Zulässigkeitsvoraussetzungen:

(1) *Beteiligtenfähigkeit: Antragsteller und Antragsgegner*

Wer *Partei* eines Organstreitverfahrens sein kann – sei es als Antragsteller oder als Antragsgegner –, bestimmt sich nach Art. 93 Abs. 1 Nr 1 GG iVm § 63 BVerfGG.

a) Zu prüfen ist also zunächst im Rahmen der Zulässigkeit die *Beteiligtenfähigkeit* des Antragstellers.

Antragsteller können jedenfalls die **„obersten Bundesorgane"** iSv Art. 93 Abs. 1 Nr 1 GG sein, also Bundespräsident, Bundestag, Bundesrat und Bundesregierung; auch deren einzelne Mitglieder (für Bundeskanzler BVerfGE 162, 207); auch der gemeinsame Ausschuss nach Art. 53a GG wird hierzu gezählt. Antragsteller können auch Teile dieser Organe sein, wenn sie in den Geschäftsordnungen bzw im GG selbst mit eigenen Rechten ausgestattet sind; dabei muss es sich um ständige Untergliederungen handeln. **Organteile** in diesem Sinn sind insbesondere: **Fraktionen** des Bundestags[1] – sie sind durch das GG als notwendige Institutionen des Verfassungslebens (Rn 669 f) und durch GeschOBT mit eigenen Rechten ausgestattet[2]; die **Ausschüsse** des Bundestags wie auch

---

1 BVerfGE 67, 100, 124; 68, 1, 63; 70, 324, 350 f; 121, 135, 150; 140, 115 Rn 56; 142, 123 Rn 106;
2 Vgl näher *Hillgruber/Goos*, Rn 442 ff.

der **Bundestagspräsident**. Parteifähig sind des weiteren **„andere Beteiligte"** iSv Art. 93 Abs. 1 Nr 1 GG, die das Grundgesetz mit eigenen Rechten ausgestattet hat, auch dann, wenn sie in § 63 BVerfGG nicht ausdrücklich genannt sind: § 63 BVerfGG kann den in Art. 93 Abs. 1 Nr 1 GG genannten Kreis der Antragsberechtigten nicht einschränken[3].

Der **einzelne Abgeordnete** ist schon wegen Art. 38 Abs. 1 S. 2 GG mit eigenen Rechten ausgestattet und kann im Organstreit die behauptete Verletzung oder Gefährdung jedes Rechts geltend machen, das mit seinem Status verfassungsrechtlich verbunden ist[4]; er ist „anderer Beteiligter" iSv Art. 93 Abs. 1 Nr 1 GG[5], nicht aber „Organteil". Einzelne **Gruppen von Abgeordneten**, die keine ständigen Gliederungen des Bundestags bilden, sind grundsätzlich als solche nicht parteifähig (nur als Fraktion); eine Ausnahme muss aber etwa gelten für die Minderheit des Bundestags, die gemäß Art. 44 Abs. 1 GG die Einsetzung eines Untersuchungsausschusses verlangen kann, wenn die Mehrheit sich weigert. Der StGH Baden-Württemberg fordert in diesem Fall, dass der Antrag von einer Gruppe von Abgeordneten gestellt werden muss, die zahlenmäßig jener Minderheit entspricht, die die Einsetzung des Ausschusses verlangen kann[6]. Die Beteiligtenfähigkeit der „Fraktion im Ausschuss" ergibt sich unmittelbar aus Art. 44 GG (Rn 710, 892)[7].

Beteiligtenfähig als **„andere Beteiligte"** sind weiterhin:

Der Vermittlungsausschuss, Art. 77 Abs. 2 S. 1 GG[8].

Unstr. ist die Beteiligtenfähigkeit auch einzelner Mitglieder der Bundesregierung, die jedoch unterschiedlich hergeleitet wird: so zB für den einzelnen Bundesminister, da er durch Art. 65 S. 2 GG – *Ressortprinzip* – mit eigenen Rechten ausgestattet ist; als Teil des Verfassungsorgans Bundesregierung[9] oder als „anderer Beteiligter"[10]. Überwiegend werden Bundesminister und Bundeskanzler als oberste Bundesorgane iSv Art. 93 Abs. 1 Nr 1 GG anerkannt, so auch das BVerfG jedenfalls für den **Bundeskanzler**[11].

Fallbeispiel: Ein Bundesminister sieht in der Einsetzung eines Untersuchungsausschusses einen unzulässigen Eingriff in seine Amtsführung: er kann hiergegen einen Antrag im Organstreitverfahren gegen den Bundestag stellen.

Unzulässig jedoch ist ein *In-Sich-Prozess* zwischen Mitgliedern der Bundesregierung, da Art. 65 S. 3 GG insoweit die Beilegung von Streitigkeiten durch die Bundesregierung als *Kollegialorgan* vorgesehen hat.[12]

„Andere Beteiligte" sind die **politischen Parteien**, soweit sie in ihrer Stellung als Beteiligte am Verfassungsleben betroffen sind, Rn 49 ff. Die **Fraktion** ist dann „anderer Beteiligter", wenn sie eigene Rechte als Fraktion geltend macht – zB weil sie in einem Ausschuss nicht ihrer Stärke gemäß berücksichtigt wurde –, sie ist demgegenüber beteiligtenfähig als Teil des Verfassungsorgans Bundestag, wenn sie diesem zustehende Rechte geltend macht[13].

Fällt während des Verfahrens der die Beteiligtenfähigkeit begründende Status weg, so ist gleichwohl von fortbestehender Beteiligteneigenschaft auszugehen, bleibt der Antrag also zulässig. Ent-

---

3 *Hillgruber/Goos*, Rn 439.
4 BVerfGE 94, 351, 362; zu den Statusrechten der Abgeordneten s. auch SaarlVerfGH NVwZ-RR 2006, 665.
5 BVerfGE 123, 267, 337 f; *Hillgruber/Goos*, Rn 457.
6 StGHBW NVwZ-RR 2008, 4.
7 S. zur Rechtslage vor Erlass des PUAG BVerfGE 67, 100, 126 zur Parteifähigkeit der *konkreten Antragsminderheit* iSv Art. 44 Abs. 1 S. 1 GG im Verfahren gegen eine Weigerung der Bundesregierung sowie BVerfGE 70, 324, 350 f, BVerfGE 67, 100, 124, BVerfGE 143, 101 Rn 96 f zur „Fraktion im Ausschuss".
8 BVerfGE 140, 115 Rn 57 mit Anm. *Lenz*, NVwZ 2015, 1755, 1756.
9 Zum Mitglied der Bundesregierung als Organteil BVerfGE 138, 102, 107; krit. *Hillgruber/Goos*, Rn 444.
10 *Hillgruber/Goos*, Rn 464.
11 BVerfGE 162, 207 Rn 54.
12 *Geis/Meier*, JuS 2011, 699, 701.
13 *Geis/Meier*, JuS 2011, 699, 701.

scheidend ist der Zeitpunkt, zu dem der Antrag anhängig gemacht wurde[14]. Deshalb ist es unschädlich, wenn ein Abgeordneter als Antragsteller während des Verfahrens aus dem Parlament ausscheidet oder die Wahlperiode endet oder eine Fraktion im nach Verfahrenseinleitung neugebildeten Parlament nicht mehr vertreten ist[15]. Voraussetzung ist jedoch ein objektives Klarstellungsinteresse an der den Gegenstand des Verfahrens bildenden Rechtsfrage, weil zB vergleichbare Verfassungskonflikte auch künftig zu erwarten sind. Dies dürfte jedoch als Frage des allgemeinen Rechtsschutzinteresses einzustufen sein.

b) Der Kreis der möglichen *Antragsgegner* ist mit dem der Antragsteller identisch.

842 (2) *Der Verfahrensgegenstand (Streitgegenstand)*

Erforderlich für die Zulässigkeit des Antrags ist weiterhin, dass ein Streit um gegenseitige Rechte und Pflichten aus dem Grundgesetz vorliegt. Es müssen insoweit *rechtserhebliche Maßnahmen oder Unterlassungen* des Antragsgegners (vgl § 64 Abs. 1 BVerfGG) geltend gemacht werden[16]. Der Kreis dieser Maßnahmen darf nicht zu eng gefasst werden: Dass bloße *Meinungsäußerungen* nicht ausreichen sollen, ist in dieser Allgemeinheit nicht richtig: so kann die Frage, ob der Bundespräsident durch eine Rede seine Befugnisse im Verhältnis zur Bundesregierung überschritten hat, im Wege des Organstreitverfahrens einer verfassungsgerichtlichen Klärung zugeführt werden. Auch in der Vorbereitung oder im Erlass eines Gesetzes kann eine rechtserhebliche Maßnahme liegen; so konnte im Fall des GEG („Heizungsgesetz") jedenfalls die Ausgestaltung des Verfahrens durch den Bundestag, die den Abgeordneten keine ausreichende Zeit ließ, sich mit dem Gesetzentwurf zu befassen, zum Gegenstand eines Organstreitverfahrens gemacht werden[17]. Im Fall des Gesetzes ist es der Gesetzesbeschluss, der zum Gegenstand eines Organstreitverfahrens gemacht werden kann[18]. Die Gültigkeit der Norm als solche ist jedoch nicht Verfahrensgegenstand[19].

Auch ein **Unterlassen** kommt als Streitgegenstand in Betracht[20], zB die Weigerung des Bundespräsidenten, einen vorgeschlagenen Minister zu ernennen im **Fall 72**. Wendet sich ein Beteiligter gegen eine **Geschäftsordnung** – zB GeschOBT –, so liegt eine Maßnahme erst dann vor, wenn die in Frage stehende Bestimmung der GeschO – zB die Festlegung der Voraussetzungen für die Anerkennung einer Fraktion – ihm gegenüber Wirkungen entfaltet (wenn also zB einer Gruppe von Parlamentariern die Anerkennung als Fraktion versagt wird)[21]. Dies ist wichtig für den Beginn der Antragsfrist.

843 (3) *Antragsbefugnis*

Im Rahmen der Antragsbefugnis ist zu prüfen, ob der Antragsteller die Verletzung eigener, verfassungsrechtlich begründeter Rechte hinreichend geltend macht.

a) Es muss sich hierbei um Rechte handeln, die aus der **Verfassung** ableitbar sind, vgl BVerfGE 70, 324, 350 ff. Eine behauptete Verletzung nur der GeschO oder auch des PUAG genügt nicht. Wenn also im **Fall 61** die Fraktion sich auf Bestimmungen der GeschOBT beruft, muss dargelegt werden, dass mit der GeschOBT verfassungsrechtlich abgeleitete Mitwirkungsrechte der Fraktion als Institution des Verfassungslebens betroffen sind; dies gilt etwa für das Recht der Fraktion auf gleichberechtigte Beteiligung in den Ausschüssen des BT.

---

14 BVerfGE 102, 224, 231.
15 Vgl SächsVerfGH SächsVBl 1995, 16; 1995, 227; ThürVerfGH LKV 2000, 449; LVerfGMV DÖV 2003, 765.
16 Dazu s. BVerfGE 96, 264, 277.
17 BVerfG, B. v. 5.7.2023 – 2 BvE 4/23 – Rn 85.
18 Vgl StGH NdS, U. v. 15.1.2019 – StGH 1/18 –, DVBl 2019, 299, 302.
19 BVerfG NvwZ 2023, 586.
20 BVerfGE 92, 80, 87; s. auch BVerfGE 103, 81 zur Frage, ob die unterlassene Einleitung eines Bund-Länder-Streits beim BVerfG durch die Bundesregierung eine von einer Fraktion des Bundestags im Organstreitverfahren angreifbare rechtserhebliche Unterlassung in diesem Sinn darstellen kann; s. auch LVerfGMV LKV 2001, 270: unterlassene Überprüfung der 5%-Klausel.
21 BVerfGE 80, 188, 209 ff.

b) Es muss sich grundsätzlich um **Rechte des Antragstellers** handeln. Die Beteiligten können grundsätzlich nur die Verletzung subjektiver verfassungsmäßiger Rechte geltend machen. Hiervon sieht § 64 Abs. 1 BVerfGG jedoch eine Ausnahme vor: Teile von Verfassungsorganen können auch die Rechte des Organs geltend machen, denen sie angehören. Man spricht hier von gesetzlicher **Prozessstandschaft**[22]: der Antragsteller macht Rechte eines anderen für diesen geltend. Deshalb kann eine Fraktion des Bundestags nicht nur *eigene Rechte* – zB Minderheitenschutz –, sondern auch *Rechte* des Verfassungsorgans *Bundestag* in seiner Gesamtheit geltend machen[23]; vgl Rn 642 f, wie im **Fall 60** die oppositionelle X-Fraktion eine Verletzung der Rechte des Bundestags durch die Bundesregierung[24]. Die Fraktion kann jedoch nur Rechte im innerparlamentarischen Raum geltend machen. Deshalb konnte die AfD-Fraktion im Bundestag eine Verletzung der Chancengleichheit der Partei durch Äußerungen eines Regierungsmitglieds nicht geltend machen[25].

Der einzelne Abgeordnete kann demgegenüber Rechte des Bundestags nicht geltend machen[26]: er ist beteiligtenfähig nicht als Teil des Organs Bundestag, sondern als „anderer Beteiligter". Bei der Bundestagsauflösung – **Fall 58** (Rn 823) – machten die einzelnen Bundestagsabgeordneten geltend, es ginge um ihre Stellung als Abgeordnete. Gleiches gilt für die Abgeordnete S im **Fall 61** (Rn 627): der geltend gemachte Missbrauch der Mehrheitsbefugnisse würde eine Verletzung des verfassungsrechtlich verbürgten Abgeordnetenstatus bedeuten. In diesem Verfahren konnte die *Fraktion*, die von der parlamentarischen Beratung ausgeschlossen worden war, auch *eigene Rechte als Fraktion* geltend machen: Verletzung ihres Rechts auf gleichberechtigte Beteiligung am parlamentarischen Entscheidungsprozess. Das Organstreitverfahren ist jedoch kein Verfahren für eine allgemeine Kontrolle der Verfassungsmäßigkeit einer Maßnahme; daher konnte die AfD-Fraktion im Bundestag nicht das Handeln der Bundesregierung während der Flüchtlingskrise 2015 zum Gegenstand eines Organstreitverfahrens machen[27]. Ebensowenig hat der einzelne Abgeordnete ein organschaftliches Recht darauf, dass der Bundestagspräsident gegenüber einem anderen Abgeordneten dessen Offenlegungspflichten nach §§ 44a, 44b AbgG geltend macht[28].

c) Die **Rechtsverletzung** muss hinreichend **plausibel geltend gemacht** werden, eine *Gefährdung* genügt bei Unmittelbarkeit.

Der Antrag ist daher unzulässig, wenn *keine Tatsachen* dargetan werden, aus denen sich die behauptete Rechtsverletzung hinreichend plausibel ergibt, aber auch dann, wenn das behauptete Recht unter keinem denkbaren Gesichtspunkt existiert.

(3a) *Rechtsschutzbedürfnis*   844

Neben der Behauptung einer Rechtsverletzung oder unmittelbaren -gefährdung ist ein gesondertes Rechtsschutzbedürfnis nur zu prüfen, wenn sich für sein Fehlen konkrete Anhaltspunkte ergeben.

Das Rechtsschutzbedürfnis kann zu verneinen sein, wenn der Antragsteller die dargelegte Rechtsverletzung durch eigenes Handeln hätte vermeiden können. Dies gilt jedenfalls dann, wenn es sich um Handlungsmöglichkeiten handelt, die gesetzlich oder, wie im Fall des Einspruchs gegen Ordnungsmaßahmen des Bundestagspräsidenten, in der Geschäftsordnung eines Bundesorgans – § 39 GeschOBT – vorgesehen sind[29]. Mehr oder weniger aussichtsreiche politische Handlungsmöglichkeiten lassen das Rechtsschutzbedürfnis nicht entfallen: Der Antragsteller darf nicht „auf einen Weg rein politischen Agierens" verwiesen werden, „der dem Organstreit verfassungsrechtlich und

---

22 BVerfGE 70, 324, 352 ff; 124, 161, 187; 139, 194 – Rn 99; BVerfGE 146, 1 – Rn 80; zur Prozessstandschaft s. *Benda/Klein*, Rn 1027 ff.
23 Vgl BVerfGE 67, 100, 125.
24 Ebenso bei BVerfGE 68, 1, 69.
25 BVerfG K&R 2019, 108; vgl *Hillgruber*, JA 2019, 235.
26 BVerfGE 117, 359, 366 ff.
27 BVerfGE 150, 194.
28 BVerfGE 156, 270 Rn 29.
29 BVerfGE 152, 35.

prozessual nicht gleichwertig ist"[30]. Es besteht auch dann, wenn Abgeordnete einer Fraktion sich gegen eine Maßnahme der Bundesregierung wenden, obwohl ihre Partei an der Regierung beteiligt ist: Der Bundestag ist gegenüber der Bundesregierung selbstständiges Verfassungsorgan und Träger eigener Rechte; *diese Rechte* – auf Beteiligung des Parlaments an der Entscheidung – werden durch regierungsinterne Einflussnahme nicht aufgewogen[31].

Im Fall des **Wegfalls der Organeigenschaft** während des Verfahrens, zB bei Mandatsverlust, kann das Erfordernis eines fortbestehenden, objektiven Klarstellungsinteresses auch als eine Frage des Rechtsschutzbedürfnisses für den Antrag gesehen werden und ist dann unter dieser Zulässigkeitsvoraussetzung zu prüfen.

Das Rechtsschutzbedürfnis entfällt grundsätzlich nicht allein dadurch, dass die geltend gemachte **Rechtsverletzung** bereits **abgeschlossen** ist[32]. Ob in diesem Fall ein besonderes Fortsetzungsfeststellungsinteresse zu fordern ist, lässt das BVerfG offen; ausreichend ist in jedem Fall, dass Wiederholungsgefahr besteht oder auch nur ein objektives Bedürfnis nach Klarstellung der Rechtslage besteht[33]. Wenn zB ein Abgeordneter rügt, sein Wahlvorschlag für das Präsidium des Bundestags sei zu Unrecht abgelehnt worden, so hat eine Verletzung in seinen Rechten sich jedenfalls mit dem Ende der Legislaturperiode erledigt, doch kann sich das Problem auch in der folgenden Legislaturperiode stellen[34].

845 *(4) Form und Frist*

Zum Erfordernis der *Schriftform* vgl § 23 Abs. 1 BVerfGG; zu den Mindestanforderungen an die *Begründung* – ordnungsgemäßer Antrag – s. § 64 Abs. 2 BVerfGG: Bezeichnung der Maßnahme und der als verletzt gerügten Bestimmung des Grundgesetzes; zur Antragsfrist s. § 64 Abs. 3 BVerfGG: 6 Monate ab Bekanntwerden der fraglichen Maßnahme oder Unterlassung[35].

846 **Prüfungsumfang und Entscheidungstenor:**

Das BVerfG *prüft* die angegriffene Maßnahme an den Normen des GG, soweit Rechte des Antragstellers in Frage stehen. Es trifft dann lediglich eine feststellende *Entscheidung* des Inhalts, dass die beanstandete Maßnahme oder Unterlassung gegen eine Bestimmung des Grundgesetzes verstößt und den Antragsteller in seinen Rechten verletzt. Seine Entscheidung hat keine gestaltende Wirkung. Das BVerfG hebt eine verfassungswidrige Maßnahme jedoch nicht auf, erklärt insbesondere auch nicht ein Gesetz für nichtig und verurteilt auch nicht den Antragsgegner zur Vornahme einer bestimmten Handlung, vgl § 67 S. 1, 2 BVerfGG. Dies kann auch nicht dadurch umgangen werden, dass die Feststellung der Nichtigkeit einer Maßnahme beantragt wird[36]; daneben kann es im Entscheidungstenor eine entscheidungserhebliche Rechtsfrage verbindlich klären.

847 **Organstreitverfahren und Verfassungsbeschwerde:**

Dass es Fälle gibt, in denen der Abgeordnete in seinen parlamentarischen Rechten verletzt ist, gleichwohl aber ein Organstreitverfahren nicht statthaft ist, zeigt BVerfGE 108, 251: Bei der **Durchsuchung des Büros eines Abgeordneten** im Bundestag auf Grund des Durchsuchungsbeschlusses eines ordentlichen Gerichts waren Schriftstücke unter Verletzung des Art. 47 GG beschlagnahmt worden. Ein Antrag im Organstreitverfahren war unzulässig: es fehlte an der passiven Beteiligungsfähigkeit – das Gericht, um dessen Beschluss es ging, ist kein Verfassungsorgan. Hier war für den Abgeordneten, weil er in keinem anderen Verfahren seine Rechte geltend machen konnte, die Verfassungsbeschwerde statthaft. Die Beschwerdebefugnis hierfür ergab sich aus dem grundrechtsgleichen Recht des Art. 38 Abs. 1 S. 2 GG, das ja in Art. 93 Abs. 1 Nr 4a GG ausdrück-

---

30 Vgl. zul. BVerfGE 162, 188 Rn 34 (Wahlvorschlag für Vizepräsidenten des Bundestags).
31 BVerfGE 90, 286, 339.
32 BVerfGE 121, 135, 151 f.; BayVerfGH, E. v. 26.2.2019 – Vf. 51-IVa-17 – Rn 50 ff.
33 BVerfGE 162, 207 Rn 65.
34 BVerfG, U. v. 22.3.2022 – 2 BvE 2/20 – Rn 38.
35 Instruktiv BVerfGE 80, 188, 210 und BVerfGE 92, 80, 87.
36 BVerfGE 160, 368.

lich genannt wird, iVm Art. 47 GG. Der Abgeordnete ist dann „jedermann". Will sich der Abgeordnete aber dagegen wehren, dass der Bundestag nach Art. 46 Abs. 2 GG die Genehmigung für Strafverfolgungsmaßnahmen erteilt hat, ist ein Organstreitverfahren durchzuführen: der Bundestag ist beteiligtenfähig[37].

2. Bund-Länder-Streit, Art. 93 Abs. 1 Nr 3 GG; §§ 13 Nr 7, 68 ff BVerfGG

Gegenstand des Bund-Länder-Streits sind Streitigkeiten im Verhältnis von Bund und Ländern um Rechte und Pflichten aus dem Bundesstaatsverhältnis. Dabei kann es sich um Streitigkeiten zwischen Bund und Land, wie auch im Verhältnis von Ländern untereinander (etwa aus dem Prinzip der Bundestreue) handeln[38]. Das Verfahren ist abzugrenzen von verwaltungsrechtlichen Streitigkeiten nichtverfassungsrechtlicher Art zwischen Bund und Ländern oder zwischen einzelnen Ländern. Um solche handelt es sich, wenn geltend gemachte Rechte ihre Grundlage in einem einfachgesetzlich begründeten Rechtsverhältnis haben[39]. Für derartige Streitigkeiten ist gemäß § 50 Abs. 1 Nr 1 VwGO das Bundesverwaltungsgericht erstinstanzlich zuständig.

Zulässigkeitsvoraussetzungen:

(1) *Beteiligtenfähigkeit*

Parteifähig sind nur Bund und Länder; sie werden vertreten gem. § 68 BVerfGG durch die Bundesregierung und die jeweilige Landesregierung[40].

(2) *Der Streitgegenstand*

Die Zulässigkeitsvoraussetzungen hinsichtlich des Streitgegenstands werden in § 69 iVm § 64 Abs. 1 BVerfGG gegenüber dem Wortlaut des Art. 93 Abs. 1 Nr 3 GG enger gefasst. Während die letztgenannte Bestimmung des GG von bloßen „Meinungsverschiedenheiten" spricht, ergibt sich aus § 64 Abs. 1 BVerfGG, der auf § 69 BVerfGG verweist, das Erfordernis eines Streits um eine *konkrete, rechtserhebliche Maßnahme* des Antragsgegners bzw ein *Unterlassen*.

Fallbeispiel für ein „Unterlassen": Im Verfahren BVerfGE 8, 104 hatten Gemeinden zu Fragen der Außen- und Bündnispolitik der Bundesregierung „Volksbefragungen" durchgeführt. Diese waren verfassungswidrig, weil damit unzulässig in die Zuständigkeit des Bundes eingegriffen wurde. Die Bundesregierung ersuchte die Landesregierung L, dagegen im Weg der Rechtsaufsicht einzuschreiten (wozu nur das Land und nicht der Bund befugt ist). Die Landesregierung weigert sich. Hierin kann ein Verstoß gegen das Gebot der Bundestreue und damit ein qualifiziertes, rechtserhebliches Unterlassen liegen. Demgegenüber handelt es sich bei der Durchführung der Volksbefragung durch das Bundesland selbst um eine rechtserhebliche *Maßnahme*.

Rechtserheblich ist eine Maßnahme stets dann, wenn sie geeignet ist, in den Rechtskreis eines der Beteiligten einzugreifen[41]. Im **vorgenannten Fallbeispiel** greift das Verhalten des Landes in die Zuständigkeiten des Bundes im Rahmen seiner Gesetzgebungsbefugnisse ein[42]. Rechtserheblich wäre das Unterlassen wirksamer Einreisekontrollen im Zuge der Flüchtlingskrise 2015 dann, wenn insoweit eine Rechtspflicht zum Handeln bestünde (Rn 509).

---

37 S. dazu den Klausurfall bei *Sachs*, NWVBl 2005, 78; s. ferner *Ohler*, NVwZ 2004, 696.
38 Zu einzelnen Anwendungsfällen etwa *Benda/Klein*, Rn 1067 ff.; *Hengstberger/Scheu*, Grundfälle zum Bund-Länder-Streit, JuS 2022, 923.
39 Vgl zB für einen Streit zwischen Bundesländern aus einem Rundfunk-Staatsvertrag, wo es um die Auslegung einzelner Vertragsbestimmungen ging, BVerwGE 107, 275, 277 f; für einen Streit zwischen Bund und Land über die Erteilung der Aussagegenehmigung für einen Bundesbeamten als Zeugen vor einem Untersuchungsausschuss des Landes (s. Rn 692) s. BVerwGE 109, 258.
40 BVerfGE 129, 108, 115; *Hillgruber/Goos*, Rn 562 ff; anders noch die Vorauflage.
41 Dies fordern wohl auch *Hillgruber/Goos*, Rn 474, die auf das Kriterium der Rechtserheblichkeit verzichten wollen.
42 Weitere Beispiele bei *Lenz/Hansel*, § 68 Rn 7 f.

Um eine in diesem Sinn rechtserhebliche Maßnahme muss ein *Streit* im Verhältnis der Beteiligten gegeben sein. Dies ist dann der Fall, wenn der Antragsteller eine Verletzung seiner Rechte durch die fragliche Maßnahme gegeben sieht, auf Grund einer korrespondierenden Pflichtverletzung durch den Antragsgegner. Der Streit muss sich beziehen auf *Rechte und Pflichten aus dem Grundgesetz*. Hierbei kommen auch ungeschriebene Verfassungsgrundsätze in Betracht, insbesondere der Grundsatz der Bundestreue (s. das vorgehend genannte **Fallbeispiel**). Diese Rechte und Pflichten müssen den Parteien übertragen sein: der Streit muss also seine Grundlage im Bundesstaatsverhältnis haben. Die bloße Berufung auf *sonstiges Verfassungsrecht* genügt *nicht*. Auch diese Voraussetzung darf jedoch nicht zu eng gesehen werden. So lässt auch die Verletzung sonstigen Verfassungsrechts eine Verfassungsstreitigkeit dann zum Bund-Länder-Streit werden, wenn hierdurch das Bund-Länder-Verhältnis maßgeblich ausgestaltet wird.

Beispiel: Im Rundfunkstreit (Rn 502) wurde dies wegen der Bedeutung der Rundfunkordnung für das bundesstaatliche Kompetenzgefüge für Art. 5 Abs. 1 GG angenommen.

Ergänzend ist anzumerken, dass auch im Verfahren nach Art. 93 Abs. 1 Nr 3 GG der Erlass bzw die Vorbereitung einer Norm (wenn bereits rechtserhebliche Schritte im Gesetzgebungsverfahren eingeleitet sind) eine rechtserhebliche Maßnahme im dargelegten Sinn darstellen können.

(3) *Antragsbefugnis*

Der Antragsteller muss eine Verletzung in *eigenen*, ihm durch das Grundgesetz übertragenen Rechten plausibel geltend machen bzw wiederum – wie im Organstreitverfahren, vgl § 69 BVerfGG iVm § 64 Abs. 1 BVerfGG – eine unmittelbare Gefährdung; es muss sich um Rechte *aus dem Bundesstaatsverhältnis* handeln (also im vorstehend unter [2] dargelegten Sinn).

(4) *Form und Frist*

§ 69 BVerfGG verweist auch insoweit auf § 64 BVerfGG; es gilt das vorstehend zum Organstreitverfahren Ausgeführte.

850 **Prüfungsumfang und Entscheidungstenor:**

Das BVerfG prüft die angegriffene Maßnahme an den Normen des GG, soweit Rechte des Antragstellers in Frage stehen. Dabei werden jedoch, wie dargelegt, auch sonstige Verfassungsnormen in die Prüfung einbezogen, soweit sie für das Bund-Länder-Verhältnis von Bedeutung sind.

Fallbeispiel: *Rundfunkstreit* – Art. 5 GG, Rn 502.

Das BVerfG *stellt* ggf eine Rechtsverletzung *fest*, § 69 BVerfGG iVm § 67 BVerfGG.

3. Sonstige föderale Streitigkeiten, Art. 93 Abs. 1 Nr 4 GG; §§ 13 Nr 8, 71, 72 BVerfGG

851 Von nur geringer praktischer Bedeutung sind die sonstigen föderalen Streitigkeiten nach Art. 93 Abs. 1 Nr 4 GG, insbesondere auf Grund der Subsidiaritätsklausel in Art. 93 Abs. 1 Nr 4, 2. HS GG.

In der *1. Variante* betrifft Art. 93 Abs. 1 Nr 4 GG Bund-Länder-Streitigkeiten. Handelt es sich hierbei jedoch um verwaltungsrechtliche Streitigkeiten (etwa aus Verwaltungsabkommen), ist die Zuständigkeit des BVerwG gegeben; geht es um Rechte und Pflichten *aus dem Grundgesetz*, greift Art. 93 Abs. 1 Nr 3 GG ein. Staatsverträge zwischen Bund und Ländern – theoretisch als Fall der Nr 4 denkbar – werden in aller Regel grundgesetzlich geregelte Rechte und Pflichten betreffen.

Praktisch bedeutsam könnte die *2. Variante* von Art. 93 Abs. 1 Nr 4 GG werden: Streitigkeiten *zwischen den Bundesländern*. Erforderlich ist hier jedoch, dass es sich um *verfassungsrechtliche* Streitigkeiten handelt, da für verwaltungsrechtliche Streitigkeiten das BVerwG zuständig ist.

Fallbeispiel: Im Streit um den Staatsvertrag über die Vergabe von Studienplätzen nahm das BVerwG eine verwaltungsrechtliche Streitigkeit an, ausgehend von der *Rechtsnatur des Vertrags*, der sich auf Materien des Verwaltungsrechts bezog. Andererseits ging es in dem Verfahren um die Frage, ob das Land aus Gründen der *Bundestreue* die Entscheidung des Landesverfassungsgerichts über die Verfassungswidrigkeit des den Vertrag in Landesrecht transformierenden Landesgesetzes außer Acht lassen musste. Dies dürfte eine verfassungsrechtliche Frage sein[43].

Kommt also als Anwendungsfall für *Länder-Streitigkeiten* nach Art. 93 Abs. 1 Nr 4, 2. Variante GG der Streit um die Anwendung von Verträgen der Länder untereinander in Betracht, so ist doch zunächst im Hinblick auf die nur *subsidiäre Zuständigkeit* des BVerfG die Rechtsnatur derartiger Verträge zu prüfen: Es muss sich um *verfassungsrechtliche* Verträge handeln.

852

Beispiel: Staatsvertrag zwischen dem früheren Freistaat Coburg und dem Freistaat Bayern über den staatlichen Zusammenschluss: verfassungsrechtlicher Vertrag[44].

Für *Streitigkeiten innerhalb eines Landes*, Art. 93 Abs. 1 Nr 4, 3. Variante GG, ist regelmäßig der Weg zu den Landesverfassungsgerichten eröffnet.

Zur *Subsidiarität* dieses Verfahrens s. auch den instruktiven Fall bei BVerfGE 6, 107: auch wenn durch den Landesverband einer Partei eine Verletzung des Art. 21 GG durch die Exekutive geltend gemacht wird, liegt eine Streitigkeit innerhalb eines Landes vor. Der verfassungsrechtliche Status des Art. 21 GG kommt Parteien auch nach der Verfassungsordnung der Länder zu. Für die dann gegebene landesverfassungsrechtliche Streitigkeit ist das Organstreitverfahren zum Landesverfassungsgericht eröffnet. Die Subsidiarität des Verfahrens nach Art. 93 Abs. 1 Nr 4 GG greift ein, wenn der konkrete Antragsteller ein Verfahren vor dem Landesverfassungsgericht einleiten könnte.

4. Die abstrakte Normenkontrolle, Art. 93 Abs. 1 Nr 2 GG; §§ 13 Nr 6, 76 ff BVerfGG

Dem BVerfG obliegt die Kontrolle auch der gesetzgebenden Gewalt. Sie erfolgt aus Anlass konkreter Rechtsstreitigkeiten, wenn die Verfassungswidrigkeit einer Norm bei ihrer Anwendung geltend gemacht wird, also im Verfahren der Verfassungsbeschwerde vom normbetroffenen Bürger, wie auch sonst in gerichtlichen Verfahren, wenn es hierbei auf die Gültigkeit der Norm ankommt. Unabhängig davon aber kann auf Antrag bestimmter staatlicher Organe – Bundesregierung, Landesregierung, Bundestag – eine Norm jederzeit zu verfassungsgerichtlicher Überprüfung gebracht werden, im Verfahren der abstrakten – weil von einem konkreten Anwendungsfall losgelösten – Normenkontrolle[45].

853

Zulässigkeitsvoraussetzungen:

854

(1) Antragsberechtigung

Der Kreis der Antragsberechtigten ist in Art. 93 Abs. 1 Nr 2 GG abschließend benannt. § 76 Abs. 1 BVerfGG nimmt hierauf Bezug. Für die dritte Alternative – ein Viertel der Mitglieder des Bundestags – ist klarstellend anzumerken, dass der Antrag *von den Abgeordneten* zu stellen ist, also *nicht* etwa von einer *Fraktion*. Im Verfahren nach Art. 93 Abs. 1 Nr 2a GG sind abweichend hiervon Bundesrat, die Landesregierungen und – dies ist eine Besonderheit – die Länderparlamente antragsberechtigt. Da das Quorum von einem Viertel der Abgeordneten explizit im Grundgesetz festgelegt ist, lehnte es das BVerfG ab, hiervon zugunsten der Opposition, die während der Großen Koalition 2013/2017 über weniger als ein Viertel der Mandate verfügte, abzuweichen[46]. Das BVerfG sah auch den Beitritt einer Gruppe von Abgeordneten, die das Quorum nicht erfüllte, zu einem bereits eingeleiteten Verfahren als unzulässig[47].

---

43 BVerwGE 50, 124; 50, 137; BVerfGE 42, 103, 117 f.
44 BVerfGE 22, 221; s. auch BVerfGE 34, 216; 38, 231.
45 Dazu zusammenfassend *Brunner*, JA 2014, 838 ff.
46 BVerfGE 142, 25 Rn 109 ff; s. auch *Lohse*, JA 2014, 519, 523; allgemein *Hillgruber/Goos*, Rn 22 ff.
47 BVerfGE 156, 1.

(2) Prüfungsgegenstand

Prüfungsgegenstand ist *jede Rechtsnorm, Bundesrecht* wie *Landesrecht,* auch *untergesetzliches Recht* sowie *Verfassungsrecht.* **Sekundäres Unionsrecht** ist nicht geeigneter Prüfungsgegenstand; es wird nicht von Organen erlassen, die unter der Geltung des Grundgesetzes stehen. Innerstaatliches Recht, das in Umsetzung sekundären Unionsrechts ergeht, unterliegt jedoch der Kontrolle durch das BVerfG. – Zur Überprüfung von Gesetzen, die der Umsetzung von Richtlinien dienen, s. Rn 272 ff.

Erst nach Abschluss des Gesetzgebungsverfahrens, also *nach Ausfertigung und Verkündung,* kann der Antrag auf Normenkontrolle gestellt werden, wohl aber *vor Inkrafttreten der Norm.*

Ausnahme: Zustimmungsgesetze zu völkerrechtlichen Verträgen können bereits vor ihrer Ausfertigung und Verkündung überprüft werden; ist das Zustimmungsgesetz wirksam geworden, der Vertrag – durch Austausch der Ratifikationsurkunden – in Kraft getreten, ändert die nachträgliche Nichtigerklärung des Zustimmungsgesetzes bei *völkerrechtlichen Verträgen* nichts an der vertraglichen Bindung; s. dazu **Klausurenband II Fall 9**.

(3) „Meinungsverschiedenheiten oder Zweifel"

§ 76 Abs. 1 BVerfGG engt die Zulässigkeitsvoraussetzungen gegenüber Art. 93 Abs. 1 Nr 2 GG ein: nach § 76 Abs. 1 BVerfGG ist erforderlich, dass einer der Antragsberechtigten die Norm *für nichtig hält* oder aber im Fall einer Nichtanwendung durch die in Nr 2 genannten Stellen für gültig. Ob durch einfaches Gesetz eine derartige Einschränkung vorgenommen werden durfte, ist zweifelhaft. Wenn also bloße Zweifel geltend gemacht werden, ist der Antrag gleichwohl als zulässig zu behandeln, sei es im unmittelbaren Rückgriff auf die Verfassungsnorm[48], sei es über eine verfassungskonforme Auslegung des Gesetzesrechts[49]. Meinungsverschiedenheiten und Zweifel iSv Art. 93 Abs. 1 Nr 2 GG, § 76 BVerfGG müssen ihre Grundlage *im Bundesrecht* haben, der Antragsteller muss also darlegen, dass er die Norm wegen Unvereinbarkeit mit Bundesrecht für nichtig hält.

(4) Klarstellungsinteresse

Eine besondere Antragsbefugnis ist nicht erforderlich; der Antragsteller muss also *nicht* darlegen, in seinen Rechten oder Interessen betroffen zu sein. Daher kann auch Landesrecht durch die Landesregierung eines anderen Bundeslandes zu verfassungsgerichtlicher Kontrolle gebracht werden. Erforderlich ist ein *objektives Klarstellungsinteresse.* Es ist indiziert, wenn ein auf das GG in besonderer Weise verpflichtetes Organ oder ein Organteil von der Unvereinbarkeit der Norm mit höherrangigem Bundesrecht überzeugt ist und eine diesbezügliche Feststellung beim BVerfG beantragt; auch eine Landesregierung kann ein solches Klarstellungsinteresse haben, selbst wenn es um das Gesetz eines anderen Landes geht wie zB in **Fall 12a: Mietendeckel** (Rn 160, 203)[50].

Ein Klarstellungsinteresse kann im Übrigen dann entfallen, wenn bereits eine verfassungsrechtliche Entscheidung vorliegt.

Die Möglichkeit *landesverfassungsrechtlicher* Rechtsbehelfe berührt das Klarstellungsinteresse jedoch nicht, da das Landesverfassungsgericht grundsätzlich nur die Vereinbarkeit einer Norm mit Landes(verfassungs-)recht prüft, das BVerfG nur die Vereinbarkeit mit Bundesrecht – wie ja generell Bundes- und Landesverfassungsgerichtsbarkeit selbstständig und voneinander unabhängig sind. Hat jedoch das *Landesverfassungsgericht* eine *Norm* wegen Unvereinbarkeit mit der Landesverfassung bereits *für nichtig erklärt,* so fehlt es bereits an einem geeigneten Prüfungsgegenstand für die abstrakte Normenkontrolle, die dann aus diesem Grund unzulässig, da gegenstandslos ist.

(5) Zur Schriftform s. § 23 Abs. 1 BVerfGG; der Antrag ist *nicht fristgebunden.*

---

48 *Benda/Klein,* Rn 688; *Geis/Schmidt,* JuS 2012, 121, 122.
49 *Brunner,* JA 2014, 838, 839; aM *Hillgruber/Goos,* Rn 666.
50 BVerfGE 157, 223.

Prüfungsmaßstab: Das BVerfG prüft die angegriffene Norm **umfassend** am Grundgesetz bzw, falls es sich um untergesetzliches Bundesrecht bzw Landesrecht handelt, am sonstigen Bundesrecht. – Zur Überprüfung **gemeinschaftsrechtlich/unionsrechtlich veranlassten** innerstaatlichen Rechts s. Rn 272. 855

Zum Inhalt der Entscheidung: Bejaht das BVerfG einen Verfassungsverstoß, so erklärt es gemäß § 78 S. 1 BVerfGG das Gesetz für **nichtig**; eine Teilnichtigerklärung kommt dann in Betracht, wenn nur einzelne Bestimmungen nichtig sind, das Gesetz im Übrigen noch in sich sinnvoll ist, während andererseits gemäß § 78 S. 2 BVerfGG auch weitere, nicht ausdrücklich angegriffene Bestimmungen des den Gegenstand der Normenkontrolle bildenden Gesetzes für nichtig erklärt werden können, wenn der Nichtigkeitsgrund der Gleiche ist. Zu den *Wirkungen der Entscheidung* s. § 79 BVerfGG. Im *Tenor* stellt das BVerfG den Verfassungsverstoß fest und erklärt das Gesetz für nichtig; unter bestimmten Voraussetzungen beschränkt es sich auf die **Feststellung des Verfassungsverstoßes** (Rn 879 ff). Die Nichtigerklärung wirkt **ex tunc**: Das verfassungswidrige Gesetz ist als **von Anfang an nichtig** anzusehen. Gleichwohl bleiben auf Grund des Gesetzes ergangene Hoheitsakte nach § 79 Abs. 2 S. 1 BVerfGG grundsätzlich in Kraft, die Vollstreckung hieraus ist jedoch unzulässig, Abs. 2 S. 2. Bei Strafurteilen ist Wiederaufnahme möglich, § 79 Abs. 1 BVerfGG. Die Entscheidung des BVerfG wirkt **inter omnes**, § 31 Abs. 1 BVerfGG, und hat **Gesetzeskraft**, § 31 Abs. 2 BVerfGG. 856

Hält das BVerfG das Gesetz für gültig, so stellt es auch dies im Tenor ausdrücklich fest; ein neuer Antrag wird nur dann zulässig, wenn sich die Lebensverhältnisse oder die allgemeine Rechtsauffassung geändert haben; andernfalls fehlt es am Klarstellungsinteresse.

5. Die abstrakte Normenkontrolle, Art. 93 Abs. 1 Nr 2a GG; §§ 13 Nr 6a, 76 ff BVerfGG

Art. 93 Abs. 1 Nr 2a GG sieht eine **zusätzliche** Möglichkeit der **abstrakten Normenkontrolle** speziell für die Überprüfung der Voraussetzungen des Art. 72 Abs. 2 GG, also der Erforderlichkeit eines (Bundes-)Gesetzes bei konkurrierender Gesetzgebungsbefugnis vor. 857

Zulässigkeitsvoraussetzungen:

(1) *Antragsberechtigung*

Abweichend von Nr 2 nur: Bundesrat, Landesregierung, Landesparlament.

(2) *Prüfungsgegenstand*

Nach Systematik und Zielsetzung der Norm nur (formelle) Bundesgesetze: nur für sie gelten die Voraussetzungen des Art. 72 Abs. 2 GG.

(3) *„Meinungsverschiedenheiten"*

Diese müssen sich auf die Voraussetzungen des Art. 72 Abs. 2 GG beziehen.

(4) *Klarstellungsinteresse* und (5) *Form:* wie bei 4.

Prüfungsmaßstab: nur Art. 72 Abs. 2 GG.

Im Verhältnis zu Art. 93 Abs. 1 Nr 2 GG stellt Nr 2a ein zusätzliches Verfahren für die dort genannten Antragsberechtigten bereit. Sie können das Fehlen der Voraussetzungen nach Art. 72 Abs. 2 GG, vgl § 76 Abs. 2, 2. HS BVerfGG, in diesem Verfahren geltend machen. Die in beiden Verfahren antragsberechtigten Landesregierungen können demge- 858 genüber im Verfahren nach Nr 2 weitere Nichtigkeitsgründe geltend machen. Die zusätzliche Normenkontrolle nach Art. 93 Abs. 1 Nr 2a GG wird also vor allem für den Bundesrat und die Landesparlamente bedeutsam.

6. Feststellung der Ersetzbarkeit von Bundesrecht, Art. 93 Abs. 2 GG; §§ 13 Nr 6b, 97 BVerfGG

859 Ein neuartiges Verfahren wird durch die Föderalismusreform 2006 mit Art. 93 Abs. 2 GG, §§ 13 Nr 6b, 97 BVerfGG eröffnet. Bundesrecht im Bereich der konkurrierenden Gesetzgebung, das auf Grund des Art. 72 Abs. 2 GG in der bis zum 15.11.1994 geltenden Fassung erlassen worden war und wegen der Verschärfung der Voraussetzungen des Art. 72 Abs. 2 GG nicht neu erlassen werden könnte, kann nach Art. 125a Abs. 2 GG durch Landesrecht **ersetzt** werden. Gleiches gilt, wenn die Erforderlichkeit nach Art. 72 Abs. 2 GG später fortgefallen ist, Art. 72 Abs. 4 GG. (Rn 197 f). Voraussetzung ist in beiden Fällen, dass der Bund dies durch Gesetz bestimmt. Erlässt der Bund dieses **Freigabegesetz** nicht, so kann das BVerfG angerufen werden. **Antragsberechtigt** sind wie im Verfahren nach Art. 93 Abs. 1 Nr 2a GG: Bundesrat, Landesregierungen, Landesparlamente. Die Antragsteller müssen im Rahmen der **Antragsbefugnis** geltend machen, dass die Voraussetzungen des Art. 72 Abs. 2 GG weggefallen sind bzw dass das Bundesrecht nach Art. 125a Abs. 2 GG nicht neu erlassen werden könnte. Es muss ein besonderes **Rechtsschutzbedürfnis** bestehen: nach Art. 93 Abs. 2 GG setzt der Feststellungsantrag voraus, dass eine Gesetzesvorlage nach Art. 72 Abs. 4 GG bzw nach Art. 125a Abs. 2 S. 2 GG gescheitert ist. Sind die Voraussetzungen nach Art. 72 Abs. 4 GG bzw nach Art. 125a Abs. 2 S. 2 GG gegeben, so ergeht eine **feststellende Entscheidung** des BVerfG. Diese ersetzt mit unmittelbarer Wirkung ein entsprechendes Bundesgesetz.

7. Die konkrete Normenkontrolle (Richtervorlage), Art. 100 Abs. 1 GG; §§ 13 Nr 11, 80 ff BVerfGG

860 Eine verfassungswidrige Norm ist nichtig, darf also nicht angewandt werden. Dies gilt für formelle Gesetze gleichermaßen wie für untergesetzliches Recht, gilt für Gerichte grundsätzlich in gleicher Weise wie für Behörden. Sie sind also nicht nur berechtigt, sondern verpflichtet, sich der Verfassungskonformität des von ihnen anzuwendenden Rechts zu vergewissern (sofern sich Zweifel hieran ergeben). Dies bedeutet jedoch nicht, dass sie jede für verfassungswidrig gehaltene Norm außer Acht lassen, „*verwerfen*" dürften. Dies würde nicht nur zu erheblicher Rechtsunsicherheit führen, sondern bei formellen, vom Parlament beschlossenen Gesetzen auch bedeuten, dass einzelne Gerichte oder Behörden eine vom demokratisch legitimierten Gesetzgeber getroffene Entscheidung missachten könnten. Aus diesem Grund ist die **Verwerfungskompetenz für formelle Gesetze beim BVerfG konzentriert**, muss der **Richter**, wenn er das Gesetz für verfassungswidrig hält, die Entscheidung des BVerfG im Wege der **konkreten Normenkontrolle** (konkret, da aus Anlass eines konkreten Rechtsstreits) einholen, Art. 100 Abs. 1 GG[51].

Dies gilt nicht für die *Exekutive*: Hält hier die das Gesetz anwendende Behörde dieses für verfassungswidrig, so ist im Wege der *Remonstration* die Entscheidung der Exekutivspitze – also der Regierung bzw des zuständigen Fachministers einzuholen; die Regierung *kann* dann ein Normenkontrollverfahren nach Art. 93 Abs. 1 Nr 2 GG einleiten.

---

51 Zur konkreten Normenkontrolle näher *Wernsmann*, Jura 2005, 328.

Dieses Entscheidungsmonopol des BVerfG gilt nur für *formelle* Gesetze; für untergesetzliches Recht hat das einzelne Fachgericht auch die **Verwerfungskompetenz**, dh es ist befugt, die Vorschrift als verfassungswidrig *nicht* anzuwenden (und hierzu auch verpflichtet).

Zulässigkeitsvoraussetzungen: 861

(1) *Vorlageberechtigung*

Den Antrag nach Art. 100 Abs. 1 GG können nur **Gerichte** stellen; dies können auch Landesverfassungsgerichte sein.

(2) *Gegenstand des Verfahrens*

Nur *formelle Gesetze* (Rn 148 ff): nur bei ihnen schließt die Entscheidung des demokratisch legitimierten Gesetzgebers eine Verwerfungskompetenz des Fachgerichts aus.

Aus eben diesem Gesichtspunkt folgt eine weitere, wesentliche Einschränkung für den Gegenstand des Verfahrens: nur für **nachkonstitutionelle** *Gesetze* besteht das Verwerfungsmonopol des BVerfG – die Nichtanwendung eines *vor* Inkrafttreten des GG erlassenen Gesetzes bedeutet keine Missachtung des demokratisch legitimierten Gesetzgebers nach dem Grundgesetz. Als nachkonstitutionell anzusehen ist ein Gesetz jedoch bereits dann, wenn es der nachkonstitutionelle Gesetzgeber „*in seinen Willen aufgenommen*" hat, wenn er also bekundet hat, dass das vor Inkrafttreten des Grundgesetzes ergangene Gesetz weiterhin zur Anwendung kommen soll. Dies kann etwa dann der Fall sein, wenn das vorkonstitutionelle Gesetz maßgeblich geändert wird und die geänderten mit den unveränderten Bestimmungen in sachlich engem Zusammenhang stehen, während die bloße Tatsache der Änderung einzelner Bestimmungen noch nicht ausreicht[52]. Es muss anhand objektiver Kriterien deutlich werden, dass der Gesetzgeber das geänderte Gesetz insgesamt für gültig hält. Aufnahme in den Willen des Gesetzgebers liegt vor bei Neuverkündung im BGBl, bei *ausdrücklicher Verweisung* auf das Altrecht in einem nachkonstitutionellen Gesetz, aber auch bei *engem sachlichem* Zusammenhang eines nachkonstitutionellen zu einem vorkonstitutionellen Gesetz[53].

Bei umfangreicheren vorkonstitutionellen Gesetzen wie zB dem BGB bedeuten auch wiederholte Änderungen nicht, dass der Gesetzgeber jede einzelne der unverändert gebliebenen Vorschriften „in seinen Willen aufgenommen" hat[54].

Eine im Ansatz vergleichbare *Einschränkung* besteht für das Verhältnis von *Landesrecht und Bundesrecht:* Landesgesetze sind dann im Wege der konkreten Normenkontrolle dem BVerfG vorzulegen, wenn das Gericht sie im Widerspruch auch zu sonstigem Bundesrecht sieht. Sind nun die maßgeblichen Normen des Bundesrechts erst *nach Inkrafttreten des Landesgesetzes* erlassen worden, so konnte der Landesgesetzgeber sie nicht berücksichtigen. Das Landesgesetz in diesem Fall nicht anzuwenden (fordert Art. 31 GG als hier maßgebliche Kollisionsregel) bedeutet also keine „Missachtung" des Landesgesetzgebers. Wohl aber liegt eine solche Missachtung vor, wenn ein Landesgesetz nicht angewandt wird, bei dessen Erlass die als verletzt gesehene Norm des Bundesrechts bereits vorgelegen hatte – sie musste auch der Landesgesetzgeber sehen und berücksichtigen.

Dies bedeutet im Ergebnis, dass **Landesgesetze** *nur* dann vorzulegen sind, wenn sie *nach Erlass* des nach Auffassung des Gerichts ihre Nichtigkeit begründenden *Bundesrechts* erlassen worden sind; zu EU-Recht s. Rn 272 ff. Hier gilt das Gleiche wie zur abstrakten Normenkontrolle; sekundäres Unionsrecht, aber auch Vorschriften des nationalen Rechts, die der Umsetzung einer Richtlinie ohne Umsetzungsspielraum dienen, sind kein zulässiger Vorlagegegenstand. Nach Art. 9 Abs. 2 EV fortgeltendes DDR-Recht wird als vorkonstitutionelles Recht behandelt[55].

---

52 Vgl näher *Benda/Klein/Klein*, Rn 784 ff.; *Hillgruber/Goos*, Rn 764 f.
53 BVerfGE 45, 187, 221 f; 48, 396, 399 – weitere Nw der Rspr bei *Hillgruber/Goos*, Rn 762 ff.
54 Vgl für den Deliktstatbestand des § 828 Abs. 2 BGB BVerfG (K) NJW 1998, 3557.
55 BVerfGE 97, 117, 122 ff.

(3) Überzeugung des Gerichts von der Nichtigkeit des Gesetzes

Das vorlegende Gericht muss *überzeugt* sein von der Nichtigkeit der vorzulegenden Norm, Zweifel genügen nicht. Die Überzeugung des Gerichts muss sich zudem auf einen *Nichtigkeitsgrund* iSv Art. 100 Abs. 1 GG beziehen, bei Landesrecht also auf einen Verstoß gegen früher ergangenes Bundesrecht (s. vorstehend Rn 861). Sieht das vorlegende Gericht die Möglichkeit einer verfassungskonformen Auslegung, hat es diese zugrunde zu legen, auch dann, wenn es hierdurch von der Auffassung eines Obergerichts abweicht[56]. Dabei muss das Gericht in seinem *Vorlagebeschluss* darlegen, dass es das Gesetz *für nichtig hält*, darf sich also nicht darauf beschränken, mögliche Nichtigkeitsgründe ohne Darlegung der eigenen Auffassung aufzuzeigen. Liegt jedoch bereits eine Entscheidung des BVerfG hinsichtlich der Gültigkeit der Norm vor, so ist das vorlegende Gericht gemäß § 31 Abs. 1 BVerfGG hieran gebunden, ist seine Überzeugung unmaßgeblich.

(4) Entscheidungserheblichkeit der Norm

Nur dann *darf* das Gericht die Verfassungsmäßigkeit des Gesetzes zur Überprüfung durch das BVerfG bringen, wenn es hierauf für seine Entscheidung ankommt, wenn also die Entscheidung bei Gültigkeit der Norm anders ausfallen würde als bei Ungültigkeit[57]. Hierfür kommt es nicht allein auf den Entscheidungs*tenor* an: auch die Abweisung einer Klage als *unbegründet* ist im Hinblick auf die Rechtskraftwirkung gegenüber der Abweisung als *unzulässig* eine *„andere"* Entscheidung. Auch dies hat das Gericht in seinem Vorlagebeschluss *darzulegen*. Dabei beachtet das BVerfG grundsätzlich die Rechtsauffassung des Fachgerichts, sofern diese *nicht offensichtlich unhaltbar* ist. Die Auslegung des im konkreten Streitfall anzuwendenden einfachen Rechts ist Sache des Fachgerichts, nicht des BVerfG. Das BVerfG stellt hohe Anforderungen an die Begründung der Entscheidungserheblichkeit. Ggf. kann auch die Einleitung eines Vorabentscheidungsverfahrens nach Art. 267 AEUV geboten sein, auch wenn das vorlegende Gericht nicht als letztinstanzliches Gericht hierzu gemäß Art. 267 Abs. 3 AEUV verpflichtet ist[58]. Entscheidungserheblich ist die Vereinbarkeit einer bundesgesetzlichen Verordnungsermächtigung mit dem Grundgesetz für die Gültigkeit einer hierauf gestützten RVO[59].

Mit „*Entscheidung*" ist die Endentscheidung gemeint. In Ausnahmefällen kann bei wesentlicher Bedeutung für die weitere Ausgestaltung des Verfahrens eine Vorlage zum BVerfG auch bei *Zwischenentscheidungen* in Betracht kommen[60].

Ausnahmsweise kann die grundsätzliche Bedeutung der Vorlagefrage für das Allgemeinwohl und ihre besondere Dringlichkeit eine sofortige Vorlage rechtfertigen[61].

Ausreichend ist *mittelbare Entscheidungserheblichkeit* einer Norm, wenn es sich etwa um eine Ermächtigungsnorm handelt.

Beispiel: Ein Gericht hält eine unmittelbar entscheidungserhebliche Rechtsverordnung für nichtig, da es von der Verfassungswidrigkeit der Ermächtigungsgrundlage – also eines formellen Gesetzes – überzeugt ist. Das ermächtigende Gesetz ist vorzulegen.

(5) Form des Antrags

Das vorlegende Gericht entscheidet durch Beschluss über die Aussetzung des Verfahrens und die Vorlage zum BVerfG; ein *Antrag* der Prozessparteien ist gemäß § 80 Abs. 3 BVerfGG *nicht erforderlich*, wirkt lediglich als Anregung an das Gericht, die Frage der Verfassungsmäßigkeit zu prüfen. Nimmt das Gericht von einer Vorlage Abstand, hat die Prozesspartei keine Rechtsmittel

---

56 BVerfGE 80, 54, 58 f.
57 Näher etwa BVerfGE 80, 96, 100 f.
58 BVerfGE 129, 186; *Britz*, NJW 2012, 1313.
59 BayVerfGH BayVBl 2015, 707.
60 Vgl BVerfGE 63, 1, 21 ff.
61 BVerfGE 37, 146, 148; 49, 89, 124.

hiergegen, ist vielmehr ggf darauf verwiesen, die Verfassungswidrigkeit der Norm im Wege der Verfassungsbeschwerde gegen das auf die Norm gestützte letztinstanzliche Urteil geltend zu machen.

In der *Begründung des Vorlagebeschlusses* ist die Überzeugung des vorlegenden Gerichts von der Verfassungswidrigkeit der Norm und deren Entscheidungserheblichkeit darzulegen. Dabei muss es auch auf die Möglichkeit einer verfassungskonformen Auslegung eingehen[62].

Vorzulegen ist auch unionsrechtlich determiniertes Recht, s. **Rn 275 ff, 290**[63]. 862

Das BVerfG prüft die ihm nach Art. 100 Abs. 1 GG zur Prüfung vorgelegte Norm umfassend am Grundgesetz, Landesgesetze auch an sonstigem Bundesrecht, ohne hierbei an die vom vorlegenden Gericht geltend gemachten Nichtigkeitsgründe gebunden zu sein. In seiner Entscheidung stellt es ggf die Unvereinbarkeit des Gesetzes mit dem Grundgesetz bzw sonstigem Bundesrecht fest und *erklärt es für nichtig*, § 82 Abs. 1 BVerfGG verweist diesbezüglich auf § 78 BVerfGG. Die Entscheidung wirkt, wie im Verfahren der abstrakten Normenkontrolle, **inter omnes** und hat **Gesetzeskraft**, § 31 BVerfGG; für die Wirkung der Entscheidung verweist § 82 Abs. 1 BVerfGG auf § 79 BVerfGG. Zur Möglichkeit der bloßen Feststellung des Verfassungsverstoßes – unter Verzicht auf Nichtigerklärung – s. Rn 879. 863

8. Verfassungsbeschwerden

Die in der Praxis wohl bedeutsamste Verfahrensart ist die Verfassungsbeschwerde nach Art. 93 Abs. 1 Nr 4a GG, § 13 Nr 8a, 90 ff BVerfGG. Sie dient dem Schutz der Grundrechte sowie weiterer „grundrechtsgleicher Rechte" wie zB des Rechts auf Gehör nach Art. 103 Abs. 1 GG und des Rechts auf den gesetzlichen Richter nach Art. 101 Abs. 1 S. 2 GG. Da diese Rechte hier behandelt werden und auch die staatsbürgerlichen Rechte nach Art. 38 Abs. 1 S. 1 GG sowie unter bestimmten Voraussetzungen die Rechte der politischen Parteien nach Art. 21 Abs. 1 GG (iVm Art. 3 Abs. 1 GG) im Rahmen einer Verfassungsbeschwerde geltend gemacht werden können, sollen hier die wichtigsten Zulässigkeitsvoraussetzungen[64] benannt werden (näher s. **Klausurenband I und II**). 864

Zulässigkeit der Verfassungsbeschwerde: 865

(1) Beschwerdeführer

a) *Beschwerdefähigkeit* setzt voraus: Grundrechtsfähigkeit; grundrechtsfähig sind natürliche Personen und inländische juristische Personen (mit Ausnahme juristischer Personen des öffentlichen Rechts) nach Art. 19 Abs. 3 GG.

b) *Prozessfähigkeit*: entspricht der Geschäftsfähigkeit und bezeichnet die Fähigkeit, selbst wirksam Prozesshandlungen vornehmen zu können.

(2) Beschwerdegegenstand

Die Verfassungsbeschwerde muss gegen einen Akt öffentlicher Gewalt gerichtet sein: Legislative, Exekutive und Judikative. Sowohl Bundes- als auch Landesgesetze sind zulässiger Beschwerdegegenstand: Bundes- wie Landesstaatsgewalt sind an das Grundgesetz gebunden. Kein zulässiger Beschwerdegegenstand sind Normen des (sekundären) Unionsrechts (Richtlinien/Verordnungen), jedenfalls solange auf europäischer Ebene adäquater Grundrechtsschutz gewährleistet ist (Rn 273).

---

62 BVerfG (K), B. v. 11.3.2015 – 1 BvL 8/14.
63 Zu Einzelfragen s. *Lenz/Hansel*, § 80 Rn 59 ff.
64 In Anlehnung an den Aufbauvorschlag bei *Kingreen/Poscher*, Rn 1227 ff und im **Klausurenband II** Rn 23 ff.

(3) Beschwerdebefugnis

a) Der Beschwerdeführer muss plausibel geltend machen, in einem seiner Grundrechte bzw seiner in Art. 93 Abs. 1 Nr 4a GG genannten Rechte verletzt zu sein.

b) Der Beschwerdeführer muss selbst, gegenwärtig und unmittelbar betroffen sein; bei Verfassungsbeschwerde unmittelbar gegen ein Gesetz insbesondere ist Letzteres sorgfältig zu prüfen[65].

(4) Rechtswegerschöpfung/Subsidiarität

Nach § 90 Abs. 2 BVerfGG muss dann, wenn gegen den angegriffenen Hoheitsakt (2) der Rechtsweg eröffnet ist, dieser erschöpft werden. Gegen Gesetze ist an sich kein Rechtsweg eröffnet; gleichwohl verlangt das BVerfG – hierin nur schwer berechenbar – mitunter vom Bf, zunächst den Vollzug des Gesetzes abzuwarten und durch die Fachgerichte eine Vorabklärung und „Aufbereitung" des Verfahrensstoffs zu erreichen.

(5) Form und Frist

Schriftform, § 23 Abs. 1 BVerfGG; Monatsfrist nach § 93 Abs. 1 bzw bei Gesetzen Jahresfrist des § 93 Abs. 3 BVerfGG.

866 Die Verfassungsbeschwerde ist begründet, wenn der Beschwerdeführer durch den angegriffenen Akt öffentlicher Gewalt in seinen Grundrechten verletzt ist; das BVerfG prüft hierbei insbesondere bei der Urteilsverfassungsbeschwerde nur, ob spezifisches Verfassungsrecht verletzt wurde.

867 Einen **Sonderfall der Verfassungsbeschwerde** regelt Art. 93 Abs. 1 Nr 4b GG. Hiernach können Gemeinden und Gemeindeverbände ihr Selbstverwaltungsrecht aus Art. 28 GG gegenüber Gesetzen – auch Rechtsverordnungen – geltend machen, sofern nicht bei Landesgesetzen der Rechtsweg zu den Landesverfassungsgerichten eröffnet ist[66].

9. Weitere Verfahren

868 Abgesehen vom Verfahren der **Verfassungsbeschwerde**, die wegen des Sachzusammenhangs im Grundrechtsband behandelt wird, spielen die weiteren Verfahrensarten in der Praxis eine nur geringe Rolle.

a) Dies gilt insbesondere für die dem **Verfassungsschutz im engeren Sinn** zuzuordnenden Verfahren.

Erst in zwei Fällen kam es im **Parteiverbotsverfahren** nach Art. 21 Abs. 2 S. 2 GG, §§ 13 Nr 2, 43 ff BVerfGG zum Parteiverbot[67] (zum NPD-Verfahren s. Rn 61). Die Zulässigkeitsvoraussetzungen sind unproblematisch und in §§ 43 ff BVerfGG näher umschrieben; antragsberechtigt sind Bundesregierung, Bundestag und Bundesrat, Landesregierungen in Bezug auf Parteien, deren Organisation sich auf das Gebiet *ihres* Landes beschränkt; die Antragstellung liegt im politischen Ermessen der hierfür zuständigen Verfassungsorgane. Zum Inhalt der Entscheidung s. § 46 BVerfGG: Feststellung der Verfassungswidrigkeit *ex nunc*, Auflösung und Verbot von *Ersatzorganisationen*, möglich auch Vermögenseinziehung. Bedeutsam ist, dass mit der Verkündung der Entscheidung auch die Mandate von Abgeordneten der Partei erlöschen, vgl auch § 46 Abs. 4 BWahlG. Als unzulässig sah das BVerfG einen Antrag der NPD im Verfahren nach § 43 BVerfGG an, ihre Verfassungsmäßigkeit festzustellen[68]. Ein Antrag im Organstreitverfahren war unzulässig, da die Äußerungen der Bundesregierung zur Verfassungswidrigkeit der Partei keine rechtserhebliche Maßnahme darstellten[69]. Zu beachten ist die qualifizierte Mehrheit nach § 15 Abs. 4 S. 1

---

65 *Kingreen/Poscher*, Rn 1252; *Hillgruber/Goos*, Rn 281 ff.
66 Näher *Hillgruber/Goos*, Rn 399 ff.
67 BVerfGE 2, 1; 5, 85; näher zum Parteiverbotsverfahren *Stiehr*, JuS 2015, 994.
68 BVerfGE 133, 100.
69 S. dazu *Hufen/Kumpf*, DVBl 2013, 417; BVerfGE 133, 100.

BVerfGG; danach müssen mindestens zwei Drittel der Mitglieder des Senats für das Verbot stimmen. Da dem Senat 8 Richter angehören, sind 6 Stimmen erforderlich. Dies gilt auch für das Verfahren nach §§ 13 Nr 2a, 46a BVerfGG über den Ausschluss von der staatlichen Teilfinanzierung.

Keine praktische Bedeutung hat das **Grundrechtsverwirkungsverfahren** erlangt[70].

Keine praktische Bedeutung erlangten auch die **Anklageverfahren**. Die Anklage gegen den Bundespräsidenten, Art. 61 Abs. 1 GG, §§ 13 Nr 4, 49 ff BVerfGG, kann nur auf *vorsätzliche Rechtsverletzung* gestützt werden und setzt zu ihrer Erhebung qualifizierte Mehrheiten im Bundestag und Bundesrat voraus. Geeignetes Verfahren zur Klärung von *Kompetenzstreitigkeiten* ist das *Organstreitverfahren*, in dem es auf subjektive Vorwerfbarkeit nicht ankommt. Zur *Richteranklage* s. Art. 98 Abs. 2 GG, §§ 13 Nr 9, 58 ff BVerfGG (Bundesrichter) bzw Art. 98 Abs. 5 GG, §§ 13 Nr 9, 62 iVm 59 ff BVerfGG (Landesrichter). **869**

b) Dem Bereich der organisationsrechtlichen Streitigkeiten zuzurechnen ist das **Wahlprüfungsverfahren** nach Art. 41 Abs. 2 GG, §§ 13 Nr 3, 48 BVerfGG[71]. **870**

Über Fragen der *Gültigkeit einer Bundestagswahl* entscheidet gemäß Art. 41 Abs. 1 GG ausschließlich der Bundestag im Wahlprüfungsverfahren, das – auf der Grundlage der Ermächtigung in Art. 41 Abs. 3 GG – im Wahlprüfungsgesetz (Sartorius Nr 32) geregelt ist. Der Bundestag entscheidet damit auch über die Gültigkeit der Wahl eines einzelnen Abgeordneten, also über die Erlangung des Mandats. Er entscheidet in diesem Verfahren auch über den *Verlust eines Bundestagsmandats* gemäß §§ 46, 47 BWahlG. Gegen die Entscheidung des Bundestags ist *Beschwerde zum BVerfG* eröffnet, das für die **Wahl- und Mandatsprüfung ausschließlich** zuständig ist, Art. 41 Abs. 2 GG; jeder andere Rechtsweg ist ausgeschlossen (s. aber Rn 106a zu SächsVerfGH vom 16.8.2019 – AfD-Landeslisten).

Im Wahlprüfungsverfahren (Rn 103 f) sind *Wahlmängel* festzustellen, die sich zum einen aus den gesetzlichen Wahlregeln (BWahlG, s. aber auch §§ 107–108b StGB), zum anderen aus allgemeinen Wahlrechtsgrundsätzen ergeben. Wahlmängel können etwa in *unerlaubter Beeinflussung* durch amtliche Stellen liegen (der Ministerpräsident eines Landes unterzeichnet zB einen Wahlaufruf zu Gunsten einer Partei in einer amtlichen Bekanntmachung in seiner Eigenschaft als Ministerpräsident), in Bewerbermängeln und in der unrichtigen Feststellung des Wahlergebnisses, aber auch in der Verfassungswidrigkeit von Bestimmungen des Wahlrechts. *Fehlerfolge* ist grundsätzlich nicht die Wiederholung der Wahl auf Grund ihrer Nichtigkeit, sondern die *Richtigstellung des Ergebnisses*, unter Berücksichtigung der festgestellten Mängel. Diese Entscheidung wird vom Bundestag im Wahlprüfungsverfahren auf Einspruch der in § 2 Abs. 2 Wahlprüfungsgesetz genannten Einspruchsberechtigten getroffen; gegen diese Entscheidung ist dann Beschwerde einzulegen. **871**

Über den **Verlust der Mitgliedschaft** entscheidet der Bundestag gleichermaßen im Wahlprüfungsverfahren. Falls zunächst der Bundestagspräsident entscheidet, kann auf Antrag des betroffenen Abgeordneten die Entscheidung im Wahlprüfungsverfahren herbeigeführt werden. Hiergegen kann der Abgeordnete, dessen Mitgliedschaft bestritten wird, gemäß Art. 41 Abs. 2 GG Beschwerde zum BVerfG einlegen.

Die **Zulässigkeitsvoraussetzungen** ergeben sich aus § 48 BVerfGG. Beschwerdeberechtigt ist nach § 48 Abs. 1 BVerfGG (neu gefasst durch G. v. 12.7.2012, BGBl I S. 1501) jeder Wahlberechtigte, dessen Einspruch vom Bundestag abgewiesen wurde, oder eine Gruppe von Wahlberechtigten, sowie eine Fraktion des Bundestags oder eine Gruppe von Abgeordneten im Fall der Mandatsprüfung der betroffene Abgeordnete. Eine *materielle Beschwer* ist nicht gefordert. Wenn es zB um Unregelmäßigkeiten in einem bestimmten Wahlkreis geht, muss der Beschwerdeführer nicht etwa dort stimmberechtigt sein. Ausreichend ist die *formelle Beschwer*, die im Wahlprüfungsverfahren

---

70 Vgl *Hillgruber/Goos*, Rn 914.
71 S. hierzu den Fall „Unregelmäßigkeiten bei der Bundestagswahl" von *Shirvani/Schröder*, Jura 2007, 143 sowie *Ortmann*, Probleme der Wahlprüfungsbeschwerde nach § 48 BVerfGG, ThürVBl 2006, 169.

in der Zurückweisung des Einspruchs liegt, im Mandatsprüfungsverfahren liegt die Beschwer in der Entscheidung im Wahlprüfungsverfahren. Mit der Beschwerde kann die Ungültigkeit der Wahl geltend gemacht werden, der Beschwerdeführer kann sich aber auch darauf beschränken, die Verletzung in eigenen Rechten geltend zu machen wie im Fall des Ausschlusses betreuter (nach § 1896 BGB) oder untergebrachter (nach § 63 StGB) Personen vom Wahlrecht; er muss dann plausibel darlegen, in seinen subjektiven Rechten verletzt zu sein[72]. Die Beschwerdefrist beträgt zwei Monate. Mit Ablauf der Wahlperiode erledigt sich die Beschwerde, sofern der Antrag primär auf die Feststellung der gesetzmäßigen Zusammensetzung des Bundestages gerichtet war. Das BVerfG prüft die Beschwerde gleichwohl, wenn ein relevantes Klarstellungsinteresse besteht[73]. Dies ist zu bejahen, wenn es um die Verfassungsmäßigkeit von Bestimmungen des geltenden Wahlrechts geht, da dieser Verfassungsverstoß fortwirkt.

Zur *Form* der Beschwerde s. § 23 Abs. 1 BVerfGG, zur *Frist* § 48 BVerfGG. Für die **Begründetheit** kommt es darauf an, dass Fehler im Wahlverfahren sich auf die Mandatsverteilung auswirken konnten: **Mandatsrelevanz**. Wenn die Wahlperiode zwischen Einlegung der Beschwerde und Entscheidung des BVerfG endet, bleibt das BVerfG weiterhin befugt, die im Rahmen der zulässigen Wahlprüfungsbeschwerde erhobenen Rügen zu klären, wenn hieran ein berechtigtes Interesse besteht. Dies kann zB dann der Fall sein, wenn die Verfassungswidrigkeit von Wahlrechtsnormen geltend gemacht wird[74].

872 Die **Nichtanerkennungsbeschwerde** nach Art. 93 Abs. 1 Nr 4c GG, §§ 13 Nr 3a, 96a bis d BVerfGG will Parteien Rechtsschutz vor der Bundestagswahl gewähren. Die Beteiligtenfähigkeit – Beschwerdeberechtigung – richtet sich nach § 96 Abs. 1 BVerfGG: Parteien und Vereinigungen, denen die Anerkennung nach § 18 Abs. 4 BWahlG versagt wurde, die also nicht zur Bundestagswahl zugelassen wurden, sei es, dass sie nicht als „Partei" anerkannt wurden, sei es, dass die Voraussetzungen nach § 18 Abs. 4 S. 1 Nr 1 BWahlG (Mindestzahl von Mandaten) verneint wurden. Beschwerdegegenstand ist der Beschluss des Bundeswahlausschusses nach § 18 Abs. 4 BWahlG, die Beschwerdebefugnis folgt aus der Nichtanerkennung, durch die die Partei oder Vereinigung gehindert wird, Wahlvorschläge einzureichen. Die Frist beträgt vier Tage, § 96a Abs. 2 BVerfGG[75].

873 c) Vergleichbar der konkreten Normenkontrolle ist das Verfahren der **Qualifikation von Regeln des Völkerrechts** als Bestandteil des Bundesrechts gemäß Art. 25 GG ausgestaltet, Art. 100 Abs. 2 GG[76].

Im Wege konkreter wie abstrakter **Normenqualifikation** ist gemäß Art. 126 GG über die Fortgeltung vorkonstitutionellen Rechts als Bundesrecht zu entscheiden.

874 | **Hinweis zur Fallbearbeitung: Sonstige Verfahren**
|
Für die Prüfung der Zulässigkeit in weniger „gängigen" Verfahren sollte bedacht werden, dass diese sich in aller Regel nach dem gleichen Muster richtet:
– Zunächst muss die **Zuständigkeit** des Gerichts feststehen, also ein Verfahren eröffnet sein, das im BVerfGG genannt ist (Enumerativprinzip).
– Die ersten Prüfungspunkte beziehen sich dann auf die **Beteiligten**: Im verfassungsgerichtlichen Verfahren ist das Recht, ein Verfahren einzuleiten, Partei in einem Verfahren zu sein, für jedes Verfahren besonders geregelt.
– Dann geht es um die Frage, was überhaupt **Gegenstand des Verfahrens** sein kann – eine Handlung oder eine Unterlassung des Gegners, ein Gesetz, eine anderweitige Maßnahme der öffentlichen Gewalt; auch dies ist im verfassungsgerichtlichen Verfahren besonders geregelt.

---

72 BVerfGE 151, 1 Rn 36.
73 BVerfGE 122, 304, 306.
74 BVerfGE 122, 304, 306 f.
75 Näher hierzu *Bechler/Neidhardt*, NVwZ 2013, 1438.
76 Hierzu näher *Hillgruber/Goos*, Rn 809 ff.

- Daran schließt sich zwingend die Frage an, was denn die **Beteiligten** mit dieser Sache zu tun haben und warum sie sich an das Gericht wenden. Der Antragsteller oder Beschwerdeführer muss sich in einer bestimmten **Beziehung zum Gegenstand des Verfahrens** befinden: Er muss geltend machen, in seinen Rechten verletzt oder doch von der Nichtigkeit des angegriffenen Gesetzes überzeugt zu sein.
- Schließlich sind in allen Verfahren bestimmte Formen einzuhalten und in aller Regel auch Fristen zu wahren.

III. Allgemeine Fragen des Verfahrens und der Entscheidung des Bundesverfassungsgerichts

Bestimmte Fragen des verfassungsgerichtlichen Verfahrens, der verfassungsgerichtlichen Kontrolldichte und des Entscheidungsinhalts stellen sich in allen Verfahren, in denen es auf die Verfassungsmäßigkeit von Normen ankommt. Auch kommt in allen Verfahren der Erlass einer einstweiligen Anordnung in Betracht. 875

1. Besonderheiten der Normprüfungsverfahren

Für die Prüfung der Verfassungsmäßigkeit von Gesetzen und den Inhalt der Entscheidung im Fall der Verfassungswidrigkeit haben sich in der Judikatur des BVerfG bestimmte allgemeine Grundsätze herausgebildet, die für die Verfahren der *abstrakten* und *konkreten* Normenkontrolle gleichermaßen gelten wie für die unmittelbar oder mittelbar gegen Gesetze gerichtete *Verfassungsbeschwerde*. – Zum Verfahren nach Art. 93 Abs. 2 GG s. Rn 859. 876

a) Verfassungskonforme Auslegung

Für die genannten Normprüfungsverfahren gilt, dass das Gericht, ehe es ein Gesetz als verfassungswidrig für nichtig erklärt, zunächst versucht, dieses Gesetz im Wege „**verfassungskonformer Auslegung**" zu „halten". Wenn also ein Gesetz verschiedene Möglichkeiten der Auslegung offen hält, bei einer bestimmten Auslegung Verfassungswidrigkeit festzustellen wäre, bei einer anderen, gleichfalls möglichen Auslegung jedoch Verfassungskonformität, so wird *dieser* Auslegung der Vorzug gegeben, das Gesetz also als in dieser Auslegung mit dem Grundgesetz vereinbar erklärt. Doch muss eine dahingehende Auslegung nach den anerkannten Auslegungsmethoden noch möglich sein, darf der Sinn des Gesetzes nicht ins Gegenteil verkehrt werden[77]. 877

b) Zurückhaltung gegenüber dem Gesetzgeber

Mehrfach wurde bereits im Zusammenhang mit Fragen des *materiellen Verfassungsrechts* eine tendenzielle Zurückhaltung des BVerfG bei Eingriffen in die vorrangige politische Entscheidung des Gesetzgebers konstatiert. 878

Hier ist insbesondere der grundsätzliche Vorrang **gesetzgeberischer Prognoseentscheidungen** anzuführen (Rn 428). Das Gericht sieht sich grundsätzlich nicht befugt, Prognosen des Gesetzgebers hinsichtlich der Auswirkungen eines Gesetzes, der durch das Gesetz zu gestaltenden künftigen Entwicklung durch eigene Prognosen zu ersetzen, konzediert daher dem Gesetzgeber bei Entscheidun-

---

[77] Näher *Hillgruber/Goos*, Rn 694 ff.

gen mit Prognosecharakter einen **Beurteilungsspielraum**, beschränkt sich auf eine **Evidenzkontrolle**, erklärt dann aber zum Ausgleich den Gesetzgeber für den Fall, dass sich die Unrichtigkeit seiner Prognose herausstellen sollte, zur „*Nachbesserung*" verpflichtet[78] (Rn 428).

Dass das BVerfG den Gedanken eines Beurteilungsspielraums bei Entscheidungen mit Prognosecharakter auch auf das Verhältnis zu den anderen mit der politischen Staatsleitung beauftragten Verfassungsorganen übertragen will, wurde im **Fall 63** vor § 7 (Rn 623) – Bundestagsauflösung – deutlich[79].

c) Die Entscheidung des Bundesverfassungsgerichts: Nichtigerklärung oder Feststellung der Verfassungswidrigkeit

879 Stellt das BVerfG einen Verfassungsverstoß des Gesetzgebers fest, so hat es die Norm grundsätzlich **für nichtig zu erklären**, § 78 S. 1 BVerfGG (abstrakte Normenkontrolle), § 82 Abs. 1 iVm § 78 S. 1 BVerfGG (konkrete Normenkontrolle), § 95 Abs. 3 S. 1, 2 BVerfGG (Verfassungsbeschwerde). Grundsätzlich bezieht sich die Nichtigerklärung auf die *angegriffene Bestimmung*. Sie erstreckt sich auf das *ganze Gesetz*, wenn dieses *insgesamt nichtig* ist. Dies ist der Fall, wenn ein Verfassungsverstoß auf das gesamte Gesetz als gesetzgebungstechnische Einheit durchschlägt: Bei fehlender Kompetenz des Gesetzgebers wie auch bei Verfahrensmängeln, wie fehlender Zustimmung des Bundesrats, ist das Gesetz insgesamt nichtig. Das Gesetz ist unter materiellen Gesichtspunkten insgesamt nichtig, wenn die nach Nichtigerklärung der verfassungswidrigen Bestimmungen verbleibenden Bestimmungen keine sinnvolle Regelung mehr ergeben. Im Übrigen werden nur die verfassungswidrigen Bestimmungen des Gesetzes, soweit sie angegriffen wurden, für nichtig erklärt. Unter den Voraussetzungen des § 78 S. 2 BVerfGG kann jedoch das BVerfG die Nichtigerklärung auf weitere, nicht angegriffene Bestimmungen erstrecken, wenn der Nichtigkeitsgrund der Gleiche ist. Die Nichtigerklärung wirkt **ex tunc**: das Gesetz ist nichtig von Anfang an (Rn 856). Die Entscheidung hat **Gesetzeskraft**, § 31 Abs. 2 BVerfGG. Dies hindert allerdings den Gesetzgeber nicht zwingend, ein ähnliches oder sogar inhaltsgleiches Gesetz erneut zu erlassen – ein **Normwiederholungsverbot** wird überwiegend verneint[80], jedenfalls für den Fall geänderter Verhältnisse. Andernfalls könnte der Erlass eines inhaltsgleichen Gesetzes gegen den Grundsatz der Organtreue (Rn 699, 804) verstoßen. Bei der 3%-Klausel im Europawahlrecht[81] nach Nichtigerklärung der 5%-Klausel durch das BVerfG[82] war dies jedoch nicht der Fall[83] – die gesetzliche Regelung wurde in Auseinandersetzung mit der Entscheidung des BVerfG getroffen und war auch nicht inhaltsgleich.

880 Unter bestimmten Voraussetzungen nimmt das BVerfG jedoch von einer Nichtigkeitserklärung Abstand und beschränkt sich auf die **Feststellung der Verfassungswidrigkeit** der Norm, ihrer Unvereinbarkeit mit dem Grundgesetz. Diese Feststellung bedeutet: Das Gesetz ist nicht von Anfang an nichtig, ist aber vom Zeitpunkt der Entscheidung an nicht mehr anzuwenden – die Entscheidung des BVerfG hat auch dann Gesetzeskraft nach § 31 Abs. 2 BVerfGG. Das Gericht kann jedoch darüber hinaus anordnen, dass das Gesetz für einen Übergangszeitraum bis zu einer Neuregelung weiterhin anzuwenden ist[84]. Im

---

78 Vgl zB BVerfGE 50, 290.
79 S. BVerfGE 62, 1, 51.
80 *Hillgruber/Goos*, Rn 15, 801.
81 BVerfGE 135, 259.
82 BVerfGE 129, 300, 301.
83 *Hillgruber*, JA 2014, 554, 555.
84 Vgl zu den unterschiedlichen Entscheidungsinhalten *Hillgruber/Goos*, Rn 685 ff.

Fall der Wahlprüfungsbeschwerde wegen des negativen Stimmgewichts musste die Neuregelung erst bis 2011 erfolgen – die Bundestagswahl 2009 durfte also noch in Anwendung verfassungswidriger Bestimmungen des Bundeswahlgesetzes erfolgen.

Zwei Gesichtspunkte sind maßgeblich, wenn von dem Regelfall der Nichtigerklärung ex tunc abgewichen werden soll: Zum einen der der **Gestaltungsfreiheit** des Gesetzgebers, zum anderen der der Rechtssicherheit im Fall eines drohenden **Rechtsvakuums**. Der Gesichtspunkt der gesetzgeberischen Gestaltungsfreiheit – der letztlich aus dem Gewaltenteilungsprinzip folgt – greift ein, wenn das Gericht einen Verstoß gegen den *Gleichheitssatz* konstatiert, der auf unterschiedliche Weise behoben werden kann.

Bei einem Verstoß gegen Art. 3 GG kann Gleichheit auf unterschiedliche Weise hergestellt werden. Wenn etwa das Gesetz dem A eine Leistung gewährt, dem B aber unter Verstoß gegen Art. 3 GG nicht, so kann der Gesetzgeber entweder beiden oder aber keinem von beiden die Leistung gewähren, oder etwa auch, um den Gesamtaufwand nicht zu erhöhen, beiden die halbe Leistung. Diese Entscheidung des Gesetzgebers kann vom BVerfG nicht vorgegriffen werden: Es beschränkt sich auf die Feststellung des Gleichheitsverstoßes[85] (sofern nicht *ausnahmsweise* aus anderen rechtlichen Gesichtspunkten eine bestimmte Lösung vorgegeben sein sollte). – S. dazu **Klausurenband II Fall 1 – Repetitorium**[86].

Die Nichtigerklärung einer Norm kann zu einem „**Rechtsvakuum**" führen. Auch dies muss mitunter aus verfassungsrechtlichen Gründen vermieden werden.

881

Fallbeispiele aus der Rechtsprechung: So beim **Finanzausgleich** (Rn 559). Die Nichtigerklärung von an sich verfassungswidrigen Regelungen auch für zurückliegende Haushaltsjahre hätte für die Haushalts- und Finanzwirtschaft der Länder ein Chaos bedeutet. Eine geordnete Haushalts- und Finanzwirtschaft ist aber auch verfassungsrechtlich (Art. 109 GG) geboten. Deshalb wurden die verfassungswidrigen Bestimmungen nur für das laufende Haushaltsjahr, nicht für zurückliegende Jahre für unanwendbar erklärt[87]. Bei einer verfassungswidrigen Hochschulzulassungsregelung wurde für eine Übergangsfrist die Anwendung angeordnet, da es sonst zu einer verfassungsrechtlich noch bedenklicheren Entscheidungskompetenz der Exekutive ohne gesetzliche Grundlage gekommen wäre (also besser ein „schlechtes" – weil verfassungswidriges – als gar kein Gesetz, war hier der Standpunkt des Gerichts)[88].

Das Gericht beschränkt sich in derartigen Fällen meist auf die Feststellung der Unvereinbarkeit des Gesetzes mit dem Grundgesetz, erklärt das Gesetz aber für übergangsweise anwendbar und verpflichtet den Gesetzgeber zu einer Neuregelung, regelmäßig innerhalb bestimmter Frist. Es kann aber auch eigene Übergangsregelungen treffen[89]. Einen neuen Weg beschritt das Gericht für die **Familienbesteuerung**. Dort als verfassungswidrig erkannte Regelungen sollten für einen Übergangszeitraum anwendbar sein, da sonst die Steuerpflichtigen noch stärker belastet worden wären. Der Gesetzgeber wurde zur Neuregelung verpflichtet. Ihr Inhalt – dies ein Novum – wurde detailliert bis hin zur Höhe der Freibeträge vorgegeben. Für den Fall, dass diese Neuregelung nicht zustande kommen sollte, ordnete das Gericht an, die Besteuerung entsprechend den gerichtlichen Vorgaben vorzunehmen, also nicht mehr die verfassungswidrige gesetzliche Regelung, sondern unmittelbar die in der Entscheidung genannten Grundsätze und Beträge zugrunde zu legen[90].

---

85 Vgl zB BVerfGE 82, 126, 154 ff zu unterschiedlichen Kündigungsfristen für Arbeiter und Angestellte.
86 Vgl auch *Kingreen/Poscher*, Rn 515 ff; *Hillgruber/Goos*, Rn 698 ff.
87 BVerfGE 72, 330, 421 ff.
88 BVerfGE 33, 303, 347 f.
89 BVerfGE 84, 9, 10, 21 ff: Bestimmung des Ehe- und Familiennamens.
90 BVerfGE 99, 216, 243 ff; ähnlich BVerfGE 99, 300, 331 f zur Besoldung kinderreicher Beamter; allgemein zu den Rechtsfolgen von Normenkontrollen s. *Papier*, EuGRZ 2006, 530.

882 Teilweise auf Kritik stieß diese Vorgehensweise im Urteil zu den **Straftäterunterbringungsgesetzen** vom 10.2.2004[91]. Für die verfassungs-, weil kompetenzwidrigen Unterbringungsgesetze zweier Länder traf das BVerfG eine begrenzte Weitergeltungsanordnung. Andernfalls hätten „besonders rückfallgefährdete, hochgefährliche Straftäter" (so die bayerische Regelung) auf freien Fuß gesetzt werden müssen. Auf Grund der befristeten Weitergeltung konnte die Unterbringung andauern. Dies führte zu Freiheitsentziehungen, für die es keine verfassungsmäßige gesetzliche Grundlage gab. Freiheitsentziehungen sind jedoch nach Art. 104 Abs. 1 S. 1 GG nur auf gesetzlicher Grundlage zulässig, wobei an die Bestimmtheit des Gesetzes strenge Anforderungen zu stellen sind. Die Entscheidung des BVerfG führte nun zu Freiheitsentziehungen auf der Grundlage eines verfassungswidrigen Gesetzes, dessen Weitergeltung vom BVerfG angeordnet wurde. In einem Sondervotum vertraten einige Mitglieder des 2. Senats die Auffassung, dies reiche für Art. 104 Abs. 1 GG nicht aus; eine gerichtliche Anordnung der Fortgeltung könne keine Grundlage für eine Freiheitsentziehung sein[92].

883 Auf ungewöhnliche Weise wurden Normenkontroll- und Verfassungsbeschwerdeverfahren gegen das brandenburgische Schulgesetz wegen des Faches Lebensgestaltung-Ethik-Religionskunde (LER) beendet: das Gericht unterbreitete durch Beschluss einen Vorschlag für einen **Vergleich**, in dem die Landesregierung sich ua verpflichtete, einen Gesetzesentwurf bestimmten Inhalts im Landtag einzubringen, die Antragsteller/Beschwerdeführer demgegenüber sich verpflichteten, nach Inkrafttreten eines entsprechenden Änderungsgesetzes ihre Anträge zurück zu nehmen; dies wird zT als eine *contra legem* erfolgende Fortbildung des Verfahrens kritisiert[93]. Deutlich wird hier: Das BVerfG ist in sehr weitgehendem Maße Herr seines eigenen Verfahrensrechts.

2. Einstweilige Anordnungen des Bundesverfassungsgerichts

884 § 32 BVerfGG eröffnet die Möglichkeit **einstweiliger Anordnungen** (eA) auch für das verfassungsgerichtliche Verfahren zur Abwehr schwerer Nachteile oder auch aus wichtigen Gründen des gemeinen Wohls. Einstweilige Anordnungen können im Rahmen aller vor dem BVerfG möglichen Verfahren ergehen, auf Antrag oder von Amts wegen; insbesondere kann im Wege der einstweiligen Anordnung die Anwendung eines Gesetzes bis zur Entscheidung im Hauptsacheverfahren ausgesetzt werden, jedoch unter engen Voraussetzungen[94]. Im Zuge der Corona-Krise war das BVerfG mit zahlreichen Anträgen auf Erlass einer eA gegen die Ausgangsbeschränkungen, Kontaktverbote und weitere Beschränkungen befasst. Keine eA ergeht, wenn rechtzeitig in der Hauptsache entschieden werden kann[95].

885 Im Rahmen der **Zulässigkeit** eines Antrags auf Erlass einer einstweiligen Anordnung ist zunächst die *Zuständigkeit des BVerfG in der Hauptsache* zu klären; ein Hauptsacheverfahren braucht jedoch noch nicht anhängig zu sein. *Antragsberechtigt* ist jeder, der im Hauptsacheverfahren beteiligt sein *kann*. Der Antrag ist unzulässig, wenn er seinem Inhalt nach auf *Vorwegnahme der Hauptsache* gerichtet ist (sofern dies nicht aus Rechtsschutzerfordernissen unvermeidlich ist). So war zB der Antrag eines Bundestagsabgeordneten, die Bundesregierung durch eA zur Beantwortung einer Anfrage zu verpflichten, wegen Vorwegnahme der Hauptsache im Organstreitverfahren unzulässig[96].

---

91 BVerfGE 109, 190, 235 f.
92 *Degenhart*, in: Sachs, Art. 104 Rn 9; *Gärditz*, NVwZ 2004, 693.
93 BVerfGE 104, 305; BVerfGE 132, 195; *Hillgruber*, JA 2013, 76.
94 BVerfGE 64, 67, 70.
95 Näher *Hillgruber/Goos*, Rn 849.
96 BVerfG, B. v. 26.1.2022 – 2 BvE 8/21.

Bei der Prüfung der **Begründetheit** ist zunächst zu fragen, ob der Antrag in der Hauptsache *von vornherein unzulässig* (zB verfristet) oder aber *offensichtlich unbegründet* ist[97]. In diesem Fall ist für eine eA kein Raum. Ist dies nicht der Fall, findet eine Folgenabwägung statt. Dabei ist einerseits auf die Folgen einzugehen, die einträten, wenn die eA nicht erlassen, sich die Hauptsache aber als begründet erweisen würde (zB irrevisibler Rechtsverlust), andererseits auf die Folgen, die einträten, würde die eA erlassen, sich die Hauptsache aber als unbegründet erweisen (zB Eingriff in die Recht eines Verfassungsorgans). Dies ist die sog. **Doppelhypothese**. Dabei sind die in Frage stehenden Belange jeweils in ihrer verfassungsrechtlichen Bedeutung zu gewichten – es muss sich um verfassungsrechtlich relevante Nachteile handeln. Ein strengerer Maßstab gilt für den Erlass einer eA auf Außervollzugsetzung eines Gesetzes. Im Übrigen werden die *Erfolgsaussichten im Hauptsacheverfahren* bei der eA grundsätzlich *nicht* geprüft. Anders ist dies in versammlungsrechtlichen Eilfällen[98] oder auch bei Zustimmungsgesetzen zu völkerrechtlichen Verträgen[99], um zu verhindern, dass völkerrechtliche Bindungen eingegangen werden, die mit dem Grundgesetz nicht vereinbar, aber völkerrechtlich im Außenverhältnis zu den anderen Staaten verbindlich sind.

886

Beispielhaft für die Folgenabwägung bei Erlass (oder eben Nichterlass) einer eA kann verwiesen werden auf Entscheidungen zur **Corona-Pandemie**. So gestattete eine Coronaschutzverordnung das Verlassen der eigenen Wohnung nur aus „triftigem Grund" und enthielt weitere erhebliche Einschränkungen. Ein Antrag auf Außerkraftsetzung blieb ohne Erfolg. „*Erginge die beantragte einstweilige Anordnung nicht und hätte die Verfassungsbeschwerde Erfolg, wären all diese Einschränkungen mit ihren erheblichen und voraussichtlich teilweise auch irreversiblen sozialen, kulturellen und wirtschaftlichen Folgen zu Unrecht verfügt und etwaige Verstöße gegen sie auch zu Unrecht geahndet worden. (…) Erginge demgegenüber die beantragte einstweilige Anordnung und hätte die Verfassungsbeschwerde keinen Erfolg, würden sich voraussichtlich sehr viele Menschen so verhalten, wie es mit den angegriffenen Regelungen unterbunden werden soll, obwohl diese Verhaltensbeschränkungen mit der Verfassung vereinbar wären. So dürften dann insbesondere Einrichtungen (…) wieder öffnen, viele Menschen ihre Wohnung häufiger verlassen und auch der unmittelbare Kontakt zwischen Menschen häufiger stattfinden. Damit würde sich die Gefahr der Ansteckung mit dem Virus, der Erkrankung (…) und schlimmstenfalls des Todes von Menschen nach derzeitigen Erkenntnissen erheblich erhöhen*"[100]. Mit dieser oder ähnlicher Begründung wurde in zahlreichen Fällen der Erlass einer eA abgelehnt[101].

887

Aktuelle Rechtsprechung:

888

(1) Bei der eA des BVerfG im Fall der Wiederaufnahme zu Ungunsten des rechtskräftig freigesprochenen Angeklagten, mit der der Haftbefehl außer Vollzug gesetzt wurde (Rn 391) war dies die Freiheit der Person, Art. 2 Abs. 2 S. 1 GG, deren Entzug durch **U-Haft** hätte nicht rückgängig gemacht werden können, während andererseits der Strafanspruch des Staates – sollte er gegeben sein – durch die mit der eA verbundenen Auflagen nicht ernstlich gefährdet war.

(2) Eine eA gegen das Zustimmungsgesetz zum **Eigenmittelbeschluss** der EU, mit dem diese zur Kreditaufnahme über 750 Mrd. € ermächtigt wurde, um in den Mitgliedstaaten den „Wiederaufbau" nach Corona zu finanzieren, wurde vom BVerfG mit B. v. 27.4.2021[102] abgelehnt. Mit VB war hier ein Ultra-vires-Handeln der EU geltend gemacht worden. Dies wurde vom BVerfG nicht

---

97 BVerfGE 66, 39, 56; 108, 34, 40; *Hillgruber/Goos*, Rn 809 ff.
98 BVerfGE 111, 147.
99 BVerfGE 132, 195; vgl *Hillgruber*, JA 2013, 76.
100 BVerfG (K) NJW 2020, 1429 Rn 10 f; BayVerfGH, E. v. 26.3.2020 – 6 VII – 20.
101 S. zB BVerfG (K) B. v. 20.5.2021 – 1 BvR 900/21.
102 BVerfGE 157, 332.

in der Sache geprüft, da im Fall der Begründetheit dieser Rüge, so das BVerfG, der Rechtsakt der EU nicht verbindlich wäre. In der Abwägung sprachen dann überwiegende Gründe gegen den Erlass der eA, so auch die Erwägung, hierdurch würde das deutsch-französische Verhältnis erheblich belastet, da der Beschluss auf eine deutsch-französische Initiative zurückging[103].

(3) Im Fall des **GEG** (Rn 659) wurde die beantragte eA erlassen und dem Bundestag aufgegeben, die 2. und 3. Lesung des „Heizungsgesetzes" zu verschieben. Der Antrag war nicht offensichtlich unbegründet; die Doppelhypothese führte hier zum Erlass der eA, da andernfalls bei Erfolg in der Hauptsache verfassungsmäßige Rechte des Antragstellers im Organstreitverfahren irrevisibel beeinträchtigt würden, während bei Erfolglosigkeit des Antrags in der Hauptsache zwar in die Verfahrensautonomie des Bundestags eingegriffen würde, das Inkrafttreten des Gesetzes zum vorgesehenen Zeitpunkt (1.1.2024) gleichwohl möglich bliebe[104].

---

103 A.a.O. Rn 107.
104 BVerfG, B. v. 5.7.2023 – 2 BvE 4/23 – Rn 100 f.

Anhang: Hinweise zu Zulässigkeitsfragen der Ausgangsfälle

I. Organstreitverfahren

Fall 7b: Parität (Rn 77a)

Da die Partei hier ihre Stellung als Institution des Verfassungslebens geltend macht, ist statthafte Verfahrensart das Organstreitverfahren[1].
(1a) Die FNA als politische Partei ist beteiligtenfähig als „andere Beteiligte" iSv Art. 93 Abs. 1 Nr 1 GG;
(1b) Beteiligtenfähig auf der Passivseite ist hier der Bundestag, der das Gesetz verabschiedet hat.
(2) Verfahrensgegenstand ist die Beschlussfassung des Bundestags über das Gesetz.
(3) Die FNA kann geltend machen, durch das Gesetz in ihren Rechten aus Art. 21 Abs. 1 S. 1 GG verletzt zu sein, die insbesondere ihre Organisations- und Programmhoheit, auch die Kandidatenaufstellung umfassen, und in ihrem Recht auf Chancengleichheit, sie ist also antragsbefugt.
(4) Die Frist des § 64 Abs. 3 BVerfGG beginnt hier jedenfalls ab Beschlussfassung über die Gesetze (und nicht erst ab Bekanntgabe[2]) zu laufen.

Fall 16: Erster Durchgang (Rn 207a)

Der Bundesrat kann, wenn er seine Rechte aus Art. 76 Abs. 2 GG verletzt sieht, dies im Wege eines *Organstreitverfahrens* geltend machen. Er ist antragsberechtigt, als *Antragsgegner* kommen in Betracht: *Bundesregierung* wegen Nichtbeachtung des Art. 76 Abs. 2 GG, *Bundestag* wegen Beschlussfassung bei fehlerhaftem Verfahren; *Streitgegenstand* ist Einleitung des Gesetzgebungsverfahrens durch Bundesregierung entgegen Art. 76 Abs. 2 GG bzw Beschlussfassung des Bundestags. Die *Antragsbefugnis* folgt aus Art. 76 Abs. 2 GG. Der Antrag ist zulässig, sobald die streitgegenständliche Maßnahme vorliegt, also gegen die Bundesregierung mit Zuleitung der Vorlage an den Bundestag, gegen den Bundestag mit Beschlussfassung durch den Bundestag.
Nach Ausfertigung und Verkündung des Gesetzes, wenn also eine „fertige Norm" vorliegt, sind die üblichen Normprüfungsverfahren statthaft.

Fall 17: Aufspaltung (Rn 208)

Da hier der Bundesrat sich durch die Vorgehensweise des Bundestags – getrennte Beschlussfassung über die Gesetze nach Aufspaltung des Gesetzentwurfs – in seinen Rechten als Bundesrat verletzt sieht, kommt ein Organstreitverfahren in Betracht: der Bundesrat ist ein **Verfassungsorgan des Bundes**.
(1) Seine Beteiligtenfähigkeit folgt unmittelbar aus Art. 93 Abs. 1 Nr 1 GG, § 63 BVerfGG; dies gilt auch für den Bundestag als Antragsgegner.
(2) Streitgegenstand ist hier die Beschlussfassung des Bundestags über beide Gesetze.
(3) Der Bundesrat kann damit geltend machen, in seinen Rechten aus Art. 50 iVm Art. 77 GG verletzt zu sein.

---

[1] BbgVerfG NJW 2020, 3579 Rn 63 ff, dort zur st. Rspr. des BVerfG.
[2] Vgl *Hillgruber/Goos*, Rn 386.

(4) Die Frist des § 64 Abs. 3 BVerfGG beginnt hier jedenfalls ab Beschlussfassung über die Gesetze (und nicht erst ab Bekanntgabe[3]) zu laufen.

Auch das Verhalten der Bundesregierung könnte hier als Gegenstand eines Organstreitverfahrens geprüft werden; es dürfte insoweit aber noch keine rechtserhebliche Maßnahme vorliegen. Schließlich würde auch in einem Normenkontrollverfahren das Gesetzgebungsverfahren geprüft; der Antrag kann allerdings nicht vom Bundesrat gestellt werden.

892 **Fall 59: Energiewende V: Windige Affären (Untersuchungsausschuss, Rn 625, 710)**

Fraktion/Mitglieder

(1) Beteiligtenfähigkeit Antragsteller und Antragsgegner

a) Die Fraktion ist beteiligtenfähig als durch das GG mit eigenen Rechten ausgestatteter Teil des Verfassungsorgans „Bundestag"; antragsberechtigt wären auch die Mitglieder der Fraktion als die „Einsetzungsminderheit", die durch Art. 44 Abs. 1 S. 1 GG mit eigenen Rechten ausgestattet ist; die dem Ausschuss angehörenden Mitglieder der Fraktion sind ebenfalls beteiligtenfähig, da sie die Einsetzungsminderheit des Bundestags im Ausschuss repräsentieren.

b) Die Beteiligtenfähigkeit der Bundesregierung als Antragsgegnerin folgt unmittelbar aus Art. 93 Abs. 1 Nr 1 GG, § 63 BVerfGG.

(2) Streitgegenstand ist die Weigerung der Bundesregierung als qualifizierte Unterlassung, da eine grundsätzliche Herausgabepflicht besteht.

(3) Die Antragsbefugnis setzt voraus, dass die Antragsteller sich auf verfassungsmäßige Rechte berufen können.

Die Fraktion ist antragsbefugt, weil sie in Prozessstandschaft die Rechte des Bundestags geltend machen kann; die Mitglieder der Fraktion können, da sie die Einsetzungsminderheit sind, insoweit eigene Rechte geltend machen. Die Mitglieder der Fraktion im Ausschuss können geltend machen, dass sie in ihrem Recht, Beweiserhebung zu verlangen, verletzt sind. Dies folgt aus Art. 44 Abs. 1 S. 1 GG (nicht aus § 18 Abs. 3 PUAG – das hiernach bestehende Antragsrecht hat keinen Verfassungsrang)[4].

(4) Die Einhaltung der Form- und Fristerfordernisse kann hier unterstellt werden.

Der Antrag ist zulässig.

Die Luft AG als private Beteiligte ist auf den Weg über die Verfassungsbeschwerde verwiesen.

893 **Fall 60: Oktoberfest (Rn 626)**

(1) Beteiligtenfähigkeit: Fraktionen sind nach Art. 93 Abs. 1 Nr. 1 GG, § 63 BVerfGG in Organstreitigkeiten parteifähig und berechtigt, sowohl eigene Rechte als auch Rechte des Deutschen Bundestages im Wege der Prozessstandschaft geltend zu machen. Die Bundesregierung ist beteiligtenfähig auf der Passivseite.

(2) Antragsgegenstand: Auskunftsverweigerung als rechtserhebliches Unterlassen, da grundsätzliche Auskunftspflicht;

(3) Antragsbefugnis: Verletzung von Rechten der Fraktion und des Bundestags wurde hier plausibel geltend gemacht;

(4) Antragsfrist: 6 Monate, beginnend mit der unzureichenden Antwort der Bundesregierung[5].

---

3 Vgl *Hillgruber/Goos*, Rn 386.
4 S. näher BVerfGE 143, 101 Rn 75 ff, 92 ff – dort mit der Besonderheit, dass es sich um die nach § 126a GeschOBT für die 18. Wahlperiode geminderte Einsetzungsminderheit handelte; diese war beteiligtenfähig, da durch die GeschO mit eigenen Rechten ausgestattet, aber nicht antragsbefugt, da sie nicht auf verfassungsmäßige Rechte nach Art. 44 Abs. 1 S. 1 GG berufen konnte; sie konnte aber in Prozessstandschaft Rechte des Bundestags geltend machen.
5 Näher BVerfGE 146, 1 Rn 77 ff.

Fall 62: Notausschuss – Corona IV (Rn 628): Organstreitverfahren vor dem Landesverfassungsgericht

Soweit das Organstreitverfahren entsprechend dem Verfahren vor dem BVerfG geregelt ist, gilt: der Abgeordnete, der nicht Mitglied des Notausschusses ist, kann einen Eingriff in seine Abgeordnetenrechte als „anderer Beteiligter" im Wege des Organstreitverfahrens geltend machen. Die Verabschiedung des verfassungsändernden Gesetzes ist als rechtserhebliche Maßnahme tauglicher Verfahrensgegenstand. Zur Antragsbefugnis führt das LVerfG SH[6] aus, es sei möglich, dass die Antragsteller *„in ihren aus dem Demokratieprinzip als (…) Grundentscheidung der Landesverfassung folgenden Rechten als Abgeordnete auf Abstimmung unmittelbar gefährdet [sind]. Dies betrifft sowohl die Beteiligung an der Abstimmung innerhalb des Notausschusses, wenn dieser als Notparlament zusammentritt, als auch das Besetzungsverfahren".*

Fall 63: Verzichtsrevers (Rn 629)

Frage 1:

a) Ob H noch Mitglied des Bundestags ist, prüft zunächst der Bundestag im **Wahlprüfungsverfahren**, hiergegen kann dann die Entscheidung des BVerfG eingeholt werden, s. o. Rn 871.

b) Ob H verpflichtet ist, sein Mandat niederzulegen, betrifft Fragen des Verhältnisses von Partei und einzelnen Abgeordneten als Organe des Verfassungslebens, daher ist hier das Organstreitverfahren nach Art. 93 Abs. 1 Nr 1 GG, §§ 63 ff BVerfGG richtige Antragsart.

(1) Beteiligtenfähigkeit dürfte für die Partei hier zu bejahen sein, da ihre unmittelbare Teilhabe an der Staatsorganisation in Frage steht, antragsberechtigt wäre jedenfalls auch die Fraktion, der der Abgeordnete bisher angehörte, als Teil des Verfassungsorgans „Bundestag". Der Abgeordnete ist als Antragsgegner parteifähig; es geht um sein freies Mandat, also seine Rechtsstellung als Mitglied des Verfassungsorgans „Bundestag"; er ist „anderer Beteiligter".

(2) Streitgegenstand wäre hier die Weigerung des Abgeordneten, sein Mandat niederzulegen.

(3) Antragsbefugnis: die Möglichkeit einer Verletzung der Partei in ihren Rechten dürfte im Rahmen der Zulässigkeitsprüfung wohl zu bejahen sein.

(4) Form- und Fristerfordernisse müssten gewahrt sein.

Frage 2: Die Partei müsste zivilrechtlich gegen den Abgeordneten vorgehen, der dann die Nichtigkeit des Versprechens geltend machen könnte; verneint das Gericht die Nichtigkeit, so müsste der Abgeordnete Verfassungsbeschwerde wegen Verletzung des Art. 38 GG (in Art. 93 Abs. 1 Nr 4a GG genannt) durch das Gericht geltend machen; es wäre dies einer der Fälle, in denen der einzelne Abgeordnete seine Rechte im Wege der Verfassungsbeschwerde geltend zu machen hat[7], Rn 846.

Fall 64: Kiffersumpf (Rn 630): Organstreitverfahren

(1) Beteiligtenfähigkeit: S als Abgeordnete „andere Beteiligte" iSv § 63 BVerfGG, richtiger Antragsgegner: nicht der Bundestag, sondern der Bundestagspräsident, da er die Ordnungsgewalt ausübt – weshalb bei Vertretung des Bundestagspräsidenten er ebenfalls richtiger Antragsgegner ist, beteiligtenfähig als „andererer Beteiligter", da mit eigenen Rechten ausgestattet durch Art. 40 Abs. 1 und 2 GG und GeschOBT.

(2) Antragsgegenstand: Ordnungsruf als Beanstandung der Mandatsausübung rechtserhebliche Maßnahme, Voraussetzung für weitere Maßnahmen nach § 36 Abs. 2 GeschOBT.

---

6 U. v. 25.3.2022 – LVerfG 4/21 – Rn 75.
7 BVerfGE 108, 251, 266.

(3) Antragsbefugnis: Art. 38 Abs. 1 S. 2 GG; der Antragsteller muss jedoch nach § 39 GeschOBT Einspruch gegen den Ordnungsruf einlegen, andernfalls entfällt das Rechtsschutzbedürfnis, da er sein Recht auf einfacherem Wege hätte geltend machen können.

(4) Form und Frist: § 64 BVerfGG.

Fall 65: Gesetzgebung im Eilverfahren (Rn 631): Organstreitverfahren

(1) Antragsteller ist jedes ausgeschlossene MdB als „anderer Beteiligter", Antragsgegner der Bundestag, der das Gesetz beschlossen hat.

(2) Verfahrensgegenstand ist nicht das Gesetz als solches, sondern die Verfahrensgestaltung durch den Bundestag, insbesondere die kurzfristige Anberaumung der Ausschusssitzungen und der 2. und 3. Lesung im Bundestag[8].

(3) Antragsberechtigung: Der Abgeordnete kann hier geltend machen, in seinem Recht auf Mitberatung, Art. 38 Abs. 1 S. 1 GG iVm Art. 42 Abs. 1 GG, verletzt zu sein.

(4) Die Frist des § 64 Abs. 3 BVerfGG konnte nach Schilderung im Sachverhalt frühestens am 15.6.2023 beginnen, war also bei Antragstellung Anfang Juli fraglos nicht abgelaufen. Sie beginnt mit der Beschlussfassung im Bundestag[9].

Fall 66: Rederecht (Rn 632): Organstreitverfahren

(1) Antragsteller ist der Abgeordnete, Antragsgegner hier der Bundestag, wenn dieser die Änderung der GeschOBT vornimmt;

(2) Antragsgegenstand ist hier die Änderung der GeschOBT als rechtserhebliche Maßnahme, da hierdurch bereits die Rechtsstellung des Abgeordneten beeinträchtigt wird; er muss also nicht abwarten, dass er tatsächlich an seinem Rederecht gehindert wird;

(3) Antragsbefugnis: Art. 38 Abs. 1 S. 2 GG;

(4) Die Antragsfrist des § 64 Abs. 3 BVerfGG beginnt mit dem Inkrafttreten der geänderten Geschäftsordnungsbestimmung zu laufen[10].

Fall 67: Gentechnik (Rn 718)

Der Bundesrat könnte hier die Beschlussfassung über das Gesetz durch den Bundestag oder auch die Ausfertigung des Gesetzes durch den Bundespräsidenten zum Gegenstand eines Organstreitverfahrens machen. Andererseits kommt ein Normenkontrollantrag gegen das ausgefertigte und verkündete Gesetz in Betracht; dieser müsste dann jedoch von einer Landesregierung gestellt werden; regelmäßig wird dieses Verfahren gewählt, da hier der Prüfungsmaßstab umfassend ist und keine Antragsfrist gilt.

Fall 69: Richtlinienfall (Rn 720)

Streitigkeiten zwischen Bundesrat und Bundesregierung als Verfassungsorgane des Bundes sind im Organstreitverfahren zu klären.

Bei den Zulässigkeitsvoraussetzungen könnte hier das Vorliegen eines geeigneten **Streitgegenstandes** fraglich sein. Es geht um das Abstimmungsverhalten der Bundesregierung bzw ihres Vertreters im Rat der Europäischen Union. Hierbei handelt es sich um eine Maßnahme, die die Bundesregierung bzw deren Vertreter als **Mitglied eines Organs der Europäischen Union** trifft. Doch wird hierbei auch für die Bundesregierung gehandelt. Das Abstimmungsverhalten

---

[8] BVerfG, B. v. 5.7.2023 – 2 BvE 4/23 – Rn 85.
[9] Vgl. *Lenz/Hansel*, § 64 Rn 38.
[10] BVerfGE 118, 277, 321.

bedeutet auch die Umsetzung der innerstaatlichen Willensbildung auf Unionsebene. Wenn hierbei ein Votum des Bundesrats übergangen wird, so liegt hierin eine rechtserhebliche Maßnahme auch diesem gegenüber. Der Antrag kann jedoch erst gestellt werden, wenn eine entsprechende Maßnahme vorliegt. Deshalb kommt hier der Erlass einer **einstweiligen Anordnung** in Betracht, § 32 BVerfGG. Er wäre darauf zu richten, der Bundesregierung bis zur Entscheidung in der Hauptsache die Zustimmung zu untersagen.

Zulässigkeit des Antrags: Der Antrag auf Erlass einer eA ist in allen Verfahrensarten statthaft; Voraussetzung ist nur Zuständigkeit des BVerfG in der Hauptsache; diese ist hier gegeben (s. o.); der Antrag ist auch vor Einleitung des Hauptsacheverfahrens zulässig: zu den weiteren Zulässigkeitsvoraussetzungen s. Rn 885 – eine Vorwegnahme der Hauptsache ist bei bloßem Hinausschieben der Zustimmung nicht gegeben.

Begründetheit: Die erforderliche Abwägung dürfte hier zugunsten des ASt ausgehen: bei Zustimmung zur Richtlinie würden nicht rückgängig zu machende Bindungen eingegangen; wird dem Antrag auf Erlass der eA stattgegeben, so tritt lediglich eine zeitliche Verzögerung ein.

Fall 71: Koalitionskrach (Rn 751) 900

Die Streitfragen sind im *Organstreitverfahren* zu klären.

b) Weisung des Bundeskanzlers an den Bundesinnenminister:

(1) Beteiligtenfähigkeit: Antragsteller und Antragsgegner

– Antragsteller: Minister ist als „anderer Beteiligter" mit eigenen Rechten ausgestattet (Ressortprinzip, Art. 65 S. 2 GG).
– Antragsgegner: auch der Bundeskanzler ist durch Art. 64 Abs. 1 und durch Art. 65 S. 1 GG mit eigenen Rechten ausgestattet und als „anderer Beteiligter" beteiligtenfähig.

(2) Ob hier eine rechtserhebliche Maßnahme als geeigneter Streitgegenstand gegeben ist, könnte fraglich sein, weil hier ein **„In-sich-Streit"** innerhalb der Bundesregierung vorliegt. Da aber die Rechtsstellung des Ministers innerhalb der Bundesregierung betroffen ist, liegt eine rechtserhebliche Maßnahme vor.

(3) Antragsbefugnis: Ressortkompetenz als eigenes verfassungsmäßiges Recht des Ministers könnte hier betroffen sein.

d) Im Verhältnis Bundestag – Bundeskanzler ist zw, ob das Votum des Bundestags schon eine *rechtserhebliche* Maßnahme darstellt und deshalb Gegenstand eines Organstreitverfahrens sein könnte. Eine Weigerung des Bundeskanzlers, den Bundesinnenminister zu entlassen, könnte als Unterlassung Gegenstand eines Organstreitverfahrens sein.

Fall 72: Cinque Stelle (Rn 752) 901

Hier kommt ein Antrag des Bundeskanzlers im *Organstreitverfahren* in Betracht.

(1) Der Bundeskanzler ist beteiligtenfähig, ebenso der Bundespräsident als Antragsgegner.

(2) Streitgegenstand: Weigerung des Bundespräsidenten als rechtserhebliche Unterlassung.

(3) Antragsbefugnis: Art. 64 Abs. 1 GG – Vorschlagsrecht des Bundeskanzlers als verfassungsmäßiges Recht.

Fall 75: „Ein schlechter Tag für die Demokratie" (Rn 754a, 794a) 901a

Da hier die Partei in ihren Chancen im politischen Wettbewerb betroffen ist, ist das Organstreitverfahren geeignete Verfahrensart, s. Rn 70.

(1) AfD ist als „anderer Beteiligter" beteiligtenfähig, ebenso die Antragsgegnerin: Der Bundeskanzler ist „oberstes Bundesorgan", Ausscheiden aus dem Amt steht nicht entgegen: entscheidend ist der Zeitpunkt der Antragstellung.

(2) Äußerungen der Bundeskanzlerin als rechtserhebliche Maßnahme, da potenzieller Eingriff in Rechtsstellung der Antragsteller.

(3) Antragsbefugnis: Chancengleichheit der Parteien, Art. 21 Abs. 1 GG.

(4) Rechtsschutzbedürfnis: zwischenzeitliche Erledigung (durch Rücktritt des gewählten Ministerpräsidenten) steht nicht entgegen: „*Im Organstreitverfahren entfällt das Rechtsschutzinteresse grundsätzlich nicht allein dadurch, dass die beanstandete Rechtsverletzung in der Vergangenheit stattgefunden hat und bereits abgeschlossen ist*"[11]; Rechtsschutzbedürfnis folgt auch aus dem Feststellungsinteresse der Antragsteller.

902 Fall 77: Prüfungsrecht (Rn 795)

Wenn der Bundespräsident ein Gesetz nicht ausfertigt, dann kann der Bundestag, da er in seinen Kompetenzen als Verfassungsorgan (Gesetzgebung) betroffen ist, den Antrag nach Art. 93 Abs. 1 Nr 1 GG stellen. Hätte der Bundespräsident das Gesetz ausgefertigt, so wäre der Bundesrat antragsbefugt, da dann möglicherweise seine Rechte als Verfassungsorgan nicht gewahrt sind.

Ist das Gesetz ausgefertigt und verkündet worden, so könnte eine Landesregierung den Antrag im Verfahren der abstrakten Normenkontrolle stellen.

Im **Fall 78: „Spinner" (Rn 796)** war die Partei als Beteiligte des Verfassungslebens betroffen und deshalb antragsberechtigt im Organstreitverfahren; Antragsgegner war der Bundespräsident (s auch **Klausurenband I Fall 3**).

II. Bund-Länder-Streit

903 Fall 43: Wahltermin (Rn 478, 493)

Ob gleichzeitig im **Erlass des Gesetzes** – FAG – eine rechtserhebliche Maßnahme iSv § 69 iVm § 64 Abs. 1 BVerfGG gesehen werden kann – wie dies beim Organstreitverfahren gehandhabt wird –, ist str[12]. Ein Bedürfnis hierfür besteht nicht, da die Landesregierungen antragsberechtigt im Verfahren der abstrakten Normenkontrolle sind. Sollte hier neben dem Normenkontrollverfahren ein Bund-Länder-Streit in Betracht gezogen werden, so müsste das Land, das glaubt, entweder zu wenig zu bekommen oder zu viel abgeben zu müssen, sich auf seine Rechte aus Art. 107 Abs. 2 GG und dem „bündischen Prinzip des Einstehens füreinander" berufen. Sowohl Normenkontrollverfahren als auch Bund-Länder-Streit kommen im Fall der **Grundgesetzänderung** zur Einführung eines **einheitlichen Wahltermins** im **Fall 43** in Betracht.

Fall 49: Bildungspakt (Rn 519)

Ein Antrag im *Bund-Länder-Streit*, Art. 93 Abs. 1 Nr 3 GG, kann dann gestellt werden, wenn eine *rechtserhebliche Maßnahme* vorliegt, also das Programm tatsächlich durchgeführt wird, noch nicht beim bloßen Angebot des Bundes.

904 Fall 50: Energiewende III – Klimaschutz und atomrechtliche Weisung (Rn 520, 542)

(1) Beteiligtenfähigkeit Antragsteller und Antragsgegner
a) Für das Land als Antragsteller: Landesregierung, § 68 BVerfGG
b) Für den Bund als Antragsgegner: Bundesregierung, § 68 BVerfGG

---

11 BVerfGE 162, 207 Rn 65; BVerfGE 148, 11 Rn 35.
12 Dafür *Schlaich/Korioth*, Rn 99; aM *Hillgruber/Goos*, Rn 575.

(2) Streitgegenstand: Die Weisung an das Land stellt eine rechtserhebliche Maßnahme dar; für die Vornahme der Sachaufklärung könnte dies zweifelhaft sein, da diese nur der Entscheidungsvorbereitung dient. Doch liegt darin auch die Übernahme der Sachkompetenz durch die Bundesregierung; insoweit wird im Verhältnis zum Land ebenfalls eine rechtserhebliche Maßnahme getroffen.

(3) Die Antragsbefugnis folgt aus einer möglichen Verletzung des Landes in seinen Rechten aus Art. 85 GG, das Land kann dabei nur die spezifischen Voraussetzungen der Erteilung einer Weisung geltend machen, nicht generell deren materielle Rechtswidrigkeit (Rn 527 f).

(4) Von einem form- und fristgerechten Antrag ist mangels entgegenstehender Anhaltspunkte im Sachverhalt auszugehen.

Der Antrag ist zulässig.

Fall 53: Kulturabkommen (Rn 580)

905

a) Ob die Bundesregierung den Vertrag abschließen durfte, kann sowohl im Bund-Länder-Streit geklärt werden – relevante Maßnahme ist dann der Vertragsschluss –, als auch im Normenkontrollverfahren; dessen Gegenstand wäre das Zustimmungsgesetz zum Vertrag. Allerdings bleibt die völkerrechtliche Verbindlichkeit des Vertrags hiervon unberührt.

b) Gegen das Bundesgesetz zur Ausführung des Vertrags ist Normenkontrolle möglich; zur Frage eines Gesetzes als Gegenstand des Verfahrens nach Art. 93 Abs. 1 Nr 3 GG s. vorstehend Rn 849, 903

Fall 54: Grenzabkommen (Rn 581)

Da der Vertragsschluss eine rechtserhebliche Maßnahme darstellt, kann er Gegenstand eines Bund-Länder-Streits sein. Allerdings hat die Bundesregierung die Möglichkeit, nach Art. 32 Abs. 3 GG die Zustimmung zum Vertragsschluss zu verweigern; unterlässt sie dies, dürfte es am Rechtsschutzbedürfnis fehlen. Dann könnte die Bundesregierung aber immer noch das Zustimmungsgesetz des Landes im Wege der abstrakten Normenkontrolle angreifen; hierbei handelt es sich um ein objektives Beanstandungsverfahren.

III. Sonstige föderale Streitigkeiten

Im **Fall 46: Kung Fu TV (Rn 497)** ist der Inhalt des Vertrags verwaltungsrechtlicher Natur. Es kommt daher kein **Zwischen-Länder-Streit** nach Art. 93 Abs. 1 Nr 4, 2. Variante GG, §§ 13 Nr 8, 71 ff BVerfGG in Betracht[13]; es fehlt an einem zulässigen Streitgegenstand. Es besteht vielmehr eine erst- und letztinstanzliche Zuständigkeit des **BVerwG**, § 50 Abs. 1 Nr 1 VwGO.

906

IV. Normenkontrollverfahren

Die Verfassungsmäßigkeit eines **Gesetzes** kann im Wege der *abstrakten Normenkontrolle* nach Art. 93 Abs. 1 Nr 2 GG, §§ 13 Nr 6, 76 ff BVerfGG (Rn 853 ff) zu verfassungsgerichtlicher Überprüfung gebracht werden. Der Antrag kann jedoch nur von Bundesregierung, Landesregierungen und einem Viertel der Mitglieder des Bundestags gestellt werden. Der einzelne Bürger kann Verfassungsbeschwerde unmittelbar gegen das Gesetz einlegen, wenn dieses ihn auch unmittelbar in seinen Rechten betrifft; in aller Regel aber muss er zunächst den (Verwaltungs-)Rechtsweg be-

907

---

13 *Benda/Klein/Klein*, Rn 1120.

Anhang *Hinweise zu Zulässigkeitsfragen der Ausgangsfälle*

schreiten und kann dann in einer Verfassungsbeschwerde mittelbar die Verfassungswidrigkeit des Gesetzes geltend machen. Schließlich kann das konkrete Normenkontrollverfahren (Richtervorlage) nach Art. 100 Abs. 1 GG durchgeführt werden. – Bei **untergesetzlichen Normen** (RVO, Satzung) besteht die Möglichkeit der verwaltungsgerichtlichen Normenkontrolle nach § 47 Abs. 1 Nr 2 VwGO, allerdings nicht gleichermaßen in allen Bundesländern. Die Richtervorlage nach Art. 100 Abs. 1 GG scheidet aus, da das Gericht die Verwerfungskompetenz hat. IÜ kommen abstrakte Normenkontrolle und Verfassungsbeschwerde in Betracht.

1. Abstrakte Normenkontrolle

908 Im **Fall 3: Fernsehrat des ZDF (Rn 46)** wurde im Verfahren der abstrakten Normenkontrolle entschieden; Prüfungsgegenstand waren die Zustimmungsgesetze der Länder zum Staatsvertrag.

Das Verfahren der **abstrakten Normenkontrolle** nach Art. 93 Abs. 1 Nr 2 GG, §§ 13 Nr 6, 76 ff BVerfGG kommt grundsätzlich immer dann in Betracht, wenn nach der Gültigkeit eines Gesetzes gefragt wird, also u.a. in **Fall 6: Legislaturperiode (Rn 76)**; auch das Gesetz zur Änderung des GG ist geeigneter Antragsgegenstand, so auch im **Fall 9: Volksentscheid (Rn 114)**; ebenso die Verfassungsänderung in **Fall 42**. Die **abstrakte Normenkontrolle** ist geeignetes Verfahren den **Fällen 11-14 (Rn 159 ff)**, wenn dort die Kompetenz des Bundes bzw der Länder in Frage steht – auch für die Prüfung von Landesgesetzen ist das BVerfG zuständig. Um die Verfassungsmäßigkeit von Gesetzen geht es auch in **Fall 10** (Rn 145); zum Gesetzesbegriff und zum Verhältnis der Gesetzgebung zu anderen Teilgewalten; ebenso in den Rückwirkungsfällen, **Fälle 32–35**. In den **Fällen 28 und 29** (Rn 343, 358) geht es um untergesetzliches Recht. Auch dieses kann Gegenstand der abstrakten Normenkontrolle sein, kann jedoch auch in verwaltungsgerichtlichen Verfahren inzidenter geprüft werden; das Gericht hat dann auch die Verwerfungskompetenz (Rn 355, 860).

909 **Fall 12: Mietendeckel (Rn 160):** Im Verfahren der **abstrakten Normenkontrolle** nach Art. 93 Abs. 1 Nr 2 GG wurde das BVerfG gegen den Berliner Mietendeckel angerufen. Antragsteller waren Abgeordnete des Bundestags.

(1) Antragsberechtigung: Mitglieder des Bundestags, die ein Viertel der gesetzlichen Mitgliederzahl ausmachten (nicht: die Fraktion als solche);

(2) Antragsgegenstand: Berliner Mietendeckel als Landesgesetz;

(3) Überzeugung von der Nichtigkeit, § 76 Abs. 1 Nr 1 BVerfGG wegen Unvereinbarkeit mit Bundesrecht – hier: Mietrecht des BGB, Art. 72 Abs. 1 GG; ob Zweifel ausreichen, kann dahingestellt bleiben, da jedenfalls Überzeugung gegeben.

(4) Klarstellungsinteresse – mangels entgegenstehender Anhaltspunkte zu bejahen.

Das Gesetz war auch Gegenstand **konkreter Normenkontrolle**, da Amtsgerichte, für die in Mietstreitigkeiten das Gesetz entscheidungserheblich war, dem BVerfG nach Art. 100 Abs. 1 GG vorlegten. Eine in einem Mietprozess unterlegene Prozesspartei hätte schließlich Verfassungsbeschwerde zum BVerfG mit der Begründung einlegen können, die E. des Gerichts stütze sich auf eine verfassungswidrige Norm; sie hätte aber zunächst den Rechtsweg erschöpfen müssen.

2. Konkrete Normenkontrolle

910 Im **Fall 13: Sicherungsverwahrung (Rn 161)** hat die zuständige Strafvollstreckungskammer, die mit dem Antrag auf Anordnung der unbefristeten Unterbringung angerufen wurde, erhebliche Zweifel an der Verfassungsmäßigkeit des Gesetzes; sie zögert deshalb, die Unterbringung anzuordnen, obschon die Voraussetzungen hierfür nach dem Gesetz ihrer Auffassung nach eindeutig vorliegen. Hierfür ist das Verfahren der konkreten Normenkontrolle (Richtervorlage), Art. 100 Abs. 1 GG, §§ 13 Nr 11; 80 ff BVerfGG einschlägig.

Zulässigkeit des Antrags:

(1) Vorlageberechtigung: die Strafvollstreckungskammer ist Gericht iSd Art. 92 GG und damit auch des Art. 100 Abs. 1 GG.

(2) Geeigneter Verfahrensgegenstand sind nur formelle, nachkonstitutionelle Gesetze; hierunter fällt auch das Landesgesetz über die nachträgliche Sicherungsverwahrung.

(3) Das vorlegende Gericht muss von der Nichtigkeit des Gesetzes überzeugt sein. Bloße Zweifel genügen nicht. Die Kammer muss sich also eine abschließende Meinung bilden und im Fall ihrer Überzeugung von der Nichtigkeit des Gesetzes dies in ihrem Vorlagebeschluss darlegen.

(4) Entscheidungserheblichkeit des Gesetzes ist lt Sachverhalt zu bejahen, da nur bei Gültigkeit des Gesetzes die Anordnung auszusprechen wäre.

Die Vorlage ist zulässig. Sie ist auch **begründet**, da das Land nicht zuständig für den Erlass des Gesetzes war. Das BVerfG hat das Gesetz allerdings nicht für nichtig erklärt, sondern seine befristete Fortgeltung angeordnet[14].

Hält das Gericht das Gesetz jedoch für verfassungskonform und ordnet es die Unterbringung an, so kann der Betroffene, nachdem er mögliche Rechtsmittel ausgeschöpft hat, gegen die letztinstanzliche Entscheidung **Verfassungsbeschwerde** einlegen und hierbei die Verfassungswidrigkeit des Gesetzes geltend machen, auf dem die gerichtliche Entscheidung beruht.

Im **Fall 30: Beihilferichtlinien (Rn 365)** ist demgegenüber von den Gerichten keinesfalls ein Vorlageverfahren in Betracht zu ziehen. Es handelt sich hier um allgemeine Verwaltungsvorschriften, *keine Rechtsnormen*, mithin ist kein Normprüfungsverfahren eröffnet, sondern es sind die verwaltungsgerichtlichen Rechtsbehelfe zu ergreifen. Die Gerichte sind an die Verwaltungsvorschriften grundsätzlich nicht gebunden. Nach Rechtswegerschöpfung kann ggf Verfassungsbeschwerde zum BVerfG eingelegt werden.

911

V. Verfassungsbeschwerdeverfahren

Verfassungsbeschwerde könnte im **Fall 18: Fantastilliarden (Rn 263, 291)** erhoben werden.

912

I. Zulässigkeit:

(1) Der Beschwerdeführer als natürliche Person ist grundrechtsfähig und deshalb auch beschwerdefähig.

(2) Beschwerdegegenstand ist hier das Zustimmungsgesetz zur Änderung des AEUV.

(3) Beschwerdebefugnis:

a) Eine Verletzung des Dr. Filser als Bürger – nicht als Landtagsabgeordneter – in seinem Recht aus Art. 38 Abs. 1 S. 1 GG – Wahlrecht – ist hier jedenfalls nicht ausgeschlossen, denn hieraus folgt auch ein Recht darauf, dass der Bundestag mit hinreichenden Befugnissen ausgestattet bleibt.

b) Sie sind hierin selbst betroffen; gegenwärtiges Betroffensein ist hier bereits mit der Verabschiedung des Gesetzes anzunehmen; ebenso unmittelbares Betroffensein, da der Eingriff in die Befugnisse des Parlaments bereits in der Verabschiedung des Gesetzes liegt.

(4) Ein Rechtsweg iSv § 90 Abs. 2 S. 1 BVerfGG ist gegen das Gesetz nicht gegeben.

---

14 BVerfGE 109, 190, 235 f.

(5) Einhaltung der Form- und Fristerfordernisse kann unterstellt werden.

Die Verfassungsbeschwerde ist zulässig.

II. Sie ist **begründet**, wenn der Bf durch die angegriffenen Hoheitsakte in seinen Grundrechten oder grundrechtsgleichen Rechten verletzt ist.

III. Entscheidung des BVerfG im Fall der Begründetheit: es stellt die Verfassungswidrigkeit des Gesetzes fest und erklärt es für nichtig; dies würde allerdings, wenn der Vertrag bereits in Kraft getreten ist, nichts an dessen völkerrechtlicher Verbindlichkeit ändern; zum Antrag auf einstweilige Anordnung Rn 884.

Nach den gleichen Grundsätzen wäre eine Verfassungsbeschwerde im **Fall 1: Visionen** (Rn 8) zulässig, sollten die europäischen Verträge in dieser Weise geändert werden.

Eine auf Art. 38 Abs. 1 S. 1 GG gestützte Verfassungsbeschwerde wäre auch im **Fall 6a** und **Fall 6b** gegen die Verlängerung der laufenden Wahlperiode zu erheben, da auch hier das Wahlrecht inhaltlich verkürzt wird.

913 Im **Fall 4: Front national allemand (Rn 47)** ist die Partei nicht als Beteiligte des Verfassungslebens betroffen, sondern steht in einem Über-Unterordnungs-Verhältnis zur hoheitlichen Gewalt des Staates. Deshalb kann sie insoweit nach hM keinen Antrag im Organstreitverfahren stellen, sondern ist darauf verwiesen, Verfassungsbeschwerde zu erheben, gestützt auf Art. 21 iVm Art. 3 Abs. 1 GG.

913a Im **Fall 5: „Rote Karte für Merkel" (Rn 48)** wäre demgegenüber ein Antrag im Organstreitverfahren zu erheben, da hier die Partei als Beteiligte im Verfassungsleben betroffen ist und sie sich gegen die Maßnahme eines Verfassungsorgans wendet.

914 Verfassungsbeschwerde müsste der Nachbar auch im **Fall 10: Investitionsmaßnahmegesetz (Rn 145)** erheben: Beschwerdegegenstand ist dann das Gesetz unmittelbar, gegen das ein anderweitiger Rechtsweg nicht eröffnet ist. Gleiches gilt für die verbindliche Standortfestlegung für Windräder unmittelbar durch Gesetz im **Fall 38a: Energiewende II – erneuerbare Energien**. Demgegenüber müsste ein Nachbar, der sich beschwert fühlt, die Verfassungswidrigkeit der Bestimmungen in **Fall 38b und c** im Rahmen einer Klage gegen eine Genehmigung geltend machen.

914a Dies gilt auch im **Fall 20: Bundesnotbremse – Corona II (Rn 293, 301a)**. Die im Gesetz vorgesehenen Verbote wie zB Ausgangssperren wirken unmittelbar und können daher nur mit der Verfassungsbeschwerde angegriffen werden.

Demgegenüber war im **Fall 31b: Corona III (Rn 373a)** das Verbot in einer Rechtsverordnung enthalten – hier ist die Verfassungsbeschwerde subsidiär gegenüber dem Rechtsweg zu den Verwaltungsgerichten, im Wege der Normenkontrolle nach § 47 VwGO oder auch einer Feststellungsklage.

Im **Fall 19: Europäischer Haftbefehl (Rn 263a)** ist nach Erschöpfung des Rechtswegs Verfassungsbeschwerde wegen Verletzung der Grundrechte aus der Charta zu erheben, ggf. auch aus dem GG, wenn diese weitergehenden Schutz gewährleisten (Rn 290, 291a).

914b Im **Fall 21: Nichtanwendungserlass (Rn 294)** müsste gegen einen ablehnenden Bescheid der Behörde zunächst der Verwaltungsrechtsweg beschritten werden, ehe Verfassungsbeschwerde wegen Verletzung der Persönlichkeitsrechte erhoben werden kann. Hier könnte von der Erschöpfung des Rechtsweg jedoch gemäß § 90 Abs. 2 S. 2 BVerfGG abgesehen werden; auch könnte eine einstweilige Anordnung nach § 32 BVerfGG beantragt werden.

Hinweise zu Zulässigkeitsfragen der Ausgangsfälle **Anhang**

Im **Fall 23: Paparazzi (Rn 296)** muss die im Zivilverfahren endgültig unterlegene Partei Verfassungsbeschwerde gegen das sie beschwerende Urteil einlegen; dieses ist ein Akt öffentlicher Gewalt. Da es in einem Rechtsstreit zwischen Privaten ergangen ist, prüft das BVerfG nur, ob das Gericht grundrechtliche Wertungen verkannt hat (s. **Klausurenband I Fall 15 und II Fall 14**).

915

Im Fall der **Warnung** vor den Jugendsekten – **Fall 25 (Rn 307)** – kann die betroffene Vereinigung dann erst Verfassungsbeschwerde gegen die Äußerungen des Ministers erheben, wenn sie zunächst erfolglos vor den Verwaltungsgerichten auf Widerruf geklagt und dabei den Rechtsweg ausgeschöpft hat. Verfassungsbeschwerden sind der geeignete Rechtsbehelf auch in den Fällen, in denen Verfahrensbeteiligte sich in ihren Rechten aus Art. 101, 103 GG oder auch in ihrem Recht auf ein faires Verfahren verletzt fühlen.

Fall 36: Mollath (Rn 417) liegt eine erfolgreiche Verfassungsbeschwerde gegen die Entscheidung des Landgerichts zugrunde. Zu **Fall 39: Erledigte Durchsuchung** s. **Rn 451**.

Im **Fall 47: Glücksspiel I (Rn 498)** kann G unmittelbar gegen den Staatsvertrag bzw das Zustimmungsgesetz des Landes zum Staatsvertrag keine Verfassungsbeschwerde erhoben werden, da er nicht hierdurch, sondern erst durch die auf Grund des Gesetzes erlassene Verbotsverfügung unmittelbar in seinen Rechten betroffen ist. Hiergegen muss G den Rechtsweg beschreiten, § 90 Abs. 2 BVerfGG. Dann erst kann er Verfassungsbeschwerde mit der Begründung erheben, das Gericht habe auf verfassungswidriger Gesetzesgrundlage entschieden und ihn hierdurch in seinen Grundrechten verletzt; sollte das Verwaltungsgericht von der Verfassungswidrigkeit des Gesetzes überzeugt sein, hätte es nach Art. 100 Abs. 1 GG dem BVerfG im Wege der konkreten Normenkontrolle vorzulegen.

916

Fall 40: Catch as catch can – Vorlage zum EuGH (Rn 453)

917

I. Zulässigkeit einer Verfassungsbeschwerde:

(1) Beschwerdefähigkeit: Träger der Prozessgrundrechte ist jeder Verfahrensbeteiligte.

(2) Beschwerdegegenstand ist hier das letztinstanzliche Urteil des BVerwG, da diesem die Vorlagepflicht oblag.

(3) Da der EuGH gesetzlicher Richter ist, ist eine Verletzung des Grundrechts oder grundrechtsgleichen Rechts aus Art. 101 Abs. 1 S. 2 GG jedenfalls nicht ausgeschlossen; die Beschwerdeführerin ist auch selbst, gegenwärtig und unmittelbar betroffen.

(4) Der Rechtsweg ist erschöpft.

(5) Die Verfassungsbeschwerde muss innerhalb der Monatsfrist des § 93 Abs. 1 BVerfGG eingelegt und begründet werden.

II. Begründetheit: Die angegriffene Entscheidung müsste auf einer „offensichtlich unhaltbaren" Rechtsanwendung[15] beruhen, vgl Rn 461.

III. Entscheidung des BVerfG: In diesem Fall wird das BVerfG die Entscheidung aufheben und die Sache an das BVerwG zurückverweisen, § 95 Abs. 2 BVerfGG.

Im **Fall 41: Kanzleigehilfe (Rn 464)** kommt Verfassungsbeschwerde gegen die Entscheidung des Gerichts in Betracht, die auf Art. 103 Abs. 1 GG zu stützen wäre.

918

---

15 BVerfGE 82, 159, 195 f.

§ 12 Landesverfassungsgerichtsbarkeit

I. Verfassungsgerichtsbarkeit in den Ländern: die wichtigsten Verfahrensarten

919 Mit Schleswig-Holstein als letztem Bundesland haben nun alle Länder eigene Verfassungsgerichte eingerichtet, deren Bedeutung und tatsächliche Inanspruchnahme jedoch sehr unterschiedlich ist. Eine voll ausgebaute, Rechtsbehelfe des Bürgers einschließende Verfassungsgerichtsbarkeit kannten zunächst Bayern und Hessen; hierfür haben sich auch die neuen Bundesländer und Berlin entschieden. Im Folgenden wird ein Überblick über die wichtigsten Verfahrensarten und Besonderheiten gegeben[1].

1. Baden-Württemberg

920 Hier besteht gemäß Art. 68 BWVerf auf Grund des Gesetzes über den Verfassungsgerichtshof (VerfGHG) vom 13. Dezember 1954 (GBl. S. 171), zuletzt geändert durch das Gesetz über den Verfassungsgerichtshof vom 1. Dezember 2015 (GBl. S 1031), der **Verfassungsgerichtshof** (bis 2015: Staatsgerichtshof) mit Sitz in Stuttgart, dessen 9 Mitglieder vom Landtag gewählt werden (Art. 68 Abs. 3 BWVerf). Seine Zuständigkeiten ergeben sich aus Art. 68 Abs. 1 BWVerf und § 8 BWVerfGHG.

Die wichtigsten Verfahren:

Für das Verfahren der Auslegung der Verfassung bei Verfassungsstreitigkeiten (**Organstreitverfahren**), Art. 68 Abs. 1 Nr 1 BWVerf, §§ 44 ff BWVerfGHG sind die Zulässigkeitsvoraussetzungen dem Verfahren vor dem BVerfG nachgebildet; im Verfahren der **abstrakten Normenkontrolle**, Art. 68 Abs. 1 Nr 2 BWVerf, §§ 48 ff BWVerfGHG besteht die Besonderheit, dass jede Norm des Landesrechts Prüfungsgegenstand ist, der VerfGH aber nur am Maßstab der Verfassung und – bei untergesetzlichem Recht – nicht sonstigen Landesrechts prüft. Bei der **konkreten Normenkontrolle**, Art. 68 Abs. 1 Nr 3 BWVerf, § 51 BWVerfGHG erfolgt die Vorlage über das zuständige oberste Gericht des Landes (zB VGH oder OLG). Eine **präventive Normenkontrolle** eröffnet Art. 64 Abs. 1 S. 3 BWVerf für **Verfassungsänderungen**. Seit 1. April 2013 ist auch die **Verfassungsbeschwerde** eröffnet, Art. 68 Abs. 1 Nr. 4 BWVerf, §§ 55 ff BWVerfGHG; allerdings ist sie nur zulässig, wenn nicht gleichzeitig Verfassungsbeschwerde zum BVerfG erhoben wird oder wurde.

2. Bayern

921 Der **Bayerische Verfassungsgerichtshof** besteht auf Grund des Gesetzes über den Verfassungsgerichtshof vom 22. Juli 1947 (idF vom 10. Mai 1990) und der Art. 60 ff BayVerf. Er entscheidet in unterschiedlicher Besetzung je nach Verfahrensart nach Maßgabe des BayVerfGHG[2]. Der BayVerfGH ist also „älter" als das BVerfG; dem gemäß sind die unterschiedlichen Verfahren, anders als bei den neueren Landesverfassungsgerichten, nicht durchweg an die bundesverfassungsgerichtlichen Verfahren angepasst. Deshalb und auch wegen der umfangreichen Rechtsprechungstätigkeit des BayVerfGH ist hierauf ausführlicher einzugehen.

Keine Besonderheiten bestehen allerdings beim **Organstreitverfahren**, Art. 64 BayVerf, Art. 49 BayVerfGHG, sieht man davon ab, dass hier auch das Volk im Zusammenhang mit Volksbegehren

---

[1] Landesrechtliche Bestimmungen abrufbar unter www.verfassungsbeschwerde.de/gesetzestexte.html.
[2] Vgl auch *Pestalozza*, NVwZ 1991, 1059 und *Schmitt Glaeser*, NVwZ 1992, 443; *Schmitt Glaeser/Horn*, BayVBl 1994, 289.

beteiligtenfähig ist. Als Unterfall des Organstreitverfahrens werden die **Meinungsverschiedenheiten** über die Zulässigkeit einer Verfassungsänderung oder die Verfassungsmäßigkeit eines Gesetzes aufgefasst, die tatsächlich die Funktion einer abstrakten Normenkontrolle haben, Art. 75 Abs. 3 BayVerf. Im Verfahren der konkreten Normenkontrolle, Art. 65, 92 BayVerf, sind nach Art. 50 Abs. 1 BayVerfGHG auch untergesetzliche Vorschriften iFd Unvereinbarkeit mit der BayVerf vorlagefähig.

Verfassungsbeschwerde, Art. 66, 120 BayVerf, Art. 2 Nr 6, 51 ff BayVerfGHG: 922

Zulässigkeitsvoraussetzungen:

(1) *Statthaftigkeit*

Gegenstand der Verfassungsbeschwerde sind gem. Art. 120 BayVerf Maßnahmen einer (bayerischen) „Behörde", nicht wie bei der VB zum BVerfG generell Akte hoheitlicher Gewalt. Auch Rechtsprechungsakte werden darunter gefasst (vgl Art. 51 Abs. 1 S. 2 BayVerfGHG), nicht aber Rechtsetzungsakte (Popularklage), auch nicht der Exekutive.

(2) *Beteiligtenfähigkeit*

Der Bf muss Träger subjektiver verfassungsmäßiger Rechte aus der BayVerf sein; beteiligtenfähig können daher auch juristische Personen des öffentlichen Rechts sein – zu beachten ist, dass der BayVerfGH Gemeinden als grundrechtsfähig nach Landesverfassungsrecht sieht[3], jedenfalls was ihr Eigentum betrifft. Nach Art. 120 BayVerf kann „jeder Bewohner Bayerns" VB einlegen – wegen Art. 33 Abs. 1 GG ist diese Einschränkung bedeutungslos.

(3) *Antragsbefugnis*

Bf muss geltend machen: Verletzung subj. Rechte aus der BayVerf; Bf muss selbst, gegenwärtig und unmittelbar betroffen sein (wie bei VB zum BVerfG).

(4) *Rechtswegerschöpfung*, Art. 51 Abs. 2 S. 1 BayVerfGHG.

(5) *Fristen*, Art. 51 Abs. 2 S. 2 BayVerfGHG: grundsätzlich 2 Monate nach Erschöpfung des Rechtswegs; Ausnahmen: s. Art. 51 Abs. 3 S. 3, Abs. 4 BayVerfGHG.

(6) *Form:* Schriftform erforderlich, Art. 14 Abs. 1 S. 1 BayVerfGHG.

Die VB ist **begründet**, wenn Verwaltungsbehörde bzw Gericht gegen subjektive Rechte verbürgende Normen der BayVerf verstoßen hat; wie das BVerfG, ist auch der BayVerfGH keine Superrevisionsinstanz.

Entscheidung des BayVerfGH: grundsätzl. Feststellung der Verfassungsverletzung und Aufhebung der angegriffenen Entscheidung. Für die **Aufhebung gerichtlicher Entscheidungen** im Verfahren der Verfassungsbeschwerde durch Landesverfassungsgerichte s. Rn 944 ff.

Popularklage, Art. 98 S. 4 BayVerf, Art. 2 Nr 7, 55 BayVerfGHG: 923

Eine Besonderheit der bayerischen Verfassungsgerichtsbarkeit stellt die Popularklage gegen Rechtsnormen dar, in der jedermann, ohne in eigenen Rechten verletzt zu sein, Normen des Landesrechts auf ihre Grundrechtskonformität durch den VerfGH überprüfen lassen kann.

Zulässigkeitsvoraussetzungen:

(1) *Antragsberechtigung:* jedermann, natürliche und juristische Personen, unabhängig davon, ob Bewohner Bayerns oder Deutscher.

(2) *Gegenstand des Verfahrens:* alle Rechtsvorschriften des bayer. Landesrechts, Art. 55 Abs. 1 S. 1 BayVerfGHG, Gesetze, RVOen, Satzungen, auch vorkonstitutionelles Recht, auch Normen der BayVerf selbst („verfassungswidriges Verfassungsrecht").

---

3 Vgl BayVerfGHE 24, 48; 37, 101.

Gegenstand der Popularklage können auch Gesetze sein, die im Wege der Volksgesetzgebung beschlossen wurden; für das Verfahren der Gesetzgebung ist insoweit jedoch Art. 80 BayWahlG lex specialis[4].

(3) *Klagebefugnis* im Sinn einer Verletzung eigener Rechte nicht erforderlich, doch muss Verletzung von Grundrechten der BayVerf plausibel geltend gemacht werden.

(4) *Schriftform erforderlich, keine Frist.*

Bei Prüfung der **Begründetheit** prüft der VerfGH, sofern die Popularklage überhaupt zulässig ist, umfassend an der BayVerf, nicht aber am GG. Grundgesetzkonformität kann jedoch Vorfrage sein: ein Mediengesetz (BayMEG) wurde auf seine Vereinbarkeit mit dem Rundfunkartikel der Landesverfassung, Art. 111a BayVerf geprüft. Als Vorfrage wurde dann geprüft, ob Art. 111a BayVerf seinerseits mit Art. 5 Abs. 1 GG vereinbar war[5] (mit der Folge der Vorlagepflicht nach Art. 100 Abs. 1 GG). Offensichtliche Verstöße gegen **Bundesrecht** und neuerdings auch gegen **Unionsrecht** prüft der BayVerfGH jedoch als Verstöße gegen das Rechtsstaatsprinzip des Art. 3 Abs. 1 BayVerf[6]. Dies betrifft insbesondere auch die Gesetzgebungskompetenzen (Rn 941).

Entscheidung des VerfGH: grundsätzl. Nichtigerklärung der Norm; Ausnahmen wie bei Normenkontrollverfahren durch BVerfG.

Weitere Verfahren: neben den üblichen **Wahlprüfungs-** und **Anklageverfahren** ist hinzuweisen auf das „präventive Normenkontrollverfahren" bei **Volksbegehren**, dazu Rn 247. Die Meinungsverschiedenheit nach Art. 75 Abs. 3 BayVerf, Art. 2 Nr 8, Art. 49 Abs. 1 BayVerfGHG hat eine der abstrakten Normenkontrolle vergleichbare Funktion.

3. Berlin

924 Die Verfahren vor dem BerlVerfGH sind in Anlehnung an die entsprechenden Verfahren vor dem BVerfG ausgestaltet, vgl Art. 84 BerlVerf; auch Berlin hat sich damit für eine voll ausgebaute Verfassungsgerichtsbarkeit entschieden, nachdem mit der deutschen Einigung bis dahin bestehende Hindernisse auf Grund des Sonderstatus Berlins entfallen waren.

Seine Prüfungszuständigkeit im Rahmen der **Verfassungsbeschwerde** legt der BerlVerfGH weit aus: er prüft generell, ob bei der Anwendung von Bundesrecht gegen Grundrechte der BerlVerf verstoßen wurde, akzeptiert für sich also nicht die Beschränkungen, denen sich der BayVerfGH und der HessStGH unterwerfen. In seiner umstrittenen E. im Fall *Honecker* sah der BerlVerfGH in der E. des *KG Berlin*, das Verfahren nicht einzustellen, einen Verstoß gegen die Menschenwürdegarantie (die in der BerlVerf nicht ausdrücklich enthalten ist), da der Angeklagte das Ende des Verfahrens mit an Sicherheit grenzender Wahrscheinlichkeit nicht erleben werde und hob sie deshalb auf[7]. VB zum BVerfG war nicht erhoben worden; in diesem Fall hätte die Subsidiaritätsklausel in Art. 84 Abs. 2 Nr 5 BerlVerf[8] eingegriffen.

4. Brandenburg

925 Für Brandenburg ist als Besonderheit im Verfahren der **Verfassungsbeschwerde** – ähnlich wie für Berlin und Baden-Württemberg – anzumerken, dass diese nach Art. 6 Abs. 2, Art. 113 Nr 4 BbgVerf, §§ 45 ff VerfGGBbg nur zulässig ist, soweit nicht VB zum BVerfG erhoben wird – damit

---

4 BayVerfGH NVwZ-RR 2010, 946.
5 BayVerfGH DVBl 1987, 296.
6 S. dazu die E. zum Kommunalwahlrecht für EU-Ausländer, BayVerfGH BayVBl 1997, 590; zum Prüfungsmaßstab s. auch BayVerfGH NVwZ-RR 1998, 82.
7 BerlVerfGH NJW 1993, 515; bestätigend dann die – geradezu lehrbuchartige – *Mielke*-Entscheidung, NJW 1994, 436 des BerlVerfGH – insgesamt durchaus überzeugend.
8 S. dazu BerlVerfGH JuS 2000, 917.

wird zweigleisiger Rechtsschutz vermieden, der Bf hat jedoch ein Wahlrecht. Die VB kann wie stets auf die behauptete Verletzung von Grundrechten gestützt werden; für eine Reihe von Bestimmungen der Landesverfassung ist jedoch angesichts ihrer insoweit wenig stringenten und wohl auch bewusst verunklarenden Systematik die Zuordnung zu den Grundrechten oder zu bloßen Staatszielbestimmungen nicht eindeutig. **Organstreitverfahren**, Art. 113 Nr 1 BbgVerf, §§ 35 ff VerfGGBbg und **abstrakte Normenkontrolle**, Art. 113 Nr 2 BbgVerf, §§ 39 ff VerfGGBbg sind den entsprechenden Verfahren vor dem BVerfG nachgebildet, ebenso die konkrete Normenkontrolle nach Art. 113 Nr 3 BbgVerf, §§ 42 ff VerfGGBbg.

5. Bremen

Das *Gesetz über den Staatsgerichtshof* fasst in § 10 Nr 2 Normenkontroll- und Organstreitverfahren unter eine umfassende Zuständigkeit für „Zweifelsfragen über die Auslegung der Verfassung und andere staatsrechtliche Fragen" zusammen. Die *Antragsberechtigung* ist in diesem landesstaatsrechtlichen Verfahren gemäß § 24 Abs. 1 BremStGHG beschränkt auf die dort genannten Organe (Senat, Bürgerschaft, ein Fünftel der Mitglieder der Bürgerschaft, andere öffentlich-rechtliche Körperschaften des Landes). *Gegenstand des Verfahrens* kann eine Maßnahme sein, durch die Beteiligte sich in ihren Rechten verletzt sehen, aber auch die Gültigkeit einer Norm; es genügen aber auch bloße Zweifel über die Auslegung von Verfassungsrecht, ohne dass eine konkrete, rechtserhebliche Maßnahme vorliegt; ein objektives Klarstellungsinteresse dürfte aber auch hier zu fordern sein. Auch das BremStGHG kennt die **konkrete Normenkontrolle** (Richtervorlage, § 28 f), die gem Art. 142 BremVerf für Gesetze vorgesehen ist, sowie **Anklage- und Wahlprüfungsverfahren**. 926

6. Hamburg

Die Zuständigkeiten des *Hamburgischen Verfassungsgerichts* sind in § 14 HambVerfGG aufgezählt; hinzuweisen ist insbesondere auf folgende Verfahrensarten: 927

Streitigkeiten „aus der Auslegung der Verfassung", Art. 65 Abs. 3 Nr 1 HambVerf, §§ 14 Nr 1, 38 f HambVerfGG:

(1) *Antragsberechtigung:* Senat oder ein Fünftel der Abgeordneten der Bürgerschaft, s. Art. 65 Abs. 3 Nr 1 HambVerf und § 14 Nr 1 HambVerfGG;

(2) *Antragsgegner:* nicht ausdrücklich genannt, jedenfalls aber andere Verfassungsorgane oder Organteile, die am Streit beteiligt sind.

(3) *Streitgegenstand:* nicht notwendig „Maßnahme" wie beim Organstreitverfahren nach BVerfGG; erforderlich nur „Streitigkeit" um Auslegung der Verfassung; also auch Meinungsverschiedenheiten.

(4) Verletzung *eigener* Rechte nach Wortlaut des Art. 65 Abs. 3 Nr 1 HambVerf nicht erforderlich, jedoch Rechtsschutzinteresse[9].

(5) *Frist* nicht vorgesehen, bei langem Zeitablauf aber wohl *Verwirkung* denkbar.

(6) *Form* und *ordnungsgemäßer Antrag:* s. § 39 HambVerfGG.

Das **Organstreitverfahren** und die **abstrakte Normenkontrolle** gemäß Art. 65 Abs. 3 Nrn 2 und 3 HambVerf; §§ 14 Nrn 2 und 3, 40 ff HambVerfGG sind den Verfahren vor dem BVerfG nachgebildet, Gegenstand des Verfahrens kann *jede Norm des Landesrechts* sein. Eine Besonderheit stellt das Verfahren der **abstrakten Norminterpretation** nach Art. 65 Abs. 3 Nr 4 HambVerf dar; die dort genannten *Antragsberechtigten* können die verbindliche Interpretation einer Norm des Lan-

---

9 Vgl *Pestalozza*, § 26 II 1 f.

desrechts durch das HambVerfG beantragen, wenn „*Meinungsverschiedenheiten oder Zweifel*" über ihre Auslegung oder Anwendung bestehen; § 43 HambVerfGG verweist *nicht* auf § 41 Abs. 2, so dass die für die abstrakte Normenkontrolle geltenden Voraussetzungen hinsichtlich des Streitgegenstandes auf das Norminterpretationsverfahren nicht übertragen werden können[10]. Bei der **konkreten Normenkontrolle** (Richtervorlage) nach Art. 65 Abs. 3 Nr 6 HambVerf, §§ 14 Nr 6, 44 ff HambVerfGG besteht die Besonderheit, dass, wie der Umkehrschluss aus Art. 64 Abs. 1 HambVerf belegt, hinsichtlich des formell ordnungsgemäßen Zustandekommens eine Prüfungs- und Verwerfungskompetenz des Gerichts besteht, während das Gericht dann, wenn es eine entscheidungserhebliche Norm des Landesrechts – Gesetz *oder Rechtsverordnung* – aus materiellen Gründen für verfassungswidrig hält, zur Vorlage verpflichtet ist.

7. Hessen

928 Hessen gehört zu den Bundesländern mit einer mit umfassenden Zuständigkeiten ausgestatteten Verfassungsgerichtsbarkeit. Rechtsgrundlage sind Art. 130 ff HessVerf und das *Gesetz über den Staatsgerichtshof*.

Abstrakte Normenkontrolle, Art. 131 HessVerf, §§ 39 ff HessStGHG, **Zulässigkeit**:

(1) *Antragsberechtigung:* neben den in Art. 131 Abs. 2 HessVerf genannten Verfassungsorganen kann auch eine Gruppe von Stimmberechtigten, die mindestens ein Hundertstel aller Stimmberechtigten umfasst, den Antrag auf Normenkontrolle stellen; es ist dies neben der bayerischen Popularklage der einzige Fall, in dem ein Verfahren der abstrakten Normenkontrolle aus dem Volk eingeleitet werden kann (allerdings hat das Verfahren nicht die praktische Bedeutung der Popularklage nach Art. 98 S. 4 BayVerf erlangt).

(2) *Prüfungsgegenstand:* Gesetze *und Rechtsverordnungen*, Art. 131 Abs. 1, 132 HessVerf, jedoch nur Rechtsverordnungen der Landesregierung und der Landesminister nach Art. 107, 118 HessVerf[11].

(3) Meinungsverschiedenheiten oder Zweifel sind nicht Voraussetzung; es genügt ein *„objektives Klarstellungsinteresse"*, das nur ausnahmsweise zu verneinen ist, vgl Rn 854.

929 **Grundrechtsklage**, Art. 131 Abs. 1 HessVerf, §§ 43 ff HessStGHG:

Die Grundrechtsklage nach Art. 131 Abs. 1 HessVerf, §§ 43 ff HessStGHG kann durch jedermann mit der Behauptung der Grundrechtsverletzung erhoben werden. Sie entspricht einer Verfassungsbeschwerde im Bereich der Bundesverfassungsgerichtsbarkeit.

Zulässigkeitsvoraussetzungen:

Gegenstand der Grundrechtsklage ist jeder Akt öffentlicher Gewalt des Landes; bei Rechtsprechungsakten ist die Klage nur zulässig, wenn kein Bundesgericht entschieden hat; § 44 Abs. 1 S. 2 HessStGHG stellt klar, was für alle Verfassungsbeschwerdeverfahren des Landesrechts gilt; dabei ist vor Abgabe des Verfahrens an ein Bundesgericht Aussetzung zu beantragen[12]. Beteiligtenfähigkeit und Klagebefugnis sind entsprechend der VB zum BVerfG zu handhaben; zur Rechtswegerschöpfung ist die detaillierte Regelung des § 44 HessStGHG zu beachten; zur Schriftform und zur Substantiierungspflicht s. §§ 19 Abs. 1 S. 1, 43 Abs. 2 HessStGHG; zur Frist s. § 45 Abs. 1, 2 HessStGHG.

Entscheidung des HessStGH: Urteile werden nach § 47 Abs. 2 HessStGHG regelmäßig für kraftlos erklärt, unter Zurückverweisung oder Entscheidung in der Sache durch den HessStGH; bei Rechtsvorschriften dürfte nach § 40 HessStGHG Nichtigerklärung in Betracht kommen[13].

---

10 Näher *Pestalozza*, § 26 II 3 d.
11 Vgl *W. Schmidt*, in: Meyer/Stolleis, Staats- und Verwaltungsrecht für Hessen, 4. Aufl. 1996, S. 64.
12 HessStGH DÖV 1990, 204.
13 Näher *Pestalozza*, § 27 III 5.

Die **konkrete Normenkontrolle** nach Art. 133 HessVerf, § 41 HessStGHG erstreckt sich auch auf Rechtsverordnungen; auch hierfür besteht Vorlagepflicht. Die Zulässigkeitsvoraussetzungen entsprechen denen der Richtervorlage nach Art. 100 Abs. 1 GG. Unter **„Verfassungsstreitigkeiten"**, für die der StGH nach Art. 131 Abs. 1 HessVerf zuständig ist, sind nach § 42 HessStGHG insbesondere Organstreitigkeiten zu verstehen. Antragsberechtigt sind hier nach § 42 iVm § 19 Abs. 2 Nr 1 HessStGHG auch Bürger, in Gestalt einer Gruppe von Stimmberechtigten, die ein Hundertstel aller Stimmberechtigten ausmacht; diese müssen die Verletzung eigener Rechte aus der Verfassung – wie stets im Organstreitverfahren – geltend machen. Zur **präventiven Normenkontrolle** im Verfahren der Volksgesetzgebung Rn 247, 252. Der HessStGH verneinte bisher eine Prüfungszuständigkeit immer schon dann, wenn es um die Anwendung von Bundesrecht geht, insoweit also restriktiver als der BayVerfGH oder gar der BerlVerfGH[14] (näher Rn 921).

8. Mecklenburg-Vorpommern

Die Landesverfassung von Mecklenburg-Vorpommern lässt nach Art. 53 Nrn 6, 7 MVVerf die **Verfassungsbeschwerde** zu gegen Gesetze, gegen sonstige Hoheitsakte nur dann, wenn keine Zuständigkeit des BVerfG eröffnet ist. Es besteht also keine Wahlmöglichkeit. Die weiteren Verfahren wie Organstreit, abstrakte und konkrete Normenkontrolle sind entsprechend den jeweiligen Verfahren zum BVerfG ausgestaltet[15].

930

9. Niedersachsen

Auch die neue Verfassung ist beim Konzept des Staatsgerichtshofs (ohne Individualverfassungsbeschwerde) geblieben, s. Art. 54 NdsVerf, § 8 StGHG Nds.

931

10. Nordrhein-Westfalen

Das Gesetz über den **Verfassungsgerichtshof für das Land Nordrhein-Westfalen** lehnt sich, ähnlich wie die niedersächsische Regelung, eng an das BVerfGG an. Dies betrifft insbesondere die **Organstreitverfahren**, Art. 75 Nr 2 NWVerf, §§ 43 ff VGHGNW, das Verfahren der **abstrakten Normenkontrolle**, Art. 75 Nr 3 NWVerf, §§ 47 ff VGHGNW und der **konkreten Normenkontrolle**, Art. 75 Nr 4 NWVerf, §§ 50 f VGHGNW. Neben den üblichen Wahlprüfungs- und Anklageverfahren ist die präventive Normenkontrolle im Rahmen von Volksbegehren und Volksentscheid hervorzuheben. Mit Wirkung vom 11.4.2019 hat das Land mit Art. 75 Nr 5a NWVerf die Verfassungsbeschwerde gegen Akte der öffentlichen Gewalt des Landes eingeführt.

932

11. Rheinland-Pfalz

Nach Art. 130 Abs. 1 RhPfVerf können Landesregierung, Landtag, Landtagsfraktionen und Körperschaften des öffentlichen Rechts, die sich in ihren Rechten beeinträchtigt glauben, sowie andere Beteiligte die **Kontrolle der Verfassungsmäßigkeit von Gesetzen und von Handlungen der Verfassungsorgane** beim **Verfassungsgerichtshof** beantragen. Normenkontroll- und Organstreitverfahren werden hier in einem einheitlichen Verfahren zusammengefasst.

933

Zulässigkeitsvoraussetzungen:

(1) Die *Antragsberechtigung* ergibt sich aus Art. 130 Abs. 1 RhPfVerf.

(2) *Streitgegenstand:* Gesetze sowie sonstige rechtserhebliche Maßnahmen von Verfassungsorganen (Landtag, Regierung, Volk im Verfahren der Volksgesetzgebung).

---
14 S. aber jetzt BVerfGE 96, 345, 364 ff.
15 S. LVerfG MV NJ 2001, 138.

(3) *Antragsbefugnis:* Verletzung *eigener* Rechte nur bei öffentlich-rechtlichen Körperschaften zu fordern (insoweit verfassungsbeschwerdeähnliches Verfahren), Art. 130 Abs. 1 RhPfVerf, § 23 Abs. 3 RhPfVerfGHG.

(4) *Rechtswegerschöpfung* und *Fristen* gelten wiederum nur für öffentlich-rechtliche Körperschaften.

(5) IÜ muss ein konkreter Streit – abweichend vom Organstreitverfahren nach BVerfGG – nicht gegeben sein, wohl aber ist Klarstellungsinteresse zu fordern.

Zur **Entscheidung** des RhPfVerfGH s. § 26 RhPfVerfGHG; die Möglichkeit, von der Nichtigerklärung von Gesetzen ex tunc abzusehen, ist in § 26 Abs. 3 RhPfVerfGHG ausdrücklich festgelegt. Dies gilt auch für das Verfahren der **konkreten Normenkontrolle**, Art. 130 Abs. 3 RhPfVerf, § 24 RhPfVerfGHG, für das iÜ keine Besonderheiten bestehen. Dass auch **verfassungsändernde**, also mit verfassungsändernder Mehrheit zustandegekommene Gesetze vom VerfGH zu überprüfen sind, ist in Art. 135 Abs. 1 Nr 2 RhPfVerf ausdrücklich klargestellt. Es sind ferner die üblichen Wahlprüfungs- und Anklageverfahren sowie nach Art. 130a RhPfVerf, §§ 44 ff RhPfVerfGHG auch die Verfassungsbeschwerde eröffnet.

12. Saarland

934 Die Verfassung des Saarlandes und das Gesetz über den **Verfassungsgerichtshof** enthalten einen umfassenden, dem des BVerfGG vergleichbaren Zuständigkeitskatalog. **Abstrakte** und **konkrete Normenkontrolle** entsprechen in ihren Zulässigkeitsvoraussetzungen den Verfahren vor dem BVerfG, vgl §§ 9 Nr 6, 7, 43 ff SaarlVerfGHG, ebenso das **Organstreitverfahren**, §§ 9 Nr 5, 39 ff SaarlVerfGHG.

Für **Verfassungsänderungen** eröffnet Art. 101 Abs. 3 SaarlVerf auch die vorbeugende Normenkontrolle bereits auf Antrag von nur 5 Abgeordneten des Landtags. In das Verfahren der Volksgesetzgebung kann auch hier der VerfGH einbezogen werden (o. Rn 257). Die **Verfassungsbeschwerde**, §§ 9 Nr 13, 55 ff SaarlVerfGHG ist gegenüber der VB zum BVerfG **subsidiär**; sie kann also nur unter Berufung auf Grundrechte oder sonstige subjektive Rechte aus der SaarlVerf erhoben werden, die über den Schutzbereich der in Art. 93 Abs. 1 Nr 4a GG genannten Rechte hinaus gehen. Sie ist daher von geringer praktischer Bedeutung (abgesehen möglicherweise von der Kommunalverfassungsbeschwerde: hier ist nach Art. 93 Abs. 1 Nr 4b GG das BVerfG nur subsidiär zuständig).

13. Sachsen

935 Sachsen hat sich für eine voll ausgebaute Verfassungsgerichtsbarkeit unter Einschluss der Individualverfassungsbeschwerde entschieden. Die einzelnen Verfahren sind weitestgehend an die entsprechenden bundesverfassungsgerichtlichen Verfahren angelehnt.

Dies gilt für das **Organstreitverfahren** nach Art. 81 Abs. 1 Nr 1 SächsVerf, §§ 17 ff SächsVerfGHG wie auch für das Verfahren der **abstrakten Normenkontrolle**, Art. 81 Abs. 1 Nr 2 SächsVerf, §§ 21 ff SächsVerfGHG, für das jede Norm des – auch untergesetzlichen – Landesrechts Prüfungsgegenstand sein kann. Prüfungsmaßstab ist die SächsVerf, und wegen ihrer Einordnung in die bundesstaatliche Kompetenzordnung[16] auch die Kompetenz des Landesgesetzgebers zum Erlass der angegriffenen Norm.

Im Verfahren der **Verfassungsbeschwerde**, Art. 81 Abs. 1 Nr 4 SächsVerf, §§ 27 ff SächsVerfGHG sieht sich der SächsVerfGH befugt, auch die Anwendung von Bundesrecht auf die Verletzung von Grundrechten der SächsVerf hin zu überprüfen, soweit es jedenfalls um Verfahrens-

---

16 SächsVerfGH SächsVBl 1995, 260.

recht geht; zur Bestätigung durch das BVerfG[17] s. u. Rn 945 f. Demgemäß ist die Verfassungsbeschwerde auch dann zulässig, wenn sie sich darauf stützt, dass bei Anwendung von Bundesrecht mit Grundrechten des GG inhaltsgleiche Grundrechte der SächsVerf verletzt wurden. Verfahrensgegenstand muss wie stets bei der Landesverfassungsbeschwerde ein Akt öffentlicher Gewalt des Landes sein; iÜ entsprechen die Zulässigkeitsvoraussetzungen denen der Verfassungsbeschwerde zum BVerfG. Die Funktion einer **Kommunalverfassungsbeschwerde** erfüllt die kommunale Normenkontrolle nach Art. 90 SächsVerf; zulässiger Verfahrensgegenstand sind auch Rechtsverordnungen; der Beschwerdeführer muss, was aus Art. 90 SächsVerf nicht eindeutig hervorgeht, aber der Ausgestaltung als subjektives Rechtsschutzverfahren entspricht, eine Verletzung *eigener* Rechte geltend machen[18].

Die Zulässigkeit von Volksanträgen kann nach Art. 71 Abs. 2 S. 3 SächsVerf, § 33 SächsVerfGHG Gegenstand einer präventiven Normenkontrolle sein. Eine Besonderheit stellt die Abgeordnetenklage nach Art. 118 SächsVerf, §§ 37 ff SächsVerfGHG dar[19].

14. Sachsen-Anhalt

Die Landesverfassung von Sachsen-Anhalt lässt nach Art. 75 Nr 6 die Verfassungsbeschwerde nur gegen Gesetze zu, nicht gegen sonstige Hoheitsakte. Hier verbleibt es bei der alleinigen Zuständigkeit des BVerfG. Deshalb stellt sich hier nicht das Problem der Prüfungszuständigkeit für die Anwendung von Bundesrecht. Die weiteren Verfahren wie **Organstreit**, abstrakte und konkrete Normenkontrolle sind entsprechend den jeweiligen Verfahren zum BVerfG ausgestaltet. Das Recht einer **Oppositionsfraktion** iSd Art. 48 Abs. 2 SAHVerf auf Chancengleichheit im Parlament kann wegen der besonderen Hervorhebung der parlamentarischen Rechte der Opposition im Verfassungstext im Organstreitverfahren geltend gemacht werden[20].

936

15. Schleswig-Holstein

Das 2008 errichtete Landesverfassungsgericht ist nach Art. 51 SHVerf für Organstreitverfahren, Normenkontrollverfahren, Kommunalverfassungsbeschwerden und Wahlprüfungsverfahren zuständig und wurde bisher iW nur in Letzteren tätig. Individualverfassungsbeschwerden sind nicht vorgesehen.

937

16. Thüringen

Für eine voll ausgebaute Verfassungsgerichtsbarkeit unter Einbeziehung der Individualverfassungsbeschwerde hat sich auch Thüringen entschieden, Art. 80 ThürVerf. Organstreitverfahren, Art. 80 Abs. 1 Nr 3 ThürVerf, §§ 38 ff ThürVerfGHG, abstrakte Normenkontrolle, Art. 80 Abs. 1 Nr 4 ThürVerf, §§ 42 ff ThürVerfGHG und konkrete Normenkontrolle, Art. 80 Abs. 1 Nr 5 ThürVerf, §§ 45 ff ThürVerfGHG, sind nach grundgesetzlichem Vorbild ausgestaltet, ebenso die Verfassungsbeschwerde, Art. 80 Abs. 1 Nr 1 ThürVerf, §§ 31 ff ThürVerfGHG. Sie ist auch gegen Gerichtsentscheidungen in bundesrechtlich geregelten Verfahren statthaft und kann, ebenso wie etwa nach SächsVerf, auch auf eine Verletzung von mit dem Grundgesetz inhaltsgleichen Grundrechten der Landesverfassung gestützt werden, wenn Verfahrensgegenstand die Anwendung von Landesrecht ist.

938

---

17 BVerfGE 96, 345, 364 ff.
18 SächsVerfGH SächsVBl 1994, 232.
19 S. dazu SächsVerfGH LKV 2007, 172.
20 SAHVerfGH LKV 1998, 101.

II. Bundes- und Landesverfassungsgerichtsbarkeit im Verhältnis zueinander

939 Bundes- und Landesverfassungsgerichtsbarkeit stehen selbstständig nebeneinander. Dies kann dazu führen, dass in der gleichen Sache sowohl das BVerfG als auch ein Landesverfassungsgericht angerufen werden können. Darum geht es im Folgenden, wie auch um das viel diskutierte Problem der Prüfungszuständigkeit der Landesverfassungsgerichte bei bundesrechtlich geregelten Verfahren.

1. Der Grundsatz: Selbstständiges Nebeneinander

940 Grundsätzlich stehen Bundes- und Landesverfassungsgerichtsbarkeit **selbstständig nebeneinander**. Das BVerfG ist zuständig für das Bundesverfassungsrecht, die Landesverfassungsgerichte sind zuständig für das Landesverfassungsrecht. Dh, das **BVerfG** ist zuständig für die Prüfung, ob Akte des Bundes oder der Länder gegen das Grundgesetz verstoßen. Es ist insoweit auch zuständig für Akte der **Länder**, da auch diese in der Ausübung ihrer staatlichen Gewalt **an das GG** gebunden sind. Dies bedeutet konkret: das BVerfG prüft im Verfahren der **abstrakten Normenkontrolle** alle Normen des Landesrechts auf ihre Vereinbarkeit mit GG und sonstigem Bundesrecht, Rn 853 ff; grundsätzlich ist auch im Verfahren der **konkreten Normenkontrolle** Landesrecht vorzulegen, Rn 861 ff. Die **Verfassungsbeschwerde** richtet sich gegen Akte der öffentlichen Gewalt auch der Länder, wenn hierdurch Grundrechte des GG verletzt werden.

Die **Landesverfassungsgerichte** sind im Prüfungsmaßstab grundsätzlich auf Landesverfassungsrecht beschränkt, hinsichtlich des Prüfungsgegenstandes auf Akte des Landes. Dies bedeutet, dass wegen derselben Akte des Landes sowohl das BVerfG, als auch das jeweilige Landesverfassungsgericht angerufen werden können, wenn sowohl das GG als auch die Landesverfassung verletzt sind. Dies gilt auch für gleichlautende Grundrechtsbestimmungen, da ja Grundrechte der Landesverfassungen neben gleichlautenden Gewährleistungen des Grundgesetzes weitergelten, Art. 142 GG. Als Akte der öffentlichen Gewalt können Entscheidungen der Landesverfassungsgerichte jedoch mit der Verfassungsbeschwerde zum BVerfG angegriffen werden, es sei denn, das Landesverfassungsgericht entscheidet wie vor allem in Fragen des Wahlrechts und der Staatsorganisation abschließend[21].

941 Konkurrenzen ergeben sich insbesondere bei **Normenprüfungsverfahren** (konkrete und abstrakte Normenkontrolle, Verfassungsbeschwerde, Popularklage). Im Verfahren der **konkreten Normenkontrolle** sind grundsätzlich **beide** Verfahren nebeneinander zuzulassen; vgl zB für Baden-Württemberg o. Rn 920. Ebenso kann im Verfahren der **abstrakten Normenkontrolle** die Landesregierung nebeneinander Verfahren vor dem BVerfG und dem Landesverfassungsgericht einleiten. In **Normprüfungsverfahren** stellt sich wegen der Beschränkung des Prüfungsmaßstabs auf Landesverfassungsrecht die Frage, ob das Landesverfassungsgericht die **Gesetzgebungskompetenz** prüfen kann – die einschlägigen Art. 70 ff GG sind Bundesrecht. Gleichwohl prüfen die Landesverfassungsgerichte zT auch die Kompetenzfrage. Sie sehen in Verfassungsbestimmungen des Inhalts, dass das jeweilige Land Gliedstaat der Bundesrepublik ist, gleichzeitig eine Anerkennung der bundesstaatlichen Kompetenzordnung und in deren Verletzung damit

---

21 S. BVerfGE 96, 231, 243 f; BVerfG (K) NVwZ-RR 2016, 521; *Hillgruber/Goos*, Rn 837 ff.

auch einen Verstoß gegen Landesverfassungsrecht[22]. So leitet auch der SächsVerfGH aus Art. 3 Abs. 1 SächsVerf, wonach dem Landtag (und dem Volk) das Gesetzgebungsrecht zustehen, sowie aus Art. 1 Abs. 1 SächsVerf – Sachsen als Land der Bundesrepublik – eine Inbezugnahme der Kompetenznormen des Grundgesetzes ab[23]. Der BayVerfGH will seine Kontrolle darauf beschränken, ob ein schwerwiegender, krasser Verstoß vorliegt[24]. Das BVerfG hat hier erhebliche Zweifel: sowohl die Vorlagepflicht nach Art. 100 Abs. 1 S. 2 GG bei Unvereinbarkeit mit Bundesrecht, als auch die Vorlage nach Art. 100 Abs. 3 GG für den Fall, dass das Verfassungsgericht von einer Entscheidung eines anderen Landesverfassungsgerichts oder des BVerfG abweichen will, implizierten, dass das Landesverfassungsgericht das GG tatsächlich auszulegen hat, ohne die vom BayVerfGH vorgenommene Beschränkung[25].

Für **Verfassungsbeschwerdeverfahren** gilt, dass die Möglichkeit, sich an das jeweilige Landesverfassungsgericht zu wenden, keinen „Rechtsweg" iSv § 90 BVerfGG darstellt, den der Beschwerdeführer erst erschöpfen müsste, ehe er sich an das BVerfG wendet[26]. Insbesondere in *Bayern* und *Hessen*, wo dem Bürger die Möglichkeit der Popularklage bzw Grundrechtsklage zum VerfGH bzw StGH eröffnet ist, kann so eine Norm des Landesrechts vom Bürger parallel auch beim BVerfG angefochten werden. Die **Subsidiarität** landesverfassungsrechtlicher Rechtsbehelfe ist ausdrücklich für das Saarland geregelt (Rn 934), ferner für Mecklenburg-Vorpommern (Rn 930) und Sachsen-Anhalt (Rn 936). In Berlin, Baden-Württemberg und Brandenburg kann Verfassungsbeschwerde zum Landesverfassungsgericht nicht erhoben werden, wenn in der gleichen Sache Verfassungsbeschwerde zum BVerfG erhoben wurde; es besteht also ein faktisches Wahlrecht[27]. Das BVerfG ist nur subsidiär zuständig im Fall der Kommunalverfassungsbeschwerde kraft der ausdrücklichen Anordnung des Art. 93 Abs. 1 Nr 4b GG.

942

Die **Verfahren** laufen grundsätzlich **selbstständig** nebeneinander. Wird nun in einem der Verfahren der angegriffene Akt **aufgehoben**, also etwa das Gesetz für **nichtig erklärt**, so ist damit das konkurrierende Verfahren gegenstandslos geworden. Hat etwa der BayVerfGH ein Gesetz für nichtig erklärt, weil es gegen Grundrechte der BayVerf verstieß, so ist nunmehr kein Gesetz mehr vorhanden, das vom BVerfG für nichtig erklärt werden könnte. Hat allerdings das BVerfG die VB zurückgewiesen, da Grundrechte des GG nicht verletzt sind, so kann das Landesverfassungsgericht gleichwohl das Gesetz noch wegen Verstoßes gegen Grundrechte der Landesverfassung für nichtig erklären. Es kann dies auch dann, wenn es sich um gleich lautende Grundrechte handelt: die Verfassungsordnungen des Bundes und der Länder stehen auch insoweit selbstständig nebeneinander. Ebenso ist das Verfahren vor dem LVerfG gegenstandslos bei Nichtigerklärung durch das BVerfG. Selbstverständlich kann das BVerfG noch ein Gesetz für nichtig erklären, wenn das Landesverfassungsgericht es als vereinbar mit der Landesverfassung gesehen hat. Das Landesverfassungsgericht muss schließlich nach Art. 100 Abs. 1 GG zum BVerfG vorlegen, wenn es ein förmliches Landesgesetz für unvereinbar mit Bundesrecht hält (zu den näheren Voraussetzungen s. Rn 860 ff). Dies setzt voraus, dass es am Maßstab des GG prüft.

943

---

22 So zB VerfGH NW NVwZ 1993, 57; vgl zu BVerfGE 103, 332 den Beitrag von *Winkler*, JA 2002, 23.
23 SächsVerfGH SächsVBl 2003, 247.
24 BayVerfGH 2007, 59 Rn 33 bei juris; *Lindner*, BayVBl 2015, 693, 694.
25 BVerfG (K) NVwZ-RR 2016, 521 Rn 54; *Huber*, NVwZ 2019, 665, 670 und SächsVBl 2020, 205, 2190; s. aber BayVerfGH BayVBl 2019, 225: krasser Verstoß gefordert; ebenso BayVBl 2020, 226 Rn 94 ff.
26 Vgl. BVerfG (K), B. v. 12.2.2020 – 1 BvR 577/19 Rn 6.
27 S. dazu BerlVerfGH JuS 2000, 917.

2. Insbesondere: Landesverfassungsbeschwerde wegen Verletzung von Landesgrundrechten in Anwendung von Bundesrecht

944 Insbesondere in Verfassungsbeschwerdeverfahren vor den Landesverfassungsgerichten kann deren Prüfungskompetenz dann fraglich sein, wenn es (auch) um die **Anwendung von Bundesrecht** geht[28]. Dies betrifft Landesverfassungsbeschwerden gegen gerichtliche Entscheidungen, also wegen des Erfordernisses der Rechtswegerschöpfung alle Verfassungsbeschwerden, die nicht unmittelbar gegen Rechtsnormen gerichtet sind. Das Problem, um das es hier geht, ist dies:

945 **Gerichtliche** Entscheidungen ergehen in **bundesrechtlich** geregelten **Verfahren**; das Gerichtsverfahrensrecht (GVG, ZPO, ArbGG, StPO, VwGO, FGO, SGG) ist Bundesrecht. Behauptet nun der Beschwerdeführer einen **Verstoß gegen Verfahrensgrundrechte der Landesverfassung** (zB das Recht auf Gehör), so macht er geltend, dass in Anwendung von Bundesrecht das Landesverfassungsrecht verletzt worden ist. **Bundesrecht** selbst ist an die Landesverfassung nicht gebunden – ob aber die **Anwendung** des Bundesrechts nicht gegen die Landesverfassung verstoßen kann, ist damit noch nicht gesagt. Dies ist keine Frage des Art. 31 GG[29]. Denn es geht nicht um die Kollision von Bundes- und Landesrecht – eine solche Kollision liegt dann vor, wenn die Anwendung der Rechtsnormen auf den gleichen Sachverhalt zu unterschiedlichen Rechtsfolgen führt. Es geht vielmehr um die Frage, ob die staatlichen Organe eines Landes auch dann zur Beachtung der Grundrechte der Landesverfassung verpflichtet sind, wenn sie Bundesrecht anwenden. Dies ist jedenfalls dann zu bejahen, wenn das anzuwendende Bundesrecht Spielraum belässt für die Beachtung der Grundrechte – was bei der Gestaltung des gerichtlichen Verfahrens im Hinblick vor allem auf die Prozessgrundrechte des Grundgesetzes wie der Landesverfassungen der Fall ist. Voraussetzung ist, dass Bundes- und Landesgrundrechte insoweit inhaltsgleich sind, ihre Anwendung also nicht zu unterschiedlichen Ergebnissen führt[30]. Die Anwendung von **Verfahrensrecht** des Bundes durch Gerichte eines Landes kann deshalb vom Landesverfassungsgericht daraufhin überprüft werden, ob mit Grundrechten des Grundgesetzes inhaltsgleiche Grundrechte der Landesverfassung (dies werden in erster Linie die Prozessgrundrechte sein – die Prüfung ist jedoch nicht hierauf beschränkt) gewahrt sind. Ob dies auch für die Anwendung **materiellen** Bundesrechts gilt, wurde vom BVerfG offengelassen, aber nicht ausgeschlossen. In der Konsequenz der Entscheidung liegt es aber, die Frage zu bejahen: wo bei der Anwendung von Bundesrecht Spielräume zu eigenständiger Ausfüllung eröffnet sind, ist der Rechtsanwender generell an höherrangiges Recht gebunden[31]. Ob in Anwendung von Landesrecht gegen Grundrechte der Landesverfassung verstoßen wurde, hat das Landesverfassungsgericht stets zu prüfen. Hält das Landesverfassungsgericht die maßgeblichen landesgesetzlichen Vorschriften selbst für verfassungswidrig, so hat es nach Art. 100 Abs. 1 GG vorzulegen[32]. Baden-Württemberg, Brandenburg, Mecklenburg-Vorpommern und Sachsen-Anhalt sehen von vornherein Beschränkungen der Landesverfassungsbeschwerde vor (Rn 920, 925, 930, 936).

946 Eine faktische Begrenzung seiner Prüfungskompetenz hat der Hessische Staatsgerichtshof[33] entwickelt; er hatte ja zunächst seine Befugnis zur Prüfung von gerichtlichen Entscheidungen am Maßstab der Grundrechte der Landesverfassung generell verneint und damit wegen Art. 100 Abs. 3 GG den Vorlagebeschluss des SächsVerfGH veranlasst, auf den hin wiederum BVerfGE 96, 345 er-

---

28 S. dazu SächsVerfGH SächsVBl 1995, 260 (dazu *Dietlein*, Jura 2000, 19); BerlVerfGH NJW 1994, 436; BVerfGE 96, 345; HessStGH WuM 1998, 716; RhPfVerfGH NJW 2001, 2621; näher *Hillgruber/Goos*, Rn 948 ff.
29 Vgl dazu SächsVerfGH SächsVBl 1995, 260 und hierzu BVerfGE 96, 345; ferner BerlVerfGH NJW 1994, 436.
30 BVerfGE 96, 345, 368, 372; vgl. die Kritik an dieser Einschränkung bei *Hillgruber/Goos*, Rn 950.
31 S. dazu auch *Degenhart*, in: Degenhart/Meissner, Handbuch der Verfassung des Freistaates Sachsen, § 7 Rn 4 ff, 9 ff.
32 BerlVerfGH JR 1999, 456.
33 HessStGH WuM 1998, 716.

ging. Der HessStGH will im Rahmen der Urteilsverfassungsbeschwerde dann, wenn ein Urteil eines Gerichts des Landes unter Berufung auf gleichlautende Grundrechtsgewährleistungen auch vor dem BVerfG angegriffen ist, das Verfahren aussetzen, „da zur Entscheidung der von beiden Verfassungsgerichten zu prüfenden Frage der Verletzung von Bundesgrundrechten zuvörderst das BVerfG als der insofern maßgebliche Interpret berufen ist".

Zu erinnern ist jedoch an die gegenständliche Begrenzung der Landesverfassungsgerichtsbarkeit: nur **Akte des Landes** unterliegen ihrer Kontrolle; dies gilt auch für Entscheidungen von Gerichten eines Landes, die in der Sache durch ein Bundesgericht bestätigt worden sind[34]. Deshalb können Entscheidungen von Bundesgerichten nicht vor dem Landesverfassungsgericht angegriffen werden. Aus den gleichen Erwägungen hat sich der SächsVerfGH auch – zu Recht – außerstande gesehen, die Entscheidung eines Landessozialgerichts, dessen Gegenstand eine Maßnahme der Bundesanstalt für Arbeit, also einer **Bundesbehörde** war, im Wege der Verfassungsbeschwerde auf Verstöße gegen die Landesverfassung zu überprüfen. Denn in diesem Fall hätte er in der Sache die Entscheidung einer Bundesbehörde überprüfen müssen – daran aber sind Landesverfassungsgerichte aus Kompetenzgründen gehindert[35].

947

Schrifttum zu § 12: *Huber,* Der deutsche Verfassungsgerichtsverbund, SächsVBl 2020, 205.

---

34 RhPfVerfGH NJW 2001, 2621.
35 SächsVerfGH NJW 1999, 51; zust. *E. Klein/Haratsch,* JuS 2000, 209, 214.

Anhang: Schematische Übersicht zum Gesetzgebungsverfahren

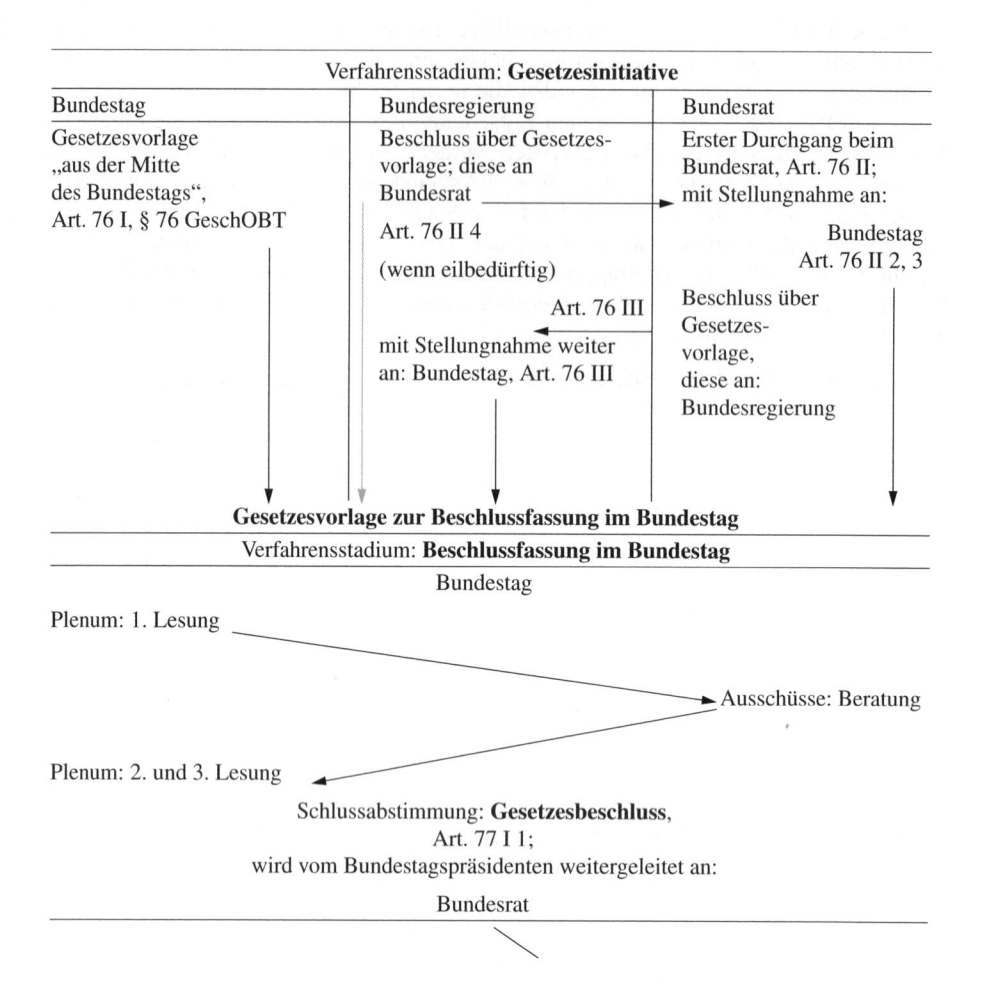

Verfahrensstadium: **Gesetzesinitiative**		
Bundestag	Bundesregierung	Bundesrat
Gesetzesvorlage „aus der Mitte des Bundestags", Art. 76 I, § 76 GeschOBT	Beschluss über Gesetzesvorlage; diese an Bundesrat — Art. 76 II 4 (wenn eilbedürftig) — Art. 76 III mit Stellungnahme weiter an: Bundestag, Art. 76 III	Erster Durchgang beim Bundesrat, Art. 76 II; mit Stellungnahme an: Bundestag Art. 76 II 2, 3 — Beschluss über Gesetzesvorlage, diese an: Bundesregierung

Gesetzesvorlage zur Beschlussfassung im Bundestag

Verfahrensstadium: **Beschlussfassung im Bundestag**
Bundestag

Plenum: 1. Lesung

Ausschüsse: Beratung

Plenum: 2. und 3. Lesung

Schlussabstimmung: **Gesetzesbeschluss**, Art. 77 I 1; wird vom Bundestagspräsidenten weitergeleitet an:

Bundesrat

Schematische Übersicht zum Gesetzgebungsverfahren **Anhang**

Verfahrensstadium: **Beteiligung des Bundesrats**

Verfahren unterschiedlich für Einspruchs- und Zustimmungsgesetze

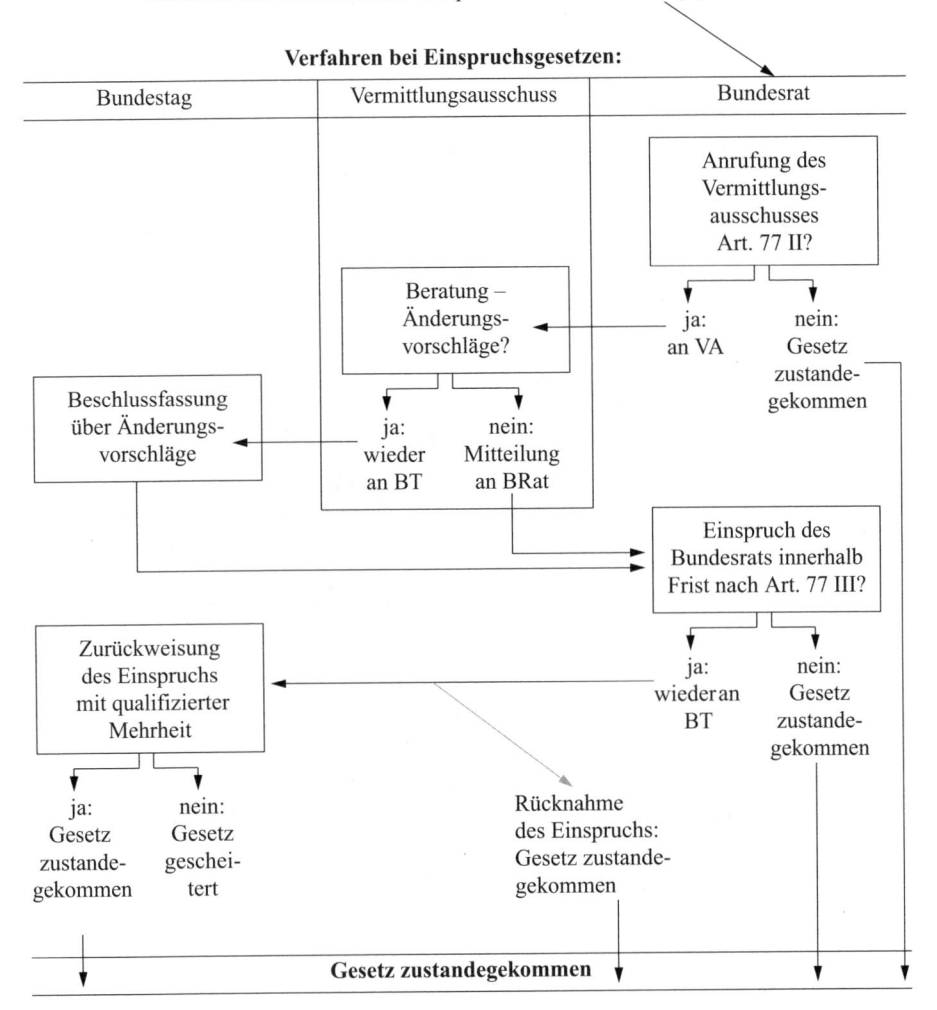

Verfahren bei Einspruchsgesetzen:

Bundestag	Vermittlungsausschuss	Bundesrat

- Anrufung des Vermittlungsausschusses Art. 77 II?
  - ja: an VA
  - nein: Gesetz zustandegekommen

- Beratung – Änderungsvorschläge?
  - ja: wieder an BT → Beschlussfassung über Änderungsvorschläge
  - nein: Mitteilung an BRat

- Einspruch des Bundesrats innerhalb Frist nach Art. 77 III?
  - ja: wieder an BT
  - nein: Gesetz zustandegekommen

- Zurückweisung des Einspruchs mit qualifizierter Mehrheit
  - ja: Gesetz zustandegekommen
  - nein: Gesetz gescheitert

- Rücknahme des Einspruchs: Gesetz zustandegekommen

Gesetz zustandegekommen

343

Anhang *Schematische Übersicht zum Gesetzgebungsverfahren*

Verfahren bei Zustimmungsgesetzen:

Gesetzesbeschluss

Bundestag	Vermittlungs-ausschuss	Bundesrat

Zustimmung?

- Abstimmung über Änderungsvorschläge, dann wieder an Bundesrat
- Beratung bei Änderungsvorschlägen: erneut an BT
- Anrufung des Vermittlungsausschusses (fak)
- Bundesrat **verweigert** Zustimmung: Gesetz gescheitert
- Bundesrat **stimmt zu**: Gesetz zustandegekommen

wenn Zustimmung verweigert: Anrufung des Vermittlungsausschusses durch Bundesregierung oder Bundestag möglich

wenn Verfahren vor Vermittlungsausschuss beendet – **Zustimmung?**

- **verweigert:** Gesetz gescheitert
- **erteilt:** Gesetz zustandegekommen

Nur wenn Zustimmung erteilt: **Gesetz zustandegekommen**

Verfahrensstadium: Ausfertigung und Verkündung

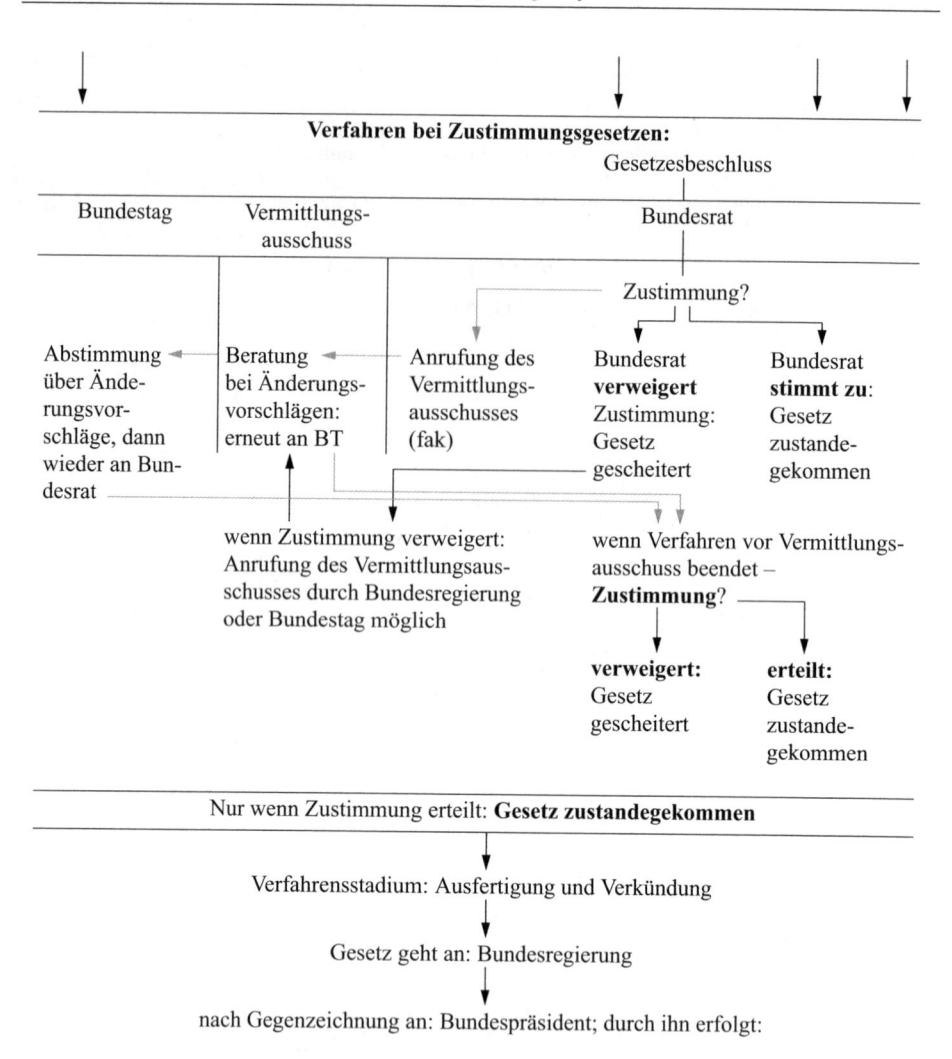

Gesetz geht an: Bundesregierung

nach Gegenzeichnung an: Bundespräsident; durch ihn erfolgt:

Ausfertigung und Verkündung

Sachverzeichnis

Die Ziffern bezeichnen die Randnummern. Für Besonderheiten des Landesverfassungsrechts ist unter den jeweiligen Bundesländern (Baden-Württemberg, Bayern usw) nachzuschlagen.

Abgaben, nichtsteuerliche 567, 569 f, 578
Abgabengesetz 574
Abgeordnete 79, 637, 716, 828
Abgeordnete, Anwesenheit 656
Abgeordnete, fraktionslose 827
Abgeordnete, Recht auf Beratung 659
Abgeordnetenentschädigung 665
Abgeordnetenrechte 644, 657
Abstimmung 115
Abstimmung (des Volkes) 30
Abstimmungsmehrheit 651
Abwägung 408, 431
Abweichungsgesetzgebung 165, 195 f, 731
AEUV 281
AfD-Landesliste (Sachsen) 108
Afghanistan 544a
Aktenvorlagerecht 698
Allgemeinheit der Wahl 83
Amri-Untersuchungsausschuss 699
Amtseid, Bundespräsident 766, 809
Annexkompetenz 182
Anti-Rassismus-Klausel 620
Atomgesetz 520 f, 527, 730
Auftragsverwaltung 526 f, 556 f
Ausfertigung 234, 807 ff
Ausgabentragung (Konnexität) 556
Ausgangssperre 436
Ausländerwahlrecht 83
Auslandsdeutsche 85
Auslegung, verfassungskonforme 23, 877
ausschließliche Bundeskompetenz 163 f, 185 f
ausschließliche Zuständigkeit, EU 267
Ausschüsse
– Bundestag 646
Außenpolitik 815
auswärtige Beziehungen 582

Bayern 559
Beiträge 562
Berlin 107
Berufsrecht 360

Beschlagnahmeverbot bei Abgeordneten 672, 673
Bestimmtheit 346 ff, 374, 376
Betreuung und Wahlrecht 84
Bettensteuer 382, 554, 566, 578
Beurteilungsspielraum 449
Beweiserhebungsrecht, Untersuchungsausschuss 694 ff
Bildungsinfrastruktur
– kommunale 558
Binnenstruktur, demokratische 68
Brandenburg 110
Brennelementesteuer 564
Brexit 8
Briefwahl 89
Budgetrecht 37, 263, 284, 634
Bundesaufsicht 539
Bundesauftragsverwaltung
s. Auftragsverwaltung
Bundesgerichte 455
Bundeskanzler 651, 758
Bundeskanzler, Rücktritt 654, 769
Bundeskanzler, Wahl 654, 762 f
Bundeskompetenz, ungeschriebene 525, 533
Bundesminister 234, 532, 758
Bundesnotbremse 148, 298 f, 301a, 427, 434, 437, 474a, 557a, 914a
Bundespräsident 234 f, 237, 583, 762, 771, 798 ff, 802
– Äußerungsrecht 819
Bundesrat 212, 223 ff, 490
– Mitgliedschaft 724 f
– Stimmabgabe 726
Bundesrat, Mitglieder 728
Bundesregierung 31, 212, 320, 323, 525, 701
Bundesregierung, Organisationsgewalt 759
Bundesregierung, Organisationshoheit 789
Bundesstaat 7, 11, 475 f, 481, 490
Bundesstaat, unitarischer 487
Bundestag 823
Bundestag, Präsidium 645
Bundestag, Selbstauflösungsrecht 776

345

Bundestagsauflösung 653, 817, 823
Bundestagspräsident 672a, 708
Bundestreue 199, 501, 503, 509
Bundesversammlung 800
Bundesverwaltung, mittelbare 531
Bundeswehr 41, 543 f, 545
Bundeswehr, Türkeieinsatz 547
Bundeszwang 539
Bund-Länder-Regierungsausschuss 538
Bund-Länder-Streit 527, 848 f, 903
Bürgerrat 119

Caroline von Monaco 287
CETA 285, 471
Chancengleichheit, Parteien 55, 58
Charta der Grundrechte 275, 290
Corona 39, 76a, 82a, 263, 283, 342, 373a, 383a, 425, 427, 474a ff, 525, 539, 546, 575, 615, 764a, 884, 887, 914a
Coronaschutzverordnung 299, 375 f, 427

DDR 20, 392, 479
Demokratie, direkte 118
Demokratie, parlamentarische 29
Demokratie, streitbare 674
Demokratieprinzip 4, 43
Diäten 665
Direktmandat 96
Direktwirkung, Richtlinien EU 266
Diskontinuität 233
Durchsuchung 448

EGMR 287 f
Ehe für alle 214
Ehrensold 800 f
Eingriffsbegriff, moderner 315
Einheitsthese 733
Einigungsvertrag 20, 479
Einspruchsgesetz 224, 729
Einstimmigkeitsprinzip
– Bundesstaat 536
einstweilige Anordnung, BVerfG 884
Einzelermächtigung, begrenzte 133
Einzelfallgesetz 147
Einzelpersonengesetz 150 f
Elterngeld 317, 594
EMRK 62, 264, 287 ff, 389, 410, 467
Enquêterecht 23, 687, 710
    s. auch Untersuchungsausschuss
Entlassung eines Bundesministers 769
Erforderlichkeit 428
Ermessen 312, 346, 366
error in procedendo 459

Erststimmen 104
EU 9, 264 f, 410, 491, 738
EuGH 282, 460, 551
Europäische Union   s. EU
Europäischer Gerichtshof   s. EuGH
Europäischer Haftbefehl 291a
Europaparlament 128
EuZBLG 738 ff
Eventualstimme 93
Ewigkeitsgarantie 14, 60, 479, 489, 744 f, 749
EZB 282

Facebook 58
Facharzturteil 361
Fairness im Verfahren 467
Familienwahlrecht 110b, 112
Filmförderung 178, 192, 572
Finanzausgleich 559
Finanzhilfen 558
Finanzverfassung 527, 555 ff, 559
Flüchtlingskrise 40, 509, 849
Föderalismusreform I 190
Fragerecht 635
Fragerecht der Abgeordneten 703
Fraktionen 34, 623, 626, 632, 635 f, 640 ff, 648, 650, 660, 677, 683, 768, 827, 841, 893
Fraktionsausschluss 682
Fraktionszwang 677 f
Frauen 110
Frauenquoten 68
Freihandelsabkommen 471
Freiheitlich-demokratische Grundordnung 59, 244
Freiheitsentziehung 882
Fridays for Future 77
Friedlichkeitsgebot 290a

Gebietskörperschaft 33
Gebühren 562, 569
Geeignetheit 427
Gefahr, drohende 376
Gefahrenabwehr 172
Gegenzeichnung 803
Gehör, rechtliches 285, 444, 463 ff, 682, 864, 945
Gemeinde 33
Gemeinschaftsaufgaben 536 f, 558
Gemeinschaftsrecht   s. Unionsrecht
Gemeinschaftstreue 512
Generationen, künftige 611
Gerechtigkeit, soziale 596 f

Gericht 549
Gerichtsorganisation 454
Geschäftsordnung der Bundesregierung 783
Geschäftsordnung des Bundestags 209, 219, 221, 644, 660, 666, 671, 843
Geschäftsverteilungsplan 458
Gesetz, selbstvollziehendes 298, 301a
Gesetz und Recht 301
Gesetzesbegriff 149
– formeller 298
Gesetzesbeschluss 221
Gesetzesinitiative 209, 211
Gesetzesprüfung 154, 876 ff
Gesetzgebung 245
Gesetzgebungskompetenz, ungeschriebene 180
Gesetzgebungstechnische Einheit 734
Gesetzmäßigkeit der Verwaltung 144, 305, 344
Gewaltenteilung 142, 297
– vertikale 490
Gewaltverbot 290a
Gleichheit der Abgeordneten 681
Gleichheitssatz 53 f, 606
Gleichwertigkeit der Lebensverhältnisse 188
Grenzpolizei
– bayerische 532
Grundlagenvertrag 19 f
Grundmandatsklausel 93, 101
Grundrechte 16, 150, 446
Grundrechtecharta 275, 290
Grundrechtsstandard, unverzichtbarer 271, 862
Grundrechtswesentlichkeit 360
Grundsicherung 319
Gruppen (von Abgeordneten) 682
Güterabwägung *s. Abwägung*

Hafenbetriebsgesetz 178
Haftbefehl, europäischer 263a, 285
Hannover, Caroline von
 s. Caroline von Monaco
Hartz IV 590, 596
Hauptausschuss, Bundestag 2013, 2017 647
Hauptstadtklausel, Berlin 556
Haushaltsautonomie 575
Haushaltsverfassung 555, 575
Heizungsgesetz 222, 659, 841, 888
Homogenitätsklausel 103, 142, 245a, 484

Identitätskontrolle 279 f
Immunität 670 ff

Impfpflicht
– einrichtungsbezogene 316, 436, 474a
Indemnität 669
Infektionsschutzgesetz 319, 474c
Infektionsschutzverordnung 299
Informationsrecht, Parlament 703
Informationstätigkeit, staatliche 320, 790
Instanzenzug 456
Internetwahlen 110c
Interpellationsrecht 635

Judikative 300
Justizgewähranspruch 445

Kanzlerprinzip 779
Katastrophennotstand 546
Kernbereich exekutiver Eigenverantwortung 40, 297, 693, 699, 782
Klimaschutz 5, 14, 243, 425, 520, 542, 607, 614 f, 620, 754, 794, 904
Koalitionsvereinbarungen 762 f, 785
Koalitionsvertrag 755, 768
Kollegialenquête 694
Kollegialprinzip 779, 783
Kommunalwahlen 104
Kommunalwahlrecht 87
Kompetenz-Kompetenz, EU 11
Kompetenznormen, Auslegung 168
Kompetenzqualifikation 173
Kompetenzsperre 193
Konkordanz, praktische 23, 682
Konnexität 556, 558
Konstitutionalismus 144
Kriegswaffen 290b

Ladenschluss 177
Länder
– Staatlichkeit 481, 489, 492, 522
Ländereinrichtung, gemeinsame 536
Landeskinderklausel 508
Landeslisten 79, 95
Landesparlamente 692
Landesverfassungsbeschwerde 944
Landesverfassungsgericht 919
Landtag, Selbstauflösung 832
Landtag, Untersuchungsausschuss 692
Legehennen (gallus gallus) 353, 618
Legislaturperiode 111
Lesungen 219
Letzte Generation 119, 418, 440, 472
Letztentscheidungskompetenz, Verwaltung 447
Licht aus gegen rechts 55

347

Lindauer Abkommen 584 f
Lissabon, Vertrag von 9, 853
Luftsicherheitsgesetz 433, 546

Mandat, freies 639, 665, 677 f
Maßnahmegesetz 149, 298, 347
Mauerschützen 392
Mecklenburg-Vorpommern 573
Medienstaatsvertrag 500
Mehrheiten, qualifizierte 651
Mehrheitsprinzip 651
Menschenwürde 14, 244, 280, 433
Merkel, Angela 48, 55 f, 311, 323, 754a, 793, 913a
Mietendeckel 160, 168 f, 179, 194, 203, 854, 909
Minderheit im Parlament 828
Minderheitsrecht 690
Minderheitsregierung 764
Minderjährige, Wahlrecht 110b
Mischverwaltung 534 f
Misstrauensvotum, Bundesminister 770
Misstrauensvotum, konstruktives 769
Mitgliederbefragung 69, 768
Mitgliedermehrheit 651
Mittelpunktregelung 666 f
Moratorium 311

Nachrichtendienste 696
Nanny-Staat 604, 622
Natur der Sache 180, 533
– Verwaltungszuständigkeit 533
ne bis in idem 23, 385, 390, 414
Neutralitätspflicht, Bundesregierung 56, 245d, 792
Neutralitätspflicht des Staates 783
 s. auch Öffentlichkeitsarbeit
Neuwahlen 653, 764, 771
Next Generation EU 283
Nichtanerkennungsbeschwerde 108, 872
Nichtanwendungserlass 294, 302
Nichtigerklärung
– ex tunc 856
Niqab 326
Normenkontrolle, abstrakte 156, 853
Normenkontrolle, konkrete 860
Normwiederholungsverbot 879
Notausschuss 628, 657, 712a
Notbremse 314, 914a
Notparlament 657 f
Notstand 474a, 737
NPD-Verbotsverfahren 63, 469
Numerus Clausus 35, 44

Observation, Abgeordnete 674, 704
öffentliches Recht 6
Öffentlichkeitsarbeit 322, 467, 525, 757, 783
– Regierung 71
Öffentlichkeitsgrundsatz, Wahlrecht 89
Opposition 34, 130, 623, 627, 649, 660, 683 f, 689, 751, 791, 828, 854
Ordnungsmaßnahmen, im Parlament 661
Ordnungsruf 644
– Bundestag 630, 661 f, 714, 896
Organisationsgewalt, Regierung 319
Organisationshoheit 526, 731, 737
Organstreitverfahren 71, 108, 672, 710, 823
Organtreue 216, 699, 804, 879
Örtliche Verbrauch- und Aufwandsteuern 565
Outsourcing (Gesetze) 217

Parité, Wahlrecht 110
Parlament 79
Parlament, europäisches 19
Parlamentsbeschluss, schlichter 40, 782
Parlamentsvorbehalt 39 f, 299, 319, 360 f, 547
Parteiausschluss 68, 679, 682
Parteien, Chancengleichheit 71, 634 f, 790
Parteien, politische 49, 757
Parteien, verfassungswidrige 51, 63
Parteienfinanzierung 63, 66
Parteienprivileg 63
Parteispenden 67
Parteiverbot 868
Patentgericht, europäisches 286
Persönlichkeitsrecht 287, 690, 700
Planung 298
Polizeigesetze 376
Popularklage 923
pouvoir constitué, pouvoir constituant 18 f
Präambel 18, 479
Presserecht 182
Privatsphäre 698, 700
Prognose 427
Prognosespielraum, Gesetzgeber 427
Prozessstandschaft 843
Prüfungsrecht, Bundespräsident 764, 766, 807 ff, 813
PSPP 282

Quoren 114

Sachverzeichnis

Radbruch'sche Formel 392
Rahmengesetzgebung 198
Realakte 310, 320
Recht auf Demokratie 27, 127, 279, 281
Recht auf Vergessen 273, 276, 290
Rechtsanwälte, Berufsordnung 314
Rechtseinheit 188, 190 f
Rechtsfortbildung 304, 834
Rechtsprechung 444, 549
Rechtsschutz 446, 448
Rechtsschutzbedürfnis 844
Rechtsschutzgarantie 444
Rechtssicherheit 146, 372
Rechtsstaat 13, 144
 s. auch Rechtsstaatsprinzip
Rechtsstaat, materieller 14, 143
Rechtsstaatsprinzip 288
Rechtsverordnung 314, 344, 346
Rederecht 632, 660 f, 678, 714, 716, 897
Redezeit 660
Referendum 117
Regierung, geschäftsführende 762
Regierungsbildung 829
Repräsentation 533, 665
Republik 15
Ressortprinzip 779
Rettungsschirm 560
Richter, gesetzlicher 457, 460
Richtervorbehalt 300, 303, 701
Richterwahl, BVerfG 837
Richtlinie, EU 265, 270, 748, 853, 862
Richtlinien, der Politik 805
Richtlinienkompetenz 780, 782, 784
Rindfleischetikettierungsgesetz 350
Rote Karte, Merkel 48
Rückholklausel 197
Rückwirkung, echte 394 ff, 401
Rückwirkung, unechte 394, 397, 399
Rückwirkungsverbot 388 f, 393
Rundfunk 70, 174, 507
Rundfunk, Rundfunkrecht 50, 58, 70, 174, 202, 497, 523, 536
Rundfunkbeitrag 562, 577
Rundfunkbeitrag, Rundfunkgebühr 516
Rundfunkurteil 502, 523

Sachzusammenhang 181
Satzung 314, 358 f
Schiedsgericht 471
Schröder, Gerhard 771, 776
Schuldenbremse 575
Schuldprinzip 285
Schulschließungen 437

Seehofer 55
Selbstauflösungsrecht 653, 776, 826
Selbstverwaltung 33, 359
Sicherheit, innere 438
Sicherheit und Ordnung 347
Sicherungsverwahrung 169, 389
Sitzblockaden 378
Sonderabgaben 570, 574
Sonderstatusverhältnis 325
Sondervermögen 576
Souveränität 6 f, 9, 11
Sozialstaat 591 ff
Sozialversicherung 171
Sozialversicherungsbeitrag 568
Sperrklausel 93, 104
Sperrwirkung des Bundesgesetzes 200, 740
Spiegelbildlichkeit 648
Spinner 71, 796, 822
Staat 1
Staatsangehörigkeit 3 f, 83
Staatsbegriff 2 ff
Staatsgebiet 3
Staatsgewalt 5, 7, 26 f
Staatspraxis, und Verfassungsauslegung 787
Staatsverträge 490, 499 f, 501
Staatsvolk 3, 481
Staatsvolk, europäisches 19
Staatswohl 696, 711, 766, 816
Staatsziele 13, 588, 591 f, 609, 620, 622
Stadtstaat 829
Statusrechte, Abgeordnete 641
Steuern 561
Stiftungen, parteinahe 65, 318
Strafgesetz, rückwirkendes 388 f
Strafrecht 168 f, 377, 379
Strafrechtspflege, funktionstüchtige 467
Studiengebühren 190, 495, 508
Subsidiarität 267, 491
Subsidiaritätsprinzip 269
Subventionen 317, 411, 557
Suizidhilfe 315, 435

Therapieunterbringung 169, 176, 183
Tierschutz 616 ff
Tradition, normative 170
Transformationskompetenz 584 f
Triage 474b f

Überhangmandate 651
Übermaßverbot 419
Übertragungskontrolle, formelle 285a
Ukraine 290a
Ultra-vires 279

349

Ultra-vires-Akt 283
Ultra-vires-Kontrolle 277, 280 f, 285a
Ultra-vires-Rüge 280
Umweltschutz 609, 612a
Unbestimmter Rechtsbegriff 347, 374
UN-Charta 290a
Ungehorsam, ziviler 473
Unionsrecht 265, 267, 410, 460, 814, 853
– Anwendungsvorrang 271
Unionsrecht, sekundäres 265
Unionsrecht und BVerfG 862
Unschuldsvermutung 467 f
Untersuchungsausschuss 688 f, 828
– Abschlussbericht 701
– Länder 702
Untersuchungsausschussgesetz 688

Verbraucherinformationsrecht 525
Verfahren, faires 469
Verfassung 16
Verfassung, europäische 18
Verfassungsänderung 241 f, 744
Verfassungsautonomie, Länder 484
Verfassungsbeschwerde 70, 156, 451, 460
verfassungsgebende Gewalt 18 f
Verfassungsgerichtsbarkeit 156, 834 f
Verfassungsidentität 280
Verfassungsinterpretation 21, 168
Verfassungsschutz 674, 704
Verfassungsschutzbericht 324
Verfassungsstaat 5 f
Verhältnismäßigkeit 419 f, 423
– Corona 434
Verhältnismäßigkeit, Gesetzgeber 422
Verhältnismäßigkeit im engeren Sinn 431
Verhältniswahl 79, 93
Verkündung 234 f
Vermittlungsausschuss 224 ff, 229, 648
Vermögenseinziehung 401
Verordnung, Unionsrecht 265
Verordnungsermächtigung 346
Verordnungsermächtigung, Landesrecht 351
Versammlungsfreiheit 73
Versammlungsgesetz (Sachsen) 210
Verteidigung 543 f
Verträge, völkerrechtliche 582, 815
Vertragsgesetz 584
Vertragsschlusskompetenz 582
Vertragsverletzungsverfahren 282
Vertrauensfrage 652, 771, 773, 817, 823
Vertrauensschutz 372, 397, 404 f, 408 f
Vertrauensschutz, Unionsrecht 410
Verwaltung 521

Verwaltung, bundeseigene 530
Verwaltung, gesetzesakzessorische 523
Verwaltung, nicht gesetzesakzessorische 521, 523
Verwaltungsvorschriften 365 f, 737
Verwaltungszuständigkeit 521
Verwerfungskompetenz 860, 908
Verzichtserklärung 679
Volksbefragung 117
Volksbegehren 118, 245, 245c f, 245f, 744
– Cannabis 245b
– Pflegenotstand 245b
Volkseinwand 258
Volksentscheid 118, 245, 245c f, 245f, 744 f
Volkssouveränität 13, 18, 26 f
Vorabentscheidung 460
Vorbehalt des Gesetzes 312 f, 327
Vorlage 462
Vorlagepflicht 460
Vorrang des Gesetzes 327
Vorrang und Vorbehalt des Gesetzes 305, 310
Vorranggesetzgebung 165, 188
Vorratsdatenspeicherung 438
Vorwirkungen 614

Wahlalter 83, 86
Wahlen 29
– Landtag 485
Wahlen, freie 90
Wählerinitiativen, Wählervereinigungen 51
Wahlfehler, Berlin 107
Wahlkampf 82a
Wahlperiode 81 f, 653, 826
Wahlpflicht 90
Wahlprüfung 105
Wahlprüfungsbeschwerde 105, 870
Wahlrecht 78 f, 87 f, 92
Wahlrechtsgleichheit 79, 101, 108, 110b
Wahlrechtsgrundsätze 79
Wahlsystem 93
Wahlwerbesendungen 58, 182
Wahlwerbung 57, 181
Warnungen, behördliche 525, 783
Wesentlichkeitstheorie
 s. Grundrechtswesentlichkeit
Wettbewerb, föderaler 506
Wetzlar 63a
Widerspruchsfreiheit der Rechtsordnung 381
Widerstandsrecht 472 f
Wiederaufnahme, Strafprozess 390

Wiedervereinigung 20
Wirtschaftseinheit 191

Zeugnisverweigerungsrecht 672, 701
Zuständigkeit, konkurrierende 186
Zustimmungsgesetz 229, 729
– Änderung 735

– EU 229 f
Zustimmungspflicht 232
Zuwanderungsgesetz 727
Zweitstimmen 92, 104
Zweitstimmendeckung 96, 100
Zweitwohnungsteuer 566

Fälle mustergültig lösen

Die Reihe „Schwerpunkte Klausurenkurs"

- Einführung in die Technik des Klausurenschreibens
- Musterklausuren exemplarisch gelöst
- realistische Prüfungsanforderungen als Maßstab

Prof. Dr. Christoph Degenhart
Klausurenkurs im Staatsrecht I
Staatsorganisationsrecht, Grundrechte, Verfassungsprozessrecht.
Ein Fall- und Repetitionsbuch
für Anfänger
6. Auflage 2022. € 22,–

Prof. Dr. Christoph Degenhart
**Klausurenkurs
im Staatsrecht II**
Staatsorganisationsrecht, Grundrechte, Bezüge zum Europarecht.
Ein Fall- und Repetitionsbuch
für Examenskandidaten
10. Auflage 2023. Ca. € 25,–

Prof. Dr. Dr. h.c. Franz-Joseph Peine/
Prof. Dr. Thorsten Siegel
**Klausurenkurs im
Verwaltungsrecht**
Ein Fall- und Repetitionsbuch zum
Allgemeinen und Besonderen Verwaltungsrecht mit Verwaltungsprozessrecht
7. Auflage 2021. € 27,–

Alle Bände aus der Reihe und weitere Infos unter: **www.otto-schmidt.de/cfm**

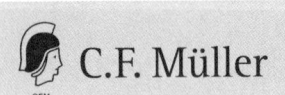

C.F. Müller   Jura auf den ● gebracht

Blitzschnell nachschlagen
im Hörsaal und Zuhause

Die Reihe „Textbuch Deutsches Recht"

- handliche Sammlungen der wichtigsten Gesetze für das Studium
- ausgewählt und zusammengestellt nach Ausbildungsrelevanz
- optimale Orientierung und problemloses Zitieren durch Satznummerierung

Prof. Dr. Dr. h.c. mult. Paul Kirchhof/
Prof Dr. Charlotte Kreuter-Kirchhof (Hrsg.)
Staats- und Verwaltungsrecht Bundesrepublik Deutschland
Mit Europarecht
63. Auflage 2023. € 20,–

Prof. Dr. Dr. h.c. mult. Paul Kirchhof/
Prof. Dr. Charlotte Kreuter-Kirchhof (Hrsg.)
Staats- und Verwaltungsrecht Baden-Württemberg
45. Auflage 2023. € 24,–

Prof. Dr. Hartmut Bauer/
Prof. Dr. Peter-Michael Huber/
Prof. Dr. Reiner Schmidt (Hrsg.)
Staats- und Verwaltungsrecht Freistaat Bayern
30. Auflage 2023. € 25,–

Prof. Dr. Hinnerk Wißmann (Hrsg.)
Staats- und Verwaltungsrecht Nordrhein-Westfalen
32. Auflage 2023. € 24,–

Alle Bände der Reihe und weitere Infos unter: **www.otto-schmidt.de/cfm**

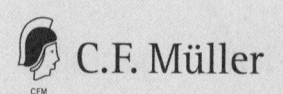

C.F. Müller

Jura auf den ● gebracht